KATHEDRALE VON MALLORCA

CATEDRAL D MALLORCA

MUSEUMSFÜHRER

PLAN DER KATHEDRALE

AA Almosenhaus (Eingang des Museums)
BB Sakristei der Chorknaben (Museum)
CC Gotischer Kapitelsaal (Museum)
DD Treppe zum Domarchiv
EE Barocker Kapitelsaal (Museum)
FF Kreuzgang (Museum)
GG Museumsladen
PM Große Kanzel

A ✖ Dreifaltigkeitskapelle (kein Zugang)
B ✖ Königskapelle (Antoni Gaudí) (kein Zugang)
C ✖ Sankt Gabriel Kapelle (kein Zugang)
D ✖ Sankt Eulalia Kapelle (kein Zugang)
E Allerheiligstenkapelle (Miquel Barceló)
F Sankt Antonius von Padua Kapelle (vormals Sankt Wilhelm)
G Gottesmutterkapelle der Dornenkrone (vormals Passionskapelle)
H Sankt Martin Kapelle
I Sankt Bernhard Kapelle
J Kapelle de Aufnahme Mariens in den Himmel oder ULF v. d. Grada (Clastra)

K Herzjesukapelle (vormals Sankt Vizenz)
L Sankt Benedikt Kapelle
LL Baptisterium
M Petruskapelle
N Kapelle der Unbefl. Empfängnis
O Sankt Sebastian Kapelle
P Sankt Josef Kapelle
Q Treppe des Glockenturms
R Atrium der Chorknabenkapelle (vormals Katharinenkapelle)
S Pietà-Kapelle (vormals Sankt Anna und Sankt Jakob)
T Treppe zur Hauptorgel
U Kapelle der Kreuzabnahme (vormals Sankt Cecilia)
V Hyronimuskapelle (vormals Sankt Luzie und Sankt Magdalena)
W Fronleichnamkapelle
X ✖ Treppe zur Dreifaltigkeitskapelle (kein Zugang)
Y ✖ Haptsakristei (kein Zugang)
Z ✖ Außensakristei (kein Zugang)

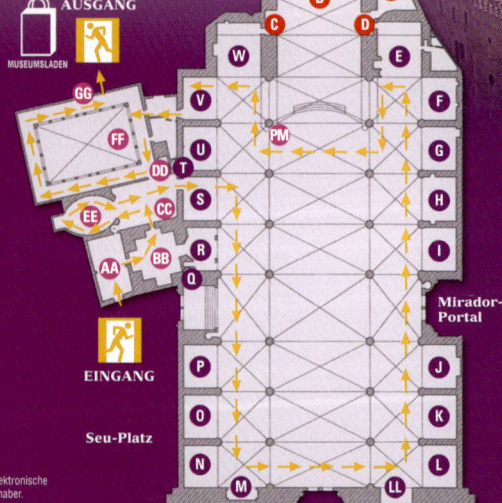

AUSGANG
MUSEUMSLADEN

EINGANG

Seu-Platz

Mirador-Portal

Hauptportal

© **Autor:** Joan Darder Brotat
© **Übersetzung aus dem Spanischen:** Hans-Michael Dolle
© **Fotografien:** Domarchiv
© **Design und Druck:** taller gràfic
www.tgramon.com
T. 971 91 90 00
ISBN: 978-84-614-3562-3
Dipòsit Legal: PM 1213-2010

1. Ursprung und Außenansicht

Kommst Du nach Mallorca, sei es per Schiff oder per Flugzeug, wird Dich als erste die Kathedrale willkommen heißen. Ihr Bau wurde um 1306 auf Initiative des Königs Jakob II von Mallorca begonnen und 1601 schloss ihn der Bischof von Mallorca Joan Vic i Manrique ab. Äußerlich unverändert, wächst sie seitdem in ihrem Inneren. Erbaut wurde sie auf einem Küstenfels. Wehrmauer und Stadtautobahn verdrängten sie einige Meter vom Meer. Erst der „Parque del Mar" gab ihr erneut die Nähe zum ursprünglichen Wasser zurück.

Ihr Baumaterial ist „marès", mallorquinischer Kalkstein. Formen und Farben dieses Steines gefallen vor allem dem einfachen Volk und den Künstlern. Die Dichter sehen in ihr „ein am Ufer gestrandetes Felsenschiff, ein steinernes Luftschiff, eine Orgel oder ein ‚Te Deum' aus Stein".

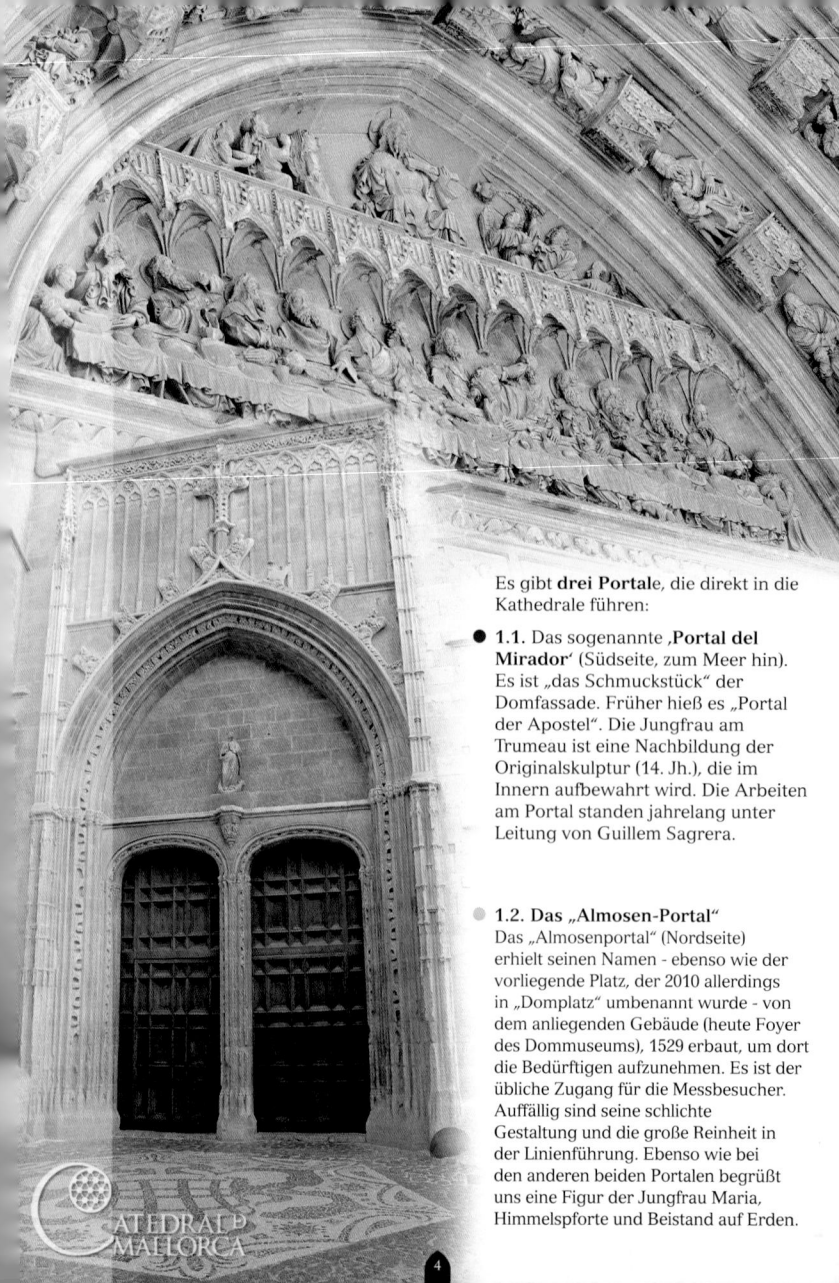

Es gibt **drei Portal**e, die direkt in die Kathedrale führen:

● **1.1.** Das sogenannte ‚**Portal del Mirador‘** (Südseite, zum Meer hin). Es ist „das Schmuckstück" der Domfassade. Früher hieß es „Portal der Apostel". Die Jungfrau am Trumeau ist eine Nachbildung der Originalskulptur (14. Jh.), die im Innern aufbewahrt wird. Die Arbeiten am Portal standen jahrelang unter Leitung von Guillem Sagrera.

● **1.2. Das „Almosen-Portal"**
Das „Almosenportal" (Nordseite) erhielt seinen Namen - ebenso wie der vorliegende Platz, der 2010 allerdings in „Domplatz" umbenannt wurde - von dem anliegenden Gebäude (heute Foyer des Dommuseums), 1529 erbaut, um dort die Bedürftigen aufzunehmen. Es ist der übliche Zugang für die Messbesucher. Auffällig sind seine schlichte Gestaltung und die große Reinheit in der Linienführung. Ebenso wie bei den anderen beiden Portalen begrüßt uns eine Figur der Jungfrau Maria, Himmelspforte und Beistand auf Erden.

CATEDRAL DE MALLORCA

● **1.3.** Mit dem **Hauptportal** (Westseite, gegenüber der „Almudaina") schlossen 1601 die Arbeiten zur Errichtung der Kathedrale ab. Im Mittelpunkt steht Maria umgeben von fünfzehn weiblichen Symbolen mit Bezug auf ihre Makellosigkeit („tota pulchra"). Daneben finden sich die zwei hl. Johannes - der Täufer und der Evangelist - sowie die vier hl. Väter der Westkirche. Die übrige Westfassade geht auf einen späteren Eingriff in der zweiten Hälfte des 19.Jh. zurück, als sie vom Einsturz bedroht war. Auf dem höchsten Punkt des Giebels steht eine Figur der Himmelfahrt Mariens (3,55 m), Patronin der Kathedrale. Auf halber Höhe der Zentraltürme sind großformatige Figuren der hl. Petrus und Paulus, Säulen der Universalkirche, aufgestellt. Die niedrigeren Seitentürme zeigen die hl. Catalina Tomàs und den sel. Ramon Llull, Tochter und Sohn der Lokalkirche. Gaudí zierte den Vorplatz des Hauptportals mit einem Mosaik, das den Psalm 41 bildlich darstellt: Wie der Hirsch lechzt nach frischem Wasser, so ziehen wir zum Haus Gottes.

Der **Glockenturm** mit seinen 47,80 m beherbergt neun Glocken. Fünf davon sind gotisch und werden als die besten Europas angesehen.

Die größte Glocke trägt den Namen „n'Eloi" und wiegt 4.517 kg.

• Flämische Wandteppiche

2. Das Almosenhaus

Im Erdgeschoss sehen wir links zwei **flämische Wandteppiche** des 16. Jh. aus einer Sammlung von dreizehn Stücken, die bis auf einen allesamt Bibelszenen wiedergeben. Die übrigen Teppiche hängen im Inneren des Doms an den Wänden des Altarraums und neben dem Hauptportal. Im Obergeschoss befindet sich das **Domarchiv** mit Dokumenten, die bis ins 13. Jh. zurückgehen.

CATEDRAL DE MALLORCA

• Rimmonim

Monstranz •

• Trag-Altar

● 3. MUSEUMSSÄLE

3.1. Sakristei der Chorknaben

Genannt nach den Messdienern, die früher hier ihre roten („vermell") Soutanen anlegten. Heute kleidet sich der Kinderchor am Dom in rot. Der Saal liegt im Erdgeschoss des Glockenturms. Im Zentrum **die Monstranz** in goldlegiertem Silber aus dem Jahre 1585 und 1830 überarbeitet. Sie wird bei der jährlichen Fronleichnam-Prozession mitgeführt. Hervorzuheben ist rechts die Originalfigur der **Jungfrau mit dem Kinde** aus dem „Portal del Mirador". Der deutsche Künstler Nils Burwitz setzt im hohen **Kirchenfenster** den Kern der christlichen Botschaft ins Bild: Lieben und dienen, Barmherzigkeit; beten und Not lindern. Die einzigartigen „Rimmonim"-Stäbe dienten in der Synagoge von Cammarata (Sizilien) zur Aufbewahrung der Tora-Schriftrolle. Auffällig der **Trag-Altar** in Buchform mit zahlreichen Reliquien.

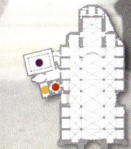

3.2. Der gotische Kapitelsaal (1433)

Die Kathedralen der Westkirche werden in der Regel von mehreren Geistlichen betreut, die gemeinsam das „Domkapitel" bilden. Ihre offiziellen Versammlungen finden im „Kapitelsaal" statt.
Wir betreten jetzt zwei sehr alte dieser Säle, den gotischen und den barocken.

In der Mitte **die Grabstätte** des Bischofs Gil Sánchez Muñoz, Gegenpapst unter dem Namen Klemens VIII vor seiner Einsetzung im Bistum Mallorca (1429-1447).

An den Wänden eine Sammlung **gotischer Malerei**. Drei Gemälde im Bereich des Durchgangs zum Tempel nehmen Bezug auf die Geschichte Mallorcas: Über dem Türbogen das auf Holz gemalte „Almosen"-Bild. Jesus sitzt unter vier Bedürftigen mit am Tisch und erklärt zwei Geistlichen, dass ihr Dienst an den Geringsten dem Dienst an Ihm gleichkommt.

Auf der linken Seite zwei Gemälde des Meisters von Monti-sion, die nach einer fünftausend Tote fordernden Hochwasserkatastrophe in Palma (1403) entstanden. Es sind der **Kalvarienberg** und die **barmherzige Gottesmutter oder Schutzmantelmadonna**.

CATEDRAL D MALLORCA

3.3. Der barocke Kapitelsaal (1701)

Ein Saal in Ellipsenform, 2001 restauriert unter Freilegung der Decke und der Säulen von einer Kalkschicht. An der Stirnseite ein kleiner Altaraufsatz (1756) mit einer Reliquie des **Wahren Kreuzes** (16. Jh.).

Auf beiden Seiten gigantische **Kandelaber** aus Silber mit sieben Armen. Ein jeder misst 2,51x1,65 m und wiegt 243 kg. Der Silberschmied Joan Matons fertigte sie zwischen 1704 und 1718 in seiner Werkstatt in Barcelona an.

Kandelaber •

• Wahres Kreuz

• Grabstätte Jaume II

• Gottesmutter der Kathedrale

• Mudejar-Fliesen

4. KIRCHE IM WERDEN

Wenn Du Dich in die Mitte des Domes stellst oder setzt, wird Dir klar, wo man mit seinem Bau begann und wie er fortgeführt wurde. Es sind drei Baukörper zu sehen.

4.1. Dreifaltigkeitskapelle

Im am weitesten entfernten Punkt siehst Du in der Mitte die hochgelegene Dreifaltigkeitskapelle, **Keimzelle des Domes**. Unter Leitung des Architekten Gabriel Alomar ist sie 1947 restauriert worden. In ihrem Zentrum steht die **Muttergottes der Kathedrale**, eine Madonnenfigur mit integriertem Tabernakel, erst 2009 restauriert.

Zu beiden Seiten die Grabstätten der Könige von Mallorca, Jaume II und Jaume III, Werk des Bildhauers Frederic Marès (1946-47). Die Platten des Bodenbelags sind im Mudajar-Stil.

CATEDRAL D MALLORCA

4.2. Königskapelle oder Presbyterium

Der Architekt **Antonio Gaudí** modellierte diesen einschiffigen Kirchenraum vollständig um (1904-1914) und hinterließ ihn so wie er jetzt zu sehen ist. Er verlegte das Chorgestühl (1529 aufgestellt) aus der Mitte des Tempels in den Altarraum, ließ die beiden Altaraufsätze (den barocken und den gotischen), die den Bischofssitz verdeckten, abbauen, zog den Hauptaltar nach vorne, näher zu den Gläubigen hin, und krönte ihn mit dem Baldachin, der mit Symbolen der Eucharistie und des Hl. Geistes bestückt ist. Außerdem hob er den hierarchischen Aufbau der Weltkirche durch fünf versetzt aufgehängte Kronleuchter hervor, die orientalischen Hüten ähneln, und leitete die Keramikarbeiten Josep Maria Jujols an der Stirnwand, die den Bischofsstuhl umgeben wie ein Gewebe aus Olivenbaumsprossen, die in sechseckigen Flächen gruppiert die Wappen aller Bischöfe Mallorcas enthalten. Sein Werk sind auch die kleinere der Rosetten und die sie einrahmenden zwei Langfenster. Alle Fensterdekorationen des Presbyteriums nehmen Bezug auf unterschiedliche Maria-Königin Anrufungen. Er verlängerte auch den Altarraum bis zum ersten Säulenpaar und schloss die Lücken mit zweistöckigen Tribünen für Gesangschöre. Die Kanzeln aus dem Jahre 1531 stellte er auf ihren jetzigen Platz und versah sie mit eigenen Schalltrichtern.

4.3. Dreischiffige Kathedrale

Der Bau der Kathedrale ging weiter mit der Errichtung des dreischiffigen Kirchenraums. In einer ersten Phase bis zu den beiden Seitenportalen und in einer erneuten Anstrengung bis zum Hauptportal und der Erweiterung um den Kreuzgang. Beeindruckend die kraftvolle räumliche Wirkung und der Lichteinfall!

Die kühne Höhe des Zentralschiffes (43,14 m), seine Breite (19,40 m) und die Höhe der **14 achteckigen Trägersäulen (21,47 m) mit einem schlanken Umfang zwischen 4,94 m und 5,55 m** haben ihr die Bezeichnung **Kathedrale des Raumes** eingebracht, der gotische Dom, der mit weniger Stein den größten Nutzraum erzielt.

Nicht ohne Grund ist sie auch als **Kathedrale des Lichtes** bekannt: Wegen der mediterranen Sonne, die ungehindert durch die 87 Kirchen- und 8 Rosettenfenster einfällt und wegen zweier Lichterscheinungen, die sich alljährlich wiederholen. Die 14 hochgelegenen Fenster des Zentralschiffes intonieren in Licht und Farbe den Lobgesang der drei Jünglinge des Buches Daniel aus der Bibel (Dn 3, 52-90).

CATEDRAL D MALLORCA

Besondere Aufmerksamkeit verdienen **die beiden Rosettenfenster**, die sich über die Länge des Zentralschiffes hinweg einander ansehen. Die Rosette im mittigen Apsisbogen in Altarnähe zeigt den Davidstern und hat einen Innendurchmesser von genau 11,33 m und 11,85 m mit Rahmen und ist aus 1.115 Scheiben zusammengesetzt. Es ist das größte „gotische Auge" der Welt. Zweimal im Jahr, am 2. Februar und am 11. November, entsteht etwa gegen halb neun am Morgen eine „Licht-Acht", wenn der Sonnenstand das vielfarbige große Rosettenfenster genau unterhalb der kleineren Rosette an die Innenwand der Hauptfassade projiziert. Das andere Lichtphänomen ist von außen zu sehen, wenn die Projektion der großen Rosette sich innen auf die kleinere legt, sie damit regelrecht anzündet und ein großartiges Farbenspiel bewirkt. Das passiert an den Tagen der Wintersonnenwende, also zwischen dem 20. und 23. Dezember, und ist seht gut vom westlichen Eckturm der Stadtmauer („Baluard") aus zu verfolgen.

5. Die Apsiden: Die Eucharistie in drei Phasen

Die drei Apsiden bieten eine plastische Einführung in das Sakrament der Eucharistie: Einsetzung, Feier und Anbetung.

● 5.4. Linke Apsis: Einsetzung der Eucharistie

Wer sich der Apsis links vom Hauptaltar nähert, bekommt den „König" der mallorquinischen Altaraufsätze in den Blick. Dieser „Corpus Christi Retabel" in barockem Stil entstand von 1626 bis 1641 unter Leitung von Jaume Blanquer. Sein zentrales Thema ist die **Einsetzung der Eucharistie im letzten Abendmahl** durch Jesus im Kreis der zwölf Apostel. Im Untersatz des Altars wird Christus in zwei Gerichtsszenen (Sanedrin und Pilatus) als *Ecce Homo* dargestellt. Vor dem Altartisch drei von Reben und Ähren umrahmte eucharistische Urbilder: *Die Bewirtung der drei Pilger-Engel, das Opfer des Melchisidek und Isaaks*. Die beiden Fenster dieser Apsiskapelle zeigen die Speisung Elias' durch einen Engel und das Wunder der Brotver-mehrung.

Links neben dem Altar ist die **Grabstätte des ersten Bischofs von Mallorca** nach der Rückeroberung von 1229 zu sehen (Ramon de Torrella, 1238-1266).

5.3. Rechte Apsis:
Eucharistische Anbetung

Am 2. Februar 2007, in Anwesenheit
des spanischen Königspaares, weihte
Bischof Jesús Murgui diese von Miquel
Barceló umgestaltete Kapelle, in der das
Allerheiligste verehrt wird. Zentrales
Thema der Keramikverkleidung
(300 m²) an den Wänden ist Jesus, Brot
des Lebens für die Welt. Das Triptychon
zeigt auf den Seitenteilen das Meer
mit Fischen und Früchten (links) und
das Feld mit seinen Produkten (rechts).
Im Mittelteil erhebt sich die Silhouette
des auferstandenen Christus, der den
Tod besiegt hat, sichtbar noch in den
aufgestapelten Schädelknochen, aber
überwunden durch die Gegenwart des
Herrn im Tabernakel. Altar, Lesepult,
Priestersitz und Bänke sind aus mallorquinischem Stein (Binissalem). Die fünf
Kirchenfenster sind ebenfalls Werk von
Barceló.

5.2. Hauptapsis:
Feier der Eucharistie

In der Hauptapsis, der ehemaligen
Königskapelle (siehe 4.2. auf Seite 11)
befinden sich das Presbyterium und
das Chorgestühl (von Gaudí 1904 aus
dem Kirchenschiff hierher verlegt).
Es ist der Ort, an dem **die Heilige
Messe feierlich begangen wird**.

6. RUNDGANG DURCH DIE SEITENSCHIFFE

In Anbetracht der dort vorhandenen Beschilderung beschränke ich mich hier auf einige Besonderheiten.

In der **Kapelle Unserer Lieben Frau von der Krone** ist eine **liegende Skulptur der Jungfrau** (15 Jh.) zu sehen. Sie zeigt „Die entschlafene Jungfrau", auf Mallorca „**Totenbett der Muttergottes**" genannt. Am Festtag ihrer Aufnahme in den Himmel (15. August) wird die Skulptur zusammen mit vier Engelsfiguren inmitten des Hauptschiffes erhöht unter einem Baldachin und umgeben von Basilikum und Mirabellenbüschen aufgestellt.

Die **Bernhard-Kapelle** ist nach einem Brandschaden im Jahre 1912 von dem Architekten Joan Rubió i Bellver (1913-1921) erneuert worden. Dem hl. Abt von Clairvaux geweiht zeigt der neugotische Altaraufsatz Episoden aus seinem Leben und andere Heilige des Zisterzienserordens. Auch die von Darius Vilar entworfenen Kapellenfenster geben Lebensbilder des hl. Bernhard wieder.

Über dem **Mirador-Portal** brachte Antonio Gaudí Teile des **gotischen Hauptaltars** (ca. 1420) an. In der Altarpredella sind die Sieben Freuden Mariens als Flachrelief dargestellt. Gaudí verkleidete die sieben Nischen darüber mit Holz und stellte ihre Figuren wie folgt um: die Tabernakel-Muttergottes des Domes in die Dreifaltigkeitskapelle und die sechs Heiligenfiguren (je drei Männer und drei Frauen) mit Thronhimmeln versehen an die Seitenwände des Presbyteriums.

In der **Kapelle vom Hl. Herzen** wird ein Prozessionskreuz aufbewahrt, das mit Wachsblumen geschmückt am Fonleichnamszug teilnimmt.

• Gotischer Hauptaltar

• Große Orgel

• Krippe

CATEDRAL DE MALLORCA

Die Krippe mit drei Figuren der Bildhauerin Remígia Caubet (1919-1997) steht in der **Benedikt-Kapelle**. Zu Weihnachten wird sie vor dem Presbyterium aufgebaut.

Parallel zum Taufbecken sehen wir in der **ehemaligen Seelenkapelle** Darstellungen des **hl. Johannes d.T.** und des **hl. Bruno**. Diese Werke von Adrià Ferran i Vallès (1812) standen – ebenso wie das Großgemälde **Übergabe der Himmelsschlüssel an Petrus** von Salvador Torres (1839)– im Altaraufsatz der rechten Apsiskapelle vor deren Umgestaltung durch Miquel Barceló.

Die **Kapelle von der Unbefl. Empfängnis** diente von 1913 bis 1938 der Pfarre am Almudaina-Palast als Kultort.

Das steinerne **Eingangsportal des alten Chores** (16. Jh.), der bis 1904 im Mittelschiff stand, wurde an die Schwelle einer alten Kapelle gestellt, die heute Durchgang zur Chorknabensakristei ist.

In der **Pieta-Kapelle** wird in der linken Ecke zusammengeklappt die **Treppe** aufbewahrt, die **Gaudí** für die Aussetzung des Allerheiligsten auf dem Hauptaltar entwarf. Ausdruck seines Könnens und tiefer Frömmigkeit. Die große **Orgel** wurde nach Plänen von Pere Josep Bosch erbaut und 1797 eingeweiht. Bereits für die erste Bauphase der Kathedrale ist die Existenz einer Orgel nachgewiesen (1328).

In der **Hieronymuskapelle** wurde nach seiner Restaurierung das **monumentale Mausoleum des Marquis „de la Romana"**, Pere Caro Sureda (gest. 1811), Heros des Unabhängigkeitskrieges, untergebracht. Es stammt aus dem Dominikanerkloster in Palma.

● 7. KREUZGANG UND VERKAUFSLADEN

An der Hieronymuskapelle vorbei gelangen wir zum **Kreuzgang** (1709-1715), dem die frühere Nutzgarten des Domkapitels, erweitert um ein Nachbargrundstück, weichen musste. Die Kosten übernahm der Domherr Ramon de Salas Sureda. Er ist rechtwinklig im Renaissancestil angelegt. Im Innenhof eine Zisterne mit Brunnenrandmauer. Im Kreuzgang werden verschiedene Objekte ausgestellt, die archäologisch und ethnographisch von Interesse sind.

Der Rundgang endet im Verkaufsladen mit Souvenirs und religiösen Artikel. Ein Glasfußboden erlaubt den Blick auf archäologische Reste aus der Römerzeit (1. Jh. v. Chr.). Das Geschäft spezialisiert sich zunehmend auf die Verbreitung des kulturellen und religiösen Erbes von Mallorca, insbesondere der Kathedrale.

• Klapptreppe (A. Gaudí)

• Johannes der Täufer

• Mausoleum des Marquis de la Romana

PUBLICACIONS CATEDRAL DE MALLORCA

www.catedraldemallorca.org

Mallorca

Titelfoto: Cala Molins in Cala Sant Vicenç

Hans-R. Grundmann

Mallorca

Das Handbuch für den optimalen Urlaub

Hans-R. Grundmann

MALLORCA
Handbuch für den optimalen Urlaub

22. aktualisierte Auflage 8/2012
mit 3 separaten Beilegern:
• Wander- und Naturführer
• Optimal unterkommen auf Mallorca
• Mallorca-/Palmakarte

ist erschienen im

Reise Know-How-Verlag
Dr. Hans-R. Grundmann
Am Hamjebusch 29
26655 Westerstede

ISBN 978-3-89662-278-5

© Dr. Hans-R. Grundmann

Gestaltung
Umschlag: Carsten Blind, Asperg, Hans-R. Grundmann
Satz und Layout: Hans-R. Grundmann, Carsten Blind
Zeichnungen: Folkmar Immel, Westerstede
Karten: map solutions, Karlsruhe

Fotos ➢ Fotonachweis auf Seite 486

Druck
W. Zertani, Druckerei und Verlag, Bremen

Dieses Buch ist in jeder Buchhandlung
in Deutschland, Österreich und der Schweiz erhältlich.
Die Bezugsadressen für den Buchhandel sind

– Prolit Gmbh, 35463 Fernwald
– Buch 2000, CH-8910 Affoltern
– Mohr & Morawa GmbH, A-1230 Wien
– Barsortimenter

Wer im lokalen Buchhandel Reise Know-How-Bücher nicht findet,
kann diesen und andere Titel der Reihe auch im Buchshop des
Verlages im Internet bestellen: **www.reisebuch.de**

Zur Konzeption dieses Buches

Die meisten Mallorcaurlauber haben im Vorwege ein Quartier bei einer Reisegesellschaft, im Internet oder über sonstige Kontakte fest gebucht. Und damit schon die Weichen für einen gelungenen Urlaub – oder das Gegenteil – gestellt. **Denn Mallorca ist nicht gleich Mallorca; zwischen manchen Zielen liegen Welten.** Selbst ein Ort, der den eigenen Vorstellungen weitgehend entspricht, macht oft keine rechte Freude, wenn man im »falschen« Hotel oder Apartment landet.

Normalerweise leisten Reiseführer zur Frage der »richtigen« Orts- und Unterkunftswahl wenig Hilfestellung. Im Vordergrund stehen allgemeine, eher positive Kennzeichnungen von Ortscharakteristika und Sehenswürdigkeiten.

Hier ist ein anderer Ansatz gewählt: **die Ferienziele Mallorcas werden** – unter Berücksichtigung unterschiedlicher Interessen und Nennung von Vorzügen **und** Nachteilen – **zunächst auf ihre Eignung als Urlaubsort abgeklopft.** Begründete Hotel- und Apartmentempfehlungen ergänzen in einem **Unterkunftsbeileger** die Ortskritiken. Sie basieren ausnahmslos auf Begutachtung vor Ort. Das gilt auch für die zunehmende Zahl von Empfehlungen für **Quartiere abseits typischer Urlaubszentren**, konkret für Fincahotels und umgebaute Stadtvillen.

Aktuelle Aufstellungen unter verschiedenen Annahmen zeigen, mit welchen **Urlaubskosten** heute auf Mallorca in etwa zu rechnen ist.

Grundsätzlich liefert dieses Buch Antworten auf alle wesentlichen Fragen der Urlaubsplanung und -gestaltung. Das **Hauptgewicht** liegt auf Kapiteln unter der Überschrift **»Mallorca entdecken auf eigenen Wegen«.** Ob es sich um Ausflüge ins Hinterland der Insel, Bootstrips, Wanderungen zu Aussichtspunkten und Burgruinen oder Besichtigungs- und Einkaufstouren handelt, der Leser findet mit ziemlicher Sicherheit, was ihn interessiert. Kompakte **Übersichten** helfen, in Frage kommende **Ausflugsziele und -routen** rasch zu orten.

Kulinarisch und/oder kostenmäßig empfehlenswerte und ganz besonders schön gelegene Restaurants sind durch **Piktogramme** markiert, die interessantesten von ihnen noch einmal in einer Tabelle (mit Karte) herausgehoben.

Ein Exkurs »Literarischer Streifzug ...« ist Poeten und Schriftstellern gewidmet, die sich intensiv mit Mallorca befasst haben. Man staunt, welch illustre Namen man unter ihnen findet und erfährt damit, dass Mallorca schon lange vor »Erfindung« des Massentourismus als Reiseziel bekannt war. Wer sich intensiver für die immer länger werdende Liste der Mallorcaliteratur interessiert, findet eine ausführlichere Fassung des Beitrags (auch zu jüngeren Neuerscheinungen) auf der Website des Verlages; ↪ Seite 453.

Die **Wanderrouten im Beileger** wurden z.T. vom mallorquinischen Wanderführer *Paco Ponce* und seiner deutschen Frau ausgewählt und beschrieben. Sie haben auch die Rezepte zur **Küche Mallorcas** geliefert. Die einheimische **Flora** hat der auf Mallorca lebende bekannte Buchautor und Naturexperte *Herbert Heinrich* gezeichnet und erläutert. Von ihm sind auch die subtilen **Comics zu Mallorcas Geschichte.**

Eine gute Zeit auf Mallorca wünscht Ihnen

Hans-R. Grundmann

TEIL 2   MALLORCA ENTDECKEN AUF EIGENEN WEGEN

5   Systematik der folgenden Kapitel

6   Palma de Mallorca

7   Ortschaften und Ziele nach Regionen

*Nebelschwaden über
dem Cap Formentor*

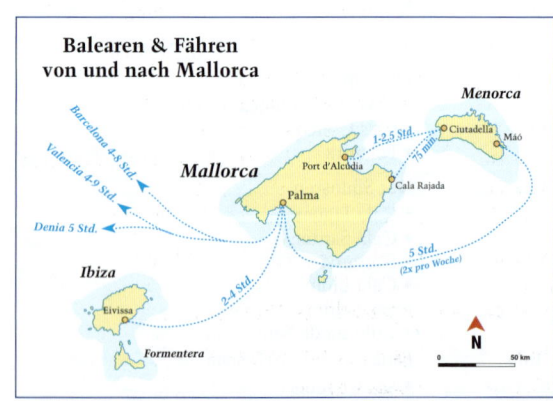

**Balearen & Fähren
von und nach Mallorca**

Menorca

Barcelona 4-8 Std.

Valencia 4-9 Std.

1-2,5 Std.   Ciutadella   Máo

75 min

Mallorca

Port d'Alcúdia

Denia 5 Std.

Palma

Cala Rajada

5 Std.
(2x pro Woche)

Ibiza

2-4 Std.

Eivissa

Formentera

0   50 km

N

Bedeutung der Piktogramme ⇨ Seite 145
(verwendet in den Kapiteln 6 und 7)

 Die Wanderpiktos finden sich überall dort, wo Gelegenheit für einen längeren Spaziergang, kleinen Fußmarsch oder Aufstieg oder auch zu einer »richtigen« Wanderung besteht.

 Der Schwimmer bezieht sich auf gute Bademöglichkeiten. Wasserqualität und Umfeld sind dort besonders einladend.

FERIENZIEL
MALLORCA

Rauchen auf Mallorca

Auf den Balearen trat bereits im Sommer 2005 ein Antiraucher-gesetz in Kraft, das Rauchen in der Öffentlichkeit reglemen-tierte. **Seit 2011** gilt nun in ganz Spanien das schärfste Antirau-chergesetz Europas. Zuvor erlaubte Raucherzonen in der Gas-tronomie wurden abgeschafft und auch das Rauchen in der Öffentlichkeit weiter eingeschränkt. So darf in unmittelbarer Nähe (was immer das im Einzelfall heißen mag) von Kindergär-ten und Spielplätzen, Schulen, Krankenhäusern etc. nicht mehr zum Glimmstengel gegriffen werden. Raucherecken oder -kabi-nen in Bahnhöfen und Flughäfen sind nicht mehr gestattet, nur Hotels dürfen noch Raucherzimmer ausweisen. Auch öffent-liche Verkehrsmittel einschließlich Taxen sind Rauchverbots-zonen, selbst offene Oberdecks von Doppeldeckerbussen.

In Gaststätten darf zwar noch auf der Terrasse draußen geraucht werden, aber es gelten detaillierte Auflagen für die Ausstattung.

Schreibweise der geographischen Bezeichnungen

Mit der Wiederbelebung des *Catalán*, der unter Franco verbote-nen Regionalsprache Kataloniens und der Balearen, wurden in den 1990er-Jahren auf Mallorca fast alle Orts- und Straßen-namen verändert. Für Ortschaften bedeutete das in den meisten Fällen eine gegenüber dem Hochspanischen nur leicht modifi-zierte Schreibweise (so z.B. *Peguera* statt Paguera, *Sant Elm* statt San Telmo); manche Ortsnamen blieben auch unverän-dert. Bei den Straßen (*Carrer* statt *Calle* = Straße, **Avinguda** statt *Avenida* = Allee, **Passeig** statt *Paseo* = Passage/schmaler Weg u.a.) gab es oft zugleich Namensänderungen, vor allem, um unliebsame Erinnerungen an Personen aus der Zeit der Franco-Diktatur zu beseitigen. Ganz anders bezeichnet als vor-dem sind manche Buchten und Strände.

In den letzten Jahren gedruckte (Straßen-)Karten von Mallorca, Stadt- und Ortspläne berücksichtigen weitgehend die Umstel-lung auf die katalanischen Bezeichnungen und Schreibweisen. Nur in wenigen findet man noch spanischsprachige »Reste«. Dieses Buch und die beiliegende Karte wurden ebenfalls lange umgestellt. Vielfach sind sich aber selbst die Mallorquiner bis heute nicht ganz einig, wie es denn nun in ihrer Sprache richtig heißt. Der/Die Leser/Leserin möge Verlag und Autor daher ge-legentliche Abweichungen nachsehen.

Nur im deutschsprachigen ***Mallorca Magazin***, einer auf Mal-lorca verlegten Wochenzeitung, und in **Katalogen wie Internet-auftritten deutscher Reiseveranstalter** hält man immer noch an kastilischen Ortsbezeichnungen und Straßennamen fest.

Mehr zur Sprachensituation auf Mallorca steht auf Seiten 440f.

1.   MALLORCA – NUR 2 FLUGSTUNDEN IN DIE SONNE

1.1   Mallorcatourismus aktuell

Entwicklung und Probleme

Über Jahrzehnte ging es mit Mallorca wirtschaftlich steil bergauf. Lebte die Insel noch vor 50 Jahren überwiegend von Agrarwirtschaft und Fischfang mehr schlecht als recht, machte seither der Tourismus die Baleareninseln zur trotz Wirtschaftskrise immer noch reichsten Region Spaniens. Mit dem Wohlstand war indessen auch der Verdruss vieler Mallorquiner über dessen Folgeerscheinungen und Nebenwirkungen gewachsen. Als vor ein paar Jahren die damalige Provinzregierung der Balearen öffentlich die Erkenntnis äußerte, dass weniger Touristen eigentlich besser seien, und versprach, in diesem Sinn geeignete Maßnahmen zu ergreifen, war die Zustimmung im Wahlvolk groß.

Qualitätstouristen

Da »weniger Touristen« aber an sich auch heißt »weniger Einnahmen«, was gar nicht erwünscht war, ersann man den Begriff des »Qualitätstouristen« (⇨ auch Seite 85), der her müsse. Der gibt mehr aus als ein »Billigheimer« und randaliert nicht nachts auf den Promenaden von Playa de Palma oder Magaluf. Dabei steht der Urlaubertypus »Ballermann« durchaus für Qualität im Sinne beachtlicher Umsätze der Gastronomie wie Arbeitsplatzsicherung – im Gegensatz etwa zum gerne positiv zitierten, aber nach aller Erfahrung weit weniger konsumfreudigen Wanderurlauber. Auf ihren Kern reduziert war die unfreundliche Aussage: »Liebe Besucher, wir wollen zwar Euer Geld, aber vorzugsweise ohne Eure Anwesenheit!« Das blieb im Ausland nicht ungehört und brachte der Türkei und anderen Urlaubsländern schöne Zugewinne.

Ökosteuer und »Teuro«

Damit nicht genug, wurde auch noch eine Öko-Zwangsabgabe für Touristen erfunden und zwar ausgerechnet, als die Reiselust vor allem der Deutschen ohnehin erstmals nachgelassen hatte. Als dann bei der Euroeinführung großzügige Aufrundungen auch noch für einen enormen Preisschub in der Gastronomie sorgten, war es kein Wunder, dass die Insel vor einigen Jahren zeitweise fast ein Drittel der gewohnten deutschen Urlauberzahl verlor.

Die Zeiten ändern sich

So hatte man sich das nicht vorgestellt. Eine neue Regierung beeilte sich, die Ökosteuer wieder abzuschaffen und zu versichern, dass alles ein großes Missverständnis und selbstverständlich jeder Besucher willkommen sei, nicht nur der €300-pro-Tag-Golfer.

Kein Strand in der Karibik, sondern Cala Agulla (bei Cala Rajada) Ende April

Seit 2011 ist wiederum die tourismusfreundlichere konservative Partei am Ruder, und das Unwort »Qualitätstourist« aus dem Sprachgebrauch verschwunden. Die Qualitätsverbesserung der Gäste steht nicht mehr auf der Agenda.

Preisentwicklung/all-inclusive

In der Gastronomie kam es nach den Euroschock bedingten Einbußen bald zu Korrekturen. Die Preise in den meisten Restaurants und Kneipen sind heute zwar nicht gerade niedrig, aber im allgemeinen nicht mehr über deutschem Niveau, obwohl die MWSt. angehoben wurde. Wo starke Konkurrenz herrscht, sind die Bars, Cafés und Restaurants oft auch billiger als bei uns. Von Umsatzrückgangen besonders betroffene Hotels gerieten unter Druck und suchten ihr Heil in der Umstellung auf »all-inclusive«, was für Pauschalbucher die Urlaubskosten (auch) auf Mallorca senkte, zumindest aber stabilisierte.

Krise 2008 bis heute

Mit der Weltwirtschaftskrise seit Herbst 2008 ging es bei den Buchungszahlen zunächst bergab und mehr Hotels als üblich schlossen ab November und öffneten Anfang des Folgejahres später als sonst. Dennoch freuten sich manche Orte, zumindest soweit sie touristisch überwiegend deutsch orientiert waren, dank der stabileren Wirtschaftslage in Deutschland schon 2011 wieder über deutlich mehr Urlauber als vor der Krise.

Aber aus den nach Deutschland wichtigsten Urlaubernationen Großbritannien und Spanien kommen nach wie vor nicht die bis 2007 gewohnten Scharen. Zwar geht es den Briten wirtschaftlich auch nicht besonders gut, aber bei einer Rekordarbeitslosenquote in Spanien von über 25% ist es kein Wunder, dass sich vor allem die Besucherzahl aus dem eigenen Land seit Krisenbeginn von ca. 2 Mio/Jahr auf gerade noch um 1 Mio halbierte (Prognose für ganz 2012).

Erholung und Strukturwandel 2012

Zum Glück für Mallorca sorgen nicht nur die Deutschen seit 2011 für einen gewissen Ausgleich, sondern der krisenbedingte Ausfall gleich mehrerer Urlaubsländer in Nordafrika führte zu einem Mallorcaboom auch aus Skandinavien und Ländern des Ostblocks, besonders aber aus Russland. Insgesamt steht Mallorca daher wirtschaftlich erheblich besser da als andere Regionen Spaniens.

Strand der Cala Fornells im Juni

1.2 Was bietet Mallorca?

1.2.1 Bevölkerung und Geographie

Fläche und Einwohner

Leicht unterschätzt man die Größe Mallorcas. Die Insel verfügt über eine Ausdehnung von **3640 km²**, was ziemlich genau der zusammengenommenen Fläche des Saarlandes und der Stadtstaaten Bremen und Hamburg entspricht. Bei einer Bevölkerung (mit gemeldeten Ausländern) von ca. **920.000** liegt die durchschnittliche Dichte mit 253 Einwohnern/km² etwas über dem Niveau von Sachsen. Die Mehrheit lebt im **Raum Palma (ca. 405.000)** und an den Hauptverkehrsachsen Palma-Alcúdia und Palma-Manacor.

Touristen 2012

Die Küsten- und Gebirgsregionen und das Flachland im Südosten sind nur dünn besiedelt. Außer in der Saison von Ende Mai bis Mitte Oktober. Dann reist das Gros der **im Jahr 2012 voraussichtlich über 8 Mio Touristen** (darunter ca. 3,6 Mio. aus Deutschland, 2 Mio. aus Großbritannien und fast 1 Mio aus Russland; ca. 80.000 bzw. 200.000 aus Österreich und der Schweiz plus ca. 1 Mio aus dem eigenen Land) nach Mallorca und füllt die Ferienzentren im Norden, Osten und Südwesten (die Zahlen sind ungenau und in verschiedenen Quellen widersprüchlich, da sie am Airport erhoben werden und auch Doppelzählungen enthalten dürften).

Eckdaten Geographie

Mallorca hat die Form eines gegen Norden auf die Spitze gestellten leicht gestauchten Quadrates mit Dellen oben rechts und unten links, verursacht durch die Buchten von Pollença, Alcúdia und Palma. Ein ca. **20 km breiter Gebirgszug**, die *Serra de Tramuntana* mit Gipfeln bis zu 1400 m Höhe, entlang der zerklüfteten nordwestlichen Steilküste von der Insel Dragonera bis zum Cap de Formentor bedeckt ein gutes Viertel der Inselfläche.

Binnenland

Die sich nach Osten anschließende, oft wellige **Ebene *Es Pla*** wird im zentralen Bereich von kleineren Höhenzügen unterbrochen. **Klöster** und **Wallfahrtskirchen** krönen die markantesten Erhebungen. Während sich im Südosten die Ebene bis zur Küste fortsetzt, liegen die östlichen Hafenstädtchen und Urbanisationen von Portopetro bis Cala Rajada mehr oder minder im Schutz der *Serra de Levante*, einer **Gebirgsregion**, die sich im Norden auf die gesamte Halbinsel von Artá erweitert. Sie erreicht – vom Meer aus gesehen – durchaus nennenswerte Höhen von über 500 m.

West- und Ostküste

So verschieden wie die Landschaften im Inselinneren präsentieren sich die Küstenstriche. Findet man in den wenigen zugänglichen Buchten an der hochaufragenden **Steilküste im Nordwesten** nur in Port de Sóller und Cala Sant Vicenç Sandstrände, stößt man an der ebenfalls überwiegend **felsigen Ostküste** auf eine Vielzahl idyllischer kleiner Buchten mit Stränden. Tiefe Einschnitte in die Küstenlinie (Cala d'Or, Cala Mondragó) und sich nach dem Durchbruch erweiternde Buchten (Portopetro, Portocolom) bieten geschützte **Wassersportreviere**. Im **Nordosten** liegen **breite offene Strände** mit türkis schimmernder Wassertransparenz (Sa Coma, Cala Millor und vor allem die *Calas Agulla* und *Mesquida*).

**MALLORCA
Landschaftliche
Gliederung**

N

Cap Formentor
Cala Sant Vicenç
Port de Pollença
Bahia de Pollença
Pollença
Cap de Pinar
Tomir 1103 m
Alcúdia
Massanella 1348 m
Puig Major 1445 m
Bahia d'Alcúdia
Port de Sóller
Sa Pobla
Parc Nacional de Albufera (Sümpfe)
Can Picafort
Cap de Ferrutx
Puig Morey 562 m
Cap de Freu
L'Ofre 1091 m
Sóller
Sta. Margalida
Puig de Ferrutx 519 m
Capdepera
Teix 1064 m
Inca
Sineu
Artà
Cala Rajada
Valldemossa
Es Pla
Serra de Tramuntana
Serra de Llevant
Cala Millor
Galatzo 1025 m
Sa Dragonera
Andratx
PALMA
Algaida
Zentrale
Manacor
Sa Coma
Peguera
Magaluf
Playa de Palma
Puig de Randa 549 m
Tiefebene
Porreres
Felanitx
Porto Colom
Santa Ponça
El Arenal
Llucmajor
Campos
S'Estanyol
Sa Ràpita
Cala d'Or
Portopetro
Cap Blanc
Santanyí
Colonia de Sant Jordi
Cap de ses Salines

Nordküste

Im **Inselnorden** bietet die Bucht von Pollença – einschließlich des schönen, südlich orientierten Strandes von *Formentor* – kleinere Strandabschnitte an ihren felsigen Flanken, und Sandstrand wechselnder Qualität am flach auslaufenden Ufer entlang der Küstenstraße. Fast **8 km ununterbrochene Strandlinie** hat die Bucht von Alcúdia zwischen Port d'Alcúdia und Can Picafort aufzuweisen. Wegen der ungeschützten nordöstlichen Lage baut sich dort nicht selten kräftige Brandung auf. Östlich von Can Picafort/Son Baulo beginnt eine flache Felsküste mit nur wenigen Strandabschnitten.

Süd-und Südwestküste

Ein Sonderfall sind der helle, ebenfalls **kilometerlange Strand *Es Trenc*** zwischen Colonia de Sant Jordi und Sa Rapita sowie seine kleineren südlichen Verwandten. Außer den Stränden vor einem kiefernbewachsenen, schmalen **Dünengürtel** bietet diese Inselecke jedoch landschaftlich nichts. Westlich von S'Estanyol steigt die Küste an und ist mit wenigen Unterbrechungen bis hin zur **Bucht von Palma** kaum noch zugänglich. Die präsentiert sich hinter künstlich verbreiterten Stränden weitgehend zugebaut. Nur das äußerste Ende der Westflanke mit der **Cala Falco** und den Buchten von **Portals Vells** entging der totalen Urbanisierung.

Der sich anschließende **sanft gebirgige Südwesten** gehört zu den beliebtesten Regionen der Sonnensucher. Dessen große und kleine Buchten mit und ohne Strand befinden sich weitgehend in der Hand von Tourismusindustrie und Immobilienfirmen.

1.2.2   Klima

Klimawandel? Milde Winter, ein sonnenreiches Frühjahr und ein langer Herbst mit angenehmen Luft und Wassertemperaturen galten lange als kennzeichnend für das Klima auf Mallorca. Ein sonnensicherer, heißer Sommer mit nur seltenen Regentagen sowieso. Das Klima war daher zu jeder Jahreszeit ein Motiv für den Mallorcaurlaub.

Neuerdings kommen da indessen Zweifel. Die Sommer 2008 und 2009 hatten – für mallorquinische Verhältnisse – zu viele Regentage, die Winter 2009 und 2010 waren ziemlich ungemütlich, der Spätherbst 2011 durchsetzt mit ganzen Regenwochen »am Stück« und der Winter 2011/2012 wieder zu kalt mit weniger Sonnen- und mehr Regentagen als im langjährigen Durchschnitt. Das könnte für eine Tendenz sprechen, zumal auch das Frühjahr 2012 bis in den Mai hinein ziemlich »mies« war.

Doch die meisten Wetterforscher sagen, das läge alles noch im normalen Schwankungsbereich. Daher entsprechen die folgenden Kennzeichnungen der Klimata in den Jahreszeiten den altbekannten Erfahrungen. Man muss aber wohl von der Möglichkeit größerer Abweichungen als bisher ausgehen.

Winter Angenehme Ferientage auf Mallorca sind durchaus auch im Winter möglich. Vorausgesetzt, eine heizbare Unterkunft steht zur Verfügung, und die dann kühlere Witterung, die aber tagsüber **bei gutem Wetter selten unter 10°C-15°C** sinkt, wird für angepasste Aktivitäten genutzt. Vor allem im Dezember/Januar gibt es auch schon mal kältere Perioden mit reichlich **Regen**, **Wind** und – in den Höhenlagen der *Tramuntana* – ab und zu sogar **Schnee**. Bis November/ab Februar sind warme Tage voller **Sonnenschein**, die wir als sommerlich bezeichnen würden, nicht selten.

Frühjahr Mancher **Februar** war schon wärmer und sonniger als die beiden Folgemonate. Grundsätzlich muss jedoch im Frühjahr **bis Mitte Mai mit regelmäßigen Regentagen** und durchsetzten Wetterperioden gerechnet werden (so wie z.B. 2011+12). Abends kann es bis weit in den **Mai** hinein noch **recht kühl** sein, weshalb sich das Meer nur langsam erwärmt. Lediglich an flacheren Stränden findet man **Wassertemperaturen um 20°C bereits Mitte Mai**, bei tieferem Wasser kaum vor Ende des Monats.

*Kloster Lluc im
seltenen Schnee*

Sommer   Von da ab erwärmt sich parallel zur nun kontinuierlicheren Sonneneinstrahlung das Meer rasch. Regentage und bedeckter Himmel werden im Juni zur Seltenheit und sind im **Juli** und **August** die große Ausnahme. Die **Tagesdurchschnittstemperaturen** steigen dann von Mitte 20°C auf über 30°C. Im August bringt das Baden bei **Wassertemperaturen** von **25°C-28°C** nur noch kurzfristig Abkühlung. Eine an den Küsten meist wehende leichte Brise sorgt aber dafür, dass die Hitze erträglich bleibt. Jedoch im Inselinneren ist der Sommer extrem heiß.

Sommer   Alle **Aktivitäten** mit Ausnahme des Wassersports sind im Juli/ August allemal schweißtreibend. Unternehmungen wie die Besichtigung Palmas oder ein kleiner Ausflug im Auto werden dann leicht als Strapaze empfunden. Eine im Juni zunächst noch sehr erfreuliche Begleiterscheinung der steigenden Temperaturen sind die **lauen Abende**, die dem Urlauber auch den späten Besuch der vielen Gartenrestaurants und Kneipenterrassen ohne Frösteln ermöglichen. Im Sommer reicht die nur noch leichte nächtliche Abkühlung oft nicht aus, um die Hitze aus dem Hotelzimmer herauszubringen. In der Vor- und Nachsaison erfreut registrierte Sonnenbalkons würden viele Urlauber jetzt gern mit einem Raum zur Schattenseite tauschen. **Klimaanlagen** in den Zimmern sind erst ab ✶✶✶✶Unterkünften zu erwarten.

Herbst   Im **September** sinken die Lufttemperaturen langsam auf das Juniniveau, das **Wasser** bleibt fast so warm wie im Vormonat. Der **Oktober** bringt wieder mehr Regen; Luft- und Wassertemperaturen liegen jedoch immer noch über dem Maimittel. Erst im **November** zeigt sich Mallorca häufiger spätherbstlich kühl.

Klimatabelle

Monat	Durchschnittliche Tagestemperatur Mittagszeit (°C)	früher Abend	Wassertemperatur (°C)	Sonnenstunden proTag	Wolkenlose Tage	Tage mit Niederschlag
Januar	15	10	13	5,5	8	10
Februar	15	10	13	5,2	8	9
März	17	12	14	6,4	9	9
April	19	14	15	7,6	9	7
Mai	23	17	17	9,1	11	7
Juni	27	21	21	10,2	13	6
Juli	30	24	24	11,1	18	2
August	30	25	25	10,3	19	3
September	28	22	24	7,5	10	7
Oktober	23	18	21	6,5	9	11
November	19	13	18	5,6	7	10
Dezember	16	11	15	5,0	7	11

**Klima-
tabelle**

Die Klimatabelle gibt die **statistische Verteilung** von Temperaturen, Sonnenstunden, sowie »strahlenden«Sonnen- und Regentagen (an denen Niederschläge fallen, die aber deshalb nicht total verregnet sein müssen) auf die einzelnen Monate wieder. Mit Ausnahme der Wassertemperaturen kommt es aber in einzelnen Jahren und noch mehr in ein paar Urlaubswochen zu manchmal erheblichen Abweichungen von den langjährigen Mittelwerten.

Das aktuelle
Mallorca-
wetter
findet man
im Internet
auf diversen
Websites:
z.B. unter
http://
mallorca.de

Beachtet werden muss darüber hinaus, dass sich in Frühjahr und Herbst recht deutliche Unterschiede zwischen Monatsanfang und Monatsende ergeben können, besonders in den Monaten **Mai** und **Oktober**. So sind etwa die **Wassertemperaturen** Anfang Mai noch sehr niedrig, während sie Ende Mai im allgemeinen bei 20°C und darüber liegen. In Verbindung mit dem vorstehenden Text vermittelt die folgende Übersicht aber ein recht zutreffendes Bild über die klimatischen Bedingungen auf Mallorca.

Flora

Den Schwankungen über das Jahr entspricht das Erscheinungsbild der Insel. Ab Ende Januar füllen sich Täler und Ebenen mit bis in den Mai hinein wechselnder **Blütenpracht**. Die **Mandelblüte** wird im März abgelöst von der nicht minder attraktiven **Pfirsichblüte** vor dem dann zarten bis satten Frühjahrsgrün allerorten. Die ausgedehnten **Orangen-** und **Zitronenplantagen** tragen ebenfalls ab Ende Januar bis Ende April – in einigen Regionen zuweilen noch im Juni – eine unglaubliche Fruchtdichte. Blumen schießen auch ohne besondere Pflege üppig ins Kraut; ganze Wiesen leuchten gelb, rot und blau, je nach Saison. Doch mit der **Trockenheit im Juni** verblassen Frische und Farben der Flora.

Mehr zu den
Pflanzen
und Blumen
Mallorcas
steht im
separaten
Wander-
und Natur-
führer

Nach der Hitze des manchmal nahezu regenlosen Hochsommers ist im September alles braungelb verdorrt. Selbst der sonst immergrüne Bewuchs der Ebenen erscheint, von Staub bedeckt, grau. Erst mit dem Herbstregen setzt sich ab **Oktober** wieder langsam das Grün als beherrschende Farbe durch.

Sommeranfang 2012 an der Playa de Palma mit neuen grellfarbenen Strandliegen

1.2.3   Saisonzeiten auf Mallorca und der Reiseveranstalter

Hochsaison

Klimatische Bedingungen und saisonale Abgrenzungen in der Tourismusindustrie entsprechen einander. Anzahl der Sonnenstunden pro Tag und Wassertemperaturen über 25°C im Verein mit der Lage europäischer **Sommerferien** determinieren die absolute Hochsaison für die Monate **Juli** und **August**. Die Quartiere sind in dieser Zeit teilweise bis zu 100% ausgelastet, die Preise hoch und die Strände manchenorts bis zum letzten Quadratmeter belegt. Das dürfte 2012 wie auch bereits 2011 (nach der Durststrecke 2008-2010) erneut der Fall sein, ⇨ Einleitung Seite 14.

Vor- und Zwischensaison

Die **Hochsaisontarife** der Unterkünfte bei Individualbuchung (bei Pauschalbuchung ⇨ Seite 86f) gelten oft bereits ab Mitte Juni bis Mitte September. **Mai** und **Oktober**, sowie **Juni** bzw. **September** bis zum Beginn bzw. ab Ende der auch vom Ferienort abhängigen Hochsaison stehen für eine Art Zwischensaison. **März** und **April** sind eindeutig Vorsaison, sieht man von den Osterwochen ab. Dann kommen traditionell viele Festlandspanier auf die Insel. Die restlichen Monate sind fast überall »Saure-Gurken-Zeit«.

Inselsaison

Ein verlässlicher **Indikator für die »wirklichen«Saisonzeiten**, ist die Höhe der auf Mallorca direkt auszuhandelnden/geforderten **Preise für Apartments** und Ferienwohnungen. Tages-, Wochen- oder Monatsbasispreise der Vorsaison erhöhen sich im **Mai** oder **Oktober** meist noch relativ moderat, werden aber im **Juni** und **September** um einen kräftigen Prozentsatz angehoben. Je nach Qualität und vor allem Lage der Objekte gilt im **Juli/August** der doppelte bis mehrfache Preis der Vorsaison. Dafür sind von **November** bis **Februar** einfache 2-Zimmer-Apartments für Mieten unter €50/Tag zu haben, bessere und größere ab ca. €60/Tag.

**Quartier-
suche**

Auch individuell Anreisende kommen selbst im Juli/August normalerweise noch kurzfristig irgendwie unter, wiewohl nicht eben im Ort der Wahl und zu günstigen Tarifen. Vorher bzw. nachher meist sogar noch im ausgeguckten Hotel, zumindest aber in der bevorzugten Kategorie im gewünschten Ort. Behilflich sind (abends bis 20 Uhr) ggf. Zimmervermittler im Airport-Ankunftsbereich, besser ist jedoch die Voerabklärung per Internet.

Orte/Strände

Schaut man sich zu verschiedenen Jahreszeiten in Ferienzentren, an Stränden und Ausflugszielen um, fällt bis in den Juni hinein auf, dass bei weitem nicht alle touristischen Einrichtungen stark ausgelastet sind. Das gilt von der Gastronomie über Tennisanlagen, Golfplätze und Wassersportschulen bis hin zu den Vergnügungsparks. Auch in der Hochsaison vermitteln durchaus nicht alle Orte das Gefühl extremer Vollheit. Selbst knackvolle Strände tagsüber sind nicht unbedingt gleichbedeutend mit Gedränge auf Promenaden und Straßen oder extremer Besetzung der Lokale. Das liegt nicht zuletzt daran, dass die Mallorquiner im Sommer zu den Besucherzahlen an den beliebtesten Stränden selbst kräftig beitragen, ohne touristisch ausgerichtete Infrastrukturen sonderlich selbst in Anspruch zu nehmen. Ein Großteil der Gäste mit Halbpension bleibt zudem nach dem Abendessen häufig im Hotel, *all-inclusive*-Bucher weitgehend auch tagsüber.

Die **Kapazität der mallorquinischen Gastronomie** war schon immer – gemessen an der Nachfrage – während der meisten Zeit des Jahres und sogar in der Hochsaison in fast allen Urlaubsorten **überdimensioniert**.

Nebensaison

Urlauber dürfen davon ausgehen, dass **Mallorca außerhalb** der **Hochsaison nirgendwo überlaufen** wirkt, auch wenn in den populären Orten schon vor Mitte Juni und noch im September allerhand Betrieb herrscht. **Bis einschließlich Mai** (außer um Ostern herum) bis in den Juni hinein und ab Ende September vermitteln die meisten Urlaubsorte einen ziemlich ruhigen Eindruck.

Im Winter (November bis März) schließen viele Hotels und Restaurants ihre Pforten, nur in größeren Orten bleibt dann für die geringe Schar der Besucher noch genug geöffnet. Erst ab Ostern ist das Gros der touristischen Einrichtungen in Betrieb.

*Sonniger Sonntagnachmittag **im März** an der Costa de Bendinat hinter dem Yachthafen Port Portals*

Katalog-Saison

Die **Saisonzeiten** <u>auf</u> **Mallorca** überschneiden sich zwar mit den Saisondefinitionen in den Angeboten der Reiseveranstalter, stimmen aber nicht mit ihnen überein. Die jeweils höchsten Preise kommen – relativ unabhängig von der mallorquinischen Saison vor Ort – in den Ferien der Bundesländer zum Tragen. Durch die geschickte Wahl des Flughafens lassen sich dadurch bedingte Preisaufschläge aber häufig umgehen.

Saisonkategorien der Veranstalter/ Kataloge und Websites

Der Vergleich von Veranstalterangeboten zeigt außerdem große **Unterschiede zwischen den reisezeitabhängigen Preiskategorien**. Bis zu sechs solcher Kategorien gibt es da – von Terminen zu Sparpreisen bis zur teuersten Saison.

In jedem Fall sollte man **vor der Buchung Kataloge bzw. die Internetportale mehrerer Reiseunternehmen studieren** (↔ Seite 86f). Denn ohnehin schon vorhandene Differenzen bei den Preisen verschiedener Veranstalter für dasselbe Haus werden gelegentlich durch abweichende Saisonabgrenzungen noch vergrößert.

Auf Mallorca sind die Termine deutscher Herbst- und Pfingstferien keine saisonalen Faktoren, anders als **Ostern und Weihnachten**, die in allen Quartieren höhere Preise mit sich bringen.

Internet

Während in den »Kinderjahren« des Internet die Reiseveranstalter dort kaum mehr als ihre Katalogangebote einstellten, nutzt man heute intensiv die Flexibilität des Netzes und reagiert rasch auf Nachfrageveränderungen mit Angeboten und Tarifen, die so oft nicht im gedruckten Katalog stehen. Man sollte daher vor jeder Buchung **unbedingt auch das Internet zu Rate ziehen**.

1.2.4   Vielfältige Möglichkeiten zur Urlaubsgestaltung

Jeder dürfte eine gewisse Vorstellung davon haben, was sich im Urlaub auf Mallorca so alles anfangen lässt:

Übersicht

Strandleben, **Baden** und **Wassersport** sind ab Mitte Mai bis Mitte Oktober ohnehin klar und stehen an erster Stelle sommerlicher Aktivitäten der meisten Mallorcatouristen. **Tennis**, **Squash**, **Reiten** und **Golf** sowie *Wellness* gehören zum Programm wachsender Urlauberzahlen. Dass man an Bustouren teilnehmen kann, die ausgetretenen Pfaden des Massentourismus folgen (↔ Seite 407f), ist auf Mallorca wie anderswo; und die **Entdeckung der Insel auf eigene Faust** per Mietfahrzeug wird schon von den Veranstaltern propagiert. Darüberhinaus wartet an bewölkten Tagen die sehenswerte **Hauptstadt Palma**. Von allen Inselecken aus ist sie leicht und preiswert per Linienbus, teilweise per Bahn zu erreichen.

Erholung und Wellness

Man kann andererseits auf Mallorca die Zeit wunderbar mit süßem **Nichtstun** verbringen, in der Sonne liegen, einen Drink oder mehrere davon schlürfen, **deutschen Kuchen und Kaffee wie zu Hause** genießen und sich dabei zweifellos sehr wohlfühlen.

Der neue Trend *Wellness* zählt mittlerweile zum Angebot vieler Häuser. In größeren Hotels wie dem *Mariott Son Antem* bei Llucmajor oder dem *Valparaiso Palace* in Palma-El Terreno können es

Spas und Wellness auf Mallorca ein Beitrag von Peter Neumann, Palma

Spa und *Wellness* sind ein Mega-Trend. Seit einigen Jahren erlebt dieses Segment der Gesundheitsbranche ein vehementes Wachstum. Auch auf Mallorca hat man sich auf die steigende Nachfrage eingestellt. Seit der Jahrtausendwende wurden in zahlreichen Hotels Spas und Wellnessbereiche geschaffen.

Der Begriff **Spa** ist eine Abkürzung aus dem Lateinischen: ***sanus per aquam*** – Gesundheit durch Wasser. **Wellness** stammt natürlich aus dem Englischen. Bereits seit dem 17. Jahrhundert wird damit ein Zustand des allgemeinen Wohlbefindens, basierend auf körperlicher Gesundheit, bezeichnet. Ende der 1950er-Jahre wurde der Begriff von Ärzten in den USA neu interpretiert als eine Kombination der Wörter **Well**-*being* (Wohlbefinden) und *Fit***ness**.

Der **älteste Spa Mallorcas** ist schon über 2000 Jahre alt. Die heißen Quellen der **Banys de Sant Joan** zwischen Campos und Colónia Sant Jordi wurden von den Römern nach der Eroberung kurz vor der Geburt Christi entdeckt und genutzt. Sie existierten bis 2010 als Thermalbad mit angeschlossenem Hotel, das aber nur mittleren und nostalgischen Ansprüchen genügte. Eine Modernisierung war den Eignern wohl zu teuer, und sie schlossen die Anlage.

Spa und Thalassozentrum Biomar in Sa Coma an der Ostküste (⇨ nächste Seite)

Im Gegensatz dazu stehen die neuen Wassertempel, die in den letzten Jahren wie Pilze aus dem Inselboden schossen. Die luxuriösen Spas einiger Fünf-Sterne-Hotels sind weitläufige Wasserlandschaften mit Thermal- oder beheiztem Meerwasser, die mit Saunen, Dampfbädern und umfangreichen Wellness- und Kosmetikangeboten umrahmt wurden.

Star unter den Spas ist der 4700 m² große Wellnessbereich des Hotels **St. Regis Mardavall** in Bendinat (www.mardavall-hotel.com, ✆ 971 606136). Aber die Einrichtungen und Therapieangebote der Hotels **Marriott Son Antem** bei Llucmajor (www.mariotthotel.com/pmigs, ✆ 971 129210) mit zwei Golfplätzen vor der »Haustür« und **Valparaiso Palace** in Palma (www.grupotelvalparaiso.com, ✆ 971 401712) stehen dem kaum nach.

Neben den großen Luxusherbergen haben sich auch kleinere First Class Hotels wie das **La Residencia** in Deià (www.hotellaresidencia.com, ✆ 971 639011), das **Hospes Maricel** in Sant Agustí/Cala Mayor (www.hospes.com, ✆ 971 707744), das **Reads** bei Santa Maria (www.readshotel.com, ✆ 971 140261) und die *****

Gran Hotels Son Net bei Puigpunyent (www.sonnet.es, ✆ 971 147000) und **Son Julia** bei Llucmajor (www.sonjulia.com, ✆ 971 669700) mehr als ansehnliche Spas zugelegt. Auch immer mehr **** Häuser wie das **Aimia** in Port de Sóller (www.aimiahotel.com, ✆ 971 631200), das **Cala Santany**i (www.hotelcalasan tanyi.com, ✆ 971 165 505) und das **Eurotel Punta Rotja** (www.eurotelmal lorca.com, ✆ 971 840380) oder feine Landhotels wie das **Son Manera** bei Montuiri (www.sonmanera.com, ✆ 971 161530), das **Amoixa Vell** bei Manacor (www.sonamoixa.com, ✆ 971 846 292) und das **Petit Hotel Cas Comte** in Lloseta (www.hotelcascomte.com, ✆ 971 873 077) verwöhnen ihre Gäste mit sprudelnden Whirlpools und verschiedenen buchbaren Anwendungen.

Per Frühsommer 2011 existierten über 50 Beherbergungsbetriebe auf Mallorca, die explizit Spa- und Wellnessprogramme anboten. Wer gezielt nach bestimmten Spa-Aktivitäten, Anwendungen, Massagen, Behandlungen (z.B. gegen Rheuma) oder einschlägigen Therapien sucht und seine Unterkunft unter diesem Gesichtspunkt auswählen möchte, informiert sich am besten im Internet über die vorhandene Einrichtung und Service-Palette der in Frage kommenden Unterkünfte. Die mittlerweile erreichte Vielfalt des Angebots ist erstaunlich. Es gibt nichts, was es nicht gibt: Aroma-, Bioresonanz-, Edelstein-, Farblicht-, *Hot Stone*, Magnetfeld-, Thalasso-, Ultraschalltherapie u.v.a.m. Massagen jeder Art, *Qigong*, *Reiki* und Yoga sowieso und für eine totale Entspannung das Rosenblütenbad. Neben Einzelanwendungen und -behandlungen finden sich auch unterschiedlich gestrickte »Wohlfühlpakete« von ganztägiger bis mehrwöchiger Dauer. Hilfreich für einen Überblick über die Möglichkeiten an sich ist das Programmangebot des **Spa- & Thalassozentrums Biomar** in Sa Coma, www.proturbiomarspa.com.

Auch wer in einem Haus ohne Spa unterkommt, kann mittlerweile auf ein breit gefächertes Angebot zurückgreifen, sei es als externer Gast in einem der entsprechend ausgestatteten Hotels (z.B. im *Mariott Son Antem* und *Valparaiso Palace* gegen eine Tagespauschale) oder sei es in den zahlreicher werdenden **Day Spas**. Diverse dieser Art, meist mit Fitness-Studio, öffneten in den letzten Jahren besonders in der Inselhauptstadt ihre Tore. Die größten sind:

- **S'Aigua Blava** an der Avenida Picasso; www.saiguablava.com
- **Hidropolis** in der Carrer Francesc Borja i Moll 22; www.hidropolis.com
- **Spa-Center Aquamar** in der Carrer Fray Luis de Leon 5,
  Nähe Passeig Mallorca; http://aquamarcenter.com

Auch in ihnen kann man für eine Pauschalgebühr zwanglos mehrere Stunden oder den ganzen Tag verbringen. Für Anwendungen, Massagen etc. und Verzehr zahlt man natürlich extra.

U.a. werben neben den schon genannten folgende Hotels in der Saison 2011 mit Spa und Wellness:

Dorint, Camp de Mar; **Melia de Mar**, Illetes; **Pula Suites**, Son Servera; **Castillo Son Vida**, Palma; **Serrano Palace**, Cala Rajada; **Port Adriano** ebendort; **Tryp**, Palma; **Ca'n Moragues**, Arta; **S'Entrador Playa**, Cala Rajada; **Sa Coma Playa**; **Sa Bassa Rotja**, Porreres; **Lindner**, Illetes; **Puro**, Palma; **Los Naranjos**, Palma; **Jardin del Sol**, Santa Ponsa; **Parc Natural**, Platja de Muro, **Hilton Sa Torre**, Bahia Grande, **Finca Es Ratxo** bei Puigpunyent, **Grupotel Playa de Palma Spa & Resort**, **Son Caulelles** in Marratxi und das **Gran Vista** in Can Picafort.

Urlaub und auch ein bisschen Arbeiten in entspannter Fincaatmosphäre ist nur eine der vielen Möglichkeiten auf Mallorca; hier auf der Finca Son Palou in Orient mit Blick über die Ländereien des Landguts

1

sich auch Nicht-Gäste gegen Zahlung einer Tagespauschale gut gehen lassen. Außerdem gibt es von Hotels unabhängige *Wellness*-Oasen, vor allem in Palma und in Sa Coma (***Biomar***).

High Life

Einige Orte sind für ihre **Kneipen- und Discoszene** bekannt, wo Bier und *Sangría* »in Strömen« fließen und der Betrieb nach Mitternacht (nur in geschlosenen Räumen) erst richtig los geht.

Sommer-urlaub

Es lässt sich überhaupt wenig verkehrt machen zwischen Juni und September, wenn es zunächst auf **Sonne** und **Wasser**, danach auf angenehme Abendstunden ohne spezifische Ansprüche ankommt, und alles weitere sich dann schon ergeben wird. Man muss nur ein bisschen aufpassen, dass man nicht ohne Englischkenntnisse unter lauter Briten gerät, als Urlauber gesetzteren Jahrgangs in eine Hochburg des Jungvolks oder als Naturfreund ausgerechnet an die Playa de Palma. Die Erläuterungen im Beileger »**Optimal unterkommen auf Mallorca**« helfen auch unter solchen Aspekten bei der Auswahl des richtigen Ferienortes.

Urlaubs-ansprüche

Etwas anders sieht es aus bei **Ferien außerhalb der Sommersaison**, die sich schon des Klimas wegen nicht von vornherein und überwiegend auf den Komplex »Sonne, Strand und Meer«beziehen, und zu jeder Zeit bei Urlaub von Leuten, denen das allein sowieso nicht genügt. Im Prinzip lassen sich in diesem Zusammenhang zwei gleichartig zu beantwortende Fragen stellen:

(1) Welche konkreten Möglichkeiten für eine aktive Urlaubsgestaltung bietet Mallorca?

(2) Sind bestimmte Ansprüche an die Urlaubsgestaltung eigentlich (auch) auf Mallorca zu realisieren?

Neben den nicht weiter erklärungsbedürftigen Urlaubsformen werden im folgenden eine Reihe von Vorschlägen gemacht, die das Kennenlernen der Insel neben das Erholungsziel oder diesen Aspekt sogar in den Vordergrund stellen.

Badeurlaub und Wassersport

Richtiger Badeurlaub ist, wie aus den Erläuterungen zum Klima hervorgeht, kaum vor Mitte Mai möglich, aber dann durchaus bis Mitte Oktober. Die Saison für die **wichtigsten Wassersportarten Segeln, Windsurfen und Tauchen** beginnt ca. Ende März/Ostern und endet spätestens Ende Oktober; in den Segel- und Surfzentren in Port de Pollença und Alcúdia läuft sie bis Anfang November.

Surfen

Es gibt keine größere Bucht, in der nicht gesurft wird. An allen frequentierten Stränden existieren eine oder auch mehrere **Verleihstationen**, häufig verbunden mit Kursangeboten, zumindest aber mit Basisinstruktionen. Die größeren Veranstalter (TUI, Neckermann, Thomas Cook etc.) bieten an ausgewählten Basen Kurse verschiedener Stufen mit Scheinerwerbsoption zu vernünftigen Preisen. Man kann die Kurse vorbuchen, muss das aber nicht. Vor-Ort-Buchung hat den Vorteil, dass man sich noch umentscheiden kann, wenn einem Revier oder Material nicht passen sollten.

Transport

Für **Surffreaks** mit eigenem Brett gibt es **spezielle Tarife** (ca. €40) für den Transport im Charterverkehr der Pauschalveranstalter.

Kat-Segeln/ Segelkurse

Nicht ganz so flächendeckend, aber dennoch rings um die Insel findet man **Katamaranverleiher**, oft identisch mit den Surfboardunternehmen. Segelkurse werden indessen nicht wie beim Surfen an jeder Ecke angeboten. Wer einen Schein machen will (A bis C möglich), sollte sich an eine der **Segelschulen** wenden, z.B. *Happy Sailing* Alcúdia, ✆ 0034 971/548751, oder *Sail & Surf* Pollença ✆ 0034 971/865346, www.sailsurf-pollensa.de. **Auch Segelurlaub.**

Tauchen

Schnorcheln als erweiterte Badeaktivität, die überall betrieben wird, wo felsige Küste und klares Wasser zusammen auftreten; ist hier nicht gemeint, sondern das Sporttauchen mit Gerät.

Eine ganze Reihe von **Tauchschulen** steht zur Auswahl, in **Cala - Rajada, Cala d'Or, Portocolom, Calas Figuera** und **Santanyi, Can Picafort, Illetes, Port d'Andratx, Port de Soller** und **Pollença.**

Diese Reviere sind zwar ideal zum Tauchenlernen, aber nicht gerade reich an Meeresflora und -fauna. Einzige Ausnahme ist **Sant Elm** (San Telmo): Die Tauchschule dort heißt **Scuba Activa**, ✆ 0034 971/ 239102, www.scuba-activa.de unter deutscher Leitung.

Tauchschule an der Cala Lliteras in Cala Rajada

1

Segelurlaub

Ideales Revier mit günstigen Tarifen

Das Segelrevier rund um die Baleareninseln ist fantastisch. Um Mallorca vom Wasser aus zu erleben und das vielleicht jeden Tag in einem anderen Hafen, einer neuen Bucht, benötigt man kein eigenes Boot. Offiziell gibt es an die 1000 zur Vermietung angemeldete Segel- und Motoryachten. Die Charterkosten liegen im Bereich ab €1000/Woche. Ein 9-10 m-Boot mit 4-6 Schlafplätzen kostet je nach Saison €1000-€4.000/Woche und damit bei voller Nutzung der Kojen pro Person im Schnitt kaum mehr als ein *** Hotelzimmer. Hinzu kommen Liegegebühren und Nebenkosten. Die »Übernachtung« ist auch damit kaum teurer als im Hotel der oberen Mittelklasse. Und selbst bei Belegung mit nur vier Personen kommt man nur in der Hochsaison auf Kosten, die denen in einem *****Quartier entsprechen.

Charter/ Internet- kontakt

Wer sich für Charterboote interessiert, wird auf die Angebote in Yachtzeitschriften achten und sollte unbedingt auch einen Blick ins **Internet** werfen. Eine der besten Adressen ist www.yacht-charter-mallorca.de mit zahlreichen unterschiedlichsten Angeboten. Sehr ergiebig ist auch www.cruesa.com mit Booten ab dem *Real Club Nautico* in Palma. Bei Früh- und/oder Kurzfristbuchung und noch nicht voller Auslastung gibt es Rabatte auf die Listentarife.

Flottillen- segeln

Besitzt man zumindest den DSV-A- oder einen Sportbootführerschein, traut sich aber im fremden Revier das selbständige Führen einer Yacht nicht zu, kann man an **Törns einer Flottille** von mehreren Booten unter Leitung eines Skippers teilnehmen. Die Kosten für 1-2-wöchige Törns sind im Vergleich zur Hotelbuchung ebenfalls erschwinglich. Angebote findet man in den diversen Yachtmagazinen, in Veranstalterkatalogen und im Internet. Dort einfach unter »Flotillentörns Mallorca« suchen.

Nostalgische Segeltörns

Tolle Trips auch für Landratten mit Segelinteresse sind die Wochentörns auf der **42-m-Yacht** *Sir Robert Baden Powell* rund um Mallorca und die Balearen mit Wander- und Tauchunterbrechungen (maximal 18 Passagiere): Sir Robert BP, Kölnstr.154, 53111, © 0228 630063; www.sir-robert.com. Früher gehörte das Schiff *Peter Maffay* und segelte unter dem Namen »Tabaluga«.

Auf Mallorca ist man dabei, die Bikerouten der Insel flächendeckend auszuschildern. 2012 existieren über 300 km explizit für Radfahrer ausgewiesene Strecken

Sportlich orientierter Urlaub »zu Lande«

Übersicht

Der Begriff **Urlaubssport** ist recht dehnbar, hier geht es um die **körperlich sportliche Anstrengung**, sei es nebenbei oder als Hauptaktivität während der Ferien.

Die Möglichkeiten, sich sportlich zu betätigen, sind bestens. Eine **Tischtennisplatte** besitzt noch die kleinste Pension, und **Volleyball** am Strand wird überall gespielt. **Joggen** und **Walken** kann man auf der Insel so gut wie anderswo, wenngleich gekennzeichnete Routen, größere Parks oder geeignete Sportanlagen weitgehend fehlen. Aber die in den letzten Jahren in vielen Orten neu angelegten oder ausgebauten Promenaden eignen sich dafür gut.

Radsport

Beliebt ist Mallorca wegen seiner glatten asphaltierten Straßen durch jedwede Geländeform seit eh und je bei **Radsportlern**, die vor allem den Winter und die Nebensaison zum Training nutzen. **Radferien für alle**, die nicht ohnehin mit Clubkameraden organisiert reisen (**Rennrad** und **Radwandern**), bieten heute viele große Veranstalter und vor allem Spezialisten:

Mehrere Radsportzentren betreibt das *Max Hürzeler Bicycle Team*, das auch eine hervorragende **Bikeroutenkarte** herausgebracht hat: www.bicycle-holidays.com. In Deutschland kooperiert **Mallorca Aktiv GmbH**, ✆ 07033/537597, www.mallorca-aktiv.de, mit Hürzeler, in der Schweiz **Hotelplan**, in Österreich **Consul Reisen**.

Auch *Mountain Biker* finden auf Mallorca gute Möglichkeiten; ein langjähriger Anbieter ist *M-Bike* in Cala Agulla (Cala Rajada): ✆ 0034 639 417796, www.m-bike.com. MTB-Touren bietet ebenfalls *Mallorca Activa* in Palma, ein Anbieter für ausgefallenere Sportarten: ✆ 0034 971 783160, www.mallorcaactiva.com.

Aufs **Radfahren** in weniger sportlicher Absicht für den täglichen Transport und **Ausflüge in die Umgebung** wird noch eingegangen.

Tennis im Hotel oder Club

Zu besseren Hotels und Apartmentanlagen, die in den 1990er Jahren errichtet wurden, gehört der **Tennisplatz** so unverzichtbar wie der Pool. An der Peripherie aller größeren Ferienorte gibt es Tenniszentren, teilweise ganze **Clubanlagen** mit allen Schikanen.

Darüber hinaus gibt es eine Reihe öffentlicher Tennisanlagen, die auch von ausländischen Besuchern genutzt werden können; Liste unter www.mallorca.de/sport/tennis.php5.

Tennis extern

Die externe Platzmiete liegt im Bereich €10 bis €16 pro Stunde, die Buchung ist meist kein Problem. Und wenn es auf der Anlage des eigenen Hotels mal eng wird, ist der nächste freie Court selten weit, ➪ die angegebene Internetadresse.

Kurse gibt es in allen größeren Orten und natürlich in den Club-anlagen. Anmeldung erfolgt vor Ort oder gleich beim Reiseveranstalter. Die meisten kooperieren mit bestimmten Tennisschulen; Kursangebote finden sich meist im Vorspann der den Katalogen beigefügten Preislisten. Eine der besten Adressen für Tennis-Ferien ist das *Tenniscenter Paguera* mit der *Tennis Academy Mallorca,* http://tennisacademymallorca.com, ✆ 0034 971 687716.

Reiten

Zahlreiche **Reitställe** und **-clubs** vermieten ihre Pferde stunden- und tageweise, organisieren **Reitausflüge** und bieten Kurse. »Nur so«und gelegentlich reiten kann man in oder nahe bei fast allen Ferienorten. Reitunterricht kostet ab ca. €12/Stunde bei mehreren Teilnehmern, aber eher €15 oder mehr. Eine komplette Übersicht über Reitställe und Reitsportzentren findet man im Internet unter http://mallorca.de/sport/reiten.php5.

Speziell Anfänger und Gelegenheitsreiter sind gut aufgehoben beim **Western-Reitcenter** *Rancho Grande* zwischen Can Picafort und Artá (www.ranchograndemallorca.com) und in Cala Rajada (Agulla) bei *Rancho Bonanza* (www.ranchobonanza.com).

Für Urlaub, in dem **Reiten im Mittelpunkt** steht, eignet sich die *Finca Predio Son Serra,* ➪ »Ausgewählte Quartiere« im Beileger.

Extremsport

Die links erwähnt Firma *Mallorca Activa* organisiert nicht nur Mountain Bike Touren, sondern führt auch zu den besten Plätzen fürs *Free Climbing,* macht *Canyoning* und See-Kayak-Trips.

Golf

Auf Mallorca existieren zur Zeit **21 öffentliche Plätze** (+3 nur für Mitglieder oder Hotelgäste, ➪ umseitig unten), mehr als eine Verdoppelung innerhalb nur einer Dekade. Kein Wunder, dass mancher Platz nun nicht so stark genutzt wird wie einst kalkuliert und die *Green Fees* in den letzten Jahren großenteils reduziert wurden.

Pause beim Sea Kayaking

Anzahl der Plätze und Kapazitäten
Der Vermehrung der Plätze lag die Überlegung zugrunde, dass Golfen nicht von der Anzahl der Sonnenstunden und Wassertemperaturen abhängt. Daher kann man Golfer ganzjährig nach Mallorca locken und mit ihnen die Hotelkapazitäten der gehobenen Kategorie auch in der Vor- und Nachsaison und im Winter besser auslasten. Da auch noch anderswo attraktive Golfplätze entstanden, ist das Angebot oft größer als die Nachfrage. Es gibt daher häufig Sonderaktionen mit reduzierten (Kombi-) Tarifen.

Golf und Gastronomie
Immerhin: Fast alle Golfanlagen liegen in einem schönen landschaftlichen Umfeld, sind großzügig konzipiert und bieten überwiegend eine **attraktive**, **jedermann zugängliche Gastronomie**.

Golfkurse
Auch ohne bereits Golfer und irgendwo Clubmitglied zu sein, kann man das Spiel auf Mallorca erlernen und es ggf. bis zur Platzreife bringen. Individuelle Kurse lassen sich z.B. bei *Juan Schmidt Coll* in der **Golfschule Mallorca** buchen: www.golfschule.com, ✆ 0034 609612487. Dort können auch **Golf und Segeltörns** gemeinsam als Programm gebucht werden.

Platzreife
Die allgemeine Befähigung für deutsche Golfplätze, also die Platzreife, ist auch auf Kursen der *German Golf Academy* (www.mallorca.germangolfacademy.de, ✆ 0034-971-222563, und www.golfmallorca.com, ✆ 0034 971 281296) zu erwerben.

Golfplätze auf Mallorca

	Bezeichnung	Internetadresse	Löcher	✆ 971 ...
1	SON VIDA	www.sonvidagolf.com	18	791210
2	SON MUNTANER	www.sonmuntanergolf.com	18	783030
3	SANTA PONÇA I	www.habitatgolf.es	18	690211
4	PONIENTE	www.ponientegolf.com	18	130148
5	BENDINAT	www.realgolfbendinat.com	18	405200
6	SON TERMENS	www.golfsontermens.com	18	617862
7	ANDRATX	www.golfdeandratx.com	18	236280
8	POLLENÇA	www.golfpollensa.com	9	533216
9	SON SERVERA	www.golfsonservera.com	9	840096
10	CANYAMEL	www.canyamelgolf.com	18	841333
11	VALL D`OR	www.valldorgolf.com	18	837001
12	CAPDEPERA	www.golfcapdepera.com	18	818500
13	PULA	www.pulagolf.com	18	817034
14+15	SON ANTEM (2 Plätze)	http://marriotthotels.com	18	129200
16	ALCANADA	www.golfalcanada.com	18	549560
17	PUNTIRO	www.arabellagolf.de	18	783038
19	MAIORIS	www.golf.maioris.com	18	748315
20	SON GUAL	www.songual.com	18	785896
21	SON QUINT	www.arabellagolf.de	18	783030

Außerdem gibt es die *Reserva Rotana* mit einem 9 Loch-Platz nur für Gäste des gleichnamigen Hotelresort und *Santa Ponça II* und *III* nur für Mitglieder.

Cluburlaub

Konzeption

Das vom **Club Mediterranée** erfundene Konzept der Clubferien mit viel Sport und Animation machte auch auf Mallorca Schule. Der *Club Med* indessen gab seine einzige Anlage auf Mallorca in Portopetro vor 5 Jahren auf. Der konzeptionell einst ähnliche, aber weiterentwickelte **TUI-Robinson Club Cala Serena** bei Cala d'Or ist zumindest für deutsche Gäste ohnehin attraktiver. Zwischen Totalanimation und einem eher zwanglosen Programmangebot gibt es viele Möglichkeiten. Der wichtigste Unterschied zwischen Cluburlaub und einer Unterbringung in sonstigen mit Sportanlagen gut ausgestatteten Komplexen liegt darin, dass im Club die beliebtesten Sportarten mitsamt Ausrüstungsverleih, Kursen etc. großenteils **keine Zusatzkosten** mehr verursachen.

Robinson Club

Wer den vollen Clubcharakter möchte, kann mit dem erwähnten **Robinson Club** nichts falsch machen, der mit **** Unterkünften auf einem enorm großen Gelände seine Spitzenposition unterstreicht. Etwas billiger, aber auch weniger durchorganisiert und von der Lage her nicht so attraktiv ist bei einem ebenfalls guten Sportangebot das **Pollentia Club Resort** bei Alcúdia, ⇨ Beileger »Optimal unterkommen auf Mallorca«.

Teil-animation

Als Apartmentanlagen mit unverbindlichem Clubcharakter ragen die Clubs **Carolina Park** (bei Cala Rajada), *all inclusive* **Riu Tropicana** (Cala Domingos), die **Ciudad Blanca** bei Alcúdia und der besonders empfehlenswerte **Parque de Mar** bei Cala d'Or aus dem mittlerweile breiten Angebot heraus.

Clubanlagen

Vor allem in den 1990er-Jahren baute man viele neue **Großkomplexe** mit **Pool-Landschaft** samt Dauermusikberieselung. **Viele davon liegen strandfern**. Clubanlagen **am Strand** gibt es vor allem in der **Bucht von Alcúdia** und der *Playa de Muro*. Die meisten verfügen über erhebliche Kapazitäten. Bei vollem Haus herrscht dort rund um den Pool, in Aufenthaltsräumen und Restaurants von früh bis spät Hochbetrieb und Gedränge zu den Essenszeiten.

Wanderurlaub

Kenn-zeichnung

Obwohl das Wandern auf Mallorca insgesamt ziemlich populär ist, gehört es doch zu den Aktivitäten einer Minderheit von Urlaubern. Das liegt auch daran, dass die Ausgangspunkte der attraktivsten Wanderungen von den meisten Ferienorten weit entfernt liegen. »Gleich hinter« dem Hotel oder dem Ortsende findet man zwar hier und dort ganz hübsche Spazierwege und vielleicht einen Pfad um die nächste Bucht herum, aber keine »echten« Wanderrouten. Die attraktivsten **Wege mit markanten Zielen** wie alten Wachttürmen, Burgruinen, geologischen Formationen und hohen Gipfeln führen durch Regionen des nordwestlichen Küstengebirges und entlang einsamer Küstenstriche abseits der Besiedelung.

Programm-buchung

In organisierter Form mit festem Standquartier und ausgearbeitetem Programm bieten mehrere Veranstalter **Wanderwochen** an, die komplett mit Flug und Unterkunft gebucht werden können.

**Wander-
wochen**

   Möglich sind auch kombinierte Reisen, in die eine Wanderwoche »eingebaut«ist. Sowohl vom Preis her als auch, was den – dafür ideal gelegenen – Ausgangsort Port de Sóller betrifft, sind z.B. die von Neckermann angebotenen Wanderferien seit Jahren beliebt und empfehlenswert für alle, die nicht allein wandern wollen. In den Kosten (um €700-€800/Woche ab Deutschland; ca. ab €500/Woche ab Mallorca) ist die volle Verpflegung einschließlich Brotzeit, *Paella* und Grillgerichten unterwegs schon enthalten.

**Buchung
geführter
Touren
vor Ort**

Geführte Wanderungen haben den **Vorzug**, dass alle Transportfragen zu Ausgangs- und Abholpunkten im Vorwege gelöst sind und nicht selbst bedacht und geregelt werden müssen. Dazu ist aber nicht unbedingt die Buchung eines ganzen Wanderurlaubs notwendig. Man kann **vor Ort** – speziell im Tal von Sóller (Hotelaushänge) – geführte **Touren auch tageweise buchen**. Die Gruppen sind allerdings recht groß; oft nehmen 30 Personen und mehr teil.

**Kleine
Gruppen**

Individueller ist der **Wanderservice** der Firma *Mar y Roc* in Galilea, die Wandertouren vor allem für Urlauber im Südwesten konzipiert und mit ihnen zu Ausgangspunkten inselweit fährt. Die Tagestouren können einzeln auch kurzfristig gebucht werden: ✆ 687 452 553, www.mallorca-wandern.de. Eine Spezialität von *Mar y Roc* sind **Höhlentouren** mit Baden in unterirdischen Pools.

**Wandern mit
Astrid zu
Stolberg**

Und wie wäre es mit mit einer **Wanderung unter Führung einer Prinzessin**? Einzelheiten dazu unter www.gps-touren-mallorca.com, ✆ 971 886044, oder www.prinzessin-stolberg.com.

Außer bestimmten Routen, die über – ohne Führer versperrte – private Grundstücke laufen, steht die überwiegende Mehrheit der zahlreichen Wege auch individuellen Wanderern offen. Sie lassen sich durchweg ohne ortskundige Leitung bewältigen. Einige der schönsten überhaupt, die in erster Linie durch die *Serra Tramuntana* führen, sind **im beiliegenden Heft »Natur und Wandern auf Mallorca«** beschrieben.

In diesem Buch wird daneben in den Ortskapiteln auf **weitere Wandermöglichkeiten** hingewiesen. Oft geht es nur um den Hinweis an sich und den richtigen Einstieg, da der Weg ausgeschildert, gut markiert oder ihm ohnehin leicht zu folgen ist. In einigen Fällen hat auch die lokale Touristeninfo Karten und weiteres Material. Wenn angebracht, erfolgt eine ausführlichere Beschreibung (z.B. für *Torrent de Pareis*, Seiten 248f). In den Orts- und Regionenkarten

Der alte Pilgerweg von Soller zum Kloster Lluc durch die Schlucht von Biniaraix gehört zu den Wanderhighlights Mallorcas; er ist ein Teilstück der – hier ersichtlich restaurierten – Ruta de Pedra en Sec.

finden sich an den entsprechenden Stellen **grüne Wanderpiktos**, in der beiliegenden Karte noch einmal die Piktos mit Seitenangabe.

Hinweise auf beiliegender Karte

In der **separaten Karte** beziehen sich die Piktogramme sowohl auf Wanderungen im Beileger (einstellige Ziffern = Nummer der Wanderung) und auf etwas längere im Buch selbst beschriebene bzw. erwähnte Routen (dreistellige Ziffern = Seitenzahl).

Wanderführer

Einfache bis anspruchsvollste Touren für das Wegenetz des westlichen Küstengebirges zwischen Sant Elm und Pollença mit Schwerpunkt auf der zentralen *Serra Tramuntana* beschreibt der **RKH-Wanderführer Mallorca 2012**. Außerdem enthält er ein **ausführliches Kapitel zum GR 221**, ⇨ unten. Eine Besonderheit des Buches ist die Beschreibung aller Wege auch in Gegenrichtung, der Clou jedoch die detailgenaue separate Karte 1:35.000 (mit Höhenlinien). Sie zeigt den genauen Verlauf der beschriebenen Wege und auch gesperrte Routen, die anderswo zwar eingezeichnet, aber nicht entsprechend gekennzeichnet sind. Ebenso wie das Buch wird die Karte mit jeder Auflage akribisch korrigiert; mehr unter der Website der Autoren: www.serratramuntana.de.

Wegesystem

Tatsächlich sind **Jahr für Jahr erstaunlich viele Veränderungen** und zusätzliche Informationen zu berücksichtigen. Einerseits liegt das daran, dass Wege über privaten Grund und Boden plötzlich gesperrt oder nach Sperrungen wieder geöffnet werden. Zum zweiten haben die Mallorquiner die Bedeutung des Wanderns als touristische Attraktion erkannt und das existierende historische Wegesystem in der *Serra* wie anderswo mittlerweile großenteils restauriert, erweitert und ganz neu beschildert. Das individuelle Wandern wurde dadurch erheblich erleichtert.

Fernwanderweg Ruta de Pedra en Sec GR 221

Die Renovierung des Wegenetzes geschah und geschieht vor allem entlang eines durchgehenden Wanderweges **von Sant Elm nach Pollença**, der 150 km langen sog. *Ruta de Pedra en Sec* (»Trockensteinroute«). Die Realisierung ist inzwischen zwar weit gediehen, hapert aber immer noch an der Weigerung einiger Grundeigner, bestimmte Teilstrecken zur Überquerung freizugeben. Sie müssen noch über Teilstrecken an Straßen entlang überbrückt werden.

Immerhin stehen an dieser Route bereits sechs von sieben vorgesehenen bewirtschafteten Wanderherbergen, sogenannte »*Refugis*«, in Tagesetappenreichweite zwischen Deià und Pollença zur Verfügung.

GR 221 an der Passhöhe Coll de l'Ofre hoch über dem Cuber Stausee, links mit Radarkuppel Mallorcas höchster Berg, der Puig Mayor

Refugis   Darüber hinaus gibt es einfache, aber komplett mit allem Notwendigen ausgestattete (unbewirtschaftete) Hütten, die sich individuell wie gruppenweise buchen lassen.

Für beide *Refugi*-Typen ist eine Voranmeldung unabdingbar. Sie kann telefonisch erfolgen unter © 971 173700 oder © 971 517070 oder persönlich im **Infocenter Serra Tramuntana** beim Kloster Lluc, ⇨ Seite 252 (täglich 9-16 Uhr). Weitere Informationen über Trockensteinroute und *Refugis* samt Reservierung online unter www.conselllde mallorca.net/ mediambient/pedra. (⇨ auch Seite 94)

An vielen Startpunkten für Wanderungen sorgen heute Karten mit Detailinfos für Klarheit (hier alle Wege über die Halbinsel La Victoria)

Reserva Natural Península de Llevant   Ein weiteres, noch kaum bekanntes Wandergebiet ist der Naturschutzpark auf der Halbinsel Llevant oberhalb der Linie Artá–Colonia de Sant Père. Auch dort kann man unbewirtschaftete Hütten mieten (© 971 829 595 und 219 oder im Infocenter an der Plaça von Artá). Eine **Verbindungsroute** (Arta–Lluc) zwischen der *Tramuntana* und *Llevant* ist im Aufbau begriffen und teilweise bereits ausgeschildert, ⇨ unter www.conselldemallorca.net/mediambient/pedra/senderisme.php?opcio=49.

Jahreszeit   Die **ideale Zeit für Wanderungen** ist Frühjahr oder Herbst. Ab Juni wird es zumindest für die anstrengenderen Wege zu warm. Erst ab Oktober sind die Temperaturen wieder wanderfreundlicher.

Entdeckungsurlaub

Auto-ausflüge   Die bequemste Methode, Mallorca zu entdecken, bieten **Auto und Motorrad/-roller**. Deren Miete ist unproblematisch und schnell geregelt (⇨ Seiten 137+138f). Alle Sehenswürdigkeiten und denkbaren Ziele liegen von jedem Ort der Insel aus in Tagesfahrten-Reichweite. Wer bei festem Standquartier einen Teil seiner Ferien auf Entdeckungsreise verbringen möchte, sollte trotzdem nicht gerade ein Hotel an der Ostküste buchen. Sicher kann man auch ab Cala Rajada oder Cala d'Or eine Reihe schöner Ausflüge machen, aber die Mehrzahl besonders reizvoller Rundstrecken und Besuchsziele lassen sich aus dem **Großraum Palma**, den Bereichen **Santa Ponça/Peguera** sowie **Pollença/Alcúdia** und dem westlichen Inselinneren (Fincahotels) leichter und ohne lange Anfahrten erreichen, ⇨ Routenvorschläge für Ausflüge ab Seite 381.

Rundreise mit Quartierwechsel

Wer **unabhängig und unternehmungslustig** ist, kann sich **mit fahrbarem Untersatz und ohne feste Hotelbasis** sogar einen maßgeschneiderten Urlaub zusammenstellen, der zu zweit bei vergleichbarer Unterkunftsbuchung nicht teurer sein muss als eine Pauschalreise mit festem Standquartier (⇨ Beileger, Seite 59).

Reservierungen

Der **Mietwagen** kann beim Reiseveranstalter oder in Eigeninitiative im voraus reserviert werden (⇨ Seite 138f), und ab Flughafen *San Joan* geht es dann direkt auf die erste Tagesetappe.

Ob man nun innerhalb kurzer Zeit die ganze Insel »abklappert« oder sich auf einen Bereich und ein paar Abstecher beschränkt, immer besteht die Möglichkeit, sein Tagesprogramm dem Wetter und individuellen Eingebungen anzupassen. Das gilt ganz besonders **ohne vorherige Hotelreservierungen**, die – wie ausgeführt – bis mindestens Mitte Mai und ab Oktober kaum notwendig sind. Zwar gibt's auch im Sommer immer noch irgendwo Platz, aber das Risiko ist hoch, nicht im gewünschten Preisrahmen unterzukommen und nur (zu) teure Alternativen zu finden. Die laufende Neusuche und -entscheidung kann ebenfalls stressig sein.

Ein **Routenvorschlag** für eine Rundreise (mindestens eine Woche- mit oder ohne Quartier-Reservierung) – findet sich auf Seite 405f.

Bewertung

Dieses Urlaubskonzept, das sich beliebig mit Aktivitäten und Bade- und Ruhetagen anreichern läßt, hat manchen Vorzug. Es eignet sich für alle, denen es am Strand nach 2 Tagen zu langweilig wird. Gegenüber Tagesausflügen vermeidet man identische Anfahrten und findet an verschiedenen Orten immer wieder neue Reize. Man muss ja auch nicht täglich die Unterkunft wechseln, sondern bleibt dort, wo man es gut trifft, eben länger.

Mit dem Fahrrad

Eine schöne, aber nur wenig genutzte Möglichkeit, Mallorca kennenzulernen, bietet der **Fahrradurlaub**. Sieht man ab vom gebirgigen Nordwestteil Mallorcas, der nur von gestandenen Radsportlern zu bewältigen ist, sind die Gegebenheiten dafür günstig: ein engmaschiges, überwiegend gut asphaltiertes Straßen- und Wegenetz durch ebene oder nur leicht hügelige Landschaften kennzeichnet die übrigen Regionen.

Ohne fahrbaren Untersatz sind Ziele wie die abgelegene Cala S'Amonia (⇨ Seite 329) nicht zu erreichen

Starker Verkehr herrscht nur auf den landschaftlich ohnehin wenig attraktiven Hauptstraßen und im Umfeld von Palma und der größeren Ortschaften. Das offizielle **Radwanderwegenetz** ist zur Zeit (Juni 2012) bereits auf Routen von weit über 300 km ausgeschildert (➪ Foto Seite 28). Diese Art Urlaub kann man auf eigene Faust planen und organisieren, aber auch pauschal buchen.

Per Rad von Ort zu Ort

Besonders reizvoll ist die Variante ohne festes Standquartier mit Tagestrips von Ort zu Ort. Dabei wird der Gepäcktransport durch den Organisator oder die jeweils reservierten Hotels erledigt.

Unterkunft und Finca-Hopping

Die kurze Distanz zwischen den Ortschaften ermöglicht leicht zu schaffende Tagesetappen. Zwar gibt es im Landesinneren nur vergleichsweise wenig und eher teure Quartiere, aber die Distanz zu den Küstenorten ist nie groß. Wie erwähnt, bestehen **außerhalb der Sommersaison** (wenn es zum Radfahren ohnehin zu heiß ist) nur geringe Probleme, eine geeignete Unterkunft zu finden. Wer bei den Übernachtungskosten nicht sparen und optimal unterkommen möchte, macht »*Finca-Hopping*«.

Fahrrad-transport

Fahrräder lassen sich zwar zu recht günstigen Preisen auch leihen (➪ Seite 136), aber für Fahrradferien lohnt sich durchaus der Hin- und Rücktransport des eigenen Rads. Man zahlt dafür pro Strecke €20 bis €30 extra, wobei das »Sondergepäck Fahrrad« verpackt und für den gebuchten Flug angemeldet und bestätigt sein muss.

Stadturlaub in Palma
oder: Mallorca entdecken mit öffentlichen Verkehrsmitteln

»Palma-lastiges« Straßen- und Busnetz

Die beiden Überschriften scheinen sich zu widersprechen, passen aber in Wahrheit gut zusammen. Ein Blick auf die Karte Mallorcas zeigt die sternförmige **Ausrichtung des Straßensystems auf Palma**. Die Querverbindungen wurden zwar in den letzten Jahren besser ausgebaut, erweisen sich aber in vielen Fällen als eher mühsam und zeitraubend zu befahren. Das gilt ähnlich auch für die **Buslinien**. Von Palma aus gelangt man relativ leicht an jeden Punkt der Insel, auf den Hauptstrecken sogar mit recht hoher Verkehrsfrequenz. Die Verbindungen zwischen den Orten abseits der wichtigen Achsen sind dagegen im allgemeinen ungünstig, soweit sie überhaupt existieren, ➪ genauer Seite 129.

Bar Darsena an Palmas Hafenboulevard; im Hintergrund die Kathedrale

Mallorcaurlaub und Kultur

Nach Mallorca der Kultur halber? Bis vor etwa 20 Jahren sicher noch gar kein Thema. Zwar hatte die Insel mit ihren Ruinen aus römischer Zeit, alten Festungen und Palästen, gut erhaltenen Stadtmauern und Sakralbauten in Palma, manchen Landstädtchen und auf Erhebungen des Inselinneren **kulturhistorisch** schon immer einiges zu bieten, aber das war es dann auch.

Seit den 1990er-Jahren hat sich indessen eine Menge getan. Kulturell Interessierte finden heute neben Bauwerken aus alter Zeit und Relikten vergangener Jahrhunderte diverse neue **Museen** – vor allem **Kunstmuseen** und eine kaum noch überschaubare Menge privater Galerien – von beachtlichem Niveau. Darunter auch echte Kleinodien wie die Herrenhäuser *Els Calderers* bei Vilafranca (➪ Seite 336) und *Can Marques* in Palmas Altstadt (➪ Seite 154), die Museen *Sant Antoni* (Sa Pobla, ➪ Seite 346), *Ca N'Alluny* (Deià, ➪ Seite 234) und die Gemäldesammlung der **Stiftung Jakober** bei Alcudia (➪ Seite 273).

Waren früher die Sommerkonzerte in ehrwürdigen Gemäuern von Valldemossa bis Pollença musikalische Highlights des Jahres, ist heute das inselweite **Konzertprogramm** von Klassik über Jazz bis Rock erstaunlich. Die seitenlangen **Veranstaltungshinweise** von *Mallorca Magazin* (www.mallorcamagazin.net) und *Mallorca Zeitung* (http://freizeit.mallorcazeitung.es/agenda/) sprechen für sich. Eine gutes **Internetportal** zu Museen und Ausstellungen ist www.mallorcaweb. com/exhibitions/museums (Englisch). Das aktuelle Veranstaltungsprogramm liefert www.mallorcainfos.com/mallorca-veranstaltungen. Andere Schwerpunkte setzt www.spain.info (Suchfunktion »Mallorca« ➪ »Veranstaltungen«)

Für eine Mallorcareise kann man heute das **Thema »Kulturgenuss«** ohne weiteres in den Mittelpunkt stellen und ein abwechslungsreiches wie anspruchsvolles Programm genießen – am besten mit Standquartier Palma.

Bus und Eisenbahn	Da auch die **Bahnstrecken** auf Mallorca in Palma beginnen, ist die Hauptstadt der sinnvollste Ausgangspunkt für Fahrten zur Inselentdeckung mit **Bus oder Zug**. Zwar besitzt man bei Nutzung öffentlicher Verkehrsmittel eine geringere Flexibilität als mit motorisiertem Untersatz, aber dafür ist das bis 2 Personen nicht teuer.
Vorzüge	**Palma** ist eine interessante Stadt, die Unterkunft mittendrin eine bedenkenswerte **Alternative zum »Touristenghetto«** zumindest außerhalb der heißen Periode Mitte Mai bis Mitte Oktober. Die Stadt bietet alle Voraussetzungen für kurzweilige Abende nicht nur im Zentrum, am Passeig Maritim oder im Vergnügungsviertel Terreno, sondern auch im Umfeld mit Kasino, Superdiskotheken (➪ Seite 122) und ggf. abendfüllender Unterhaltung (➪ Seite 413ff). Von den kulturellen Aspekten ist oben im Kasten die Rede.
Quartier in Palma	Die Nacht wird man dort oft ruhiger verbringen als in mancher Touristenherberge. Dank der für Spanien typischen Innenhöfe liegen selbst im verkehrsreichen Zentrum viele Hostal- und Hotelzimmer relativ lärmgeschützt; ➪ Hotelempfehlungen für Palma im Beileger. Was fehlt, ist der Strand beim Quartier gleich um die Ecke, wenngleich der »Stadtstrand« – von vielen unbemerkt – nur ein paar hundert Meter von der Kathedrale entfernt liegt.

Kombinierter Urlaub: Von jedem etwas

Fazit

Die beschriebenen Möglichkeiten der Urlaubsgestaltung sind nur die wichtigsten Alternativen in »reiner« Form. Viele der **Aktivitäten** lassen sich durchaus miteinander **kombinieren**.

Für individuell optimale Ferien kann man die Elemente mehrerer Urlaubsformen gemäß den eigenen Bedürfnissen übernehmen, sei es geplant oder nach Lust und Laune von Tag zu Tag.

Urlaub mit Kindern

Auch und besonders mit Kindern lassen sich **Mallorca-Ferien** auf diese Art ausgesprochen **abwechslungsreich gestalten**. Vom Standquartier, das entsprechend den Hauptinteressen sorgfältig ausgewählt sein sollte, lassen sich verschiedenartige Tagesprogramme durchführen. Die Übersichten im Kapitel 8 (ab Seite 358) geben zahlreiche Anregungen, was außer sportlichen Aktivitäten und Wanderungen sonst noch alles unternommen werden kann.

Und sonst noch?

Weitere Aktivitäten

Mit den vorstehend etwas detaillierter beschriebenen Aktivitäten ist es heute auf Mallorca noch lange nicht getan. Ob **Heißluft-Ballooning** (www.mallorcaballoons.com), **Sportfliegen** mit **Ultraleicht-Gerät** (Flugfeld Vilafranca mit Flugschule: www.sky-flug schule.de/urlaub.html), **Kayakpaddeln** von Bucht zu Bucht (z.B. an der steilen Westküste: www. atemrausch.com), **Klettern** durch die Canyons der *Serra* (tolle Details dazu bei www.schreyer-web.de/klettern.htm) oder an den Küstenfelsen (Jürgen Waskowiak in Andratx, ✆ 617 519475, sagenhafte Kletterfotos und Anregungen unter www.psicobloc.com, per 4-WD oder Quad auf Kursen über Stock und Stein (www.quad-mallorca.com), es gibt kaum etwas, was sich nicht arrangieren ließe. Ein Blick ins Internet genügt mit den Schlagworten »Mallorca« und der gesuchten Aktivität.

Nach Mallorca des Weines wegen

Immer schon wurde auf Mallorca Wein angebaut. Aber im Bewusstsein der Weinkenner führte die Insel bis vor 20 Jahren ein Schattendasein. Das hat sich gründlich geändert. Man kann heute des Weines wegen nach Mallorca fliegen; die Weine zweier Anbaugebiete (**Binissalem** und **Pla i Llevant**) tragen mittlerweile die Bezeichnung *»Denominación d'Origen«* und auch die Weine der anderen drei Gebiete sind nicht schlecht. Immerhin gibt es heute fast 50 Weingüter auf Mallorca, die über 200 verschiedene Weine produzieren. Viele Güter lassen sich zu den Öffnungszeiten der angeschlossenen Läden auch besichtigen, auf Voranmeldung fast alle. Man kann sogar »Weinaktien« kaufen: www.wein-aktie.es.

Wen der mallorquinische Wein intensiver interessiert, sollte sich den **Weinguide »Mallorca Wein 11/12«** besorgen. Er enthält alles, was man zu diesem Thema für Mallorca wissen muss und noch mehr, vor allem auch drei Routenvorschläge durch die wichtigsten Anbaugebiete samt Übernachtungstipps (auf gehobenem Unterbringungsniveau). Das 160-Seiten-Heft gibt es im deutschen Zeitschriftenhandel und an Kiosken auf Mallorca für €8,80. Im Internet zu beziehen über www.mallorca-wein-1112.de (+€3).

Paragliding über der Steilküste der äußeren östlichen Bucht von Palma (Badia Grande); Tandem- flüge bei www. paragliding. topactive. com

1.2.5   Welcher Urlaub in welchem Ort?

Vorüber- legungen

Sich vor der Reise bereits einige Gedanken zur Urlaubsgestaltung zu machen, hat den ganz wesentlichen Vorteil, dass man bei der Ortswahl kaum völlig schief liegen wird. Bucht man dagegen kurzerhand das vom Reisebüro empfohlene oder ein im Internet attraktiv erscheindes Hotel z.B. an der nördlichen Ostküste, und stellt erst auf Mallorca fest, wie interessant ein weiterer Besuch in Palma wäre und dass man ganz gern die Westküstenstraße in Ruhe abfahren würde, kann man ungünstiger kaum logieren.

Systematik

Zur ersten »Groborientierung« findet der Leser im folgenden eine **Zuordnung von Urlaubsformen zu Regionen und Orten**. In Ver- bindung mit den allgemeinen Ortskennzeichnungen im Kapitel 2.2 lässt sich ein für die eigenen Interessen und Vorstellungen in Frage kommender Standort bestimmen, ein ganz unpassender Ort sicherlich vermeiden. Die Reihenfolge der Ferienorte/-bereiche unter den einzelnen Aktivitäten berücksichtigt objektive Fakto- ren, reflektiert aber auch eine Wertung durch den Verfasser.

Zuordnung von Urlaubsformen

Badeurlaub/ Wassersport

Ganz generell Ostküstenziele vor den Buchten von Alcúdia und Pollença, Colonia de Sant Jordi, Sant Elm, Camp de Mar

Surfen und Segeln

Anfänger: Colonia de Sant Jordi und gleichwertig Port de Pollença

Sonstige: Buchten von Alcúdia und Pollença, Ostküste, Colonia de Sant Jordi.

Tauchen

Sant Elm, Cala Rajada (Cala Lliteras), Calas Figuera und Santanyi, Portocolom, Cala de Sant Vicenç (ohne Tauchschule).

Tennis

Mehr Platzkapazität im Verhältnis zur Menge der Interessenten existiert in den Orten der Ostküsten (Canyamel!) und hinter der Bucht von Alcúdia. Große Tennisanlagen gibt es auch in Peguera.

Golf	**Palma/Illetes** für wechselnde Plätze. Wer lieber weniger fährt und Stadtverkehr vermeiden möchte, wählt Standorte in der Nähe der vier Golfplätze **an der nördlichen Ostküste** (Pula, Son Servera, Canyamel, Capdepera) oder in/bei Santa Ponça **im Südwesten** (Plätze Bendinat, Poniente, Santa Ponça und Camp de Mar), die alle günstig liegen für eine Kombination von Golf- mit Strand- und Badeurlaub. Der Standort Pollença/Alcudia ist für alle geeignet, denen zwei schöne Plätze in der Nähe genügen.
Radfahren	**Gelegentliche Touren:** Port de Pollença, Cala Rajada, Cala d'Or, Sa Coma-Cala Millor-Cala Bona-Costa de Pins, Cala Figuera.
Wandern	**Gelegentlich**: Port de Pollença/Sóller, Deià, Fornalutx, Binibona, alle Südwestorte, Großraum Palma, Cala Rajada **Häufig**: (Port de) Sóller/Fornalutx, Kloster Lluc, Binibona oder Bunyola, Deià, Esporles, Orient, Ferienorte im Südwesten.
Reiten	Peguera/Calvia, Cala Rajada, Can Picafort.
Motorrad-/ Vespafahrten	Mehr **gelegentlich** (an Gutwettertagen): zentrale Ostküste von Cala d'Or bis Cala Rajada mit verkehrsarmen Straßen im Hinterland undwenig Steigungen und damit keine Serpentinen. **Zum Spaß**, aber auch als Transportmittel zu den attraktivsten Ausflugszielen: Südwestküste, Buchten von Pollença und Alcúdia, Illetes, Playa de Palma.
Autoausflüge	**Gelegentlich**: Port de Pollença und d'Alcúdia, Cala de San Vicenç, Orte/Fincas im Inselinneren nicht zu weit östlich der Verkehrsachse Palma-Inca-Alcudia. Südwestküstenorte. **Häufige Trips**: Illetes, Großraum Palma, Playa de Palma, Port de Pollença oder d'Alcúdia, Sóller (wegen kurzer Distanz zu Palma) aber alternativ auch Orte bzw. isolierte Quartiere/Fincas im Inselinneren mit Schwerpunkt auf Standorten in der Westhälfte der Insel bis einschließlich Sineu, ⇨ separate Inselkarte. Die **Mehrfachnennung** von Orten und Bereichen zeigt deutlich, welche Ziele in Bezug auf die Möglichkeiten einer abwechslungsreichen Urlaubsgestaltung besondere Qualitäten aufweisen. Im folgenden Kapitel findet der Leser eine Kurzkennzeichnung aller überhaupt in Frage kommenden Ferienorte.

2. URLAUBSORTE UND UNTERKÜNFTE

2.1 Charakteristik der Urlaubsorte

Entwicklung über die Jahre bis heute

Wie bereits eingangs angedeutet, ist Mallorca nicht einfach gleich Mallorca. Der **Charakter der verschiedenen Urlaubsorte** hat sich seit dem örtlich unterschiedlichen Beginn des Tourismus in recht differenzierter Weise entwickelt. Dabei spielten die jeweiligen geo- und topographischen Voraussetzungen eher eine untergeordnete Rolle. Wichtig war und ist die Willensbildung in den betroffenen mallorquinischen Gemeinden und die daraus resultierende Genehmigungspraxis bei Aufbau und Erweiterung der touristischen Infrastrukturen. Die sich wandelnde **Einstellung zum Tourismus** im Zeitablauf hinterließ ebenfalls deutliche Spuren, wenn man »ältere« und »jüngere« Ferienzentren vergleicht. Von großer Bedeutung nicht nur für das heutige Gesicht eines Urlaubsortes, sondern auch für seine **Atmosphäre** sind dessen ursprüngliches Aussehen und der Grad wie die Art der durch den Tourismus verursachten Veränderungen. Interessant ist auch der nicht zu übersehende Einfluß der beiden wichtigsten Urlaubernationen: **Engländer** und **Deutsche** haben in ihren **Hochburgen** vieles in eindeutiger Weise geprägt, positiv wie negativ. Größere **Orte mit »internationaler Atmosphäre«**, wie es – das Niveau immer schon übertreibend – bei vielen Veranstaltern heißt, gehörten lange zu den gesichtslosen Urlaubsretorten (Palma Nova, Can Pastilla bis Arenal, teilweise Cala Millor). Aber gerade sie gewannen dank der in den letzten Jahren erheblichen Erneuerungs- und Verschönerungsbemühungen erstaunlich an Profil und Attraktivität.

Generelle Typisierung

Die auf Mallorca zu findenden **Urlaubsorte** und **Hotelurbanisationen** lassen sich durch **fünf Grundtypen** charakterisieren:

[1] **Urlaubsretorte: Hochhauskulisse entlang der Küste**, nahezu voll auf den Tourismus ausgerichtete und von ihm abhängige Infrastruktur. Keine oder kaum noch identifizierbare »vortouristische« Struktur.

[2] **Aus einem Hafenstädtchen hervorgegangener Urlaubsort** mit noch deutlich erkennbaren und intakten Originalstrukturen. Nennenswerter Anteil spanischer Wohnbevölkerung.

[3] **Um kleinere sandige Buchten entwickelte Urbanisation** mit einer Handvoll Hotels und ein paar Apartmenthäusern. Mehr oder weniger Sommerresidenzen im Umfeld. Geringe Infrastruktur außerhalb der Hotelanlagen, von Oktober bis April extrem ruhig bzw. überwiegend geschlossen.

[4] **An oder bei weitläufigen Stränden entstandene touristische Komplexe**, die (noch) nicht Strand und Landschaft dominierende Ausmaße angenommen haben.

[5] **Vom Massentourismus kaum berührte Orte** in oft idyllischer Lage im Landesinneren, an der Westküste und im Gebirge.

2.2   Alle wichtigen Urlaubsorte

**Orts-
bewertung**

Der kleine
Ausschnitt
in der Karte
rechts zeigt
die Lage der
jeweiligen
Region.
Zur genauen
Lokalisierung
der Orte
sei auf die
beigelegte
Gesamtkarte
und die
Regionalkarten
im Kapitel 7
verwiesen

**Unterkünfte,
⇨ auch
Beileger
»Optimal
unterkommen
auf Mallorca«**

Systematik

**Separate
Anlagen**

**Optimale
Auswahl**

Typisierung

Im folgenden werden alle wesentlichen über Pauschalreisen angebotenen Urlaubsorte und mit Hotelanlagen bestückte Buchten und Strände **kurz** betrachtet. Sie können überwiegend auch individuell gebucht werden. Neben die Kennzeichnung objektiver Tatbestände zu geographischer Lage und Umgebung, örtlicher Charakteristik, Strandqualität etc. tritt eine knappe **Bewertung in Bezug auf die Eignung jeden Ziels für verschiedene Urlaubergruppen und/oder Urlaubsformen**. Auf ggf. auch vorhandene Nachteile, bisweilen sogar Misslichkeiten wird ebenfalls hingewiesen. Ein Schuss **Subjektivität** ist dabei nicht ganz zu vermeiden.

Einige Ziele bestehen nur aus einer einzigen Ferienanlage, andere besitzen gerade ein oder zwei nennenswerte Hotels. In solchen Fällen ist es unmöglich, die Erörterung der lokalen Gegebenheiten von der Unterbringung zu trennen. Die Hotelbewertung erfolgt dann im Rahmen einer vorgezogenen kürzeren Ortsbeschreibung, die sich in leicht erweiterter Form auch im Reiseteil (Kapitel 7) wiederfindet. Sich dadurch ergebende geringe textliche Wiederholungen wurden in Kauf genommen, um für den Leser ein Hin- und Herblättern in Grenzen zu halten.

Alle **Unterkunftsempfehlungen** sind mit einer Kurzbeschreibung im **Beileger »Optimal unterkommen auf Mallorca«** zusammengefasst. Damit stehen alle in diesem Buch empfohlenen Quartiere in einer einzigen Übersicht. Auch hier bereits explizit erwähnte Häuser werden darin noch einmal genannt, aber etwas knapper kommentiert. Einige grundsätzliche Erläuterungen zu den Bewertungs- und Auswahlkriterien finden sich im Eingangskapitel des Beilegers. Dieser kann zur Seite gelegt werden, sobald die geeignete Unterkunft gefunden ist.

Die **Ortskennzeichnungen** beginnen mit der **Bucht von Palma** und folgen dem Uhrzeigerprinzip rund um die Insel. Dabei wurde Mallorca in neun Küstenbereiche eingeteilt (⇨ Verzeichnis und Klappenkarte hinten, Ziffern 1-9). Ein eigenes **Kapitel im Beileger** bezieht sich auf besonders **empfehlenswerte individuelle Hotels und Hotelfincas unterschiedlichster Charakteristik**. Sie liegen mehrheitlich weit abseits der bekannten Ferienorte Mallorcas oder haben derart separierte Standorte, dass sie selbst bei küstennaher Lage keinem der folgenden Orte zuzuordnen sind.

Die nachstehenden Ausführungen sollen den Leser in die Lage versetzen, die für ihn bestgeeigneten Urlaubsorte »herauszufiltern«. Grobe »Fehlgriffe« bei der Ortswahl müssten sich dadurch vermeiden lassen. Für Finca-Hotels ⇨ Unterkunftsbeileger.

Neben der Kurzbeschreibung wurden in diesem Kapitel die Ortschaften zusätzlich mit den **Ziffern [1] bis [5] von Seite 41** versehen, um noch besser zu vermitteln, was den Urlauber jeweils erwartet. Eine Reihe von Orten vereinigt Elemente mehrerer Typisierungen; die jeweils an den Anfang gestellte überwiegt.

2.2.1   Die Bucht von Palma

Bereichskarte Seite 187 und Ortskarten Seiten 181 und 191

Urlaubsorte:

Can Pastilla/
Playa de Palma/
S`Arenal,
Palma Stadt,
Cala Major/Illetes,
Palma Nova/Magaluf

Can Pastilla, Playa de Palma*) und (El) S`Arenal
alle Ortstyp 1 (⇨ Seite 41)

Kennzeichnung

Wo vor 40 Jahren Strand und Dünen wie an der *Platja des Trenc* die Bucht von Palma zierten, stehen heute zwischen Can Pastilla und dem Yachthafen von S`Arenal an die **250 Hotels** mit über **40.000 Betten**. Vor allem auf diesen 7 km (und in Magaluf) spielt sich – durchaus nicht nur – die Art von Tourismus ab, dem der Mallorcaurlaub (teilweise) sein Negativimage verdankt. Indessen ist S`Arenal nicht gleich Playa de Palma und diese wiederum anders als Can Pastilla, wenn auch die Grenzen fließend sind.

Balnearios

Die heute durchgängige palmenbestandene **Strandpromenade** fast ohne Verkehr ist das verbindende Element der Urlaubszentren im Osten der Bucht von Palma. In gleichen Abständen wurden zwischen Strand und Promenade *15 Balnearios* angelegt, Brückenköpfe zur Versorgung der Besucher mit Drinks, Snacks und Toiletten. Gleichzeitig dienen sie zur Kennzeichnung von Strandabschnitten ohne sonstige markante Punkte zur Orientierung.

Can Pastilla

Von Palma aus gesehen beginnt die Promenade am Strand von Can Pastilla mit dem *Balneario No. 15*. Can Pastilla ist ein mit dem Tourismus gewachsenes früheres Fischerdorf (noch immer) voller älterer Pensionen und Hotels der **/***Kategorie, von denen aber in den letzten Jahre einige modernisiert wurden. Dank der durchgehenden Promenade und – damit einhergehend – einer zunehmenden Verkehrsberuhigung im Ort und Renovierung überholter Strukturen ist Can Pastilla nun wieder durchaus attraktiv. Neben dem bis S'Arenal laufenden, breiten Strand verfügt der Ort (hinter dem Yachthafen) mit der runden Bucht *Cala Estancia* außerdem über einen separaten, geschützten Strand.

---

*) Da die Playa de Palma bei uns in der kastilischen Schreibweise ein so bekannter Begriff ist, wurde auf die katalanische Form *Platja* verzichtet. Der Urlaubsort an der Playa de Palma heißt eigentlich **Las Maravillas.**

Gegen ein heute wegen leiser gewordener Düsentriebwerke nicht mehr arges Handicap ist jedoch kein Kraut gewachsen: Can Pastilla liegt neben der **Haupteinflugschneise des Flughafens** und in einer Linie mit der – seltener genutzten – Landebahn B.

Can Pastilla im Aufwind

Deutsche Veranstalter hatten sich zeitweise ganz zurückgezogen, einige führen aber heute Can Pastilla wieder im Programm. Nach wie vor kommen die Gäste dort vorwiegend aus Großbritannien, Holland und Skandinavien. Wer auf nahe Flugzeuge lieber verzichtet, sollte Häuser im Strandbereich buchen. Dort stört der weiter westlich anfallende Fluglärm so gut wie gar nicht mehr.

*Die nostalgische Alternative zwischen Palma und Can Pastilla: **Hotel Ciutat Jardi** im gleichnamigen Stadtteil direkt an Strand und Verbindungs-promenade, ⟳ auch Beileger »Optimal unterkommen«*

Playa de Palma

Playa de Palma beginnt etwa mit dem *Balneario 9* und geht ab *Balneario 3* in den Strand von S`Arenal über. Entlang der – in den letzten Jahren mit Hunderten von Palmen verschönten – Uferpromenade stehen in dichter Folge die Hotel- und Apartmentblocks, nur unterbrochen von den zum Strand führenden Stichstraßen und Restaurant- und Ladenzeilen. Die Bebauung geht hinter der ersten Reihe am Meer nur etwa 300 m in die Tiefe, das sind gerade mal 3-4 Straßenblocks. Weitere Hotels, Apartmentkomplexe und Villen mischen sich dort mit grünen Gärten. Die zurückliegenden Häuser der Mittelklasse und der ****Kategorie verfügen fast alle über recht attraktive Poolanlagen.

High Life

An der **Promenade** gibt es kaum einen nicht von Läden, Restaurants, Kneipen oder sonstwas besetzten Meter. *Balneario 6* ist unter der Bezeichnung **Ballermann** berühmt-berüchtigt, aber mittlerweile eher out. Denn der sog. *Megapark* (mit schalldichter *Mega Arena* im Untergeschoß) am *Balneario 5* hat vor einigen Jahren die Rolle des größten Anziehungspunktes für alle Feierfreudigen übernommen. Jubel, Trubel, Heiterkeit sind aber auch noch in der dritten Reihe angesagt: Auf engem Raum erfreuen in der **Bier- und Schinkenstraße** Bars und Imbissstände mit allen bekannten heimischen Biersorten und Spezialitäten aus deutschen Landen das sich dort wie zu Hause fühlende Urlauberherz.

Beurteilung Playa de Palma	Wer in den Ferien ein bisschen oder auch mehr Rummel möchte und sich am gleichförmigen Strandleben über Kilometer nicht stört bzw. ohnehin den hoteleigenen Pool vorzieht, liegt in Playa de Palma – im wahrsten Sinne des Wortes – richtig. Zahlreiche *** und mehr und mehr ****Hotels sorgen für ein relativ gutes Komfortniveau.

Als **Ausgangspunkt für Tagesausflüge ist Playa de Palma gut geeignet**: viele Ziele einschließlich der Großstadt Palma liegen in geographisch kurzer Distanz. Zudem ist die **Uferpromenade** rund um die Bucht von Palma mittlerweile fertig, die sich wunderbar für **Radtouren** in beide Richtungen eignet (⇨ Seite 148). Im Umfeld hinter der Hotelurbanisation findet man nur Zufahrtstraßen, Autobahn, zersiedelte Landschaft und den Flugplatz.

S`Arenal	Bleibt **S`Arenal** etwa ab *Balneario* **2 und 1** und noch ein ganzes Stück weiter westlich. Nicht nur am Meer stehen dort die fast alle in die Jahre gekommenen Hotel- (Ausnahmen: *Aya* und *Hispania*) und Apartmenthochhäuser dicht an dicht. Abriss und Umgestaltung sind in Planung, aber wohl nicht rasch zu realisieren. Bars, Spielhallen und Restaurants einfacher Katgorien säumen die dort nicht mehr autofreie Strandstraße bzw. Promenade. Dahinter erstreckt sich ein Gewirr dicht bebauter unattraktiver Blocks bis hinauf **zur zentralen Plaza** der untouristischen Wohnsiedlung Arenal, ganze 500-600 m vom Strand entfernt. Dank breiter Aufspülung und Palmenbepflanzung ist der Strand von Arenal aber breiter und attraktiver als der Playa de Palma-Strand. Generell gilt: Bei einer Mehrheit der Urauber stehen **die vier »S« im Vordergrund**, Sonne und Sand, Sex und Suff.
Son Veri	Wer nicht ausreichend vorinformiert nach S`Arenal gerät, dem ist zu wünschen, dass er/sie wenigstens eines der Hotels in Son Veri am Südende zwischen Arenal Zentrum und dem Planschpark *Aqualand* erwischt. Dort geht es ruhig zu, und man wohnt nicht zu weit vom Strand entfernt. In Son Veri liegt auch ein schöner Squash- und Tennisclub mit einer ansprechenden Poolanlage mitten im Grünen.

Östliches Ende der Playa de Palma beim Yachthafen von Arenal

Fazit S`Arenal**     Viel los ist in S`Arenal eigentlich nur in der Zeit von Juni bis September. Arenal wird zwar in der Vor- und Nachsaison nicht schöner, aber ruhiger. Ein Hotel im Ortsteil Son Veri ließe sich dann ggf. in Erwägung ziehen, wenn der Reisepreis stimmt. Denn wie die ganze Bucht von Palma ist auch S`Arenal eine **gute Basis für Ausflüge nach Palma und in die Berge des Inselwestens.

Palma Stadt

Hotel-situation   Direkt in Palma de Mallorca findet man heute zahlreiche Hotels in allen Kategorien. Die Angebote der Reiseveranstalter beziehen sich aber im wesentlichen auf die in den letzten Jahren neu eröffneten ******Boutiquehotels** und eine Handvoll älterer ***Häuser, die in jüngerer Zeit auf vier Sterne hochrenoviert wurden. Fast alle genügen gehobenen Ansprüchen (m. E. *Isla de Mallorca* und *Hesperia Ciutat*), so dass es für die Buchungsentscheidung auf die Lage und den jeweiligen Preis ankommt. Apropos Lage: Diverse große Komfort- und Mittelklasse-Hotels liegen am *Passeig Maritim*, der Tag und Nacht belebten Prachtallee an der Hafenbucht. Vom Zimmer mit Blick auf Schiffe und Meer schaut man gleichzeitig über den *Passeig* und ist Lärm und Luftverschmutzung ausgesetzt. Warum sollte man dort absteigen?

Auch die Hotels im Villenviertel (*Armadams/Isla de Mallorca*), in den zentrumsnahen Gassen der Altstadt (*D'alt Murada*, *Tres*, *Puro*, *Convent de la Missió*, *Ca Sa Galesa u.a.*) oder nahe der Plaça Espanya, darunter das neue, aus einem alten Filmpalast entstandene ***Hotel Avenida*, sind für viele sicher eine bessere Wahl. Spitze ist im wahrsten Sinne des Wortes der *****Valparaiso Palace* hoch über Terreno auch, was die Tarife angeht. Das ****Hotel Born* (mittlere Preislage) mit einem herrlichen Innenhof ist etwas für Nostalgiker. Man könnte durchaus auch das eine oder andere der preiswerteren *Hostales* für ein paar Tage Kurzurlaub in Palma als Standquartier in Erwägung ziehen, ⇨ den Unterkunftsbeileger mit detaillierteren Informationen.

Cala Mayor und Illetes   Ortstyp 1, bedingt 2 (⇨ Seite 41)

Der ausgangs der Bucht in Richtung Peguera-Andratx als Autobahn weitergeführte Hafenboulevard bildet die Trennlinie zwischen Palma bzw. seinem Stadtteil El Terreno und dem südlichen Vorort Cala Mayor, einem Nebenschauplatz **des skandinavisch/britischen Tourismus`** ohne größere deutsche Beteiligung.

Cala Mayor   An der **Avinguda Joán Miró** durch **Cala Mayor und Sant Agusti** konzentriert sich eine Mischung aus Discos, Snack-Bars, Kneipen und Boutiquen. Sie zieht sich über gut 1 km hinter und bis 20 m über der Küste bis zum Yachthafen von Sant Agusti hin.

Die von Hotels eingemauerte namensgebende Strandbucht platzt ab Mai aus allen Nähten. Einige (und in Illetes alle) Hotels direkt am Meer verfügen deshalb über ihre eigenen Badeanlagen auf den

*Links unten der kleine Strand Cas Catalá zwischen
Illetes und Sant Agustí; das große Gebäude in der
Bildmitte ist das **Luxushotel Hospes Maricel** (ab
€300), in dem schon Bill Clinton nächtigte*

Küstenfelsen. Wenn Cala Mayor, dann dort, im nostalgischen
(*Hotel *La Cala* der Kette *Luabay*, im *(**Nixe Palace* oder
im Luxus des *****Palastes *Maricel*.

Beurteilung Ein Aufenthalt in *Cala Mayor* bedeutet faktisch **Stadturlaub** am
Meer. In wasserkalten Monaten ist der Standort im Hinblick auf
Palma-Besuche und Ausflüge im Südwesten an sich nicht schlecht,
aber dann doch lieber gleich Illetes, das jedoch ein bisschen teurer zu Buche schlägt. Von Mai bis September gibt es zu Cala Mayor
erst recht bessere Alternativen. Für Ferien mit Kindern sollte
man Cala Mayor nicht in Erwägung ziehen.

Illetes   **Illetes** ist der **ideale Standort** für alle, die am Meer und palmanah
ohne Begleiterscheinungen des Massentourismus logieren möch-
ten. Hinter Sant Agustí geht es links ab von der Hauptstraße zu
diesem einst reinen **Villenvorort**. Das *****Hotel *Melia de Mar*,
diverse ****Häuser und eine Vielzahl von Apartmentanlagen be-
setzen die Steilküste. Üppig bepflanzte Gärten und Balkons lok-
kern die dichte Bebauung optisch auf. Die andernorts oft so auf-
dringliche Infrastruktur fehlt in Illetes fast völlig.

Strände   Trotz der Exklusivität besitzt Illetes zwischen grün bewachsenen
Hängen den **schönsten öffentlichen Badestrand im Großraum
Palma**, dazu die kleinere *Cala Comtessa* und die *Playa Illetes II*
beim exklusiven *Anchorage Club*, einem exklusiven Apartmentkomplex mit Privatbucht samt Ankerplätzen für Yachten.

Vorzüge   Illetes' Lage bietet Ruhe einerseits, aber bei Bedarf Kultur, Shop-
Illetes   ping und Unterhaltung in Palma ganz in der Nähe, dazu den **Golfplatz Bendinat** um die Ecke. Zum gleichnamigen Villenvorort
und nach **Portals Nous** mit seinem Yachthafen der Superlative
und breitem Strand unter der Steilküste ist es auch nicht weit.

Illetes eignet sich zudem ausgezeichnet als **Basis zur Entdeckung
des Südwestens** und der Gebirgsregion. In den in erster Linie
empfehlenswerten Hotels *Bon Sol* und *Melia de Mar* (➪ Beileger)
erfreut die Gäste nicht nur der hier obligatorische Pool am Meer,
sondern in beiden Fällen ein hoteleigener Ministrand.

Palma Nova und Magaluf   Ortstyp 1 (↳ Seite 41)

**Kenn-
zeichnung**

Was im Osten der Bucht von Palma der Bereich Playa de Palma und S`Arenal sind, das heißt im Westen Palma Nova und Magaluf. Während dort die Deutschen dominieren, sind es hier die Briten, Skandinavier und Holländer. Speziell **Magaluf befindet sich fest in britischer Hand**. In Palma Nova gibt es auch diverse Angebote deutscher Veranstalter mit gutem Preis-/Leistungsverhältnis.

Palma Nova ist – wie die Playa de Palma – eine von Privatvillen und Grün **aufgelockerte Hotelstadt**. In jüngerer Zeit sorgte die Erweiterung seiner Fußgänger- und verkehrsberuhigter Bereiche für eine zusätzliche Verbesserung des Erscheinungsbildes.

Auch **Magaluf** wirkt dank seiner **Strandpromenade, Beach Clubs** und **Hotelneubauten/-renovierungen** und Verkehrsberuhigung dahinter deutlich angenehmer als noch vor ein paar Jahren. Die Dimensionen der dortigen Hoteltürme sind aber immer noch unerreicht, wiewohl einige der schlimmsten Kästen schon gesprengt (!) wurden. Nach wie vor drängen sich in Magaluf viele Automatenspielhallen, billige *Pubs* und Discos neben den unvermeidlichen Snackbars für *Fish & Chips*, *Souvenir-Shops* und Supermärkten für *Duty-Free*-Schnaps aller Marken. Britisches *High Life* läuft von Mai bis Oktober.

Beurteilung

Wer in Palma Nova, Son Caliu oder in einem der Hotels auf der Landzunge *Torre Nova* wohnt, kann sich ins pralle Leben Magalufs hineinstürzen und später wieder in ruhigere Gefilde zurückziehen. Die **Strände** in Palma Nova und Magaluf schneiden im Vergleich mit denen der östlichen Palmabucht **eher besser** ab. Im Umfeld gibt es viel konfektionierte Unterhaltung von **Marineland** über einen Western-**Planschparks**, das *House of Katmandu* und die **Piraten-Abenteuer** (↳ Seite 196f) bis zur *BCM* Superdisco.

Die Strände in *Portals Nous* unter der Steilküste und in der Bucht von *Portals Vells* bieten Ausweichmöglichkeiten in Radfahrerdistanz oder per Ausflugsboot. Wie auch im Fall Illetes ist die Lage der touristischen Doppelstadt für Entdeckungsfahrten ins Landesinnere günstig.

Frühjahr am breit aufgespülten Strand von Santa Ponça. An der rechten Flanke der Bucht stehen die Apartmenthochhäuser dicht an dicht

2.2.2   Der Südwesten

**Bereichskarte
Seite 201
und
Ortskarten
Seiten 202,
205 und 212**

Urlaubsorte:

Santa Ponça,
Peguera/Cala Fornells,
Camp de Mar/
Cala Llamp,
Port d`Andratx,
Sant Elm,
Estellencs/Banyalbufar

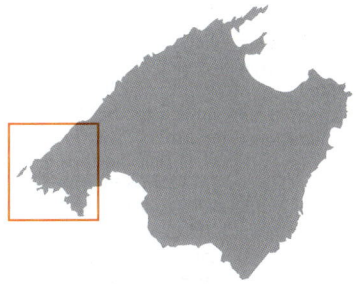

Santa Ponça   Ortstyp 1, Reste von 3 (⇨ Seite 41)

**Kenn-
zeichnung**

Der Strand von Santa Ponça ist von felsiger Küste umgeben, mit
etwa 300 m recht breit und dank Aufspülung großflächig und sogar sanft hügelig Vom Dünengürtel früherer Jahre direkt hinter
dem Strand blieb nicht mehr viel. Die letzten mit Pinien bewachsenen **Restdünen** erinnern an den Zustand der 1950er-Jahre.
Dahinter verläuft die Straße rund um die Bucht mit der üblichen
touristischen Infrastruktur. Während auf ihrer linken Seite viel
Grün zwischen Restaurants und Villen das Bild auflockert und
das Kletterparadies **Jungle Parc** nur 1 km vom Zentrum entfernt
gar ein einsames Waldgebiet »vortäuscht«, dominieren **mächtige
Apartmentgebäude** die Nordwestflanke.

Geographie

Für den Urlauber besteht Santa Ponça im wesentlichen aus dem
zentralen Bereich rund um die Bucht. Tatsächlich ist der Ort aber
weit mehr, nämlich das **Zentrum der größten zusammenhängenden und weiter expandierenden Ballung privater Villen und Apartmentgebäude** auf Mallorca. Spinnennetzartig zieht sich die Bebauung von El Toro über den Aussichtspunkt *Na Foradada* gegenüber der Malgrat Insel bis zur **Costa de la Calma**, über der das
lange verwaiste ****Hotel Blue Bay Galatzo* nun wieder aktiv ist.

Hotels

Die wassernächsten von deutschen Veranstaltern angebotenen
Hotels liegen einen Block hinter dem Strand, andere oberhalb der
Bucht auf deren Ostseite jenseits der Hauptstraße. Weitere Hotels
befinden sich an der westlichen Felsküste im Südausläufer der
Bucht, ziemlich weit vom »Geschehen« entfernt. Das Publikum
in Santa Ponça ist international mit Vorteilen für die Engländer
in der Vor- und Nachsaison und für die Deutschen im Sommer.

Beurteilung

Sieht man vom Yachthafen, den Villenvierteln, Golfplätzen und
der Nobel-Urbanisation *Costa de la Calma* ab, bietet Santa Ponça
als Ferienort eher wenig. »Normaltouristen« haben von diesem
Umfeld kaum etwas, außer der Möglichkeit zu anregenden Spaziergängen. Es liegt daher – und geographisch ohnehin – nahe, die
Qualitäten Santa Ponças mit denen von Peguera zu vergleichen.
Der Nachbarort schneidet in vielerlei Hinsicht besser ab.

Peguera mit Cala Fornells

Ortstyp: überwiegend 1 (fast) ohne Hochhäuser   (⇨ Seite 41)

Entwicklung und Situation heute

Peguera verdankt seine Existenz ausschließlich dem Tourismus. Weder Fischerhafen noch spanisch/katalanische Plaça strahlen Reste mallorquinischen Originalflairs aus. Nichtsdestoweniger gelang die Schaffung eines Ferienortes eigenen, insgesamt angenehmen Zuschnitts. Zwar wurde auch dort in den Anfangsjahren ziemlich drauflos gebaut und der **zentrale Ortsstrand** von Hotels und Pensionen teilweise eingemauert, aber nicht so vielstöckig wie andernorts. Mit einer weit um die Bucht herum geführten Palmenpromenade und Aufspülungen erfolgte vor einer Dekade eine deutliche Aufwertung dieses Strandes. Gleichzeitig sorgte man für eine direkte Fußgängerverbindung zur größeren *Platja Grande* oder *Tora*, dessen Randbebauung – bis auf das klotzige *Beverly Playa Hotel* – zum Glück vermieden wurde. Von der *Platja Tora* führt die Promenade weiter zur kleineren **Platja Romana**, hinter der sich ein Hapimag Apartmentkomplex befindet.

Ortsbild

Die Expansion Pegueras vom Strandbereich hinauf in die Hügellandschaft vollzog sich für Mallorca-Verhältnisse halbwegs rücksichtsvoll. Jenseits der – heute weitgehend verkehrsfreien – durch den Ort führenden Hauptstraße entstand eine gemischte Siedlung aus privaten Anwesen, Restaurants, Kneipen und Hotels. Bei den Hotels überwiegen Häuser kleiner und mittlerer Größe.

Gesichtslose Bettenburgen sind in der Minderheit. Wo der Pinienwald weichen musste, schaffen begrünte Poolanlagen, oft hübsch überwachsene Terrassen der Gastronomie und zahlreiche üppige Gärten einen angenehmen Ausgleich.

Deutsche Hochburg

Man trifft in Peguera zwar auch noch Schweizer, Skandinavier, Holländer und Russen, aber die Szene ist klar deutsch dominiert. Zu Peguera passt der Begriff »**gutbürgerlich**«. Wer es gerne etwas »distinguierter« hätte, wird sich dort ebensowenig wohlfühlen wie im nahen Santa Ponça, in Cala Rajada oder Cala Millor.

Beurteilung	Seit der Aussperrrung des Durchgangsverkehrs ist Peguera **idealer Ferienort** auch und gerade **für Leute mit Kindern**. Schon immer bot Peguera gute Möglichkeiten zur individuellen Urlaubsgestaltung. **Tennisplätze** gibt es genug und das Hinterland eignet sich gut zum **Wandern** und für (sportlich anspruchsvollere) **Radtouren**. Auch für Ausflüge in die erweiterte Südwestregion Mallorcas einschließlich Palma bietet Peguera eine gute Basis.
Aldea Cala Fornells	Schon in den 1970er-Jahren entstand hoch über dem Meer auf der Westseite der Bucht der erste Abschnitt von *Aldea Cala Fornells*, einer verschachtelten Anlage von Eigentumswohnungen im verspielten, damals neukreierten »Mittelmeerstil«. Dessen durchschlagender Erfolg führte zu *Aldea Cala Fornells* II und III mit der Folge einer total – wenngleich architektonisch attraktiv – zugebauten Westflanke der Bucht. Ein Teil des Treppenviertels (im ursprünglichen Bereich *Aldea I* und in *Aldea II*) mit seinen individuell gestalteten Terrassenwohnungen steht auch Pauschalurlaubern zu moderaten Preisen offen (*1-2-fly, Bucher, Neckermann*).
	Fußmärsche zu den Stränden und hinunter nach Peguera sind von dort aus etwas mühsam, dank dorfeigener Restaurants und schöner Pools mit Blick aufs Meer aber nicht unbedingt für alle nötig.
Cala Fornells	Am Ende der kurvigen Straße durch die Nobelsiedlung erreicht man die namengebende **Bucht *Cala Fornells*** mit einem Mini-Sandstrand. An ihr liegen – mit Blick hinüber nach Peguera – die **Hotels *Coronado*****, *Cala Fornells*****(*)** und das aufgewertete *****(*) *Petit Cala Fornells*** zwischen Meer und Pinienwald.

Camp de Mar   Ortstyp 3 (⟳ Seite 41)

Camp de Mar	Von der Cala Fornells getrennt durch eine felsige Landzunge, die einst zu einem großen Teil *Claudia Schiffer* gehörte, liegt Camp de Mar. Per Straße sind es von Peguera dorthin etwa 4 km. In Camp de Mar stehen 3 mittelgroße zu solchen »aufgerüstete« ****Hotels und eine kleine Apartmentanlage rund um den 200 m breiten Strand, nebenan liegt noch eine große Clubanlage. An der Straße Richtung Port d`Andratx konzentriert sich eine begrenzte Infrastruktur. Dort steht das **Apartmenthotel *Bahia Camp de Mar*** über dem felsigen Teil der Bucht. Zwischen der Hauptstraße Peguera-Andratx und Küstenbebauung liegt der exklusive **Golfplatz Camp de Mar** samt *****Hotel Dorint Royal** und in den Platz integrierter dorfähnlicher Apartmentkomplexe.
Beurteilung	Die Bucht gehörte lange zu den attraktivsten der Südwestküste, aber heute steht dort die Gesamtzahl der Gästebeten in einem ziemlich kritischen Verhältnis zur Größe des Strandes. Wer auf eine »richtige« Ortschaft verzichten mag und sich per Mietfahrzeug – bis nach Peguera genügt ein Moped, tagsüber geht mehrmals täglich ein Bus – Mobilität verschafft, dem dürfte Camp de Mar – außer im Juli/August – durchaus gefallen. Speziell mit kleineren Kindern sind die Hotels am Strand eine gute Wahl. Für Ausflüge ab Camp de Mar gilt dasselbe wie im Fall Peguera.

Scheinbat
idyllischer
Yachthafen von
Port d`Andratx,
dahinter
– zwischen
Bäumen gut
kaschiert –
einbetonierte
Hügel, ⇨
Seite 211

Port d`Andratx   Ortstyp 2 (⇨ Seite 41)

Kenn-
zeichnung

Eine kurvige Straße verbindet Camp de Mar mit Port d`Andratx. Der Hafen von Andratx erfreut sich wohl wegen seines Rufes als Prominentenwohnsitz erheblicher Touristengunst. Überwiegend **individuell anreisende Feriengäste**, Besatzungen von Segelyachten und die Bewohner der ausgedehnten Urbanisationen ringsum sorgen nicht nur im Sommer für Leben und Treiben in der für die Ortsgröße überraschend attraktiven, aber auch übersetzten Kneipen- und Restaurantszene. Strände gibt es in Port d`Andratx bis auf zehn gut versteckte Quadratmeter im Ortsbereich und nicht viel mehr gegenüber beim Yachtclub nicht.

Beurteilung

Die **Umgebung** von Port d`Andratx ist erst bei genauem Hinsehen **abwechslungsreich**: die Halbinsel La Mola voller Villen im *Pedro Otzoup* Stil (⇨ Seite 213) in tollen Lagen über dem Meer, die gegenüberliegende Seite der Bucht mit Zugangsmöglichkeiten zu verschwiegenen Ecken der Insel (⇨ Wanderroute 8 im Beileger) und das sanft ansteigende Tal von Andratx mit Orangenhainen und im Frühjahr blühenden Gärten. Für **Ausflüge in der Südwestregion** und Wanderungen liegt Port d`Andratx günstig.

Unterkünfte

Für Pauschaltouristen gibt es in Port d`Andratx keine große Auswahl. Sieht man ab von der Nobelresidenz *Villa Italia (Dertour)* ist das einzige Hotel am Platz immer noch das **Brismar** *(Dertour, Club Blau u.a.)*, ein älteres 3-Stern-Haus. Daneben gibt es eine Handvoll Pensionen, die privat gebucht werden können. In und um Port d`Andratx findet man zudem teure Ferienapartments und -häuser und die ****Anlagen **La Pergola** und **Montport** in der 2. bzw. 3. Reihe hinter dem Yachthafen, 1,5-2 km vom Ort.

Beurteilung

Urlaub in Port d`Andratx zu machen, kann trotz der insgesamt positiven Beschreibung nur bei eindeutig auf dieses Städtchen bezogener Präferenz empfohlen werden. Eine Fahrzeugmiete sollte – zumindest für einen Teil der Zeit – auf jeden Fall eingeplant werden. Ohnedem dürften dort schon 7 Tage Aufenthalt zu langweilig sein, besonders vor Mitte Mai und nach Ende September.

Sant Elm
Ortstyp 3 und 5 (⇨ Seite 41)

Lage
Sant Elm, in der westlichsten Ecke Mallorcas, erreicht man von Andratx über das malerisch gelegene Dorf *S'Arraco* auf gewundener Straße durch die Berge. Von der Verbindung Andratx–Port d'Andratx existiert ebenfalls – eine mittlerweile breit ausgebaute – Straße hinüber nach S'Arraco.

Ortsbild
Man erreicht Sant Elm unmittelbar hinter dem Strand. Von dort folgt die heute Fußgängern vorbehaltene alte Hauptstraße des Ortes noch etwa 200 m der Küstenlinie nach Westen. An ihr liegen unverfehlbar die Handvoll Hotels, Bars und Restaurants, an deren Ende die Terrassen der **Fischlokale** über dem kleinen Anleger für Ausflugsboote mit Blick hinüber zur Insel Dragonera. Der Ortskern besteht ansonsten nur aus Sommerresidenzen und den Häusern der wenigen Dauerbewohner.

Kenn-zeichnung
Zentrale Urlaubsaktivitäten in Sant Elm sind bei hervorragender Wasserqualität **Schwimmen** und **Tauchen** (Tauchcenter *Scuba Activa* operiert von dort, ⇨ Seite 26) vielleicht noch ein bisschen Surfen, obwohl es da bessere Reviere auf Mallorca gibt. Außerhalb der Warmwassersaison sind es **Wanderungen** durch das gebirgige Hinterland, die Liebhaber ruhiger Ferien anziehen. An Abendunterhaltung darf man hier nicht denken. Wer auch mal ausgehen möchte, braucht unbedingt ein Mietfahrzeug.

Unterkunft
Sant Elm fehlt in den Katalogen der meisten Veranstalter, es ist eher ein Ziel für Individualreisende, die ein Apartment mieten. Das *Hostal Dragonera* (in seiner Kategorie o.k.) kann man von Deutschland aus nur privat buchen, das *Hotel Aquamarin* direkt am Strand und die sehr gute **Apartmentanlage** *Don Camilo* auch pauschal bei TUI.

Strand in Sant Elm. Unten das grüne Inselchen heißt Pantaleu; dahinter liegt Dragonera
In Sant Elm findet man relativ viele »*Se alquila*«-**Schilder** für die Vermietung von Ferienwohnungen. Speziell auf der Südseite des Ortes gibt es eine Reihe attraktiver moderner Apartments; Wohnungen in älteren spanischen Ferienhäusern findet man zwischen Anlegestelle der Ausflugsboote und dem Nordende des Ortes, der *Punta Negra*. Dort liegt auch der Apartmentkomplex *Amores* mit Blick auf Dragonera von allen Wohnräumen/Terrassen.

Estellencs und Banyalbufar   Ortstyp 5 (⇨ Seite 41)

**Kenn-
zeichnung**

Nur 9 km voneinander entfernt liegen die **Bergdörfer** Estellencs und Banyalbufar im Süden der westlichen Steilküste. Beide sind gute Standorte für **Urlaub im *anderen* Mallorca**.

Denn wegen fehlender Strände und ihrer begrenzten Infrastruktur gibt es nur relativ **wenig Tourismus** in diesem Bereich. Selbst die Zahl der Tagesbesucher hält sich – trotz mittlerweile auch dort weitgehend breit ausgebauter Straßen – noch einigermaßen in Grenzen. Denn die populäreren Busrundfahrten führen über den nördlichen Abschnitt der Küstenroute einschließlich Valldemossa und manchmal Esporles mit *La Granja* (⇨ Seite 222, nicht aber in diesen Bereich. In der Region zwischen Andratx und Esporles findet man noch das Mallorca der Ruhe und Beschaulichkeit mit malerischen Obst- und Gemüseterrassen, zwischen Estellencs und Banyalbufar dazu hoch über dem tiefblauen Meer.

Estellencs

Estellencs ist von beiden **der romantischere Ort**. Seine Gassen sind noch ein bisschen enger, steiler und verwinkelter als die im etwas größeren Banyalbufar, wo dafür ein bisschen mehr Leben herrscht. Die Gäste im **Hotel *Maristel*** im ***Petit Hotel Sa Plana*** und im gemütlichen kleinen **Hotel *Rural Nord*** in Estellencs (⇨ Unterkunftsbeileger) besitzen am Abend kaum noch Alternativen zu den Aufenthaltsräumen ihrer Unterkunft.

Immerhin befindet sich im Ort das oft gelobte **Restaurant *Montimar***. Vom sonnigen Pool des *Maristel* und von der hochgelegenen Terrasse der **Bar *Vall Hermos*** schaut man über die Durchgangsstraße und ein grünes Tal bis hinunter zur Bucht. Eine schmale Zufahrt für Autos führt zum steinigen Strand und Bootshafen; während der Saison öffnet dort unten ein einfaches Lokal seine Pforten. Vom Ort geht es durch Gärten direkter zum Meer .

Banyalbufar

Das **Hotel *Mar i Vent*** (Meer und Wind) in Banyalbufar überschaut ebenfalls die Ortsbucht und ist bei gleicher Kategorie höher einzuordnen als das *Maristel.* Dafür ist der Blick auch aus den meerseitigen Zimmern nicht so umwerfend und der Ort – wie erwähnt – insgesamt weniger malerisch. Etwas günstiger kommt man unter im **Hostal *Rurál Can Busquet***, ca. 2 km nördlich des Ortes in schöner, versteckter Hanglage. Die Straße hinunter zur felsigen Bucht endet oberhalb der Küste. Nur über eine Kletterpartie gelangt man ans Meer. Der besondere Reiz der *Cala de Estellencs* wird von der Küste unterhalb Banyalbufars nicht erreicht.

Beurteilung

Beide Orte eignen sich gut für zurückgezogene Ferien und gleichzeitig als Ausgangspunkte für Unternehmungen im südlichen Bereich der *Serra Tramuntana*. Weit sind weder Palma noch die Südwestküste. Bei der minimalen Busfrequenz (je einmal abends und morgens) benötigt man aber unbedingt ein Mietfahrzeug.

Daher sind die Angebote von Veranstaltern durchaus sinnvoll, die im Reisepreis den **Leihwagen** gleich mit einschließen bzw. mit anbieten.

2.2.3 Zentraler Westküstenbereich

Bereichskarte Seite 231 und Ortskarten Seiten 229, 238 und 243

Urlaubsorte:

Valldemossa,
Deià,
Port de Sóller/Sóller,
Fornalutx

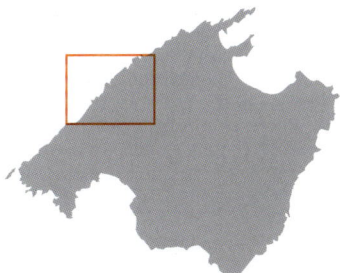

Valldemossa   Ortstyp 5 (⇨ Seite 41)

Eines der schönsten Städtchen Mallorcas ist ohne Zweifel Valldemossa. Man kann dort dank des Luxushotels *Valldemossa* und des hübschen, wiewohl für das gebotene ***Niveau etwas teuren Stadthotels *Petit Hotel Valldemossa* auch Urlaubstage verbringen (Details siehe Unterkunftsverzeichnis). Aber in Valldemossa fallen täglich Tausende Ausflugstouristen ein, man ist fern jeden Strandes und hat bis auf diese beiden Häuser keine Alternative. Ohne spezielle Präferenz sollte man dort eher nicht buchen.

Deià   Ortstyp 5 (⇨ Seite 41)

Ambiente

Deià liegt zwischen Valldemossa und Port de Sóller vielleicht noch idyllischer (auf einer Anhöhe) über der Küste als das vorstehend beschriebene Estellencs. Rund um Deià haben sich **Künstler** und **Schriftsteller** angesiedelt und dem Dorf zu einem Sonderimage verholfen.

Kennzeichnung und Hotels

Wer Deià als Urlaubsquartier wählt, hat die Auswahl zwischen den Nobelherbergen *Es Moli* und *La Residencia* und der phänomenal gelegenen Edelfinca *Sa Pedrissa* (DZ/F nicht unter €250) und kleineren, einfacheren Unterkünften, die auch nicht gerade billig sind, ⇨ weitere Details im Unterkunftsbeileger. Etwas abseits in **Lluc Alcari** liegt versteckt das ****Hotel Costa d'Or**.

In und um Deià gibt es zudem Apartments und zu Landhäusern umgestaltete Fincas zu mieten. Die Tarife dafür sind astronomisch.

Fazit

Deià besitzt neben seinem spezifischen Lokalflair den Vorzug einer Lage mitten im Gebirge und zugleich (fast) an der Küste; ein steiniger Strand liegt 3 km unterhalb des Dorfes. Trotzdem ist man in einer guten halben Stunde mit dem Auto in Palma und in 15 min. in Valldemossa, Sóller oder Port de Sóller. Wer sich eine der Luxusherbergen leisten kann und mag, wird deren Annehmlichkeiten und die Umgebung sicher genießen.

Nüchtern betrachtet dürfte Deià aber nur von den wenigsten als ein besonders erstrebenswerter Urlaubsort angesehen werden.

2

Port de Sóller & Sóller mit Fornalutx   Ortstyp 2 (⇨ Seite 41)

Geographie/ Umbau

Die **kreisförmige Bucht von Sóller** besitzt den einzigen geschützten Hafen der Westküste. Dahinter öffnet sich ein weites Tal mit dem Städtchen Sóller inmitten von Orangenkulturen und den höhergelegenen Dörfern **Fornalutx** und **Biniaraix** im Norden. Ringsum überragen Gebirgsmassive das Tal. Bis 1997 war Sóller nur über Passstraßen und Serpentinen zu erreichen, aber seither gibt es den **Straßentunnel** auf der Route Palma–Sóller, dessen Benutzung indessen Jahr für Jahr teurer wird. Vom Verkehrskreisel an Palmas Ringautobahn sind es kaum noch 20 min bis Port de Sóller. Dank eines weiteren Tunnels und enormer **Um- und Straßenbaumaßnahmen** gelang dort die Schaffung einer weitgehend verkehrsfreien Promenade an Bucht und Hafen.

Unterkunfts- situation

Neben einfachen *Hostales*, zwei ****Häusern und einem **Grand Hotel in Sóller**, vier Hotels in Fornalutx und einigen **Fincas** im Umfeld befinden sich die meisten Unterkünfte in Port de Sóller. Die Mehrheit davon liegt auf **/***Niveau, »echte« vier Sterne trägt das Design-Hotel **Aimia**, andere wurden durch Renovierung dahin aufgewertet, ⇨ Seite 85. Erst im Mai 2012 eröffnete hoch über der Stadt das **Jumeirah**, das erste ******Hotel Mallorcas.

Nachteile

Trotz mehr positiver Aspekte als früher lässt sich Port de Sóller nicht allen Urlaubern empfehlen. Denn der schmale Strand hinter der Promenade und Straßenbahnschiene ist unattraktiv, die Wasserqualität in der Bucht auf dieser Seite nicht so toll.

Im zentralen Bereich ist es zudem von Mai bis Oktober tagsüber wegen der Beliebtheit Port de Sóllers als **Ausflugsziel** oft sehr voll. Per Eisenbahn ab Palma und der anschließenden Straßenbahn, mit Bussen und Mietwagen geht es nach Port de Sóller, um dort die Boote nach **Sa Calobra** (⇨ Seite 247) zu besteigen.

D'en Repic

Vom Strom der Ausflügler etc. bemerken Gäste im Ortsteil **D'en Repic** weniger. Dort ist der (aufgespülte) Strand breiter, wenngleich nicht wunderschön und die Promenade ruhiger. Die Hotelinfrastruktur ist älter und einfacher, aber großenteils modernisiert.

Fazit

Von September bis Ende Mai sind Soller bzw. Port de Soller für Aktive, die wandern und mit Mietauto vor allem die Nordwestküste und die Berge erkunden wollen, erwägenswerte Standorte, zumal Palma und Umgebung in bequemer Reichweite liegen. Wenn am späten Nachmittag mit dem Abzug der Tagesausflügler wieder Ruhe einkehrt, lässt es sich am Hafen gut aushalten, ebenso an der Plaça in Sóller oder in einigen Restaurants des Umfeldes. Für Leute mit Ansprüchen an abendliche Zerstreuung sieht es eher schlechter aus als in anderen Ferienorten vergleichbarer Größe. Für Wassersport findet man erheblich geeignetere Ziele.

Fornalutx

Mit dem Aparthotel **Sa Tanqueta** und zwei kleinen Hotels der Mittelklasse in alten Stadthäusern ist Fornalutx ein **Geheimtipp** für alle, die im »anderen« Mallorca unterkommen und zugleich den Ausgangspunkten schöner Wanderungen möglichst nahe sein wollen. Doch kostet das ein paar Euros extra.

2.2.4   Der Nordwesten um die Bucht von Pollença

Bereichskarte
Seite 263
und
Ortsplan
Seite 268

Urlaubsorte:
Cala Sant Vicenç,
Port de Pollença,
Pollença

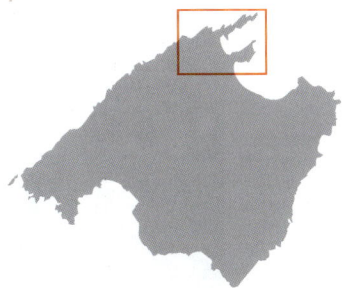

Cala Sant Vicenç   Ortstyp 3 (⇨ Seite 41)

Kenn-
zeichnung

Cala Sant Vicenç ist die nördlichste Urbanisation der Westküste
und liegt bereits jenseits des Tramuntana Gebirges am Ende eines
Tals, beidseitig pittoresk überragt von steilen Klippen. Verkehrstechnisch gehört Cala Sant Vicenç zum Einzugsbereich von Pollença samt Hafen. Nach Port de Pollença sind es 8 km auf ebener
Straße nach Pollença 5 km. **Cala Sant Vicenç ist der einzige Urlaubsort der Westküste direkt am Meer**. Der hübsche, grüne Kern
und die Strände der *Calas Barques* und *Molins* sind einladend
und garantieren selbst in der Hochsaison ruhige Urlaubstage.

Beurteilung

Die Buchten mit ihrer hervorragenden Wasserqualität bilden ein
ideales Revier für passionierte Schwimmer und Taucher (Gerät
und Schnorchel), aber auch für (geübte) **Surfer** und **Kayaker**. Das
Versorgungszentrum Pollença befindet sich in leichter Radfahr-
distanz, attraktive Ausflugsziele in kurzer Reichweite. Auch wer
wandern will, findet in Cala Sant Vicenç (nach Port de Sóller/
Deià/Fornalutx und Lluc) einen sinnvollen Ausgangspunkt.

Außerhalb der Saison herrscht dort mehr Ruhe, als manchem lieb
sein wird (die Mehrzahl derUnterkünfte öffnet ohnehin nicht vor
Ende April und schließt spätestens Mitte/Ende Oktober).

*An der Cala Molins von Cala
Sant Vicenç. Die ins Wasser
ragende Felsterrasse gehört
zum Hotel Molins, das jenseits
der oberhalb laufenden
Straße liegt*

In Port de Pollença am Passeig Anglada Camarassa, einer 200 m langen dicht mit Lokalen und Läden besetzten, breiten Uferpromenade unmittelbar nördlich der Hafenmolen

Port de Pollença
Ortstyp 2 (⇨ Seite 41)

Kennzeichnung

Das von den Briten schon früh entdeckte Port de Pollença, das sich nur langsam von Fischerdorf und Sommerfrische für Einheimische zum Urlaubsziel für (seinerzeit!) gehobene touristische Ansprüche entwickelt hatte, ist eine **gute Basis für aktive Mallorcaferien**, auch für Urlaub mit Kindern eine gute Wahl. Zwar verschwand das einstige Gentleman-Flair, aber die Atmosphäre ist nach wie vor angenehm. Dafür sorgten u.a. Verschönerungsmaßnahmen in der zentralen Strand- und Uferzone, der Ausbau der Anleger und die Vermeidung störender Betonpaläste im Ortsbereich. Nur zwei kleinere Hotels an der zentralen Promenade verfügen über mehr als 4 Stockwerke. Ein einziger Hotelklotz (*Pollença Park*) liegt relativ unauffällig abseits der Küste.

Geographie

Es gibt drei voneinander zu unterscheidende **Ortsbereiche:**

- Ein **breit aufgespülter Sandstrand** zieht sich vom südlichen Ortseingang bis zu den ausgedehnten Anlagen des Yacht- und Fischerhafens. Hinter Strand und **Promenade** verläuft die Straße nach Alcúdia, den dort logierende Urlauber überqueren müssen. Dank der seit kurzem lomplett fertigen Ortsumgehung hat aber der Verkehr dort gegenüber früher stark nachgelassen.

- Der **alte Ortskern** mit der baumbestandenen Hauptplaza gruppiert sich hinter dem Hafen und dem verkehrsfreien breiten *Passeig Anglada Camarasa*. Die Tische der Gastronomie stehen auf diesen wichtigsten 250 m des Ortes dicht an dicht.

Promenade

- Der Clou Port de Pollenças aber ist der *Passeig Vora Mar* mit der Verlängerung *Carrer Colón*. Dieser Fuß- und Radweg unter alten Bäumen führt 1.500 m an kleinen schattigen Strandabschnitten entlang, vorbei an alten Villen und neueren Apartmenthäusern. Ganz am Ende steht mit dem *Illa d'Or* das am schönsten gelegene (und teuerste) Hotel des Ortes.

Vorteile

In Port de Pollença gibt es ausreichend (flachen und **kleinkindergeeigneten**, für Schwimmer eher langweiligen) **Sandstrand** und die volle Palette des Wassersportangebots (**Surf- und Segelschule**).

In **Fahrraddistanz** befinden sich die gesamte Bucht von Pollença mit der großartigen Halbinsel *La Victoria*, das Städtchen Pollença, die Cala Sant Vicenç sowie Alcúdia und die gleichnamige Bucht (alles auch per Radweg erschlossen). Für (**Miet-) Autofahrer** liegen viele reizvolle Ziele einschließlich Palma in noch relativ günstiger Reichweite, ebenso einige Ausgangspunkte für **Wanderungen**. Die Anbindung **per Bus nach Palma** und in die **Nachbarorte** ist gut. Ein **Shuttlebetrieb** verbindet im Sommer die Orte der Nordküste von Port de Pollença bis Can Picafort.

Nachteile

Weniger reizvoll präsentiert sich der Ort hinter der »ersten Linie« und abseits der Plaça. Die **Restaurant- und Kneipenszene** ist zwar groß und vielfältig , aber – wegen britischer Dominanz – nicht unbedingt nach dem Geschmack deutscher Urlauber.

Zwischen 10 Uhr und 15 Uhr täglich wird Port de Pollença von Mai bis Oktober von zahlreichen Ausflugsbussen angesteuert, deren Passagiere in die **Boote zur Halbinsel Formentor** umsteigen. Verkehrschaos im Hafen und tagsüber viel Betrieb auf dem ortsnahen Teil der Promenaden sind die Folge.

Fazit

Port de Pollença ist – in der ersten Reihe   einer der schönsten Küstenorte und speziell für Aktive eine empfehlenswerte Basis, vorausgesetzt, dass die richtige Unterkunft gebucht wurde. Da die Kapazität der guten Quartiere klein ist, muss man früh reservieren. Wichtig zu wissen ist, dass in Port de Pollença britische plus (im Juli+August) spanische Urlauber die Mehrheit bilden.

Pollença Stadt

Ca. 6 km landeinwärts liegt mit Pollença eines der attraktiveren Städtchen Mallorcas, vor den ersten Anhöhen der *Serra Tramuntana* mit der Mehrheit der Häuser noch in der Ebene. Seit eh und je existiert an der Plaça das Mittelklasse-Hotel *Juma*. In den letzten Jahren sind mit dem gemütlichen *La Posada de Lluc* und dem *Son Sant Jordi* zwei kleine ****Hotels hinzugekommen, beide eine erwägenswerte Wahl, ⇨ Beileger Unterkunft.

Sicher wird man nicht gerade im Hochsommer im Binnenland logieren mögen. Zu anderen Zeiten indessen bietet Pollença als Urlaubsort für weniger Küstenfixierte, die z.B. Golf spielen, wandern oder biken möchten, ein untouristisches **mallorquinisch-internationales Ambiente**. Denn in Pollença selbst wie auch im weiten Umfeld leben Hunderte von Ausländern, darunter besonders viele Deutsche. Die Restaurant- und Kneipenszene ist überdurchschnittlich gut, ebenso das örtliche Shopping. Zum nächsten Strand fährt man nur 10 min (Cala Sant Vicenç oder Port de Pollença). Eine Alternative also für alle, die zwar das »andere Mallorca«, aber nicht die Isolation eines Fincahotels wollen.

2.2.5   Die Bucht von Alcúdia

Bereichskarte
Seite 281
und
Ortskarten
Seiten 278,
282 und 286

Urlaubsorte:

Port d`Alcúdia,
Las Gaviotas/
Platja de Muro,
Can Picafort/Son Baulo,
Colonia de Sant Père

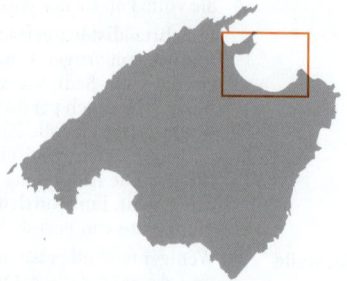

**Kenn-
zeichnung**

Die Bucht von Alcúdia verfügt zwischen Port d`Alcúdia und Can Picafort über einen kilometerlangen flachen Sandstrand wechselnder Breite, ideal vor allem für Familienurlaub mit Kindern. Leider ist der Dünengürtel hinter dem Strand fast ganz der Küstenbebauung zum Opfer gefallen. Im Bereich Alcúdia/Las Gaviotas blieben nur winzige Reste auf den Grundstücken einiger Villen und Hotelanlagen. Ab Can Picafort beginnt eine flache Felsküste unterbrochen von wenigen kurzen Sandstränden.

Die Strände der Alcúdia-Bucht, an denen an Tagen mit starkem Nord- bis Ostwind eine richtige Brandung anrollt, zeichnen sich im übrigen durch eine sehr gute Wasserqualität aus.

Port d`Alcúdia (bis Ciudad Blanca)
Ortstyp: Mischung aus 1 und 4, örtlich 2   (➪ Seite 41)

Hafen

Am Hafen von Alcúdia vor der unübersehbaren Silhouette der Schlote eines stillgelegten Kraftwerks sind die letzten Reste der einstigen Fischerdorfatmosphäre mit dem kolossalen Ausbau des Yachthafens und einer modernistischen Gestaltung der Hafenplaza endgültig abhanden gekommen. Im Ortsbereich spielt sich aber ohnehin nur noch ein Teil des Tourismusbetriebes ab.

Unterkünfte

Von einigen Unterkünften auf der Halbinsel La Victoria (Malpas/ Aucanada) und Alcúdia Stadt abgesehen, befinden sich die meisten unter Alcúdia gelisteten **Hotel- und Apartmentkomplexe zwischen dem Ortsrand von Port d`Alcúdia** und **Ciudad Blanca**. Dort entstand beidseitig der breiten und stark befahrenen Straße nach Can Picafort/Artá eine ausschließlich auf den Tourismus ausgerichtete Infrastruktur. Die Küstenstraße verläuft hinter dem ehemaligen, weiter östlich noch erhaltenen Dünengürtel. Sie trennt die Mehrheit der Hotelkomplexe sowie Restaurant- und Shoppingzonen vom Strand und den Hotels unmittelbar am Meer. Westlich der Straße gruppieren sich weniger attraktive Urbanisationen um Seen und Kanäle mit Brackwasser (stehendes Salzwasser), die zum Baden oder Wassersport nicht geeignet sind.

**Nachteile/
Vorzüge**

Viele Urlauber müssen dort **lange Wege** zwischen Unterkünften und Strandzugängen, Einkaufsmöglichkeiten, Gastronomie, Sportzentren und Bushaltestellen in Kauf nehmen. Trotz mittlerweile (nach Unfällen) eingerichteter zusätzlicher Fußgängerüberwegungen und den Verkehrsfluss bremsender Kreisel stellt diese Durchgangsroute eine lästige Lärm- und Gefahrenquelle dar. Auch das Niveau der Kommerzialisierung an den stark frequentierter Laufstrecken zum Strand dürfte viele Urlauber nicht begeistern.

Neben Strand und Wasser bietet Alcúdia eine breite Palette an **sportlichen Betätigungs-** (Tennis, Reiten, Squash etc) und **Unterhaltungsmöglichkeiten** (speziell für Kinder). **Radtouren** sind kein Problem; ein von der Hauptstraße abgeteilter Radweg führt bis Can Picafort und über dessen Port nach Pollença. Als Ausgangspunkt für **Bus- und Autoausflüge** eignet sich Port d'Alcúdia gut.

Fazit

Diese Vorzüge wird man aber ohne sonderlichen Ärger über die Schönheitsfehler des Bereichs so recht nur genießen können, wenn der persönliche Urlaubsrahmen »stimmt«. Das heißt **konkret**, direkt am Meer unterzukommen und zwar möglichst in Räumen, die der lauten Hauptstraße abgewandt sind. Am fehlenden Ambiente und ggf. der Ortsferne darf man sich nicht stören, man darf auch nicht allzu kritisch landeinwärts schauen. Das vorausgesetzt sind eine Reihe von Quartieren durchaus eine gute Wahl. Das gilt auch für die »Ortsverlängerung« Las Gaviotas.

Alcúdia Stadt

Keine 2 km vom Hafen entfernt liegt die namensgebende Stadt. Hinter der fast ganz erhaltenen mittelalterlichen Stadtmauer erstreckt sich ein Gewirr dichtbebauter Gassen, deren Attraktivität für Touristen erst in den spätern1990er-Jahren erkannt wurde. Das Gros der Fassaden, Gemäuer und Innenhöfe wurde seither restauriert, so dass die Altstadt heute in nostalgischem Glanz erstrahlt. Ihr zentraler Bereich wurde zur Fußgängerzone umfunktioniert, in der sich eine beachtliche Gastronomie ausbreitete. Mehrere Boutique Hotels (***Can Tem, Ca'n Pere, Ca'n Simó, Cas Ferrer Nou***) bieten dort komfortable ****Quartiere für Individualisten, ⇨ Beileger Unterkunft.

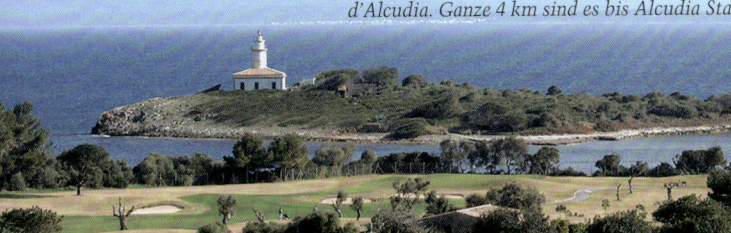

Blick vom Golfclub-Restaurant Aucanada über die ganz Bucht von Alcùdia;Im Vordergrund das Leuchtturm-Inselchen Aucanada. Die Idylle liegt gerade mal 3 km entfernt vom Hafen Port d'Alcudia. Ganze 4 km sind es bis Alcudia Stadt.

Las Gaviotas und Platja de Muro   Ortstyp 4 (➪ Seite 41)

**Kenn-
zeichnung**

Las Gaviotas steht für die übergangslose Fortsetzung der Strandbebauung der Bucht von Alcúdia etwa ab Straßenabzweig in Richtung Sa Pobla bis zur Brücke über den Canal Siurana. Hier sind wie im Bereich Port d`Alcúdia/Ciudad Blanca nur Häuser in Strandlage interessant. Die Breite des Sandstreifens ist zwar geringer als weiter westlich, dafür gibt es weniger Besucher aus entfernteren Unterkünften. Die Shopping-, Kneipen- und Restaurantzonen entsprechen bestenfalls mittleren Ansprüchen. Am schönsten ist der Strand nahe der Mündung des Siurana Kanals vorm ausgedehnten **Hotelkomplex** *Playa Esperanza*.

**Platja
de Muro**

Jenseits des Kanals beginnt die **Platja de Muro** hinter einem vor 20 Jahren noch 4 km langen und 100-300 m breiten Dünengürtel. Davon opferte man einen guten Kilometer und jetzt stehen mehrere kolossale ******Clubanlagen** in enger Nachbarschaft zueinander 3-4 km von Can Picafort entfernt . Am *Siurana Canal* gegenüber dem Eingang zum *Albufera* Nationalpark errichtete man später das *****Hotel *Parc Naturál*, das familienfreundliche ****Aparthotel *Natura Playa* und »eins weiter« auch noch den *****Palace de Muro, einen Luxusbau, der an Las Vegas erinnert. Die Kapazität des Strandes wurde durch Aufspülung erweitert.

Fazit

Wer auf die absolute Strandlage wert legt, findet in beiden Bereichen eine Reihe erwägenswerter Unterkünfte. Dabei hat man die Wahl zwischen ein bisschen Infrastruktur im Umfeld (Las Gaviotas) und abseitiger Lage an der Platja de Muro. Mit Fahrrad ist man von dort aus aber relativ beweglich. Als Ausgangspunkt für Ausflüge per Mietwagen oder Bus eignen sich diese Urbanisationen ebensogut wie Can Picafort oder Port d`Alcúdia.

Can Picafort mit Son Baulo   Ortstyp 1, örtlich 2 (➪ Seite 41)

**Kenn-
zeichnung**

*Die Mündung
des Canal
Siurana trennt
Las Gaviotas
und die
Platja de Muro*

Während der Alcúdia-Bereich sich international (deutsch/skandinavisch/britisch/im Sommer auch spanisch) gemischt präsentiert, befindet sich Can Picafort an den Ausläufern des Sandstrandes ziemlich **fest in deutscher Hand**. Das **Ortsbild** ist dank neuerer Begrünung, Fußgänger- und verkehrsberuhigter Zonen nicht unattraktiv . Leider gilt das nicht für die **Strandpromenade**, wo weder Strauch noch Baum das triste Pflaster schmücken.

Promenade	Dort reihen sich aber die windgeschützten Terrassen der Cafés und Restaurants meist deutschen Stils dicht an dicht. Die Hotels – überwiegend •••Kategorie (darüber existieren nur wenige jüngst aufgewertete Häuser, ⇨ Seite 85, und das erste Haus am Platze, das *Gran Vista*, ⇨ Beileger) – liegen mehrheitlich etwas zurück, aber strandnah und diesseits der hier weiter landeinwärts verlaufenden Verkehrsachse Alcúdia-Artá. Am nördlichen Ende der Promenade stehen Apartmentanlagen direkt am Strand.
Strand	Die Strandkapazität ist ab Mai bis Ende September hoffnungslos überfordert. Picafort-Gäste müssen in Richtung Norden an die *Platja de Muro* ausweichen, die aber – wie bereits links erläutert – von Westen her auch durch die Gäste der Club-Komplexe in den Dünen von Muro bedrängt wird.
Son Baulo	Son Baulo war früher ein separater Ort 2 km östlich, ist aber in den Jahren mit Can Picafort zusammengewachsen. An der nun felsigen Küste öffnet sich in Son Baulo eine **sandige Bucht**. Direkt am Strand liegt nur das Hotel *Son Baulo*. Restaurants, Kneipen und Shopping konzentrieren sich auf einen kleinen Kernbereich.
Geographie	Landseitig ist Can Picafort, noch mehr Son Baulo, in eine von kleinen Waldstücken durchsetzte **Landschaft** eingebettet: geeignet für **Radtouren** und **Reitausflüge**. Die verkehrsmäßige Anbindung von Can Picafort läuft über Muro, Sa Pobla und Alcúdia.
Fazit	**Can Picafort** ist akzeptabel für **Strandurlaub** in Kombination **mit sportlichen Aktivitäten** (auch bei **Familien mit Kindern** aber nur bei Buchung eines der Aparthotels am Strand, ⇨ Unterkunftsbeileger). Für die Lage in Bezug auf Radtouren und Ausflüge gilt dasselbe wie für den Alcúdia-Bereich. Zudem kann der Ostteil der Insel schneller erreicht werden. **Mit kleinen Kindern** und überwiegend strandorientierten Ferien eignen sich aber Las Gaviotas oder der Ciudad Blanca-Bereich besser. **Son Baulo** verfügt über keinen besonderen Reiz und ist eher britisch orientiert.

Colonia de Sant Père   Ortstyp 2, aber auch 5 (⇨ Seite 41)

Kennzeichnung und Beurteilung	Colonia de Sant Père liegt abseits der Hauptstraße am östlichen Ufer der Bucht von Alcúdia vor den Hängen der *Serra de Llevant*. Die Küste ist dort flach und felsig, der Strand am Hafen dieses einstigen Fischerdorfes aufgeschüttet. Hinter ihm gibt es eine hübsche autofreie Promenade mit einer Handvoll Restaurants.
	Nur das kleine aus einem früher empfehlenswerten *Hostal* hervorgegangene nun nicht mehr billige **Hotel Rocamar** und einige Privatquartiere bieten im Ort Unterkunft, außerdem das **Hotel Solimar** (Zimmer und Apartments unter deutscher Leitung ein wenig landeinwärts, ⇨ Beileger). Bislang wurde Colonia de Sant Père – wohl mangels Betten – von Reiseveranstaltern noch nicht »entdeckt«. Wer Ruhe sucht und sich abseits des Getriebes halten möchte, findet mit **Colonia de Sant Père den letzten vom Pauschaltourismus noch nicht beschickten Küstenort**. Mit Mietauto gelangt man rasch an die Ost- und Westküste.

2.2.6   Die nördliche Ostküste

Bereichskarte
Seite 289
und
Ortskarten
Seiten 297
und 306

Urlaubsorte:
Cala Rajada,
Cala Mesquida,
Cala de sa Font,
Platja de Canyamel
Cala Millor/
Cala Bona,
Sa Coma/S`Illot

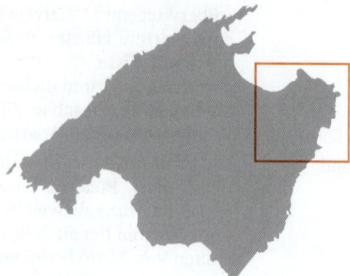

Cala Rajada

Ortstyp 2, 4 (Cala Guya/Agulla), etwas 1 (Son Moll) (⇨ Seite 41)

Kenn-
zeichnung

Die **deutsche Hochburg** Cala Rajada fiel in den letzten Jahren im Vergleich zur »Konkurrenz« etwas zurück, schneidet aber insgesamt immer noch gut ab. Der Ort verfügt über viele als solche empfehlenswerte Unterkünfte und eignet sich als Ferienquartier für unterschiedlichste Urlaubergruppen.

Geographie

Doch zunächst zur etwas komplizierten Geographie des Bereichs: Wie aus der Karte Seite 297 bzw. der separaten Karte zum Buch ersichtlich, liegt das Städtchen in der äußersten Nordostecke Mallorcas am Fuße einer spitzen Landzunge, die mit dem Cap de Pera abschließt. Um den immer noch intakten Fischerhafen herum erstreckt sich der Kernbereich nach Süden bis zum kleinen Strand von *Son Moll*. Er wuchs nordwestlich mit der Ferien- und **Hotelurbanisation Cala Guya** unterhalb der gleichnamigen, aber auf der Insel meist *Agulla* genannten Bucht zusammen. Sie bietet auf mehreren hundert Metern Breite einen von Felsküste eingefassten Strand, der in kiefernbewachsenen Dünen ausläuft.

Cala Guya/
Cala Agulla

An der *Cala Agulla* gibt es bis auf zwei Servicegebäude für Gastronomie, Liegenverleih und Toiletten keine Bebauung. Dafür drängen sich Apartmentanlagen und Hotels entlang der felsigen Küste bis über die *Cala Lliteras* hinaus und expandierten westlich in das Waldgebiet. Während der Saison finden mittags und abends ganze Völkerwanderungen vom Ort zum Strand und zurück statt.

Cala Gat

In Richtung Cap de Pera bremste der Hügel des *Palacio March* die Expansion Cala Rajadas. Dahinter liegt noch die kleine Bucht ***Cala Gat*** unterhalb des gleichnamigen Hotels. Sie ist über die Straße zum Leuchtturm am Kap und auf einer Fußgängerpromenade am Meer vom Hafen aus erreichbar.

Cala
Son Moll

Die im Verhältnis zur Anzahl der umliegenden Bettenburgen von **Juni bis September** weit mehr als die *Cala Agulla* überforderte *Cala Son Moll* liegt eingezwängt zwischen Hotels und der Straße nach Cala de sa Font etwa 1 km entfernt vom Ortszentrum.

Lage der Hotels	Den größten Teil der Cala Rajada-Unterkünfte, soweit sie nicht eindeutig als *Cala-Agulla-* oder *Son-Moll*-nah klassifiziert sind, findet man relativ strandfern. Das gilt vor allem für die preisgünstigeren Häuser, die mehrheitlich in einem weniger tollen Viertel oberhalb des Hafens liegen. Von dort aus ist es andererseits nicht weit zur Flanier-Promenade vom Hafen nach Son Moll und auch nicht zur abendlichen Kneipenszene.
Ortsbild	Cala Rajada ist trotz Touristenrummels und der – im Gegensatz zu mancher Konkurrenz (Peguera!) – bislang weniger sichtbaren Anpassung an modernere Erfordernisse ein ansehnlicher Ort. Der geographischen Randlage sei Dank fehlt zwar der Durchgangsverkehr, die lokale Verkehrssituation mit einem restriktiven Einbahnstraßensystem ist bei Hochbetrieb dennoch oft unerfreulich, Parken ein Problem. Maßnahmen zur weiteren Verkehrsberuhigung sind angeblich (seit Jahren!) in Vorbereitung.
Vor- und Nachteile	Die an sich schöne Lage hat auch Nachteile: wer Mallorca entdecken möchte, befindet sich mit Cala Rajada als Ausgangsort in der falschen Ecke. Das durchaus interessante Umfeld ist relativ schnell «abgegrast». Alle sonstigen Ziele erfordern weite An- und Abfahrten. Aber für Urlaubsformen zwischen reinem Strand- und Wasserinteresse und kombinierten Aktivitätsferien bietet Cala Rajada manche Möglichkeit. Mit starken Einschränkungen gilt dies wegen der – mit geringen Ausnahmen – unvermeidlich langen Wege für Familien mit Kleinkindern, auch wenn mehrmals täglich eine Straßenbimmelbahn zwischen den Stränden unterwegs ist. Für diese Urlaubergruppe gibt es geeignetere Orte.
Fazit	In Cala Rajada ist von Juni bis September genug los, um jeden Abend »einen drauf« zu machen, wenn es denn sein muss. Aber ebenso lassen sich ruhige Ferien abseits allen Rummels verbringen. Auch eine Mischung aus beiden Extremen, mal Ruhe, mal Geselligkeit oder Disco kann man dort leicht realisieren. Alles in allem: Cala Rajada ist – unabhängig von Altersgruppen – **für viele Urlauber eine gute Wahl**; Ausnahmen im vorstehenden Absatz.

Die bei FKKlern beliebte Cala Molto, nur 100 m hinter der Cala Agulla, ist die vierte Badebucht bei Cala Rajada

Cala Mesquida
Ortstyp 3 (⇨ Seite 41)

Kennzeichnung und Beurteilung

Die *Cala Mesquida* ist die abgelegenste der auf gut ausgebauter Straße erreichbaren Buchten des Nordostens. Sie besitzt einen breiten tiefen Sandstrand mit dahinterliegenden Dünen, die in einen Kiefernwald übergehen. Ein Höhenzug trennt diese Bucht von der *Cala Agulla* in ca. 3 km Wanderweg-Entfernung. Auf der Straße sind es nach Cala Rajada 9 km, nach Capdepera 6 km. Die Nordseite des Strandes wird heute beherrscht von einer riesigen Club-Urbanisation mitsamt begrenzter Shop-Infrastruktur. Auf den feudalen Empfangshallen von **Viva Cala Mesquida** prangen fünf Sterne. Deutsche Veranstalter bewerten die Anlage »nur« mit 4 Sternen. Die Belegung erfolgt im strandnäheren Teil der Anlage durch skandinavische Veranstalter. Neben dem Komplex gibt's hier wenig; für Ausflüge ist man weit ab vom Schuss, daher auf Bus und hier konkurrenzlose Autovermieter angewiesen.

Cala de sa Font
Ortstyp 3 (⇨ Seite 41)

Situation

Von Ortsteil Son Moll im Süden von Cala Rajada führt eine direkte Straße zur 3 km entfernten *Cala de sa Font*. Diese kleine Sandbucht ist in die sanft ansteigende bewaldete Felsküste eingebettet. Aber mit dem **Carolina Park-**Apartmentkomplex, dem alles überragenden **Hotel Carolina** und der ausgedehnten Anlage des **Font de Sa Cala Club** gelang die volle Umzingelung des kleinen Strandes. An den drängen neben den Hotelgästen im Umfeld im Sommer auch die Bewohner vieler Villen des Bereichs.

Strand und Wassersport

Diese Problematik einmal beiseite gelassen (denn sie wiederholt sich allerorten), ist *Cala de sa Font* eine schöne Bucht. Sportliche Aktivitäten stehen bei den überwiegend jungen Gästen der Clubs im Vordergrund. Da kommt es auch auf fehlendes Ambiente der stereotypen Infrastruktur aus Boutiquen, Kneipen und Restaurants an der Zufahrtstraße vielleicht nicht so an. Wer mehr Abwechslung möchte, begibt sich nach Cala Rajada: mit der mehrmals täglichen Bimmelbahn, per Fahrrad oder motorisiert.

Cala Mesquida vor der eindrucksvollen Küste der Peninsula de Llevant. Über dem Strand erkennt man den langgestreckten Komplex Viva Cala Mesquida

Beurteilung Die *Cala de sa Font* bietet in den Sommermonaten Ferien vom Typ »Sonne und Meer« für Leute, die sich auf das sportliche Angebot im Rahmen des gebuchten Hotels konzentrieren, vielleicht surfen, segeln, tauchen und das glasklare Wasser genießen wollen, und sich nicht an der abseitigen Lage stören. In der Vor- und Nachsaison findet sich definitiv Besseres anderswo..

Strand von Canyamel; oben im Hintergrund das Caballito al Mar

Platja de Canyamel

Ortstyp 3 (⊳ Seite 41)

Geographie Die *Platja de Canyamel* mit einem rund 300 m langen grauen und nicht allzu feinsandigen Strand in der nördlichen Ecke einer Meereseinbuchtung südlich von Cala Rajada ist relativ abgelegen. Eine einheimische Siedlung hat hier nie existiert; die Bucht wurde erst vom und für den Tourismus entdeckt.

**Infra-
struktur** Nach Norden sind es 8 km bis Capdepera und 11 km nach Cala Rajada, nach Westen 10 km bis Artá, dazwischen hügelige Landschaft, Golfplatz und der alte Wachtturm *Torre de Canyamel*.

Zwei klotzige Hotels, das kleine **Caballito al Mar** und der nostalgische **Cap Vermell Beach Hotel** stehen am bzw. über dem Strand, weitere mittelgroße Hotels und eine Reihe von Apartmentkomplexen im zentralen Bereich des Ortes maximal 200 m entfernt. Zwar ist die Infrastruktur begrenzt, aber im Prinzip alles vorhanden vom Supermarkt über den Fahrradverleih bis zur Disco. Am Ortsrand befindet sich eine große **Tennisanlage**.

Villenviertel Direkt oberhalb des Ortes liegen Villen in der bis zum Cap Vermell ansteigenden Küste, und über allem die **Höhle von Artá**. An deren Zufahrt passiert man den **Golfplatz**. Eine Straßenverbindung am Meer entlang existiert weder nach Norden (Cala de sa Font) noch nach Süden (Costa de Pins).

Beurteilung Canyamel ist ein **ruhiger Ort**, eher langweilig als anregend. Ferien an der *Costa de Canyamel* sollte deshalb nur ins Auge fassen, wer das und die Lage verschmerzen kann. Der graue Strand ist nicht der attraktivste, das Wasser aber erstklassig. Da es im Ort kaum Verkehr gibt und nur kurze Wege, **gehört Canyamel zu den kinderfreundlichsten Zielen der Insel**.

Cala Millor und Cala Bona
Ortstyp 1, ein wenig 2 (⇨ Seite 41)

Entwicklung

An der langgestreckten, offenen **Bucht von _Artá_** erstreckt sich mit den zusammengewachsenen Bereichen Cala Millor und Cala Bona die größte Hotelkonzentration der Ostküste. Während Cala Bona noch über Reste eines Fischerhafens verfügt, ist Cala Millor ein **reines Produkt des Tourismus**. Seine Expansion verdankt der Ort einem 2 km langen, breiten Sandstrand und türkisblauem, glasklaren Wasser. Nachdem die Betonierung auch noch des letzten Strandabschnitts und Totalbeseitigung des Dünengürtels – sieht man von winzigen südlichen Anstandsresten ab – erfolgreich abgeschlossen wurde, war die Expansion Cala Millors weitgehend beendet. Man konzentriert sich nun auf eine Ausdehnung der autofreien Zonen, die Verschönerung der Promenade und die Schließung der letzten Baulücken in Richtung Sa Coma.

Geographie

In Cala Millor gibt es neben dem größeren, von Hotelbauten geprägten Bereich auch einen **älteren Ortsteil** hinter steiniger Küste. Einfachere Hotels, Restaurants und Kneipen, private Wohnblocks und Villen bilden dort eine lockere Mischung mit viel Grün. Südlich davon spielt sich in der weiträumigen Fußgängerzone das pralle Urlaubsleben ab. Dort findet man die meisten Hotels. Vom _Parc de la Mar_ bis zum Strandende überwiegen kaum von einander zu unterscheidende **Hotel-Großkomplexe** der ✴✴✴✴Kategorie, wobei der vierte Stern dort meist erst nach »Hochrenovierung« verliehen wurde, ⇨ Seite 85.

Kennzeichnung

Mit der Buchung eines Hotels/Apartments in der ersten Linie wird dem Cala Millor-Gast die Kombination Strand, Meer und bequemes Pool-Ambiente ohne störenden Straßenverkehr geboten. Die breite, **baumbestandene Promenade** am Strand entlang ist Spazier- und Flanierstrecke, Jogging- und Fahrradweg. Dahinter erstreckt sich – mit kleinen Unterbrechungen – eine autofreie oder verkehrsberuhigte Zone. Die touristische Infrastruktur ähnelt der in Playa de Palma, das Gesamtbild ist ansprechend.

Nordende des Strandes von Cala Millor im Übergang zu Cala Bona. Hochhauskulisse einerseits, schöne Palmenpromenade andererseits

Beurteilung Cala Millor

Dank seines großen Strandes ist Cala Millor in erster Linie ein **Familienbad**, obwohl der im Sommer voller wird als mancher Familie gefallen mag. Das **Aktivitätsprogramm** ist umfassend. Hat man das richtige Hotel gebucht und möchte in erster Linie einen strand- und meerorientierten Urlaub verbringen, spazierengehen und radfahren, wird man sich in Cala Millor wohlfühlen.

Das **Hinterland** von Cala Millor hat wenig zu bieten. In leichter Fahrraddistanz liegt Son Servera mit seiner unvollendeten Kathedrale und einem wöchentlichen Markt. Etwas weiter entfernt sind Canyamel, Artá, Capdepera und Cala Rajada. Nach Portocristo mit seinen Tropfsteinhöhlen sind es 12-15 km, etwa ab Höhe S'Illot auf einem breiten Radweg.

Cala Bona/ Port Vell

Cala Millor und Cala Bona, früher Nachbarorte, gehen heute ohne sichtbare Abgrenzung ineinander über. Dort stehen eher **bei Briten beliebte** Mittelklassehotels in Doppelreihe. Sie liegen zwar recht fern vom Cala Millor Strand, aber alle an oder nahe der hier nun – teilweise recht breit – »bestrandeten« Felsküste. Die Fortsetzung der Cala Millor-Promenade bis zum alten Hafen von Cala Bona ist nicht weniger attraktiv als der Cala Millor Bereich.

Nördlich von Cala Bona erstreckt sich der Bereich **Port Vell** mit schmalen, von Felsvorsprüngen unterbrochenen Strandabschnitten. Direkt im Anschluss an Cala Bona stehen zwischen Küstenstraße und Meer diverse Apartmenthotels, die vom schwedischen Reiseveranstalter *Ving Reisör* beschickt werden.

Beurteilung Cala Bona/ Port Vell

Cala Bona ist ein durchaus erwägenswerter Urlaubsstandort, sofern man in einem der Hotels direkt am Strand/Wasser unterkommt, z.B. im **Gran Sol**, **Atolon** oder **Levante**. Für eine Buchung in **Port Vell** sind gute Argumente dagegen schwer zu finden.

Costa de Pins (de los Pinos) Ortstyp 3 (↷ Seite 41)

Am nördlichen Ende der Bucht von Cala Millor liegt die *Costa de Pins*, in deren Hängen sich die gleichnamige Villensiedlung verbirgt. Diese Ecke wird deshalb bereits hier erwähnt, weil dort – direkt am Wasser auf einem herrlichen Parkareal mit altem Baumbestand – das ****Eurotel Punta Rotja** steht. Es wird von diversen Veranstaltern angeboten und gehört zu den sehr empfehlenswerten Häusern der Komfortkategorie mit sehr gutem Preis-/Leistungsverhältnis vor allem in der Vor- und Nachsaison.

Sa Coma und S'Illot Ortstyp 1 (↷ Seite 41)

Geographie

Der Strand von Sa Coma schließt an die Landzunge *Es Cubells* an, ein Naturschutzgebiet, das weiter oben die *Platja Cala Millor* begrenzt. Eine breite Verbindung führt von Cala Millor zur Urbanisation Sa Coma. Westlich dieser Straße stehen neuere Hotelkomplexe, die bei – vielleicht ja vorhandenen hausindividuellen Vorzügen – alle den Nachteil der erheblichen Strandferne teilen. Wenn in Sa Coma, dann doch lieber ein Haus an der Promenade.

Sa Coma

Bis auf den nördlichen Zipfel wurde die Küstenlinie hinter dem Sa Coma Strand über sein südliches Ende hinaus vor allem durch **Apartmenthotels** und deren **Poollandschaften** besetzt. Auch in der 2. und 3. Linie gibt es kaum eine Baulücke. Die Bebauung – ausnahmslos weißgetünchte Hotels, Shopping- und Restaurant-arkaden sowie viele Ferienvillen – reicht bis zur fast 2 km entfernten Küstenstraße. Die Hauptattraktion von Sa Coma sind der Sandstrand und eine gute Wasserqualität.

S Illot

Der schon um einiges ältere, mit Sa Coma über eine Uferpromenade nahtlos verbundene Ferienort S'Illot kann mit dem Nachbarn nicht mithalten. Die ersten Blocks am Meer wurden in jüngerer Zeit immerhin renoviert. Die dahinterliegenden Hotels neueren Datums befinden sich bereits an der Ortsgrenze, an die ungeordnetes, teilweise landwirtschaftliches Terrain anschließt.

Cala Moreya

Am kleinen Strand der *Cala Moreya* hat nur eine Handvoll Häuser Platz. Der überwiegende Teil davon liegt unweit der nur an Wochenenden und im Juli/August belebten rein spanischen Sommerhaus-Kolonie **Cala Morlanda**. In früheren Jahren stand der ein paar hundert Meter entfernte Strand von Sa Coma den S'Illot Gästen fast exklusiv zur Verfügung; aber das ist seit dessen Komplettbebauung lange vorbei. S'Illot gehört nicht zuletzt deshalb zu den preisgünstigeren Reisezielen auf Mallorca.

Safari Zoo/ Thalasso Biomar

Auch in S'Illot/Sa Coma gibt es alle Möglichkeiten für Wassersport, Radfahren und Reiten in der Umgebung und die übliche Palette kommerzieller Unterhaltung. Der *Safari Zoo*, ein Freigehege mit Tieren aus Afrika befindet sich gut 2 km entfernt. Ein **Wellness & Spa Center (***Biomar)* ist auch vorhanden ⇨ Seite 23.

Beurteilung

Es gibt in **beiden Bereichen für sich durchaus empfehlenswerte Hotel-/Apartmentanlagen** mit viel deutschem und Schweizer Publikum. Aber warum ausgerechnet dort Urlaub machen? Die Vorzüge Sa Comas finden sich z.B. im Südzipfel Cala Millors ähnlich, sind aber mit einer ausgewogeneren Infrastruktur verbunden. Für S'Illot als Ferienziel spricht nur das – selbst in der ersten Reihe – recht preiswerte Hotelangebot, am ehesten das *Peymar*.

Blick über den Hafen von Portocristo vom Club Nautico aus

2.2.7   Die zentrale Ostküste

Bereichskarte Seite 312 und Ortskarten Seiten 311 und 319

Urlaubsorte:

Portocristo (mit Calas Mandia/Estany), Calas de Mallorca/ Cala Murada, Portocolom, Cala d'Or, Portopetro mit Cala Mondragó

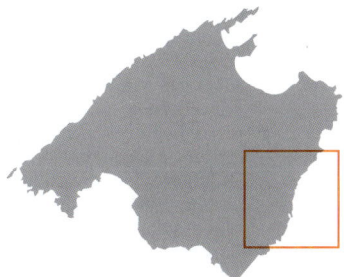

Portocristo mit Calas Mandia und Estany

Ortstyp 2, Estany/Mandia: Mix aus 1 und 3 (⟳ Seite 41)

Kenn-zeichnung

Portocristo, ein altes Fischerstädtchen ohne neuere Hotels, befindet sich – soweit es die Übernachtungen betrifft – **überwiegend in britischer Hand.** Deutsche Veranstalter bieten dort zur Zeit nur eine Handvoll Häuser an. Der Ort besitzt – wegen seiner Höhlen – in erster Linie Bedeutung als Ausflugsziel.

Portocristo Novo und Cala Mandia

Nur wenige Kilometer südlich liegt zwischen Küstenstraße und Meer die Wohn- und Sommerhaussiedlung Portocristo Novo mit den vor einigen Jahren noch kaum zugänglichen Strandbuchten *Cala Anguila* und *Cala Mandia*. Die letztere wurde Mitte der 1990er-Jahre voll »erschlossen«. Rund um den künstlich erweiterten Sandstrand erstreckt sich nun eine der größten ortsfernen Tourismus-Urbanisationen Mallorcas. Die Felsnase *Punta Reina* hoch über dem Meer zwischen der *Cala Estany* und der *Cala Mandi*a beherbergt nun eine riesige Anlage, den **Club Punta Reina**. An der Nordflanke fand der ebenfalls nicht ganz kleine **Club Cala Mandia** Platz. Beide Komplexe mit großem Sport- und Animationsangebot zählen mehr als 2000 Betten.

Cala Estany

Die *Cala Estany* auf der Südseite der *Punta Reina*-Anlage ist an sich eine attraktive von steiler Felsküste gesäumte Bucht. Sie verfügt über einen 100 m breiten, dank Aufspülung heute sehr tief auslaufenden Strand. Den teilten sich früher nur die Gäste des *Club Romántica* und einige Villenbewohner, heute ist er dank des nahen *Club Punta Reina* im Sommer meist sehr voll.

Der **Club Romántica** in einem Park hinter dem Strand gehört zum *Riu*-Hotelkonzern, der die früher einfachen Reihenbungalows und das zentrale Clubgebäude nach der Übernahme etwas aufpoliert hat. Nach wie vor bietet der Club preiswerten **Aktiv-urlaub** für jüngere sport- und wasserorientierte Gäste; er ist sehr **gut geeignet für Ferien mit Kindern.**

Calas de Mallorca mit Cala Murada
Ortstyp 1, Cala Murada 3 (⇨ Seite 41)

Geographie

Mit dem Begriff *Calas de Mallorca* hat man einer Reihe von kleineren Buchten der Steilküste zwischen *Cala Magraner* und der *Cala Murada* einen gemeinsamen Namen gegeben. Die hoch über das Meer in die ehemals unbesiedelte Landschaft gesetzten **Hotelkästen** konzentrieren sich ausschließlich auf den Bereich zwischen der *Cala Domingos* und der tiefeingeschnittenen, winzigen *Cala Antena*. Ein paar Buchten weiter nördlich sind nur auf Küstenpfaden erreichbar, ⇨ Seite 314. Der nächste Ort ist Portocolom (10 km). Die mehrheitlich britischen Feriengäste finden außerhalb ihrer Hotels und Apartmentblocks Zerstreuung nur aus der Retorte.

Kennzeichnung

Die *Calas de Mallorca* sind gekennzeichnet durch **lange Wege**, denn nur ein Teil der Unterkünfte liegt unmittelbar oberhalb der beiden Strände. Der Marsch hinunter wird in der Saison auch nur am frühen Morgen von Erfolg gekrönt; später gibt`s besonders an der *Cala Antena* mit ca. 20 m Strandbreite kaum noch ein Plätzchen. Auch den Hauptstrand, *Cala Domingos,* müssen sich zahllose Urlauber teilen, soweit sie nicht von vornherein am »heimischen« Pool bleiben.

Club Tropicana

Sonderfälle sind das *****Hotel Valparaiso** und der **Riu Club Tropicana** *(all inclusive),* der über ein großes Areal unterhalb der Hotel-Hochebene verfügt und mit seinen zentralen Clubgebäuden direkt am zweiten Strand der *Cala Domingos* liegt.

Das **Valparaiso** befindet sich in separater Vorzugslage oberhalb südlich des *Tropicana* Strandes und gehört zur Urbanisation Cala Murada. Die Gäste sind rasch am Strand, aber vom Trubel im Bereich Calas de Mallorca einen kleinen Fußmarsch entfernt.

Cala Murada

Um die nicht sonderlich reizvolle *Cala Murada* – mit einem natürlichen Sandstrand zwischen Felsen gesegnet, aber ziemlich zugebaut von einer Art Reihenhaussiedlung, ziehen sich Rundstrecken durch weitläufige Areale voller Ferienvillen.

Zentrales Gebäude des Riu Club Tropicana an der Cala Domingos unterhalb des Bereichs Calas de Mallorca

Portocolom mit Cala Marçal Ortstyp 2, Marçal 3 (⇨ Seite 41)

Kenn-zeichnung

Portocolom spielt trotz seiner großen, geschützten Bucht als Urlaubsort keine nennenswerte Rolle. Auf der Halbinsel zwischen Hafenbucht und *Cala Marçal* liegt ein kleines Hotelviertel. Das erstaunlicherweise mit 4 Sternen gesegnete *Vistamar* findet man auch in deutschen Veranstalterkatalogen. Hinter der durchaus ansehnlichen *Cala Marçal* steht das nicht mehr ganz junge **Clubhotel *Cala Marçal*** 100 m vom Strand entfernt, auf dessen Südseite etwas erhöht eine kleine touristische »Neustadt«.

Beurteilung

Portocolom ist kein schlechtes Standquartier für Aktivurlaub: Windsurfen kann man an der Cala Marçal, eine **Tauchschule** gibt es auch. Wem die *Cala Marçal* zu voll wird, kann (mit Fahrrad, Moped oder Auto) leicht um den Hafen und die »echte« Altstadt herum auf die beiden Ministrände auf der anderen Seite der Bucht ausweichen. Im Städtchen selbst ist nur am Yacht- und Fischerhafen ein bisschen was los. Einige attraktive Ausflugsziele und schöne Strände liegen – mit Auto – nicht allzu weit entfernt.

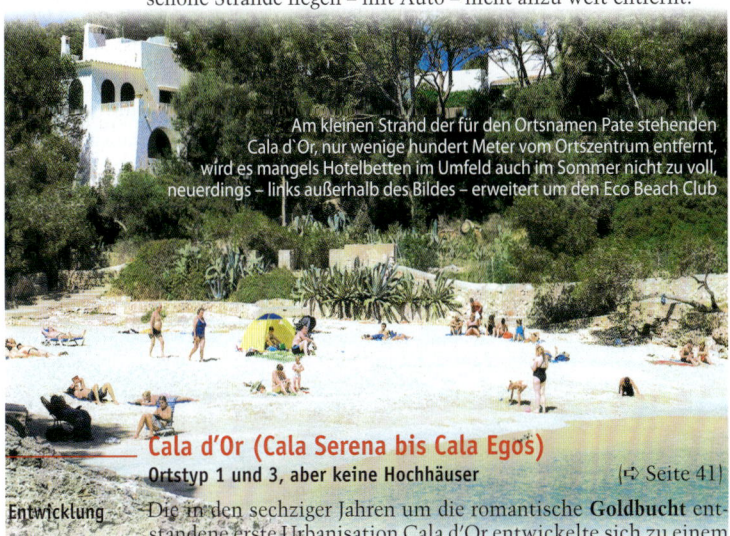

Am kleinen Strand der für den Ortsnamen Pate stehenden Cala d`Or, nur wenige hundert Meter vom Ortszentrum entfernt, wird es mangels Hotelbetten im Umfeld auch im Sommer nicht zu voll, neuerdings – links außerhalb des Bildes – erweitert um den Eco Beach Club

Cala d'Or (Cala Serena bis Cala Egos)

Ortstyp 1 und 3, aber keine Hochhäuser   (⇨ Seite 41)

Entwicklung

Die in den sechziger Jahren um die romantische **Goldbucht** entstandene erste Urbanisation Cala d'Or entwickelte sich zu einem Tourismusmagneten, der bis Mitte der 1990er-Jahre stark expandierte, seit einiger Zeit aber an seine Wachstumsgrenzen stößt. Das Erfolgskonzept hieß **Bauen im Ibiza-Stil** nur einige Stockwerke hoch, alles kalkweiß und gefällig fürs Auge. Die anfangs wenigen Hotels durften nur am Abhang der ***Cala Gran*** und der ***Cala d'Or*** ein bisschen höher sein. Außerdem sorgten große Gärten und üppige Bepflanzung für eine der Landschaft harmonisch angepasste Siedlung. Sie ist noch heute in den Villenvierteln zwischen der *Cala Esmeralda* und dem Hafen zu besichtigen.

Das Baustilkonzept überdauerte die Jahre. Mit dem Boom indessen stiegen die Bodenpreise, und aus war's mit der Großzügigkeit bei Grundstücksgröße und Begrünung. Zwar fehlen im Bereich Cala d'Or immer noch die andernorts oft so hässlichen Hochhäuser (↪ Calas de Mallorca), dafür wurde dicht an dicht gebaut; vor allem in den Bereichen **Cala Ferrera** und **Cala Egos**.

Strände

Die beiden attraktiven Buchten **Cala d'Or** und **Cala Gran** am Ende von Nebenarmen der tief ins Land reichenden Hafenbucht **Porto Cari** verfügen beide über Sandstrand. Sozusagen mitten im Zentrum erfreut sich kein anderer Ort Mallorcas vergleichbar malerischer Strände. Der Haken ist nur die dahinterliegende Bettenkapazität. In den Sommermonaten heißt es: zusammenrücken, solange die Sonne am Himmel steht.

Zentrum

Cala d'Or besaß schon lange vor allen anderen Orten im Zentralbereich eine Fußgängerzone voller Kneipen, Open-air-Terrassen und Boutiquen. Drumherum sorgen Einbahnstraßen und verkehrsberuhigte Enge für wenig und dann gebremsten Autoverkehr. Und damit für ungefährdeten Flanierraum zum **Sehen** und **Gesehenwerden**. So bevorzugte zunächst ein gehobener Mittelstand internationaler Mischung mit deutscher Mehrheit Cala d'Or, aber der Massentourismus hielt auch dort Einzug. Heute sorgt die Restaurantballung am Yachthafen für starke Konkurrenz.

Beurteilung

Einige Bereiche und Hotelanlagen in Cala d'Or gefallen nach wie vor, aber etwas außerhalb sind auch unverständliche Bausünden und Planungsfehler unübersehbar.

Das **zentrale Cala d'Or** – dazu gehört auch noch die Zone rund um den großen Yachthafen – ist außerhalb der Hauptsaison für die meisten Urlaubergruppen ein erwägenswerter Ort; nur für Familien mit Kindern gibt es sicher geeignetere Ziele. Eine eher ruhige Urlaubsgestaltung in attraktiver Umgebung lässt sich dort gut mit abendlichen »Ausgehen« verbinden. Umgekehrt sind alle Voraussetzungen für tagsüber wie abends aktive Ferien gegeben.

Italieniches Restaurant im Zentrum von Cala d'Or

Die Hauptsaison sollte unbedingt meiden, wen viel Betrieb und Enge stören. Dem kann man in Cala d'Or schlechter als anderswo ausweichen. Nur die **Cala Arsenau** in ca. 4 km Entfernung ist eine per Fahrrad/Moped/Auto leicht erreichbare Alternative.

Cala Serena/ Robinson Club

Das Hauptsaisonargument gilt nur bedingt für den **Robinson Club** an der winzigen *Cala Serena*. Die vor ein paar Jahren erweiterte, faktisch neu gebaute Anlage auf ****Niveau dominiert zwar den Strand, was aber für die Gäste des Clubs sicher nicht im Vordergrund steht. Wichtiger sind die ausgedehnten Sporteinrichtungen und der großzügige Pool- und Bühnenkomplex.

Cala Esmeralda in der Vorsaison. Ab Juni wird es dort extrem eng

Calas Esmeralda und Ferrera

Die Hotels und Apartmentanlagen vom nördlichen Ortsende bis fast zum Zentrum im Umfeld der **Calas Esmeralda** und **Ferrera** sind mehrheitlich Ende der 1980er-Jahre oder wenig später entstanden, architektonisch oft gelungen und mit schönen Poollandschaften ausgestattet. Aber die Bebauung erfolgte vielfach extrem dicht und nur selten so üppig und großflächig begrünt wie im alten Kern. Der Bereich dürfte daher vielen nicht gefallen.

Cala Egos/ Cala d'es Forti

Der kleine Sandstrand der **Cala Egos** ca. 3 km südlich des Zentrums wurde beidseitig von Großhotels eingemauert. Die Egos-Bucht ist daher nicht attraktiv. Im Cala Egos-Bereich sollte man Urlaub nur in ausgewählten Häusern machen, etwa in der hervorragenden, früher einmal ganz allein stehenden Apartmentanlage über dem Meer **Parque de Mar**. Die ortsnähere Alternative **Cala d'es Forti** bietet zwar auch nicht viel mehr sandige Quadratmeter, dafür aber ein erheblich ansprechenderes Umfeld.

Wege

Der Weg von der hinteren **Cala Ferrera** und der **Cala Serena**, mehr noch vom Bereich **Cala d'es Forti/Egos** zum Ortszentrum ist zumindest bei Hitze zu Fuß nicht zumutbar. Bei kühler Witterung und abends wird die Entfernung trotz Bus lästig.

Fazit

Die Vorzüge und Nachteile von Cala d'Or und seiner Vororte wurden bereits deutlich gemacht. Als Standquartier zur Entdeckung der Insel liegt Cala d'Or eher ungünstig, für kleine Touren im Ostküstenbereich indessen nicht schlecht.

Portopetro mit Cala Mondragó

Ortstyp 2, Umfeld 3 (⇨ Seite 41)

Kenn-
zeichnung

Die Bebauung von Cala d'Or geht bereits über die *Cala Egos* hinaus und rückt dem nördlichen Ortsrand von Portopetro langsam entgegen. Auf der kurvenreichen Straße sind es immerhin 4 km. Portopetro blieb wohl vor allem deshalb vom Massentourismus verschont, weil in der verzweigten Bucht ein größerer, leicht zugänglicher Strand fehlt. Im Ort gibt es nur ein einfaches Hotel einen Block hinter dem Hafen. In der Restaurant- und Ladenzeile am Hafen ist bald nach Einbruch der Dunkelheit nichts mehr los.

An den beiden Ministränden der Bucht von Portopetro belegt der weitläufige Komplex **Blau Porto Petro Beach Resort** ein früheres Gelände des *Club Mediterranée* (600 m bis zum Hafen).

Cala Mondragó

Der Clou der **Cala Mondragó** (ca. 4 km südlich Portopetro) sind seine durch eine »Promenade« miteinander verbundenen Strände **Font de N'Alis** und **S'Amarrador** zwischen Felsen und Kiefernwald. Im Sommer kommen tagsüber zahlreiche Besucher aus der Umgebung. Dort verlebt einen schönen Urlaub vom Typ »Strand, Sonne und Meer« preiswert im **Hostal Playa Mondragó**, wen die ortsferne Lage nicht stört. Das Haus gehört lediglich zur **Kategorie, immerhin aber bieten die meisten Zimmer einen Balkon zur Bucht. Der einzige Nachbar (ca. 100 m) ist das Hotel *Condemar* mit deutsch/englischer Belegung in rückwärtiger Lage.

Das Gebiet rund um die beiden Strandausbuchtungen und ein Teil des hier einsamen Hinterlandes bilden den **Parc Natural Cala Mondragó**, der zu Spaziergängen und Naturbeobachtung einlädt. Nach Portopetro fährt ein Vorortbus. Mit dem Leihfahrrad ist man keine Viertelstunde unterwegs; auch Cala d'Or und Cala Figuera liegen noch in Radfahrer-Reichweite.

Cala Barca
Trencada

Die einst versteckte *Cala Barca Trencada* wird heute von der immensen Anlage des **Club Cala Barca** (ca. 3 km südlich von Portopetro, 2 km nördlich Cala Mondragó) »erdrückt«. Der Club kann in Deutschland über mehrere Veranstalter gebucht werden.

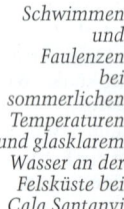

Schwimmen
und
Faulenzen
bei
sommerlichen
Temperaturen
und glasklarem
Wasser an der
Felsküste bei
Cala Santanyi

2.2.8 — Der Südosten

Bereichskarte Seite 329 und Ortskarten Seiten 327 und 331

Urlaubsorte:

Cala Figuera,
Cala Santanyi/
(Cala Llombards),
Colonia de
Sant Jordi,
Cala Pi

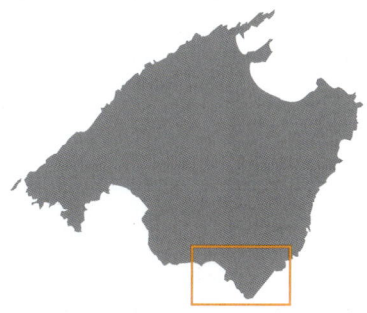

Cala Figuera

Ortstyp 2 (⇨ Seite 41)

Kennzeichnung

Nicht ganz zu Unrecht empfehlen Reiseveranstalter im Sommer eher jungen Leuten Ferien in Cala Figuera. Denn

- **es gibt keinen Strand**, lediglich eine Tiefwasser-Badestelle für gute Schwimmer. Deshalb verkehren Boote zu den Buchten der Umgebung. Per Fahrrad leicht erreichbar liegen nur die *Cala Santanyi* und die *Cala S'Amarrador*, ca. 4 km bzw. 8 km.

- die **Hotelinfrastruktur** in Cala Figuera verfügt über keine Häuser besserer Kategorien. Das erste Haus am Platze, das ***Hotel *Villa Sirena*, beeindruckt zwar durch die singuläre Lage mit Blick über die äußere Bucht aus vielen Zimmern und den unmittelbar möglichen Einstieg ins Meer, genügt aber unter manchen Aspekten selbst mittleren Ansprüchen nur knapp.

- außer ein paar **Restaurants im Hafenbereich** und das *Pura Vida* hoch über der Steilküste ist die Gastronomie eher anspruchslos.

Jeder ist nichtsdestoweniger zunächst von diesem teilweise noch echten **Fischerdorf** begeistert: Die tief in die Felsküste eingeschnittene Bucht teilt sich in zwei romantische Arme voller Boote. Das Dorf selbst liegt oberhalb des Hafens und zieht sich bis in die Ebene des hier langweiligen Hinterlandes.

Beurteilung

Cala Figuera ist eher **schönes Ausflugsziel** als attraktiver Ferienort, auch wenn dies Cala Figuera Fans anders sehen. Wer indessen viel Ruhe in Meernähe sucht und mit einfacheren Unterkünften oder Apartments auskommt, liegt in Cala Figuera richtig.

Cala Santanyi und Cala Llombards

Ortstyp 3 (⇨ Seite 41)

Kennzeichnung

Cala Santanyi ist das südlichste der von Reiseveranstaltern angebotenen Ostküstenziele. Es besteht aus einer langen Felsbucht und Hotels, Apartmentanlagen und Sommerhäusern über dem Strand. Einige davon sind durchaus empfehlenswert. Leider übersteigt auch in Cala Santanyi die Summe der Gästebetten ringsum im Verhältnis zu Strandtiefe und -breite das zuträgliche Maß.

2

Beurteilung

Nichtsdestoweniger handelt es sich bei der Cala Santanyi um eine sehr schöne Bucht , die man insbesondere **Familien mit kleinen Kindern** (lieber außerhalb der Hochsaison) empfehlen kann, sofern die richtige Unterkunft gebucht wird. Die ideale Ferienzeit liegt unmittelbar vor und nach der Sommer-Hochsaison (Ende Mai/Anfang Juni und Ende September), wenn hier und im benachbarten Cala Figuera schon/noch einigermaßen Betrieb ist.

Cala Llombards

Die *Cala Llombards* ist die größere Nachbarbucht der *Cala Santanyi*. Sie blieb bislang ohne wesentliche touristische Infrastruktur, sieht man von der unverzichtbaren **Strandbar** ab. Dafür erfreut sich der breite und tiefe **Sandstrand** bei den Gästen aus Cala Figuera u.a. großer Beliebtheit. Der **Bootsservice** geht über Cala Santanyi, man kann von dort auf beschwerlichen Pfaden aber auch laufen. Mit dem Auto muss ein weiter Umweg über Santanyi und den Ort Cala Llombards, eine Sommerhaussiedlung mit einem einzigen *Hostal*, gefahren werden. Ganz in der Nähe (vom Ortsausgang Cala Llombards noch etwa 2 km) liegen mit der *Cala S'Amonia* und der *Cala de Sa Comuna* zwei der letzten vom Tourismus weitgehend unberührten Buchten.

Beliebtes Ausflugsziel Cala Llombards

Colonia de Sant Jordi   Ortstyp 2 und 4 (➪ Seite 41)

Entwicklung

Colonia de Sant Jordi ist in mehrfacher Beziehung ein weiterer **Sonderfall** auf der vielseitigen Insel Mallorca. In diesem einst reinen **Fischerdorf** am südlichen Rand einer ebenen Region landwirtschaftlicher Nutzung herrschte noch beschauliche Ruhe, als anderswo der Tourismus schon lange boomte. Dank Schweizer Initiative wurde dieser beklagenswerte Zustand Mitte der 1970er-Jahre beendet. Die Investoren setzten auf das einzige Kapital, mit dem Colònia de Sant Jordi wuchern konnte, auf die langen Strände im Süden und Norden des Ortes. Nirgendwo sonst auf Mallorca **war** der Sand so hell und das Wasser so einladend. Die Formulierung sagt es: heute ist der Strand durch Überbeanspruchung nicht mehr so weiß und erheblich schmaler als vor Jahren.

Geographie

Der nördliche, dünengesäumte Strand **Es Trenc** reicht, mit kurzer Unterbrechung durch die grauenvolle, vor dem Abriss stehende Sommersiedlung *Ses Covetes*, bis zum 5 km entfernten Yachthafen von *Sa Rapita*. Der südliche, bei weitem nicht so lange, aber immer noch beachtliche (und ruhigere) Strand **Sa Roquetas** lässt sich nur zu Fuß erreichen (vom Hafen etwa 15 min). Auch am Hafen und gegenüber der Hafenbucht gibt es Strandabschnitte.

Der Ort ist im Grunde **zweigeteilt**. Die Hotels stehen überwiegend an der flachen Felsküste im Anschluss an den *Es Trenc* Strand und werden von touristischer Infrastruktur umrahmt. Zwischen diesem Bereich und dem Hafen (Distanz ca.1,5-2 km) gibt es zwar auch einige Quartiere. Von ihnen ist es aber zu Stränden, Restaurant- und Ladenzonen weit. Die älteren Hotels am Hafen gehören zu den weniger komfortablen Häusern. Seit ein paar Jahren verbindet eine **Küstenpromenade** Hafen und *Es Trenc*.

Beurteilung

Der Ort Colonia de Sant Jordi ist mit Ausnahme der Hafenzeile unattraktiv. Das gilt auch für die Umgebung. Außer den Faktoren »Sonne, Sand und Meer« lassen sich daher nur schwer Argumente zugunsten von Colonia de Sant Jordi ins Feld führen. Aber Urlauber, die in erster Linie Strand und Wassersport wollen, finden von Mai bis September gute Bedingungen. Wem es im Sommer zu voll wird, der hat die sonst seltene Möglichkeit, auf weniger besuchte Strandabschnitte auszuweichen. Für kleinere Kinder gibt es nur ganz wenige ähnlich gut geeignete Strände auf Mallorca. Beschwerlich mit ihnen sind aber die von den meisten Quartieren weiten bis sehr weiten Wege dorthin.

Ein **Bootsausflug** auf die – Mallorcas Südspitze vorgelagerte – **Natinalpark-Insel** *Cabrera* mit einer alten Burg aus dem 14. Jahrhundert und Brutplätzen seltener Vogelarten bringt nur im Sommerhalbjahr Abwechslung für einen Urlaubstag. Tennis spielen und reiten kann man natürlich auch hier von Frühjahr bis Herbst.

Typisch füt die Küste östlich vom Es Trenc Strand sind Sandaufspülungen auf die flachen Felsen vor den Hotels, hier der »Strand« des Hotels Tres Playas

Finca **Albellons Parc Natural** *bei Binibona, eine der attraktivsten Hotelfincas überhaupt, zugleich ein Familienbetrieb par excellence. Von der Früh- stücks- und Dinnerterrasse blickt man weit ins Land*

2.3   Hotelstandorte abseits der Küstenorte und im Inselinneren

Entwicklung

Während Hotels in Küstennähe auch außerhalb von Orten schon seit langem existieren, war das Inselinnere bis Anfang der 1990er-Jahre – touristisch gesehen – weitgehend bedeutungslos. Die Dörfer und Kleinstädte abseits der Strände besaßen mehrheitlich weder im Ort noch in der Umgebung Unterkünfte. Sie waren – dank landschaftlicher und kultureller Besonderheiten oder an Markttagen – bestenfalls Ausflugsziele, oft nicht einmal das.

Die **Situation hat sich mittlerweile grundlegend gewandelt**: In vielen Städtchen entstanden neue oder »wiederbelebte« *Hostales* und komfortable Hotels hinter äußerlich oft unauffälligen Fassaden. Zahlreiche alte Gehöfte und Gutshäuser auf dem Land wurden zu Individualhotels umgestaltet (⇨ den nebenstehenden Kasten). **2012 existieren weit über 200 Häuser** dieser beiden Typen (zum Vergleich: 1999 gab es davon mal gerade 65).

Fincas und Hoteles Rurales

Die vorstehenden Ortsbeschreibungen und -wertungen beziehen sich allesamt auf Ferienziele entlang der Küsten, wie man sie in den Veranstalterangeboten findet. An dieser Stelle Kennzeichnungen von untouristischen Orten zu liefern, nur weil dort 1-2 mögliche Quartiere existieren, wäre nicht sinnvoll. Zudem entziehen sich viele *Fincas* (*Agroturismo*) und *Hoteles Rurales* ohnehin der örtlichen Zuordnung, da sie mehr oder weniger abseits liegen. Standorte können in all diesen Fällen auch nicht losgelöst vom jeweiligen Haus beschrieben werden. Daher unterblieben zunächst Hinweise und Kennzeichnungen. Sie hätten dieses sowieso schon umfangreiche Kapitel zu kopflastig werden lassen.

Im **Beileger** »**Optimal unterkommen auf Mallorca**« sind aber neben oben bereits erwähnten und weiteren guten Unterkünften in und bei Küstenorten auch **Hotels**, *Hostales* und *Fincas* genannt, die aus der Sicht des Autors ein **besonders gutes Preis-Leistungs-**

verhältnis bieten und/oder herausragende Charakteristika besitzen, welche die überwiegend nicht ganz niedrigen Tarife einigermaßen verschmerzen lassen.

Günstige Lage?

Wen derartige Quartiere reizen, der sollte darauf achten, dass sie nicht zu weit entfernt von allem liegen, was ihn außer der angemessenen Unterkunft sonst noch interessiert. Speziell gilt das für küstenferne Fincahotels im zentralen Osten (östlich der Linie Palma-Sineu-Can Picafort). Es gibt dort eine Reihe von – für sich durchaus guten – Anlagen, deren Standort aber ziemlich ungünstig ist, weit weg von Stränden, Golfplätzen, Wanderwegen etc. Dafür stellt sich die Frage: **Warum dort buchen, wenn sich Gleichwertiges oder Ähnliches auch in günstigerer Lage findet?**

Turismo Rural, Agroturismo und Turismo de Interior

Individualisten und Trendsetter zieht es auf Mallorca – statt in Hotels der großen Ferienorte an den Küsten – gerne in Fincas und alte Stadthäuser, die zu kleinen, oft idyllisch gelegenen Individualhotels umgebaut wurden. In den letzten 15 Jahren schossen diese »wie Pilze« aus dem Boden. Daran war die Europäische Union nicht ganz unschuldig. Brüssel förderte die Umstellung unrentabler landwirtschaftlicher Betriebe auf touristischen Einkommenserwerb durch Kreditgewährung und Zinssubventionen: Denn wenn Oliven- und Orangenbäume und andere Zweige der Landwirtschaft nicht mehr genug abwerfen, um eine Familie zu ernähren, könnte vielleicht das alte, romantisch felsgemauerte Gehöft nach einem Umbau gerade das bieten, was manche Urlauber suchen.

Viele Wegweiser auf dem Lande tragen heute daher den Hinweis *Turismo Rurál* und *Agroturismo*. Beide Begriffe können mit »**Ländlicher Tourismus**« übersetzt werden, aber in Spanien unterscheidet die Tourismusbehörde Häuser mit Hotelcharakter, die in die Sternchenkategorien eingeordnet werden (*Turismo Rurál*, wobei »ländlich« ein weit gefasster Begriff ist; auch einige Kleinstadthotels dürfen sich als »*hoteles rurales*« bezeichnen, während wiederum andere unter dem Begriff *Turismo de Interior* laufen), und andere, die sich den dafür geltenden Kriterien entziehen (*Agroturismo*), weil es an bestimmten Serviceeinrichtungen fehlt.

Die Abstufungen beim Grad der Bewirtschaftung sind zahlreich, die meisten Fincas sind aus Gästesicht faktisch Hotels. Eines haben *Fincas*, *Casales* (wörtlich: »Häuser«), *Granjas* und *Predios* gemein (letztere beiden: »Gutshöfe« und »Landsitze«): Für den Tourismus umgestaltet sind sie alle nicht ganz billig (etwa ab €100 fürs Doppelzimmer mit Frühstück und mehrheitlich weit darüber). Bei richtiger Wahl sind viele das Geld durchaus wert (⇨ auch **Beileger »Optimal unterkommen auf Mallorca«**), eine Reihe von ihnen aber auch nicht.

Wichtig zu wissen ist, dass alle Bezeichnungen – »Hotel Rurál« »Casa/Apartamento Rural«, »Agroturismo« und »Turismo de Interior«– an die Mitgliedschaft im Verband **Associació Agroturisme Balear** gekoppelt sind, die Beiträge kostet. Manche Eigentümer von Finca- oder Stadthotels verzichten daher darauf. Die Realität zeigt, dass ein gutes Preis-Leistungsverhältnis nicht von der Verbandsmitgliedschaft abhängt. Es gibt durchaus weniger »umwerfende« Verbandshäuser einerseits und andererseits tolle Fincas und Landhotels, die kein offizielles Siegel tragen.

Alle der **Associació Agroturisme Balear** angeschlossenen Unterkünfte sind auf der Internetseite www.rusticbooking.com/de verzeichnet. Neben ein paar hübschen Fotos stehen aber in diesem an sich ansprechend gemachten Portal offenbar von den Eignern selbst stammende, überschwänglich positive Texte und wenig objektive Information, immerhin aber – nach einfachem Verfügbarkeitscheck – die aktuellen Tarife. Ein Durchklicken auf die Websites der Hotels und Fincas ist mangels Angabe nicht möglich, ebenso fehlen Telefonnummern und E-Mail zur direkten Kontaktaufnahme. Buchen kann man nur über die Adresse der Associació oder bei ihr telefonisch. So sichert sich der Verband eine Buchungsprovision, außer bei den Interessenten, die sich die Mühe machen, Adresse und Telefon der sie näher interessierenden Quartiere selbst herauszufinden.

Eine spezifische, den Empfehlungen dieses Buches (im Beileger) weitgehend folgende Auswahl mit detaillierter Beschreibung und Fotos findet sich im Internet unter www.reisebuch.de/mallorca. Von dort kann man direkt durchklicken auf jedes Haus und individuell Kontakt aufnehmen.

Finca C'as Curial bei Soller

3. REISEPLANUNG UND -VORBEREITUNG

3.1 Die Wahl der richtigen Unterkunft

3.1.1 Hotels, Hotel-Apartments und Pensionen

Qualitätsstandards und »Sternchen«

In Spanien überwacht ein spezielles Tourismus-Ministerium Qualität und Leistungen des Hotelgewerbes u.a. durch die **Einstufung der einzelnen Häuser in bestimmte Unterbringungsarten** und die Vergabe – manchmal sogar den Entzug – von **Sternchen.**

Unter-bringungs-arten

Dabei gibt es eine ganze Reihe feinsinnig voneinander unterschiedener Arten der Unterbringung, von denen auf Mallorca vor allem die folgenden wesentlich sind: Hotels (**H**), *Hotel Residencias* (**HR**), *Apartamentos* (**HA**) sowie *Apartamentos Turísticos* (**AT** oder **RA**) und die *Hostales* (**HS**). Während die Bedeutung der erstgenannten Begriffe klar oder unschwer zu interpretieren ist, lässt sich das *Hostal* nur schlecht definieren. Es entspricht so etwa unserem Gasthof, wird aber von manchen Reiseveranstaltern auch mit Pension übersetzt. *Hostales* sind immer kleinere bis – in Ausnahmefällen – mittelgroße Häuser; es gibt sie in drei Qualitätsabstufungen, während als Hotels deklarierte Betriebe bis zu fünf Sterne (neuerdings sogar sechs) aufweisen. Für den Urlauber ist die Zuordnung – abgesehen von der Unterscheidung zwischen Apartmentanlage und Hotelbetrieb – weniger wichtig als die **Sternchen-Kategorie.**

Kategorien

Ob **Hostal, Hotel** oder **Apartment-Hotel**, die Anzahl der Sternchen gibt Aufschluss über den zu erwartenden Standard. Die offizielle Kennzeichnung ist indessen nicht immer hilfreich, da die **Sterne nach formalen Kriterien** vergeben wurden. Verfügt also ein Hotel über bestimmte Einrichtungen – von der Größe der Empfangshalle über die Zimmerausstattung und Barkapazität bis hin zur Poolgröße – gibt es dafür Punkte und die entsprechenden Sterne (120 Punkte=1 Stern; ab 700 Punkte=5 Sterne) unabhängig vom vielleicht abweichenden Eindruck, das ein Haus hinterlassen mag. 2011 wurden die Bewertungskriterien um Serviceleistungen und Zusatzangebote (Spa, Tennisplatz) erweitert.

Beobachtungen auf Mallorca zeigen für die unterschiedlichen Kategorien in etwa folgendes Bild:

★

in jeder Beziehung sehr einfach ausgestattete Häuser, nur bei bewusstem Verzicht auf Komfort zu empfehlen. Dann und bei günstiger Lage sind indessen gut geführte *Hostals gar nicht schlecht, wenn es im Sommer auf ein schönes Zimmer weniger ankommt als auf die Schonung des Geldbeutels. *Quartiere sind aber seit Jahren im Abnehmen begriffen, was auch für **Häuser gilt.

★ ★

einfach bis mittel ausgestattete Häuser, wobei der Übergang zur nächsten ***Qualitätsstufe fließend ist. Mit einigen **Hotels kann man »leben«, speziell, wenn es sich um kleinere Anlagen handelt. Größere, wiewohl kaum noch vorhandene **Hotels sind meist wenig einladend. Ansprüche an das Ambiente der Aufenthaltsräume, an Bar und Restaurant darf man dort nicht stellen.

★ ★ ★ **die »alte« Mittelklasse mit einem breiten Qualitätsspektrum.** Es gibt hier neben etlichen recht guten Häusern einige eher dürftig ausgestattete, meist ältere Hotels, aber auch überdurchschnittliche Anlagen. In den letzten Jahren wurden viele davon renoviert und dann auf – zumindest formale – vier Sterne gebracht (⇨ dazu Kasten rechts). Mindestens gutes 3-Stern- bzw. aufgewertetes 4-Stern-Niveau benötigt, wer sich in der Vor- oder Nachsaison an Schlechtwettertagen auch `mal ins Zimmer zurückziehen möchte und auf angenehme Speisesäle und Aufenthaltsräume Wert legt.

★ ★ ★ ★ **die gehobene Klasse** mit durchweg komfortabel ausgestatteten Zimmern und Klimaanlage. Nur wenige der <u>älteren</u> ★★★★Hotels und der ★★★★Häuser im Bereich des *Turismo Rural* enttäuschen. Bei manchen ganz neuen und »hochrenovierten« Anlagen (⇨ oben und rechts) ist das in dieser Kategorie erwartete Niveau indessen nur schwer auszumachen. Die Kostendifferenzen innerhalb der Gruppe der ★★★★Hotels (⇨ Veranstalterpreise) spiegeln aber alles in allem die Qualitätsunterschiede ganz gut wider. Daher **Vorsicht bei scheinbar besonders preisgünstigen vier Sternen**!

Sozialer Wohnungsbau? Nein, 3-Schlüssel-Apartmentkomplex in Cala Millor aus zugegeben ungünstiger Perspektive. Aber überzeugend sind auch Vorderansicht und Innenleben nicht

Ebenfalls mit 3 Schlüsseln bewertet: Playa Esperanza direkt am Strand von Las Gaviotas bei Alcudia. Die Apartments in dieser seit Jahren gepflegten und attraktiven Anlage in bester Lage sind kaum teurer als im Beispiel oben

Die Vermehrung der 4-Stern-Hotels

Als Ende der 1990er-Jahre Sommer für Sommer neue Besucherrekorde aufgestellt wurden, sagten die Mallorquiner sich, dass es so nicht unendlich weitergehen kann. Einerseits, denn auf das erreichte hohe Niveau der Einnahmen aus dem Tourismus, besser noch dessen Steigerung, wollte andererseits niemand verzichten. Und so erfand die damalige Regierung der Balearen den mittlerweile zu einer Art »Unwort« erklärten Begriff »**Qualitätstourismus**« (⇨ auch Einleitung, Seiten 13f). Der sollte Wachstum nicht durch höhere Besucherzahlen, sondern über **höhere Einnahmen pro Urlauber** bringen, so die im Prinzip nicht ganz falsche Idee, wie die Entwicklung zeigt. Für dieses Ziel begann man u.a., Abriss und Modernisierung nicht mehr zeitgemäßer Unterkünfte zu fördern, und genehmigte den Neubau bzw. das renovierte Hotel nur noch ab ****Niveau oder im Bereich Agrotourismus (⇨ Seiten 80/81). Da auch die Ansprüche der Kundschaft stiegen, entsprach und entspricht das durchaus dem Nachfragetrend.

Die Zahl der seit ca. der Jahrtausendwende zu ****Hotels »aufgepeppten« früheren **/*** Häuser ist denn auch beachtlich. Zahlreiche Umbaumaßnahmen waren aber so angelegt, dass nach der Modernisierung gerade die (formalen) Kriterien erfüllt und damit die Punktzahlen erreicht wurden, die zum Aufstieg in die 4-Sterne-Kategorie berechtigten. In vielen Fällen korrespondiert die tatsächlich spür- und sichtbare Verbesserung nur bei einem Blick durch rosarote Brillen den nun gewählten zusätzlichen Sternen. Gelegentlich, so scheint es, mag da auch die gute Beziehung zur Einstufungsbehörde förderlich gewesen sein. Denn Anlage und Ambiente eines Hotels lassen sich durch neue Auslegeware, 21-Zoll-Flachbild-TV, Badverschönerung und Retuschen im Barbereich samt Wifi in der Empfangshalle oft eben nur in Grenzen positiv verändern. Die Servicequalität – wiewohl schwer messbar – kommt da auch nicht immer mit. Ein **Vergleich** zwischen hochgestuften bzw. neuen ****Hotels mit höherklassigen Häusern älteren Datums zeigt: die Newcomer können oft nicht mithalten und sind »verkappte« moderne ***Unterkünfte , die ein wenig mehr Komfort bieten als ihre Vorgänger aus den 1970er- und 80er-Jahren. Immerhin sind die Tarife solcher »Quasi-****Anlagen« – bei Pauschalbuchung – in aller Regel moderat. Insbesondere gilt das bei »*all-inclusive*«, einem Angebot, das sich mittlerweile auch auf Mallorca durchgesetzt hat und neuere ****Anlagen nicht auslässt.

★ ★ ★ ★ ★	die **Luxusherberge** (z.B. *Son Vida, Valparaiso Palace* und *Ca sa Galesa* bei/in Palma, *Melia de Mar* in Illetes, *Grand Hotels Son Net* in Puigpunyent, *Son Julia* und *Hilton Sa Torre* bei Llucmayor, *La Residencia* in Deià, *Read's* bei Santa Maria, *Es Ratxo* bei Puigpunyent u.a.). Sie kostet bei Individualbuchung ab €250/Nacht fürs DZ/F. Der Übergang vom gehobenen ****Haus zum *****Luxus ist preislich wie qualitativ fließend. Einige der neueren *****Häuser bieten nicht das Flair der alten Nobelhotels (⇨ Kasten oben).
Aparthotels	Den **Sternchen im Hotelwesen** entsprechen die **Schlüssel bei den Apartments**, soweit es sich um reine Apartmentanlagen handelt, die nicht mit einer Art Hotelbetrieb – etwa mit Option auf das tägliche Frühstücksbüfett oder sogar Halbpension – direkt verbunden sind. In diesem Fall gelten wiederum Sternchen.

»Echtes«
****Hotel
Nixe Palace
über dem
Strand von
Cala Major.
Es findet sich
bei konkur-
rierenden
Veranstaltern
zu unter-
schiedlichen
Preisen im
Angebot

Die Angebote der Reiseveranstalter

Prüfung
vor Ort

Der Verfasser hat sich **mehrere hundert Hotels und Apartmentan-lagen** und zudem viele *Hotelfincas* angesehen, die von deutsch-sprachigen Veranstaltern angeboten werden. Dabei wurde kein Urlaubsort ausgelassen. Die Hinweise im Kapitel 2 und Empfeh-lungen im Beileger beruhen durchweg auf persönlicher Besich-tigung. Sie beziehen sich auch auf Hotels, *Hostales* und *Fincas*, die nicht in Veranstalterkatalogen zu finden sind. Die generellen Erkenntnisse der von Auflage zu Auflage aktualisierten Recherche sind in den folgenden Absätzen zusammengefaßt.

Dabei geht es hier zunächst um Fakten und relativ objektive Fest-stellungen. Auf die Kriterien der unvermeidlich subjektiv gefärb-ten Bewertung der »inspizierten« Häuser und der darauf basieren-den Empfehlungen wurde unter 2.1, Seiten 41ff, eingegangen.

Kenn-
zeichnung

Vergleicht man die **Beschreibungen der Veranstalter** in Katalogen und Buchungsportalen mit der **Realität vor Ort**, lässt sich feststel-len, dass die Hotel- oder Apartmentangebote überwiegend klar und fair beschrieben sind. Einige Firmen verstecken die **spanische Stern-Kategorie** ein bisschen unauffällig im Beschreibungstext. Ein paar verzichten ganz auf deren Nennung. Dabei erhält ein bes-seres ***Haus auch schon mal wohlmeinende vier Bewertungs-punkte, und spanische vier Sterne werden zum *****Luxus. Selte-ner läuft es umgekehrt, wenngleich es auch das gibt.

Realität
und
Prospekt

Trotz der zugestandenen, weitgehend korrekten Beschreibung, die auch negative Umstände nicht verschweigt oder zumindest durch sehr nüchterne Wortwahl andeutet, klaffen **Prospekt-/Internet-eindruck** und **Wirklichkeit** nicht selten erheblich auseinander. Und zwar sowohl im positiven als auch im negativen Sinne; freu-dige Überraschung über das unerwartet gute Zwei-Stern-Haus wie auch Ernüchterung über die Mängel eines ****Hotels sind drin.

Ohne eigene Vorerfahrung oder die Empfehlung anderer ist bei ausschließlicher **Buchung nach Prospekt** bzw. **im Internet** das Risiko, nicht »das Richtige« zu erwischen, relativ hoch. Reisebüros können da selten ernsthaft helfen: »Buchen unsere Stammkunden immer wieder gerne«, sagt gar nichts. Tatsächlich kann auch der/die beste Reisebüromitarbeiter/in nur einen Bruchteil der Häuser, die auf Mallorca und `zig anderen Urlaubszielen zu buchen sind, selbst kennen. Der Kunde darf froh sein, wenn man im Reisebüro Prospekte und Internetpräsenzen besser interpretiert als er selbst, und daraus passende Vorschläge herausfiltert.

Qualitäts-unterschiede

Es ist klar, dass den Reiseveranstaltern viele der aus Katalog- und Internettexten nicht zu entnehmenden Qualitätsunterschiede zwischen sog. »gleichwertigen« Häusern bekannt sind. Aber sie können natürlich nicht schreiben: »Dies ist unser bestes ****Haus am Platze und auch nicht teurer als die anderen«, wer wollte dann noch auf die Alternativen ausweichen, wenn die No.1 ausgebucht ist? In der Umkehrung gilt das auch für die nicht so erfreulichen Unterkünfte: zwangsläufig ist immer eines von mehreren Hotels einer Qualitätskategorie das schlechteste, wie auch immer man die Kriterien gewichtet. Eindeutige Hinweise darauf sind nicht zu erwarten. Wichtig zu wissen ist, dass **Preisunterschiede innerhalb einer Stern-Kategorie nicht notwendigerweise auch Qualitätsunterschiede signalisieren. Das preisgünstigere Haus kann durchaus das insgesamt angenehmere sein.**

Angebots-vergleich

Jede Klarheit geht verloren beim Vergleich der Angebote mehrerer Veranstalter. Bisweilen stößt man auf erstaunliche Differenzen. Die zu durchschauen ist nicht ganz einfach, denn die Preisangaben mit ihren Nebenbedingungen, Saison- und Sonderregelungen sind oft alles andere als transparent. Außerdem muss man ja erst einmal herausfinden, dass sich z.B. Hotel XYZ sowohl bei *Thomas Cook* als auch bei *TUI* oder *Club Blau* buchen lässt. Man kann sich dabei aber von Reisecomputern helfen lassen, etwa der **Zeitschriften** *Clever reisen* (www.fliegenundsparen.de) oder *Reise* & *Preise* (www.reiseundpreise.de). Auch im **Unterkunftsbeileger dieses Buches** sind für viele Quartiere die Veranstalter genannt.

Teure und preiswerte Veranstalter

Es sei angemerkt, dass es bei den Veranstaltern keine insgesamt (zu) teuren oder durch die Bank preiswerteren Anbieter zu identifizieren sind. Zwar überwiegen bei einem hochwertigere Angebote und beim anderen preisgünstigere, aber **im Rahmen vergleichbarer Kategorien sind die Differenzen gering.** Sie gehen nicht zu Lasten oder zugunsten immer desselben Veranstalters.

Empfehlung

Wer den günstigsten Preis für ein bestimmtes Haus sucht, sollte daher mehrere Kataloge bzw. Veranstalter-/Vermittlerportale im Internet vergleichen. Vor Ort in einer Unterkunft spielt es keine Rolle, ob man bei Veranstalter A oder B gebucht hat.

Eine **große Angebotspalette inkl. Flug auch für Mallorca** findet man unter http://reisebuch.de/urlaubsangebote/reisen.html. Zur Vorauswahl genügt die Angabe beliebiger Reisedaten.

Subjektive Ratschläge

Das Angebot an Unterkünften ist kaum überschaubar, ebensowenig das Preis-/ Leistungsverhältnis ohne Vorerfahrung oder den Supertipp von Freunden. Was also buchen, wenn es denn Mallorca sein soll?

Dahingestellt sei einmal die Frage nach dem wo? und was? (Apartment, Hotelzimmer, Agrofinca etc.). Nur die Kosten mögen eine Rolle spielen, Ausgangspunkt sei 1 Woche Urlaub zu zweit im Juni. Ein ***Haus mit Halbpension wäre dann bei Veranstaltern zwischen €400 und €700/Person zu haben (Kurzfristbuchung im Internet Mai 2012). **Der Rat des Autors hier**: das preiswerteste Angebot nehmen, wenn das Haus nicht total abschreckt. Die Zimmer sind bei drei Sternen zumindest o.k. Mit der Kostendifferenz von €600 (für 2 Personen), mietet man z.B. ein Auto (€150/Woche) und hat trotzdem noch €65/Tag übrig. Damit pfeift man ggf. auf das Abendbuffet im Großraumspeisesaal des Hotels und genießt dann und wann die mallorquinische Gastronomie außerhalb.

Wer das Billigangebot nicht riskieren möchte und auch €1.400 + Nebenkosten für zwei Personen bezahlen könnte, der sollte rechnen und noch ein bisschen 'drauflegen: Eine Woche in viel besserer Unterbringung mit Superfrühstück in einem gediegenen Umfeld oder auf der Terrasse kostet in mancher Finca oder einem kleinen Individualhotel für 2 Personen im DZ so um die €1.000 (⇨ Unterkunftsbeileger und Internet). Die Flüge dazu lassen sich im Internet um oder auch schon mal um €200/Person buchen. Fehlt noch das Dinner. Bei €60/Tag im Schnitt in der Finca oder in wechselndem Ambiente, sind das etwa plus €400 bei ansonsten gleichen Nebenkosten, wunderbarer Aufenthalt garantiert.

Kurz: ganz billig ist o.k.und kann in der warmen wettersicheren Jahreszeit eine prima Sache sein, wenn dadurch das Zimmer prinzipiell gesichert ist. Bei mittlerem Preisniveau fragt sich indessen, ob man nicht lieber noch etwas drauflegen und sich damit richtig runde Urlaubstage gönnen sollte.

Die fast kostenneutrale Alternative fürs Beispiel: 2 Tage kürzer fahren! Denn fünf wirklich gute Tage sind allemal besser als eine volle Woche Mittelmaß.

Die individuelle Hotelbuchung

Aspekte

Die – in Zeiten des Internet abnehmende – Mehrheit der Urlauber bucht Mallorca als **Pauschalarrangement**, also Flug, Unterkunft und Mahlzeiten vom Nur-Frühstück bis zur Vollpension oder »all inclusive. Das ist bequem und erprobt in der Abwicklung, dazu oft preisgünstiger als die getrennte Buchung von Flug und Unterkunft in Eigeninitiative, indessen ist das durchaus nicht immer der Fall. Außerdem gibt es positive Aspekte (⇨ rechts) der individuellen Buchung, die manch einem zusätzliche Mühe wert ist.

Tatsächlich sind **Hotelauswahl** mit Verfügbarkeitsabfrage, **Reservierung** und koordinierte separate Flugbuchung im »Individualverfahren« vergleichsweise aufwendig. Auch die Anfahrt vom Airport Palma zur Unterkunft muss man dann selbst arrangieren.

Vorgehen

Einen Großteil der von Veranstaltern angebotenen Quartiere lassen sich auch individuell ohne Flug buchen, wobei das bei vielen Veranstaltern sogar alternativ möglich ist.

Hotelportale

Ebenso und nicht zuletzt für Vergleichszwecke eignen sich auch für Mallorca die bekannten Buchungsportale im Internet wie z.B. www.hotel.de oder www.booking.com. Erstaunlicherweise ist dort manches Haus zu günstigeren Tarifen zu buchen als bei Direktkontakt, aber auch der umgekehrte Fall ist nicht ganz selten.

**Individual-
suche**

Wer die Vermittler auslassen möchte und sich an die Empfehlungen dieses Buches im separaten Beileger hält, spart sich die Mühe des Selbsteintippens fremdsprachlicher Adressen bei Nutzung der Verlagswebsite www.reisebuch.de/mallorca. Die im Beileger aufgeführten www-Adressen sind dort gelistet und verlinkt. Per Doppelklick lassen sie sich direkt aufrufen. Um die Angaben im Beileger optimal nutzen zu können, sollte man dessen Vorspann auf den Seiten 3+4 bzw. den Abschnitt »Übersicht« auf den Seiten 32+33 (»Quartiere abseits der Ferienorte«) vorab lesen.

Reservierung

Reservierungen per Telefon ins Ausland sind eine **unsichere Angelegenheit** und selbst für Geübte sprachlich oft mühsam. **Ein auch 2012 noch (!) möglicher Weg ist das Fax** (durchaus auf Deutsch geschrieben), mit dem sich fast alle Unterkünfte erreichen lassen.

**Email &
Internet**

Email-**Anfragen und -Reservierungen sind mittlerweile aber die erste Wahl**; sie verdrängen zunehmend Telefon und Fax, zumal mittlerweile selbst kleinere Häuser – vor allem im gehobenen Segment   eigene Internetauftritte und Buchungsmasken haben.

Vorteile

Eine **vom Flugticket getrennte Hotelbuchung vom Heimatland aus** sollte immer ins Auge fassen, wer die damit verbundenen Vorteile als wesentlich empfindet, als da sind:

• Unterkommen in einem bestimmten **Hotel**, das im Pauschalangebot nicht zu finden ist oder nur mit **unerwünschter Verpflegungsregelung**. Individuell lässt sich – zumindest außerhalb der Hochsaison – **fast jedes Hotel auch nur mit Frühstück** oder sogar ganz ohne Mahlzeiten buchen.

Nostalgischer Frühstückstisch im »Raims« in Algaida, sofern die Gäste in diesem alten (einstigen) Weingut nicht im grünen Innenhof draußen sitzen können

- **hohe Flexibilität** bei der **Anzahl der Urlaubstage** und variable Abkürzung/Verlängerung je nach Wetter und Laune.
- An- und Abflug an selbst bestimmten Wochentagen, vor allem **Auswahl der Flugzeit** an größeren Airports mit höherer täglicher Frequenz der Abflüge nach Mallorca.

Buchung nach Ankunft

Die letzten beiden Punkte gelten natürlich auch bei separater Flugbuchung, wenn man die endgültige **Hotelwahl und -buchung erst nach persönlicher Begutachtung** auf der Insel vornimmt oder zunächst nur 1-3 Nächte reserviert und dann weitersieht. Die Methode ist zwar etwas unkomfortabel, hat aber den Vorzug der optimal auf die eigenen Vorstellungen zugeschnittenen Lösung.

Nur zwischen Anfang Juni und Ende September ist solches Vorgehen ein bisschen riskant, ansonsten für die meisten Unterkünfte unproblematisch. Denn im allgemeinen gibt es mit Ausnahme der Weihnachts-, Neujahrs- und Ostertage und ganz besonderer lokaler Ereignisse **von Oktober bis Ende Mai immer und überall noch freie Zimmer** in allen Kategorien (im Winter natürlich nur, soweit die Häuser nicht schließen).

Kostenvergleich individuelles Vorgehen / Pauschalbuchung

Bei einem Vergleich von Pauschalangeboten und der summierten Kosten aus separat gebuchtem Flug und Quartier(en) ergeben sich **finanzielle Vorteile** zugunsten eines individuellen Vorgehens vor allem **bei intensiver Internetrecherche**. Dabei stößt man häufig auf erstaunlich günstige Pauschalangebote unter den »regulären« Veranstalterpreisen, deren »Haken« normalerweise nur die Reisedaten sind (kurzfristig oder nur schwach gebuchte Häuser und/oder Perioden). Wer zeitlich flexibel ist, sollte sich diese Chance nicht entgehen lassen. Neben den **Urlaubskostenrechnungen für Pauschalurlaub** finden sich auf den letzten Seiten **im Beileger** auch **Beispiele für Ferien mit individueller Hotelbuchung** (ohne Sonderangebote/»Schnäppchen«). Unberücksichtigt bleibt bei derartigen Vergleichen der Wert der Bequemlichkeit bzw. der Nachteil der Unbequemlichkeit bei verschiedenen Vorgehensweisen.

*Am Strand bzw. an der Promenade von Can Picafort stehen nur einfache ** und ***Hotels, aber deren Lage ist für Badeurlaub prima und dafür nicht teuer.*

3.1.2   Ferienwohnungen, Ferienhäuser und Fincas

Miete vom Wohnort aus in Eigeninitiative

**Pauschal-
und
Individual-
buchung:**

Hotel-Apartments sind, obwohl in vielen Fällen eher eng als geräumig, **selten billig**. Sofern die Tageskosten nicht separat ausgewiesen sind, lassen sich die effektiven Mietkosten bei Pauschalangeboten leicht aus dem Preis für 1 Woche Aufenthalt ableiten, wenn man vermutliche Flugkosten abzieht und die Differenz mit der zugrundeliegenden Belegungszahl multipliziert (und für den Tagestarif durch »7« dividiert). Außerhalb der Monate Juni bis September verlangen an Reiseveranstalter nicht gebundene Vermieter für identische Zeiträume oft weniger. Dabei stehen die für den Pauschaltourismus typischen Ein- und Zweiraumapartments (in größeren Anlagen) auf dem individuellen Markt kaum zur Verfügung; die meisten derartigen Wohnungen sind geräumiger und von der Ausstattung her ansprechender.

Das Angebot

Zunehmend bieten auch **Reiseveranstalter** Wohnungen in kleineren Komplexen und Fincas auf dem Land an, die zu Ferienhäusern umgebaut wurden, so z.B. **TUI**, **Thomas Cook** und **Jahn-Reisen**.

**Internet-
agenturen
mit
Vertretung
vor Ort**

Spezialisiert auf die Vermietung von Ferienhäusern und Wohnungen auf Mallorca ist mittlerweile eine ganz Reihe von großen w.z.B. www.mallorca-holiday letting.com als auch kleineren Anbietern, wie z.B. www.fincasmallorca.de (vor allem für den Bereich Sóller/Dèia und Umgebung). Sie sind »nah dran« und vertraut mit jedem einzelnen Objekt. Überwiegend kann man sich bei ihnen im **Internet** ein recht gutes Bild von den jeweiligen Details machen. Suchmaschinen listen zahlreiche weitere Einträge unter »Fincas Mallorca« oder »Apartments Mallorca«.

Tatsächlich läuft heute das Gros der Vermietungen über Agenturen, da sie für den Vermieter den Aufwand reduzieren und gleichzeitig dem Mieter eine hohe Sicherheit des technischen Ablaufs bieten, wenn eine Vertretung vor Ort den anreisenden Urlauber (zur Not auch spät abends) empfängt, die Schlüsselübergabe, Kautionshinterlegung etc. regelt und während des Aufenthalts in einem – ggf. zu Geschäftszeiten geöffneten – Büro ansprechbar ist.

*Diesen Blick
auf Bucht
und Port de
Sóller kann
man mieten
bei Fincas
Mallorca
(Internet
⇨ Text)*

Kleine zum idyllischen Ferienhaus umgebaute Steinfinca in den Bergen bei Fornalutx (www.fincas mallorca.de)

**Direkt-
kontakt**

Viele – darunter auch als Vermietungsobjekt nicht registrierte (⇨ Seite 93) – Wohnungen und Häuser lassen sich nur beim Eigentümer selbst buchen. Immer mehr von ihnen haben für ihre Wohnungen und Häuser eine eigene Homepage. Das Problem ist nur, die zu finden bzw. aus der Vielzahl der Einträge bei Suchmaschinen ein geeignetes Objekt herauszufiltern. Hinzu kommt die oft kompliziertere Abwicklung vor Ort bei An-/Abreise.

**Internet-
vermittler**

Es gibt sehr große Anbieter im Internet, die auf ihren Portalen Privatvermietungen quasi »bündeln« und damit den Kontakt erleichtern. Außer dieser Vermittlung werden sie nicht weiter aktiv. Bei Interesse an einem Objekt hinterlegt der Anfrager seine Telefonnummer und/oder Email und wird dann vom Eigentümer kontaktiert. Oder auch nicht, wenn der gerade abwesend ist oder nicht in seine Mails schaut. In vielen Fällen ist ohne diese Rücksprache im Internet mangels Terminpflege durch die Eigner nicht zu ersehen, welche Zeiten schon belegt sind. Vor Ort fehlt professionelle Betreuung und die Möglichkeit einer Problemklärung, wenn der Vermieter z.B. in England lebt und die Schlüsselübergabe durch den nur Spanisch sprechenden Nachbarn erfolgt. In solchen Fällen ist meist auch eine sehr hohe oder gesamte Vorauszahlung nötig.

Problem

Bei reinen Internetangeboten von privat sollte man aber mit **Vorauszahlungen vorsichtig** sein. Es werden auch schon mal nicht existente Objekte mit schönen (fremden) Fotos ins Netz gestellt.

**Kosten/
Vorgehen**

Akzeptable **Ferienwohnungen** gibt es in der Vor- und Nachsaison ab ca. €60/Tag aufwärts. Nur sehr gute Objekte kosten ab November bis Ende April (außer Weihnachten-Neujahr/Ostern) über €100/Tag (die Preise beziehen sich auf 2012 im Internet gefundene Angebote). In den meisten Fällen werden **Wochenpauschalen** genannt, kürzere Zeiträume nicht angeboten.

**Ferienhäuser/
Fincas**

Das Angebot an **Ferienhäusern** ist ebenfalls vielfältig. Von der kleinen Finca für 2 Personen im Hinterland für €500/Woche bis zur Luxusvilla am Meer mit 300 m² für €5.000/Woche gibt es alles.

Suche und Miete vor Ort (für längerfristige Aufenthalte)

Situation

Einfach nach Mallorca zu reisen und sich erst dort nach einer passenden Ferienwohnung bzw. einem Haus umzusehen, ist ein bisschen aufwendig, hat aber den Vorzug der Besichtigung vor Ort. Es bedingt die Motorisierung ab Flughafen und vorübergehende Einquartierung in ein Hotel, bis man fündig geworden ist. Die damit verbundene Unbequemlichkeit und der Zeitverlust rechtfertigen dieses Vorgehen eigentlich erst ab einer Aufenthaltsdauer von 4-6 Wochen, besser länger. Gar nicht zu empfehlen ist es in der Zeit von Juni bis Ende September. Bis Mitte Mai und ab Mitte Oktober sind die Erfolgsaussichten gut.

Kosten

Im **April** (Ausnahme Ostern), **Mai** und **Oktober** sind ansprechend ausgestattete 2-3-Zimmer Apartments in günstiger Lage ab ca. €500-€600 pro Woche zu haben. Im **Juni** und **September** liegen die Forderungen ab €800 und mehr bei abnehmender Verfügbarkeit. Im **Hochsommer** geht's in guten Lagen ab €1000/Woche los.

In den **Wintermonaten** (November bis einschl. März lassen die meisten Eigentümer über den Preis mit sich reden. Wohnungen gibt es dann je nach Größe, Lage und Komfort ab ca. €800/Monat.

Vorgehen

Direkt vor Ort sollten Langzeitmieter wie folgt vorgehen:

• Auf jeden Fall *Mallorca Magazin* und *Mallorca Zeitung* kaufen. Auch Langzeitmieter finden im Internet ein breites Angebot. Einen Mietspiegel und Hinweise zum spanischen Mietrecht bietet neben Objekten zur Miete www.mallorca-mietboerse.com.

• In Supermärkten und anderswo liegt der *Mallorca Anzeiger El Aviso* gratis aus (viele Anzeigen, monatlich neu). Wer spanisch versteht, besorgt sich vielleicht außerdem die Anzeigenblätter *truque* und *Venta y Cambio* (2x wöchentlich). Die Zeitungen stellen ihre Anzeigen auch ins Internet: http://el-aviso.es bzw. www.mallorcazeitung.es

Vorschriften für die gewerbliche Vermietung

In Anbetracht der 'zigtausend Apartments und Fincas in privater Hand, die einen Großteil des Jahres erkennbar leer stehen, verwundert eigentlich, dass offene Vermietungsangebote rar sind. Man wird auch vor Häusern und Wohnungen, die frei sind, nur selten ein *se-alquila*-Schild finden. Das liegt an den restriktiven Vorschriften zur gewerblichen Vermietung von zunächst privat erworbenem Wohneigentum. Jeder Vermieter muss eine staatliche Genehmigung dafür besitzen. Die ist indessen mit allerlei Auflagen verbunden und auch mit einer Besteuerung der Einnahmen, die mancher gerne vermeiden möchte.

»Fußangel« Internet für illegale Vermietung

Seit jedoch mehr und mehr Objekte im Internet angeboten werden (müssen) und nicht mehr – wie früher – in schwerer zu überprüfenden Zeitungsanzeigen in Deutschland oder England, fällt es der Finanzverwaltung relativ leicht, illegal vermietende Immobilieneigner aufzuspüren. Angeblich werden jedes Jahr zahlreiche »illegale« Vermietobjekte im Netz entdeckt und deren Eigentümer bei Untersagung einer weiteren Vermietung mit saftigen Geldstrafen zur Kasse gebeten.

3.1.3   Sonstige Quartiere

Jugend-
herbergen

Auf der **Halbinsel La Victoria (bei Alcúdia)** liegt eine Jugendherberge abseits der Straße zum *Santuari de la Victoria*. Das klotzige Gebäude hat 200 Betten (nur Juni-August einschließlich):

Albergue Juveníl La Victoria, Carretera Cap Pinar, Alcúdia ✆ 0034-971 545542, Fax 546649, Email: reserves@ibjove.caib.es.

Außerdem gibt's eine Herberge in **Playa de Palma/Arenal** in einem ehemaligen einfachen Hotel (April bis Oktober):

Albergue Juveníl Platja de Palma, Costa Brava 13, 07610 Playa de Palma, ✆ 0034-971 260892, Fax 971 262012, Email platjapalma@ibjove.caib.es.

Internet

Details über beide Herbergen im **Internet** unter www.reaj.com, Schaltfläche »*Albergues*«, danach »*Islas Baleares*« anklicken. Die **Übernachtungskosten** sind niedrig und betragen saison- und altersabhängig €15-€19,44/Person im Mehrbettzimmer.

Berghütten

Mallorcas erste **Berghütte** (*Refugi*) war *Tossals Verds* mit 30 Schlafplätzen und Bewirtschaftung nordwestlich von Lloseta bei Inca am Fuß der *Serra Tramuntana*. Vom nächsten Parkplatz sind es 45 min Fußmarsch, ✆ Seite 259), direktes ✆ 971 182027. Eine weitere Hütte dieser Art ist das *Refugi Muleta* hoch über Port de Soller beim Leuchtturm *Cap Gros* in brillanter Lage, ✆ 971 634271.

Drei weitere Hütten existieren in Deià (*Can Boi* etwas abseits des Ortszentrums), beim Kloster Lluc (*Son Amer* – wunderbare Lage) und in Pollenca (*Pont Romà*). **Übernachtung** im eigenen Schlafsack €11,00/Person, DZ mit Bad €39; **Voranmeldung** – ggf. auch für Mahlzeiten – erforderlich.

Zentrale Reservierung für alle Hütten unter ✆ 971 173700 (nicht leicht erreichbar), persönlich im **Info-Center** *Serra Tramuntana* beim Kloster Lluc oder online unter www.conselldemallorca.net/mediambient/pedra. Dort auf »deutsch« klicken (ober rechts) und weiter unter »Herbergen«. Auch einige **unbewirtschaftete Hütten** stehen zur Verfügung, ✆ Seite 252 und www.serratramuntana.de.

Weitere unbewirtschaftete Hütten stehen im **Naturpark Peninsula de Llevant**, ✆ 971 829 219 Mo-Fr 10-14 Uhr), ✆ S. 34 und 286.

Klöster
und andere

Auf mehreren **Klosterbergen** Mallorcas (✆ 354) gibt es Übernachtungsmöglichkeiten von herbergsmäßig bis komfortabel.

Auch auf dem **Burgberg von Alaró** kann man unterkommen. Eine **Liste der alternativen Quartiere** findet sich im Beileger.

Die Albergue La Victoria des Herbergsverbandes
liegt brillant auf der gleichnamigen Halbinsel.
In der Nähe befindet sich über dem Kirchlein
La Victoria eine weitere, aber privat bewirt-
schaftete Herberge, ✆ Beileger

1000 m

3.1.4 Campen auf Mallorca

Auf Mallorca gibt zur Zeit zwei ganzjährig fürs Zelten nutzbare Plätze; beide liegen nah beieinander in der *Serra Tramuntana*.

Kloster Lluc
Vor allem ist dies ein noch relativ neuer großer Zeltplatz direkt beim riesigen Parkplatz des **Klosters Lluc** (Nordwestecke links vom Restaurant *Sa Font*). Er verfügt über Tisch-

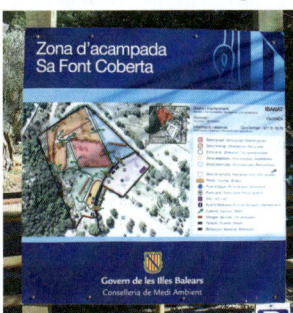

bänke, Toiletten und kalte Duschen. So romantisch wie der frühere, aber jetzt gesperrte Platz an der Zufahrt zum Kloster ist er leider nicht: keine alten Steineichen und keine felsigen Feuerstellen. Lediglich **Wohnmobile** können dort noch auf einem rumpeligen Gelände über Nacht parken (⇨ Foto unten), finden aber keinerlei Versorgungsinfrastruktur vor.

Anmeldung für den Campingplatz unter ✆ 971 517070; Fax 517096; online nicht möglich.

Zeltplatz Sa Font Coberta beim Kloster Lluc

Camping Binifaldo/ Es Pixarells
Lediglich auf einem einzigen von vielen staatlichen Picknickplätzen auf Mallorca ist Zelten gestattet, auf **Es Pixarells** an der Straße Ma-10 von Lluc nach Pollença (ca. 2 km westlich der Zufahrtstraße zum Kloster). In der pittoresken Felslandschaft gibt's dort Picknicktische, Grillroste, Wasser und Toiletten, ⇨ Seite 253.

La Victoria
Zeltcamping für Jugendliche ist im Sommer auf dem Gelände der **Herberge auf der Halbinsel La Victoria** (⇨ links) möglich, ✆ 0034-902 111188, Fax 971 177806; www.turismejove.com/home.php?lng=uk (englische Version, auf Deutsch nicht verfügbar).

»Wildes« Campen
Zelten auf öffentlichen Ländereien ist erlaubt in mindestens 50 m Abstand zum Meer. Mallorquiner machen an Wochenenden an einsamen Küstenstrichen gernevon dieser Regelung Gebrauch. Aber überwiegend privater Grund und Boden verhindert das fürs Gros der Küste Mallorcas. Er ist von den Eigentümern durch Schilder wie *PROPIEDAD PRIVADO*; *PROHIBIDO EL PASO* (Privateigentum, Durchgang verboten) oder *COTO PRIVADO DE CAZA* (Privates Jagdrevier) gekennzeichnet.

Campmobile
Zunehmend parken auf Mallorca **Campmobile** über Nacht einfach irgendwo. Bislang ein Problem, denn Mallorca hatte für die Fahrzeuge keine Ver- und Entsorgungseinrichtungen. Seit 2012 gibt es diesen Service plus 2 Nächte Duldung auf einem **Platz in Inca** (Carrer de Tomir unweit Einfahrt in die Stadt rechts, wenn man von Ausfahrt #30 der Ma-1 kommt).

Stellplatz für Camp mobile in Lluc, ⇨ oben

3

Der Umwelt zuliebe

Plagt Sie auch das schlechte Gewissen, dass Sie mit Ihrer egoistischen Flugreise und dem von Ihnen indirekt verursachten CO_2-Ausstoß des Flugzeugs unangemessen zum Klimawandel beitragen? Dann schauen Sie einmal in die Website www.atmosfair.de; dort erfahren Sie, dass Sie allein auf einem Flug von Hamburg nach Mallorca und zurück rechnerische 860 kg CO_2 verschulden (mit Boeing 737-300). Indessen: eine Spende, mit der ökologisch entgegenwirkende Maßnahmen finanziert werden, kann Ihre persönliche Klimabilanz zum Glück wieder ins Lot bringen. Mit nur €21/Person ist die Angelegenheit im Fall Mallorca sogar noch preiswert zu regeln. Richtig teuer wird's bei Fernreisen. Aber nach Zahlung darf man dafür seine Hände wieder in umweltbewusster Unschuld waschen ...

3.2   Die Reise nach Mallorca

3.2.1   Pauschalurlaub inklusive Flug

Charter

Die **Mallorcaflüge der Reiseveranstalter** werden mit Charterfluggesellschaften abgewickelt, mehrheitlich mit den deutschen Airlines *TUI-fly*, *Air-Berlin*, *Condor* und *German Wings*. Andere Gesellschaften wie die spanische *Air Europa* spielen für Mallorcaflüge von deutschen Flughäfen aus (über Veranstalter) keine große Rolle. In ein- und demselben Fugzeug sitzen üblicherweise Kunden verschiedenster Reiseveranstalter und ebenso Passagiere, die nur das Ticket gekauft haben, weil sie privat unterkommen, ihr Hotel individuell gebucht haben oder auf Mallorca leben.

Abflughäfen

Da heute Flüge nach Mallorca von allen halbwegs nennenswerten Flughäfen starten, liegt es für den Urlauber nahe, den nächstgelegenen Airport ins Auge zu fassen. In Abhängigkeit von Veranstalter und Fluggesellschaft erfolgen Zuschläge/Abschläge auf den/vom Standardpreis (ca. -€20 bis +€30), wenn man von anderen als von bestimmten »Basisflughäfen« abfliegen möchte.

Hotelüber- nachtung vor dem Abflug

Wenn Flüge von nähergelegenen Airports ausgebucht sind – und das ist zum jeweiligen Ferienbeginn der Bundesländer oft schon lange im voraus der Fall – ergeben sich nicht selten ärgerliche **Zusatzkosten** für eine auswärtige Hotelübernachtung. Denn bei Abflügen in nächtlicher Frühe/am frühen Vormittag sind passende Verbindungen mit der Bundesbahn zur Ausnutzung der *Rail & Fly*-Vergünstigung in den ersten Morgenstunden desselben Tages selten vorhanden. Alternativ um 2 Uhr morgens mit dem Auto aufzubrechen, ist auch nicht jedermanns Sache. Einige Veranstalter tragen dieser Problematik Rechnung und bieten in Kooperation mit bestimmten Hotels Sondertarife für Übernachtung am Airport auch und gerade bei Anfahrt mit eigenem Fahrzeug z.B. unter der Bezeichnung *Park, Sleep & Fly* an. Während der Abwesenheit des Gastes bleibt das Auto dann zum Nulltarif oder zu einer geringen Gebühr auf dem Hotelparkplatz.

Tarifgefälle

Für **scharfe Rechner** macht der Abflug von einem weiter entfernten Flughafen trotz der Anfahrt, eventueller Hotelkosten und des damit verbundenen Umstandes mitunter auch »freiwillig« Sinn. Wenn nämlich bei Buchung ab Airport X eine andere Saison gilt als bei Abflug in Y, kann die Ersparnis pro Person €100 und mehr betragen. Bei einer 4-köpfigen Familie bringt daher (so zu Ferienbeginn in NRW, aber noch nicht in Niedersachsen) eine Fahrt von Hannover nach Paderborn ggf. eine wesentliche Ersparnis.

Rail & Fly

Bei günstigen Zugverbindungen kann auch die Anreise per Bahn erwägenswert sein. Mittlerweile ist die bei allen großen Veranstaltern im Reisepreis enthalten.

Einchecken

Die **Abflugzeiten** und das **Erfordernis sehr zeitigen Eincheckens** – bis zu 2 Stunden vor dem Start beim Hinflug und oft noch früher beim Rückflug, wobei der Abholtermin wegen des Einsammelns von 'zig Parteien in verschiedenen Hotels auch schon mal 4 Stunden vor dem planmäßigen Rückflug liegt – sind der kleine Nachteil von Pauschalurlaubsreisen.

Abflugzeiten

Bei längerfristiger Vorbuchung, was im Hinblick auf Urlaubstermine und Ferien der Kinder häufig unerlässlich ist und in vielen Fällen mit Frühbucherrabatten belohnt wird, wählt der Kunde zunächst nur die **Wochentage** von Hin- und Rückflug. Die genauen **Flugdaten** erfährt er oft erst später. Auch im voraus fixierte Abflugzeiten sagen noch nichts. Die Flugpläne werden nicht selten kurzfristig verändert und werfen dann die scheinbar erfreuliche Zeitkombination wieder über den Haufen. Wer Pech hat, muss den Hinflug nachmittags und den Rückflug vormittags antreten. Dabei geht ein voller Urlaubstag verloren.

Langfristrabatte und Last Minute Reisen

Zwar können bei langfristiger Vorausbuchung Pauschalreisen und Flüge tatsächlich günstiger sein als Buchungen in letzter Minute, Aber dennoch sind günstige **Last Minute**-Offerten nach wie vor am Markt. Denn was bis kurz vor Abflug noch nicht gebucht ist, versucht man letztlich doch wieder als *Last Minute* unter die Leute zu bringen. **Sonderschalter** der Veranstalter wie unabhängiger Reisebüros gibt es in allen Flughäfen. Aber Achtung, nicht alles, das *Last Minute* heißt, ist günstiger als der Katalogpreis.

Last Minute lässt sich auch **im Internet buchen**, entweder bei den Veranstaltern direkt (**Internetadressen im Beileger**) oder bei Spezialanbietern, z.B. www.lastminute.de oder www.reisegeier.de.

Air Berlin ist die wichtigste Fluggesellschaft im Mallorcaverkehr mit im Sommer bis zu 350 Flügen pro Woche allein von 18 deutschen Airports

3.2.2   Individuell nach Mallorca fliegen

Wer seine Unterkunft selber organisiert, muss notwendigerweise den Flug gesondert buchen:

Linie, Ferien- und Billigflieger

Linienflüge direkt nach Mallorca spielen insgesamt keine wesentliche Rolle. Nicht einmal mehr *Iberia* bedient Palma de Mallorca ab Deutschland nonstop, sondern via Barcelona oder Madrid. Die Lufthansa hatte zeitweilig sogar fast alle Flüge nach Palma eingestellt. Im Sommer 2012 bedient die **Lufthansa** Palma mit Direktflügen ab Frankfurt, Düsseldorf, Hamburg, München und Stuttgart, indessen überwiegend an den Wochenenden, nicht täglich.

So oder so sind die bekannten **Ferienfluglinien**, die auch von fast allen Provinzairports zum Flug nach Palma starten, für die meisten Reisenden nach wie vor erste Wahl.

Ferienflieger: Buchung in Reisebüro oder Internet

Man kann Flüge der Ferienflieger genau wie die Pauschalreisen in jedem Reisebüro buchen. Alternativ geht das auch direkt **bei den Fluggesellschaften im Internet**:

- www.airberlin.com
- www.condor.de
- www.tuifly.com

Die Feststellung der Verfügbarkeit von Plätzen und Reservieren ist einfach, letzteres aber nur möglich mit Kreditkartendaten oder Kontoabbuchung. Wer der Zahlung im Internet nicht über den Weg traut, sucht sich einen Flug und lässt ein Reisebüro die Sache abwickeln. Ist man dem Büro als Kunde bekannt, kostet das einen kurzen Anruf und geht oft fixer als manche Buchung im Internet, kein »Absturz« und kein Zeitverlust bei nicht 100%ig vorgabemäßig ausgefüllter Buchungsmaske.

Billigflieger

Dank der Konkurrenz diverser »Discountflieger« wie *Germanwings*, *Ryanair* und *Easy Jet* sind heute Flüge ins europäische Ausland für €39 und weniger auch bei den etablierteren Linien zu haben. Von einer Reihe deutscher Flughäfen geht es auch nach Mallorca an bestimmten Tagen für Tarife unter €50 pro Flugstrecke, sogar €0,01 kam schon vor (*Ryan Air* plus Gebühren). Das Schnäppchen macht aber nur, wer durch die Websites der Anbieter surft und »zuschlägt«, wenn es passt; schon morgen könnte es teurer sein. Als Airlines mit den niedrigsten Tarifen gelten:

- www.easyjet.de (ab Dortmund, Berlin und Basel)
- www.ryanair.de (ab Frankfurt-Hahn, Bremen, Memmingen, Hamburg-Lübeck und Düsseldorf-Weeze)
- www.germanwings.de (mittlerweile im Sommerhalbjahr von 14 deutschen Flughäfen, außerdem ab Wien und Zürich)

Zu vielen Terminen finden sich ebenfalls Schnäppchen bei

- www.airberlin.com (im Sommer 2012 insgesamt von 22 deutschen Airports, dazu ab Basel, Zürich und 6 Flughäfen in Österreich)

Rückflug von Mallorca über die schnee-bedeckten Alpen

- www.tuifly.de (die konzerneigene Linie des größten deutschen Veranstalters startet in Kooperation mit Air Berlin (daher) ebenfalls von 22 deutschen Airports und 6 Flughäfen in Österreich, außerdem ab Basel und Zürich. Stand 2012)
- www.condor.de (15 Flughäfen in Deutschland, außerdem von Salzburg, Wien und Klagenfurt und Zürich)

Eine Gesamtübersicht, die nicht immer ganz up-to-date zu sein scheint, liefert www.billig-fliegen.de.

Gepäck-grenzen/ Zuzahlungen

Die Airlines im Mallorcaverkehr haben abweichende Gepäckregelungen. Dabei liegen die Ferienflieger (⇨ links) mit 20 kg Freigepäck, 6 kg Handgepäck (+ggf. 2 kg. für Laptop), €10 je Kilo Übergepäck und €25 für Sportgeräte noch auf einer Linie. Die »Discounter« berechnen ab dem ersten Gepäckstück unterschiedliche, teilweise sehr hohe Gebühren, aber Handgepäck 8-10 kg ist frei.

Rückflug

Üblicherweise wird **mit dem Hinflug** bereits der **Rückflug** reserviert. Bei **Änderungswünschen** bleibt es der Airline überlassen, inwieweit sie flexibel ist bzw. sein kann. Meist werden **Umbuchungskosten** fällig (€25-€50). Bei den größeren Gesellschaften lässt sich das bei der Repräsentanz auf Mallorca (⇨ Kapitel 13, Seite 470), bei anderen Airlines über Agenturen regeln.

Unter dem (Rückflug-) **Flexibilitätsaspekt** ist die Buchung bei einer Airline mit möglichst vielen Starts von einem Flughafen in Heimatnähe empfehlenswert. Damit hat man bessere Chancen zur Realisierung von eventuellen Ticketumschreibungen als bei einer Airline mit nur wenigen Abflügen.

Retour mit anderer Linie
Da keine Notwendigkeit besteht, mit derselben Airline zurück zu fliegen, kann optimal sein: Mit Linie A hin und Linie B zurück.

Verspätungen
Verspätungen kommen im Mallorca-Flugverkehr im Sommer eher häufig als nur dann und wann vor, und zwar eher an Wochenenden mit starkem Verkehrsaufkommen als bei Abflügen Montag bis Donnerstag. Die Gründe liegen – neben wetterbedingten Verzögerungen – überwiegend im dicht besetzten Luftraum über Mitteleuropa und in gelegentlichen Streiks und Dienst nach Vorschrift der Fluglotsen in Frankreich und Spanien. Grundsätzlich gilt, dass **Flüge am Morgen** weniger verspätungsgefährdet sind als Flüge am Nachmittag. Zunächst kleinere Verzögerungen in den Vormittagsstunden können sich wegen aller möglichen Folgewirkungen bis zum Abend zu stundenlangen Staus in der Luft auswachsen.

3.2.3   Nach Mallorca auf dem Land- und Seeweg

Mit dem Auto ab Barcelona, Valencia und Dénia nach Palma und Alcúdia
Mit dem Auto nach **Barcelona**, **Dénia** oder **Valencia** zu fahren, um von dort per Fähre nach Mallorca überzusetzen, ist zeitlich und finanziell ziemlich aufwendig. Die Schiffe ab/nach Valencia oder gar Dénia sind genaugenommen nur für Spanier interessant und für Leute, die im Rahmen einer längeren Rundfahrt durch Spanien auch Mallorca miteinbeziehen möchten. Dénia liegt noch um einiges südlicher als Valencia und damit näher an Ibiza (2 Stunden per Schnellfähre). Auf den Routen **Barcelona+Valencia nach Palma** verkehren die Schiffe der Reedereien *Balearia*, *Iscomar* und *Acciona Trasmediterranea*. Die *Balearia* bedient dazu die Route **Denia-Palma** und seit einigen Jahren auch **Barcelona-Alcúdia** via Menorca. Die Route ab **Dénia** bietet vor allem den Vorzug einer raschen Überfahrt (3 Stunden mit Schnellfähre). Außerdem gibt es gute Kombiangebote für Personen+Pkw. Preiswerter als die Konkurrenz sind die (Langsam-) Fähren von *Iscomar*.

Schnellfähren und Super Fast Ferries (Katamarane)
Neben der »normalen« Fähre (gute 7+ Stunden von Barcelona nach Palma) sind auf den Hauptrouten auch **Schnellfähren** unterwegs (um 5 Stunden, Katamarane 3-4 Stunden). Die dadurch mögliche reduzierte Überfahrtzeit kostet für Passagiere und die einfache Strecke ca €25 mehr. Pkw ebenfalls nur etwa plus €25.

Info Fähren
Die jeweils aktuellen, saisonal in kurzen Abständen mehr oder weniger wechselnden Abfahrtszeiten, Tarife etc. gibt`s für *Acciona Trasmediterranea* im Internet unter: www.trasmediterranea.es
Desgleichen für *Balearia* unter www.balearia.com
und für *Iscomar* unter www.iscomar.com.
In allen Fällen nicht auf deutsch, sondern nur **spanisch/englisch**.
Zum **Tarif- und Abfahrtszeitenvergleich** sind die Portale www.directferries.de oder www.aferry.de informativer und besser zu handhaben als die Original-Websites. Auf ihnen sind alle Informationen einschließlich Tarifrechner auch in deutscher Sprache verfügbar. Über beide hat man einen raschen Zugriff auf die Routen.

Kosten-vergleich

Wer die Fahrt mit dem eigenen Wagen erwägt, sollte ausrechnen, ob sich die lange Reise unter Berücksichtigung der Automiettarife auf Mallorca eigentlich lohnt. Aus dem norddeutschen Raum etwa dauert die Anfahrt kaum unter 2 Tagen, was eine Übernachtung unterwegs erforderlich macht. Die Ausgaben dafür eingeschlossen kommt man mit Benzin plus Autobahngebühren in Frankreich und Spanien beim billigsten Kabinenplatz bzw. per Schnellfähre mit zwei Personen – je nach Saison und Verzehr unterwegs – leicht auf Kosten von €1000 und mehr **für die Hin- und Rückfahrt**. Vier Tage Urlaub gehen unter Fahrstress verloren. Für €1000 können zwei Personen ebensogut fliegen und je nach Saison bis zu vier Wochen einen Kleinwagen mieten.

Ökonomisch Sinn macht die Fahrt mit eigenem Auto daher erst bei über 6 Wochen, wenn man es denn durchgehend benötigt. Ab Deutschlands Südwesten oder aus der Schweiz kommt man natürlich mit weniger Zeit und geringeren Kosten aus.

Ohne Fahrzeug

Nun muss ja nicht unbedingt ein Auto auf die Insel schaffen wollen, wer den kombinierten Land- und Seeweg benutzt. Die zeitraubende Anfahrt mit Eisenbahn oder Bus ist plus Schiffspassage jedoch so teuer, dass man besser fliegt, es sei denn, Flugangst verbietet dies. Nur wer trampt oder als junger Mensch unter 26 Jahren ein preiswertes *InterRail Ticket* besitzt, erreicht Mallorca unter hohem Zeiteinsatz per Schiff vielleicht zu den geringsten Kosten.

Tickets auf Mallorca

Ticketverkauf auf Mallorca und die Reservierung der Rückreise erfolgt in der ***Estació Marítim*** am westlichen Ende des Hafenboulevards Avinguda Ingeniero Roca. Aktuelle Information:

Trasmediterranea: ✆ 971 707377 und ✆ 902 454645

Balearia: ✆ 971 405360 & ✆ 902 160180

Iscomar: ✆ 971 437500 & ✆ 902 119128

3

Eine der Schnellfähren nach/von Barcelona im Hafen von Palma/Estació Maritim

3.3.   Reisevorbereitungen

3.3.1   Personalausweis und Führerschein

Einreise/ Personal- ausweis

Die Kontrolle der Personalpapiere ist zwar innerhalb der Schengen-Staaten der EU entfallen, aber dies bedeutet nicht, dass man den Personalausweis nicht mehr mitführen müsste. Bei der ticketlosen Buchung benötigt man den Ausweis sowieso; zur Identifikation muss er heute auch von Ticketinhabern beim Einchecken vorgelegt werden. Im Hotel erfolgt die Anmeldung ebenfalls (an sich) mit Personaldokumenten. Auch für einen Besuch im Spielkasino und ggf. Bargeldabhebung in der Bank mit Kreditkarte benötigt man den Ausweis. Ein Blick auf das **Ablaufdatum des Personalausweises/Passes** vor der Abreise kann nicht schaden.

Führerschein

Wer ein Fahrzeug zu mieten beabsichtigt, muss neben dem **Führerschein** in der Regel auch seinen **Personalausweis** oder Reisepass vorlegen. Die nationale Version des Führerscheins genügt, ein internationaler Führerschein ist nicht nötig. Umgekehrt reicht ein internationaler Führerschein allein nicht aus.

Kopien der Original- papiere

Ganz sinnvoll ist es, sich schon zu Hause **Fotokopien des Führerscheins und Personalausweises** (Reisepasses) anzufertigen und diese für den »Fall des Falles« sicher zu verwahren. Wer seine Personaldokumente scannt und auf einem geeigneten Server ablegt, macht es noch besser. Man kann die **Scans** auch als Anhang an die eigene Adresse senden und die Mail dann im Bedarfsfall im Ausland öffen. Der früher richtige Rat, auf Auto-Ausflügen nur die Kopien mitzunehmen, ist nicht mehr gültig. Bei Unfall oder Verkehrskontrollen möchte die spanische Polizei die Originale sehen.

3.3.2   Versicherungen

Reise- rücktritt

Die Pauschalreisepreise einiger Veranstalter verstehen sich mitunter inklusive **Reiserücktrittskosten-Versicherung**. Alle anderen offerieren sie separat. Eine **pauschale Rücktrittskostenversicherung** für alle Reisen eines Jahres zu einem moderaten Jahrestarif bietet u.a. der **ADAC**. Da immer unvorherzusehende Ereignisse den Reiseantritt in letzter Minute unmöglich machen können, sollte man hier vorsorgen. Bei individuellem Vorgehen – Flugbuchung und Unterkunft getrennt in Eigeninitiative – kann man sich in Höhe der bei Nichtantritt anfallenden Rücktrittskosten separat versichern. Inhaber verschiedener »vergoldeter« Kreditkarten verfügen über eine »automatische« Reiserücktrittskostenversicherung unabhängig vom Einsatz der Karte.

Gesetzliche Kranken- versicherung

Bis vor kurzem gab es für in Deutschland gesetzlich Versicherte keinen (auch nicht teilweisen) Ersatz für im Ausland angefallene selbst bezahlte Krankheitskosten durch die Kassen. Man konnte sich **auf Kassenkosten im Ausland** nur bei Ärzten und Einrichtungen behandeln lassen, die den sog. Auslandskrankenschein akzeptieren. Das hat sich etwas geändert.

Zunächst einmal wurde der Auslandskrankenschein für einen Teil der EU-Länder, darunter Spanien, abgeschafft und durch die **Europäische Krankenversicherungskarte** ersetzt (*EHCI = European Health Insurance Card*), die mittlerweile von allen gesetzlichen Krankenversicherungsgesellschaften ausgestellt werden kann. In der Regel kann sie auch online angefordert werden.

Wo die Karte nicht akzeptiert wird, also wenn wegen ärztlicher Behandlung oder in privaten Krankenhäusern Rechnungen bezahlt werden müssen, ersetzen die Kassen die Kosten gemäß heimatlicher Vorgaben (dazu gibt es ein Merkblatt). Darüber hinaus gehende Kosten trägt der Versicherte indessen selbst.

Behandlung auf Mallorca

Mit der Auslandskarte kann man **auf Mallorca** ohne Kostenrisiko – auch für ambulant zu behandelnde Krankheiten/Verletzungen – in **Palma** die **Großkliniken *Son Espases*** (Ringautobahn *Via Cintura*, Abfahrt Valldemossa) und *Son Llatzer* (an der Strecke Palma-Manacor unweit Son Ferriol, Buslinie #14) sowie die **Hospitäler in Manacor** und **Inca** aufsuchen.

> **Notruf auch auf Mallorca ist 112**

In allen Orten gibt es außerdem *Centres de Salut*, Ambulatorien, welche die Bescheinigungen bzw. Karten von Ausländern akzeptieren (sollten). Anderswo anfallende Behandlungskosten – etwa in einer der Praxen der mittlerweile zahlreich vertretenen deutschen Arzte (↪ Anzeigen in *Mallorca Magazin* und *Zeitung*) – erfordern nach wie vor Barzahlung. Bei Fragen dazu kann man sich an die Vertretung der **AOK in Palma** wenden, die auch Mitglieder anderer Kassen berät: ✆ **971 714172** & **710436** (Mo-Fr 9-17 Uhr).

Private Auslandskrankenversicherung

Es bleibt auf jeden Fall bei der dringenden **Empfehlung an alle gesetzlich Versicherten**, eine **Auslands-Reisekrankenversicherung** abzuschließen. Zum Glück ist das nicht teuer. Fast alle großen Versicherer bieten Auslandspolicen. Besonders günstige Tarife hat u.a. die HUK-Coburg (www.huk24.de).

Privat Krankenversicherte interessiert die Frage meist nicht, da die Kosten einer Behandlung im europäischen Ausland in aller Regel voll ersetzt werden, solange die Reise eine bestimmte maximale Dauer nicht überschreitet.

Versichert in Verbindung mit Kreditkarten

Weniger Sorgen in dieser Hinsicht brauchen sich auch die Inhaber bestimmter **Kreditkarten** (meist der Edelklasse) zu machen. Viele **Goldkarten** (*Mastercard, VISA, American Express*) bieten ihren Kunden und ggf. Familienangehörigen bei Auslandsreisen bis zu 6-8 Wochen Dauer eine Krankenversicherung, unabhängig davon, ob die Reise mit der Karte bezahlt wurde.

Gepäckversicherung

Die gerne angebotene Gepäckversicherung, die recht häufig auch in Versicherungspaketen enthalten ist, wie sie Reisebüros verkaufen, benötigen viele nicht. Denn bei Reisen ins europäische Ausland leistet eine bereits bestehende Hausratversicherung ggf. (in Grenzen) Ersatz. Die Ausschlussklauseln sind regelmäßig zahlreich. Das Risiko, in Mallorca – außer durch eigene Unachtsamkeit – Verluste zu erleiden, ist insgesamt eher niedrig.

3.3.3   Die Finanzen

Seit Einführung des Euro haben sich für Deutsche und Österreicher die Fragen zum Geldumtausch erledigt. Man befindet sich finanztechnisch gesehen im Inland.

EC Karte, Geldautomaten und Kreditkarten

Für die Mehrheit der Reisenden bedurfte es auch schon vor der Bargeldumstellung auf den Euro keiner besonderen Vorbereitung: man steckt Bargeld nach persönlicher Präferenz ein, die **EC-Geldkarte** dazu und fertig. Damit kann man auf Mallorca wie bei uns Bargeld aus zahlreichen Automaten ziehen.

Geldautomaten (*TELEBANCO* und *SERVIRED*) findet man sogar noch in kleinen Orten. Sie lassen sich ausser mit der Geldkarte auch mit Kreditkarten »füttern«. Nur ist das meist teurer als Abhebung per Geldkarte.

Apropos **Kreditkarten**. Sie werden genau wie überall sonst in Hotels, Restaurants, Autovermietungen etc. ohne weiteres akzeptiert.

Wenn Karten verloren gehen, sollte der Verlust umgehend gemeldet und (bei längeren Aufenthalten) ggf. Ersatz beschafft werden. Die Telefonnummern sind:

American Express   ✆ 902 375 637
Euro-/Mastercard   ✆ 900 971 231
VISA Card   ✆ 900 991 216
EC-Geldkarte (Deutschland):   ✆ 0049 1805 021 021
Alle Kreditkarten via Deutschland   ✆ 0049 116 116

3.3.4   Was es sonst noch zu bedenken gibt

Filmmaterial/ Speicherchips

Ein wichtiger Punkt der Reisevorbereitung ist die **Mitnahme** des voraussichtlich benötigten **Filmmaterials** für alle, die noch nicht auf Digitalkameras umgestiegen sind. Auch **Ersatzbatterien** können in diesem Fall nicht schaden. Zwar gibt es die gängigsten Filmsorten und Batterien auch auf Mallorca, aber die Preise liegen – besonders in Touristenorten – deutlich über den deutschen.

Speicherchips für Digitalkameras findet man auf Mallorca zu ähnlichen Preisen wie bei uns (in Palma, Manacor, Inca und in großen Shopping Zentren wie *Al Campo* an der Autobahn Palma-Inca). In kleineren Orten sieht es damit schlechter aus.

Medikamente

Wer spezielle Medikamente benötigt, wird sie sicher nicht vergessen. Prophylaktisch einstecken kann man Kopfschmerztabletten und ein Mittel gegen Magenverstimmung, die bei Klima- und Nahrungsumstellung schon mal vorkommen kann. Beides ist **in Spanien billiger** als bei uns. Die überall vorhandenen **Apotheken** (*Farmacias*, **grünes Kreuz**) sind zudem gut sortiert und in größeren Orten auch auf die touristische Kundschaft eingestellt. Einige bei uns nur auf Rezept verfügbaren Medikamente befinden sich in Spanien im freien Verkauf, u.a. Anti-Babypillen.

Bekleidung Besonderes Kopfzerbrechen über die klimatisch geeignete Bekleidung braucht man sich nicht zu machen. Im Prinzip ist Leichteres
als bei uns zur jeweiligen Jahreszeit angezeigt. Nicht unterschät-
zen darf man mögliche **Temperaturstürze** zu anderer als der heißen Sommerzeit (Mitte Juni bis Mitte September). Auch im Mai
kann es an Regentagen, bei windigem Wetter und vor allem am
Abend noch erstaunlich kühl werden, ➪ Seite 17. Wer nicht in der
Hochsaison reist, sollte **warme Pullover** und **Regenjacke** unbedingt
einpacken. Trotz bisweilen tagsüber sommerlicher Temperaturen
im Winterhalbjahr muss man von November bis April auf kühle
Tage und Nachttemperaturen deutlich unter 10°C gefasst sein.

Nach Mallorca mit Behinderung?

Auf Mallorca hat man sich lange Zeit keine oder kaum Gedanken über Bedürf-
nisse von Menschen mit eingeschränkter Mobilität bzw. mit Behinderungen,
gleich welcher Art, gemacht. Daher sind Hindernisse, die Geh-, Seh- und Hör-
behinderten den »touristischen Alltag« erschweren – hohe Bordsteinkanten,
schmale Bürgersteige, dazu Pflanzlöcher bzw. -kübel mitten auf ihnen, Stufen
vor Restaurant- und Ladeneingängen, für Rollstühle ungeeignete Strandzugänge
u.v.a.m. – vielerorts unübersehbar:

Erst seit kurzem müssen alle neu errichteten öffentlichen Gebäude (dazu gehören auch Hotels) barrierefrei sein, d.h., mit Aufzug, Rampen und behinderten-
gerechten Toiletten geplant werden. Ältere Gebäude will man langsam umrüs-
ten. Denn viele touristische Anlaufpunkte können nicht von Rollstuhlfahrern
besucht werden allein schon wegen des Fehlens geeigneter Toiletten. Das gilt
auch für das Gros der Restaurants, in denen meist die Tische zu eng stehen und/
oder die Toiletten nur über Treppen erreichbar sind.

Eine positive Ausnahme ist Palmas Flughafen. Er verfügt über Aufzüge, Rampen, behindertengerechte Toiletten und genügend Behindertenparkplätze.

Darüber hinaus existieren vereinzelte behindertenbezogene Initiativen und
Unterkünfte, die (auch) über Einrichtungen speziell für Behinderte verfügen.
Hier einige Adressen für weiterführende Informationen:

www.mallorca-rollstuhl.de/Diverse/start.htm
Reise- Hotel- und Strandführer, alle Tipps persönlich geprüft von einem Betroffenen. Vermittlung von Mietautos und geführten Touren.

www.handicapnet.com/barrierefrei-reisen/rollstuhl_mallorca.shtml
Eine ganze Reihe von rollstuhlgerechten Hotels und Fincas

www.rollstuhl-urlaub.de
Barrierefreie Ferienwohnungen, Ferienhäuser, Hotels und Pensionen

www.promotours.com/Last_Minute_Seniorenreise_Mallorca.html
Pflegebedürftig reisen nach und überwintern auf Mallorca

www.quertour.de
Reisen für Menschen mit Behinderung (Cala Rajada und Can Picafort)

www.siebolds.de/index.php
Vier rollstuhlgeeignete Ferienwohnungen im Osten Mallorcas bei San Llorenc

4.   AUF DER INSEL
4.1   Ankunft
4.1.1   Flughafen Sant Joan von Palma de Mallorca

www.aena-aeropuertos.es dort rechts oben auf der Seite den Airport Palma wählen

Als ob es für Flughäfen ähnlicher Größenverhältnisse keine gelungenen Vorbilder gäbe, wurde der Flughafen Mallorcas ganz neu »erfunden«. Ein Airport der Superlative sollte es werden, und tatsächlich wurden für dieses Ziel in den 1990er-Jahren rekordverdächtige Mengen an Beton verbaut. Ganz besonders für teils oder komplett ungenutze Flächen und Räume und für unendlich lange, dafür großzügigst angelegte reine Laufstrecken.

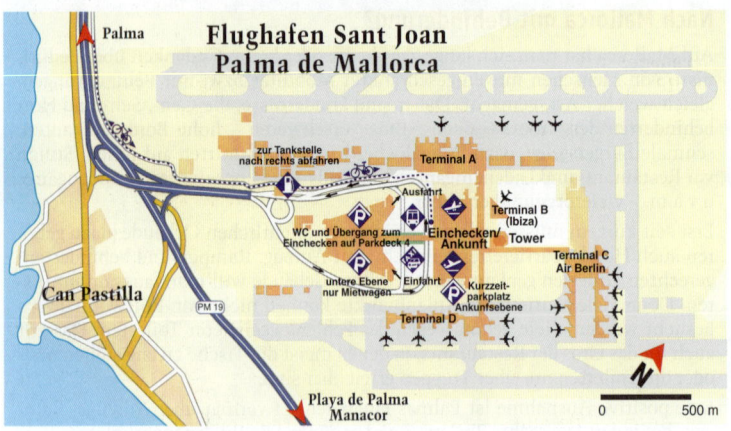

Ankunft

Die weiten und manchmal vertrackten Wege lernen die meisten bereits bei der Ankunft kennen. Immerhin gibt es an den Gepäcklaufbändern genug Platz und(noch) **gratis Gepäckkarren** (Gebühren ab 2013 in der Diskussion). In der mit Kiosken vollgestellten, niedrigen Ankunftshalle herrscht bei Betrieb trotz der großen Fläche drangvolle Enge und oft Tohuwabohu. Denn alle Passagiere streben zum zentralen Ausgang, der größte Teil der Halle bleibt leer.

Wartezeit/ Treffpunkt

Wer dort **Wartezeiten** verbringen muss, findet neben den paar zentralen Cafeterias am Westende die **Bar**/das **Restaurant La Cala**.

Die **Touristeninformation** liegt mittendrin, aber öffnet offenbar nur ungern die leichter zu findende Infotheke. Ist die geschlossen, muss man um die Kioskzeile herumlaufen.

Rückflug und Security Check

Wer abfliegt und vor der **Eincheckebene** abgesetzt wird, hat keine Probleme, seinen Schalter zu finden. Monitore geben Auskunft, wo die gesuchte *Airline* zu finden ist. Zum **Abflug** geht es ein Stockwerk höher. Dort gelangt man nicht mehr wie früher sofort in den großen Servicebereich, sondern steht jetzt vor einer Absperrung, die sich über die gesamte Breite des Gebäudes zieht.

Die **Sicherheitskontrollen** wurden beidseitig aufgebaut mit langen Warteschleifen vorm ersten *Checkpoint* (man läuft ab Rolltreppe nach ganz links oder ganz rechts, ggf. vorab checken, wo weniger Betrieb herrscht). Von dort geht es ohne Jacken, Gürtel, Schuhe etc. (die müssen in einen Plastikkasten zum Selbsttragen) zur »Computertomographie«. Danach ist man entlassen zur Frequentierung der Airport-Gastronomie und der kontinuierlich in Ausdehnung befindlichen *Duty-free Shops*.

Zeitbedarf/ Wifi

Aber Achtung, die Zeit könnte knapp werden: Kalkulieren Sie für Abflüge in den **Terminals D und C** bei ruhiger Gangart 10-15 min bis zum *Gate* ein. Shops, Snacks und Getränke gibt es auch noch im Wartebereich. Wer seinen Laptop dabei hat, kann dort in Ruhe das hier gebührenpflichtige »**Wifi**« (*Wireless Fidelity*, €5,50) nutzen. Für Leute ohne Laptop stehen **Münz-Computer** bereit.

VIP Lounge/ Sala VIP

Für alle, die (zu) früh am Flughafen eintreffen, erst dort von einer größeren Verspätung überrascht werden oder am Abflugtag sowieso kein Programm mehr haben und zeitig zum Airport fahren, ist die **VIP-Lounge** vielleicht interessant. Außer für Inhaber eines **Priority Pass** kostet es €22,50, in gepflegter Umgebung Zeitungen zu lesen oder die Computer zu nutzen. Snacks und Getränke inkl. Alkoholika sind frei. Die **Sala VIP** gibt es sowohl gleich hinter den Kontrollen wie auch (besser!) im **Abflugbereich D**.

Parken am Airport

Das **Parkhaus** hat 4000 Stellplätze und moderate Tarife. Dort vergleicht die Kamera bei der Ausfahrt sogar Kennzeichen und Parkticket. Die Schranke öffnet sich nur, wenn sie zueinander passen. **Das Parkdeck 4 ist über eine lange Brücke mit der Abflugebene des Hauptterminals verbunden**. Wer auf diesem Weg kommt und einchecken möchte, muss im *Terminal* erst mal per Rolltreppe oder gläsernem Fahrstuhl eins tiefer. Bloß nicht ebenerdig hinüber zum *Terminal* laufen: dort muss man sich durch ankommende Passagiere zum Fahrstuhl kämpfen (keine Rolltreppe vorhanden).

Parkgebühren/ Toiletten

Zahlautomaten stehen vorm Eingang des Parkhauses rechts/links der Cafeteria, dazu auf **Parkdeck 4** vorm Übergang zum Abflugdeck. Dort sind auch **Toiletten** ebenso wie unten hinter der Cafeteria.

4

4.1.2 Transfer zum Urlaubsort

**Ankunft/
Meeting Point**

Die **Repräsentanten der Reisegesellschaften** warten bei Ankunft der Flüge vor den Ausgängen der Gepäckausgabe und weisen ihre Gäste zu den Transferbussen. Auch die **Service-Schalter der Reiseveranstalter** sind im Ankunftsbereich nicht zu übersehen, ebensowenig die Schalter der **Autovermieter** sowohl auf der Seite der Gepäckbänder als auch »draußen« in der Ankunftshalle. Ein **Treffpunkt** befindet sich vor dieser Schalterreihe

**Dauer
Hoteltransfer**

Der **Transfer zu den Hotels** wird zügig abgewickelt, wenngleich das Ein- und Abladen der Gäste zeitraubend sein kann. Wer nicht im Palmabereich oder Südwesten unterkommt, darf sich auf eine Stunde Fahrtzeit einrichten. Nach Cala Millor oder Cala Rajada ist man leicht weit über eine, mit Stopps leicht bis 90 min unterwegs.

**Per Taxi
ab Airport**

Individualreisende ohne organisierten Hoteltransfer müssen sich auf relativ hohe **Taxikosten** einstellen. Sie haben fast deutsches Niveau erreicht (ins Zentrum von Palma ca. +/-€15 je nach Ziel).

Flughafenbus

Die billige **Alternative zum Taxi** – aber mit Gepäck ein etwas beschwerlicher und zeitlich aufwendiger Weg – ist der im 15-min-Takt (ca. 6-2 Uhr nachts) für €2,00 verkehrende **Flughafenbus** nach Palma zur **Plaça Espanya** (auf Umwegen weiter bis zum **Fährhafen**), wo man Anschluss ans Busnetz hat (⇨ Seite 129/132).

**Private
Abholung**

Die Gepäckausgabe ist nicht von außen einsehbar, so dass Abholer und Abgeholte nicht in Sichtkontakt treten können. Wer sich verpasst: der *Meeting Point* (⇨ oben) löst das Problem.

**Automiete
ab Airport**

Individualurlauber, die ohnehin ein Auto mieten möchten, sollten das ab Airport tun. Damit erledigt sich das Transferproblem. Verleihfirmen ohne Flughafenschalter dürfen seit einiger Zeit ihre Fahrzeuge nicht mehr ins Parkhaus stellen und die Formalitäten mit den Kunden irgendwo in der Ankunftshalle regeln. Sie müssen Kunden am *Meeting Point* abholen und zur Station der Firma. transportieren. Alles weitere zur Automiete ⇨ Seiten 138ff.

4.1.3 Ankunft mit dem Fährschiff

**Estació
Marítim**

Schiffsreisende erreichen Palma beim **Stadtteil Porto Pi**. Die **Fährschiffmole** grenzt an das Yachthafenbecken im Westen der Stadt.

Weiterfahrt

Nach dem Verlassen der Fähre befindet man sich sogleich auf dem **Passeig Marítim**, der in diesem Bereich **Avinguda Ingeniero Roca** heißt. Links geht es nach Cala Mayor/Illetes/Palma Nova/Magaluf/Peguera/Andratx und – über die Ringautobahn – auch nach Son Vida, Valldemossa, Sóller. Nach rechts geht es in die Stadt und zu allen anderen Zielen nördlich und östlich der Linie Palma-Sóller. Auf Passagiere ohne Fahrzeug warten **Taxen**.

An der Avinguda, nur gut 100 m vom Fährgebäude entfernt, gibt es **Bushaltestellen**. Die Busse stadteinwärts fahren bis zur **Plaça Espanya**, wo man umsteigen kann in die **Bahnen** nach Sóller, Inca, Sa Pobla und Manacor und in die **Busse** zu fast jedem Ort der Insel. **Bus Nr. 1** fährt ab Hafen durch zum Airport.

4.2   Touristinfo, Banken, Post, Telefon, Internet

**Informations-
büros**

Jeder Urlaubsort nennenswerter Größe besitzen eine **Touristeninformation**. Die Büros liegen zentral, sind gut ausgeschildert und
auch auf den an den Ortseinfahrten aufgestellten Stadtplänen eingezeichnet. Die Öffnungszeiten variieren; etwa 13/14-16/17 Uhr
herrscht großenteils *Siesta*. Im Winter schließen viele ganz.

Das **größte und bestsortierte Büro** der Insel residiert in Palma auf
der **Ostseite der Plaça Espanya** im einstigen Bahnhofsgebäude vor
dem *Parc d'Estació*; täglich 9-20 Uhr geöffnet, ✆ 971 754329.

**Info-
Material**

Bei den Touristinfos gibt es neben kommerzieller Werbung den jeweiligen **Ortsplan** und **Inselkarten gratis**.

Darüberhinaus findet man u. a. kompakte, wiewohl etwas unüber-
sichtliche und bisweilen leicht veraltete Informationsblätter mit

• den **Bus-** und **Zugverbindungen** mit Fahrplänen
• **Adressen** und **Öffnungszeiten** der **Museen** Mallorcas
• **Boots-/Flugverbindungen** auf Mallorca und nach Ibiza/Menorca

**Deutsch-
sprachige
Presse/
Radio**

Über alles, was auf der Insel anliegt, berichten die Wochenblätter
Mallorca Magazin und *Mallorca Zeitung* ausführlich. Darin findet man u.a. den aktuellen **Veranstaltungskalender** (auch für Live-
Musik in Bars) und nützliche **Anschriften/Telefonnummern**,
außerdem die Werbung deutschsprachiger **Ärzte** und **Zahnärzte**.

Das Wichtigste erfährt man auch 14-tägig im elektronischen ***Newsletter*** des Verlages: www.reisebuch.de/mallorca/newsletter.html.

Das Inselradio **Mallorca 95,8** sendet rund um die Uhr in deutscher
Sprache aktuelle Insel-Informationen und *Features* zu Mallorca-
Themen; dazu viel Musik und Werbung; www.inselradio.com.

**Bargeld
und Banken**

Das Problem »Geldwechsel« hat sich für Deutsche und Österreicher erledigt. Die **Bankschalter** sind Mo-Fr 9-14 Uhr geöffnet.

Eine Bargeldbeschaffung per Kreditkarte am Schalter (*VISA/Mas-
tercard*) läuft nur mit Ausweis. **Geldautomaten** (➪ Seite 104) bilden die unkompliziertere Alternative.

Post

Die Post auf Mallorca genießt nicht den allerbesten Ruf. Tatsache
ist, dass der Postlauf von und nach Mallorca unregelmäßig funktioniert. Mal läuft er reibungslos, mal erreichen Urlaubskarten die
Empfänger erst nach Wochen. Wer sichergehen will, wirft Post bei
Gelegenheit am Flughafen in den Kasten oder gibt sie abreisenden
Hotelgästen mit. Auch **Postempfang** ist möglich. Sendungen gehen
selten verloren. Aber die Laufzeiten variieren stark.

Postämter

Die kurzen **Öffnungszeiten** der Postämter (*Officina de Correos*, in
der Regel nur vormittags 9-13/14 Uhr) sind für die meisten Urlauber kein Kriterium, denn Briefmarken (*sellos*) gibt es auch in den
Tabak-/Zeitschriftenläden und an vielen Hotel-Rezeptionen.

Porto

Das Porto für **Briefe** bis 20 g und **Postkarten** ins europäische Ausland ist identisch und beträgt seit 2012 €0,70. Mit einer weiteren
Erhöhung 2013 muss gerechnet werden, daher aktuell nachfragen.

Münz- und Karten- telefone/ Auslands- gespräche

Das **Telefonsystem** funktioniert für In- und **Auslandsgespräche** problemlos. Von allen öffentlichen Fernsprechern, die in Touristenzentren unübersehbar vorhanden sind, kann man sowohl mit Münzen als auch per **Telefonkarte** (*tarjeta telefónica*) telefonieren. Die Apparate sind für beide Zahlweisen eingerichtet. Eine Restgeldanzeige sorgt für Klarheit. **Telefonkarten** erhält man in Zeitschriftenläden und Supermärkten für €6 und €12.

Vorwahlen

Für inselinterne Gespräche tippt man die Nummer samt Vorwahl ein (normalerweise 971, eine 3stellige mit »6« beginnende Zahl im Fall von Mobiltelefonen). **Für Auslandsgespräche** wählt man:

• **00** für die Auslandsleitung und dann die

• Landesvorwahl: Deutschland 49, Schweiz 41, Österreich 43,

• danach die Ortsvorwahl ohne Null und die Rufnummer.

Inter- nationale Telefon- karten

Für Gespräche in die Heimat eignen sich auch internationale Telefonkarten der Telekom und anderer Anbieter. Mit ihnen kann man von Hoteltelefonen aus – unter Umgehung der dort meist hohen Tarife – anrufen, zahlt aber trotzdem deutlich mehr als mit einer spanischen Telefonkarte am Münztelefon.

Hotel

Ab ***/*Hotel sind im allgemeinen Gespräche in Direktwahl vom Zimmer aus möglich, sofern im Zeitalter des Handy überhaupt noch ein Telefon im Zimmer vorhanden ist. Der Computer belastet automatisch die Rechnung des Gastes. Die Gebühren dafür sind unterschiedlich, jedoch ausnahmslos ganz schön happig.

Handy

Wer das **eigene Handy** einsetzt, wird feststellen, dass das problemlos funktioniert, da sich das Gerät automatisch in das Netz eines kooperierenden spanischen Providers einwählt (vorausgesetzt, es ist für internationales *Roaming* freigeschaltet). Der Spaß ist aber teurer als Telefonate von einem öffentlichen Telefon aus. Auch für den Angerufenen fallen Kosten an. Immerhin beträgt seit der »Deckelung« der Handy-Auslandstarife der Minutensatz für Gespräche innerhalb der EU **seit Juli 2012 maximal** €0,35. Eingehende Anrufe kosten maximal €0,10/min beim Empfänger.

Kommuni- kations- service für Touristen aus einer Hand: Telefon, Fax, Fotokopien, Scans, Internet, Schnellüber- weisungen u.a.m. im Replay Café in Arenal

Wireless LAN bzw. »Wifi« am Strand und anderswo

Die Gemeinden Calvia, Son Servera und Alcudia annoncierten schon vor ein paar Jahren die Einrichtung von flächendeckenden **WLAN** *Hotspots* an den Stränden ihres Bezirks (Calvia: Peguera bis Palma Nova; Son Servera: Ort und Cala Millor, Cala Bona und Costa de los Pinos; Alcudia: Stadt und Strände bis zur Playa de Muro). Aber es gab mit dem öffentlichen **Wifi** (*wireless fidelity*), wie es international und auch in Spanien heißt, immer wieder Probleme. So musste man sich in Alcudia zunächst Internetkarten mit einem vorgegebenen Zeitvorrat kaufen sonst kam man nicht ins Netz. Anderswo ist und war es teilweise frei, funktioniert(e) aber nur mit einem Codewort, das man sich bei der Touristinfo besorgen kann/konnte.

Frei und nicht an Codewörter gebunden ist Wifi laut offizieller Mitteilung der Gemeinde Calvia nun an den Stränden *Santa Ponsa, Palma Nova, Palmira* (in Peguera) und *Portals Nous*, außerdem im Yachthafen **Port Adriano**. Auch an der Promenade und den Stränden von **Cala Millor** und **Cala Bona** soll Wifi jetzt gut funktionieren. Das gilt ebenso an den Stränden und Promenaden von **Cala Major**, **Ciutat Jardí** und an der *Cala Estancia* (Can Pastilla). Aber der Zugang ist dort auf 30 min begrenzt; man muss sich nach Abbruch neu einloggen.

Unterwegs auf der Insel hilft Ausprobieren. Die Suche erleichtert u.a. ein *Hotspot App* der Telekom. Auch einige Tankstellen auf Mallorca sind *Hotspots* und immer mehr Lokale werben Gäste mit kostenlosem **Wifi**. Zu deren Nutzung benötigt man in der Regel einen Code, den der Wirt bereithält. Das gilt auch für viele Hotels, wobei sich **freies Wifi** oft auf den Bereich von Rezeption und Bar **beschränkt** und nicht bis in die Zimmer reicht; so doch, kostet es.

Spanische SIM Card

Wer viel telefonieren möchte bzw. erreichbar sein muss, daher nicht allein auf öffentliche Telefone angewiesen sein kann und nicht nur wenige Tage bleibt, kann Kosten mit einer spanischen *SIM Card* sparen (in Telefonläden und z.B. im Kaufhaus *Corte Inglés* in Palma), die man in sein Handy einsetzt. Sie kostet €30, davon €6 für die Karte und den Rest als Gebührenguthaben. Man telefoniert damit zu günstigen innerspanischen Gebühren und empfängt als »Inländer«. Damit ist aber (vorübergehend) eine neue Handynummer verbunden, die man zunächst einmal den Lieben daheim und weiteren potenziellen Anrufern mitteilen muss.

Internet Cafés

Auch auf Mallorca gibt es **Internet Cafés**, aber ihre Zahl ist nach kurzer Blüte schon wieder im Sinken begriffen, nachdem mehr und mehr Hotels Computerplätze für ihre Gäste einrichteten und viele ihr Smartphone und Laptops auch in den Ferien dabei haben.

Wer ein Internet Café sucht, findet es im Urlaubsort leicht; www.yachtingdirect.com/cyberpnt.htm listet einigermaßen up-to-date verbliebene Cafés. Andere Portale nennen reichlich nicht mehr existente Adressen.

4.3   Strand- und Badeleben

Strand und Meer spielen für viele Feriengäste auf Mallorca die mit Abstand wichtigste Rolle.

Situation

Von **Juni bis September** setzen in allen strandgesegneten Orten morgendliche **Wanderungsbewegungen in Richtung Meer** ein, die – in schwächerer Form – zur mitteleuropäischen Mittagszeit noch einmal hin- und herwogt, um sich dann ab spätem Nachmittag deutlich umzukehren. Während am Vormittag nur wenige Urlauber länger in Cafés und Läden am Wege hängenbleiben, füllt der Rückstrom am Nachmittag Boutiquen und Gastronomie.

Die Strände werden ab Mitte Juni trotz der im Juli/August weiter wachsenden Urlauberzahlen im allgemeinen nicht mehr wesentlich voller. Denn viele ziehen den hoteleigenen Pool einem zu stark besetzten Strand vor. Dort geht es im Sommer in vielen Anlagen recht beengt zu. In der Hochsaison sichert in manchen Häusern nur zeitiges Aufstehen eine Liege in optimaler Position.

Strand-liegen und Sonnen-schirme

Die **Vermietung von Strandliegen und Sonnenschirmen** ist von den jeweiligen Gemeinden konzessioniert. Die Anzahl der Liegen und die Tagessätze werden zu Beginn jeder Saison neu festgelegt und dem Konzessionär verbindlich vorgeschrieben (2012: €9-€15 **für 2 Liegen+Sonnenschirm** (oder Strohdach) **pro Tag**; keine Kurzzeitmiete möglich). Ist das Inventar erst einmal komplett vermietet, kann der Strand nur voller werden, solange es Neuankömmlingen gelingt, zwischen, vor oder hinter den bereits vergebenen, durch Schirm und Liege markierten »Privatarealen« Fuß zu fassen. Besonders an deutsch dominierten Stränden mit »Möblierung« in Reih und Glied ist das kein einfaches Unterfangen.

Strand-aktivitäten

Platz für ein **Beach-Volleyballfeld** bleibt dennoch überall. Und neben den obligatorischen **Tretbooten, Surfboards** und **Segeljollen** gibt es in größeren Ferienorten **Wasserski** und **Fallschirmflug** am Seil. Ein **Clou für Kinder** sind stabilisierte Gummizigarren (*Aquabus* oder *Banana*), die mit einer Schar junger Passagiere von schnellen Booten durchs Wasser geschleppt werden.

Playa Palmira in Peguera

Sicherheit   Eine ausgebildete Strandaufsicht existiert nur an stark besuchten Stränden. Inwieweit im Notfall der Rettungsdienst kompetent ist, hängt von der jeweiligen Gemeinde ab, in der ein Strand liegt. Vorbildlich in dieser Hinsicht sind die Strände von Calvia (gesamter Südwesten) mit Rettungsschwimmern à la Malibu Beach. Überall gilt das Prinzip der aufgezogenen **Strandfahne**: bei roter Flagge sollte man auf keinen Fall im Meer schwimmen.

Toiletten/ Chiringuitos   Ein schwaches Kapitel sind seit Jahren trotz aller Kritik die weithin nicht vorhandenen öffentlichen Toiletten (*Aseos* oder *Servicios*). Wo sie ausnahmsweise existieren, ist ihr Zustand oft unerfreulich. Das Meer und die Toiletten der Strandbars (gerne nach Ibiza-Vorbild »**Chiringuitos**« genannt) sind seit eh und je die unbefriedigende Lösung dieses Problems.

Boots- ausflüge   Zum wasserbezogenen Vergnügen gehören auch Bootsausflüge: sie führen zu markanten Ecken Mallorcas, zu vorgelagerten Inseln und zu weniger frequentierten Stränden der Umgebung. Mit **Glasbodenbooten** geht es zur Beobachtung der Unterwasserwelt an die Felsküsten abseits großer Urbanisationen. Von Mai bis Oktober verbindet eine Art **Linienverkehr** viele Küstenorte, ➪ Seite 134.

4.4   Was ist los im Urlaubsort?

4.4.1   Sportliche Aktivitäten

Übersicht   Bereits die Rede war vom sportlichen Angebot auf Mallorca (➪ Abschnitt 1.2.4, Seite 26f). Sofern nicht alles bereits im eigenen Hotel und dessen Umgebung vorhanden ist, findet man **Minigolfplatz**, **Tennisclub** und **Fahrradverleih** selten weit entfernt.

In den weitläufigeren Ortschaften sorgen die Betreiber schon von sich aus dafür, dass den Urlaubern die Existenz des jeweiligen Unternehmens nicht entgeht. Die Kosten für die verschiedenen Aktivitäten halten sich im allgemeinen im Rahmen. **Squash**, **Tennis** und **Reiten** mit/ohne Anleitung **kostet durchweg immer noch etwas weniger** als bei uns, speziell als in deutschen Großstädten.

4.4.2   Einkaufen und Shopping auf Mallorca

Situation   An Strandpromenaden und Hauptstraßen ballen sich – neben der Gastronomie – **Läden aller Art** in einem erstaunlichen Ausmaß. Zahllos sind vor allem Geschäfte für allgemeinen Urlauberbedarf von den Postkarten über Sonnencremes und Luftmatrazen bis zu vielfältigen Souvenirs und Geschenkartikeln. Dazu gesellen sich **Modeboutiquen** mit Preisen, die ökonomische Vorteile beim Kauf auf Mallorca selten erkennen lassen. Das gilt speziell für **Lederwaren** (Taschen, Gürtel, Schuhe und Bekleidung), die man vor Jahren auf Mallorca noch preiswert erstehen konnte. Davon kann heute selbst in den Shops von **Inca** (➪ Seite 351) kaum mehr die Rede sein. Dafür haben sich Qualität und Design verbessert, wie das Beispiel der in Inca hergestellten **Schuhmarke** *Camper* zeigt.

4

Bei sehr günstig erscheinenden Angeboten sollte man ein waches Auge für Qualität und Verarbeitung haben. Zum Einkauf von Lederwaren und anderen für Mallorca typischen Produkten siehe auch die Übersicht auf Seite 377, zum Thema »Shopping in Palma« Seite 168f.

Einkaufszentren rund um Palma

Haben Sie Lust, im Urlaub auf Mallorca mal so ganz ohne Hast durch ein Familien-Einkaufszentrum »auf der grünen Wiese« zu bummeln und bei der Gelegenheit vielleicht noch das eine oder andere Schnäppchen zu machen? Ein wolkenverhangener Tag oder frühe Abendstunden in Frühjahr und Herbst, wenn es schon dunkel wird, wären die richtige Zeit dafür; geöffnet sind die Riesenmärkte rund um Palma üblicherweise Mo-Sa bis 21 Uhr. Man kann sie an der **Via Cintura**, der Ringautobahn rund um Palma nicht verfehlen, speziell die beiden großen **Carrefour Märkte** bieten sich an (Coll d'en Rebassa in Airportnähe und unweit der **Ausfahrt Richtung Soller** stadtseitig=südlich der *Via Cintura*). Eine klimatisierte **Indoor-Shopping Mall** (»**Porto Pi**«, neuerdings mit **Spielkasino**) mit Parkgarage/-deck über den Ladenebenen steht am Westende des Passeig Maritim zwischen den Stadtteilen Terreno und Cala Mayor.

Empfehlenswert für ein entspanntes Shopping ist **Al Campo**, ca. 6 km außerhalb von Palma an der Autobahn in Richtung Inca. Dort herrscht wegen der großzügigen Aufteilung auch bei Hochbetrieb weniger Gedränge.

Nun unterscheidet sich ein **Hipermercat** auf Mallorca nicht mehr wesentlich von deutschen Pendants, aber es gibt manches zu sehen, was anders ist, z.B. die **Frischfischabteilung**. Am wichtigsten aber: die Hypermärkte reflektieren primär Bedarf und Nachfrage der Mallorquiner. Hier gelten andere Marktmechanismen als in den Urlaubszentren. **Bekleidung** z.B. ist dort **preiswerter** als bei uns, festzumachen u. a. an den Preisen für Markenjeans.

Wer ein Quartier mit Selbstversorgung hat, kann sich in den *Hipermercats* bei größerer Auswahl billiger eindecken als in den Touristenorten, obwohl es an deren Rändern auch schon Hypermärkte gibt (***Caprabo/Eroski/Mercadona***).

Noch eine Ausfahrt weiter (Richtung Inca) als *Al Campo* liegt der **Festival Park**. Der Komplex beherbergt ein Riesenkino, *Fast Food*-Lokale und **Outlet Shops**, seit 2012 auch mit Filiale der Kaufhauskette *Corte Inglés*, ⇨ Seite 180.

Das Gros der Super- bzw. Hypermärkte auf Mallorca läuft seit ein paar Jahren unter dem Dach der Firma Eroski, ein für Deutsche etwas irritierender Name. Eroski Center sind tatsächlich schlicht Lebensmittelmärkte und haben nichts mit Eros zu tun.

**Super-/
Hypermärkte**

Auch noch der kleinste Lebensmittelladen auf Mallorca ist ein *Super Mercado* bzw. – auf mallorquinisch – *Mercat*. Echte Supermärkte heißen *Hipermercats*, die mehr und mehr auch in und am Rande mittlerer Ortschaften zu finden sind (viele davon mit dem Schriftzug »Eroski«, einer Dachgesellschaft, die kleinere Ketten »schluckte«). Die größten passiert man an der Umgehungsautobahn *Via Cintura* von Palma, an der Autobahn Palma-Flughafen bei Coll d'en Rebassa und in Richtung Inca außerhalb der Stadt. Dort kauft man um einiges preiswerter ein als in den Ferienorten und hat obendrein eine viel größere Auswahl.

**Preisniveau
Lebensmittel**

Nun wird man als Urlauber in einem Küstenort zum Einkauf höchstens ausnahmsweise in die Städte fahren wollen. Dadurch wird die Selbstversorgung leicht teurer als zu Hause, speziell in kleineren, abgelegenen Orten. **Monopolläden** in geschlossenen Urbanisationen und in größeren Apartment- oder Clubanlagen schlagen im allgemeinen kräftig zu. Billiger als bei uns sind generell nur noch Apfelsinen zur Erntezeit und in Spanien hergestellte Alkoholika. Das gilt aber schon nicht einmal mehr für hochwertigere **Weine**. Man wird hier und dort spanischen Wein entdecken, der bei uns preiswerter zu haben ist.

Das Fischangebot auf Mallorca unterscheidet sich erheblich von dem deutscher Fischläden (⇨ auch Seite 157)

Fisch

Fisch ist selbst in den Märkten von Palma nicht mehr billig, denn er kommt kaum noch aus dem Meer um Mallorca. Der Verbrauch kann durch die Fischer der Insel bei weitem nicht gedeckt werden. Dennoch ist die Vielfalt des Fischangebots sagenhaft.

Bioprodukte

Auf Mallorca soll es bereits 160 landwirtschaftliche Betriebe mit biologischem Anbau geben. Vermarktet werden die Produkte in Palma, auf Wochenmärkten in Inca, Pollença und Port, Soller und Manacor und auf den Höfen selbst, die über die Insel verstreut liegen (Hinweisschilder hier und dort an den Straßen).

**Lidl/
Drogeriemarkt
Müller**

Die deutsche Discountkette *Lidl* betreibt drei Märkte in/beiPalma und weitere sieben über die Insel verstreut. Das Sortiment entspricht weitgehend dem deutschen Original. Wer Drogerieartikel benötigt, findet sie allerorten, so. in zahlreichen Filialen von *Müller* und **Schlecker** (blieben in Spanien geöffnet!).

4

Bei viel Konkurrenz muss man schon auf sich aufmerksam machen; Restaurant »Taste of Texas» an der Promenade von Cala Millor

4.4.3   Snackbars, Restaurants und Kneipen

Situation

Auf Mallorca gibt es über 2.000 Restaurants, noch mehr **Snackbars** und ungezählte **Kneipen**. Nahezu alle Lokale verfügen über offene Terrassen oder lauschige Innenhöfe, zumindest aber über ein paar Tische und Stühle vor der Tür. In Palma und sämtlichen Ferienorten warten enorme **Open-Air-Kapazitäten** auf Gäste, sobald ein Sonnenstrahl 'raus ist. Voll besetzt findet man selbst die schönsten **Gartenrestaurants** und **Cafés an den Promenaden** höchstens in der Hauptsaison zu Spitzenzeiten.

Preis-Leistung

Nach Einführung des Euro geriet das Preis-Leistungs-Verhältnis vielenorts aus den Fugen. U.a. die **mittäglichen Menü-Offerten** (Suppe/Salat, Hauptgericht, Nachtisch, Wein/Wasser) zum Pauschalpreis wurden fast überall deutlich teurer. Zwar kam es in den Folgejahren zu Reduzierungen, wenn zu viele Gäste fortblieben, aber trotz der Wirtschaftskrise hat sich bis heute der Trend zurück zu einem angemesseneren Preisniveau immer noch nicht wieder flächendeckend durchgesetzt.

Geheim-tipps

Anders ist es bei den **gastronomischen »Geheimtipps«**, die sich herumgesprochen haben, da schadet auch abseitige Lage kaum. Im Gegenteil, für den garantierten kulinarischen Genuss fahren Eingeweihte offenbar gern manchen Extrakilometer. Dabei trifft man nicht nur auf touristische Kundschaft, sondern auch auf einheimische Gäste, siehe die **Restauranthinweise** bei den einzelnen Ortschaften im Kapitel 7 und die Übersicht empfehlenswerter Restaurants ab Seite 371.

Zur Kennzeichnung der im wesentlichen auf Touristen eingestellten Gastronomie sind folgende **Anmerkungen** nützlich:

Snack-Bars/Cafeterias

In den Snackbars für den schnellen Happen zwischendurch oder die simple Mahlzeit serviert man auf Mallorca fast alles, was die **internationale Fast-Food-Küche** nur hergibt: **deutsche Bratwurst,** englische *Fish and Chips*, italienische **Pizzastücke**, griechische **Gyros-Pitas** und unvermeidliche **Hamburger** in seinen diversen Varianten. *McDonalds* ist im Großraum Palma gleich mehrfach vertreten und hat sich in Palma Nova sogar eine große Strandterrasse zugelegt (⇨ Seite 121). Typisch spanische Snacks – besonders die delikaten *Tapas* (⇨ Kapitel 12.1, Seite 455) – findet man an touristisch geprägten Laufstrecken weniger häufig.

Einfache Restaurants

Wie überall liegen auch auf Mallorca nicht nur äußerlich **Klassenunterschiede** zwischen Restaurant und Restaurant. Sieht man ab von einfach ausgestatteten Lokalen im Landesinneren und Palma, wo aus simpler Einrichtung und preiswerter Karte nicht unbedingt auch auf eine mäßige Qualität der Gerichte geschlossen werden kann, ist in den Urlaubsorten die Situation einigermaßen klar: in schlichter Umgebung darf man bei – gemessen an örtlichen Verhältnissen – niedrigen Preisen besondere Qualität kaum erwarten. Am allerwenigsten, wenn die **Auswahl** dem Gast **durch Fotoskarten** demonstriert wird.

Mittelklasse

Schlechter einzuschätzen ist die **gastronomische Mittelklasse**, die sich durch insgesamt ansprechende äußere Gegebenheiten in Verbindung mit einem Preisniveau von ca. €10-€15 für die Hauptgerichte definieren lässt. Der **Qualitätsabstand** zum Billigrestaurant ist bisweilen minimal. Hier wie dort bestehen **Hauptgerichte** häufig immer noch aus dem georderten Stück Fleisch oder Fisch, einem Salatblatt mit zwei Tomatenscheiben und einer Portion Pommes. Die immer ziemlich teuren Fischgerichte einschließlich *Paella* bilden eine Achillesferse vieler Lokale. Das muss nicht so sein, aber die Erfahrung zeigt positive Abweichungen eher bei Größe und Qualität der verwendeten Basisprodukte als in Kompetenz und Variation der Zubereitung und/oder des Service`.

Gehobenes Niveau

Restaurants der gehobenen Klasse gibt es eine ganze Menge, aber im Verhältnis zur Bedeutung der Gastronomie auf Mallorca sind sie eigentlich **nur in Palma zahlreich**. Die **Abgrenzung** zur Mittelklasse fällt in Anbetracht fließender Übergänge nicht ganz leicht. Zur besseren Restaurantkategorie, die in Spanien durch kleine

4

Üppig dekorierte und qualitativ gute Paella, serviert auf der Terrasse des Restaurants »La Victoria« auf der gleichnamigen Halbinsel bei Alcudia

Beach Clubs allerorten

Auf Ibiza und dank künstlicher Strände sogar in deutschen Großstädten sind sie nicht mehr wegzudenken. Auf Malle tat sich indessen lange nichts, aber zur Zeit explodiert die Zahl der *Beachclubs*. Sie sind der rechte Ort für alle, die sich zwar auch am Strand oder auf Uferfelsen räkeln und Meerblick wollen, aber bitte doch nicht zusammen mit dem touristischen Fußvolk und auf keinen Fall an der Strandbar anstehen. Auf schneeweißen Clubliegen und beschatteten Sesselgruppen aus Naturmaterialien und feinem Design ist das zwar mehrfach teurer, aber man wird berieselt von Chill-out-Klängen und bedient, lässt sich neben unverzichtbarem *Gin Tonic*, *Mojito* und *Caipirinha* echten Champagner kommen. Und – ganz wichtig – man gehört »dazu«, ist so eine Art Insider. Und das sogar üblicherweise zunächst ohne Eintritt, es sei denn man bucht z.B. Bali-Betten, weiße Liegewiesen mit Tüllvorhängen für die *Privacy*, etwa im ganz neuen *NiKki Beach Club* in Magaluf für €150. Die bekanntesten sind *Puro* (Can Pastilla, Seite 185), *Nassau* (Portixol, Seite 187), *Mood* (Portals Nous, Seite 194), *Virtual* (Illetes, Seite 192) und *Gran Folies* (Cala Llamp, Seite 209) und der *Maremar Club* bei Alcudia (Las Gaviotas, Seite 283). Aber nicht jeder ist gleich exklusiv, mancher eben nur von der Strandbar oder vom Terrassenrestaurant hochgestylt wie das *Las Terrazas* (Illetes, Seite 192) *Lua Beach* (Cala Mayor, Seite 188), *Pabisa* (Playa de Palma) oder *Agapanto* (D'en Repic, Seite 245).

Gabeln (wie die Sterne bei den Hotels, aber praktisch weniger bedeutsam) aufgewertet wird, gehört – grob definiert – alles, was Hauptgerichte mit Fleisch oder Fisch unter €15-€20 gar nicht erst anbietet. Der Service und das Ambiente in solchen Lokalen sind meist spürbar besser als in einem Durchschnittsrestaurant, und viele Häuser zeichnen sich durch **außergewöhnliche Lage**, eine Aussichtsterrasse, individuelle Gegebenheiten (am Strand, auf einem Küstenfelsen, alte *Finca*, schöner Innenhof etc.) u.a.m. aus.

Die **Qualität der Speisen** ist denn auch meistens besser, wiewohl nicht in allen Fällen im Verhältnis zur Preisgestaltung. Eine Reihe von Restaurants dieser Kategorie, die höhere Ausgaben wert sind,

findet sich in den laufenden Empfehlungen des Kapitels 7 und in der Übersicht über die vom Autor besonders empfohlenen Lokale Mallorcas ab Seite 372.

Eine tolle **Übersicht** mit Links für ca. 300 Restaurants liefert www.mallorca-restaurants-121.com (englisch/spanisch).

Auch das Magazin **2012/13 »Mallorca geht aus«** (www.mallorca-geht-aus.de) ist hilfreich bei der Restaurantwahl und obendrein attraktiv.

Im alten Weinkeller des Fincahotels »Sa Torre« bei Santa Eugenia mitten in eigenen Weinfeldern; www.sa-torre.com und im Unterkunftsbeileger. Mehr Flair als die Celler in Inca. Reservierung unter © 971 144011.

Strandbars

Ein Mittelding zwischen Restaurant und Kneipe sind die an allen einigermaßen frequentierten Buchten (ab Mai bis Oktober) zu findenden Strandbars bzw. *Chiringuitos* mit kleiner Karte und kaltem Bier. Es gibt sie vom Häuschen mit befestigter Terrasse bis zu Bretterbuden und Containern. Zum Standard gehören dort immer Salatteller und Einfachgerichte zu – gemessen am Gebotenen mit den grauenvollen Plastikstapelstühlen – oft viel zu hohen Preisen.

Wie in den meisten südlichen Feriengefilden der Mittel- und Nordeuropäer haben sich auch auf Mallorca zahlreiche **Landsleute der Urlauber** und **Spanier mit Auslandserfahrung** niedergelassen. Diesem Umstand hat man es zu danken, wenn **deutsche Bäcker** und Schlachter ihre Dienste anbieten, und Cafés und Restaurants auf die nationalen Eigenheiten der Besucher eingehen.

Wie in der Heimat

Die **Deutschen** werden in ihren Hochburgen am Nachmittag mit *Jacobs-Kaffee* und **Torte, Erdbeeren** und **Eisbechern mit Schlagsahne**, am Abend mit **Linseneintopf** und **Schweinshaxe** geködert.

Alle gängigen **heimischen Biersorten** sind vertreten. Und wer das Frühstück im Hotel verpasst, findet »draußen« schnell Ersatz: die Engländer *Tea, Bacon and Eggs*, die Deutschen Kaffee mit Brötchen, Wurst und gekochtem Ei, und die Schweizer *Müsli*.

Verhalten im Restaurant

In einer solchen Umgebung ist es nicht verwunderlich, dass viele Gäste keinen Gedanken an ihr Verhalten in Restaurants und Kneipen verschwenden. Die **Eigenheiten der Urlauber** werden von den Mallorquinern ja auch – scheinbar – klaglos ertragen, schließlich sorgen sie in vielen Lokalen für das Gros des Umsatzes. Niemand belehrt daher den ausländischen Gast. Aber es gibt doch ein paar Punkte, die man wissen und beachten sollte:

Platzwahl

• Beim **Betreten eines (besseren) Restaurants** wird man in aller Regel in Empfang genommen und an einen freien Tisch geleitet. Dabei ist es dem Gast unbenommen, Wünsche zu äußern. Er sollte aber keinesfalls schnurstracks auf einen »angepeilten«Tisch zusteuern, sondern zunächst auf den Kellner warten.

Volles Lokal

- **Zumindest in auch von Spaniern besuchten Lokalen** ist es unangebracht, sich mit »Ist hier noch frei?«auf die verbliebenen Plätze an einem bereits besetzten Tisch zu komplimentieren, und sei er auch groß. Entweder man verlässt das volle Restaurant wieder oder wartet nach Rücksprache mit einem Ober bis ein Tisch frei wird. Einen freiwerdenden Tisch schon vor dessen Abräumung rasch zu okkupieren, verstößt gegen die – wenn auch ungeschriebenen – Verhaltensregeln in spanischen Lokalen.

Rechnung

- Bei Restaurantbesuchen im Freundeskreis zahlt in Spanien immer nur eine Person. Das **Auseinanderdividieren der Gesamtrechnung** wird als kleinlich angesehen. Viele Lokale kennen diese Eigenheit der ausländischen Gäste mittlerweile und sind zur Einzelabrechnung bereit. Gelegentlich aber weigert sich auch schon mal ein Ober. Wie auch immer, man sollte sich intern einigen, statt eine separate Abrechnung zu fordern.

Trinkgeld

- In Spanien gibt man **Trinkgeld** nie mit der Abrundung »Stimmt so!« Man lässt vielmehr zunächst abrechnen und hinterlässt dann den für angemessen gehaltenen Betrag (5%-10%) auf dem Wechselgeld-Tellerchen oder einfach auf dem Tisch.

Kneipen der Mallorquiner

Kneipen gibt's auf Mallorca wie Sand am Meer, und zwar nicht erst, seit der Tourismus Einzug auf der Insel gehalten hat. Wie auch auf dem Festland beginnt der »einheimische«Barbetrieb mit dem **Espresso**, in Spanien *café solo* genannt, und der *copa*, dem Gläschen Brandy (Cognac), gerne schon am Morgen. Die typisch ungemütliche Bar, der mit Abstand bevorzugteste Treffpunkt der mallorquinischen Männerwelt, besitzt neben der Theke einfachstes Mobiliar aus Plastik und Stahlrohr auf gefliestem Boden.

In der Bar wird zwar vor allem getrunken und kommuniziert, aber auch gegessen: außer den unverzichtbaren **Oliven** vorzugsweise *Tapas*, die in kleiner oder größerer Auswahl selten fehlen.

Kein Vertun möglich, diese bunte Kneipe ist britisch durch und durch (in Can Picafort)

Auch Mallorca kommt nicht ohne McDonalds aus (11 x). Hier die absolute Superfiliale mit großer Terrasse direkt am Strand von Palma Nova

Derartige **Bars** findet man in Palmas Wohnvierteln an jeder Ecke und auch noch im abgelegensten Dorf. Touristen begegnet man in ihnen kaum, es sei denn, die Lage des Lokals macht die Einrichtung zweitrangig, etwa an Markttagen an der Plaza.

Bodega/ Taberna

Neben der Bar, die in Spanien begrifflich unserer »Kneipe«ziemlich nahekommt, findet man hier und dort noch die *Bodega* oder eine *Taberna*. Beide Worte bezeichnen an sich ein Weinlokal mit einem etwas freundlicheren Interieur, als man es in der durchschnittlichen Bar findet. Indessen ist es niemandem verwehrt, seine schlichte Trinkhalle als *Bodega* zu bezeichnen.

Touristen- kneipen

Auch in den Ferienorten gibt es die typisch einheimische Bar, wie beschrieben. Aber naturgemäß nur dort, wo ein nennenswerter Anteil spanischer Wohnbevölkerung vorhanden ist. Ansonsten hat man sich voll auf die ausländischen Besucher, ihre nationalen Eigenheiten und Vorlieben eingestellt.

Hochburgen

In deutschen Hochburgen sitzt der Gast, wenn er will, in Lokalen, deren Einrichtung sich von der seiner **Eckkneipe** zu Hause kaum unterscheidet. Und die Theke mit der bevorzugten heimischen Biersorte kann man sich auch noch aussuchen. Ebenso wie bei uns ist dabei der Übergang zur gutbürgerlichen **Gaststätte** mit kompletter Speisenkarte fließend.

In großer Zahl gibt es auch **Kneipen** mit mehr oder minder origineller Einrichtung und *Open-Air*-Terrassen, die sich einer klaren nationalen Einordnung entziehen. Wo der Gast also ganz nach Belieben nur dem Alkohol zusprechen kann/soll und bei Bedarf auch eine Kleinigkeit zu essen findet. Durchaus typisch für diese Kategorie sind die Strandbars, ⇨ Seite 118.

Folklore

In keinem größeren Urlaubsort fehlen die **Musikbars**, in denen in der Saison **Gitarre**, **Gesang** und **Sangría** den Ton angeben. Dort sind zwar spanisches Liedgut und **Ohrwürmer** zum Mitsingen wie *Palma*, *Palma de Mallorca* und *Viva España* angesagt, als typisch für Mallorca oder Spanien können solche Lokale dennoch nicht gerade gelten. Sie wurden eigens für Touristen geschaffen.

Die Musik-, Tanz- und Discoszene

Live Musik

Regelmäßige *Live-Music* außerhalb von Hotels findet man außer in folkloristisch geprägten Bars durchaus auch außerhalb der Touristensaison in Lokalen, die ausdrücklich mit ihrem (teilweise sogar anspruchsvollen) Musikprogramm werben. Es gibt sie vor allem in Palma und größeren Orten. Hinweise darauf finden sich u.a. im *Mallorca Magazin* im Kasten »Bars mit Musik«. Darüber hinaus ist ganz generell die Menge an guten **Musikveranstaltungen** auf Mallorca beachtlich, ➪ Seiten 37 und 443.

Hoteltanz

Viele Hotels veranstalten in den eigenen Räumen oder – an lauen Sommerabenden – auch draußen am Pool **Disco-/Tanzabende**, um die Gäste im eigenen Haus zu halten.

Discoszene

»Discos« finden sich schon im kleinsten Nest, und sei es auch im Keller der einzigen Clubanlage. Tatsächlich ist die **Discoszene** – ähnlich wie die Gastronomie – vielfach übersetzt. Deshalb ringt sie um Gäste z. B. mit laufend wiederholten **Miss- und Mister-Wahlen**, darunter so originellen Wettbewerben wie die um den (Abend-) Titel einer *Miss Nasses Hemd* und *Miss Tanga* o.ä. Auch allerhand Vorführungen, wie etwa Schlammschlachten von Thai Mädchen, die mit ihrem »Programm« von Disco zu Disco ziehen, sollen Besucher in die sonst nicht so attraktiven »Normal-Discos«locken. Denn abgesehen von einigen cool gestylten Schuppen in Palma und dem Sonderfall *MegaPark* mit der unterirdischen *MegaArena* in Playa de Palma (beide sind letztlich auch eine Art Disco, wenn man so will, ➪ Seite 182), haben die meisten den großen Superdiscos der Insel wenig entgegenzusetzen.

Zu deren Besuch nehmen junge (und auch nicht mehr ganz so junge) Leute selbst lange Anfahrten in Kauf. Zumindest gilt das im Großraum Palma für die rechts im Bild festgehaltenen Diskotheken, vor allem fürs nach Son Caliu umgezogene *Pacha*. Man kann sogar Bustouren buchen, die diese und einige mehr abklappern. Angebote dafür findet man in den Hotelrezeptionen.

Folgende Diskotheken verdienen gesonderte Erwähnung:

Tito`s in Palma

Am bekanntesten von allen ist *Tito's* zwischen Plaza Gomila im Vergnügungsviertel **El Terreno** und dem Hafenboulevard. Früher war *Tito's* über Jahrzehnte der bekannteste Nachtclub Mallorcas und gleichzeitig *Showplace* für internationale *Entertainer* und Gesangstars. Exklusivität und große Namen sind dahin, geblieben ist eine markante Glasfassade über dem *Passeig Marítim*. Von den verschiedenen Ebenen in *Tito`s* hat man nach wie vor einen faszinierenden Blick über die Promenade und die Lichter des Hafens.

Dafür muss man etwas tiefer in die Tasche fassen: €15-€25 Eintritt inkl. 1-2 Getränke; Do-Sa ab ca. 23 Uhr. In Anbetracht der außergewöhnlichen Architektur und des mit Fernsicht kombinierten *Discosounds* ist das zu verschmerzen; www.titosmallorca.com.

Ganz in der Nähe, unten am *Passeig Maritim* befinden sich in kurzer Distanz eine Reihe weiterer beliebter Discos, ➪ 163.

»Tito`s«, Superdisco in Palma am Passeig Maritim, daneben die schlichte Fassade des »Pacha« in Son Caliu

Pacha in Son Caliu

Das einst aus Ibiza nach Palma exportierte Konzept der Clubdisco des *Pacha* findet man seit Sommer 2010 nicht mehr am Hafenboulevard der Hauptstadt, sondern im Ortsteil Son Caliu von Palma Nova (Ma-1, Ausfahrt 13; vom zentralen Kreisel dann nach links auf die alte Hauptstraße Richtung Palma bis zum nächsten Kreisverkehr - Carrer Cordoba 2, www.pachamallorca.es/english.html). Dort ist die Kapazität größer als in Palma (über 2000) und das Ambiente über mehrere Ebenen noch einmal »veredelt« worden. Restaurant und *Sushi Lounge* täglich ab 18.30 Uhr (℡ 971 681077); Clubdisco ab 23 Uhr; Eintritt inkl. 1-2 Getränke um €25.

BCM Music Empire in Magaluf

Mitten in **Magaluf**, dem Playa de Palma der Engländer, steht der Palast des *BCM* mit einer bombastischen Fassade und Freitreppe. Bis zu 5.000 Fans finden im BCM Platz auf zwei Ebenen und kriegen sogar noch Luft. Laseranlage, Soundmaschinen und Schaumkanonen sind dort extrem leistungsfähig. Auch für Disco-Muffel gilt: Das BCM muss man mal von drinnen gesehen haben; 23-4 Uhr; ab €16; www.bcmplanetdance.com.

Megapark und mehr in Playa de Palma

Der *Riu Palace* im Zentrum von **Playa de Palma** war vor 10-15 Jahren das Non-plus-Ultra der dortigen deutsch orientierten Discoszene und darin die *Royal Suite* für dem Teenie-Alter entwachsene Gäste. Der *Megapark* (➪ Seite 182) am *Balneario* 5 löste bereits 2004 den nahen »Ballermann« als Zentrum deutschen Sauffrohsinns ab und übernahm mit der Installation von *MegaInn* und *MegaArena*, zwei enormen Tanz-, Show- und Trinkschuppen hinter und unter dem Freiluftbereich des Megaparks bald die Partyführerschaft an der Playa de Palma. Dort geht's weiter, wenn um 24 Uhr draußen die Lautstärke 'runter muss: www.megapark-mallorca.info. Auch die in die Jahre gekommene *Royal Suite* wurde in aufgefrischter Form in den Komplex integriert.

Mallorcas »Grüne Karte« vor dem Aus

Die Balearenregierung machte jahrelang Touristen wie den eigenen Bürgern das Angebot, sich mit €10 an den Kosten für Maßnahmen zu beteiligen, die den Stempel »ökologisch« tragen. Und zwar freiwillig und mit Vorteilseffekt für den Erwerber der »**Targeta Verda**«. Der touristische Inhaber erhielt z.B. 15 Tage lang Ermäßigungen auf Eintrittspreise und Aktivitätskosten wie Golf, Bahnfahrten

u.ä.m.). Über 1000 Einrichtungen honorierten zeitweise die Karte. Dem zuständigen Internetportal www.balears-sostenible.com entlockt man indessen zur Zeit nur noch mit Mühe Informationen, denn **die Weiterführung der Karte steht wegen budgetärer Engpässe zur Diskussion und dürfte wohl 2013 zu Grabe getragen werden.**

Ökologie und Umwelt auf Mallorca

*Umweltschutz ist auf Mallorca kein Fremdwort. Die Insel besitzt diesbezüglich sogar eine – in Spanien – führende Position. Das klingt zunächst erstaunlich. Denn die Bausünden und die damit einhergegangene Zerstörung der Natur sind rund um die Insel offensichtlich. Andererseits gibt es erhebliche Erfolge. So verhinderte die **GOB**, wie sich die Umweltschutzorganisation auf Mallorca nennt, u.a. die Bebauung hinter dem Strand von Es Trenc und sorgte sogar für die Aufdeckung eines riesigen Immobilienskandals, ⇨ Seite 211.*

*Ein vielleicht noch größerer Erfolg war die Freigabe der **Insel Cabrera** vor der Südostküste Mallorcas durch das Militär. Über Jahrzehnte hatte sie als Manöverterritorium gedient, aber nach jahrelangem Tauziehen wurde diese Nutzung höchstrichterlich untersagt und **Cabrera zum Nationalpark** erklärt.*

*Auch der erst vor wenigen Jahren ins Leben gerufene **Naturpark Mondragó** an der Ostküste bei Portopetro wäre ohne die Umweltschützer wohl nicht zustande gekommen, vielmehr die malerische Bucht zugebaut worden wie der kleine nördliche Nachbar Cala Barca mit einer immensen Clubanlage.*

*Dass es zur »Umfunktionierung« der **Vogelinsel Dragonera** in eine Luxusurbanisation mit Yachthafen und allen Schikanen nicht kam, ist ebenfalls der einst in erster Linie ornithologisch orientierten Umweltschutzgruppe zu danken. Dragonera bleibt – bis auf seine Vogelkolonien – unbewohnt.*

*Mittlerweile haben sich Inselregierung und viele Gemeinden den Umweltschutz auf die eigenen Fahnen geschrieben, nicht zuletzt im Sinne einer Zukunftssicherung der Attraktivität Mallorcas. Sichtbar positive Auswirkungen sind z.B. **Rückbaumaßnahmen im Straßennetz** der Urlaubsorte und Abriss spezieller »Schandflecken« an der Bucht von **Palma**.*

*Um die Umweltbemühungen weiter zu intensivieren, führte die Balearenregierung 2002 eine **Ökoabgabe**, die sog. »Ecotasa«, auf Übernachtungen ein. Die spülte zwar ein gutes Jahr lang Millionen in den Staatshaushalt, wurde aber als eine ungerechte Sondersteuer für ohnehin schon bei der Euroeinführung geschröpfte Touristen bekannt. Die konservative Nachfolgerregierung schaffte die Ecotasa wieder ab.*

Um Touristen wie Einheimische an der Finanzierung von Umweltprojekten zu beteiligen, hat man sich die »Grüne Karte« ausgedacht, deren Erwerb für €10 freiwillig ist, ⇨ links. Mit dem über Jahre kontrovers geführten Streit über die Ecotasa gelang es immerhin, das Thema »Umweltschutz« in der öffentlichen Diskussion zu halten. Den Problemen der Wasserversorgung bzw. des Umgangs mit dieser auf Mallorca knappen Ressource, der Abwasserbeseitigung, der Müllentsorgung bzw. -verwertung und der Energieerzeugung/-einsparung gilt heute hohe Aufmerksamkeit. Dabei spielt auch eine Rolle, dass man den **Umweltschutz als Werbeargument für Mallorca** entdeckt hat.

In diesem Zusammenhang interessant ist, dass Veranstalter bei ihren Hotelbeschreibungen den Punkt »**Umweltschonende Hotelführung**« vermehrt als zusätzliche Kennzeichnung berücksichtigen oder den Kunden versichern, in den angebotenen Häusern auf umweltverträgliche Zustände zu achten.

Flächendeckend und unübersehbar vorhanden sind auf Mallorca allerorten die **Container zur Mülltrennung**, die teilweise weiter geht als bei uns.

Wer über Umwelt und Ökosystem Mallorcas nachdenkt, stellt sich unweigerlich die Frage, woher – zumal auf einer Insel – denn das **Wasser für über 900.000 Einwohner plus** in der saisonalen Spitze **über 300.000 Urlauber** kommt? Und natürlich, wo die **Abwässer** und der tägliche **Müll** bleiben.

Die **Wasserversorgung** war lange ein Dauerproblem, das durch den Tourismus »nur« relativ geringfügig verschärft wurde. Mallorca verbraucht weit über 30 Mio. m^3 Trinkwasser pro Jahr, wovon sage und schreibe 20% auf Verluste im maroden Leitungsnetz entfallen sollen. Vom »echten« Verbrauch holt sich die Landwirtschaft, die am Sozialprodukt Mallorcas nur noch nachgeordnet beteiligt ist, allein rund 60%, die Industrie 1%-2% und die Golfplatzbewässerung 1%. **Die Bevölkerung und Touristen verbrauchen den Rest, rund ein Drittel.**

Der Gesamtbedarf wird aus unterschiedlichsten »Quellen« gedeckt; dabei spielen natürliche Süßwasserressourcen eine wichtige Rolle (z.B. schon immer Kavernen unter Cala Rajada und die erst seit einigen Jahren endlich ausgebeutete ergiebige Frischwasserquelle Sa Costera an der Westküste). Früher waren auch **Tiefbrunnen** wesentliche Lieferanten. Aber deren Wasser ist salzhaltig und muss mit Süßwasser vermischt werden. Für den Raum Palma sind die **Stauseen Cuber** und **Gorge Blau** bedeutsam. Sie tragen nach niederschlagsreichen Wintern signifikant zur Versorgung bei (so 2012!). Dann lassen sich die **Meerwasserentsalzungsanlagen** mit einer Kapazität bis 150.000 m^3/Tag herunterfahren. Denn ihr Betrieb ist wegen des hohen Stromverbrauchs extrem teuer.

*Während noch in den 1970er-Jahren das Gros der **Abwässer** ungeklärt über oft nur wenige hundert Meter lange Rohre ins Mittelmeer floss, sind heute über 70 **Kläranlagen** flächendeckend in Betrieb. Der Grad der Aufbereitung ist unterschiedlich. Das meiste Klärwasser geht über kilometerlange Leitungen ins Meer. Nur ein geringer Teil kann als sog. Brauchwasser zur Beregnung von Grünanlagen und Golfplätzen genutzt werden. Immerhin spricht die alljährlich gemessene (nicht nur optisch) sehr gute Wasserqualität an allen Stränden für das erreichte Klärniveau. Weitere Verbesserungen und Kapazitätserweiterungen der Kläranlagen stehen auf dem Investitionsprogramm Mallorcas.*

*Zwar hat man schon vor Jahren das Problem der **Abwässer von Booten** erkannt, jedoch trotz neu erlassener Gesetze noch nicht gelöst. Tausende von Freizeitskippern und Fischern spülen trotz Verbots immer noch zu viel ins Meer.*

*Auf Mallorca entstehen an die **700.000 t Müll** pro Jahr, die früher auf »wilden«, d.h. nicht fachmännisch ausgebauten und überwachten Müllkippen abgeladen wurden. Seit 1996 ist die **Müllverbrennungsanlage Son Reus** bei Palma in Betrieb. Sie hat die Schließung der Kippen ermöglicht. Aber ihre Kapazität reichte zunächst nicht, obwohl über 200.000 t weiterverwertet werden. Die restlichen 200.000 t und die Verbrennungsrückstände wurden auf neuen Riesenkippen abgelagert. 2011 konnte die Kapazität der Anlage auf 600.000 t verdoppelt werden. Seither wurden die Kippen abgebaut und neuerdings wird sogar Müll aus Italien zur Verbrennung auf Mallorca importiert.*

*In Nachbarschaft zu Son Reus entstand schon vor Jahren ein **Umwelttechnologiepark**, mit dessen Hilfe Trennung und Recycling der bereits in separaten Tonnen gesammelten Abfälle erfolgt (heute über 200.000 t). Der Clou sind ein **Infocenter** und eine **vollverglaste Besucherbahn** rund ums Gelände. Der Besuch ist indessen nur Gruppen nach Anmeldung möglich. Anfahrt nach Son Reus über die Straße Palma-Soller nördlich Son Sardina rechts ab (ausgeschildert).*

*__Gasturbinen__ bei Palma und ein (nach Installation einer Gaspipeline vom Festland über Ibiza) auf Gas umgestelltes altes Kohlekraftwerk beim Albufera Nationalpark zwischen Sa Pobla und Las Gaviotas sorgen für die **Erzeugung elektrischer Energie**. Da die Kapazität dieser Anlagen in Spitzenzeiten an ihre*

Altes Kohlekraftwerk im Hinterland von Alcudia, das aber heute mit Gas betrieben wird

*Grenzen stieß, wurde ein 240 km langes **Unterwasserkabel** vom Festland nach Mallorca verlegt, das seit Ende 2011 etwa ein Viertel des Inselbedarfs liefern kann. Speziell für die Meerwasserentsalzung benötigt man ggf. viel Strom.*

*Naheliegend wäre die Nutzbarmachung von **Solarenergie**; bislang blieb das aber Privatinitiative vorbehalten. Auch eine stärkere Nutzung von **Windenergie** wird angestrebt. Ein Renovierungsprogramm für die alten Windräder in der Ebene des Südostens läuft schon seit Jahren.*

4.5   Unterwegs auf Mallorca

Ausflugs-ziele

Spätestens am ersten wolkenverhangenen Tag stellt sich die Frage, ob man dem Urlaubsort nicht zur Abwechslung 'mal den Rücken kehren sollte. Wie schon eingangs beschrieben, bietet Mallorca **landschaftlich und kulturell eine Fülle von Zielen** für kleine und ausgedehntere Ausflüge.

Hinzu kommen die mit dem Tourismus entstandenen kommerziell betriebenen Attraktionen wie die **Wasserrutschenparks** (Alcúdia, Arenal und Magaluf), das *Katmandu House* in Magaluf, *Marineland* in Portals Nous, das Freigehege afrikanischer Tiere, der *Safari Zoo*, bei Sa Coma, der Kakteenpark **Botanicatus** bei Ses Salines, der *Jungle Parc* in Santa Ponça und die **Tropfsteinhöhlen**.

Mallorca Produkte

Weitere Anziehungspunkte sind die Herstellungsbetriebe (mit den ihnen angeschlossenen Läden) der bei der touristischen Vermarktung besonders erfolgreichen Produkte **Keramik**, (Kunst-) **Perlen, mundgeblasene Glasgefäße**, **Stoffe** und **Likör**.

Märkte

Oft gepriesen und als nicht zu versäumende Ereignisse bezeichnet werden die in fast allen Ortschaften ein- oder zweimal die Woche stattfindenden **Märkte**. Vom dörflichen Obst- und Gemüsemarkt über den (auch) Viehmarkt in Sineu bis hin zu den ziemlich touristischen Veranstaltungen der Märkte in Inca, Son Servera und Llucmayor und der **Flohmärkte** in Palma, bei Santa Ponça, in Marratxi und Consell hat man eine große Auswahl.

Ausflüge in Eigen-initiative

Ausflüge kann man beim eigenen Veranstalter und bei örtlichen Reiseagenturen buchen (➥ Seite 407ff) oder auf eigene Faust unternehmen. Die **Eigeninitiative besitzt viele Vorteile**:

- sie erlaubt eine **Gestaltung nach individuellen Wünschen** und Vorstellungen.

- sie ist **zeitlich flexibler**.

- sie vermittelt einen **intensiveren Kontakt** zur Insel Mallorca als eine Busfahrt in Gesellschaft von 'zig Mitreisenden diverser Nationen und Zwischenstopps nur an vorbestimmten Orten

- und sie kommt ab zwei Personen, unter Umständen sogar auch allein, in aller Regel **preiswerter**.

Zwar gibt es in Linienbus, Eisenbahn und Mietauto sowenig wie am Motorrad- und Fahrradlenker die Erläuterungen eines Reiseleiters (die nebenbei nervig sein können, insbesondere wenn sie mehrsprachig wiederholt werden), aber das Wichtigste lässt sich auch diesem Buch entnehmen oder zusätzlicher, auf die persönlichen Interessen zugeschnittener Lektüre.

Und nur der »eigene« **fahrbare Untersatz** ermöglicht Urlaubern ohne gebuchte Hotelverpflegung eine echte **Erweiterung des kulinarischen Aktionsradius'**. Die lohnt sich bestimmt: denn eine ganze Reihe von empfehlenswerten Restaurants liegt in einiger Distanz zu den Touristenzentren, ➥ die Ortsbeschreibungen des Kapitels 7 und die Übersichten ab Seite 372.

4

Organisierte Touren

Die **Ausflugsangebote der Reiseveranstalter** sind nichtsdestoweniger für bestimmte Vorhaben eine bedenkenswerte Alternative; und das Fahren eines Mietautos in Palma oder über enge Gebirgsstraßen ist auch nicht jedermann's Sache. Das **Kapitel 10** befasst sich deshalb noch ausführlich mit der Frage, was von den **Bustouren** zu halten ist, welche die Reiseveranstalter in allen Hotellobbies ihren Gästen zur Teilnahme ans Herz legen.

Doch zunächst zum unabhängigen Vorgehen und zu den verschiedenen Transportmöglichkeiten:

4.5.1   Öffentliche Verkehrsmittel

Dank des gut ausgebauten inselweiten Linienbussystems lässt sich fast jeder Ort mit öffentlichen Verkehrsmitteln erreichen.

Bus

Der **Haken der Überlandlinien** liegt – wie im Eingangskapitel bereits erwähnt – in ihrer zentralen Ausrichtung auf die Hauptstadt: soweit man sich direkt von und nach Palma bewegt, kann man auf den wichtigsten Straßen mit relativ hoher, zumindest ausreichender Verkehrsfrequenz rechnen. **Querverbindungen** dagegen werden mit Ausnahme der Strecke Can Picafort–Alcúdia–Port de Pollença und einiger Routen im Nordostküstenbereich nur sehr schwach bedient, soweit überhaupt vorhanden.

Zug

Die Eisenbahn kommt als Transportmittel nur für wenige Urlauber ernsthaft in Frage. Der nostalgische **Rote Blitz** von Palma nach Sóller ist im wesentlichen eine (teure) Ausflugsattraktion. Die (Pendler-) Züge von Sa Pobla/Inca und Manacor/Petra/Sineu nach Palma und zurück verkehren weitab der Küstenferienorte.

Boote

Im Sommer wesentlicher als die Züge sind die – teilweise mehrmals täglichen – **Bootsverbindungen** rings um die Insel, die zwar »nur« Ausflugszwecken dienen, aber mit der Einschränkung saisonalen Betriebs dann nahezu Linienverkehrscharakter besitzen.

Taxi

Taxis gibt es auf Mallorca in rauhen Mengen. Der Zustand der Fahrzeuge ist gut bis sehr gut. Die Ferntarife sind bei mehreren Personen, die sich die Kosten teilen, nur für Ausflüge o.k .

Die Nahverkehrsbusse wurden wie die Züge der Bahnlinie Palma-Inca-Manacor alle rot-gelb gestrichen; sie sind indessen oft knüppeldickevoll

Zu den Verkehrsmitteln im Einzelnen:

Busverkehr

Komfort

Die mallorquinischen Busse für den regionalen Verkehr entsprechen insgesamt modernen Anforderungen und sind mittlerweile allesamt mit Klimaanlagen ausgerüstet, im Sommer ein nahezu unverzichtbarer Komfort. Das gilt auch für die meisten der heute eingesetzten **Kurzstreckenbusse** mit viel Stehplatzkapazität.

Kosten/ Vorzüge

Die Fahrpreise sind niedrig, variieren aber stark je nach Strecke und Betreiber: neben der gelbroten Staatslinie **tib** (*Transport de Illes Balears*, die für die an den Schienenverkehr angeschlossenen Buslinien besonders günstige Zonentarife haben) sind private Busunternehmen mit eigenen Tarifen engagiert.

So oder so: bei Fahrten quer über die Insel allein ist der Bus das **billigste Verkehrsmittel** auf Mallorca. Ab 2 Personen gerät man bei ausgedehnteren Tagesausflügen aber schon arg in die Nähe der oder sogar über die Leihwagenkosten, ✷ Seite 139.

Eine Anfahrt mit **Linienbus** hat bei Wanderungen und Bootsausflügen den Vorzug, dass man kein Fahrzeug am Ausgangspunkt zurücklässt und daher leichter Einwegtouren realisieren kann.

Nachteile

Den positiven Aspekten gegenüber steht zunächst die relative **Unbequemlichkeit** des Linienbusses: Anmarsch zur Haltestelle, Wartezeiten, eventuell Überfüllung, Hitze, unpassende Abfahrtszeiten und ungünstige Anschlüsse beim manchmal unvermeidlichen Umsteigen. **Raum für spontane Entschlüsse bleibt kaum;** ohnehin existieren zu zahlreichen Zielen abseits der größeren Ortschaften keine Verbindungen. Und selbst wenn, können diese bei geringer Verkehrsfrequenz zu den gegebenen, oft sehr frühen oder späten Abfahrtszeiten nur unter Schwierigkeiten wahrgenommen werden. Typisches Beispiel dafür sind die Küstenorte Estellencs und Banyalbufar und deren fehlende Direktverbindung mit den südwestlichen Urlaubsorten (Busse nur ab Palma dorthin).

Fazit

Erwägenswert sind größere Ausflüge mit dem Bus daher vor allem **für Besuche in Palma** oder – vom Großraum Palma aus – zu unkompliziert über Hauptstraßen direkt erreichbaren Zielen. Die im Kapitel 9 vorgeschlagenen Ausflugsrouten, von denen sich viele im Prinzip per Bus durchführen ließen, sind wegen des damit verbundenen Zeitbedarfs überwiegend nur in verkürzter Form an einem Tag machbar.

4

Lokalbusse

Anders sieht es bei **Kurzstrecken** aus, sofern man ggf. volle Busse, Wartezeiten in praller Sonne etc. mit Gleichmut erträgt. Aus der folgenden Übersicht geht hervor, dass man von einigen Urlaubszentren aus die umgebenden Orte recht gut per Bus kennenlernen kann. Insbesondere gilt das, wenn man im **Südwesten**, im **Großraum Palma**, in der **Nordostecke** (Cala Millor/Cala Rajada) oder im **Bereich Port de Pollença** bis **Can Picafort** logiert.

Verbindungen

Wichtig zu wissen ist zunächst, welche Verbindungen existieren und wie häufig dort die Busse verkehren (Palma ✷ Seite 132):

Die wichtigsten Routen - werktägliche Abfahrten/Sa+So *)

Von/ Nummer der der Linie (Anzahl der Abfahrten Gegenrichtung meist gleich)	nach	über	Anzahl Abfahrten pro Tag	Ca. Tarife *) einfache Fahrt
Palma/351	(Port de) Alcudia	Inca/Alcúdia	16/5	€4,35
Palma/102	(Port de) Andratx	Peguera	alle 30 min	€3,80
Palma/ 15	Arenal	Platja de Palma (früh/spät seltener)	alle 8 min (ca. 6-1 Uhr)	€1,10, 10er-Ticket €8,00
Palma/211	Bunyola	⇨ Palma-Sòller 211	stündlich	€1,80
Palma/501	Cala d'Or	Llucmayor/Campos/ Santanyi	6/3	€6,65
Palma/424	Calas de Mallorca	Manacor	1/1	€6,00
Palma/412	Cala Millor/Bona	Manacor	4/2	€7,90
Palma/520	El Dorado	Arenal/Delta	5/5	€3,00
Palma/411	Cala Rajada	Manacor/Artá/ Capdepera	5/3	€9,00
Palma/340	Cala Sant Vicenç	Pollença (3 mal dort umsteigen; nur 2 Direktbusse)	5/5	€6,00
Palma/102	Camp de Mar	Santa Ponça/ Peguera	siehe Port d'Andratx	€3,20
Palma/390	Can Picafort	Inca/Llubi	7/4	€4,40
Palma/502	Colonia de Sant Jordi	Llucmayor/Campos	8/6	€5,30
Palma/200	Estellencs	Esporles/La Granja Banyalbufar	10/4	€3,20
Palma/490	Felanitx	Algaida/Porreres	10/5-6	€3,70
Palma/360	Formentor	Pollença	10.30 Uhr hin 15.30 Uhr retour	€6,00
Palma/332	Lluc	Inca	4/3	€3,85
Palma/107	Magaluf	weiter zum Spielkasino	8 täglich	€2,35
Palma/365	Muro	Inca	3/2	€3,75
Palma/106	Palma Nova/ Magaluf	Portals Nous/ Marineland	alle 30 min	€1,00
Palma/104	Peguera	Palma Nova - Santa Ponça	alle 30 min	€2,85
Palma/103	Peguera	»Express»	13/0	€2,85
Palma/490	Portocolom	Felanitx	6/4	€5,00

Von nach über			Anzahl Abfahrten pro Tag	Tarife einfache Fahrt
(Anzahl der Abfahrten Gegenrichtung meist gleich)				
Palma/412,	Portocristo teilw. über - Drachenhöhle	Manacor	6/3	€6,95
Palma/340	Port de Pollença	Pollença	4 - 5	€5,10
Palma/210	Soller/Port de Sóller	Valldemossa/ Deiá	5/3	€3,50
Palma/211	Soller/Port de Sóller	Bunyola (durch den Tunnel)	7.00 - 21.00	€2,85 stündlich
Palma/	Santa Ponça	über Portals Nous	siehe Palma–Peguera	
Palma/515	Ses Covetes	Sa Rapita	4/2	€4,80
	(nur Sommer mit ©-Reserv. 871 961445 bis 19 Uhr Vorabend			
Palma/140	Puigpunyent	weiter n. Galilea	6/2-3	€1,70
Palma/210	Valldemossa	insgesamt (⇨ oben)	9/5-6	€1,45
Andratx/100	Sant Elm	Port d'Andratx	7-8 täglich	€2,00
Bunyola/221	Orient	-	2 täglich	€1,00
	nur mit © Reserv 971 615219 bis 19 Uhr Vorabend			
Cala/441 Rajada	Portocristo (Drachenhöhle)	Cala Millor	10/2	€3,85
Can/446 Picafort	Cala Rajada	Artá/ Capdepera	6/6-0	€3,65
Can/354 Picafort	Port de Sóller	Port Pollença/ Kloster Lluc	9 + 15.30 Uhr nicht So	€7,80
Kloster Lluc/355	**Sa Calobra zurück:**	**(9 Uhr ab Can)** Picafort	**11.50 Uhr/nicht** 15.00 Uhr/ So	€3,00
Can/300 Picafort	Formentor	Port d'Alcúdia/ Port de Pollença	2/2-0 nicht So	€2,80
Peguera/102	Port de Andratx	Andratx siehe Palma nach Andratx bzw. Port d'Andratx		
Port Sóller	Can Picafort	Lluc/Alcúdia	#354, ⇨ oben	€7,80
Port/352 Pollença	Can Picafort	Alcúdia/Port de Alcúdia	9.00-21.00 Pendelbus Sommer alle 15 min	€1,50

4

*) Zur Aktualität der Businformationen- und tarife

Aktuelle **Fahrpläne** gibt es – wiewohl in etwas unübersichtlicher Form und oft mit erheblicher Verspätung, also lange nach Inkrafttreten von Veränderungen – in den Büros der Touristeninformation in allen Orten. Viel besser, detaillierter und aktueller informiert heute das *Consorci Transports Mallorca* (CTM) über alle öffentlichen Verkehrsmittel auf ihrem vorbildlichen Portal www.tib. org/de/web/ctm (diese Adresse führt gleich auf die Version in deutscher Sprache). Dort finden sich aber keine **Tarife**. Die Tarife oben sind der Stand 2010; sie waren nach deutlicher **Erhöhung im Mai 2012** nicht zuverlässig zu erfragen.

Busterminal in Palma

Der **Busbahnhof in Palma** wurde vom Ostende des *Parc d'Estació* unter den Park neben die Schienen der Inca-Bahn verlegt (identischer Eingang für Eisenbahn, Metro zur Universität und Fernbusse an der Plaça Espanya, ⇨ auch Stadtplan in der Umschlagklappe vorne). **Dieser unterirdische Bahnhof** für alle öffentlichen Verkehrsmittel heißt im verkehrstechnischen Sprachgebrauch jetzt »*Estació Indermodal*«. Im Bahnhof steht seit kurzem ein sehr übersichtlicher aktuell gehaltener **Infokasten** mit allen Routen, die mit öffentlichen Verkehrsmitteln bedient werden.

Wichtiger Hinweis: Busse in Richtung Playa de Palma/S`Arenal und in den Südwesten, also Illetes/Palma Nova/Magaluf/Santa Ponça/Peguera/Camp de Mar/Andratx/Sant Elm stoppen überirdisch an den Haltestellen an der Plaça Espanya vorm Eingang in den intermodalen Bahnhof bzw. gegenüber.

Stadtbusse

Fahrpläne und Tarife der Stadt- und Vorortbusse in Palma finden sich mit allen Details unter www.emtpalma.es.

Eisenbahn

Von Palma nach Soller

Die Fahrt mit dem *Roten Blitz* über Bunyola nach Sóller samt ihrer Fortsetzung mit einer ebenso alten Straßenbahn (wartet auf den Zug) bis zum Hafen von Sóller gehört wegen ihrer nostalgischen Wagen und der tollen Streckenführung durch 13 Tunnel über die *Serra de Alfabia* (zwischen Bunyola und Sóller) zu den Standardprogrammen des Ausflugsangebots, ⇨ Seite 406.

Fahrplan

Man kann unter **täglich 6 Abfahrten** wählen (Station der Sóller-Bahn befindet sich am »linken« Rand der **Plaça Espanya**/Carrer Eusebi Estada). Zu-/aussteigen ist auch in **Son Sardina** (an der Straße Palma-Sóller (gut mit Auto erreichbar, kein Parkproblem) und vor allem **Bunyola** möglich. Von dort kostet das Ticket deutlich weniger (die Strecke Palma–Bunyola ist eher »witzlos«).

Kommentar: Die Tarife der Sollerbahn und der Tranvia zum Port wurden nach Euroeinführung in mehreren Schritten um bis zu 500% erhöht, eine ziemliche »Abzocke«, aber offenbar akzeptiert.

Abfahrt (Sommer 2011)		**Abfahrt***)	**Tranvia****)
Palma	**Soller**	**Bunyola n. Sóller**	**ab Port de Sóller**
8.00 Uhr		8.20 Uhr	
10.10	9.10 Uhr	10.30	11.00 Uhr
10.50	10.50	11.10	12.00
12.15	12.15	12.35	13.25
13.30	14.00	13.50	14.30
15.10	18.30	15.30	16.00
19.30	*)	19.50	

*) ✆ Bahnhof Palma: 902 364711, ✆ Sóller: 902 364711
**) auf die Zugabfahrtszeit ab Soller abgestimmte *Tranvia*

Touristentarife: einfach €12,50, retour €19,50, Sonderpreis retour inkl. Straßenbahn €28; **ab Bunyola** €6,25/€12,50; Kinder 3-6 50%. Für Residenten gelten reduzierte Tarife; **Fahrtzeit ca. 45 min**. Aktuelle Info und mehr im Internet: www.trendesoller.com

Tranvia nach Port de Sóller

Die **Weiterfahrt nach Port de Sóller** mit der offenen **Straßenbahn** kostet heftige €5 einfach (5 km!). Die **Tranvia** fährt im Winter alle 60 min zur vollen Stunde nach Port de Sóller, zur halben Stunde zurück (7-19.30 Uhr). Im Sommer geht`s ab 8 Uhr halbstündlich bis 20.30 Uhr zum Hafen, ab Port de Sóller 7.30-20 + 20.50 Uhr.

Der in Wahrheit braune »Rote Blitz« im Bahnhof von Bunyola: Zwischenstopp vor der Fahrt durch die Tunnel der Serra de Alfabia in Richtung Sóller

Von Palma nach Inca, Sa Pobla und Manacor

Die **Dieselzüge der Bahnlinie nach Inca und weiter bis Sa Pobla bzw. Manacor** sind werktags **ab Palmas Untergrundbahnhof an der Plaça Espanya** von 5.44 Uhr bis 22.09 Uhr 48 mal bis Inca auf dem Gleis, Sa+So 33 mal. Der maximale zeitliche Abstand zwischen zwei Zügen beträgt 25 Minuten. An der Strecke liegen

Ab Untergrundbahnhof verkehrt neben den Dieselzügen eine »Metro« (U-/S-Bahn) zum Universitätscampus an der Straße nach Valldemossa; €1,50

Marratxi (mit Orten Portol und Sa Cabaneta); die Züge nach Manacor halten dort das erste Mal und brauchen bis dahin 10 min, alle anderen Züge legen bis Marratxi 5 weitere Stopps ein: 15 min

Santa Maria - 18/23 min

Consell/Alaró (Alaró ca. 4 km entfernt) - 22/28 min

Binissalem - 26/31 min, **Lloseta** - 30/35 min, **Inca** - 35/40 min

Die **Weiterfahrt ab Inca** erfolgt alternierend nach **Sa Pobla** oder nach **Manacor**, wobei der wiederbelebte Schienenstrang Inca-Manacor schön durch das Hügelland des zentralen Mallorcas läuft und daher auch »ausflugstechnisch« attraktiv ist.

Auf der Strecke **bis Sa Pobla** (57 min) stoppt der Zug in **Llubi** und **Muro**; auf der Route nach **Manacor** (66 min) in **Sineu**, **Sant Joan** (Station 3 km nördlich) und **Petra**.

Die Tarife sind zonenabhängig:
Palma-Inca: €2,40 (Einmalfahrt einfach)
Palma-Sa Pobla: €3,80
Palma-Manacor: €3,80
Mehrfahrtentickets verbilligen die angegebenen Preise erheblich.
Aktuelle Info: ✆ 971 177 777,
Internet mit Fahrplänen:
www.tib.org/de/web/ctm/16

4

Bootsverkehr

System

Wie erwähnt, gibt es eine ganz Reihe regelmäßig verkehrender Ausflugsboote, die ein **Netz von Verbindungen um die Insel** spannen. Naturgemäß wird ein Großteil davon in der Wintersaison eingestellt; einige Schiffe fahren nur in den Sommermonaten.

Linien

Die folgende Übersicht zeigt **ausgewählte Verbindungen mit ungefähren Angaben** zu Frequenz und Abfahrtszeiten. Bevor man eine Bootstour plant, die nicht – leicht überprüfbar – im eigenen Urlaubsort startet, sollte man sich unbedingt voher vergewissern. Die Änderungen sind hier zahlreich und substanzieller als beim Bus- und Schienenverkehr. Ganz besonders betrifft das saisonale Abgrenzungen.

Die **Mehrzahl der Verbindungen**, auch wenn das in der Übersicht nicht ausdrücklich vermerkt ist, **bezieht sich nur auf das Sommerhalbjahr (Mai-Oktober, z.T. nur Juli-September)**. Manche Boote verkehren in der Vor- und Nachsaison (noch) nicht (mehr).

Unberücksichtigt blieben in der Übersicht Ausflugsboote/Katamarane, die unterwegs nicht oder nur in Badebuchten anlegen.

Empfehlung

Manche **Bootsfahrten** sind bereits ein **Tagesprogramm** für sich; viele kann man aber auch gut in einen kombinierten Ausflug mit Auto, Zug und/oder Bus einfügen. Ganz typisch ist dafür die Fahrt **von Port de Pollença zum Formentor Hotel**, wo die organisierten Touristen von ihren Bussen wieder abgeholt werden, und individuelle Urlauber auf den Linienbus warten. Einer der besten Bootstrips überhaupt, die Fahrt **von Port de Sóller zur** *Cala Sa Calobra*, lässt sich bei guter Kondtion mit einer schönen Wanderung verbinden, ➪ Seiten 250 und Beileger, Wanderung No. 2, ebenso die Wanderung No. 8 von Port d'Andratx nach Sant Elm.

Regelmäßige Bootsverbindungen rund um Mallorca (Auswahl Mai-Sept.)

Nr.	von	nach	Abfahrten/Tag ungefähre Zeiten	Tage	✆ 971
1	Palma	Portals Vells	2-3x	Mo–Fr	71 71 90
2	Palma	Magaluf	2-3x	täglich	26 41 81
3	Arenal	Magaluf	2x	täglich	44 23 84
4	Palma	Sant Elm (oder Camp de Mar)	2x	Di Do Fr	71 71 90
5	Cala Figuera	Cala Santanyi Cala Llombards	In der Saison mehrmals täglich		65 74 63
6	Cala Millor	Cala Rajada	9.00 retour 13.00 14.00 retour 17.00	täglich außer So	56 36 22
7	Cala Millor	Portocristo	10.00 retour 14.00 11.30 retour 16.20 13.30 retour 17.50	Mo–Sa	81 06 00

Nr.	von	nach	Abfahrten/Tag ungefähre Zeiten	Tage	☎ 971
8	Cala Rajada	Canyamel/ Cala Millor	10.30 retour 13.30 12.00 retour 16.00 15.00 retour 18.30	täglich außer So	56 36 22
9	Cala Rajada	Canyamel/ Portocristo	10.30 retour 17.00	Mo–Sa	45 08 64
10	Colonia de Sant Jordi	Cabrera auch von Portopetro	9.15 bis 17.30	täglich Fr	64 90 34 65 70 12
11	Cala d`Or	Calas Figuera/ Llombards	9.30; retour 17.00	Di, Fr, Sa	65 70 12
12	Santa Ponca	Peg./Sant Elm/ Dragonera	10.45 Uhr	täglich	68 65 06
13	Port de Alcúdia	Formentor	9.30/12.00 Uhr retour:13.30/16.00	täglich	54 58 11
14	Port d` Andratx	Sant Elm	8.30; retour 16.15	täglich	639 61 75 45
15	Port de Pollença	Formentor retour	10.00-15.00 stündlich 11.30-17.00 stündlich	täglich	86 40 14
15a	P. Pollença	Cap Formentor	10.30 Uhr	Mo-Sa	86 40 14
16	Port de Sóller	Sa Calobra je nach Wetter retour	ab 10.00 Uhr ca. stündlich bis 15.00 Uhr meist bis 17.00 Uhr	täglich, aber nur bei ruhiger See	63 31 09 63 01 70
17	Port de Sóller	Port Andratx Cala Deiá	14.30 Uhr retour 18.30 Uhr	1x/Woche Freitag	63 31 09
18	Sant Elm	Dragonera (Abf. bis 6 x) retour	ab 10.15 Uhr ab 13.00 stündlich bis max. 17.00 Uhr	Do-Sa So	639 61 75 45 696 42 39 33

Ein großer Teil der Ausflugsboote sind heute schnelle Katamarane mit Unterwasser-Panorama-scheiben, hier in Cala Rajada

4

So eine Tafel (Cala Sant Vicenç 2012) steht an vielen größeren Taxiständen. Sie listet die Ca.-Tarife inselweit für eine Auswahl an Orten. Verbindlich ist indessen das Taxameter

Précios/Prices/Preise	Day	Night
Aeropuerto	73€	79€
Alcudia	22€	24€
Puerto Pollença	12€	13€
Ca'n Picafort	34€	36€
Deià	85€	91€
Festival Park	55€	60€
Formentor	23€	25€
Hidropark	22€	23€
Inca	34€	36€
Las Gaviotas	26€	28€
Lluc	35€	37€
Magalluf	81€	87€
Paguera	87€	93€
Pollença	12€	13€
Puerto Alcudia	20€	22€
Puerto de Palma	73€	79€
Sóller	85€	91€
Valldemossa	76€	82€

Taxen

Kosten

Auf Mallorca stehen rund 2000 Taxis zur Verfügung; sie sind heute kaum noch preiswerter sind als bei uns. Innerhalb von Palma gilt ein **Grundtarif** von €3,00, nachts €4,00 inkl. ca. 2 km, danach plus Kilometerkosten €0,80 in der Zeit 7-21 Uhr, nachts €1,02. Fahrten zum Airport oder zur Fährstation kosten €2,70 Zuschlag, mindestens €12, jedes Gepäckstück €0,60, telefonische Bestellung plus €0,95. Größere Rundtouren und Abholungen unterliegen der freien Aushandlung. Festtarife zwischen den Orten wurden zugunsten der Taxameter-Anzeige abgeschafft. Dennoch stehen an größeren Taxiständen nach wie vor Tafeln mit Tarifen für wichtige Ziele; sie dienen aber nur der Groborientierung. Gemeindegrenzen überschreitende Fahrten kosten €0,52/€0,62 pro Kilometer. Es lässt sich leicht errechnen, dass schon bei mittleren Distanzen ein kleiner Mietwagen günstiger kommt.

Taxi und Wandern

Das Taxi ist u.a. dann eine erwägenswerte Transportalternative, wenn man **Einwegausflüge oder -wanderungen** plant, siehe mehrere Routen im Wanderbeileger. Bei einer individuell geplanten Bootsfahrt etwa von Sa Calobra nach Port de Sóller oder umgekehrt lassen sich Land- und Seeweg fast nur per Taxi kombinieren. Die Erfahrung lehrt, dass sich auf Mallorca Taxifahrer zuverlässig am vereinbarten Ort einfinden.

4.5.2   Leihfahrräder allerorten

Kosten

Die Überschrift sagt es: Fahrräder kann man überall leihen. In den etwas größeren Ferienzentren machen sich regelmäßig mehrere Firmen Konkurrenz, was die **Tarife** günstig beeinflusst. Für das Leihfahrrad ohne besondere Schikanen (Gangschaltung haben heute alle) variieren diese stark ortsabhängig zwischen ca. €6 und. €12 pro Tag. Mit höheren Kosten muss rechnen, wer gern verfeinerte Technik hätte, **Renn-** oder *Mountain Bikes* vorzieht.

Sogar innerhalb eines Ortes gibt es bisweilen **erstaunliche Unterschiede**. Ihre kaum verzichtbaren Fahrräder teuer an den Mann oder die Frau bringen gern manche abseits gelegenen Hotels.

Nutzen

Fahrräder lassen sich auch **stundenweise mieten**, was zur »Entdeckung« eines Ausflugsziels samt Umfeld ganz passend sein kann. Die Miete für 2-3 Stunden erreicht aber meist schon den Tagessatz. Günstiger wird es bei längerer Miete: **eine Woche kostet oft nur 3-4 einzelne Tagessätze** und nie mehr als fünf.

In allen Orten im Norden, Osten und Süden mit relativ flachem Hinterland ist das Fahrrad als **billiges Vehikel** kaum zu schlagen.

Kinder und Fahrrad

Auch für den Nachwuchs ist gesorgt: **Kinderfahrräder** und **Kindersitze** für die ganz Kleinen gibt es in jedem Verleihgeschäft. Meistens auch **Fahrradsturzhelme**. Außerdem findet man alle möglichen witzigen **Vehikel mit Pedalantrieb**.

Tretmobil mit Pferd als umweltfreundlicher Transporter für die ganze Familie bei einem Fahrradverleih in Sa Coma

4.5.3 Mopeds, Motorroller und -räder, Quads

Vermieter motorisierter Zweiräder sind zwar nicht an jeder Ecke anzutreffen wie die *Car-Rentals*, aber doch in jedem größeren Ort.

Moped

Die Motorisierung beginnt beim Moped, sofern man **mindestens 16 Jahre** alt ist. So ein Ding zu mieten, kostet bei einer Miete ab 7 Tagen etwa ab €15 pro Tag. Bei kürzerer Dauer €20 und mehr. Hinzu kommen Benzin- und Versicherungskosten, letztere mindestens €6-€8 pro Tag. Rechnet man auch noch die unvermeidliche Mehrwertsteuer dazu (21%), leiht man ein Moped kaum unter €25 pro Tag plus Benzin, auch €30 sind möglich.

Vespa/ Motorrad

Wer einen Motorrad-Führerschein besitzt, fährt mit Vespa oder Motorrad schneller: ab €40 täglich inkl. Helm und Versicherung plus Steuern plus Sprit. Aber dafür macht das *Open-Air*-Fahren bei sommerlichen Temperaturen doppelt Spaß. Sogar ***Harleys*** sind zu haben: www.mallorca-motorrad.de. Einzelne Tage kosten damit aber schnell mehr als kleine Mietautos pro Woche.

Quads

In vielen Urlaubsorten gibt es heute sog. ***Quads*** zu mieten. Vierrädrige geländegängige Vehikel zu hohen Stundentarifen oder auch im Zusammenhang mit Tourbuchungen. Details vor Ort.

Papiere

Für die Miete eines Motorrads oder einer Vespa benötigt man den **Führerschein** und den Personalausweis. Es muss eine **Kaution** hinterlegt werden oder eine **Kreditkarte** vorhanden sein.

4

4.5.4   Über 30.000 Mietwagen warten auf Kundschaft

Situation

Über **30.000 Mietwagen** sollen zur Zeit auf Mallorca zur Verfügung stehen. Nach über 50.000 im Jahr 2008, was zu Kampfpreisen unter den Vermietern führte mit diversen Konkursen und Fahrzeugknappheit in den Folgejahren. Trotz schwächerer Nachfrage kam es deshalb zu extremen Tariferhöhungen ausgerechnet, als ohnehin viele Gäste fortblieben und dies zusätzlich Probleme verursachte. Mittlerweile hat sich die Lage entspannt. 2012 waren Mietwagen bis Juni preiswert und ebenso wieder ab September, nur im Juli/August wurde zugelangt.

Ob nun 30.000 oder mehr, viele Mallorquiner glauben, dass Stau- und Parkprobleme von Touristen verursacht werden. Aber es sind wohl eher die Mallorquiner selbst. Der Fahrzeugbestand der Insel liegt bereits bei über 1 Mio, die Zahl der Einwohner bei ca. 920.000. Die 3%-4% Mietwagen spielen da keine besondere Rolle.

Auf Mallorca selber fahren?

Mancher mag angesichts fehlender passiver Sicherheit vieler Straßen (**ungesicherte hohe Abbruchkanten am Asphaltrand!**), einer unschönen Unfallstatistik und fehlender Ortskenntnis Bedenken haben, sich auf Mallorca ans Steuer zu setzen. Alles in allem aber ist Autofahren dort nicht problematisch; zu den Hauptverkehrszeiten muss man sich ja nicht unbedingt mitten durch Palma quälen. Die **Verkehrsregeln** entsprechen den heute europaweiten Normen, ein Umdenken ist nicht erforderlich. Die wenigen andersartigen Zeichen versteht man leicht. Die Wegweisung ist selbst in den verschlafenen Dörfern der Ebene unübersehbar vorhanden und lässt nur auf wenigen Nebenstrecken Zweifel aufkommen.

Autotypen

In den **Hotellobbies** und an jeder Ecke stößt man auf Mallorca auf **Autoverleiher**, die vom *Fiat Panda* bis zum *Ferrari* alles vermieten, was sich ein Kunde wünschen mag. Das Angebot konzentriert sich in Anbetracht vieler enger, kurvenreicher Strecken und der Parkproblematik selbst noch im kleinsten Ort der Insel auf **Kleinwagen**. Für Fahrten auf Nebenstraßen **ist von größeren Wagen** als solchen der Golf-Klasse auch **eher abzuraten**. Solange man nicht vier Erwachsene unterbringen muss, empfehlen sich auf den meisten Routen Typen wie *Fiat Panda, Renault Clio* oder *Modus, Opel Corsa, VW-Polo, Ford Fiesta, Citroen C3* etc.

Zustand der Fahrzeuge/ Klimaanlage

Selbst preisgünstige Vermieter bieten heute **tadellose, selten mehr als zwei Jahre alte,** teils nagelneue Wagen mit Airbags und Klimaanlage an. Ältere Fahrzeuge, die es auch noch gibt, braucht man daher nicht in Betracht zu ziehen. Apropos **Klimaanlage**: zwischen Mai und Oktober sollte man Fahrzeuge ohne Klima nicht mieten.

Autos mit Sonnendach

Ideale Autos auf Mallorca sind **außerhalb der heißen Monate** die **Typen mit Sonnendächern** (z.B. bei Renault *Megane* oder *Modus, Citroen Pluriel* etc., die aber leider meist nur lokal, nicht ab Airport zur Verfügung stehen). Offen gefahren fühlt man sich fast wie im Cabrio, und man kann sie rasch halb oder ganz schließen. Sie kosten nicht oder nur unwesentlich mehr als gleiche geschlossene Typen. Für »richtige« Cabrios oder Jeeps zahlt man »Mondtarife«.

Der Renault Modus ist (in Frühjahr und Herbst mit Sonnendach) ideal für Mallorca. Er bietet erhöhte Sitze und damit gute Übersicht; zugleich ist er schmal und kommt leicht durch enge zugeparkte Gassen

Automiete am Airport ohne Reservierung

Am **teuersten** mietet, wer ohne Reservierung einen der Airport-schalter aufsucht, gleich welchen Verleihers. Es besteht dabei die Gefahr, dass alle noch halbwegs preiswerten Typen ausgebucht oder – im Extremfall – gar keine Autos mehr verfügbar sind.

Inklusiv-Tarife

Das Gros der Vermieter bietet »**Alles-Inklusiv-Tarife**«, die unbe-grenzte Kilometer, Haft- und Vollkaskoversicherung ohne Selbst-beteiligung und MWSt. (IVA=21%) beinhalten. In der kleinsten Kleinwagenklasse (Ford Ka, Fiat Panda) sind €30-€35 bei Eintages-miete, €25/Tag ab 3-4 Tagen und €120 ab einer Woche in etwa die Untergrenze der Tarife (ohne Sonderrabatte und spezielle Inter-netangebote). Etwas geräumigere Kleinwagen (*Fiat Punto, Renault Clio, VW-Polo, Ford Fiesta, Citroen C3*) kosten um €40/Woche mehr. Diese Zahlen beziehen sich auf die Situation bis Mitte Juni und ab Mitte September auf 2012 und gelten für Neufahrzeuge. In der Hochsaison und über Ostern können die Kosten sich durchaus verdoppeln. Ältere Autos mit etlichen Kilometern auf dem Tacho gibt es fast nur noch bei lokalen Vermietern. Sie sind meist nicht wesentlich billiger als Neuwagen und kein gutes Geschäft.

Sondersteuer für Mietwagen ab 2013

Im April 2013 wird eine vom CO_2-Ausstoß abhängige neue Steuer für Miet-wagen eingeführt: Sie soll – grob gekennzeichnet – €3,50/Tag für Kleinwagen, €6,50/Tag für die Mittelklasse und €7,50 für größere Fahrzeuge betragen.

Mietauto beim Veranstalter

Ein Wort auch zur **Fahrzeugbuchung über den Reiseveranstalter**, die in vielen Katalogen bzw. Websites gleich mitofferiert wird. Sparfüchse warten besser ab und vergleichen Preise vor Ort, ggf. schon im Vorfeld im Internet. Einige Veranstalter machen zwar gute Angebote, andere dagegen sind recht teuer.

Internet

Die besten Karten, sprich: niedrigsten Kosten, hat man bei indi-vidueller Suche/Reservierung im Internet, soweit man mindesten 3-4 Tage, besser ab einer Woche mieten möchte. Internetbucher sollten Vergleichsportale wie z.B. www.mietwagenmarkt.de aus-probieren und sich damit viel Suchmühe sparen.

Flughafen-service

Airportmiete ist nicht nur am Airportschalter möglich. Auch Firmen ohne Vertretung dort bieten **Flughafenservice**. Ein Repräsentant wartet dann beim Treffpunkt im Ankunftsbereich und fährt die Kunden zur Station. Die Erledigung der Formalitäten in der Ankunftshalle bei einem Mitarbeiter mit Laptop und Übernahme des Fahrzeugs auf einem der oberen Parkdecks wurde untersagt.

Deckungs-summen der Haftpflicht

Im Kleingedruckten der Mietverträge findet man zur Deckungssumme der Haftpflichtversicherung oft nur vage Angaben. Tatsächlich gilt heute in Spanien bei Personenschäden keine Limitierung, heißt es, aber bei Sachschäden durchaus, und die Sonderfälle sind auch unklar, z.B., wenn ein Ausländer zu Schaden kommt.

Aufstockung der Deckungs-summe/ Mallorca Police

Auf der sicheren Seite sind die Inhaber einiger Gold-Kreditkarten (z.B. ADAC), sofern sie die Miete per Karte zahlen. Sie genießen eine Aufstockung der Deckung, sofern die Basishaftpflicht bei Schäden nicht ausreichen sollte. Ebenfalls wenig Sorgen zu machen brauchen sich in Deutschland versicherte Autofahrer mit Verträgen, die eine Sonderklausel beinhaltet (*Mallorca Police*, heißt wirklich so!). Sie besagt, dass Versicherte im Rahmen einer (zeitlich begrenzten) Automiete im Ausland versicherungstechnisch wie in der Heimat gestellt werden.

Papiere/ Credit Card

Bei allen Vermietern muss eine **Kreditkarte** vorgewiesen werden. Auch der **Personalausweis** ist neben dem **Führerschein** notwendig. **Mindestalter** für Mieter ist **21 Jahre**, teilweise auch 25 Jahre.

Abrechnung

Bei lokalen Vermietern ist Abrechnung im **Kalendertag-Rhythmus** häufig und nicht im 24-Stunden-Takt: d.h., am folgenden Morgen beginnt die neue Tagesmiete, auch wenn das Auto am Vortag erst um 14 Uhr übernommen wurde. Die **Tankabrechnung** läuft heute oft so: Der Tank ist so gut wie leer oder der Tankuhrstand wird notiert. Und so kann das Auto zurückgegeben werden. »Überschüssiges« Benzin im Tank wird nicht vergütet. Oder ein voller Tank wird happig berechnet, egal wie man ihn zurückgibt. Voll 'raus, voll 'rein gibt's nur bei teureren Vermietern!

Straßen-karte

Bevor es losgeht, braucht man eine **Straßenkarte**. Die diesem Buch beigefügte **Mallorca-Karte** mit **Palma-Stadtplan** leistet bereits gute Dienste. Empfehlenswert ist die auf Mallorca erhältliche *Firestone-Karte Balearen* (um €5). Gratiskarten der Touristeninformation/Vermieter reichen nicht weit. Zusätzlich separate **Ortskarten** benötigt man kaum. An den Haupteinfahrten der Orte sind Stadtpläne aufgestellt, Ortsdurchfahrten gut beschildert.

Aktuelle Tempolimits

Autobahn: 120 km/h (nach 110 km/h 2011); Via Cintura um Palma 100 km/h; Landstraße: 90 km/h; Innerörtlich: 50 km/h; Verkehrsberuhigte Straßen: 20 km/h (Alle über 300 Polizeifahrzeuge sind mit Lasermessgeräten ausgestattet; über die Insel verteilt stehen 12 fest installierte Blitzgeräte, also Vorsicht!

Alkohol-Grenzwert: 0,5 Promille (wird heute sehr ernst genommen)

Straßenbau und Großprojekte auf Mallorca

In den vergangenen Jahren wurden zahlreiche Straßenbaumaßnahmen in Angriff genommen und teilweise in Rekordzeit abgeschlossen. Hintergrund war der Sieg der Konservativen über – wir würden sagen – Rot-Grün bei der Wahl für das Regionalparlament der Balearen 2003. Viele Pläne lagen bereits in den Schubladen, manche Projekte waren schon weit gediehen, deren Fertigstellung aber aus ökologischen und anderen Gründen aufgeschoben. 2005 bis Mitte 2008 spülte eine touristische Renaissance Mallorcas zudem mehr Geld in die Staatskasse als erhofft, und so ging es rasch voran. Mit der guten Finanzlage aus eigener Kraft war es spätestens ab 2009 zwar vorbei, aber iauch n der Krise flossen noch Mittel der Zentralregierung als Konjunkturprogramm auf die Insel. Und da ließ sich die wieder ans Ruder gekommene Mitte-Links-Öko-Regierung nicht bitten und machte sogar weiter mit Projekten, die sie vorher furios bekämpft hatte. Seit Juni 2011 sitzt mit der konservativen *Partido Popular* nun wieder die Kraft an den Schalthebeln (und muss an allen Ecken und Enden sparen), die vor Jahren die meisten der folgenden Großprojekte angeschoben hatte

- Verlängerung der schon lange von Palma bis Arenal reichenden **Autobahn bis Llucmayor** und um die Stadt herum bis zur Straße nach Campos.
- Verlängerung der **Autobahn nach Inca in Richtung Alcudia** bis über die Abzweigung nach Pollenca bzw. Höhe Sa Pobla hinaus, außerdem Schutzmauern auf dem Grünstreifen zwischen den Richtungsfahrbahnen
- Ausbau der alten **Straße Palma-Manacor** ab Casa Blanca (nordöstlich des Flughafens) **als faktische Autobahn** (ein paar Verkehrskreisel blieben)
- Verlängerung der **Autobahn Palma-Magaluf bis Peguera** und Anschluss an die Peguera umgehende Autostraße durch mehrere Tunnel nach Andratx; gleichzeitig parallel dazu eine hochliegende Ortsumgehung um Peguera herum.
- Nördliche **Stadtumgehung von Manacor**
- Aus-/Neubau weiterer **Ortsumgehungen** (z. B. **Sant Llorenc** und **Son Servera** im Hinterland von Cala Millor und ganz besonders **Porto Cristo** und **Port de Pollenca**) und an faktisch jeder nennenswerten Kreuzung und beidseitig an Autobahnausfahrten Anlage von unfallreduzierenden Verkehrskreiseln, deren Mitte überall ein unübersehbares Kunstwerk schmückt.
- Umleitung der **Straße von Sóller nach Port de Sóller durch einen 1200 m langen Tunnel** und **Einrichtung einer Fußgängerzone** im Hafenbereich und entlang der Bucht, wo es vorher vor lauter Verkehr oft kein vor und zurück gab. Dort Errichtung des ersten Parkhauses außerhalb der 3 Großstädte Mallorcas.
- Bau der **Großklinik Son Espases** jenseits der Via Cintura zwischen den Straße nach Valldemossa und Esporles (Ma-1130 und Ma-1040)
- **Bau einer Metro** in Form einer U-/S-Bahn vom zentralen Palma zum Campus der Universität ebenfalls an der Straße nach Valldemossa.
- **Kopfbahnhof** für die Metro und **Verlegung des Bahnhofs** für die Züge nach Sa Pobla bzw. Manacor über Inca **unter die Erde**, ebenso wie den Busbahnhof für die »Fernbusse« von Palma in alle Richtungen. Über dem nun unterirdischen Bahnhof **Schaffung eines großen Stadtparks**.

**Mallorca
entdecken
auf eigenen
Wegen**

5.   SYSTEMATIK DER FOLGENDEN KAPITEL

Konzeption

Alles, was zur Besichtigung, zum Zuschauen, Dabeisein und Mitmachen von Interesse ist, lässt sich der jeweiligen oder nächstliegenden Ortschaft zuordnen. Mit einer Beschreibung aller unter diesem Aspekt nennenswerten **Orte Mallorcas nach Regionen** wird den Lesern, die ja in ganz unterschiedlichen Ecken der Insel Ferien machen, zunächst das Nachschlagen unter der Frage »Was ist los in meinem Urlaubsbereich und dessen Umgebung, auf dem Weg nach Palma etc.?« leichter gemacht als bei jeder anderen Ordnung. Ein Vorgehen im Uhrzeigersinn rund um die Insel wie bereits im Kapitel 2, in dem es zunächst nur um die Charakteristika der möglichen Urlaubsstandorte ging, erschien dabei am sinnvollsten. **Weitere Details** dazu finden sich eingangs der Ortsbeschreibungen nach dem einleitenden Palmakapitel auf Seite 178.

Orte

Soweit im Rahmen der Kennzeichnung der Ferienziele Orte – vor allem an den Küsten – bereits kommentiert wurden, sind im folgenden bestimmte Einzelheiten nur noch kurz oder gar nicht mehr erläutert, teilweise aber auch noch intensiver wiederholt; je nachdem, ob die bereits angesprochene Promenade u.a.m. auch für Ausflugsbesucher von Bedeutung ist oder nicht.

Eine **Verknüpfung der Orte** nach anderen Kriterien als durch die der umgebenden Region erfolgt **im Kapitel 9** über 14 verschiedene Ausflugs- und Rundstreckenvorschläge unter nochmaliger Hervorhebung der wichtigsten Sehenswürdigkeiten und Aktivitäten. Die umgekehrte gezielte Suche nach bestimmten Dingen, die man nicht ohne weiteres geographisch einzuordnen weiß, ist über das **Stichwortverzeichnis** leicht zu bewerkstelligen. Die **Schlagworte** neben den Absätzen dienen als zusätzliche Suchhilfe, ebenso – in zweiter Funktion – die Übersichten und die dazugehörigen Karten im **Kapitel 8**, die sich auf **Burgen** und **Ruinen**, **Klosterkirchen** und **Eremitagen**, die schönsten **Buchten** und **Strände**, **Märkte**, **Museen**, **Vergnügungsparks**, **Einkaufsorte** für »Mallorca-Artikel«, **Restaurants** und **Picknickplätze** beziehen.

Wandern

Die Wanderrouten im Beileger wurden teilweise in Zusammenarbeit mit dem mallorquinischen Wanderführer *Paco Ponce* und seiner deutschen Frau *Dorothea* ausgewählt und beschrieben. Die Wanderroute 3 (*Massanella*) stammt von *Marc Schichor*, dem für die Karten in diesem Buch verantwortlichen Kartographen. Er ist zugleich Autor eines in dieser Genauigkeit kaum zu toppenden Mallorca-Wanderführers, der im Herbst 2011 in vierter weiter verbesserter Auflage erscheinen wird. Zahlreiche Empfehlungen für **Spaziergänge und Kurzwanderungen bis zu maximal 3 Stunden Dauer** finden sich an geeigneter Stelle unter den jeweils nächsten Orten. Das **grüne Wanderpikto** macht darauf aufmerksam.

Gastronomie

Wegen ihrer herausragenden Bedeutung ist **Palma**, der **Hauptstadt Mallorcas** und der Balearenprovinz, vorweg ein eigenes Kapitel gewidmet. Darin wie auch bei den einzelnen Orten findet der

Leser viele **Restaurant- und Kneipenempfehlungen**. Leider sind die **Preise** der Gastronomie auf Mallorca schon lange nicht mehr die niedrigsten (erst recht seit Einführung des Euro), so dass – nach unseren Maßstäben – besonders preiswerte und gleichzeitig auch unter anderen Aspekten gute Restaurants eher selten sind.

Wenn in den folgenden Kapiteln Restaurants als **preisgünstig** eingestuft werden, dann bezieht sich das auf den mallorquinischen Rahmen. »**Billig**« sind heute auf Mallorca nur noch abgelegene und relativ einfache Gaststätten auf dem Lande oder Lokale, die bei starker Konkurrenz mit dem Preisniveau argumentieren.

Zum schnellen Auffinden geeigneter Lokale »am Wege« wurden diese am linken Seitenrand zusätzlich wie folgt markiert:

 Das nebenstehende Piktogramm kennzeichnet Restaurants, die im Rahmen der beschriebenen Einzelheiten ein gutes, zumindest aber **ordentliches Preis-/Leistungsverhältnis** bieten.

 Wenn zusätzlich angenehmes Ambiente, gute Atmosphäre und/ oder eine **schöne Aussicht** vorhanden sind, findet man dasselbe Piktogramm ergänzt um das große **A**.

 Restaurants mit **sehr guter Küche** und/oder **überdurchschnittlich gutem Preis-/Leistungsverhältnis** erhielten die nebenstehende graphische Wertung.

 Die **Verbindung** von **kulinarischer Qualität** mit **Ambiente**, **Atmosphäre** und/oder schöner **Aussicht** führte auch bei diesem Piktogramm zur Ergänzung um das **A**.

 Ein weiteres Pikto kennzeichnet **Bars** und **Cafés**, die für den Durstlöscher, den Drink oder die Tasse Kaffee zwischendurch einen angenehmen Aufenthalt versprechen. In den meisten Fällen bezieht sich eine derartige Empfehlung auf Lokale, die über eine hübsche **Aussichts- oder Strandterrasse** verfügen, ohne dass die Qualität der Speisen, so verfügbar, ein Kriterium darstellte.

Umgeben von Palmen und dann noch direkt am Wasser liegt die Terrasse des »Port Verd del Mar«, eines zum Beachclub umfunktionierten, hier immer schon gelobten Restaurants (Costa de Pins, nur im Sommer). **Dafür gibt`s ein klares A**.

6.   PALMA DE MALLORCA

Für den Besuch Palmas sollte man zumindest einen ganzen Urlaubstag einplanen und dabei Besichtigungshetze vermeiden. Besser wären zwei Tage plus ein abendlicher Bummel.

Stadtbild   Palma, oder exakter, die Altstadt mitsamt der **Vorzeigepromenade** *Passeig Maritim* imponiert schon allein durch ihre Silhouette, die sich vor allem denen bietet, die Palma auf der Küstenstraße bzw. -promenade ansteuern. Der Übergang von moderner zu mittelalterlicher **Architektur** mit der alles überragenden **Kathedrale** hinter dem palmengesäumten Uferboulevard und den Masten Hunderter von Segelyachten verleiht dem Stadtbild einen unverwechselbaren Charakter. In der **Altstadt** ist das kulturelle Erbe aus Jahrhunderten an der **Nahtstelle europäisch-arabischer Historie** gegenwärtig in bestens erhaltenen oder restaurierten Sehenswürdigkeiten und auch in vielen Gassen der Wohnviertel.

6.1   Anfahrt, Parken und Transport in Palma

Bus, Zug und Fahrrad   Wer für einen **Ausflug nach Palma** öffentliche Verkehrsmittel benutzt, landet vielfach an der *Plaça Espanya* (mit der Eisenbahn aus Sóller am eigenen Bahnhof, per Bahn aus Sa Pobla, Inca oder Sineu/Manacor/Artá auf jeden Fall unterirdisch und so auch mit den meisten Bussen von außerhalb). Dieser große Platz ist kein schlechter, wenngleich nicht der optimale Startpunkt für einen Stadtbummel. Wer per Bus aus dem Südwesten anreist, sollte den Ausstieg auf Höhe des *Almudaina* Palastes bevorzugen. Am besten dran sind **Radfahrer**, die an der Bucht entlang (↪ Kasten Seite 148) einen vom Verkehr getrennten Radweg vorfinden und auch in der Altstadt gut zurechtkommen.

Parken in der City   Autofahrer müssen das **Parkplatzproblem** lösen. **Innerhalb der von der breiten Ringstraße eingeschlossenen City** – und weit darüberhinaus – ist zusätzlich zu ohnehin weiträumig aufgestellten Halteverbotschildern auch **entlang gelber und gelb unterbrochener Linien am Kantstein jedes Parken** untersagt. An blau gekennzeichneten Positionen ist nur Wagen mit (Anwohner-) Ausnahmegenehmigung Mo-Fr 9.00-14.30 Uhr und 16.30-20 Uhr (Sa nur vormittags, So frei) gestattet, gebührenfrei zu parken; alle anderen zahlen: je nach Zone (= Nähe zur City) für minimal **30 min** €0,35-€0,80 und für maximal **120 min** €1,45-€2,30. Nur Zone 3 außerhalb des Altstadtrings parken bis 180 min für €2,10.

Parkgaragen und -plätze   Abgesehen davon, dass es in Palma Tag und Nacht schwierig ist, freie Plätze an zugelassenen Stellen zu finden, sind die tagsüber zu Geschäftszeiten maximalen 120 min ohnehin oft zu kurz.

Für längeres Parken eignen sich die **unterirdischen Parkgaragen**. Die Kosten in den rechts eingezeichneten zentralen Garagen betragen €1,70/angef. Stunde . Ohne Ortskenntnis ist es oft nicht leicht, die jeweiligen Einfahrten zu finden, ↪ Pfeile in der Karte.

Parken in Palma und anderswo auf Mallorca

In Anbetracht des hohen Fahrzeugbestandes auf Mallorca wundert es nicht, dass heute selbst das kleinste Dorf zugeparkt ist. Wo immer Besucher möglicherweise parken könnten, stehen nicht nur in Palma, Inca und Manacor, sondern allerorten **Parkautomaten**. Wo nicht, muss man darauf achten, nicht an gelben Linien zu parken, ⇨ links. Nur blaue Markierungen kennzeichnen innerörtlich zugelassene Parkplätze entlang der Straßen. Immerhin braucht man während der langen Mittagszeit, der *Siesta*, keinen Parkschein zu lösen (meist **14.30-16.30 Uhr**, steht auf den Automaten).

Parkverstöße werden mit einheitlich €60 belegt. **Aber**: Bei Zahlung innerhalb 60 min. nach dem Verstoß kostet eine **Annullierung bar** am Parkscheinautomaten nur €6 (Annullierungsticket mit Umschlag am Automaten lösen und zusammen mit dem Parkticket in einen Schlitz werfen!). Ist die Stundenfrist überschritten, kann man beim nächsten Polizisten zahlen, so man einen findet: €12. Innerhalb 10 Tagen genügen bei Bankeinzahlung noch €30. Erst danach sind die €60 fällig. Mietwagenfahrer dürfen nicht mehr darauf hoffen, ohne Zahlung davonzukommen. Erstens hat der Vermieter die Kreditkartennummer und zweitens kann mittlerweile die Zahlung EU-weit eingefordert werden. Wer Pech hat und zu lang im Parkverbot steht bzw. nicht gezahlt hat, muss mit einer **Parkkralle** rechnen.

Wenn Spanier nicht zahlen, unternimmt der Staat zunächst nichts. Die Geldstrafe wird einfach dem Fahrzeug belastet. Bei der nächsten Transaktion (Verkauf, Ummeldung etc.) ist dann die Summe aller aufgelaufenen Strafzettel plus Zinsen fällig. Der Staat spart so die »Eintreibbürokratie«.

Am besten für Touristen liegen die Garagen Parc de la Mar und Plaça Mayor, auch noch die Tiefgarage Antoni Maura (bis Kreisverkehr fahren, von dort in die Einfahrt)

**Parken
auf der
Hafenmole**

Leicht zugängliche Parkplätze (bis max. 120 min) **für Kurzbesuche** befinden sich auf der weit in die Bucht von Palma hineinragenden breiten Mole, die den Hafen östlich begrenzt, und auf der **Muelle Comerciál** direkt am Hafenbecken. Wer einen Platz auf der erstgenannten Mole ergattert, kann am Ende der Straße vor der Schranke zum Yacht- und Zollhafen die auf die felsigen Wellenbrecher gesetzte **Bar Varadero** mit Weitblick nicht übersehen, ➪ Seite 163.

*Stadtrundfahrt
Hop-on-hop-off
soviel man will
in 24 Stunden
im Doppel-
deckerbus,
hier an der
Haltestelle
Avinguda
Antoni Maura
vor der
Almudaina*

**Hop-on-
hop-off
per Bus
durch Palma**

Wer Palma noch nicht kennt, gewinnt auf einer **Stadtrundfahrt** mit den roten Doppeldeckerbussen *City Sightseeing* (Linie #50) in 75 min eine erste Übersicht. Man darf nach dem System *Hop-on-hop-off*, so oft man will, an 16 Haltepunkten bei oder in der Nähe aller wesentlichen Sehenswürdigkeiten aussteigen und mit einem der nächsten Busse weiterfahren (Frequenz: alle 20-25 min). Das 24 Stunden gültige Ticket löst man beim Fahrer oder kauft es schon im voraus (verbilligt) im Internet, ➪ unten.

Optimale Startpunkte sind die **Avinguda Antoni Maura** unterhalb der **Almudaina** und die **Plaça Espanya**. **Ticket €15** (im Internet €**12,50**), **Senioren** über 65 und Kinder bis 16 Jahre 50%. Im Preis inkl. sind Ohrclips, die man für Erläuterungen in der gewünschten Sprache am Sitz einstöpseln kann (funktioniert nicht gut, klagten Nutzer): Karte der Tour und alle Infos zu Linie #50, *Palma City Sightseeing*, gibt's unter www.city-sightseeing.com, dort unter *Quick Tour Search* »Palma de Mallorca« eingeben.

Palmabesichtigung per Leihfahrrad oder Segway

Wer sich den Verkehr in Palma, Staus und Parkplatzproblematik nicht antun möchte, aber auch eine Anfahrt vom eigenen Urlaubsstandort per Zug und/oder Bus zu beschwerlich findet oder sowieso für den ganzen Aufenthalt einen Leihwagen gebucht hat, sollte erwägen, vor den östlichen Toren der Stadt in Can Pastilla oder Playa de Palma zu parken und von dort nach Palma hinein zu radeln. Ab Can Pastilla sind es bis zur Kathedrale auf der grandios geführten Küstenroute für Fußgänger und Biker gute 5 km, von Playa de Palma 2-3 km mehr, ➪

im Detail dazu die Seiten 180f. Nicht nur vermeidet man damit Verkehrsstress in Palma, sondern überbrückt mit Fahrrad leicht kleine Entfernungen zwischen den Besuchspunkten und kann damit die Stadt innerhalb eines Tages intensiver kennenlernen, als das zu Fuß möglich wäre. So ist etwa eine Umrundung des Hafens entlang des Passeig Maritim bis zu dessen Westende und darüberhinaus (Militärmuseum, Strand *Punta Grell*, ➪ Seite 164) per Rad gar kein Problem.

In **Arenal**, **Playa de Palma** und **Can Pastilla** gibt es viele *Bike Rentals* speziell an der Promenade; eine eigene Website hat *Embat Ciclos*, www.embatciclos.com. Wer im Südwesten logiert, findet ab **Peguera** (mit 2 km Unterbrechung in Cala Mayor) eine separate Bikeroute bis Palma. In **Cala Mayor** kann man auch Räder leihen, z.B. bei *Bici-Sport Marivent*, Joan Miro 244 gegenüber *Palau Marivent*, ➪ Seite 188.

Eine ziemlich neue Möglichkeit der Palmaerkundung, ohne sich die Füße wund zu laufen, bieten die elekrisch getriebenen **Segway-Roller**. Das Fahren mit ihnen macht richtig Spaß. Die Dinger kosten ab €35 pro Stunde, 2 Stunden €60. Auch geführte Touren.

Näheres unter www.segwaypalma.com (✆ 605 666365, in Palya de Palma).

Radweg neben der Promenade um die Bucht von Palma in Ciutat Jardi

6.2 Die Altstadt

Start

Karte Seite 147, in der vorderen Umschlagklappe und separat

Ein guter **Ausgangspunkt** zur Erkundung der Altstadt Palmas ist der *Parc de la Mar* unterhalb der dort gut erhaltenen und restaurierten **Stadtmauer** vor Kathedrale und Almudaina-Palast. Die **Einfahrt zur großen Parkgarage** unter dem *Parc de la Mar* (oft früh am Tage voll) erfolgt ausschließlich in Westrichtung. Wer von Westen, also z.B. aus den südwestlichen Orten Mallorcas über den Passeig Maritim anfährt, hat keine Möglichkeit, dort hineinzufahren. Er biegt besser in die Avinguda Antoni Maura ein, die unterhalb der *Almudaina* verläuft und macht kehrt am Kreisverkehr der Plaça de la Reina. Von dort kann man in die relativ neue **Parkgarage** *Antoni Maura* hinunterfahren.

Parc de la Mar

Der *Parc de la Mar* besteht im wesentlichen aus einem kleinen künstlichen See dort, wo einst die Festung Palma noch unmittelbar dem Meer trotzte und Schiffe anlegten. Vom (reichlich teuren) **Café am See**, 50 m abseits des Verkehrsstroms am Durchgang zur Tiefgarage, kann man zudem die Architektur der gegenüberliegenden **Kathedrale** *La Seu* und der *Almudaina* in aller Ruhe und besser auf sich wirken lassen als von anderen Stellen aus.

Avinguda Antoni Maura

Karte in der vorderen Umschlag- klappe und separat

Einen Aufgang zum **Palau de s`Almudaina** gibt es gleich eingangs der breiten Avinguda Maura, aber man sollte vielleicht erst einmal bis zur *Plaça de la Reina* gehen, um sich einen Überblick zu verschaffen. Dabei passiert man am **S`Hort de Rei**, einem kleinen Park unterhalb der *Almudaina,* die **Statue eines Steinschleuderes**. Vor über 2.000 Jahren waren die jungen Männer Mallorcas berühmt für ihre Fähigkeit, mit Steinen Rüstung und Schilder ihrer Gegner zu durchschlagen, und gefürchtete Kämpfer sowohl als Söldner in römischen Legionen wie bei den Karthagern.

Auf der anderen Straßenseite jenseits der jüngst fertiggestellten breiten Promenade, einer faktischen Verlängerung des *Passeig des Born* (↪ Seite 150) fast bis zum Hafen reiht sich ein **Touristenrestaurant** an das andere. Zwar gehört keines davon bislang zu den besonderen Empfehlungen für Palma, aber seit der Verkehr dank der Promenade nicht mehr unmittelbar an ihnen vorbeirauscht, sitzt man dort unter schattigen Bäumen nicht schlecht.

Von der *Plaça de la Reina* gelangt man – vorbei an der **Miro-Statue Personatge**, ↪ Seite 190, und dem **Grand Café Cappuccino** – über die breite Treppe *Costa de la Seu* auf eine Ebene mit der *Plaça Almoina* zwischen Kathedrale und *Almudaina*.

Almudaina Palast/ Palau Almoina

Der Königspalast geht auf arabische Ursprünge zurück, wenngleich manche Umbauten sein Bild seither veränderten. **Nur ein Teil des Palastes ist der Öffentlichkeit zugänglich**. Im wesentlichen handelt es sich um – eindrucksvolle – Räumlichkeiten des spanischen Königspaares, in denen es während jährlich nur weniger Tage von Palma aus offiziellen Pflichten nachkommt.

Man kann sich Führungen anschließen (+€6,00) die in unterschiedlicher Frequenz in verschiedenen Sprachen stattfinden, oder den Palast auf eigene Faust besichtigen; **Eintritt €9,00** Rentner & Studenten **€4,00**, Kinder frei. Die Erklärungen für individuelle Besucher in den Räumen bzw. an den Objekten selbst sind eher dürftig und nicht fremdsprachlich. Für weitergehende Erläuterungen auf Deutsch, Englisch etc. kann man MP3-Player mieten (€3).

Ansicht des Almudaina Palastes mit der dahinter liegenden Kathedrale

Öffnungszeiten Almudaina:
Oktober-März: Di-So 10-18.30 Uhr; April-Sept: Di-So 10-20 Uhr;
Mi+Do 17-20 Uhr für Bürger der EU eintrittsfrei

Kathedrale in Zahlen
Bauzeit: 1230-1904 (675 Jahre)
Höhe: 44 m (Mittelschiff)
    48 m (Glockenturm),
    62 m (Westfassade)
Innenlänge: 121 m
Innenhöhe: bis 43 m
Fläche: 6600 m^2
Umb. Raum: 160.000 m^3
Länge: 118 m (Südansicht)
Kapazität: 1800 Personen
Rosette Durchmesser: 11,15 m
    Fläche: 97 m^2
    Einzelteile: 1236

Palmas Kathedrale La Seu aus ungewohnter Perspektive;
www.catedraldemallorca.info zeigt unter »visitas virtuales« die volle Innenansicht

Kathedrale La Seu

Die **Besichtigung** der die Silhouette der Stadt dominierenden Kathedrale ist ein absolutes »Muss« des Palma-Besuchs. Am besten gleich nach der Öffnung um **10 Uhr morgens**, wenn die Sonne noch östlich steht und ihr Licht durch die farbenprächtige (kürzlich gereingte!) **Rosette** ihrer Ostfront fällt (mit 11 m Durchmesser die weltweit größte ihrer Art). Bevor man *La Seu* (*Mallorquín* für »Der Bischofssitz«) betritt, sollte man sie zunächst einmal von außen allseitig erfasst haben. Mit fast 120 m Länge, 40 m Breite und 44 m Höhe des Hauptschiffes gehört die Kathedrale – trotz fehlender »richtiger« Türme – zu den ganz großen Bauwerken gotischer Stilrichtung. Man beachte auch die reich geschmückten Fassaden und Portale zwischen den zahlreichen Bögen, Stützpfeilern und Verstrebungen. Eigentlich ist erstaunlich, dass die Kathedrale wie ein harmonisch entstandenes Ganzes wirkt, denn seit ihrer **Grundsteinlegung 1230** (Jahr der Eroberung Mallorcas durch König *Jaume* von Aragon von den Arabern, ➪ Seiten 418ff) wurde ununterbrochen an ihr gebaut. Nach wie vor ist mit Restaurierungs- und Reparaturarbeiten und Teilschließungen zu rechnen.

Hinweis:
Achten Sie auf Ankündigungen für Konzerte in der Kathedrale; sie sind oft eintrittsfrei

Kirchenschiff

Das Innere von *La Seu* betritt man als touristischer Besucher über das Nebenportal (dort großer Shop!) auf der Nordseite. Ein kleines **Museum**, dessen Besuch im Eintritt eingeschlossen ist, befindet sich in den dahinterliegenden Kapitelsälen und in der Sakristei. Man kann sich **Führungen** anschließen oder individuell umhergehen. Dafür sollte man nicht unter einer halben Stunde kalkulieren.

Säulen

Bemerkenswert sind die wenigen, äußerst schlanken und hohen Säulen, die das immense Deckenlast tragen. Dadurch ist der Blick durch das Kirchenschiff und nach oben freier und unbehinderter als in vielen anderen vergleichbaren Bauwerken.

Kapellen

Beim Rundgang passiert man in den Seitenschiffen und Fassaden der Hauptportale **zwanzig Kapellen** nahezu identischer Größe, jedoch enormer Vielfalt in der Gestaltung. Die Ausstellungsstücke an den Wänden und in Vitrinen der beiden Kapitelsäle und in der Sakristei (*de Vernells*) im Untergeschoss sind ebenfalls sehr sehenswert.

Barceló-Kunstwerk Kapelle Sant Père

Erst 2007 wurde die vom Künstler *Miguel Barceló* (aus Felanitx) neu gestaltete **Kapelle des Heiligen Petrus** eingeweiht, was damals zu wochenlangen Besucherschlangen führte. Das 16 m hohe Fresko, das die wundersame Vermehrung von Brot und Fischen thematisiert, gilt als spektakulär. Die Kapelle fällt völlig aus dem in Sakralbauten gewohnten Rahmen. Vor ihr ballen sich nach wie vor die Besucher.

Öffnungszeiten jeweils Mo-Fr: April, Mai, Okt 10-17.15 Uhr; Juni-Sept. 10-18.15 Uhr; Nov.-März 10-15.15 Uhr. Sa ganzjährig 10-14.15 Uhr. So/feiertags keine Besichtigung; **Eintritt** €4,00.

Diözesan-museum

Der Besuch des kürzlich renovierten und neu eröffneten *Museo Diocesano* im Erdgeschoss des *Palau Episcopal* (Amtssitz des Bischofs von Palma) gleich hinter der Kathedrale ist für kunsthistorisch Interessierte ein Muss. Die früher ungeordnete Sammlung wurde nach geschichtlichen Epochen gruppiert und vermittelt nun mit zahlreichen Objekten in 14 Räumen eine Übersicht über die sakrale Malerei und plastische Kunst auf Mallorca seit dessen Rückeroberung von den Arabern 1230. Unter anderem sind dort Kruzifixe und Altarschmuck aus der Frühzeit des Kathedralenbaus (13. Jahrhundert) zu sehen. Das Prunkstück der gotischen Epoche (15. Jahrhundert) ist der »Heilige St. Georg«. Besonders umfangreich wird die Zeit des Barock dokumentiert, u.a. mit der Madonnenfigur *Marededéu del Roser*. Der letzte Teil der Ausstellung ist dem katalanischen Jugendstil-Architekten *Antoni Gaudí* gewidmet, der 1910-1912 an der Neugestaltung des Innenschiffs der Kathedrale beteiligt war.

Öffnungszeiten: Mo-Sa 10-14 Uhr, So geschlossen; **Eintritt** €4,00.

**Palau March/
Kunst-
museum**

Auf gleicher Höhe über der Stadt wie Almudaina und Kathedrale hat Palma mit dem *Palau March* **ein Kunstmuseum, das man einfach besucht haben muss**, www.fundacionbmarch.es. Es liegt unverfehlbar oben neben dem breiten Treppenaufgang Costa de la Seu von der Plaça de la Reina hinauf zur Plaça Almoina. Dieser restaurierte Palast bildet ein Art Eckpfeiler der oberen Altstadt. Im Untergeschoß residiert das bereits erwähnte *Grand Café Cappuccino* mit bester Aussicht auf das Leben und Treiben ringsum.

Die im *Palau March* zusammengestellten Werke verschiedenster Künstler, Marienstatuen und eine Seekartensammlung sind vielleicht nicht, was einen gerade in Palma interessiert, wohl aber der Palast an sich mit einmalig gestalteten Räumen, in denen u.a. riesige Vorhänge aus Gips und Zement modelliert und aufwendig bemalt wurden. Ein Clou ist die große Dachterrasse gegenüber den Zinnen der *Almudaina* (die man gleich nach Einlass betritt) mit Skulpturen großer Meister wie *Rodin* und *Henry Moore*, eine Kombination von Kunst und Blick über die Dächer von Palma.

Öffnungszeiten:
Nov.-März: Mo-Fr 10-17 Uhr; April-Okt.: Mo-Fr 10-18.30 Uhr; Sa ganzjährig 10-14 Uhr, So & feiertags geschlossen, **Eintritt €4,50.**

*Installation
im Hof des
Palau March*

Gleich gegenüber dem Museumseingang stehen einige Tische der *Bar Cas Caparrut* sehr schön schattig im Grünen, einer der besten Plätze in Palmas Altstadt zum Draußensitzen.

Rundgang

Im Bereich östlich und nördlich der Kathedrale (Stadtteil *Portella*, anschließend *Sa Calatrava*) befinden sich die meisten wichtigen Baudenkmäler und das beachtliche *Museu de Mallorca*. Ein **Rundgang** durch einen Teil dieses heute weitgehend verkehrsfreien Bereichs durch zwar überwiegend restaurierte, aber immer noch mittelalterlich wirkende Gassen läßt sich gut beim Vorplatz des *Palau March* bzw. dem Treppenende Costa de la Seu starten.

Innenhöfe Die nebenbei »anfallenden« Einblicke in die Wohnverhältnisse und -strukturen dieses im Umbruch (Altbestand und teure renovierte Luxusetagen) befindlichen Viertels sind mindestens ebenso interessant wie viele explizite Sehenswürdigkeiten. Man achte besonders auf die Innenhöfe (Palma zählt 57 als »Kulturerbe« registrierte sog. *Patios*), die sich oft hinter bisweilen unscheinbaren Fassaden verbergen, sich aber im Rahmen allgemeiner Restaurierung mehr und mehr öffnen. Sehenswert ist u.a. der **Innenhof der Handelskammer** im Haus **No. 7 Carrer Estudi General** mit einem Relief zur Übergabe des Stadtschlüssels an den Eroberer König *Jaume* durch die Mauren am Silvestertag 1229.

Virtueller und realer Rundgang Wer sich stärker für Palmas Innenhöfe interessiert, kann sich mit einem **virtuellen Rundgang** durch die Altstadt bestens vorbereiten und ihn dann selbst nachvollziehen: www.conselldemallorca.net/altramallorca/aleman/cap8/calta.htm. Jeweils zu Pfingsten finden Führungen auf der »*Ruta de los Patios*« statt.

Can Marques Folgt man dieser Straße bis zur **Carrer Zanglada**, stößt man links auf das museale **Herrenhaus *Can Marques***, www.canmarquescontemporaneo.net. Dieser mit Möbeln und Pretiosen aus der Zeit 17.-20. Jahrhundert eingerichtete Palast ist das überaus sehenswerte städtische Gegenstück zu den ländlichen Gutshäusern *La Granja* und *Els Calderers*, ⇨ Seiten 223 und 342.

Öffnungszeiten: Mo-Fr 10-15 Uhr; **Eintritt** mit Führung €6, zusätzlich mit Sekt und Imbiss €15; nachmittags, Sa, So und feiertags nur Gruppen nach Anmeldung; ☏ 971 716247.

Museu de Mallorca Über die Straßen Sant Pere und Nolasc Puresa erreicht man von dort in wenigen Minuten die **Carrer Portella** mit dem *Palau Aiamans*, der das *Museu de Mallorca* beherbergt. Die Makellosigkeit der Palastfassade setzte sich in den Ausstellungsräumen mit Funden und Kunstwerken aus allen Epochen fort.

Situation 2012: Das Museum ist wegen Umbauarbeiten noch **bis voraussichtlich Ende 2013 geschlossen**. Ein Teil der interessantesten Exponate wird bis dahin im *Centro Cultural Sa Nostra* gezeigt (Carrer Concepció 12, Mo-Fr 11-20 Uhr, Sa 11-14 Uhr; frei).

Citystrand von Palma, nicht mal 1 km entfernt von der Kathedrale. Man folgt einfach meerseitig dem Passeig Maritim in Ostrichtung, ⇨ Seite 187.

Museu Torrents Llado

Vom *Museu de Mallorca* sind es nur ein paar Schritte zum ***Museu Torrents Llado***, Carrer Portella 9. In diesem auf die Person des Malers *Joaquín T. Llado* (gestorben 1993 in Palma) zugeschnittenen Museum geht es für Besucher, die die Werke *Llados* nicht kennen, in erster Linie um die Besichtigung eines erstaunlich herrschaftlichen und in Details modernen Stadthauses. Dazu benötigt man kaum mehr als 30 min; www.jtorrentsllado.com.

Öffnungszeiten: Juni-Sept. Di-Fr 11-19 Uhr; sonst 10-18 Uhr. Sa 10-14 Uhr. So und feiertags geschlossen; **Eintritt €3**.

Banys Àrabs

Von dort geht es zu den **Arabischen Bädern** nur um die Ecke in die *Carrer Can Serra* hinein (ca. 200 m). Darunter wird sich mancher mehr vorstellen als diese **2-Raum-Ruine** aus lange versunkener maurischer Zeit. Der dazugehörige hübsche Garten und der Weg rechtfertigen jedoch den kleinen Extragang, weniger den Eintritt.

Geöffnet: 9.30-20 Uhr täglich; Dez-März bis 19 Uhr; **Eintritt €3**.

Kirchen

Etwas weiter östlich befindet sich noch eine Reihe von Kirchen, die aber nur für speziell Interessierte besuchenswert erscheinen. Geöffnet sind sie in der Regel zu Zeiten der Messe morgens und abends, tagsüber findet man sie meistens verschlossen.

Basilica de Sant Francesc

Ein unbedingt lohnenswertes Ziel ist aber die **Kirche des Klosters Sant Francesc** an der gleichnamigen Plaça, unverwechselbar durch eine fantastische **Fensterrose** über dem reich verzierten Portal. Mit dem Bau dieses nach der Kathedrale architektonisch bedeutsamsten Gotteshauses Mallorcas wurde schon im Jahr 1281 begonnen. In die Kirche gelangt man über den Eingang zum Kloster rechts vom Südportal nach Durchqueren eines schönen Innenhofes voller Blumen mit Brunnen und Säulengängen. Einst gerieten hier während einer Messe zwei verfeindete Familien so in Streit, dass am Ende 300 Adlige in der Kirche und auf dem Vorplatz tot zurückgeblieben sein sollen.

Kunstvoll gearbeitetes Portal an der Kirche Sant Francesc

Öffnungszeiten: Mo-Sa 9.30-12.30 Uhr und 15.30-18. Uhr (So und feiertags nur vormittags). Ggf klingeln. **Eintritt €1,50**.

Santa Eulalia

Auf der nahen, schattigen **Plaça Santa Eulalia** warten zahlreiche Open-air Terrassen auf Gäste . Die für den Platz namensgebende **Kirche** mit Grundsteinlegung im Jahr 1236 gehört ebenfalls zu den frühen Bauwerken der nacharabischen Zeit.

**Chocolateria
C`an Joan**

Geht man rechts an der Kirche *Santa Eulalia* entlang auf die Carrer Canisseria, erreicht man rechts die Carrer Sanç, in der sich die bekannteste und beliebteste ***Chocolateria*** Palmas befindet. Deren heiße Schokolade, Kaffee und *Ensaimadas* haben einen legendären Ruf bei Mallorquinern wie Touristen.

**Fassaden/
Patios**

Nur ein paar Schritte sind es von der *Plaça Eulalia* zur *Plaça Cort* mit dem alten **Rathaus** (*Ayuntamiento* auf Spanisch und *Casa de la Ciutat* auf Mallorquín), mit eindrucksvoller Front und einem knorrigen alten **Olivenbaum** auf dem Pflaster inmitten der Autos. Weitere Beispiele mallorquinischer Architektur findet man in den Adelspalästen der *Carrer de l`Almudaina* unterhalb des Rathauses und in der *Carrer des Sol*.

Plaça Mayor

Im Zentrum der ausgedehnten **Fußgängerzone Palmas** liegt etwas erhöht die **Plaça Mayor**. Der geflieste Hauptplatz ohne Grün verfügt über mehrere ziemlich gesichtslose, aber dennoch immer gut besuchte Cafés. **Montags, freitags** und **samstags** findet dort **vormittags** ein **Kunst- und Handwerksmarkt** statt, dessen Besuch lohnt: das Angebot ist – trotz oft nur weniger Stände – originell und interessant. Unter der *Plaça* befinden sich ein (sehr! enges) **Parkhaus** und ein **Ladenzentrum** mit Eroski-Supermarkt sowie Souvenir- und Leder-Shops der Preiswert-Kategorie.

*Cafeterias
säumen rund
um die Plaza
Mayor deren
Arkaden*

**Einkaufs-
straßen**

Zu Einkauf und Bummel bieten sich die Straßen rund um die Plaça Mayor an. **Haupt-Shoppingmeile** sind der **Straßenzug Carrer Sindicat/Bosseria/Jaume II** und die **Carrer Sant Miquel**. Die frühere »Arbeitsteilung« nach Waren und Handwerken, die heute noch aus einigen Straßennamen hervorgeht, ist im Lauf der Zeit verlorengegangen, auch wenn man etwa in die **Carrer Argenteria** (=Silberschmiede) immer noch auf manchen Juwelierladen stößt.

**Fundació
March**

In der Sant Miquel 11 befindet sich die ***Fundació March*** mit Werken moderner spanischer Kunst (nicht zu verwechseln mit dem *Palau March*, ⇨ Seite 153). Allein schon der für die Ausstellungszwecke hergerichtete Stadtpalast ist die Besichtigung wert.

Überdies sind Umfang und Qualität der wechselnden Präsentationen in aller Regel beachtlich. Unbedingt mal »reinschauen«. Auch virtuell im Internet möglich: www.march.es/arte/palma. **Geöffnet**: Mo-Fr 10-18.30 Uhr, Sa 10.30-14 Uhr; **Eintritt frei**.

Ein großes **Gran Café Cappuccino** wartet mit einem grünen Hofgarten ein kleines Stück weiter oben in der Sant Miquel, ideal nach viel Pflastertreterei.

Objekt im Museum für moderne Kunst der Fundació March

Kaufhaus Corte Inglés/ Einkauf

Der **zentrale Geschäftsbereich Palmas** setzt sich nordöstlich bis zur **Avinguda Alejandre Rosello/Plaça Espanya** fort und endet nicht mit den zu Fußgängerzonen deklarierten Straßen. Unweit der Plaça Sant Antoni steht das schon wegen seiner (im Vergleich mit deutschen Kaufhäusern) Andersartigkeit besuchenswerte **Großkaufhaus El Corte Inglés**. Die Einfahrt zur **Tiefgarage** des Kaufhauses befindet sich in der Mitte der Ringstraße. Im Westen läuft die Shoppingzone bis zum Ende der **Avinguda Rei Jaume III**. Dort gibt es eine Filiale des *Corte Inglés*.

Mercat Olivar

Im *Mercat Olivar* (mit **Parkgarage** im Untergeschoss) spielt sich täglich bis Mittag (ca. 13 Uhr) ein **Gemüse-, Fleisch- und Fischmarkt** ab (**freitags bis 18 Uhr**). Die vor ein paar Jahren modernisierte Markthalle hat im Gegensatz zum alten Markt im Viertel Santa Catalina (↝ Seite 166) keine mediterrane Atmosphäre mehr, aber **Fisch- und Wursttheken** sind immer noch beachtlich.

Fischtheke in der Markthalle Olivar in Palma (↝ Seite 147)

Plaça Espanya

Gleich nördlich des Mercat Olivar liegt die weitgehend verkehrsfreie **Plaça Espanya** mit einem sehenswerten *Standbild Königs Jaume I*, dem Rückeroberer Mallorcas.

Bahnhof Inca/ Manacor/ U-Bahn

Jenseits der Plaça befinden sich die **Station für die Bahn nach Sóller** und der *Parc d'Estació*. Nach Verlegung des Inca-/Manacorbahnhofs unter die Erde in Rekordzeit und gleichzeitigem Bau einer U-/S-Bahn zum Universitätscampus an der Straße nach Valldemossa weisen nur noch die Luftschächte im darüberliegenden *Parc de S'Estacion* auf den **Bahnhof im Untergrund** hin.

Busbahnhof/ Spielplatz

2009 wurde neben den Bahnsteigen des Schienenverkehrs auch noch der unterirdische **Busbahnhof für den mallorquinischen »Fernverkehr«** fertig, das alte *Terminal* am Nordende des Parks stillgelegt. Ungefähr dort findet man einen nun erweiterten hervorragend thematisch (»Eisenbahn«) angepassten **Kinderspielplatz**.

Touristinfo

Überirdisch verblieben im alten Bahnhofskomplex ein touristisches **Informationsbüro** und die Terrassen der **Cafeteria Ses Estacions**, wo eine **Modelleisenbahn** über den Köpfen der Gäste an der Bar ihre Runden dreht.

Bushalte stellen

An der die Plaça Espanya und den Park trennenden **Avinguda Joan March** befinden sich direkt vorm unterirdischen Bahnhof die Haltestellen von Stadt- und Vorortbuslinien und des Airportbusses.

Sollerbahnhof

Völlig unberührt von den Modernisierungsarbeiten in der Umgebung blieb der alte Bahnhof samt Schienen der Eisenbahn nach Sóller. Der »Rote Blitz« fährt nach wie vor beim Gebäude jenseits der Straße Eusebi Estada ab und schaukelt – zunächst auf in der Straße verlegten Schienen – gemütlich aus der Stadt. Immerhin aber wurden die Fahrpreise modernisiert (€10 für die einfache Fahrt nach Soller bzw. €17 retour, ↪ Seite 132; Tickets gibt's im Zug).

Ab Sollerbahnhof trifft man 40 m weiter auf das vermutlich exotischste Restaurant Mallorcas, das *Maharaja Mahal*, drinnen wie ein arabischer Palast, aber dennoch indische Küche, ↪ Seite 172.

La Rambla

Ein ausgedehnterer Bummel durch Palma könnte auch noch die schattige *La Rambla*, eine von Fahrspuren eingefasste **Flanierpromenade** mit Blumen- und Zeitungsständen, mit einbeziehen. Von der Plaça Espanya führt die **Carrer Oms** geradlinig dorthin.

Bombastischer Untergrundbahnhof für die U-Bahn (links) bis zur Universität an der Straße nach Valldemossa und Dieselzüge nach Inca/Sa Pobla und Manacor. Enorme Schächte im darüber liegenden Park sorgen (nicht ganz) für die Abführung der Abgase. Unmittelbar rechts daneben befindet sich der zentrale Fernbusbahnhof.

Deutscher Buchladen

Nahe *La Rambla* befindet sich – in der Carrer Carme 14, einige Schritte hinter dem kleinen Parkplatz – Palmas **Deutsche Buchhandlung Dialog** mit einer enormen Auswahl an Mallorcaliteratur. Und wer Spanisch oder Katalanisch lernen möchte, kann dort auch gleich die geeigneten Kurse buchen.

Plaças Weyler und Mercat

Nicht achtlos passieren darf man auf der kurzen de la Unio die zusammenhängenden **Plaças Mercat** und **Weyler**. An ersterer fallen zwei Gebäude (ehemaliges *Hostal Menorquina* und das *Can Casasayas*) mit einer eigenartigen, von *Gaudi* inspirierten Spielart des Jugendstils architektonisch aus dem Rahmen. Ebenso wie die **Fassade des *Gran Hotel*** (⇨ unten) sind sie lohnende Fotomotive.

Forns/ Konditoreien

Die vielgepriesene mallorquinische **Konditorkunst** findet angeblich in den Produkten des *Forn des Teatre* an der Plaça Weyler ihre einsame Spitze; nun ja. Auf jeden Fall schmecken deren *Ensaimadas* (⇨ Seite 455) und weitere süße Sachen ganz gut. Man kann sie gleich vor der Tür kosten. Auch beliebte **Fotomotive** sind sowohl die kunstvoll kitschigen Verzierungen dieses wie auch des *Forn Fondo* schräg gegenüber an der Ecke de la Unió/Caputxines.

Gran Hotel

Vom *Forn des Teatre* fällt der Blick auf den restaurierten Palast des ehemaligen *Gran Hotel* auf der anderen Seite der Carrer de la Unió. In ihm befinden sich eine eindrucksvolle Kollektion von Gemälden des Malers *German Anglada Camarassa* und anderer katalanischer Künstler (Stiftung *La Caixa;* Di-Sa 10-21 Uhr, So und Feiertage bis 14 Uhr, Zutritt frei). Im Erdgeschoß im **cool gestylten** *El Café* und draußen auf dem Vorplatz gibt`s Drinks und Snacks für – in diesem Ambiente – zivile Tarife.

Innenhöfe

Die Plaça Weyler ist Adresse für eine weitere Kirche, die *Església Sant Nicolau*, und den **Justizpalast**, die *Casa Berger*, mit interessantem **Innenhof**, der aber für Besichtigungen nicht offensteht. Ein weiterer attraktiver Innenhof befindet sich in der **Sant Jaume No. 11** ganz in der Nähe. Auch den Patio des *Hotel Born* in derselben Straße ist nicht nur für Gäste sehenswert; siehe im übrigen auch die offizielle Webadresse www.conselldemallorca.net/altramallorca/aleman/cap8/calta.htm. Auf ihr werden zahlreiche Innenhöfe detailliert in deutscher Sprache vorgestellt.

Passeig des Born

Mit dem Platz des gegenwärtigen spanischen Königs erreicht man das obere Ende des *Passeig des Born* (spanisch: *El Borne*), eine breite, von Platanen beschattete, aber lange beidseitig vom Verkehr eingezwängte **Promenade** im Herzen der Altstadt. In den 1970er-Jahren wurde der *Borne* noch als Top-Sehenswürdigkeit

El Borne

gefeiert. Damals galt er unter dem Namen *Avenida Generalissimo Franco* als Flanierstrecke, »an der sich die bekanntesten Bars, Cafés, Restaurants und Theater befinden und sich zu allen Tageszeiten Menschen aller Gesellschaftsschichten ... und Nationalitäten ein Stelldichein geben, als ein Zentrum mallorquinischen Lebens«, so ein lokal verlegter »Führer von Mallorca« 1977.

Bar Bosch

Von der Gastronomie war dort lange nichts mehr zu sehen, und auch Theater gibt es keine mehr. Das einst erste **Straßencafé** am Platze, die erstaunlich populäre *Bar Bosch* an der Ecke de la Unio, hat mit der Stillegung der rechten Straßenspur am *Borne* (vom Meer aus gesehen) zwar an Attraktivität gewonnen, verdient aber trotzdem keine besondere Empfehlung. Nebenan hat sich schon vor Jahren *McDonalds* als profaner Kontrapunkt etabliert.

Wiederbelebung des Borne

Doch seit kurzem belebt sich der *Borne* wieder; Fassaden wurden restauriert und Shops teurer Edelmarken (*Vuitton, Zara* u.a.) ersetzten verstaubte Läden. Auf der jahrelang leeren oberen Promenade durften Cafés wieder Tische und Stühle aufstellen, ein wunderbar schattig kühler Platz bei sommerlicher Hitze.

Die **Promenade** des *Borne* läuft, nur unterbrochen durch einen Kreisverkehr, entlang der Avinguda Antoni Maura bis zum Hafen.

Altstadt

Westlich des *Borne* setzen sich die **engen Gassen der Altstadt** fort. Von der Plaça Rei Joan Carles würde sich ein Rückweg zum Passeig Sagrera durch den verkehrsberuhigten Straßenzug Granada/Sant Gaieta/Montenegro/Sant Joan anbieten. Dort zeigen Renovierung und Sanierung positive Wirkung.

Casal Solleric

Dabei passiert man in der Carrer Sant Gaieta/Ecke Cifre das *Casal Can Solleric*, den größten einstigen **Privatpalast** Palmas mit eindrucksvollem *Patio*. Er wird für Kunstausstellungen (Di-Sa 10-14 Uhr/17-21 Uhr; So 10-13.30 Uhr; frei), eine Touristinfo und ein **Café** genutzt (Eingang Café auch am *Borne*).

Apuntadors und Migjorn

Die Carrer Sant Joan kreuzt die **Carrer Apuntadors**, eine tagsüber leicht heruntergekommen wirkende, aber abends attraktive **Kneipen- und Restaurantgasse**. Das *Wineing* in #24 bietet Weinproben mit Spitzenweinen. Auch mallorquinische Marken sind vertreten. Zum Wein gibt 's hausgemachte Tapas und für den größeren Hunger Fisch und Fleisch vom Grill, www.wineing.es.

In der Sant Joan, direkt an der Ecke Apuntadors befindet sich der Palast der dekadenten *Bar Abaco*, ↪ Seite 173. Gleich nebenan in der *Bar Barcelona* kann man allabendlich ab 21 Uhr Jazz, Bolero und Flamenco genießen, ab 22 Uhr Jazz im Club *Voyeur de Jazz*.

Sa Llotja/ Consolat del Mar

Bei der alten Seehandelsbörse *Sa Llotja* stößt man auf die nur durch einen Grünstreifen vom Passeig Maritim getrennte Straße Migjorn. Die Börse gilt zusammen mit dem daneben gelegenen *Consolat del Mar*, dem einstigen Seehandelsgericht und heutigen Sitz der Balearenregierung, als Wahrzeichen der Hafenstadt. Die - gotisch »angehauchte« *Llotja* dient dem Provinzialmuseum für Sonderausstellungen, dann Di-Sa 11-14/17-20 Uhr, So/feiertags 11-14 Uhr. Häufig ist die *Llotja* verschlossen.

Plaça Drassana/ Puig de Sant Pere

Hinter dem *Consolat del Mar* liegt die **Plaça Drassana** mit Abfall-tonnen dort, wo früher Fischer ihre Netze flickten. Sie ist heute ringsum mit Tischen und Stühlen diverser Lokale vollgestellt. Sonnig und originell ist das **Drassana Bar & Café**. In der oberen Ecke hat das kleine *Escape* jedes Jahr einen neuen Namen.

Nicht ohne Reiz sind die Gassen links (westlich) der Plaça Dras-sana bis zur *Porta de Santa Catalina*. Das **Puig de Sant Pere** ge-nannte Viertel bewahrte sich bis in die 1990er-Jahre hinein noch einen halbwegs unverfälschten Charakter südländischer Stadt-kultur: Arbeit und Wohnen, Familienleben und soziale Kontakte auf engem Raum gleichzeitig nebeneinander. Aber auch dieser Wohnbereich wurde weitgehend saniert mit schönem Ergebnis für die Fassaden, aber Verdrängung der eher zu den unteren Einkommensschichten gehörenden bisherigen Bewohner.

Es Baluard, Museo d'Art Modern

Erst seit 2004 gibt's das **Museum für Moderne Kunst** *Es Baluard* in der restaurierten Befestigungsanlage der südwestlichen Alt-stadtecke. In riesigen Räumen sind hier zwar permanent auch ein paar beachtliche Stücke zeitgenössischer Kunst ausgestellt, darunter Strichzeichnungen und Entwürfe von *Miró*, aber span-nend ist *Es Baluard* eher, wenn Sonderausstellungen anliegen. Zum Komplex, dessen Vorplatz mit Skulpturen beeindruckt, ge-hört das wunderbar positionierte Restaurant BLD mit Weitblick-terrasse über Palmas Bucht und Hafen; www.esbaluard.org/es.

Öffnungszeiten: Di-Sa 10-20 Uhr, So 10-15 Uhr, **Eintritt** €6,00, ermäßigt €4,50. **Parken** mit Glück an der Plaça Catalina, sonst in der Parkgarage unterm Passeig Mallorca.

Terrasse des Restaurants BLD

6.3   Passeig Maritim, Terreno und Santa Catalina

Einen ganz anderen Eindruck als der Altstadtbummel vermittelt ein Spaziergang auf der Hafenpromenade, entlang der sich Yacht-marinas und Gastliegerplätze aneinanderreihen, bis hinunter zum Anleger der Festlandfähren und Kreuzfahrtschiffe.

Yachthäfen/ Passeig Maritim

Hinter der **Contramuelle**, die links die Einrichtungen des Fisch-ereihafens und rechts die Gebäude des königlichen Yacht Clubs (**Real Club Nautico**) beherbergt, verbreitert sich die **Fußgänger-promenade** (mit **Radweg**). Boote aus aller Herren Länder machen direkt an der Uferpromenade hinter der Mole für »große Pötte« und Ausflugsboote als Gastlieger für Tage oder Wochen fest. Oft sind auch abenteuerliche Konstruktionen darunter..

An der Fußgänger-promenade des Passeig Maritim machen Gast-lieger aus aller Welt mit ihren Booten fest

Bars am Wasser

Direkt am Wasser gibt es außer der **Bar Port Pesquer** (mit Terrasse am Innenhafen für die kommerzielle Fischerei noch vor der *Con-tramuelle*) auf der gesamten Länge des *Passeig* nur noch die **Bar/ Cafeteria Darsena** (⇨ Foto Seite 36) gegenüber der Straße Monsen-yor Palmer. Bei schönem Wetter ein prima Platz für eine Pause am Wasser (Parken dort möglich!), und vor allem ruhiger als all die Kneipen und Cafés auf der anderen Seite der Hauptstraße, das nahe erste **Gran Café Cappuccino** eingeschlossen. Weit entfernt von Lärm und Getriebe der Stadt mit Weitblick auf Kathedrale und Meer sitzt man – wie schon auf Seite 148 erwähnt – in der **Bar Varadero** auf der Seeseite der alten Mole vorm Zollhafen.

Landseite des Passeig

Zum **Bummeln** lädt die landwärtige Seite des Passeig Maritim mit Geschäften jeder Provenienz und Preislage, Hotellobbys und einem breit gefächerten gastronomischen Angebot ebenso ein.

Anleger für Bootstrips

Gegenüber dem Auditorium, einem Veranstaltungskomplex, be-finden sich Parkplätze und Anleger für Bootstouren. Mehrfach täglich gibt`s dort **Hafenrundfahrten**, die sich vor allem wegen des tollen Blicks auf die Stadt lohnen. Populär sind mehrstündige Trips auf **Hochseekatamaranen** (bis/um Dragonera, ab ca. €60).

Die bekannten Kreuzfahrt-schiffe der »Aida«-Klasse sind oft zu Gast in Palma.

Discos/ Musikbars	Dem nicht zu übersehenden Glaspalast von **Tito's**, eines zur **Disco** umfunktionierten einstigen *Super Night Club* zwischen Passeig Maritim und Plaça Gomila wurde bereits ein Absatz gewidmet, ⇨ Seite 122. Auch wenn *Tito`s* alle überragt, mehr Action ist heute in den **Discos** unten an der Hauptstraße, etwa im **El Divino**, im **Abraxas**, im **Made in Brasil** (Samba-Bar), im **La Boite** im Yacht-hafen und speziell im **Garito Cafe**, oft mit großen Namen der »Aufleger-Szene«. Weniger anonym und fröhlicher geht es in den **Musikbars** zu, z.B. im **Aqua**, wo auch kein Eintritt anfällt.
Fähren	Am Westende des Hafenboulevards passiert man die ausgedehn-ten Anlagen der **Estació Maritim**, des Fährschiffhafens. Außer der auf Seiten 100f genannten Fähren vom/zum Festland geht es von dort auch täglich nach **Ibiza** (*Balearia*) Nach **Menorca**/Mahón geht's nur einmal wöchentlich (Sa) mit *Balearia* oder *Acciona-Trasmediterranea* (So), nach Menorca/Ciutadella aber täglich **ab Alcudia** oder **Cala Rajada**, ⇨ Seiten 279 bzw. 298).

Info Trasmediterranea: ✆ 971 707377; www.trasmediterranea.es

Information Balearia: ✆ 971 405360; www.balearia.com

Information Iscomar: ✆ 902 119128; www.iscomar.com

Konsulat	Gegenüber dem Fährschiffhafen steht das ganz verglaste *Edificio Reina Constanza*, wo u.a. das **Deutsche Konsulat** residiert.

Einer der besten Plätze, um Palmas Silhouette zu genießen, ist die Bar Varadero vor der Einfahrt in den Zollhafen mit Blick auf die Kathedrale »gegenüber«.

Die Einfahrt zum Militärmuseum lässt sich nicht verfehlen; sie wird von einer riesigen Kanone »bewacht«

Militär-museum

Auf dem gegenüberliegenden (westlichen) Ufer der Marinemole wurde in einem alten **Festungsbau** das – für an Militaria Interessierte sehr – sehenswerte *Museu Militar San Carlos* eingerichtet. Die Ausstellung umfasst jede Menge Waffen, Dokumente und militärhistorische Gegenstände aus vielen Jahrhunderten; **frei**.

Geöffnet: Nov-März Mo-Fr 9-13 Uhr, Sa 10-14 Uhr; Juli+August nur Mo-Fr 9-13, andere Monate Mo-Fr 10-18 Uhr, Sa 10-14 Uhr.

Zufahrt über *Dic de L`Oest* (ausgeschildert), der beim *Shopping Center Porto Pi* vom Passeig Maritim nach Süden abzweigt. Die breit ausgebaute Straße endet vorm Schlagbaum des Zollhafens, dem sog. **Westkai**, an dem auch Kreuzfahrtschiffe festmachen.

Strand Punta Grell

Ein versteckter Strand liegt 200 m vor der Einfahrt zum Museum: Ab Parkplatz **Punta Grell** geht man 50 m zurück und sieht dort schon Treppe und Pfad hinunter zum felsig eingefassten Strand in Südwestlage, wo man baden und die Abendsonne genießen kann.

Zurück via Avinguda Joan Miró

Vom Ende des Passeig Maritim könnte man via **Avinguda Joan Miró** sozusagen ein »Straßen-Stockwerk« höher wieder in Richtung Zentrum zurückkehren (beim **Spielkasino** und *Shopping Center Porto Pi* nach rechts bzw. vom gegenüberliegenden Dic de L'Oest das Ende des Passeig geradeaus überqueren).

Rundfahrt in »Gegenrichtung« oder Weiterfahrt

Wer eine Rundfahrt per Auto oder Fahrrad unternimmt, kann ebensogut gegen die hier vorgeschlagene Richtung, d.h., ab Palma Zentrum zunächst durch die Stadtteile Santa Catalina und El Terreno fahren und erst dann den Passeig Maritim von Westen nach Osten. Speziell am Nachmittag, wenn die Sonne die Silhouette der Stadt in goldenes Licht taucht, wäre das die angezeigtere Richtung.

Für eine Weiterfahrt ab Porto Pi oder Westkai in Richtung Südwesten (Cala Major/Illetes/Portals Nous/Palma Nova/Magaluf) ➪ Seiten 188ff.

El Terreno

Die **Plaça Gomila**, über Treppen auch vom Passeig Maritim erreichbar, ist **Zentrum des Stadtteils El Terreno** und gleichzeitig des dort jugendlich spanisch geprägten Nachtlebens von Palma entlang der Avinguda Joan Miró über die Plaça Gomila hinaus bis zur Plaça Mediterraneo und Umfeld. Dort findet man zahllose Kneipen, Snack- und Musikbars und Discos für die Kids.

**Plaça
Gomila**

Vor 20 Jahren dominierten noch Skandinavier das Gebiet rund um die **Plaça Gomila**. Später ging es mit El Terreno bergab. Die mittlerweile eingetretene Erholung als Ergebnis einer Anpassung an ein neues Publikum aus jungen Spaniern und wenigen Touristen ist noch nicht abgeschlossen. Man sieht dem Viertel tagsüber den Umbruch an. Bei Dunkelheit werden die *Vibrations* dort vielen Leuten (eher unter 30 Jahren) aber besser gefallen als das »Nachtleben« in Orten wie Arenal, Magaluf oder Santa Ponça.

**Castell
de Bellver**

Hoch über Terreno liegt die **Burg *Bellver***; von der Plaça Gomila ist sie sogar – über ein steiles Stück Straße und viele Stufen – recht gut zu Fuß zu erklimmen. Mit Fahrzeug erreicht man das *Castell* (von Palma kommend) nur über die Avinguda Joan Miró und dann rechts in die Camilo José Cela.

**Baustil/
Geschichte**

In seiner schmucklosen Klotzigkeit beeindruckt *Bellver* durch seine ungewöhnliche **topfartige Bauweise**. »Bewacht« wird der Rundbau von Wällen, Gräben und drei angesetzten Türmen, die kaum oder wenig über ihn hinausragen. Lediglich der höhere *Torre de Homenaje*, über Jahrhunderte hinweg Heimstatt eines gefürchteten Verlieses, steht frei vom Hauptgebäude.

Die Räume der zweigeschossigen Burg, die teilweise als Museum dienen, öffnen sich alle zum Innenhof, der von Säulengängen begrenzt ist. Der Bau wurde gleich nach der Eroberung Palmas durch *Jaume I.* begonnen, jedoch erst im Jahre 1309 fertiggestellt. *Bellver* blieb nicht sehr lange Sitz der Könige, sondern diente u.a. als Gefängnis für Palmas Juden, die man nach einem Pogrom Ende des 14. Jahrhunderts zunächst hier zusammentrieb und später teerübergossen anzündete und von den Mauern warf.

Zeiten

Das große Tor gibt den kurvenreichen Weg hinauf frei 8-20 Uhr (Okt.-März), sonst bis 21 Uhr. Burg mit Museum geöffnet Di-So je nach Jahreszeit 10-17/18/19 Uhr, **Eintritt €2,50**, ermäßigt €1,00. So freier Zutritt, aber Räume und Museum sind dann zu.

Die gut erhaltene bzw. restaurierte Burg Bellver hoch über Terreno ist ein schönes Ausflugsziel. Hier im Bild der Torre de Homenaje, einst ein gefürchtetes Verließ

Blick über Palma

Bellver **sollte man unbedingt besuchen**. Bei zeitiger Ankunft in Palma vielleicht sogar vor der Besichtigung der historischen Altstadt, denn von dort oben hat man einen phänomenalen Überblick. Deutlich erkennt man die Umrisse der Innenstadt und den Verlauf der ehemaligen teilweise erhaltenen Stadtmauer, deren Zickzack heute die Ringstraßen folgen. Außerhalb der Altstadtbezirke, sieht man ab von Stierkampfarena und *Poble Espanyol*, finden sich keine nennenswerten Sehenswürdigkeiten.

Santa Catalina

Zwischen El Terreno und Palmas Altstadt liegt der **Stadtbezirk Santa Catalina**, der seit einigen Jahren ein erstaunliches **Revival** erlebt. Im Dreieck zwischen Passeig Maritim (bis Monsenyor Palmer), Avinguda Argentina (Ringstraße um die Altstadt) und Carrer Espartero/Plaça Progrés/Comte de Barcelona (und auch noch nördlich davon) ballen sich zahllose kleine **Bars und Restaurants** jeder Provenienz und Stilrichtung von »schlicht« über »originell« bis »design«. Den zentralen Bereich bilden die Straßen rund um die und »über« der Plaça Navegacio mit dem noch spanisch typischen täglichen *Mercat* (bis 13/14 Uhr), ganz ohne Frage dem buntesten und besten Palmas, in der **Markthalle Santa Catalina**. Vor allem in der ca. 300 m langen verkehrsfreien grünen Zone der **Carrer Fabrica** drängen sich die **Lokale dicht an dicht**.

An der Ecke Comte de Barcelona/L'Industria steht eine ganze Reihe pittoresker alter Mühlen zwischen Apartmentblöcken. Noch in den 1930er-Jahren standen sie allein auf weiter Flur

Gastronomie

Neben den Restaurants in dieser »Fressgasse« seien hier genannt:
- *Ristorante Regionale Santa Catalina* in der Carrer Caro 24 (3 Blocks nördlich *Mercat Santa Catalina*); mittlere Preise
- *Garlic & Shots* in der Carrer Cotoner 33; mittlere Preise
- *Fabrica 23* in der Cotoner 40 mit wechselnden Angeboten für anspruchsvolle Gaumen; gehobene Preiskategorie

An Wochenenden werden abends die Restaurants in Santa Catalina proppevoll. Die Straßen sind dort schon tagsüber ziemlich zugeparkt; abends ist **Parkplatzsuche** in der Nähe aussichtslos.

Es Jonquet

Boten die ärmlichen Häuser auf dem Hügel *Es Jonquet* hoch über dem Hafen (unterhalb der Straße Sant Magi) noch Ende der 1990er-Jahre überwiegend ein Bild des Verfalls, wurde und wird seither kräftig restauriert. Nur Anwohner dürfen noch mit Fahrzeug in die frisch gepflasterten Straßen dieses heute als chic geltenden und teuer gewordenen Bereichs.

6.4   Poble Espanyol, Mercat Baratillo, Plaça de Toros

Poble Espanyol

Das **Poble Espanyol** liegt nördlich des *Castell de Bellver* und der Straße in Richtung Genova (Carrer Andrea Doria). Dank der weiträumigen Ausschilderung kann man es nicht verfehlen.

Kennzeichnung

Es handelt sich um eine künstliche, ganz von Mauern umschlossene kleine **Stadt** mit verwinkelten Kopfsteinpflastergassen **im Mittelalter-Look**, deren Hauptelemente maßstabsgetreu verkleinerte **berühmte Bauwerke Spaniens** sind. Die in bunter Mischung zusammengestellten Gebäude beherbergten noch bis vor wenigen Jahren eine ganze Reihe unterschiedlichster Restaurants, Kunsthandwerkstätten, Textilboutiquen und Souvenirshops. Aber das *Poble* (oder *Pueblo*) galt eigenartigerweise nur als Sehenswürdigkeit unter »ferner liefen« und viele Lokale wie Läden schlossen wegen zu geringer Besucherzahlen. Mittlerweile ging der ganze Komplex an eine Immobilienfirma, die das *Nuevo Pueblo Espanyol* kreierte, in das wieder mehr Leben einziehen, wo Kongresse und Events stattfinden sollten, wie etwa die *After Show Party* nach »Wetten, dass ...!« auf Mallorca.

Mehrere neue Restaurants seien täglich geöffnet, hieß es, ebenso die *Cocktail Bar* in der »Kathedrale von Saragossa«, ⇨ die Website www.congress-palace-palma.com/. Tatsächlich aber tat sich nach kurzer »Blüte« wenig. Lokale blieben oft geschlossen, und Läden ließen sich offenbar kaum finden, im »Dorf« (neu) zu eröffnen.

Karte in der vorderen Umschlagklappe und separat

Nach wie vor lohnt sich aber der Rundgang. **Geöffnet**: Täglich ab 9 Uhr. Zeitbedarf für eine Runde maximal 45 min inkl. Fotopausen; Eintritt €4. Parkplätze am Eingangstor. Info: ℂ 971 737075.

Berühmte Bauwerke leicht verkleinert in »Dorf« Poble Espanyol

Flohmarkt

Der **samstägliche Vormittags-Flohmarkt** *El Rastro* (7-14 Uhr) auch *Mercat Baratillo* (»billiger Markt«) oder *Rastrillo* genannt, findet seit nicht mehr wie früher in der City entlang der Ringstraße statt, sondern auf dem Parkplatz *Son Fusteret* im Gewerbegebiet *Poligono Castelló* (Anfahrt über die Nordautobahn Ma-13 Ausfahrt 2, dann am Kreisverkehr rechts: Cami Vell de Bunyola). Er besteht großenteils aus Ständen für Souvenirs, billige Textilien, günstige Uhren und Elektronik unechter Marken, für Kinderspielzeug und jede Menge Trödel. Ab spätem Vormittag wird's rappelvoll. Man sollte seine Wertsachen dann fest im Griff haben.

Empfehlung

Der Flohmarkt ist kaum ein lohnendes Ziel für einen eigenen Ausflug. Nur wenn er im Rahmen einer anderen Tagesplanung für Samstag am Wege liegt, kann man ihn »mitnehmen«. Gerade sonnabends ließe sich auch oder sogar besser der kleine **Kunst- und Handwerksmarkt** auf der Plaça Mayor besuchen.

Spraykünstler auf Palmas Plaça Mayor

Stierkampf-Arena

Sehenswert ist die *Plaça de Toros*, die **Stierkampf-Arena**, im nördlichen Wohnbezirk oberhalb der Plaça Espanya zwischen Arxiduc Lluis Salvador und Avinguda Arquitec Bennassar. Sie wird auch für *Open-air* Konzerte, Tennisturniere (*Mallorca Open* 2./3. Septemberwoche) genutzt. Schon vor Jahren fand dort erstmalig »*Wetten, dass ...!*« mit *Thomas Gottschalk* statt. Im **Juni 2011** kam es dort zur Abschiedsveranstaltung des Showmasters.

Stierkämpfe im Sommer

Um sich ein Bild von einer *Corrida de Toros*, einem echten spanischen Stierkampf zu machen, ist die Arena von Palma gar kein schlechter Ort. Stierkämpfe finden indessen nur noch unregelmäßig statt, und wenn, dann nur **zwischen Juni und September sonntags um 18 Uhr** (**pünktlich** im Gegensatz zu anderen Veranstaltungen in Spanien!). Die Ankündigungen werden inselweit ausgehängt. Bei der großen Kapazität sind Eintrittskarten kein Problem, man kauft sie bei Ankunft. Neben der Höhe über dem Rund spielt für den Eintrittspreis eine Rolle, ob man im **Schatten** sitzen will oder sich auch in der **Abendsonne** wohl fühlt. Mindestens ebenso interessant wie das grausame Geschehen sind Verhalten und Reaktion des Publikums. Die *Corrida* dauert einenhalb bis zwei Stunden.

Zur *Plaça de Toros* sollte man mit Auto zeitig anfahren, da die Parkplatzsuche schwierig wird. Von den Haltestellen an der *Plaça Espanya* bzw. dem Ausgang der unterirdischen Bahn- und Busstation läuft man ca. 15 min.

Stierkampf – Corrida de Toros

Ein Thema gesamtspanischer, aber ebensogut mallorquinischer Kultur ist der Stierkampf, die **Corrida de Toros***: Nach einem festgelegten Ritual werden sechs Stiere von drei verschiedenen Toreros getötet.*

Zu Beginn steht der Einmarsch der **Toreros** *mit ihren Helfern, den* **Capeadores, Picadores** *und* **Bandilleros***. Ist der Stier losgelassen, erfolgt zunächst die Reizung, danach eine gewisse Erschöpfung seiner Angriffslust durch die Capeadores. Mit Hilfe ihrer schwarz-roten* **Capas***, unter denen das Tier wieder und wieder ins Leere läuft, bereiten sie den nächsten Akt der Zeremonie vor: das blutige Handwerk der Picadores, den unerfreulichsten Teil der Corrida de Toros. Hoch zu Ross stoßen sie dem Stier ihre Lanzen, die* **Picas***, in den Nacken und fügen ihm damit tiefe, stark blutende Verwundungen zu. Dabei werden seine Nackenmuskeln durchtrennt. Er kann deshalb den Kopf nicht mehr heben und bietet dem Torero eine ungeschütztere Angriffsfläche.*

Zur erneuten Reizung nach der Schwächung durch den erlittenen Blutverlust treten die Banderilleros – oft auch bereits der Torero selbst – mit ihren 75 cm langen Spießen, den **Banderillas***, in Aktion. Die mit einem Widerhaken versehenen und mit bunten Bändern geschmückten Spieße werden dem heranstürmenden Stier paarweise in den Rücken gesetzt. Je näher dabei der Banderillero oder Torero dem Stier kommt und je enger die Banderillas stehen, desto größer ist der Beifall des Publikums.*

Der letzte Akt dient der »kunstvollen« **Tötung des Stiers** *durch den* **Matador** *(Töter/Schlächter), wie der Torero auch und eigentlich korrekter bezeichnet wird. Die grausame Endphase beginnt mit der Reizung des Stiers durch das bekannte rote Tuch, die* **Muleta***, und den geschickten Ausweichschritten und -bewegungen des Matadors nach bestimmten vorgegebenen Mustern. Fachmännisch quittiert das Publikum gelungene Aktionen mit Applaus, »Fehltritte« mit Pfiffen. Oberstes Ziel des Matadors ist die* **Erlegung des Stiers** *mit einem einzigen Stoß seines langen Degens, der* **Estapa** *oder* **Estoque***, ins Herz. Dazu gehören viel Geschicklichkeit und Kraft, da ein bestimmter Punkt im Nacken mit Vehemenz und im richtigen Winkel getroffen werden muss. Gelingt dies auf Anhieb, kennt die Begeisterung der Zuschauer keine Grenzen.*

Man sollte bei Interesse nicht zögern, die Gelegenheit zum Besuch des grausamen Geschehens zu nutzen, gleich, wie am Ende (oder schon von vornherein) das persönliche Urteil ausfallen mag.

Neben der **Plaça de Toros** *in Palma existieren Arenen auch in* **Alcudia, Inca, Manacor** *und* **Muro***. »Richtige« Stierkämpfe werden dort aber nur noch zu besonderen Anlässen ausgetragen. In* **Alcúdia** *finden im Sommer* **unblutige Kämpfe** *mit jungen Stieren statt. Anlässlich dörflicher Feste werden hier und dort in provisorischen Arenen auch* **Amateur-Corridas** *veranstaltet.*

6.5   Das leibliche Wohl in Palma

Übersicht/
Tapas

Wenn der Appetit sich eher auf eine Kleinigkeit bezieht, stößt man **in Palma an jeder Ecke** auf Essbares. Allerdings auch dort mehr und mehr auf «internationale« Snacks wie *Hamburger, Hot Dogs, Pizzas* usw. Vielen werden die süßen Sachen aus Konditoreien, z.B. aus den ***Hornos Forn des Teatre*** und ***Fondo*** schmecken (➪ Seite 159*)*.

Wer es lieber herzhaft hätte, findet *Tapas* in äußerlich oft weniger ansprechenden Lokalen, aber auch in den rechts genauer beschriebenen Restaurants ***Taberna de Caracól, S`Olivera*** (unweit Plaça Eulalia) und ***Forn de Sa Llotgeta*** (Llotgeta 8 unweit Plaça Mayor).

Durchschnittliche Tapaqualität, dafür aber die Hafen- bzw. Wasserlage, bieten die ***Bars Port Pesquer***, ***Darsena*** oder ***Varadero*** (➪ Seite 162). Tapas gelegentlich wechselnder Qualität gibt's im – trotz hoher Preise – populären ***La Boveda***, Boteria 3, und um die Ecke in deren Ableger ***Taberna***, Passeig Sagrera, in der »Fressstraße« **Apuntadors** sowieso und auch an der **Plaça Drassana**.

Als edelstes Tapalokal gilt ***Aquiara*** am Passeig Maritim 3 im früheren *Koldo Royo* des gleichnamigen spanischen Promikochs.

Restaurants

Im folgenden sind **zusätzlich zu den Empfehlungen im vorstehenden Text** eine Reihe von **Restaurants genannt bzw. noch einmal herausgehoben**, die nach Bewertung der Faktoren Lage, Einrichtung und Qualität im Verhältnis zu Preisen und Ambiente – aus Sicht des Autors – besonders empfehlenswert erscheinen. Welche Aspekte im Einzelfall im Vordergrund stehen, kommt in der jeweiligen Beschreibung zum Ausdruck.

Bedeutung der Piktogramme ➪ Seite 145.

Auf Mallorca liegt es nahe, **Fischgerichte auszuprobieren**, wie überall auch in Palma am besten **direkt am Hafen**:

Real Club
Nautico
✆ 971 726383

Nicht ganz billig, dafür aber gut und edel im *Modern Design* ist das **Restaurant Nautic** im 1. Stock des *Real Club Nautico* auf der **Contramoll** (Eingang am Ende des langen Gebäudes). Von der Hochterrasse schaut man über den Yachthafen mit *Passeig Maritim* und *Castell de Bellver* im Hintergrund: toll bei **Sonnenuntergang**!

Casa Eduardo
✆ 971 721182

Aber nur relativ wenige Touristen verlaufen sich dorthin, eher ins ungemütliche **Fischrestaurant** *Casa Eduardo*, im 1. Stock ebenfalls an der Contramoll, einem gern genannten preiswerteren »Geheimtipp« für fangfrischen Fisch. Aber Qualität schwankend.

Vegetarisch
✆ 971 718617

Wer auf Fleisch und Fisch verzichten mag, findet im Restaurant ***Bon Lloc***, Carrer Sant Feliu 7, nicht nur strengen Vegetariern schmeckende Gerichte. Menü €12-€15.

Capuccino
✆ 971 721606

Die ***Gran Cafés Cappuccino*** sin d im allgemeinen eine gute Wahl. Neben den im Text erwähnten (vor allem in der **Sant Miguel** mit grünem Innenhof und unterm **Palau March**) findet man weitere am *Borne* und am Carrer **Sant Nicolau 10** unweit der Plaça Cort in einer früheren Textilmanufaktur; die Wände sind dekoriert mit alten Garnspulen und Stoffbahnen. Angenehme Atmosphäre.

S`Imprenta/
S`Olivera

Bei den Angestellten der Umgebung beliebt ist der Mittagstisch des Restaurant *S`Imprenta* in der Carrer d`en Morey nah bei der Plaça Eularia. Das Menü inkl. Wasser oder Wein kostet dort um €10. Gegenüber liegt das rustikal dekorierte Restaurant *S`Olivera* mit einem ebenfalls guten Preis-/Leistungsverhältnis.

Forn de sa
Llotgeta
✆ 671 606609

Der Restaurantname bezieht sich auf eine ehemalige kleine Bäckerei. Man sitzt im stilechten Ambiente der einstigen Backstube und findet Mallorquinisches und Italienisches auf Karte wie Ravioli und Gnocchi. Preiswert und gut. Echter Tipp in etwas versteckter Lage (ab der Plaça Mayor der Carrer Sindicat nach, dann 2. Straße rechts Carrer Llotgeta 8 – noch Fußgängerzone).

Es Parlament
✆ 971 726026

Zwischen dem Born und der Plaça Eulalia passiert man in der Carrer Conquistador das umwerfend altehrwürdige Restaurant *Es Parlament*. Namensgeber des Hauses ist das Regionalparlament der Balearen. Gerichte aus der mallorquinisch-internationalen Küche; sehr gut schmeckt dort die *Paella*. Soviel alter Charme hat einen etwas höheren Preis, ist aber nicht zu teuer.

Bars Cas
Caparrut
& Murada

Wer bei schönem Wetter lieber **draußen** sitzt und keinen Verkehr vor der Nase haben möchte (wie Lokale am Passeig Martim oder etwa die *Bar Bosch*), findet in der Altstadt neben der oben bereits genannten **Bar Cas Caparrut** (beim *Palau March*) am Ausgang der Carrer Portella unweit des *Museo Mallorca/Banys Arabs* unterhalb der Stadtmauer die **Bar Murada** ebenfalls mit kleinen Gerichten und Salaten. Die Preise im mittleren Bereich. Man zahlt für die Lage. Wegen des Blicks auf die Kathedrale gilt das auch für das *Café NUparc* am See bei der Parkgarage, aber dort ist der »Aufschlag« für die besondere Aussicht recht happig.

La Taberna
de Caracól
✆ 971 714908

Völlig untouristisch alternativ ist die Restaurantkneipe **Taberna de Caracól** (Carrer de Sant Alonso 2) im Straßengewirr der Altstadt beim *Museu de Mallorca* um die Ecke und noch ein paar Schritte. Speziell, wem nach Tapas oder anderen Kleinigkeiten ist, findet mit der »Schneckentaverne« das richtige Lokal.

Simply Fosh
✆ 971 227348

Im Restaurant des Hotels *Convent de la Missió* (Carrer de Missio 7 zwischen Rambla und Carrer Sant Miquel) kocht seit kurzem der britische Starkoch **Marc Fosh** »gastronomische *Highlights* zu erschwinglichen Preisen« (Mittagsmenü €18). Seither heißt das frühere *Refectori* **Simply Fosh** (*Modern Design* in historischem Ambiente). Mo-Fr mittags und abends, Sa nur abends, So geschlossen.

Restaurant
801

Ebenfalls durchgestyltes **Design** genießt der Gast im **801** beim Mercat Olivar. Das in einer früheren Bankfiliale (mit dekorativem Tresor Nr. 801) untergebrachte Restaurant an der Plaça Comtat del Rosello (beim *Mercat Olivar*) serviert – passend zum modernen Ambiente – leichte mediterrane Kost zu mittleren Preisen.

Maharaja
Mahal
✆ 971 761506

Den Gipfel der Exotik in Palma erklimmt das **Maharaja Mahal** an der Avinguda Joan March Ordinas 4, ca. 40 m westlich des Soller Bahnhofs. Es entstand als marrokkanisches Restaurant, und so wirkt es mit seiner prachtvollen Einrichtung wie ein Palast aus

1001 Nacht. Nun wird dort in vielfältigen Variationen zu mittleren Preisen **indisch** aufgetischt und – im Gegensatz zum streng islamischen Vorgängerlokal – sogar Bier und Wein ausgeschenkt. Vor allem wegen des exotischen Ambiente ein Tipp.

Von außen unauffällig, aber drinnen wie ein Palast aus 1001 Nacht, denn früher residierte hier ein marokkanisches Restaurant, das indische Maharaja Mahal

Sa Premsa
✆ 971 723521

Auf seine Art ganz anders als alles ist der *Celler Sa Premsa* an der **Plaça Bisbe Berinquer de Palou** (im Bereich zwischen der oberen *Rambla* und dem Abschnitt Avinguda Alemanya, der Ringstraße um die Altstadt; **Parken** in der Garage unter dem Platz; dorthin zu kommen ist wegen der Einbahnstraßen ringsum nicht leicht, am besten vom Ring/Avinguda Alemany in Ostrichtung fahren und dann nach rechts in die Carrer Jeroni Antic).

Beim *Sa Premsa* handelt es sich trotz der Bezeichnung nicht um einen Keller, sondern um einen **gewölbeartigen Saal** im Parterre, dessen Wände zum größten Teil mit überdimensionalen eichenen **Weinfasshälften** ausgekleidet sind (⇨ Seite 350). Da eher Mallorquiner als Touristen dieses Lokal aufsuchen, wird es erst ab 21 Uhr lebhaft. Und das aus gutem Grund: die Küche bietet mallorquinische Hausmannskost reichlich (normalerweise in ordentlicher, obschon nicht umwerfender Qualität) zu günstigen Preisen mittags und abends. **So ist Ruhetag**, im Juli+August Sa+So.

Carrer Apuntadors

Die schon charakterisierte *Carrer Apuntadors* mit zahlreichen Restaurants und Kneipen ist ein guter Ausgangspunkt für einen abendlichen »Zug« durch Palma. Wer sich zunächst bei mallorquinischen Gerichten dafür stärken möchte, trifft mit dem *La Paloma* eine gute Wahl (Apuntadors 16, ✆ 971 722610). Die Bars *Abaco* (⇨ Seite 173) und *Barcelona* (⇨ Seite 160) liegen gleich nebenan. Gegenüber dem *Abaco* (Carrer Sant Joan 3, ✆ 971 722879) hat das *Vecchio Giovanni* angeblich **Palmas beste Pizza**.

Abschließend noch zwei Empfehlungen im Bereich El Terreno:

Paraiso
✆ 971 400300

Westlich oberhalb des Stadtteils steht das *Valparaiso Palace* Hotel (Carrer Francesc Vidal i Sureda). Dessen **Gourmet-Restaurant**

Shogun
℗ 971 735748

*Innenansicht der Gaststätte als Gemälde bereits draußen vor dem **Celler Sa Premsa***

Paraiso bietet nicht nur kulinarische Genüsse, sondern dazu edles Ambiente und den besten Blick über Palma und die Hafenbucht.

Die Sushi-Welle hat auch vor Palma nicht Halt gemacht. Bereits als Klassiker gilt das *Shogun* in der Carrer Camilo José Cela 14 (Zufahrtstraße zur Burg Bellver). Die umfangreiche Speisekarte entspricht einem Streifzug durch die japanische Küche mit hundert Arten *Sushi, Sashimi, Tempura* und *Sukiyaki*. Mittags recht günstige Menüs; www.shogunmallorca.com.

6.6 Bars und Kneipen

Situation

Kneipen gibt es in Palma wie Sand am Meer, speziell im Bereich der Carrer Apuntadors, in Santa Catalina und in El Terreno (⇨ Seite 164). Nur die wenigsten sind besonders originell, Insider-Kneipen für die meisten ausländischen Besucher nicht so spannend. Empfohlen werden hier nur Lokale, die etwas aus dem üblichen Rahmen fallen. Dazu gehört zwischen der Apuntadors und dem Passeig Maritim die bislang noch nicht erwähnte *Bodegita del Medio* in der Carrer de Vallseca. Havanna- und Hemingway-Fans finden dort das ultimative Kubalokal, wo der *Mojito* besser schmeckt als anderswo. Apropos Kuba: zur Zeit ist auch die *Bar Cuba Colonial* an der Avinguda d'Argentina (in Sichtweite von *Es Baluard*) eines der In-Places (im Untergeschoss mit Tanzclub).

Bodega Bellver/ Bodequilla/ Can Angel

Die *Bodega Bellver* an der Ecke *Caputxines/Rosa* unweit *Plaça Weyler* (vom *Forn Fondo* 30 m) ist eine der letzten im Citybereich verbliebenen echten Altstadt-Nachbarschaftskneipen. Sie gehört zum Typus »urig und verräuchert«. Das Mobiliar ist nahezu antik, die Theke abgenutzt, Würste hängen von der niedrigen Decke. Und auch wenn der Fernseher im Dauerbetrieb läuft, das gehört eben zur typisch spanischen *Bodega* und den Gästen, die sich überwiegend aus der Nachbarschaft rekrutieren und ihre *copa* oder *vino* zu Preisen wie vor der Euroeinführung trinken.

Gediegene Atmosphäre und Dekoration aus frischen Früchten sind das Kennzeichen des Barpalastes Abaco

Stilistisch stimmiger ist die **Bodequilla** in der *Carrer Sant Jaume* nur ein paar Schritte oberhalb der *Plaça Rei Joan Carles*, Kneipe und Restaurant zugleich Ein reizvolles **Kellerlokal** für überwiegend junge Leute (auch zum Essen) ist das **Can Angel** nebenan.

Bar Abaco

Vor der **Bar Abaco**, nur 100 m hinter der *Plaça Llotja* an der Ecke *Sant Joan/Apuntadors*, verkündet schon die palastartige Fassade Exklusivität. Drinnen warten Blumenarrangements und prächtige Stilleben tropischer Früchte in der zur **Edelkneipe** umfunktionierten Eingangshalle eines alten Herrenhauses. Schöne Menschen in locker verteilten Sesseln oder lässig posierend an der Bar vervollständigen das Bild. Der *Patio*, dezent beleuchtet und begrünt, lässt die Anwesenheit der Gäste kaum erahnen. Aber niemand bleibt ungesehen: die »wichtigsten« Räume liegen im Obergeschoss, dorthin geht es unter aller Augen über eine breite Treppe.

Solch Ambiente ist die €15 oder mehr, die ein farbenfroher Cocktail oder Eisbecher hier nun `mal kostet, oder eine teure Flasche Schampus den Gästen offenbar wert. Der Ruf des **Abaco** hat sich seit der Eröffnung vor 31 Jahren (!) mittlerweile so verbreitet, dass oft schon vor 20 Uhr zum »Abendstart« eine Traube von Touristen vor der Tür wartet. Derart nährt sich der große Erfolg zwar auch nach Jahren ganz von selbst, aber das einstige Flair ist doch ein wenig abgeblättert, zumal das Personal auch nicht immer Lust hat. Die Website vermittelt ein gutes Bild: www.bar-abaco.com.

Abacanto

Der Gipfel der Exklusivität ist indessen das **Abacanto**, ein alter Palast am Rande ds größten Gewerbegebiets von Palma. Dort vermitteln üppige Dekorationen und edles Interieur ein Bild des späten 18. Jahrhunderts. Ein Park voller Statuen und Brunnen umgibt das Anwesen. Das *Abacanto* wird nicht mehr als öffentliche Bar für die Schönen der Nacht genutzt, kann aber für private Feiern und Events gebucht werden. Nicht billig, aber der Rahmen ist einfach phänomenal und bedenkenswert für alle, die so etwas auf Mallorca planen: www.abacanto.es (auch in deutscher Sprache).

6.7   ## Zwei Tagesprogramme für Palma

Die beiden folgenden Vorschläge für jeweils ein Tagesprogramm (zu Fuß und kombiniert mit Auto/Taxi) in und um Palma beziehen sich auf die vorstehenden Erläuterungen, gehen aber beim erweiterten Programm ein wenig darüber hinaus. Einzelheiten zu den westlichen Vororten Palmas finden sich unter den entsprechenden Ortsbezeichnungen im nächsten Kapitel 7.

Das gut zu Fuß zu schaffende **Programm 1** könnte man um noch ein bißchen mehr Altstadt und/oder einen Besuch im *Kastell Bellver* und/oder im Bereich Cala Major/Illetes erweitern.

Das **Programm 2** ließe sich durch »mehr Altstadt« modifizieren, wenn man die Vororte weniger berücksichtigt. Ein Teil ist nur mit Taxi oder Pkw zu bewältigen, per Bus kaum.

Auch andere als die folgenden Kombinationen und Reihenfolgen sind denkbar. Die hier zusammengestellten Touren wären die Antwort des Autors auf die (hypothetische) Frage eines Freundes: **»Was empfiehlst Du mir für einen/zwei Tag(e) Palma?«**

Zur richtigen Einschätzung der vorgeschlagenen Besuchspunkte und Aktivitäten ist es wichtig, die ausführlicheren Erläuterungen im Text zu lesen, ➪ die Seitenangaben in der letzten Spalte.

---

1. Tagesprogramm
Altstadt und Passeig Maritim   **Seite**

| **Anfahrt:** | Mit dem **Auto**: Zur Parkgarage unter dem *Parc de la Mar* oder Tiefgarage unter der Avinguda A. Maura. Mit **öffentlichen Verkehrsmitteln**: wenn möglich, im Bereich Passeig Maritim /Borne aussteigen, oder von der Endstation im Bereich *Plaça Espanya* mit **Bus** oder **Taxi** zur *Almudaina* (ein Start zu Fuß ab der Plaça Espanya wäre mit Rückweg für viele reichlich weit). | 146 |

Temporäre Skulpturen-ausstellung auf der Ebene zwischen Kathedrale und Parc de la Mar

Ausgangspunkt:	Platz/Park vor der *Almudaina*	150
Start:	Über die Treppe am *Parc de la Mar* zur Terrasse vor *Almudaina* und Kathedrale	
Besichtigung:	• *Palau Almudaina* und/oder *Palau March*	150/153
	• Kathedrale *La Seu*, möglichst vor 11 Uhr	151
	• Diözesanmuseum bei sakral-historischem Interesse	152
Fortsetzung:	Über die Estudi General zur Zanglada, dort Herrenhaus *Can Marques*, weiter in die Carrer Portella mit *Palau Aiamans* (= *Museu de Mallorca*)	154 154
Besichtigung:	ggf. *Museu de Mallorca, auch Torrents Llado*	155
Fortsetzung:	Entweder auf direktem Wege zu Kirche und Kloster *Sant Francesc* oder kurzer Umweg über die *Banys Arabs* in der Carrer Can Serra. Nur bei viel »Neugier« weiter durch die Fußgängergassen der östlichen Altstadt (*Convent de Santa Clara*/Kirchen)	155
Besichtigung:	Kloster und Kirche *Sant Francesc* mit Innenhof	155
Pause:	• mit Umwegen ggf. mittägliche Rast in der *Chocolateria* oder *Bar Murada*, mit Hunger auch in einem der auf Seite 171 empfohlenen Restaurants	156
Fortsetzung:	Über die Plaça Santa Eulalia	155
	• am alten Rathaus vorbei durch die Carrer Colom zur Plaça Mayor, ggf. Abstecher in die verkehrsfreien Hauptgeschäftsstraßen Sindicat und Sant Miquel.	156
Besichtigung:	Ggf. dort Kunstmuseum der *Fundació March*	156
Fortsetzung:	• die *Rambla* hinauf, links ab zur Kirche *Santa Magdalena* mit der dort aufgebahrten *Catalina Tomás* (➪ Seite 230) und zurück über die Carrer Sant Jaume sowie Armengol und Serinya Rosa. Endpunkt der Schleife ist die Plaça Weyler mit dem *Forn des Teatre*, wohin man auch unmittelbar von der Plaça Mayor über Treppen gelangt. Nur ein paar Schritte von hier sind es zum *Borne*.	158f 159
Pause:	• Am oberen *Borne* Café im *Palau Solleric* oder *Gran Café Cappuccino* am *Borne* oder unter dem *Palau March* oder oben *Bar Cas Caparrut*	160
Besichtigung:	• Am *Passeig Sagrera* unübersehbar die alte Börse *Sa Llotja* und das *Consolat del Mar* (nur von außen) dahinter die Plaça Drassana und ein paar hundert Meter weiter das Kunstmuseum *Es Baluard* (über Carrer Sant Pere dorthin; abends bis 20/21 Uhr)	160 161
Ausklangtipps:	• Bummel an der Hafenpromenade und Pause in der Bar *Darsena/Varadero* am Hafen (Abendsonne)	162
	• Abendessen in einem der empfohlenen Lokale im Hafenumfeld/in der Apuntadors, ggf. *Sa Premsa*	172

2. Tagesprogramm für Palma

Westliche Altstadt, Castell de Bellver und Vororte   **Seite**

Ausgangspunkt:	Wie Tagesprogramm 1	146
Start und Rundgang:	Avinguda Antoni Maura, Plaça de la Reina und den *Born* hinauf geradeaus über die Plaça del Rei Joan Carles hinweg in die schmale Carrer Sant Jaume, bei der gleichnamigen Kirche links in die Gavarrera und wieder links über *Ermita/Agua* zur Av Rei Jaume III. Teure Einkaufsstraße. Am Passeig Mallorca links zur Plaça Porta de Santa Catalina (eventuell Abstecher zum *Mercat Santa Catalina)* und ggf. über Kunstmuseum *Es Baluard* zurück zum Passeig Maritim.	159 160
		161
Fortsetzung:	**per Taxi oder Mietwagen** (per Bus schwierig): Erst Passeig Maritim in westliche Richtung; nach Passieren des hochgelegenen Viertels *Es Jonquet* die Monsenyor Palmer rechts ab, über die Plaça Pont in die Andrea Doria (Richtung Genova), dann nach rechts: Hinweisschild *Poble Espanyol*.	
Besichtigung:	»Spanisches Dorf« (*Poble Espanyol*). Eigentlich gut gemacht, aber nur bedingt besuchenswert.	167
Fortsetzung:	Zum *Parc de Bellver*	165
Besichtigung:	*Castell de Bellver*, bemerkenswerte Burganlage, fantastische Aussicht von den Zinnen.	
Fortsetzung:	Durch El Terreno und Sant Agustin nach Illetes, Costa de Bendinat und Portals Nous und	164 171-177
Zwischenstop :	• Miltärmuseum Dic de L`Oest (nur vormittags), ggf. Pause am Strand *Punta Grell)*	164
	• *Miró* Museum in Cala Mayor	189
	• Cala Mayor Strand, Terrasse *La Cala/Il Paradiso*	188f
	• Illetes, Rundkurs und Strände	192
	• Costa de Bendinat, Strand, Yachthafen *Port Portal*s	193
Fortsetzung:	Zurück in Richtung Palma auf der Autobahn, Abfahrt Genova/Sant Agustin nach Genova Im Ort nach links zum Aussichtspunkt *Na Burguesa* mit Bistro hinter Panoramascheiben. Schön besonders bei einbrechender Dunkelheit: Enormer Weitblick über Palma und die Bucht.	190
Tagesausklang:	El Terreno (Seite 153) oder Magaluf (*BCM-Disco*) Ggf. Dinnershow in *Son Amar* oder aktuelle Veranstaltung in Palma (⇨ *Mallorca Newsletter* bei www.reisebuch.de oder deutschsprachige Zeitungen)	165 413f 37
	Letzter nächtlicher »Absacker« im *Abaco*	174

Aufbau des Kapitels

Ortsbeschreibungen nach Routenvorschlägen hintereinanderzustellen, wie es für andere Ziele durchaus sinnvoll sein kann, ist für diese Insel wenig hilfreich, da Mallorcaurlauber an x verschiedenen Ausgangspunkten logieren und auf einer Vielzahl von Straßen unterwegs sein bzw. Ausflüge beginnen können. Aus der Sicht verschiedener Buchleser ergeben daher immer nur Teilabschnitte solcher Tourenvorschläge eine im Einzelfall »vernünftige« Reihenfolge.

Die Ortsbeschreibungen sind daher »regionalisiert« und zwar nach acht Küstenregionen plus einem Kapitel fürs zentrale Hinterland. In den Küstenregionen folgt die Beschreibung der Orte ihrer Lage an der Küste im Uhrzeigersinn wie bereits im Kapitel 2, wo es zunächst nur um Beurteilungen bezüglich ihrer Eignung als Urlaubsstandort ging. Orte im Küstenumfeld werden innerhalb der Region gesondert erfasst und in einer dort logisch erscheinenden Abfolge beschrieben, z.B. entsprechend ihrer Lage an einer empfehlenswerten Strecke wie (im Südwesten) Capdella, Calvia, Galilea und Puigpunyent.

Der Leser findet so innerhalb eines Bereichs die überwiegende Zahl der Orte eng beisammen. Das gilt automatisch auch beim Übergang von einem Bereich zum nächsten: benachbarte Orte in den Küstenregionen rund um die Insel stehen immer auf benachbarten Seiten, egal ob man sich im Uhrzeigersinn oder in Gegenrichtung bewegt. Wer ein bestimmtes Ziel sucht und ungefähr dessen Lage kennt, findet den entsprechenden Ort rasch im Inhaltsverzeichnis. Ohne Kenntnis der Lage des gesuchten Ziels muß man zunächst auf den Index zurückgreifen (ab Seite 481).

Ein **Sonderfall** ist **der zentrale Bereich** mit den Städten Inca, Sineu, Petra etc. Deren Beschreibung erfolgt in Anlehnung an die Hauptverkehrsachsen (Autobahnen) der Insel Palma-Alcúdia und Palma-Manacor. Die verbleibenden Orte finden sich in der Umgebung von Sineu.

7
Ortschaften und Ziele nach Regionen

7.1   Orte rund um die Bucht von Palma

7.1.1   Die östliche Seite der Bucht

Promenaden

Eine durchgängige palmenbestandene und weitgehend verkehrsfreie und (videoüberwachte!) **Strandpromenade** ist seit langem das verbindende Element der Urlaubszentren im Osten der Bucht von Palma zwischen **Can Pastilla** und **S`Arenal**. In regelmäßigen Abständen sind zwischen Strand und Promenade *Balnearios* angelegt, »Brückenköpfe« zur Versorgung der Besucher. Gleichzeitig dienen sie zur Kennzeichnung von Strandabschnitten ohne sonstige markante Punkte und der Orientierung.

Diese Promenade setzt sich heute weiter fort auf der südlich von S`Arenal ansteigenden Felsküste über **Son Veri** hinaus bis nach **Cala Blava**. Auch in Richtung Westen hat man den **Ring der Uferpromenaden um die Bucht von Palma mittlerweile ganz geschlossen**. Man kann nun von Palmas Fährhafen am westlichen Ende des Passeig Maritim bis nach Cala Blava direkt am Wasser bzw. Strand entlang spazieren, joggen oder biken, (fast) ohne auf Straßenverkehr achten zu müssen.

Cala Blava

Cap Enderrocat

Eine sanfte Einbuchtung an der äußersten Ecke der Ostflanke der Bahia de Palma nennt sich **Cala Blava**. Oberhalb der Steilküste südlich von Arenal erstrecken sich die **Urbanisationen** gleichen Namens und **Bella Vista** bis fast zum *Cap Enderrocat*. In exponierter Lage über dem Meer steht dort ein altes **Fort**, das zum ***** *Hotel Cap Rocat* umgebaut wurde; www.caprocat.com.

Cala Blava ist neben Palmas Vororten an der Uferpromenade das einzige Nahziel für einen Spaziergang oder eine Radtour von Arenal aus. Der **Passeig de Badia** endet in der Carrer de Recalde, von der eine Treppe hinunter zur ortsnamengebenden Strandbucht führt (Autozufahrt via Ma-6014, rechts ab Carrer Recalde).

Jenseits der Bucht beginnt die **Carrer Mexic**, an ihr liegt 100 m weiter das **Restaurant** *Cala Blava* (mit Pool!) zwischen Villen im Grünen. Ganz am Ende der Straße durch Bella Vista sitzt man im *Restaurant Panoramic* auf einer Terrasse über dem Meer mit Blick über die Bucht von Palma (toll bei untergehender Sonne, aber nur ca. Ende Mai-Sept. geöffnet) und Zugang zu Badestellen unterhalb. Wer einfach nur baden möchte, findet 100 m weiter eine unauffällige Treppe hinunter in eine Mini-Sand-/+Felsbucht.

S`Arenal

Kennzeichnung

In **S`Arenal**, Synonym für Betonsilotourismus, stehen viele über die Jahre schäbig gewordene Hotel- und Apartmenthochhäuser in mehreren Reihen hinter der Küste dicht an dicht. Von S`Arenal spricht man ab Strandende (Yachthafen) bis ca. *Balneario #3*, **bestenfalls #4**. Danach beginnt Playa de Palma, ⇨ weiter unten.

Zur besonderen »Qualität« von Arenal als Urlaubsort wurde weiter oben im Kapitel 2 schon einiges angemerkt, ➪ Seite 45. Es gibt direkt in Arenal nichts, was man gesehen haben müsste.

Yachthafen

Wen es aber im Sommer dorthin verschlägt: der durch Aufschüttung vergrößerte und mit Palmen aufgehübschte Strandabschnitt am Yachthafen ist attraktiver und meist weniger voll als seine Fortsetzung nach Westen. Zum Drink oder Essen sitzt man auf der **Terrasse des Yachthafenrestaurants** besser als irgendwo sonst an der in dieser Ecke nach wie vor verkehrsbelasteten Strandstraße.

Eines der wenigen ansprechenden Restaurants in Arenal selbst ist *Duque's Grill*, Carrer Trasime (2. Reihe) hinterm *Hotel Hispania* in der Carrer d'Aigua Marina. Unter den vielen Lokalen an der Promenade ist das *La Tagliatella* empfehlenswert (Balneario #3)

**Tennis
Son Veri**

Vom Strandende sind es nur etwa 300 m bis zum Squash- und Tennisclub am Rande des grünen, etwas erhöht liegenden Villenviertels Son Veri (man folge der Strandstraße hinter den letzten Hotels nach halblinks). Besucher der Restaurants und Nutzer der **Sportanlagen** dürfen im schön angelegten **Pool** schwimmen.

**Aqualand
Arenal**

Hinter Son Veri an der hier breit ausgebauten Straße in Richtung Cala Blava liegt der größte **Wasserplanschpark** Mallorcas. Das Gelände des *Aqualand Arenal* ist nicht nur großzügiger als das des *Western Water Park* und des *Hidropark* bei Alcudia, sondern dazu in einen wunderbar grünen Park eingebettet. Die Rutschanlagen sind insgesamt höher und attraktiver. Eintritt €24/Person, Kinder 5-12 Jahre €16. Minus 10% bei Kauf im Internet. Mai+Juni+September täglich 10-17 Uhr, Juli+ August bis 18 Uhr; www.aqualand.es/elarenal/mallorca.

Wer in der Lage ist, sich hier ganztägig zu amüsieren, zahlt einen angemessenen Eintritt. Für nur 2-3 Stunden ist der Spaß arg teuer, besonders wenn – im Sommer außer in den Randstunden unvermeidlich – die Wartezeiten an den Rutschen lang sind.

**Hotel Delta/
Mhares
Sea Club**

Zum Einzugsbereich von Arenal gehören die beiden **Sporthotels** *Delta* (➪ Unterkunftsbeileger) und *Maioris Club* einige Kilometer südlich von Arenal ein paar hundert Meter von der Steilküste entfernt. Rund um die Hotels bis an den Hang erstreckt sich eine neuere Villenurbanisation. Über die breite Zufahrt dorthinein am *Delta* vorbei geht es – um zwei Ecken – hinunter zum früheren **Balneario Delta** (Poolterrasse über dem Meer), das sich heute nach aufwändiger Umrüstung **Mhares Sea Club** nennt (Liege €15). Darunter liegt eine schöne **Badestelle** zwischen flachen Felsen.

Bahia Grande   Nur einen guten Kilometer weiter ist es zur Urbanisation Bahia Grande. Eine steile Abfahrt (dorthin über Carrer de la Creu de Sur, dann hinter Shopping Center Plaza de la Lluna) führt von der Steilküste hinunter bis fast ans Meer. Unten warten Holzterrassen zum Sonnenbaden und als Einstieg für Schwimmer (vom Parkplatz ca. 100 m Fußweg+Treppen bergab, keine Gastronomie).

*Unterhalb des **Mhares Seaclub** gibt`s eine prima öffentliche Badestelle auf und zwischen Felsen am Meer und mit Wellenbrechern bei Seegang*

Platja/Playa de Palma

Balneario 6   Zur Charakterisierung der deutschen Hochburg an der Bucht von Palma bedarf es keiner weiteren Erläuterung als bereits auf Seiten 44f erfolgt. Aus Besuchersicht prinzipiell attraktiv ist eigentlich nur die kilometerlange Strandpromenade. Manchen mag auch die »Besichtigung« des sog. »Ballermann-Tourismus« interessieren. Er konzentrierte sich lange Jahre auf das von anderen Balnearios (alle seit 2012 mit neuer farbenfroher Design-Möblierung) nicht mehr zu unterscheidende **Balneario 6** und setzte sich fort in der dahinterliegenden beliebten »Schinken- und Bierstraße«.

Megapark   Aber das **High Life** spielt sich heute im – einen ganzen Straßenblock einnehmenden – **Megapark** am **Balneario 5** ab. Dabei handelt es sich um sog. »Erlebnisgastronomie« in einem 3.500 m² großen durch »gotisches« Mauerwerk verschönten Komplex. Über 2.000 Gäste finden Platz im open-air-Bereich mit Dauerberieselung durch aktuelle Ohrwürmer, Schaumbecken, Tanzflächen für Go-go-Girls und Gäste und einem Riesenmonitor zur Übertragung von Sportereignissen; www.megapark-mallorca.info.

Mega Inn und Arena   Die Zahl der Biertische zwischen den diversen Bars des Megaparks ist beachtlich; Alkohol und Remmidemmi sind ab 9 Uhr morgens bis 24 Uhr angesagt (danach Lärmverbot). Dann geht's weiter im schalldichten **Mega Inn** im hinteren Bereich des Kom-

Sangria mit Trinkhalm aus Eimern wurde für Kneipen untersagt. Aber Privatinitiative ist nicht zu verhindern.

plexes mit Auftritten von »B- und C-Pro-minenz« wie Jürgen Drews, DJ Ötzi und anderen. Unterirdisch sorgt eine sog. **Mega Arena** für Fortsetzung der Dauerparty, bereichert um die Nostalgie-Disco **Royal Suite**, die vom *Riu Palace* hierher umzog und nun auch die ältere Generation und Freunde des deutschen Schlagers anzieht.

Zugleich ist es nicht weit zum Großparty-Kultschuppen **Oberbayern** an der Promenade (März bis November ab 20 Uhr); www. oberbayern-mallorca.tv.

Restaurants

In der **Schinkenstraße** gleich hinter *Balneario 6* finden die Urlauber vor allem Deutsches. Beim **Bierkönig** mit einer irren Stehtischkapazität schmeckt das Köpi bei Bratwurst und Schaschlik anscheinend am besten. Ein sehr beliebtes Restaurant ist das **XII Apostolos** (12 Aposteln) in der Sant Ramon Nonat (ein Block hinter der Promenade) mit den angeblich besten Pizzen Mallorcas. Nichts verkehrt macht man mit der strandferneren **Parilla Atenas** beim Hotel *Taurus Park* in der Avinguda America.

Im Restaurant **Sa Farinera** in einer alten Mühle jenseits der Autobahn, Carrer Son Fangos (Abfahrt 10, am Kreisverkehr ausgeschildert) gibt`s in authentischer Atmosphäre **Fleisch vom Grill** reichlich zu moderaten Preisen.

Las Maravillas

Früheres Dorf

Auf den meisten Karten ist der Bereich, der in den Katalogen der Veranstalter »**Playa de Palma**« heißt, entsprechend des hier ursprünglich am Rande des einstigen Dünengürtels vorhandenen Dorfes als **Las Maravillas** gekennzeichnet. Strenggenommen heißt der ganze Strand von Can Pastilla bis S`Arenal *Playa* bzw. *Platja de Palma*, nicht nur sein »Mittelstück«. Um Verwirrung zu vermeiden, bleibt es dafür aber in diesem Buch bei **Playa de Palma**.

Iglesia Nuestra Senora de los Angeles

Am östlichen Rand von Las Maravillas zwischen Autobahn (Ausfahrt 11) und Parallelroute Avinguda Joan Llabres befindet sich etwa gegenüber dem Hotel *Barceló Pueblo Park* die Einfahrt in den Park **La Porciuncula** zur einzigen kulturellen Sehenswürdigkeit im Bereich Playa de Palma: die **Kristallkirche** »unserer lieben

Frau von den Engeln« wurde im Jahr 1968 aus Beton und 600 m²
Glas in avantgardistischer Architektur errichtet. Der Lichteinfall
von allen Seiten durch die Glasbilder des Rundbaus ist das eigentlich Beeindruckende in diesem Bau. Mo-Sa 9.30-13 Uhr & 15.30-
18 Uhr, So nur vorm., €1,50 inkl. Keramik- und Sonstwas-Museum.

Palma
Aquarium

Im letzten von Bebauung weitgehend freien Bereich zwischen Las
Maravillas, Ortsteil **Sometimes** (heißt wirklich so), und Can Pastilla wurde für €32 Mio. ein riesiges **Aquarium** samt einer Grün-,
Teich- und Spielzone draußen gebaut. In 55 Becken tummeln sich
dort 8000 Meerestiere. Das Highlight der Anlage ist »*Big Blue*«
mit 350 m³ Wasser für u.a. 12 Haifische, durch die ein transpa-
renter Tunnel läuft. Ein gutes Aquarium, aber die Werbung »eines
der schönsten Aquarien der Welt« ist reichlich vollmundig.

Adresse: Carrer Manuela de los Herreros i Sora (= rückwärtige
Straße zwischen den Orten der Playa de Palma parallel zur Autobahn, Ausfahrt #10). Buslinien 15, 17 und 23 halten vor der Tür.
Täglich April-Okt. 10-18 Uhr, Jan-März bis 16 Uhr. Letzter Einlass 60 min vor Schluss. **Eintritt**: €20,50, Kinder bis 12 Jahren €16;
✆ 971 264275 und <u>www.palmaaquarium.com</u>.

Can Pastilla

Kenn-
zeichnung

Dieser Touristenort der ersten Stunde am westlichen Ende der
Playa de Palma befand sich wegen Fluglärms lange im Nieder-
gang. Mit den viel leiseren Jets neuer Bauart erledigte sich das
Problem weitgehend. In den letzten Jahren wurde Can Pastilla
wieder recht ansehnlich und ist definitiv attraktiver als S`Arenal.

Strände/
Promenade

Am Strand bis *Balneario 15* und an der vom offenen Meer abge-
trennten **Cala Estancia** hinterm Yachthafen (ideal mit Kleinkin-
dern) ist im Sommer trotz Aufspülung nicht viel Platz. Aber dank
Verkehrsberuhigung, Palmen und »Doppelpromenade« an Straße
und Strand (Holzbohlenweg) ist das Gepräge Can Pastillas heute
positiver als an der fast schon sterilen Promenade weiter östlich.

Gut und
preiswert

Unweit östlich des Balneario #15 befinden sich die bestbesuchten
Tageslokale der Playa de Palma. Fast konkurrenzlose Preise für
deutsch orientierte Gerichte, für Kaffee und Kuchen, aber auch
Sangria etc. und angenehmes Ambiente direkt an der Promenade/
Carrer Veler bieten das *Palm Beach* und die *Cafeteria Borneo*.

*Unter der Einflugschneise finden
sich an der oft stufenweise einge-
kerbten Küste (frühere Stein-
brüche) prima Schwimmlöcher
nur ein paar Meter entfernt vom
Radweg um die Bucht von Palma*

Zwischen Cala Estancia und dem Beginn/Ende des bis Arenal ununterbrochenen Strandes liegt das Hafenbecken der **Yachtmarina**. Das **Restaurant** dort wird für Fischgerichte gut beurteilt.

Einflugschneise

Folgt man der Promenade weiter, erreicht man rasch die über einen Kilometer breite von Bebauung freie Haupteinflugschneise. Den felsigen Uferbereich hat man dort bei der Anlage des neuen Rad- und Fußwegs an der Bucht entlang neu gestaltet. Lärm oder nicht: viele verharren hier zur Beobachtung der noch/schon bei Start und Landung erstaunlich tief fliegenden Urlauberjets.

Puro Beach Club

Am Ostrand dieser Zone hat sich der **Puro Beach Club »Oasis del Mar«** als angesagte Lifestyle-Adresse auf einer Landzunge etabliert (Eintritt frei, im Sommer 11-01 Uhr). Dort darf man – abgesetzt von den Niederungen des Durchschnittstourismus – exklusiv auf weißen Liegen »chillen«, im Pool oder Meer baden oder sich im Spabereich Gutes tun. Die **Gastronomie** ist vom Feinsten und etwas teurer; www.purobeach.com, ℂ 971-744744. (Das Unterkunftspendant dazu ist das *Puro Design Hotel* in Palmas Vergnügungsviertel Sa Llotja; www.purohotel.com, DZ ab €275! Dessen Gäste werden im *Puro Shuttle* zum Club transportiert.)

7.1

Uferpromenade von Can Pastilla über Cala Gamba, Ciutat Jardi, Es Molinar und Portixol nach Palma

Küste von Can Pastilla bis Palma

Gleich westlich der Einflugschneise beginnen »echte« eng zusammenhängende Palma-Vororte, die jahrzehntelang von der Prosperität Mallorcas abgeschnitten schienen und weitgehend unbeachtet blieben. Zwar gab es dort schon immer diverse kleine Bootshäfen, in denen nach und nach die Zahl der Privatyachten die der traditionellen *Llauts* der Fischer überstieg, aber an Land dominierten vernachlässigte Viertel und schäbige Uferbebauung noch bis Anfang diese Jahrhunderts. Nicht erst, aber speziell mit dem Ausbau der durchgehenden Promenade und der Aufschüttung von Stränden, die vorher nicht vorhanden bzw. nicht nennenswert waren, änderte sich das. Besonders die auch vorher schon etwas entwickelteren und bei Mallorquinern beliebten Bereiche wie Cala Gamba und Ciutat Jardí profitierten früh davon.

Cala Gamba

Wegen der gleichnamigen Autobahnausfahrt 6, hinter der landseitig eines der größten Einkaufszentren Mallorcas liegt (*Hipermercat Carrefour*, ➭ Seite 108), ist **Coll den Rebassa**, der östlichste Küstenvorort Palmas, sicher der bekannteste. Er verfügt über ein kleines touristisches Viertel mit alten Einfachhotels, böte aber Besuchern nichts, wäre da nicht die Küstenpromenade. Sie passiert in einem weiten Bogen den ziemlich großen Yacht- und Fischerhafen des Ortes an der **Cala Gamba**. Dort gibt es – einigermaßen »untouristische« – Straßencafés und im Hafengelände das **Restaurant** *Cala Gamba*, eine populäre Adresse für Fischgerichte.

El Penyó

Nur 100 m westlich der Cala Camba endet Coll den Rebassa, und die Promenade wird am kurzen **Strand von** *El Penyó* zu einer schmalen Balkentrasse für Radfahrer wie Fussgänger. In ähnlicher Lage wie der *Puro Beach Club* (➭ umseitig) liegt dort das kleine Restaurant *El Penon* auf einem Felsvorsprung.

Ciutat Jardí

Der nächste Vorort ist **Ciutat Jardí**, die lange vergessene »Gartenstadt«, gut 4 km von Palmas Zentrum entfernt. Gerade sie erfuhr in der letzten Dekade einen beachtlichen Aufschwung. Große Brachflächen wurden mit teuren Apartmenthäusern bebaut, der Strand verlängert und breit aufgespült, das Nostalgiehotel *Ciutat Jardí* frisch aufpoliert und das *Hostal Azul* in ein knallblaues ****Designhotel umgewandelt mit der »Genussoase« *Restaurant Aqua*, für das sich der 2012 neue Betreiber mit Sternkochhintergrund viel vorgenommen hat. Die Promenade erweitert sich dort zu einer Art Plaza mit zwei (etwas teuren) Strandlokalen. Besser sitzt man aber ohnehin direkt am Wasser auf der Terrasse des auch nicht billigen, aber qualitativ überlegenen Restaurants **Bungalow** (☏ 971 262738) oder – etwas erhöht dahinter – in der **Trattoria de Bussola** (von beiden etwa 100 m bis zum Strand *El Penyó*, ➭ oben).

»Fressgasse«

Einen Block hinter der Küste steht in der Carrer Illa de Xipre ein **Fischrestaurant** neben dem anderen (die Restaurantzeile beginnt beim *Hotel Ciutat Jardí*). Ciutat Jardí war schon lange bei jungen Spaniern »in« und ist heute **Geheimtipp** für Urlauber, die Palma, Strand und Meer abseits des Pauschaltourismus wollen, außerdem auch ein guter Anlaufstopp für Tagesbesucher.

Es Molinar

Ab Ciutat Jardi läuft die **Promenade** streckenweise höher als der Radweg auf einer Schutzmauer an der engbebauten Uferstraße entlang bis zum einstigen Fischerdorf **Es Molinar**. Letzte verbliebene ärmliche Fassaden erhielten dort frischen Putz, und die Immobilienpreise liegen trotz Krise immer noch auf Rekordniveau.

Küstenpromenade im Bereich Ciutat Jardi

Valldemossa   Sóller   Inca

Font   Son Vida   Aero Club   Sineu
La Vileta
Calvià   Pont d'Inca
Na Burguesa   Gènova   PALMA   Son Ferriol   Casa Blanca
Serra de Burguesa   Castell de Bellver   Catedral
Coves de Gènova   El Terreno   Portixol   Manacor
PM-1   Cala Mayor   Es Molinar   AEROPORT DE
Ciutat Jardi   SON SANT JOAN
Hotel Bendinat   Coll d'en
Andratx/   Marineland   Illetes   Rebassa
Peguera   Portals Nous   Can Pastilla   Llucmajor
Hotel Punta Negra   Las Maravillas
Santa   Western   Palma Nova   Playa   Ponça   Water   Magaluf   B a d i a   de Palma
Son   Park   Pirates   d e   El Arenal
Ferrer   Adventure   Cala Vinyes   P a l m a
El Toro   Casino   Son Veri   Llucmajor
Cala Falco   Cala   Aquacity
Portals   Cala Portals   Blava
Vells   Cap Enderrocat
Cala Figuera   N
Cap de Cala Figuera   0   2,5 km

Port Adriano / Santa Ponça

**DIE BUCHT VON
PALMA**

Balneario   Hotel Delta
Delta   Club

7

Portixol

Neue Cafeterias und Restaurants schossen wie Pilze aus dem Boden, aber das angestammte *S'Tixereit* an der Ecke Born de Molinar/Vicari Joaquín Fuster mit Terrasse zum Meer und schattigem Garten blieb eine der beliebtesten Adressen (Mittagsmenu €11).

Der westlichste Teil von Es Molinar mit weiteren Marinas, gerade einen Kilometer von Palmas Kathedrale entfernt, nennt sich **Portixol**. Dort steht zwischen Yachthafen und einer Schutzmauer das gleichnamige Hotel mit einer nach Südwesten erhöhten Terrasse am Pool. Ideal für den **Sonnenuntergangsdrink**, aber nicht billlig.

**Palmas
Citystrand**

Umrundet man das Hafenbecken von Portixol, steht man an Palmas »**Citystrand**« *Can Pere Antoni*, ⇨ Foto Seite 154. Die ersten Strandmeter besetzt der *Nassau Beach Club*; www.nassaubeach club.com. Draußen an den Liegen werden Drinks serviert; auf der Terrasse mit Sitz- und Räkelflächen und im Restaurant zelebriert man mediterran-asiatische Küche. Hinter dem Strand steht ein Hochhauskomplex mit Lokalen und Läden, der den Verkehrslärm fernhält. Der Strand endet etwa 400 m östlich vor der breiten Mole, die den Hafen von Palma von der Bucht trennt. Erst im Juli 2012 eröffnete dort der modernistische *Anima Beach Club*.

Von der Stadt aus erreicht man diesen Strand auch leicht zu Fuß.

Um mit dem Auto (aus Palma) zu ihm zu gelangen, folgt man der Küstenstraße stadtauswärts und biegt an der ersten Ampel am Ende des *Parc de la Mar* noch vor dem erwähnten Hochhaus rechts ab nach Es Molinar und hält sich gleich dahinter wieder rechts bis zum Straßen- und zugleich Strandende beim *Nassau Beach Club*. Dort kann man auch parken (gebührenpflichtig).

Spaniens König und Mallorca

Die spanische Königsfamilie ist aus dem kulturellen Leben Mallorcas kaum wegzudenken. Im Almudaina Palast in Palma steht ein ganzer Flügel bereit, von dessen mittelalterlich ehrwürdigen Räumen aus **König** (*Rei*) ***Juan Carlos*** und **Königin** (Reina) ***Sofia*** offiziellen Geschäften nachgehen (können), wenn sie sich auf Mallorca aufhalten. Und das kommt relativ häufig vor: zum Ferienmachen, zum Regattasegeln oder auch zwecks Schirmherrschaft über kulturelle, sportliche und Wohltätigkeitsveranstaltungen.

Die Königsfamilie logiert dann im ***Palau Marivent*** direkt über dem Meer eingangs des Palma-Varortes Cala Mayor. Man kann den Palast von der Straße aus nicht sehen und auch nicht besichtigen. Das gut bewachte Portal befindet sich – bei Anfahrt aus Palma/der Autobahn – unmittelbar hinter der ersten Ampel auf der linken Seite. Vom Strand in Cala Mayor sieht man das Anwesen über der linken Seite der Bucht.

Die königlichen Aktivitäten werden von großformatigen Fotos auf den Titelseiten der Tagespresse begleitet. Die deutschen Blätter Mallorca Magazin und Mallorca-Zeitung machen dabei keine Ausnahme. Auch den Kindern, Enkeln und Gästen des Königshauses gilt erhebliches Interesse, besonders wenn es sich um prominente Lieblinge der Regenbogengazetten handelt.

7.1.2   Die westliche Seite der Bucht von Palma

Cala Mayor und Sant Agustin

Die Autobahn in Richtung Peguera/Andratx trennt Palma von seinen zusammenhängenden **Vororten Cala Mayor** und **Sant Agustin**, ➪ auch Kapitel 2, Seite 46.

Kennzeichnung

Wie erwähnt, spielt Cala Mayor im deutschen Pauschalangebot für Mallorca insgesamt eine ziemlich untergeordnete Rolle, obwohl einige Veranstalter nach langer Abstinenz wieder einige Häuser dort im Angebot haben. Das schön renovierte *****Nixe Palace Hotel* hoch über dem Strand findet man in diversen Katalogen. Entlang der **Avinguda Joan Miró**, die Palmas östliche Stadtteile mit Terreno verbindet, geben eher **skandinavische und englische Gäste** den Ton an. Auf sie sind Läden, Snackbars, Kneipen und Discos entlang der lauten Hauptstraße in erster Linie eingestellt.

Strand

Dreh- und Angelpunkt des Treibens ist der Bereich oberhalb des Strandes von Cala Mayor. Schwer vorstellbar, dass insbesondere dort einst der Tourismus nach Mallorca in Gang kam. Als Relikt aus beschaulicheren Tagen lässt sich das von Betonklötzen eingekeilte **Hotel *La Cala*** direkt am Strand bestaunen. Das ***LuaBeach Bistro*** folgt mit weißem Outfit der aktuellen *Beachclub*-Welle.

Eine interessante Option ist das Italo-Edelrestaurant ***Il Paradiso*** am Ortseingang von Cala Mayor gleich hinter dem Park des *Palau Marivent* (➪ Kasten oben). Dort hat man die Wahl zwischen dem Innenraum mit geschnitzter Decke voller Intarsien und der Terrasse mit Meerblick.

Cas Catalá

Zwischen Sant Agustin und Illetes (*Cas Catalá*) befindet sich ein Ministrand mit etwas versteckten Zugängen ca. 200 m westlich des Luxushotels *Maricel* (DZ ab €300), ⇨ Foto Seite 47. Die Preise der simplen Strandbar dort können es mit Cafeterias von ★★★★-Hotels aufnehmen. Insofern ist die **Restaurantterrasse des** *Maricel* mit Superservice und prima Küche gar nicht mal so teuer (Hauptgerichte ab €25). Wer sich mal 'was gönnen möchte: dort stimmen Ambiente und Qualität, Reservierung unter ✆ 971 707744.

Joan Miró Museum

Schräg gegenüber dem *Marivent Palast* zweigt der Carrer Saridakis ab: von Palma kommend an der Ampel hinter der Tankstelle scharf rechts, Richtung Genova. Das Museum der **Stiftung** *Pilar y Joan Miró* lässt sich nicht verfehlen. Neben wechselnden Miró-Werken werden in Sonderausstellungen auch Arbeiten anderer Künstler gezeigt. Im Laden gibt es Drucke und *Miró*-Souvenirs.

Öffnungszeiten: Mitte Mai bis Mitte September Di-Sa 10-19 Uhr, sonst bis 18 Uhr; Sonn- und Feiertage 10-15 Uhr; Eintritt €6, Parkplatz frei, ✆ 971 701420, http://miro.palmademallorca.es.

Leider entspricht das Innenleben des Museums nicht immer dem, was man in Anbetracht der Bedeutung Mirós und dessen umfangreichem Werk in diesem bombastischen Komplex erwarten würde. Nur ein Teil seiner hier vorhandenen Werke wird jeweils gezeigt.

Immerhin kann nun auch die ehemalige Werkstatt des Künstlers besichtigt werden ebenso wie sein einstiges Wohnhaus, *Son Boter* (200 m entfernt vom Museum), dessen Wände mit Skizzen des Meisters verziert sind. Beide waren lange der Öffentlichkeit nicht oder nur nach telefonischer Voranmeldung zugänglich.

7.1

Die Werkstatt Mirós ist so hergerichtet, als ob der Meister nur mal eben eine Pause gemacht hätte

Joan Miró

Im Dezember 1983 starb, 89-jährig, *Joan Miró*, der bereits zu Lebzeiten als einer der größten Maler und Bildhauer seiner Epoche galt. Er gehört zu den bekanntesten Exponenten des Surrealismus, später wurden seine Werke von der Graffiti-Kultur beeinflusst. *Miró* war Katalane aus Tarragona, verbrachte aber den überwiegenden Teil seiner zweiten Lebenshälfte, und damit die meisten Jahre seines Schaffens, auf Mallorca. Dort bewohnte er zunächst »*Son Abrines*«, ein Haus am Fuß der *Serra Na Burguesa* in Cala Mayor unweit des Königspalastes. Als ringsum Hotelbauten hochgezogen wurden, kaufte er das alte Herrenhaus »Son Boter«, 200 m weiter oberhalb. Zwar war er dort nicht untätig und versah mit dem Kohlestift die weißen Wände der Räume mit seinen Kreationen, *Son Abrines* aber blieb sein eigentliches Atelier. In Übereinstimmung mit dem Vermächtnis des Meisters beließ man nach seinem Tode dessen Zustand, wie er vorgefunden worden war.

Außerdem hatte er verfügt, dass das Atelier Mittelpunkt eines neuzuschaffenden Zentrums für junge Künstler werden sollte. Eine Stiftung wurde gegründet und mit dem Kapital ausgestattet, das eine posthume Versteigerung von 42 seiner Werke aus eigenem Besitz erbrachte. Wegen vielerlei Hin und Her zogen sich die Bauarbeiten für das Miró-Zentrum und Museum rund um *Son Abrines* (das dritte neben bereits existierenden Zentren in Barcelona und Saint Paul de Vence in Südfrankreich), über eine gute Dekade hin.

Zu *Miros* 100. Geburtstag wurde das Museum 1994 eröffnet. Weitere Einzelheiten dazu im Text auf Seite 189.

Unübersehbar an der Plaça de la Reina unterhalb des Aufgangs zu Kathedrale und *Almudaina* steht Miros Plastik *Personatge* (»Persönlichkeit«), die sich bei Touristen als fotografischer Rahmen seit eh und je großer Beliebtheit erfreut.

Ausstellungen seiner Werke finden in unregelmäßigen Abständen auch anderswo als im Museum in Cala Mayor statt, so zum Beispiel in der alten Handelsbörse *Sa Llotja* am Passeig Sagrera. Einige Frühwerke sind im Kunstmuseum *Es Baluard* auf der Befestigungsanlage an der südwestlichen Ecke von Palmas Altstadt zu bewundern, ⇨ Seite 161.

Genova

Kenn-zeichnung	Genova, ein **westlicher Vorort Palmas,** liegt jenseits der Autobahn Ma-1 nach Peguera/Andratx 2 km landeinwärts von Sant Agustin/Cala Mayor. Das frühere Dorf hat sich wie viele andere in der Umgebung Palmas zum weitgehend gesichtslosen **Vorort** entwickelt und bedürfte ohne die Tropfsteinhöhle und den **Aussichtspunkt in 300 m Höhe** keiner ausdrücklichen Erwähnung.
Na Burguesa	Die etwa 3 km lange Zufahrt dorthin ist von der Hauptstraße durch Genova ausgeschildert. Der Blick über Palma und die Bucht von oben ist brillant. Das äußerlich unscheinbar wirkende, innen einst rustikal-unattraktive **Restaurant *Na Burguesa*** wurde

kürzlich komplett renoviert, umgestaltet und in »*NA*« umbenannt. Dank Panoramascheiben wird die Aussicht durch nichts mehr gestört. Drinnen warten modernes Ambiente in weißem Design-Look und eine Bistroküche. Das Preisniveau ist moderat. Speziell bei beginnender Dämmerung und Palma bei Nacht großartig. Di-So 12-24 Uhr; ℅ 971 400901, Mo geschlossen.

Gastronomie

Die großen **Restaurants im Ortskern** von Genova sind beliebte und in ihrer Art typische Ausflugsziele mallorquinischer Familien. Nur sonn- und feiertags und an Wochenendabenden werden sie richtig voll. Für Touristen geben diese Lokale wenig her. Aber es werden dort große Portionen zu moderaten Preisen serviert. Oft gelobt wird das *Restaurant Can Pedro* für sein *Conejo* (Kaninchen) und das *La Rueda* für seine Fleischplatten.

Empfehlens- und relativ preiswert ist das kleinere *Casa Gonzalo* mit Dachterrasse gegenüber der Zufahrt zur *Cova de Genova* an der Durchgangsstraße, etwas weiter weg vom Ortszentrum.

Höhle

Von der *Casa Gonzalo* sind es zur Tropfsteinhöhle nur ca. 100 m. Der Eingang befindet sich im Terrassenbereich des Restaurants *La Cueva*. **Führungen** finden bedarfsabhängig vor- und nachmittags statt (℅ 971 402387), aber 13.30-16 Uhr ist Siesta, im Winter 13-16 Uhr. Der Eintritt beträgt €9,00, Kinder unter 10 Jahre €5,00.

Die zugehörige **Cafeteria** ist grün umrankt. Im Vergleich zu den Höhlen an der Ostküste in Portocristo und Canymel sowie den *Coves de Campanet* ist die Höhle weniger ergiebig.

7.1

Illetes

Promenade bis Peguera

Dieser **Vorort von Palma** mit seinen Hotels der ****Kategorie wurde auch im Kapitel 2, Seite 47, kurz skizziert. Zu ergänzen ist, dass die **Promenade** für Fußgänger, Radfahrer und Skater rund um die Bucht von Palma nach ca. 2 km Unterbrechung (durch Cala Mayor und Sant Agustin) sich ab Illetes – zunächst küstenfern – fortsetzt, aber ab dort über Port Adriano und Santa Ponça ununterbrochen bis Peguera läuft.

Geographie

Für den gelegentlichen Besucher bleibt nachzutragen, dass die Hauptstraße durch Illetes ab dem *Gran Hotel Bonanza Playa* als **Einbahnstraße** zunächst ansteigend **durch die Villenviertel** verläuft und dann an der *Playa de Illetes* vorbei zurückführt.

Cala Comtesa

Ihr südliches Ende passiert die Zufahrt zum privaten *Anchorage Club* und läuft an der hübschen kleinen **Cala Comtesa** vorbei, die mit der Landzunge **Es Forti** über einen Trampelpfad verbunden ist. Am Straßenende zwischen der *Cala Comtesa* und Es Forti befindet sich ein größerer Parkplatz. Weiter oben in der Nähe der *Playa de Illetes* gibt es meistens keine Parkmöglichkeit.

Es Forti

Bis vor wenigen Jahren belegte das Militär das Areal von Es Forti mit den **Strand** *Illetes III*. Man erreicht ihn leicht über Stufen zwischen dem *Anchorage Club* und dem immer noch militärexklusiven Clublokal über dem Strandstreifen.

Cala Illetes

Von Es Forti sind auf der ansteigenden Straße bis zum Zugang zu **Cala** und **Playa de Illetes** ca. 500 m. Hinter dessen Ostende wartet auf einem Felsabsatz der **Virtual Beach Club** (www.virtual club.es) mit Restaurant und Mobiliar für den gehobenen Zeitvertreib auf Gäste, die am Strand nicht chillen mögen.

Bebauung

Außer im Bereich der drei Strände sieht man in Illetes von der Durchgangsstraße kaum das Meer. Die Bebauungsdichte an den Hängen entlang der Rundstrecke, wiewohl durch viel Grün und Blumenpracht überall aufgelockert, sucht ihresgleichen.

Verkehrs- anbindung

Möchte man nach dem Illetes-Abstecher nicht wieder zurück nach Sant Agustin, muss man vom oberen Ast der *Avinguda de Illetes* auf die *Carrer Arquitecto Casas* rechts abbiegen. Sie führt zur Verbindungsstraße Sant Agustin–Bendinat/Portals Nous.

Playa de Illetes

Im Yachthafen von Portals Nous liegt die auf Mallorca größte Flotte Edelyachten. Angemessen für die Eigner an Land sind da natürlich ebenfalls nur Fahrzeuge gehobenen Standards

Bendinat, Portals Nous, Puerto bzw. Port Portals

Geographie

Portals Nous und Bendinat sind sich geographisch überlappende Bezeichnungen für einen zusammenhängenden **Nobelsiedlungs- und Yachthafenbereich** zwischen Illetes und Palma Nova.

Stände

In etwa gilt: **Bendinat** ist das Villenviertel östlich der tiefeingeschnittenen *Cala de Portals Nous* mit einem **Ministrand** am Ende der schmalen *Avinguda de America*, die von der Hauptstraße nach Palma abzweigt. Von diesem Strand führt rechterhand ein Pfad an der Bucht entlang hinauf zur *Punta Portals*, einer vorgelagerten Felsnase, von deren Anhöhe man die westliche Flanke der Bucht von Palma bis hinüber nach Magaluf wunderbar überschaut. Unter der 30 m hohen Steilküste der *Costa de Bendinat* liegen **einer der besten Strände der Bucht von Palma** und der protzige **Yachthafen** von Portals Nous. **Steile Treppen** führen von der *Punta Portals* und vom Vorplatz des *Oratori* (*Pje Almar*) hinunter. Der **Hauptzugang** an den Strand ist eine versteckte Straße östlich der Restaurantzeile des Hafens hinter der Reparaturwerft und dem *Alm Beach Club*.

Oratori

Mit dem Auto erreicht man von der *Cala de Portals Nous* die *Punta Portals* und *Costa de Bendinat* über die steil bergauf führende **Carrer Sotelo**. Gleich westlich der Landzunge befindet sich der Komplex des *Oratori*, einer Kapelle mit Nebengebäuden und Fernblick-Terrasse, die der modernen Nachbarschaft den Charme des alten Mallorca gegenüberstellen. Gut dazu passt das kleine Restaurant **Port Alt** mit hübschem open-air-Bereich. Wer sich mit Fahrzeug dorthin traut, braucht Übersicht beim »Kampf« durch Einbahnstraßen. Von oben erkennt man links vorm Strand den **Roxy Beach Club** in exponierter Lage.

Yachthafen

Im Hafen von Portals Nous (*Puerto* oder *Port Portals*, beste Zufahrt ab Kreisverkehr beim Marineland, immer sind dort Parkplätze sehr knapp!) liegen mehr **Superyachten** – vor allem deutscher, arabischer und neuerdings auch russischer Eigner – als irgendwo sonst auf der Insel. Eine vielfältige Gastronomie mit im Zeitablauf wechselnden Betreibern (teilweise prominente Namen),

7.1

teure Shops und Bootsagenturen warten in den Servicezeilen auf Kunden, darunter ein großes *Gran Café Cappuccino* mit Terrasse.

In der westlichen Ecke des Hafens befindet sich der Ableger des deutschen Gourmet-Tempels *Tristan*, der 2012 seinen Michelin-Stern zurückgab und nun aus dem *Tristan Mar* und dem *Bistro Tristan* besteht. Nach wie vor speist man dort drinnen wie draußen im Grünen erlesen. Mehr unter www.grupotristan.com.

Preislich etwas moderater ist das benachbarte *Flanigan`s*. Außerdem gibt es eine ganze Reihe von Restaurants und Kneipen, die man der mittleren Kategorie zuordnen würde.

In Portals Nous ist **Parken ein erhebliches Problem**. Man kann hinunter- und durchfahren, findet aber meist nur weitab Platz.

Marineland   An der – hinter Portals Nous flachen – Küste liegt das *Marineland*. Der **maritime Vergnügungspark** ist eine verkleinerte Version amerikanischer Vorbilder mit Delfin- und Seelöwenshow, Vorführungen exotischer Vögel, Aquarium mit Haien und Pinguinhaus, insgesamt eine durchaus amüsante Angelegenheit. Für kleinere Kindern gibt's einen »nassen« Spielplatz mit Rutschen.

Der Spaß ist mit €22,50/Person, unter 12 Jahre €16,50, nicht billig (Internet Discount €3,50/Ticket). Geöffnet täglich 9.30-18 Uhr, letzter Einlass 16.30 Uhr, November bis Ostern geschlossen; Information unter www.marineland.es/marineland/mallorca.

Mood Beach   Ein weiterer *Beach Club* der auf Seite 118 beschriebenen Art liegt nur ein paar Meter westlich von *Marineland* hinterm Strand: *Mood Beach* mit großem Pool, Bar etc.; www.moodbeach.com.

Palma/Cala Major

BENDINAT

PORTALS NOUS

Calvià

Hotels und Apartments
A   Punta Negra
B   Bendinat
C   Son Caliu

Marineland
Mood Beach Club

Platja Portals

Yachthafen Port Portals

Costa d'en Blanes

Son Caliu

Punta Negra

Platja Son Caliu

Platja Catregador

Ciròs

PALMA NOVA

Platja de Palmanova

Punta Nadale
Platja de Son Maties

N

0   400 m

PALMA NOVA & MAGALUF

Peguera

House of Katmandu
Mrs. Doyles   BCM-Palast

Torre Nova

MAGALUF

Platja Magaluf

Illa de la Porrassa

Pirates Adventura

Western Water Park

Cala Vinyes

El Toro   Portals Vells   Casino   *Cala Falco*

Palma Nova

Kenn-zeichnung

Palma Nova an der westlichen Bucht von Palma wird mit Magaluf wegen der fast übergangslosen Nachbarschaft meist in einem Atemzug genannt, ⇨ Kapitel 2, Seite 48, was dessen Negativimage zu Unrecht auf Palma Nova abfärben lässt. »Nahtstellen« sind die Urbanisation **Torre Nova** auf der gleichnamigen Halbinsel und eine Fußgänger-Geschäftszone zwischen beiden Orten. Palma Nova zeichnet sich durch viel Grün und eine besonders breite **Strandpromenade** aus, an der sich die schönstgelegene *McDonalds*-Filiale Mallorcas befindet, Í Seite

Strände

Der erste Strandabschnitt (*Platja Carregador*, bei Anfahrt über die Hauptstraße und den *Passeig de la Mar*) liegt zwischen Yachthafen und der *Punta Marroig*; die beiden **Hauptstrände** – *Palmanova* und *Son Maties* – schließen sich südwestlich an.

Gastronomie

Am Westende des ersten, meist weniger frequentierten Strandes befindet sich mit dem **Ciro's** ein gutes Restaurant mit einem leicht gehobenen Preisniveau. Tagsüber und an lauen Abenden sitzt es sich im *Ciro`s* sehr schön auf der Terrasse mit Blick über Strand und Meer und auf das flanierende Publikum.

Pirates Beach Bar an der Promenade von Magaluf

Magaluf

Der Charakter Magalufs als einer Art **britisches Arenal** wurde auf Seite 48 bereits beschrieben. Auch wenn Magaluf nicht gerade als Ferienort zu empfehlen ist, gibt es doch Besuchsmotive.

Strand und Promenade

Magaluf verfügt über einen breiten **Sandstrand** mit guter Wasserqualität. Dem Strand vorgelagert ist das Inselchen *Sa Porrassa.* **Strandpromenade**, Fußgänger- und verkehrsberuhigte Zonen sorgen für ein durchaus attraktives Bild. Die Brennpunkte des Tages-*Highlife*, die **Bars Daiquiri** und **Malibu** an der Promenade, neuerdings der schneeweiße teure **Nikki Beach Club** lassen sich nicht verfehlen. Das Publikum dort ist sehr britisch. Einen schattigen open-air-Platz auch für andere Besucher bietet die Restaurantterrasse des **Robinson Crusoes** im nördlichen Bereich des Strandes.

Das House of Katmandu steht auf dem Kopf, weil so herum »vom Himmel gefallen«

House of Katmandu Entertainmentkomplex

Eine neuere Attraktion ist das *House of Katmandu* in der Avinguda Pedro Vaquer im hinteren Verbindungsbereich zwischen Palma Nova und Magaluf. Angeblich wurden €20 Mio. investiert, um diesen – weil vom Himmel gefallen – auf dem Kopf stehenden tibetanischen Gebäudekomplex zu bauen und drinnen wieder richtig 'rum mit »interaktiven« mysteriösen Abenteuerbereichen auszustatten. Das Ganze ähnelt dem amerikanischen Vorbild »*Ripley's, believe it or not*«, wo dem staunenden Publikum ebenfalls Mysterien, Illusionen und »Wunder« vorgeführt werden. Hinzu kam ein 4D-Kino mit bewegten Sesseln als 4. Dimension und ein toller **Minigolfplatz** in einer Fantasielandschaft mit Erdbeben und Vulkanausbrüchen. Ganz neu sind die interaktive Wildwest-Laserschießerei »*Desperados*« und »*Asylum*«, eine Art Geisterbahn. Mehr unter www.katmandupark.com. Sommer 10-24 Uhr; Mai+Okt. bis 21 Uhr, sonst 10.30-18/17/16 Uhr je nach Monat und Wochentag; ℰ 971 134660, mit *TexMex-Restaurant & Bar Tequila Ville*. Eintritt für **alles** €25, nur Minigolf €9, dazwischen abgestufte Preise mit Discounts von Hotelrezeptionen.

BCM Music Empire

Was **nächtliche Unterhaltung** betrifft, besitzt Magaluf mit der angeblich größten Disco Europas, dem *BCM Music Empire*, schon seit Jahren eine beachtliche Attraktion, ⇨ Seite 123. Der bombastische BCM-Bau steht drei Blocks vom Strand in relativ zentraler Lage und lässt sich dank Festbeleuchtung nachts nicht verfehlen. Im Sommer täglich ab 23 Uhr; im Winter nur samstags geöffnet. ℰ 971 134660, Abendthemen unter www.bcmplanetdance.com.

Irish Folk

Gleich gegenüber dem BCM links um die Ecke (Carrer Galeon) stößt man auf *Mrs. Doyles Irish Pub*, die sich selbst als »weltbeste« irische Kneipe bezeichnet. Tatsächlich gibt's bei *Guinness* vom Faß täglich *Irish Folk Music & Songs*. Außer für Discofans auf jeden Fall mit das Beste, was Magaluf von März bis Oktober am Abend zu bieten hat; www.mrsdoyles.com.

Piraten

Eine als **Piratenabenteuer** vermarktete seit langem erfolgreiche *Dinner-Show* findet in einem Bau am Südausgang des Ortes statt.

Das nach Seeräuberart ohne Besteck schmausende Publikum wird dort in ein Kampfspiel »mittelalterlicher« Piraten einbezogen. Die (englischsprachige, leider flache) **Family Show** mit toller Akrobatik beginnt im Sommer Mi-Sa um 18 Uhr und kostet inkl. Speis und Trank je nach Saison und Platz €30-€62/Person, Kinder bis zu 12 Jahren €20-€40. Die **Pirates Uncut Show** mit Stripeinlagen und Hardcore-Andeutungen läuft in der Saison von Mai-September Mi-Fr 22.30 Uhr, nur Drinks €52/€62. April/Okt. geringere Frequenz. Aktuelle Tage und Zeiten: ✆ 971 130411; www.piratesadventure. com und www.globobalear.com.

Spielkasino

Mallorcas **Spielkasino** residierte bis 2011 ca. 4 km südwestlich von Magaluf in einem Komplex in der Urbanisation **Sol de Mallorca**, belegt nun aber einen Teil des **Shopping Center Porto Pi** in Palma, Stadtteil Terreno unweit des Fährhafens.

Show im Paladium

Bereits seit 2009 läuft auf der riesigen Bühne im *Paladium* (gehört zum einstigen Kasinokomplex) die **Show »Come fly with me«**, eine Art *Broadway Musical* und Ode an *Frank Sinatra*, Do+Sa 22.30, €30-€56/Person, Loge für zwei inkl. Campagner €100/Person ➪ auch Seite 414, ✆ 971 130000, www.comeflywithme.com und www.globobalear.com.

Wildwest und Badespaß

An der Straße nach Port Adriano liegt der **Western Water Park**. Mit der Kombination »Badespaß« in Pools und Rutschen vor einer Western-Kulisse mit *Cowboy-Stunts* und *Can-Can Entertainment* hat man ein reizvolles Konzept auch für Leute gefunden, denen Wasser und Rutschen allein fürs Eintrittsgeld nicht genug sind. Der Park bietet tatsächlich vielseitigen Spaß und Unterhaltung für die ganze Familie. **Mai-September täglich 10-17/18 Uhr**, €26, Kinder bis 12 Jahre €18; *online* bis €3,50 Discount per Ticket; ✆ 971 131203, www.westernpark.com.

Hinweis

Fortsetzung Küstenstraße nach Santa Ponça über Port Adriano ab Seite 200; Seite 198 zunächst Badeabstecher nach Portals Vells.

Großrutschen im Western Water Park.

Portals Vells und Calo Falco

Kenn-
zeichnung

Die drei Arme der *Cala Portals Vells* in der Westecke der Badía de Palma sind ein beliebtes Ziel der »Bewohner« von Magaluf und Palma Nova. **Schwimmer** und **Schnorchler** finden dort hervorragende Reviere mit großer Wassertransparenz. Täglich von Mai bis September entlassen **Ausflugsboote** aus der Umgebung ihre Passagiere über schwankende Stege auf die Uferfelsen vorm **Strandrestaurant *Es Repos*** der Südbucht.

Strände
Portals Vells

Portals Vells erreicht man **ab der Autobahn Palma-Andratx** über die Ausfahrt Magaluf. Sie mündet auf einen Kreisverkehr, von dem man der Richtung »Cala Figuera« folgt. Die Straße passiert zunächst den *Western Water Park*. Am nächsten Kreisverkehr geht es nach rechts Richtung El Toro/Port Adriano und geradeaus Richtung Portals Vells/Cala Figuera. Nach ca. 4 km erreicht man kurz aufeinander zwei Küstenzufahrten. Die hintere führt zum größten und populärsten Strand. An den Hängen und Uferfelsen der *Cala Mago* (mittlerer Arm) baden und sonnen sich FKK-Anhänger. Auch dort gibt es ein kleines Strandlokal.

Geheimtipp
Cala Falco

In dieser Ecke der Bucht von Palma liegt außerdem die kaum bekannte und darum nur mäßig besuchte *Cala Falco*. Von der Zufahrt zum Spielkasino geht es vorm Beginn der Bewaldung nach links (einziges Schild dort). Man folgt dem Asphalt (!) dieser Straße im Auf und Ab unbeirrt bis fast ans Ende (einige Villen stehen dort unweit der Steilküste) und biegt rechts ab. Diese Straße führt in einer Schleife wieder zurück, so dass es egal ist, ob man die erste oder zweite Straße rechts fährt. Nach ein paar hundert Metern (erste rechts) passiert man die extrem schlechte und weite Zufahrt zur *Cala Falco*. Besser, man fährt 100 m weiter, parkt dort und geht die lange Treppe hinunter zur hübschen Bucht. Eine Strandbar ist selbst dort erstaunlicherweise vorhanden.

7.1.3   Die Drei-Dörfer-Gemeinde Marratxi

Die drei Dörfer **Marratxi** (Station der Bahnlinie nach Inca zwischen Autobahn und der Landstraße #713), **Sa Cabaneta** und **Portol**, gut 7 km nordöstlich von Palma, bilden unter der Bezeichnung »Marratxi« eine verwaltungsmäßige Einheit. Sie sind ausufernde **Wohnvororte Palmas** ohne Reiz für Touristen.

Al Campo/
Festival Park

Zur Gemeinde Marratxi gehört auch **das größte *Shopping Center* Mallorcas Al Campo** direkt an der Autobahn Palma-Inca (Ausfahrt »Pont d'Inca«), von dem bereits die Rede war, ⇨ Seite 114. Eine Ausfahrt weiter liegt auf der gegenüberliegenden Seite der Autobahn an der Straße nach Bunyola der *Festival Park*. Dort gruppiert sich ein **Outlet Shopping-** und **Restaurant Center** (seit 2012 auch mit *Outlet* Filiale der Kaufhauskette *Corte Inglés*) um eine als Veranstaltungsort konzipierte Hauptplaza und einen **Kinokomplex**, wo bis zu 20 Filme laufen, z.T. in Englisch, nie auf Deutsch. Relativ günstige Preise; für Shopper empfehlenswert.

*Die weißen
Tonfiguren,
sog. Siruells,
sind mallorca-
typische
Produkte,
die in Portol
produziert
werden*

Zusätzlich gibt es dort ein **Bowlingcenter**, auch mal *Bungy Jum-*
ping etc. für die Kleinen etc. Infos unter www.festivalpark.es.

**Töpfereien
in Portol mit
Gebrauchs-
keramik**

Die Gemeinde Marratxi, speziell die langgezogenen hinterein-
anderliegenden Orte **Sa Cabaneta** und **Portol** östlich der #713 gelten als **Urzelle des mallorquinischen Töpferhandwerks**. Viele der
für Mallorca typischen, innen braun oder grün lasierten und außen
einfach gebrannten Töpfe wie auch rustikales Gebrauchsgeschirr
stammen aus Werkstätten Portols, so. z.B. die in einfachen Lokalen gerne genutzten Weinkrüge mit eigenartigem Gießschnabel.
Dieses Geschirr ist nirgends mehr billig, aber direkt bei den Pro-
duzenten doch noch ein wenig preiswerter als anderswo. Die traditionell noch handwerklich arbeitenden *Alfarerias* oder *Ollerias*
(Töpfereien) Portols befinden sich **abseits der Durchgangsstraße**.
Um dorthin zu finden, muss man Sa Cabaneta ganz durchfahren
und im gleich anschließenden Portol auf recht unauffällige Schilder auf der rechten (östlichen) Straßenseite achten. Nur ein einziger (Laden) in Portols Hauptstraße bietet die Keramik auch
außerhalb der Töpfereien bzw. ihrer Verkaufsstellen an.

Eine Anfahrt
nach Portol
ist am
einfachsten
über die
Autobahn-
abfahrt
Santa Maria
(zum Ort
Santa Maria
⇨ Seite 347)

**Siruells/
Flohmarkt**

In Portols Werkstätten werden auch *Siruells* hergestellt, die in
vielen Souvenirshops zu findenden **weißen Tonfiguren** mit roter
und grüner Strichbemalung, von denen sich einst sogar *Joán Miró*
inspirieren ließ. Auch auf dem großen sonntäglichen **Flohmarkt**
von Marratxi (9-14 Uhr) findet man diese Figuren.

**Museo
del Fang**

Über Geschichte und Produktion der Keramik in Marratxi informiert das **Töpfereimuseum** in **Sa Cabaneta** *»Museo del Fang«*.
Die Anfahrt ist ausgeschildert. Die breite Straße endet vor einem
Minipark. Darin steht das schlichte kleine Museumsgebäude
(mit Turm). Geöffnet nur Di, Do + Fr 10.30-13 Uhr.

Anfang März jeden Jahres findet in Sa Cabaneta auf dem Hof der
Kirche Sant Marçal die mehrtägige **Töpfermesse** *Fira del Fang*
mit großer Auswahl an Keramik und ähnlichen Produkten statt.

DER SÜDWESTEN

7.2   Orte und Ziele im Südwesten

7.2.1   Die Südwestküste

El Toro/Port Adriano

Kenn-zeichnung

Obwohl El Toro mit dem jüngst enorm erweiterten Yachthafen *Port Adriano* dank des gleichnamigen *****Hotelkomplexes auf der Steilküste über der **Cala Penyas Rotges** auch ein möglicher Standort für Ferien auf Mallorca ist, unterblieb eine Bewertung im Kapitel 2, denn der Ort ist – ebenso wie der Nachbar Son Ferrer auf halber Strecke von Magaluf – eher eine »Schlafstadt« für Beschäftigte in den Touristenzentren der Umgebung.

Anfahrt/ Promenade ab Magaluf

El Toro/Port Adriano erreicht man **von der Autobahn Palma-Andratx** über die Ausfahrt Magaluf. Vom Kreisverkehr geht es zunächst am beschriebenen *Western Water Park* vorbei; am folgenden Verkehrskreisel zweigt die Straße nach El Toro rechts ab.

**Anfahrt über
Santa Ponça**

**Strand und
Yachthafen**

Entlang dieser Straße läuft die **Promenade** für Fußgänger, Radfahrer und Skater von Illetes über Palma Nova nach Santa Ponça
(dort Übergang auf breite Gehsteige) und weiter bis Peguera.

Von Santa Ponça aus erreicht man El Toro über die Straße in Rich-
tung Südwesten (Avinguda del Rei Jaume I, durch den zentralen
Kreisel einfach geradeaus) und dann an der südlichen Flanke der
Bucht entlang auf der breiten Allee Gran Via de Penyes Rotges.

Der Ort **El Toro** liegt oberhalb der Steilküste dieser Inselecke. Zwischen Ortseinfahrt und dem erwähnten *****Hotel geht es hinunter zum **Yachthafen Port Adriano**, der 2011 erheblich ausgebaut
und mit einer bombastischen **Shopping- und Restaurantmole** bestückt wurde. Der **Strand** im Bogen der Bucht ist aufgespült. Am
Straßenende steht das **Restaurant *El Toro*** mit Aussichtsterrasse.

Attraktiver ist die **Gastronomie** im Yachthafen. Ganz nah über
den Schiffen befindet sich die Glasterrasse des Bistros ***Cantina*** mit
Sonne bis zum Abend. Das Gebäude zwischen Strand und Marina
beherbergt gleich zwei gute Lokale, das ***Utopia*** und das ***La Terraza***. Beide bieten angenehmes Ambiente und gehobenes Niveau
bei Küche wie Preisen, einzig *La Terraza* hat Weitblick aufs Meer.

Santa Ponça

**Bucht
und Strand**

**Kenn-
zeichnung**

Die Beschreibung Santa Ponças in Kapitel 2, Seite 49, zeichnet ein
eher ambivalentes Bild. Trotz der Bausünden – insbesondere auf
der Nordseite der *Cala de Santa Ponça* – ist indessen der **Gesamteindruck besser als in Arenal oder im nahen Magaluf.**

Das liegt vor allem an der bis tief ins Land reichenden, felsig eingefassten Bucht mit ihrem **breit aufgespülten, sogar dünenähn-
lich gestalteten Strand** und an den hier bis ans Meer reichenden
Ausläufern des Inselgebirges *Serra Tramuntana*.

Santa Ponça wird nach wie vor vom **Pauschaltourismus** eher
preiswerter Kategorien dominiert. Das in der Vor-/Nachsaison
stark **britisch**, im Sommer auch **deutsch** bestimmte Urlaubsleben
»pulsiert« in den Straßen um die Bucht herum und in der Disco-,
Kneipen- und Boutiquenszene hinter und rechts der Hochhauskulisse in der *Carrer Ramón Monzada* (Fußgänger- und verkehrs-

7.2

*Jürgen Drews,
der ungekrönte
»König von
Mallorca«,
hat sich
ausgerechnet
in Santa Ponça
ein Denkmal
gesetzt, ➪
nächste Seite*

Andratx *Capdella*

SANTA PONÇA & PEGUERÁ

🏨 Hotels und Apartments

A	Coronado	G	Villa Columbus
B	Cala Fornells/	H	Los Tilos
	Petite Cala Fornells	I	Novomar
C	Mar y Pins	J	Ponent
D	Bella Colina	K	Jardin del Sol
E	Nilo	L	Casablanca
F	Bahia Club	M	Palmira Baney
		N	Palmira
			Cormoran
		O	Punta del Mar

Camp de Mar/ Andratx

PEGUERA

Restaurant Casa Rustica

Aldea Cala Fornells

Fornells

Cap Andritxol

La Gran Tortuga

Platja Palmira

Verkehrsberuhigt

La Hacienda

Platja Grande

Sotavento Hapimag Komplex

Cala Fornells

Platja Romana

Cala Monjo

Badia de Santa Ponça

Monte d'Oro

Blue Bay Galatzo

COSTA DE LA CALMA

Cala Blanca

Pta. des Castell

verkehrsberuhigt (Zentrum)

Cala de Santa Ponça

Meson del Mar

Miguel Watering

König von Mallorca

Creu de Rei

Sa Caleta

Terrassa

Takume

Gran Muralla

Camí Vía Cornisa

Katzen-berger

SANTA PONÇA

Calvia

Palma

N

0   400 m

Mirador Na Foradada

El Toro / Port Adriano

---

beruhigte Zone). Dort drängen sich vor allem die **British Pubs**. Unterhalb der Blocks läuft ein **Fußweg** vom Strand auf den Felsabsätzen in Meereshöhe am Wasser entlang vorbei an und durch Poolanlagen, Bar- und auch über Restaurantterrassen.

Gastronomie

Jenseits der Avinguda Rei Jaume auf der Südseite der Bucht beherbergt der Komplex zwischen Kreisverkehr und erster Straße links eine ganze Reihe von Lokalen und Shops, darunter die Bar **Watering Hole** mit Pool und Garten hinter der Gaststube. Wenn Restaurantbesuch in Santa Ponça, dann ein paar Schritte weiter im **Miguel** mit immer wieder gelobtem Preis-/Leistungsverhältnis.

Seit 2011 gibt's aber gleich um die Ecke beim Verkehrskreisel eine originelle Alternative für Fans, den **König von Mallorca**, das unübersehbare Lokal des Mallorca-Kultsängers **Jürgen Drews**.

Gute ca. 100 m vom Kreisverkehr bergauf beeindruckt die »authentische« Fassade des Chinarestaurants **Gran Muralla**. Gleich dahinter liegt – recht unauffällig – ein auch für Strandbesuche günstig platzierter **Parkplatz** (Halteverbot an der Straße unten).

Gleich drei Lokale liegen in der Südostecke der Bucht nebeneinander mit schönen Terrassen überm Meer und Westblick: *Meson del Mar*, *Takume* und *Sa Terrassa*. Die gute Lage entschädigt aber kaum für ein dort eher schwaches Preis-/Leistungsverhältnis.

Creu de Rei

Ein Stück weiter die Straße hinauf geht es (noch vor dem Yachthafen, ⇨ Karte und Ausschilderung) rechts ab zum **Gedenkkreuz**, das dem Rückeroberer Mallorcas aus arabischer Hand, König (*Rei*) *Jaume* gewidmet ist (⇨ Geschichte Mallorcas, Seite 418ff). Es steht am Ende der *Halbinsel Sa Caleta* in einem kleinen Park. An der Ausfahrt der Via de la Creu/Ecke Av Rei Jaume hat eine deutsche C-Promi-Dame ihren Namen fürs *Café Katzenberger* genutzt.

Aussichtspunkt

Die Hauptstraße in südwestliche Richtung führt durch Villenviertel an die Küste, dann weiter durch neuere Urbanisationen und über Port Adriano/El Toro nach Magaluf, ⇨ Seite 200. Die Zufahrt zum Aussichtspunkt *Na Foradada* hoch über den Santa Ponça vorgelagerten *Illes de los Conejos* und *Malgrats* an der südlichsten Ecke der Bucht ist ausgeschildert. Für die Fahrt dorthin sollte man aber besser die *Gran Via de Cornisa* hoch über der Küste wählen (hinter der Yachthafenbucht rechts).

Jungle Parc

Schräg gegenüber dem Abzweig der Via Cornisa wartet in einem Waldarcal der *Jungle Parc* mit drei Kletterrouten unterschiedlicher Schwierigkeit. Insgesamt 90 Plattformen in 3-10 m Höhe wurden über Strickleitern, Seile etc »wackelig« miteinander verbunden. Nach Einweisung im Übungsparcour wird man – gesichert – in die Höhe entlassen. Der Spaß kostet €15 pro Runde, 1 Stunde €12; www.jungleparc.es. Geöffnet Ende Juni bis Mitte Sept. Di-So 10-18 Uhr; Mai-Ende Juni & Mitte September-Ende Okt. nur Sa+So.

Von Plattform zu Plattform an schwankenden Seilen im Jungle Parc

7.2

Costa de la Calma

Ein Abstecher könnte der Nobelsiedlung *Costa de la Calma* gelten; Zufahrt durch Santa Ponça um die Bucht herum (als Einbahnstraße nur in dieser Richtung möglich) oder über die Autobahn Richtung Peguera. Die breite Avinguda del Mar führt hinunter bis zum Tenniszentrum gegenüber dem architektonisch auffälligen Komplex *Monte d'Oro*, ⇨ Kasten *Pedro Otzoup* auf Seite 213. Von dort führen 50 m Fußweg an den **Ministrand** der *Costa de la Calma*. Weit oberhalb steht das **Spa- und Sporthotel** *Blue Bay Galatzo* mit tollem Weitblick von der Poolterrasse.

Cala Blanca

Zwischen Santa Ponça und der Costa de la Calma versteckt sich außerdem die **Cala Blanca**, eine kleine Strandbucht am Ende der Carrer Ses Palmeres, die (ohne Hinweis) vom Parkplatz an der Carrer Santa Ponça kurz südlich der Avinguda del Mar abzweigt. Von der Rundstraße Huguet des Far (mit den Hotels *Jardin de Playa*, *Punta de Mar* und *Jardin del Sol*) führt außerdem eine Treppe hinunter an die **Cala Blanca**. Die beste Badestelle dort liegt hinter der rechten Flanke: Folgt man dem Pfad ab Strand, gelangt man nach ca. 100 m an einen exponierten Felsabsatz mit »Naturpool«, Liegenverleih und Kiosk, ➪ Foto unten.

Flohmarkt Bugadelles

Sonntag Vormittag findet in **Son Bugadelles** (Gewerbegebiet an der Straße nach Calvia) ein populärer Flohmarkt statt.

Peguera

Entwicklung

Peguera erfuhr als **deutsche Tourismus-Hochburg** im Kapitel 2, Seite 50, bereits eine ausführliche Bewertung. Dank einer Erweiterung des Zentralstrandes *Platja Palmira*, der Anlage einer Promenade bis zur *Platja Romana* und Verkehrsberuhigung der Hauptstraße verwandelte sich Peguera über die Jahre vom Durchschnitts- zum **Vorzeigeort**. Mit Fertigstellung der Ortsumgehung verschwand schon vor Jahren das Gros des Verkehrs aus Peguera.

Geographie

Die heute in der östlichen Hälfte fast verkehrsfreie alte Hauptstraße trennt die strandseitige Gebäudezeile vom – viel größeren – »Rest« des Ortes, der sich weit in die Hügel der Umgebung hineingeschoben hat. Leider ist Peguera seither von draußen etwas schwierig anzusteuern: Die Auffangparkplätze in der Nähe des Ortskerns und am östlichen Ende reichen oft nicht. Die **Umgehung** erfolgt zwar ab dem östlichen Kreisverteiler zunächst über eine hochgelegene Route, aber westlich durch enge, schlecht ausgeschilderte Einbahnstraßen. **In den Westen** des Ortes und nach Cala Fornells gelangt man verkehrstechnisch einfacher über die Ausfahrt Camp de Mar der Autoroute nach Andratx.

Von Osten geht es ab Kreisverkehr nur wenige hundert Meter in den Ort hinein, dann steht man vor der aus dieser Richtung gesperrten zentralen Straße. Von Westen kann man sie teilweise (langsam) durchfahren. **Am westlichen Ortsausgang** ballen sich die wichtigsten Läden zur Versorgung, so der **Supermarkt *Mercadona*** gegenüber der Hauptzufahrt zur Cala Fornells. Dort und am *Garden Center* findet sich der im Westen Pegueras einzige größere Parkplatz (rund 600 m von der *Platja Palmira* entfernt).

*Bade-
plattform
hinter der
Cala Blanca
(Costa de
la Calma)*

PEGUERA

N

0   400 m

Zentraler Strand

Die mit der Ausdehnung des Ortes verbundene Bettenvermehrung Ende der 1990er-Jahre hatte zunächst zu ziemlicher Enge an den Stränden geführt. Seit breiter Aufspülung der **Platja Palmira** bieten sie aber nun viel Platz selbst in der Hochsaison.

Platja Tora/ Promenade

Pegueras früherer Hauptstrand **Platja Tora** oder **Gran**, mit der *Platja Palmira* über die Promenade verbunden, liegt weiter zum Ortsausgang Richtung Palma hin. Er verfügt zwar über einen eher grauen, nicht so einladenden Sand, aber die **Wasserqualität** ist auch dort gut. Die Infrastruktur für die Versorgung der Urlauber liegt eingeschossig dahinter und an der Hauptstraße (ca. 100 m).

Platja Romana

Der dritte und kleinste Strand nennt sich **Platja Romana** mit besonders guter Gastronomie, ⇨ nächste Seite. Er ist über eine Promenade unterhalb des Hotels *Beverly Playa* mit der *Platja Gran* verbunden. Dort tummeln sich im wesentlichen die Gäste der Hotels *Lido Park* und *Palmira Beach* sowie die Bewohner einer ausgedehnten **Hapimag Apartmentanlage**. Wem es dort zu voll ist, findet wenig weiter östlich entlang der Klippen in Richtung *Costa de la Calma* genug individuelle Plätzchen am Wasser.

Gastronomie

Peguera ist ein Ort mit unglaublich vielen **Kneipen, Terrassen-** und **Gartenrestaurants**, viele davon mit deutscher Gaststättencharakteristik. Mittelmaß überwiegt zwar, andererseits ist die Auswahl allein schon entlang der Flaniermeile durch den Ort derart groß und vielfältig, dass hier jeder »sein« Lokal findet. Zumal

7.2

die Konkurrenz den Preisspielraum deckelt. An der Avinguda Peguera im Bereich hinter der *Platja Tora* sitzt man abends besonders angenehm, und die beste **Sangria** gibt es »*Bei Herbert*«.

Von dort sind es nur ein paar Schritte bis zu einer der wenigen kulinarisch hervorhebenswerten Adressen. In der Seitenstraße Carrer Delfin hat sich die kleine *Casa Carolina* etabliert. Die deutschen Betreiber setzen auf leichte mediterrane Küche mit französischen Akzenten. Das alles zu akzeptablen Preisen. Möglichst reservieren: © 971 686919.

Sehr gut sitzt und isst man auch im Restaurant *La Hacienda* noch ein paar hundert Meter weiter am östlichen Ende des Ortes. Dort serviert man mexikanisch-internationale Gerichte.

Tagsüber die bessere Alternative ist das Restaurant *Sotavento* mit schöner Terrasse an der *Platja Romana* (April-Oktober). Gleich dahinter liegt das **Restaurant** *Tentación* mit täglich wechselndem Themenbufett (Fisch, *Tapas*, *Paella* etc.) zum Pauschalpreis.

Für den Happen zwischendurch und den Durstlöscher am Tage sind die **Terrassen am Zentralstrand** (*Platja Palmira*) erste Wahl. Auch dort halten sich die Preise im Rahmen; sogar das (einfache) Mittagsmenu inkl. Waser oder Wein findet man dort noch für €8-€10. Generell, aber besonders bei Hitze ist der schattige **Palmengarten** des Restaurants *Rendezvous* am westlichen Promenadenende zu empfehlen.

Am Abend

Wer abends in Peguera unterwegs ist, wird eine passende **Kneipe** rasch finden. Die **Disco-Szene** konnte in Peguera – wohl wegen des Publikums in überwiegend mittlerem bis reiferem Alter und im Sommer der vielen Familien mit Kindern – noch nie so ganz überzeugen. Der Tanz für die gesetztere Generation findet im stets rammelvollen *Rendezvous* statt (unverfehlbar am Flanierboulevard mit Terrasse an der Promenade, wie erwähnt) zu Oldie- und Rockmusik mit Einsprengseln aus der Stunde des deutschen Schlagers. Wo es aktuell *Live Music* gibt und sonst was los ist, erfährt man durch reichlich Werbezettel und Plakataufsteller.

Bootstrip

Apropos Werbezettel: Ab Peguera werben zwei Bootseigner für ihre **5-Stunden-Touren** entlang der Buchten des Südwestens bis zur Insel **Dragonera**. Inklusive Badestopp, Verpflegung unterwegs und Sangria kostet das €25/Person. Eine bessere Tagestour per Boot gibt's auf der ganzen Insel nicht.

Strandleben im September an Pegueras Platja Palmira

Wandern

Peguera ist ein guter Ausgangspunkt für Spaziergänge und Wanderungen in der näheren Umgebung ohne oder nur mit kurzer Anfahrt. Die Touristinfo hat ein **Faltblatt in deutscher Sprache** für Wanderfreunde herausgegeben. Geführte **Wanderungen, Höhlentouren** und **Canyoning** unter deutscher Leitung bietet *Mar y Roc* ab Peguera ,☏ 971 235853, www.mallorca-wandern.de.

Zu einem weitgehend verkehrsfreien Flanierboulevard rückgebaute und begrünte Hauptstraße, wo sich früher der Verkehr staute

Cala Fornells

Die Aldea (Dorf) Cala Fornells

Der Charakter von Cala Fornells als »**Vorort« von Peguera** an der westlichen Seite der Bucht mit seinem Apartmentdorf *Aldea Cala Fornells* wurde bereits im Kapitel 2, Seite 51, kurz umrissen.

Der Architekt *Pedro Otzoup* hat sich damit ein unübersehbares und vielfach kopiertes Denkmal gesetzt, ➪ Seite 213. Leider kann man diesen interessanten Baukomplex nicht so recht besichtigen, da es sich um eine überwiegend private Wohnanlage handelt.

Einen Eindruck gewinnt man aber auch schon von der Straße aus und vor allem von den Terrassen der Restaurants **La Gritta** (ganz oben, erreichbar über eine hintere Zufahrt ab Pegueras westlichem Kreisverkehr) und *La Gran Tortuga* (unterhalb der Straße zur Bucht *Cala Fornells*). Beide Lokale sind bei Peguera erste Wahl unter den Restaurants gehobenen Preisniveaus. Mallorquinische Gerichte wie *Tapas* serviert die **Bodega C`an Luis** direkt an der Straße gegenüber der Treppe zur *Gran Tortuga* mitten im »Dorf«.

Die Bucht Cala Fornells

Eine gute Aussicht auf die *Aldea Cala Fornells* erlauben auch Standpunkte an der Bucht oberhalb des hübschen Ministrandes (➪ Seite 208) am Ende der Straße durch die diversen Bereiche des »Dorfes«. Wer Lust zur Einkehr verspürt: im **Hotel *Cala Fornells*** an der Straße sitzt man drinnen wie draußen gut, im Hotel **Coronado** vor allem auf den Terrassen am Wasser oder Pool.

Zur Cala de`n Monjo

Pfade durch Pinienwald führen von Cala Fornells an die **Cala de`n Monjo**, eine meist wenig besuchte, u.a. aber bei Anhängern des FKK beliebte Schwimmbucht mit glasklarem Wasser. Zum Ausgangspunkt dieses 15-min-Weges gelangt man vom erst jüngst in den Wald geschlagenen Parkplatz 100 m hinter der Auffahrt zum

Hotel Petit Cala Fornells (dorthin auf der kurzen Straße zwischen den Hotels *Coronado* und *Cala Fornells*). Am Parkplatz findet man eine **Übersichtstafel** für den Weg zur *Cala Monjo* und zum *Cap Andritxol*. Der dort empfohlene Weg zur »Mönchsbucht« führt in einem Bogen von hinten an sie heran und weiter zum Cap. Wer nur bis zur Bucht will, sollte eher wie folgt gehen: Vom linken Areal des Parkplatzes auf dem breiten Weg Richtung *Coronado* einige Meter bergan und dann rechts ab auf einen leicht ansteigenden Pfad. Nach ca. 100 m nimmt man den Abzweig nach rechts und läuft dann »der Nase nach«. Nach einem weiteren leichten Anstieg geht es wieder bergab (an Verzweigungen nicht ansteigend laufen), und nach ca. 10 min sieht man das Wasser und felsige Ziel vor sich und den kleinen Strand hinten rechts.

Das Böse unter der Sonne

Haben Sie den **Agatha Christie-Film** »Das Böse unter der Sonne« mit *Peter Ustinov* gesehen? Er ist schon fast 30 Jahre alt und gehört sicher nicht zu den herausragenden Streifen des Genres, wird aber im Fernsehen immer wieder gern gezeigt. Einige Badeszenen dieses Films wurden an der *Cala d'en Monjo* gedreht.

Cap Andritxol

Die ganze Halbinsel dahinter, quasi das Nachbargrundstück ihres Hauses in Camp de Mar, gehörte einst *Claudia Schiffer*. Als sie es absperren ließ, erhob sich Protest, denn ein beliebter Pfad führte mitten durch das Schiffersche Grundstück zum alten Wachtturm **Torre de Cap Andritxol** und weiter zum Kap selbst. Das Anwesen ging zwischenzeitlich in russische Hände über. Wohl ohne die Halbinsel, denn der Weg ist nun wieder frei, der Turm restauriert.

Felsinselrestaurant vor Camp de Mar

Camp de Mar

Im Kapitel 2, Seite 51, finden sich alle wesentlichen Informationen zur Eignung von Camp de Mar, ca. 4 Straßenkilometer westlich von Peguera, als Urlaubsstandort.

Anfahrt/ Parken

Die von drei mühsam auf vier Sterne hochrenovierten Hotels umzingelte Strandbucht erreicht man auf einer breit ausgebauten Zufahrt mitten durch den Supergolfplatz der Prominenz Camp de Mar. Zur Linken liegt das *****Dorint Hotel Camp de Mar**, zur Rechten eine geschlossene, in den Golfplatz integrierte Luxusapartmentanlage. Wer hier nicht zu den Golfspielern gehört, parkt sein Auto auf dem Platz schräg hinter dem *Hotel Playa Camp de Mar* zwischen dem Golfgelände am *Dorint Hotel* und dem Cami de Salinar ca. 200 m vom Strand entfernt. Parken in größerer Strandnähe ist von Mai bis September meist schwierig.

Strand

Attraktiv am oft vollen Strand von Camp de Mar auch für Besucher ist die kleine vorgelagerte **Restaurantinsel**, die man sogar schwimmend oder über einen wackligen Steg erreicht. Dort kann man orima sitzen, seinen Drink oder ein einfaches Essen genießen und bei Hitze zwischendurch auch mal ins Wasser springen.

Hinter dem Strand überblickt man aus leicht erhöhter Position das Geschehen preiswert und gut in der **Bar Ambassador**.

Felsküste

Westlich des Strandes gibt es noch eine ausgebaute öffentliche Felsterrasse, die aber überwiegend von Gästen des *Club Hotel Camp de Mar* okkupiert wird, und eine neuere ca. 300 m lange Promenade am steinigen Ufer bis zum Hotel *Bahia Camp de Mar*.

Die Infrastruktur in Camp de Mar ist begrenzt. An der Straße nach Port d`Andratx stehen ein paar Läden und einige Lokale, darunter das **Jens**, vom Eigner nach sich selbst benannt. Fantasievolle Kreationen sind die Spezialität des Hauses. Do ganz und Fr mittags geschlossen, © 971 236306.

Cala Llamp

Situation

Eine kurze, steile Stichstraße führt von der Verbindung zwischen Camp de Mar und Port d`Andratx hinunter zur **Cala Llamp**. Die Bucht wird von zahlreichen Villen in Hanglage überragt. Die Uferstraße der Westbucht ist dicht bebaut, einzige Zufahrt ans Wasser ein enger Weg von der Uferstraße nach rechts, der als Kehre unter der Straße hindurch an einem Parkplatz endet. Auf flachen Felsen am Meer gibt es dort das (jedermann zugängliche) **Gran Folies Beach Resort** mit (Edel-) Restaurant, Bar und Poolterrassen.

Küstenzugang

Neben dieser Anlage finden sich linkerhand auch noch schöne felsige **Plätzchen am Meer**. Die Wasserqualität lässt dort wegen der offenen Bucht und der Abwesenheit sandigen Untergrunds keine Wünsche offen.

Nach Sa Mola/ Port d'Andratx

Hoch oberhalb der Bucht läuft eine Straße durch eine neuere Villen- und Apartmentbebauung in Richtung Halbinsel Sa Mola (am Straßenende nach links) bzw. Port d`Andratx (nach rechts).

Gran Folies Beach Resort an der Cala Llamp

Port d'Andratx

**Kenn-
zeichnung**

Bereits im Kapitel 2 wurde auf die erstaunliche Beliebtheit von Port Andratx als (Zweit-) Wohnsitz deutscher Finanz-, Politik- und Medienprominenz hingewiesen, die durch äußere Gegebenheiten des Ortes eigentlich nicht zu erklären ist, sieht man von der phänomenalen Lage der Villenhalbinsel La Mola einmal ab, wo aber schon seit Dekaden (theoretisch) keine Baugrundstücke mehr zur Verfügung stehen. Die ringsum dicht an dicht entstandenen Urbanisationen und Apartmentkomplexe, die mittlerweile bis in die Hänge über der Cala Llamp und nach Westen in Richtung Cala d'Egos reichen, zeigen die Anziehungskraft der Region auch für weniger Prominente, die über genügend Kapital verfügten, um in Port d'Andratx mit dabei zu sein. Der derart hochgepuschte Ort ist eben deshalb wohl auch ein besonders beliebter Anlaufpunkt für Yachteigner und Autoausflügler. Dabei verfügt er nicht einmal über nennenswerte Strandquadratmeter.

Anfahrt

Es empfiehlt sich nicht – egal aus welcher Richtung –, nach Port Andratx hineinzufahren. Ein System von immer zugeparkten Einbahnstraßen führt letztlich nur zu einer Herumkurverei ohne große Chancen auf den letzten freien Platz in kürzerer Distanz zum zentralen Geschehen als bei sofortiger Nutzung des Auffangparkplatzes am nördlichen Ortseingang, entlang der Uferpromenade oder im Bereich des Yachthafens, ✪ Karte Seite 212.

Ortsbild

Der Hauptbetrieb in Port d'Andratx konzentriert sich auf das Umfeld des hier noch halbwegs intakten Fischerhafens und zwei ineinander übergehende Plätze voller Läden und Restaurants. Eine den kommerziellen Hafen schützende, weit in die relativ offene Bucht hinein gebaute breite Mole dient in erster Linie als Gast-Liegeplatz für Besucheryachten. Hinter dieser Mauer befindet sich in der Ecke ein Ministrand, der oft wegen Algen und Treibgut nicht einmal nutzbar ist.

*Kenn-
zeichen
von Port
d'Andratx
sind die
Yachten und
(illegal? siehe
Kasten rechts)
zugebauten
Hänge rund
um die Bucht*

Immobilienskandal in Andratx

Seit über 20 Jahren gilt angeblich ein behördlich verhängter »Baustopp« auf Mallorca, soweit es die Ausweisung von Flächen für Neubauten betrifft, aber es wurde und wird trotz Immobilienkrise vielerorts ersichtlich weitergemacht. Tatsächlich aber sind und waren wohl die meisten Baugenehmigungen in Ordnung. Denn der von übergeordneten Stellen verordnete Baustopp konnte lokal immer wieder unterlaufen werden, weil in Spanien die letztendliche Entscheidung zur Ausweisung von Baugrund bei den Gemeinden liegt. Nur ein Rechtsbruch wie der Verstoß gegen Naturschutzgesetze oder Korruption ermöglicht es höheren Instanzen einzuschreiten. Tun sie es nicht von sich aus und selbst dann, bedarf es aber zunächst einmal des Nachweises vor Gericht. Und auch ein »berechtigter« Kläger muss seine Klage vorfinanzieren.

In Andratx war das der GOB, der Naturschutzbund der Balearen. Er wies die illegale Bebauung ganzer Hänge nach, die dank eines Beziehungsgeflechts zwischen Lokalpolitikern, Bauunternehmern, Grundeigentümern, Maklern und wohl auch nach Port d'Andratx drängenden Käufern mit Schwarzgeld ermöglicht wurde. Etliche Millionen flossen bar unter dem Tisch, und lukrative Aufträge gingen an eigens von Lokalprominenz und deren Verwandtschaft gegründete Firmen. Trotz bescheidener Einkünfte im angestammten Job brachte es so mancher zu erheblichem Wohlstand, wobei in Andratx offenbar jeder wusste, woher der kam. Der (nun) ehemalige Bürgermeister *Eugenio Hidalgo* verbrachte nach seiner Verhaftung 2007 bereits mehrere Jahre hinter Gittern und steht nun wegen eines weiteren Falls vor Gericht; zusätzlich 5 Jahre forderte der Staatsanwalt. Auch weitere Beteiligte wanderten ins Gefängnis. Die Parallelen zu einem ähnlichen Fall in Malaga, in dem Hunderte von Millionen Euro in die Taschen von Lokalpolitikern flossen, sind offensichtlich.

In den Hügeln rund um Port d'Andratx und über den Calas Llamp und Egos wurden mehrere hundert Gebäude auf der Grundlage letztlich illegaler Genehmigungen errichtet. In manchen Ecken rosteten Kräne bankrotter Firmen vor sich hin, und hässliche Bauruinen warten noch auf ihren vom GOB angestrebten Abriss. Tatsächlich aber wurden bislang nur wenige Abrissverfügungen realisiert. Zwar sollen seit langem weitere Objekte folgen, doch die Einsprüche liegen bei Gericht, und die Mühlen der spanischen Justiz mahlen langsam. Ungeklärt ist immer noch, was mit schon länger fertigen, von gutgläubigen (?) Käufern erworbenen und bewohnten Villen und Apartments auf Baugrund geschehen soll, der nicht als solcher hätte ausgewiesen werden dürfen.

Restaurants   Die Restaurant- und Kneipenszene erscheint für die Größe des Ortes überbesetzt und wird nur in der Hauptsaison verständlich, wenn sich die zahllosen Siedlungen rund um die Bucht und an den umgebenden Hängen mit Leben füllen. Wo bis Mai viel Platz war, ergattert der Besucher an lauen Sommerabenden selbst um Mitternacht nur schwer einen Tisch. Schon gar nicht in beliebten Restaurants wie dem ***Rocamar*** am Ende der Uferstraße oder dem ***Miramar*** mittendrin. Beide Lokale erfreuen sich wegen ihrer gelobten (vor allem Fisch-) **Küche** und trotz gesalzener Preise regen Zuspruchs. Wem nach internationalen Gerichten einschl. Currywurst zumute ist, geht ins ***Bistro Mundo*** am Hafen.

Andratx/Sant Elm/S'Arraco

Montport

Sant Elm

CAMP DE MAR

R *Jens*

B

Restaurant-felsen

H Hotels und Appartments

A Lido Palace
B Bahia Camp de Mar
C Brismar
D Villa Italia
E La Pergola

R Restaurants

1 Rocamar
2 Layn
3 Barlovento
4 Miramar
5 Bistro Mundo
6 Capuccino / Can Pep

Biniorella

Bucht von Camp de Mar

PORT D'ANDRATX

P

Uferpromenade

Yacht-hafen

E

8

3

6 R R 5 4

2 C R R

1 D

CALA LLAMP

Pool

Puig de S'Espart

Studio Weil

Cala Llamp

Cala Marmassen

Art Forum Liedtke

N

0   400 m

Villensiedlung Sa Mola

Cap de Llamp

Cap de Sa Mola

CAMP DE MAR
&
PORT D'ANDRATX

Kneipen

Das Restaurant **Layn** kurz vor dem *Rocamar* ist eher für andere als Fischgerichte eine gute Wahl. Ebenso wie im *Rocamar* kann man dort direkt am Wasser sitzen. Im zentralen Bereich gilt das auch fürs hier wie überall populäre **Cappuccino** und nebenan das **Can Pep**.

Brechend voll wird es im Sommer vor und in **Tim's Bar, mitj & mitj** und **Bar del Mar** zwischen Hafen und Uferstraßenende.

Sa Mola

Als bestes Restaurant weit und breit gilt das **El Patio** an der Straße nach Andratx. In einem alten edel hergerichteten Gemäuer bietet es Gourmetniveau; Menü abends ab ca. €50; ☎ 971 671703.

Einmal in Port d'Andratx musste man früher unbedingt die Straße hinauf zur **Halbinsel Sa Mola** fahren. Sie führt an traumhaft gelegenen und oft architektonisch anspruchsvollen Villen vorbei. Von ihnen sieht man aber mittlerweile wegen Schutzmauern und hoher Hecken kaum noch etwas. Das Terrain beim Leuchtfeuer am Straßenende und des Aussichtspunkts hoch über dem Meer wurde privatisiert und ist daher nicht mehr zugänglich. Wer auf der neuen Straße hinüber nach Cala Llamp möchte oder zum

Studio Weil, fährt dennoch erst einmal Richtung Sa Mola, d.h., vorm Restaurant *Rocamar* nach links und dann gleich wieder rechts und zunächst weiter geradeaus.

Kunst bei Port d'Andratx

En route passiert man linkerhand erst das Edelhotel **Villa Italia** und nach ein paar hundert Metern das außerordentliche **Studio Weil**, Wohnhaus und Kunstmuseum zugleich, das kein Geringerer als Stararchitekt **Daniel Libeskind** für die amerikanische Künstlerin **Barbara Weil** entworfen hat. Die tolle Kombination aus Kunst und Architektur lässt sich besichtigen, aber Anmeldung ist nötig: ✆ 971 671647. Eintritt ✇; www.studioweil.com.

An der Ostseite der La Mola befindet sich am Straßenende der ungewöhnliche Komplex des **Art Forum Liedtke**, einer Kunstgalerie mit Café. Nach ca. 2 Jahren Renovierung ist für Herbst 2012 die Neueröffnung angekündigt; ➪ www.liedtke-museum.com.

Marina

Auf der Westseite der Bucht befindet sich eine ausgedehnte Yacht-Marina. Der dort beheimatete **Club de Vela** gilt als besonders exklusiv; www.cvpa.es. Sehr schön am Wasser mit Blick auf Port d´Andratx sitzt man auf der Terrasse des Restaurants **Barlovento** hinter dem Yachtclub.

Von Port d'Andratx nach Sant Elm

Vom *Club de Vela* führt eine alternative Route (Schild: *Hotel Montport/Can Borras;* dort auch **Startpunkt der Wanderung 8 nach Sant Elm**, ➪ Betleger) durch das Tal zurück auf die Hauptverbindung Port d´Andratx-Andratx. Kurz davor passiert man den Abzweig der einst »verwunschen« romantischen, nun begradigten und rabiat verbreiterten Straße nach S'Arraco/Sant Elm.

Pedro Otzoup (verstorben im Dezember 2000)

7.2

Wer im Südwesten logiert oder die Region besucht, kann die Zeugen des Schaffens von *Pedro Otzoup* nicht übersehen. Die prägnante **Architektur** des gebürtigen Russen, der in Berlin studierte und seit den 1950er-Jahren in Spanien lebte, fällt häufig ins Auge. Man erkennt sie schnell als typisch. Die bekannteste der Otzoup- Leistungen ist die ausgedehnte Anlage **Aldea Cala Fornells** über der westlichen Flanke der Bucht von Peguera, die beispielgebend war.

Statt gesichtsloser anonymer Betonbauten hat *Otzoup* Komplexe miteinander verschachtelter Wohnungen kreiert, die trotz des Verbundes mit `zig anderen Individualität ausstrahlen. Das Konzept wurde oft von ihm selbst und gerne auch von anderen kopiert, und so zeigen heute zahlreiche Bauten den typischen *Otzoup*-Stil: etwa über dem Strand von Camp de Mar, an der Costa de la Calma (*Monte de Oro*) oder an der Cala Llamp.

Aber nicht nur den mexikanisch-indianischen Pueblos ähnlichen Apartmentdörfern hat *Pedro Otzoup* seinen Stempel aufgedrückt. Auch die **Architektur vieler Villen** weist typische Stilelemente Otzoups auf, wie versetzte Ebenen, assymmetrische Erker und Dächer, halbrunde Türbogen und Rundfenster. Einige »seiner« Häuser stehen (heute überwiegend versteckt, ➪ links) auf der Halbinsel **Sa Mola** in traumhaften Lagen hoch über dem Meer. Prominent sind die – ebenfalls hinter Mauern verborgenen – Villen, die er einst für *Claudia Schiffer* und Michael Schumachers Manager *Willi Weber* in Camp de Mar schuf.

S`Arraco

S`Arraco ist ein idyllisch gelegenes, mittlerweile auch bei deutschen Mallorcaresidenten beliebtes, langgestrecktes Dorf etwa auf halbem Weg zwischen Andratx und Sant Elm sowie Port d`Andratx und Sant Elm gleichermaßen. Ein paar typische Kneipen säumen die Hauptstraße, die sich nahe der Abzweigung nach Port d`Andratx zu einer kleinen Plaça erweitert. Dort befindet sich auch das italienische Abendrestaurant *La Tulipe*.

Etwa 1 km westlich des Ortes liegt in einer Kurve der Friedhof. Dort beginnt ein Karrenweg, über den man zur Klosterruine von **Sa Trapa** gelangt, ➪ Wanderbeileger.

Überspülte Felsabsätze am Meer für gute Schwimmer in der Südostecke der Bucht von Sant Elm (Cala Conills)

Sant Elm

Sant Elm in der äußersten **Südwestecke Mallorcas** ist einer der attraktivsten Orte für Individualurlauber und Ausflügler, denen es auf eine perfekte Tourismus-Infrastruktur nicht ankommt, ➪ auch die Ausführungen im Kapitel 2, Seite 53.

Kennzeichnung

Während auf dem Hotelsektor in den letzten Jahren kaum Veränderungen zu verzeichnen waren, hat die Zahl der privat genutzten bzw. individuell vermieteten Apartments und Ferienhäuser stark zugenommen. Sie sorgten für eine kräftige Expansion Sant Elms beidseitig des kleinen Kernbereichs (Fußgängerstraße) zwischen Strand und Anlegestelle der Ausflugsboote. Mit Leben füllen sich die vielen neuen Häuser aber nur an Wochenenden und in der Sommersaison. (**Parken** zunächst schwierig, aber hinter der autofreien Straße und westlich des Anlegers möglich; Parkplatz in Strandnähe am Ende der Zufahrtstraße unten; €3). Bis Ende Mai und ab Oktober ist es in Sant Elm – speziell abends– sehr ruhig.

Badeleben

Wenn sich in der **Saison** der Strand am Hotel *Aquamarin* zu sehr füllt, ist die felsige Bucht *Cala Conills* am Südende des Ortes (links am *Aquamarin* vorbei bis zum Parkplatz am Straßenende) für Schwimmer eine bessere Alternative. Zwar gibt es dort keinen Sand, aber von den flachen vorgelagerten **Felsklippen** hat man leichten Zugang zum Wasser. Im Sommer öffnet dort außerdem das **Fischrestaurant *Cala Conills*** am Rand der Klippen.

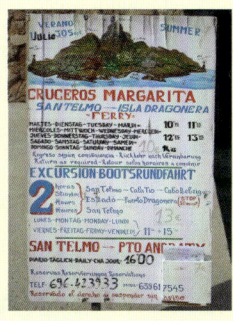

Sant Elm–Dragonera mit der »Margarita«

Das kleine Schiffchen fährt täglich Februar bis November ab 10.15 Uhr stündlich bis 13.15 Uhr und 14.45 Uhr, ggf. zusätzliche Abfahrten; Dauer der Überfahrt ca. 15 min; letzte Rückfahrt 17 Uhr; Retourticket €10. Mo+Fr finden Trips rund um die Insel statt: €13. Da Fahrplanwechsel möglich sind, besser aktuell vorher anrufen: ℂ 639 617545.

Hinweis: Wer per Auto anfährt, muss die zur Fußgängerzone umgestaltete Hauptstraße umgehen: nach Erreichen des Ortes 2x rechts halten und dann links geradeaus durchs Villenviertel.

Die Bucht von Sant Elm wird vom Inselchen *Pantaleu* geschützt, in deren Windschatten ankernde Boote für Farbtupfer sorgen.

Restaurants

Gleich drei **Restaurantterrassen** befinden sich über dem erwähnten Bootsanleger an der Westseite Sant Elms. Für Fischgerichte empfehlen viele besonders das *El Pescador* bei allerdings recht schwankender Qualität. Angenehmer sitzt man ohnehin bei besserem Service nebenan im *Vistamar*. Die beste Über- und Aussicht auf Dargonera hat man vom höhergelegenen, nach Renovierung stark aufgewerteten *Na Caragola*, für einen Drink, Snack oder eine volle Mahlzeit die dort erste Wahl.

Bootsverkehr nach Dragonera

Sant Elm wird im Sommer von Booten aus Port d`Andratx, Camp de Mar und Peguera angelaufen. Ein Teil der Boote fährt weiter um **Dragonera** herum. Die Insel direkt anlaufen dürfen nur die *Margarita* ab Sant Elm (↪ Kasten oben) und das Glasbodenboot *Bergantin* ab **Port d'Andratx** (ℂ 627 966264). Für viel Geld kann man auch ein **Wassertaxi** rufen (ℂ 971 100866).

Dragonera

Die 3 km² große, 3,7 km lange »Dracheninsel« **Dragonera**, an der Engstelle nur 800 m von Mallorca entfernt, ist ein Natur- und Vogelschutzgebiet. Außer einem geschützten Hafenbecken und kleinen Info-Center gibt es auf Dragonera keinerlei Infrastruktur. Besucher müssen Verpflegung und Getränke selbst mitbringen.

7.2

Zu den Leuchttürme an den Enden gibt es Verbindungswege. Ein Pfad führt hinauf zur alten Leuchtturmruine **Far Vell** 360 m über dem Meer, wo ein toller Blick die Mühe des Aufstiegs belohnt. Wer mehr über Dragonera wissen möchte, findet im Internet alle Infos und Fotos unter www.conselldemallorca.net/dragonera.

Einsames Baden

Folgt man der Straße am Meer, endet die Asphaltierung hinter den Apartments **Amores** (mit Cafeteriaterrasse gegenüber Dragonera) am **Punt Blanc**. Weiter den Weg hinauf geht es in ein Kiefernwäldchen, das von Mallorquinern zum Picknicken, Wochenend- und Ferienzelten genutzt wird. Auf den Felsvorsprüngen am glasklaren Meer findet selbst in der Hochsaison noch jeder sein privates Plätzchen zum Sonnen und Baden.

Tauchen bei Sant Elm/ Quartiere

In Sant Elm betreiben *Mathias Günther* und sein kleines Team die Tauchschule *Scuba Activa* an einem der besten Tauchreviere der Insel. Die Station findet man an der Plaza Monsenor Sebastia Grau, ein paar hundert Meter westlich des Bootsanlegers. *Scuba Activa* vermittelt auch Unterkünfte in Sant Elm; ©/Fax 971 239102, www.scuba-activa.de.

Die Zufahrt zum Einstieg in die folgenden Wanderungen ist in Sant Elm nicht zu verfehlen

Rechts: Markante Fassade Can Tomevi

Wanderung nach Sa Trapa

Eine anstrengende, aber sehr schöne und zeitlich flexibel gestaltbare **Wanderung** mit herrlichen Ausblicken über die *Cala Basset*, das Meer und hinüber nach *Dragonera* führt zu den Ruinen des ehemaligen Klosters *Sa Trapa* (seit Jahren ist die Restaurierung und Ausbau der Anlage zu einer Herberge im Gange, ⇨ Foto):

Ausgangspunkt ist die **Bar Moli**, rund 500 m hinter dem Anleger bzw. 1 km vom Strand/Ortseingang entfernt. Von der zum *Punt Blanc* führenden, hier zu einem Platz erweiterten Straße biegt man scharf rechts ab. Die Asphaltstraße geht nach ein paar hundert Metern im Waldbereich in einen Karrenweg über, der aber auch per Auto befahrbar ist. Nach ca. 1 km erreicht man ein früher einmal als Bar genutztes Gebäude (**Can Tomevi**; links davon befindet sich ein **Parkplatz**) und folgt dem Weg nach rechts um das Haus herum noch etwa 150 m und dann – kurz vor der erhöht liegenden Villa – links in den Wald hinein. Nach weiteren 300 m weisen rote Pfeile den Kletterpfad nach links hinauf auf einen Felskamm und dann hinab zur Klosterruine (ab *Can Tomevi* ohne Pause ca. 40 min). Viele **Farbmarkierungen** (Pfeile und Punkte) sowie jede Menge Steinhäufchen lassen Zweifel über den Weg (mit diversen kleineren Varianten) kaum aufkommen. Das Ziel gerät aber erst nach Überquerung der Kammlinie ins Blickfeld.

Weiter nach S`Arraco

Sofern nicht ein Fahrzeug in Sant Elm zurückgelassen wurde, kann die Wanderung von *Sa Trapa* auch in Richtung S'Arraco fortgesetzt werden (ausgeschildert). Dorthin lässt sich ein **Taxi** zum Weitertransport bestellen, oder man läuft bis Andratx, wo die Busfrequenz höher ist.

Cala Embasset

Wer auf die relativ komplizierte Wanderung nach *Sa Trapa* verzichtet, könnte zur **Cala Embasset** hinunterlaufen. Man erreicht sie vom Parkplatz bei *Can Tomevi* auf zunächst unverfehlbar breitem Weg in etwa 30 min. Die Karte zur Wanderroute 8 (⇨ Wanderbeileger) verdeutlicht die Route.

Von Sa Trapa bis zur Straße Ma-10

Ein **wunderbarer Pfad führt von *Sa Trapa* hoch über der Küste weiter bis an die Straße Ma-10**, etwa 5 km nördlich von Andratx. Er ist relativ gut gekennzeichnet und durch den überwiegend freien Blick auch unproblematisch. Wer aber in Sant Elm bzw. *Sa Trapa* beginnt, hat das Problem des Transports ab Küstenstraße.

Die **bessere Alternative** ist hier der Start an der Straße zumal dann der Blick in südwestliche Richtung auf Dragonera und das Meer gerichtet ist und man am Nachmittag der sinkenden Sonne folgt. Auch wer sich für diese Richtung entscheidet, hat wenig Orientierungsprobleme. Weitere Details im Wanderbeileger.

Teilrestaurierte Ruine Sa Trapa; links die Nordspitze der Insel Dragonera

7.2

7.2.2 Im Hinterland des Südwestens

Andratx

Kenn-zeichnung

Für das Städtchen Andratx lässt sich im wesentlichen nur dessen Lage auf der Habenseite verbuchen. Im Gegensatz zu vielen anderen sonst auch eher unattraktiven Ortschaften verfügt Andratx nicht einmal über eine ordentliche Plaça vor der Pfarrkirche. Der überaus schlichte Hauptplatz liegt abseits des eigentlichen Zentrums und auch abseits der Hauptstraße durch die Stadt.

Der **Wochenmarkt** (mittwochs am Vormittag) findet nicht dort, sondern auf Freiflächen und Gassen zwischen der Straße nach Estellencs und der Ortsdurchfahrt nach Sant Elm statt.

Pfarrkirche/ Aussicht

Wer Andratx durchfährt, sollte dennoch die Stichstraße hoch zur etwas klobigen **gotischen Kirche** nicht auslassen (unverfehlbar ausgeschildert). Von deren Vorplatz fällt der Blick über die Dächer der Stadt und das langgestreckte grüne, im Frühjahr weiß und rosa blühende Tal bis zur 6 km entfernten Bucht von Andratx.

Palau Son Mas

Ähnlich ist die Aussicht von der Terrasse vor dem *Palau Son Mas* etwas oberhalb des Ortes an der Straße in Richtung Nordwestküste. Der ansehnliche Palast dient der Stadt als Rathaus. Bürgermeister *Eugenio Hidalgo* machte es in den vergangenen Jahren zum Zentrum des bis dato größten Immobilienskandals auf Mallorca, ⇨ Kasten Seite 211.

Skulptur am Palau Son Mas, »Tatort« des größten Immobilienskandals der Insel

Tal von Andratx

Im Frühjahr gibt es einen guten Grund, Andratx zu besuchen. Das ist sein dann **in Blüten und frisches Grün getauchtes Tal**. Entlang der Straßen hinunter nach Port d'Andratx und auch weiter nach S'Arraco bietet sich besonders zur Zeit der **Mandelblüte** (Februar/ März) ein prächtiges Bild. Noch schöner ist der (teilweise nur schlecht gekennzeichnete) Weg mitten durch die Gärten zu Fuß oder mit dem Fahrrad. Auch mit dem Auto kann man sich abseits der Hauptstraße »durchkämpfen«.

Pflanzen und Blumen

Apropos Blüten und Blumen. Auch auf Mallorca besorgen Gartenfreunde die Zutaten zur Verschönerung ihrer Grundstücke in großen Gartencentern. Eines der besten der Insel befindet sich am Ortsrand von Andratx kurz hinter der Abzweigung der Straße in Richtung Port d'Andratx (*Cocos Garden*). Auch wer keinen Garten auf Mallorca sein eigen nennt, findet dort vielleicht ein exotisches Mitbringsel für die Terrasse oder den Balkon daheim.

Moderne Kunst im Centro Cultural de Andratx

Centro Cultural (Kunstmuseum)

Erst vor wenigen Jahren eröffnete das **Centro Cultural Andratx** (**CCA**) seine Pforten abseits der Straße von Andratx in Richtung Capdella unweit der Abzweigung von der Hauptstraße #710. Das fortähnliche Gebäude liegt unverfehlbar auf einem großen Terrain mit Wanderwegen (!) und eigener Quelle. Neben bombastischen Ausstellungsräumen verfügt dieses »Internationale Zentrum für zeitgenössische Kunst« auch über Ateliers für zeitweise dort aktive Künstler., die aber auch allgemein vermietet werden; Auskünfte ✆ **971 137770**. Wer sich für dieses ungewöhnliche, privat finanzierte Kunstzentrum interessiert, erfährt alles zu aktuellen Ausstellungen und Projekten im Internet: www.ccandratx.com. Öffnungszeiten: Di-Fr 10.30-19 Uhr, Sa+So bis 16 Uhr, Eintritt frei; nur bei Sonderausstellungen €. Quantität wie Qualität der gezeigten Werke schwankt im Zeitablauf. Zum Museum gehören auch ein Shop und eine angenehme **Cafeteria** mit Außenterrasse. Leichte, gesunde Snacks zu moderaten Preisen.

Weinprobe

Wer einen Ausflug nach Andratx auf den Sonntag legt, kann bei Ankunft 12-14 Uhr eine (Gratis-) Weinprobe mit Käsehäppchen in der **Weinkellerei Santa Catarina** einplanen. Das Gut befindet sich ca. 4 km nördlich von Andratx an der Straße nach Capdella. Die Bodega (ebenfalls mit Verkostung) ist im Sommer Mo-Fr 10-18 Uhr, im Winter 9-17 Uhr geöffnet; gute Weine bei mittleren Preisen; ✆ 971 235413; www.santacatarina.es/de. Besucher können dort auch einen **Picknickkorb** kaufen und den Inhalt in einer schönen Ecke des Geländes (mit Weitblick) genießen.

7.2

Capdella & Calvia

Von Andratx nach Capdella

An Capdella führt bei einer Tour durchs Hinterland des Südwestens kein Weg vorbei. Die **Serpentinenstraße** von Andratx nach Capdella ist eine der schönsten Strecken der Insel, vergleichbar mit der Strecke von Puigpunyent nach Esporles und am besten bei tiefstehender Sonne am Nachmittag oder frühen Abend (in Gegenrichtung!). Wer nicht in Richtung Puigpunyent weiterfahren möchte, kann diese Straße leicht in eine Rundfahrt einbauen, die an der Küste des Südwestens entlang und zurück durchs Hinterland führt, ⇨ auch Routenvorschlag #1 auf Seite 381.

Das Dorf Capdella besteht im wesentlichen aus der West-Ost-Durchfahrt und den ersten 200 m der Straße in Richtung Galilea/Puigpunyent. An ihr liegt das **Schwimmbad** des Ortes mit schattiger Cafeteria, an heißen Tagen ein guter Ort für einen Stopp gegen den Durst. An der Hauptstraße ist die *Bar Nou* ein lokaler Geheimtipp auch fürs leibliche Wohl.

Calvia

Die **Tourismushochburgen der Südwestküste** von Peguera über Santa Ponça und Magaluf bis nach Illetes **gehören zur Gemeinde Calvia**, der deshalb reichsten Spaniens, deren Verwaltung im Ort Calvia einige Kilometer landeinwärts residiert. Dank der Steuereinnahmen in den Küstenorten konnte sich das Städtchen eine bemerkenswerte Sport- und Freizeit-Infrastruktur gönnen. Die Anfahrt nach Calvia führt – gleich auf welcher Route – immer durch eine hübsche Hügellandschaft.

Calvia besitzt keine herausragenden Sehenswürdigkeiten. Zu nennen sind lediglich die mächtige **Pfarrkirche *Sant Joán*** aus dem Jahre 1248 und das gekachelte Wandbild am Rathaus (auf dem Vorplatz der Kirche). Jedoch gibt es gute **kulinarische Adressen**:

Das Restaurant *Ca Na Cuco* serviert oft gelobte mallorquinische Gerichte (gegenüber dem Rathaus, ✆ 971 670083), und das *Mesón Can Torrat* (ebenfalls mallorquinisch, gehobenes Niveau) zeichnet sich dazu durch eine umfangreiche Weinkarte aus (Carrer Mayor 29, ✆ 971 670682; Di Ruhetag). Beide sollte man reservieren. Am schönsten indessen sitzt man im herrlichen Garten des Restaurants *El Jardin*; im Ort ausgeschildert.

Ort und Kirche von Calvia liegen am Fuß der südlichen Serra Tramuntana nur gute 5 km Luftlinie von der Küste entfernt. Von diesen Häusern unterhalb der Kirche fällt der Blick über Santa Ponça aufs Meer

Galilea

**Kenn-
zeichnung**

Das **Bergdorf** mit dem biblischen Namen und seine Umgebung **an der malerischen Strecke Andratx-Capdella-Puigpunyent-Esporles** mitten in der südwestlichen *Serra de Tramuntana* sind seit eh und je bevorzugte Siedlungsgebiete mitteleuropäischer Inselresidenten. Ähnlich wie im Bereich Deià und Fornalutx wurden hier viele *Fincas* zu Feriendomizilen und Ruhesitzen umfunktioniert.

Einkehr

Dem Ausflügler bietet Galilea in erster Linie den hochgelegenen Ortskern mit schöner **Aussicht** vom Platz vor der Kirche (steile Auffahrt). Wer Hunger verspürt, kann in der schlichten preiswerten *Bar Parroquial* nichts falsch machen. Angenehmer sitzt man auf der schönen Sonnenterrasse der unübersehbaren *Bar Galilea*.

Puigpunyent

**Kenn-
zeichnung**

Das hübsche Puigpunyent mit platanengesäumter Ortsdurchfahrt liegt nicht nur an der herausgehobenen Ausflugsroute, sondern ist auch leicht von Palma aus zu erreichen (am besten über Establiments; die Route über Genova ist langwieriger).

Einkehr

Unübersehbar über dem Städtchen thront das ******Gran Hotel Son Net* auf einer Anhöhe. Auch Nicht-Hotelgästen steht der Besuch des distinguierten Restaurants *Oleum* offen (oberstes Preisniveau), für das ein Meisterkoch die Löffel schwingt. Im Ort sind o.k. *Ses Cotxeries* (mallorquinische Küche, moderate Preise) in der Carrer Maior, und ggf. *The Rose* (international-mediterrane Küche) in der Carrer Ciutat für Leute mit Faible fürs Britische.

**Naturpark
La Reserva**

Südwestlich des Ortes befindet sich der kommerziell betriebene Naturpark *La Reserva Puig de Galatzo*, Anfahrt über eine Stichstraße ca. 100 m südlich des Ortsschildes von Puigpunyent, dann noch etwa 4 km auf kurvenreicher, steiler Strecke.

Bei der *Reserva* handelt es sich um ein 2,5 km² großes Areal unterhalb des Galatzogipfels. Die Natur wurde dort durch Wege und Info-Tafeln zu Geologie, Flora und Fauna der Region erschlossen, aber nur begrenzt parkartig verändert. Ein ca. 3 km langer Fußweg führt durch eine hübsche Gebirgslandschaft vorbei an Felsformationen und – eine überraschende Besonderheit – an kleinen Wasserfällen. Die sind zwar künstlich, aber das

Wasserfall im Naturpark

Wasser stammt aus echten Quellen. Zusätzlich hat man im Park noch Tiergehege eingerichtet, u.a. mit Bären und Straußen, was dem Charakter der Einrichtung nicht entspricht, aber den relativ hohen Eintritt mitbegründen hilft. Ebenso der eher für größere Kinder und Jugendliche geeignete **Abenteuerpfad** mit Abseilen, Schluchtüberquerung etc.

Grillplatz

Ein **Picknickplatz** mitten im Park lädt zur Rast ein. Wer vorsorglich Grillgut mitgebracht hat, darf die immer glimmenden Holzfeuer und Roste gratis nutzen. Aber man kann auch Salate, Grillfleisch, Getränke u.a.m. dort kaufen. Zur Abkühlung an heißen Tagen planschen die Besucher in einem gemauerten **Felspool**.

Vogelshow

Beim Picknickplatz findet außerdem mehrfach täglich eine routinierte **Greifvogelvorführung** statt.

**Eintritt/
Zeiten**

Täglich geöffnet Juni-August 10-19 Uhr, sonst bis 18/18.30 Uhr; Einlass bis 2 Stunden vor Schluss; Eintritt €13,50, Kinder €6,75. Informative Broschüre €1,00 (auch deutsch); ℘ 971 616622. Weitere Infos dazu unter www.lareservaaventur.com.

**Weiterfahrt
nach Esporles**

Die kurvenreiche Strecke von Puigpunyent nach La Granja/Esporles gehört zu den **Highlights der Routen durchs mallorquinische Hinterland**; sie ist eine der der attraktivsten Nebenstrecken der Insel – am besten nachmittags in Richtung Puigpunyent.

*Fässchen mit
Weinen von
herb bis süß
zur Selbst-
bedienung
stehen am
Ende der
Besichti-
gungstour
im Gutshof
La Granja*

Esporles

Ortscharakter

Esporles, nur 15 km von Palma entfernt und auf guter Straße rasch erreichbar, ist ein langgestrecktes **hübsches Städtchen** am Fuße der Berge, das als Wohnvorort Palmas beliebt ist (4600 Einwohner). Kennzeichnend ist die schattige Allee der Hauptstraße. Über besondere Sehenswürdigkeiten verfügt der Ort nicht.

**Posada del
Marqués**

Ca. 5 km westlich liegt sehr schön die Hotelfinca *La Posada del Marques* mit einem rustikal-eleganten **Restaurant** *Sa Tafona* in der ehemaligen Ölmühle des Anwesens. Von der Terrasse blickt man weit übers Land bis zur Bucht von Palma. Tipp: das sonntägliche 3-Gang-Mittagsmenü kostet €26,00. Die asphaltierte Anfahrt Richtung »Es Verger« ab Ortsmitte Esporles ist ausgeschildert; ℘ 971 611230, www.posada-marques.com.

La Granja

Aber etwas außerhalb westlich liegt an der Abzweigung nach Puigpunyent mit dem **Gutshof *La Granja*** die vermutlich populärste kommerzielle Touristenattraktion Mallorcas.

Lebendes Museum

Dank einer nie versiegenden **Quelle** entstand *La Granja* bereits zur Araberzeit. Gebäude und Gartenanlage gehen auf das 10. Jahrhundert zurück. Heute sind in *La Granja* typische Werkstätten des früheren Landlebens und Wohngebäude museal hergerichtet. Sie werden zur Demonstration von allerhand Fertigkeiten ihrer Funktion entsprechend genutzt. Soweit die Aktivitäten zu essbaren Ergebnissen führen, dürfen die Besucher kosten – teilweise unter Zuzahlung. 2x wöchentlich (Mi+Fr 15-16.30 Uhr) finden **Folklorevorführungen** statt. Leider ist das Tanz- und Singprogramm meist nicht so ganz toll. Am Nachmittag mit Show gilt ein um €3 höherer Eintritt; ✆ 971 610032; www.lagranja.net.

Weinprobe & Imbiss

Auf dem Hof von La Granja erwarten den Besucher am Ende der vorgezeichneten Tour durch die Gärten und Räumlichkeiten **kleine Fäßchen mit diversen Weinsorten** und Minigläsern zur Selbstbedienung. Im Verkaufskiosk werden extrem schmackhafte **Krapfen** (sog. *Bunyoles*) gereicht – im Eintritt enthalten.

Besuchs-planung

Für die individuelle Besichtigung benötigt man gut zwei Stunden. »Busbesatzungen/Gruppen« genießen Erläuterungen, aber auch den Nachteil großen Gedränges und vorgegebener Verweilzeiten. Besser ist der individuelle Besuch, besonders, wenn es gelingt, ihn außerhalb typischer »Buszeiten«zu legen, etwa auf den späten Nachmittag (außer Mi+Fr). Dann kann man sich beim Weinkosten und »Bunyoles-Nachfassen« Zeit lassen und braucht nicht anzustehen. Geöffnet im Winter täglich 10-18 Uhr, April-Okt. bis 19 Uhr. Eintritt €11, Kinder €5; Mi+Fr €14/€6. **Sehr lohnenswert**.

Kleine Speisen (darunter die Superportion ***Bunyoles*** für €10, von der glatt 3 Leute satt werden) und Getränke gibt es in der **Cafeteria** vorm Eingang. Sie ist auch ohne Eintritt zugänglich.

7.2

Hauptgebäude La Granja mit einer immer sprühenden Fontäne aus Quellwaser im parkartigen Garten

7.2.3   Die südliche Westküste

Die West-küstenstraße

Schon kurz hinter (westlich) Andratx steigt die sehr gut ausgebaute Straße #710 hinauf in die Berge, passiert den Ausgangspunkt der umwerfenden Wanderung nach **Sa Trapa**, ⇨ Beileger) und erreicht in pittoreskem Verlauf nach ca. 8 km die Küste. Weitere 12 km geht es nun hoch über dem Meer in kurvenreicher, weiterhin attraktiver Streckenführung nach Estellenc und – auf dann schmalerer Straße – weiter nach Banyalbufar (+ 8 km).

Mirador Ricardo Roca

Etwa 6 km vor (westlich) Estellencs passiert man am **_Mirador de Ricardo Roca_** das **Restaurant _Es Grau_** direkt an der Straße. Ein Stopp an dieser Stelle ist ein »Muss«. Ein Treppenaufstieg führt zum Aussichtspunkt mit Weitblick über Küstenlinie und Meer. Die Aussicht von der Terrasse des _Es Grau_ hoch über der Steilküste steht der vom _Mirador_ kaum nach. Schade, dass _Es Grau_ meist bereits um 18 Uhr schließt; den Sonnenuntergang kann man von dort also nur in den Wintermonaten genießen.

Estellencs

Das Wichtigste über das wirklich malerische 400-Einwohner-Dorf Estellencs mit seinen steilen, autofreien Kopfsteinpflastergassen wurde im Kapitel 2, Seite 48, bereits gesagt.

Hafen/Baden

Eine schmale Fahrstraße hinunter zum »Hafen« (dort gibt es nur einen extrem engen Parkplatz) zweigt neben dem **Hotel _Maristel_** ab. An der felsigen Bucht mit der nur saisonal betriebenen **Bar Sa Punteta** über den Bootsschuppen kann man es zum **Sonnenbaden** und **Schwimmen** gut aushalten, wenngleich ihr ein besonderes Flair fehlt, wie es z.B. die Cala Deià besitzt. Wer genügend Zeit mitbringt, könnte – besonders im Frühjahr zur Blütezeit der Obstbäume – durch das Dorf und das sich anschließende Tal zur Hafenbucht hinunter laufen. Auch die Rückfahrt per Auto auf diesem Weg ist möglich, aber besser nur mit Kleinstwagen.

Bootsliege-plätze mit Slipanlage an der Bucht von Estellencs

Maristel

Im **Restaurant** des auf erstaunliche vier Sterne hochrenovierten *Maristel* wird **mallorquinisch** gekocht. Ein Besuch lohnt vor allem wegen der Aussicht. Von der verglasten Westfassade schaut man über Tal, Bucht und Meer, wunderbar bei Sonnenuntergang. Das gilt auch für die Terrasse der **Bar Vall-Hermos** gleich nebenan.

Montimar

**

Unverfehlbar über der Hauptstraße durch Estellencs liegt ganz zentral, wenngleich ohne Aussicht, das **Restaurant Montimar**, dessen Küche oft gelobt wird. Das Preisniveau ist dort gehoben.

Banyalbufar

**Kenn-
zeichnung**

Obwohl wie Estellencs hoch über dem Meer zwischen steilen Terrassen voller Olivenbäume und Tomatenplantagen gelegen, ist das 600-Einwohner-Dorf Banyalbufar insgesamt nicht vergleichbar attraktiv. Zwar gibt es auch ein paar hübsche, enge Gassen, aber eben nicht so romantisch wie beim Nachbarn.

Die Ausschilderung »*Platja*« führt auf engstem Asphalt zu einem Parkplatz über der Steilküste, unter der sich aber gar kein Strand versteckt, sondern eine schwer zugängliche steinige Bucht mit ein paar Bootsgaragen ohne besonderen Reiz.

Einkehr

In der *Bar-Cafeteria* **Bella Vista** an der Hauptstraße sitzt man auf einer Terrasse über den Dächern des Dorfes mit Blick aufs Meer. Die **Snackbar** schräg gegenuber ohne Aussicht, aber mit ein paar Tischen und Stühlen an der Straße, serviert dafür gute **Tapas**.

Für mallorquinische Gerichte (auch mit Weitblick) geht hier nichts über **Son Tomas** oberhalb der Straße am Ortseingang (von Estellencs aus). Fragen Sie nach Wein aus Banyalbufar (*Malvasia*)!

Keramik

In den **Keramikläden** von Banyalbufar, nur ein paar Schritte von den genannten Lokalen entfernt, hat man eine bessere Auswahl an guter Ware zu moderaten Preisen als in größeren Orten.

Wandern

Einen guten Kilometer jenseits von Banyalbufar stößt man in der abschließenden Kurve, mit der sich die Straße bis über Valldemossa hinaus von der Küste entfernt, auf den **Startpunkt einer leichten Küstenwanderung** (nach Port des Canonge, ➪ Route 6 im Wanderbeileger und Ausschilderung am kleinen Parkplatz).

Port des Canonge

**Dorf
und Strand**

Die Zufahrt nach Port des Canonge ein paar hundert Meter westlich der Abzweigung von der **Nordwestküstenstraße** nach Esporles ist leicht zu übersehen. Die Serpentinenstrecke endet nach ca. 5 km bei einer kleinen **Siedlung von Sommerhäusern** überwiegend mallorquinischer Eigner. Während der Woche ist hier – mit Ausnahme der Ferienmonate Juli und August – nicht viel los.

Nur im Sommerhalbjahr und an Wochenenden sind die nicht zu verfehlenden (einfachen) Restaurants **Can Toni** und **S'Amfora** geöffnet. Beide servieren Fischgerichte. Zumindest *Can Toni* scheint aber das lange Zeit gute *Feed Back* nicht bekommen zu sein. Das Preis-/Leistungsverhältnis stimmt nicht immer.

7.2

Weiterfahrt

Zum recht rauen Strand geht es über einen kurzen Feldweg zu Fuß. Hier dominieren in den Ferien und sams-/sonntags spanische Familien mit ihren Kindern. Touristen sind meist in der Minderheit. Die bereits erwähnte **Wanderroute** ist auch von hier aus **in Richtung Banyalbufar** narrensicher ausgeschildert.

Kurz nach Passieren der Abfahrt zum Port des Canonge erreicht man in Nordrichtung die erste Abzweigung von der Küstenstraße nach Palma über Esporles. Knapp 1 km ist es von dort bis zum vorstehend beschriebenen musealen Gutshof *La Granja* am Beginn der wunderschön geführten Straße nach **Puigpunyent**.

Hafen von Valldemossa

7.3   Orte und Ziele im Bereich der zentralen Westküste

7.3.1   Von Valldemossa bis Lluc

Port de Valldemossa

Kurz bevor die Küstenstraße auf die Abzweigung nach Palma über Valldemossa stößt, geht es links ab zu dessen »Hafen«. Die voll asphaltierte Straße passiert zunächst das alte Landgut *Son Mas* und windet sich dann in engen **Serpentinen mit immer wieder neuen Ausblicken** über 5 km hinunter in ein anmutiges Tal.

Ein kleiner Häuserkomplex vor der langen Betonmole bildet das Ziel. Ein einziges **Lokal** öffnet dort von April bis Oktober seine Pforten. Die Schutzmauer des Hafens ist im vorderen Teil Parkplatz und dahinter beliebt bei Sonnenanbetern. Auch Schwimmen kann man sowohl im Hafenbecken als auch (bei wenig Seegang) außerhalb der Mauer. Das wichtigste Argument für die Fahrt nach Port de Valldemossa ist die Strecke als solche und der eindrucksvolle Hintergrund mehrere hundert Meter hoher Steilwände.

Valldemossa

Frédéric Chopin und George Sand

An die 300.000 Touristen besichtigen angeblich Jahr für Jahr die **Kartause von Valldemossa**. Nicht, weil es sich bei diesem ehemaligen Kloster um ein so grandioses Bauwerk handelt, sondern in erster Linie, weil im Winter 1838/39 der Komponist *Frédéric Chopin* und eine bekannte französische Schriftstellerin mit dem männlich klingenden Künstlernamen *George Sand* dort zwei Monate einer tragisch-romantischen und gleichzeitig skandalösen Beziehung verbrachten. Der Nachwelt erhalten blieben die Umstände und Einzelheiten dieses privilegierten Aufenthaltes dank des von Madame *Sand* später veröffentlichten Buches **Ein Winter auf Mallorca**. Dieser literarische Reisebericht, der zugleich eine kritisch verzerrte (was die Mallorquiner angeht) wie bewundernde (was Landschaft und Klima betrifft) Beschreibung der Insel ist, wurde – dem Ausflugstourismus sei Dank – zum Bestseller in allen wichtigen europäischen Sprachen.

Anfahrt und Situation

Das von Bergen umgebene **Valldemossa** am Fuße des *Teix* Gipfels ist auch ohne die *Chopin*-Story sehenswert. Da man für die Straßenführung von Palma Tal und Durchbruch des *Torrente d'Avall* nutzen konnte, erreicht man das 420 m hoch gelegene Städtchen von Palma auf gut ausgebauter Strecke ohne Serpentinen in nur 20 min (18 km). Schon während der Anfahrt identifiziert man von weitem leicht den **Klosterkomplex**. Die Straße führt um Valldemossa herum zum Ziel **Cartuja** (catalán: ***Cartoixa***). Große **Parkplätze** warten. Wer den oft überbordenden Hauptbetrieb meiden möchte, kommt besser morgens gleich nach 9 Uhr oder nach 16/17 Uhr, wenn die Busse noch nicht da bzw. schon wieder weg sind. Vorausinfo im Internet: www.valldemossa.com/cartu.htm.

Klosterkomplex

Kartause, **Klosterkirche** und **Garten** bilden eine in sich geschlossene gepflegte Anlage, die in der heutigen Form im wesentlichen aus dem 17./18. Jahrhundert stammt. Aber die baulichen Vor-

Blick auf Valldemossa von der die Altstadt östlich umgehenden Hauptstraße Palma–Valldemossa aus

7.3

läufer gehen bis auf das 13. Jahrhundert zurück. Die »Zellen« der Mönche befinden sich im langgestreckten Gebäude hinter dem kleinen Park: die unscheinbaren Türen im schmucklosen breiten Gang lassen nicht ahnen, dass sich hinter ihnen Wohnungen mit Gartenterrasse und die ehemalige Klosterdruckerei verbergen.

Chopin-Zelle

Über die von *George Sand* und *Chopin* bewohnten »Zellen« entbrannte 2009 ein Streit zwischen den Erben der Zellen Nr.2 und Nr.4, der Anfang 2011 gerichtlich entschieden wurde. Denn es ging bei bis zu €5000 Tageseinnahmen um viel Geld. Das Ergebnis war, dass *Chopin/Sand* nicht Zelle Nr.2, sondern Zelle Nr.4 bewohnt haben müssen. Auch das als Klavier des Meisters verehrte Instrument in Zelle Nr.2 war nicht das Original. Generationen von Touristen wurde also das falsche Gemach vorgeführt.

Cartoixa und Palau del Rei Sanxo

Neben den *Chopin/Sand*-Gemächern sind die alte Apotheke und die erwähnte Druckerei als *Museu Municipal* zu besichtigen. Das ist alles interessant, aber kein »Muss«, zumal nicht bei viel Andrang. Ganz eindrucksvoll ist innen der *Palau del Rei Sanxo*, das älteste Gebäude des Komplexes (dort Mo+Do stündlich 10.30-13.30 Uhr **Folklore**). Kleine **Klavierkonzerte** finden Di, Mi, Fr, Sa und So ab 10.30 Uhr stündlich statt; Mo+Do nur 14.30-18.30 Uhr.

Die *Cartoixa* ist geöffnet Mo-Sa: April-Sept 9.30-19 Uhr. März+ Oktober bis 18 Uhr, Febr+November bis 17.30 Uhr, Dez+Januar bis 15.30 Uhr. So generell 10-13 Uhr. Eintritt €8, Kinder/Senioren €4. Der Klostergarten ist frei; www.cartujadevalldemossa.com.

Valldemossa, die »Kartause« und Fréderic Chopin

*Der in vielen Reiseführern und Veröffentlichungen zu Mallorca wie selbstverständlich benutzte Begriff »Kartause« (spanisch: **Cartuja**, català: **Cartoixa**) wird den wenigsten etwas sagen. Laut Lexikon handelt es sich um »Ansammlungen kleiner Häuser mit Einzelzellen«, deren Name sich vom asketischen Kartäuser-Mönchsorden herleitet. Dieser, wie alle anderen Orden auch, war bei der spanischen Obrigkeit einige Jahre vor der Ankunft Chopins in die Ungnade der Säkularisierung gefallen und hatte das Kloster in Valldemossa durch Enteignung verloren. Die geräumigen Zellen der »Kartause« wurden daher weltlichen Zwecken zugeführt. George Sand und Chopin, die von der Verfügbarkeit der Räume gehört hatten, mieteten sich im November 1838 dort ein und zogen bald ganz nach Valldemossa. Bis dahin hatten sie überwiegend ein Haus in Establiments (ca. 4 km nördlich von Palma) bewohnt, das sie nach Tuberkulose-Anfällen Chopins wegen der Ansteckungsfurcht des Eigentümers verlassen mussten. Die sich verschlimmernde Krankheit führte letztlich zum vorzeitigen Abbruch ihres Aufenthaltes auf Mallorca und damit zur anrührenden Tragik über dem Geschick der damals prominenten Liebenden, von der die Tourismusbranche noch heute zehrt. Ohne Fréderic Chopin und George Sand ließe sich Valldemossa nicht halb so gut vermarkten.*

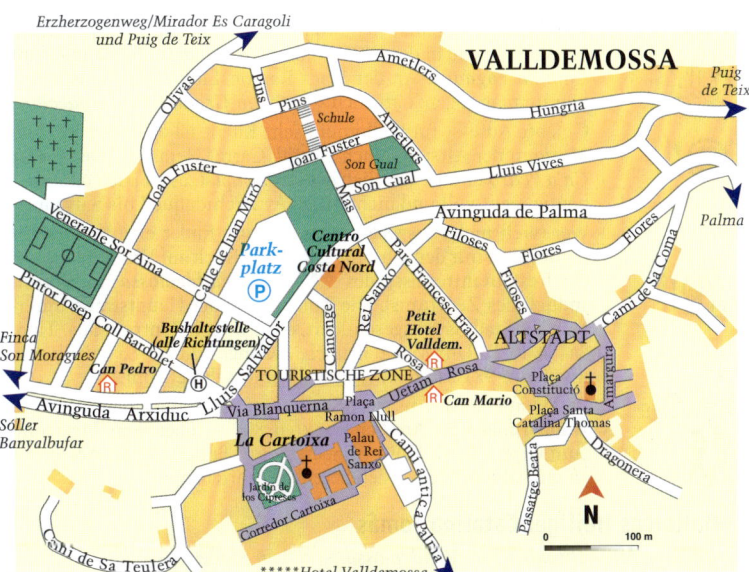

Erzherzogenweg/Mirador Es Caragoli und Puig de Teix

VALLDEMOSSA

Altstadt

Unverzichtbar ist ein **Rundgang** durch die pittoresken Gassen der »Unterstadt«. Dabei lässt man schnell die Touristenzone gegenüber der Kartause und an der – ansonsten schönen – Plaça hinter sich, und damit auch die Mehrheit der Valldemossa-Besucher. In der Altstadt scheint die Zeit stehengeblieben zu sein. Welches Kleinod sie darstellt, erkennt man an jeder Ecke.

Costa Nord

Der amerikanische Schauspieler **Michael Douglas** spendierte Valldemossa vor Jahren mit dem Bau des **Centro Cultural Costa Nord** einen zusätzlichen Anziehungspunkt und übergab das Kulturzentrum später der Stiftung *Balears Sostenible* (Nachhaltige Balearen). *Douglas* war mit seiner ehemaligen mallorquinischen Ehefrau auf die Insel gekommen und nennt *S`Estaca* sein eigen, eine der alten Villen des Erzherzogs *Luis Salvator* (➪ Seite 233).

Das Museum zu Natur und Kultur der Nordwestküste liegt unverfehlbar an der Hauptstraße Avinguda Palma. Nach einem Kurzfilm mit dem Sponsor geht`s u.a. in den Teilnachbau der **Nixe**, der Yacht des Erzherzogs. Ansonsten findet man natürlich auch allerhand Informationen zur Hauptthematik des Museums.

Geöffnet Mai-Oktober Di-So 9.30-19 Uhr, im Winter 10-18 Uhr; Eintritt €7,50, Kinder €4,50; © 971 784710. Teuer fürs Gebotene.

Restaurants

Die gastronomische Kapazität in Valldemossa ist immens. Zwischen Parkplatz bzw. Bushaltestelle und der **Plaça Cartoixa** passiert man im zentralen Fußgängerbereich (Via Blanquerna) eine ganze Reihe attraktiver Lokale, wo man drinnen wie draußen gut sitzen kann. Original mallorquinische Mandelmilch und heiße Schokolade wie in der *Chocolateria C'an Joan* in Palma gibt's im **Café Sa Foganya**. An der Plaça Ramon Llull findet man – fast könnte man sagen: natürlich – auch ein **Grand Cafe Capuccino**.

Gelobte Adresse für mallorquinische Küche ist das einfache **Ca`n Mario** in der Altstadt (auch *Hostal*, Carrer Uetam 8). Der **Celler Ca'n Pedro** unweit westlich des Busparkplatzes ist auch o.k., aber häufig recht voll und nicht billig (Av Archiduque Luis Salvador).

Wer (viel) mehr ausgeben kann/möchte, findet exquisite Küche kombiniert mit dem absolut schönsten Blick auf Valldemossa auf der Restaurantterrasse des *****Hotel Valldemossa** (ca. 400 m südlich des Zentrums). Die Zufahrt von der Hauptstraße unterhalb der Stadt ist ausgeschildert, ebenso vom Zentrum aus. Tipp: Sa+So 13-16 Uhr *Music Brunch*, 3 Gänge €28; Fr+Sa Musik und Kerzen; ☏ 971 612 626; www.valldemossahotel.com.

Umgebung

Valldemossa ist Ausgangspunkt für außerordentlich reizvolle **Wanderungen** zu Aussichtpunkten 800 m über dem Meer und zum Gipfel des *Teix* (↪ Wanderroute 5, Beileger). Die Abstecher an die nahe Küste wurden bereits beschrieben.

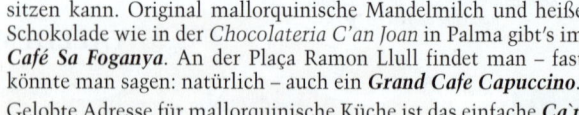

Mallorcas Heilige: Catalina Tomás

Untrennbar verbunden mit **Valldemossa** *ist neben Frederíc Chopin, George Sand und Lluis Salvador* **Catalina Tomás**. *Sie wurde 1531 ebendort geboren und 1627, 54 Jahre nach ihrem Tod, heiliggesprochen. Da sie die einzige* **Heilige** *der Insel blieb, erinnern in mallorquinischen Kirchen, Kapellen und Eremitagen an keine andere Person mehr Skulpturen und Fresken. Das gottgefällige Leben als Nonne des Magdalenenklosters zu Palma führte vor allem in Valldemossa (Geburtshaus, Kirche San Bartolomé und Kacheln an allen Häusern) zu einer intensiven Darstellung ihres Wirkens. In den meisten Orten sind Straßen und Plätze nach ihr benannt. Prozessionen, Wallfahrten und lokale Feiertage wurden der* **Beata Catalina** *(der »glückseligen« Catalina) gewidmet. Ihr Leichnam liegt einbalsamiert in einem gläsernen Sarg in der Kirche Santa Magdalena in Palma an der gleichnamigen Plaça.*

Ermita de Trinitat, Miramar & Son Marroig

Ermita de Trinitat

An der Straße nach Deià zieht 2 km hinter Valldemossa das ebenfalls rustikale **Restaurant C'an Costa** in einer Kurve fast automatisch die Blicke auf sich, und so übersieht man leicht die gegenüberliegende unauffällige Zufahrt zur **Ermita de Trinitat**. Im spitzen Winkel zweigt der schmale Weg von der Straße ab und führt an einer den Hang stützenden Mauer entlang zum engen Vorplatz dieser kleinen Einsiedelei (etwa 1,5 km).

Unter schattigen Bäumen stehen dort aus Felsen gehauene **Picknicktische**. Die *Ermita* und die kleine Kapelle, wenn sie geöffnet ist, betritt man über einen schlichten Innenhof. Rechts bietet die Terrasse eine großartige **Aussicht über das Meer**. Ein herrlicher Platz zum Genießen des Küstenpanoramas.

DIE ZENTRALE WESTKÜSTE

Hinweis: die enge Zufahrtstraße erlaubt kaum ein Ausweichen bei Gegenverkehr; an der *Ermita* existiert nur Parkraum für ein paar Fahrzeuge. Daher an Sonn- oder Feiertagen, wenn die Mallorquiner unterwegs sind und gerne diese wie andere Ermitas ansteuern, besser nicht versuchen, mit dem Auto hinaufzufahren.

Miramar

Auf halber Strecke nach Deià steht das alte Landgut **Miramar** ein wenig abseits (unterhalb) der dort wieder küstennah verlaufenden Straße. Bereits *Raimundus Llullus* (*Ramon Llull*, ⇨ Seite 338) soll dort zeitweise gelebt haben. Später war es – wie alles von Belang in dieser Ecke Mallorcas – Eigentum des österreichischen **Erzherzogs Ludwig Salvator**. Heute ist es in Staatsbesitz, wird schon seit längerem für Vorträge und Konzerte genutzt und wurde zusätzlich museal hergerichtet. Mo-Fr 10-17 Uhr, Sa bis 14 Uhr; €.

Zu sehen gibt es nicht ganz viel; das auf eine alte Einsiedelei zurückgehende Gebäude ist eher schlicht. Das Grundstück als solches mit wunderbarer Aussichtsterrasse ist der Clou des Hauses, ganz hübsch auch das Fußbodenmosaik in der Kapelle. Eine Projektions-Show erklärt Leben und Bedeutung des Erzherzogs.

Son Marroig

Etwa 3 km vor (westlich) Deià passiert man das – im Vergleich zu *Miramar* erheblich interessantere – Herrenhaus **Son Marroig**, ebenfalls früher in Besitz des *Lluis Salvador*. Dort, in *Miramar* und in der Pfarrkirche des Ortes finden die Konzerte des bekannten **Deià-Musikfestivals** statt (Klassik, Sommermonate – meist handelt es sich um Wochenendveranstaltungen).

7.3

Na Foradada　Bereits vom Parkplatz und der Snack-Terrasse hat man einen sehr schönen Blick auf das Meer und die weit vorspringende **Halbinsel** *Na Foradada* mit dem kennzeichnenden durchbrochenen Felsen, (Durchmesser des Felslochs 14 m). Besser sieht man den Lochfelsen vom **Marmorpavillon** aus.

Museum　Die **Besichtigung** des antiken Interieurs und des Gartens samt Pavillon kostet €4 Eintritt; geöffnet Mai-Oktober Mo-Sa 9.30-14 Uhr und 15-19 Uhr, im Winter durchgehend 9.30-17 Uhr; So zu.

Wanderung　Im Eintritt enthalten ist die Erlaubnis, den **Weg zur** *Foradada* hinunterzulaufen (275 Höhendifferenz, Rückmarsch »hart«); die Wanderung dauert hin und zurück ca. 50+70 min plus Verweilzeit. Nicht nur das Ziel, zu dem man hinaufkraxeln kann (Einstiegsstelle ist rot gekennzeichnet), sondern auch der schöne Weg rechtfertigen den Anmarsch. Unten gibt es eine Badestelle.

Restaurant Son Marroig　Für eine Mahlzeit könnte man gut – besonders um die Zeit des Sonnenuntergangs – das **Restaurant** *Son Marroig* ins Auge fassen, das sich unter der Begrenzungsmauer des Parkplatzes versteckt. Die Küche ist zwar nur durchschnittlich, aber für diese Lage nicht einmal teuer, der **Panoramablick** die Gratiszugabe.

Deià mit Lluc Alcari

Kennzeichnung　Deià, das **Künstlerdorf** zwischen Olivenbaumterrassen unter dem Gipfel des Teix an der Nordwestküste, gilt als eine der besten Adressen unter Mallorcas Urlaubsorten. Nur rund 100 Zimmer in drei Luxusunterkünften plus eine begrenzte Zahl von Betten in *Hostales* und Ferienwohnungen halten die Zahl der Deià-Übernachter in Grenzen. Die Ausflügler werden indessen immer mehr, obwohl Busse auf den engen Parkplätzen Deiàs nicht zugelassen sind. Die Individualbesucher umwirbt man dagegen und hat für sie sogar einen **neuen Parkplatz** gegenüber der Abzweigung zur Cala Deià angelegt (etwa 500 m vor dem nördlichen Ortseingang). Er liegt unmittelbar hinter dem *Graves Museum*, ⇨ Seite 234. Dort befindet sich auch eine **Haltestelle des Linienbusses** Palma-Valldemossa-Deià-Soller. Ein Holzbohlenweg neben der Straße trennt die Fußgänger vom Straßenverkehr.

Tagesbesuch　Die Durchgangsstraße unterhalb des zentralen Dorfes (Oberdorf) führt auf etwa 300 m Länge in Nord-Süd-Richtung durch eine **dichte Bebauung mit Shops, Restaurants und Bars**, die hinter dem *Restaurant Deià* abrupt endet. Die Straße wendet sich dort wieder nach Westen und verläuft ohne straßennahe Gebäude rund um das tiefergelegene Unterdorf von Deià. Entlang dieser Straße sind Parkplätze rar und im Ortsbereich von März bis Oktober ab spätem Vormittag bis zum frühen Abend immer voll (zudem im Ortsbereich gebührenpflichtig).

Deia-Kunst　Werke der in und bei Deià lebenden **Künstler** braucht man nicht lange zu suchen. Sie hängen in Läden und Lokalen. *Galerie Deià*, eine Mode- und Kunstboutique, ist wichtige Vermarktungsadresse für Produkte des lokalen Schaffens.

Der Erzherzog »Lluis Salvador« von Österreich und Habsburg

Die Beziehung Mallorcas zum Hause Habsburg wird im geschichtlichen Abriß, Stichwort Mittelalter, kurz erläutert, ⇨ Seite 418ff. Sie ist lange vergangene Historie. Die Kreise, die ein später Nachfahre der einstigen Herrscher (auch) Spaniens, nämlich der **österreichisch-toskanische Erzherzog Ludwig Salvator** *(1837-1915), auf Mallorca zog, werden dagegen tagtäglich jahraus jahrein zahlreichen Besuchern in Valldemossa und Son Marroig nahegebracht. Wer per Bus aus Palma anreist, begegnet seinem Namen schon unweit des Busbahnhofs. Der Bus überquert auf dem Weg zur Ausfallstraße nach Valldemossa bald die breite* **Carrer Arxiduc Lluis Salvador**.

Lluis Salvador war ein **untypischer Adliger** *seiner Zeit, unkriegerisch und den Naturwissenschaften zugetan. Vielleicht hatte die erste Reise nach Mallorca etwas mit seiner Abstammung zu tun. Die Mutter war Tochter des Königs von Neapel und Sizilien, eines Reiches, das vorher einmal zur Krone Kataloniens und Aragons gehört hatte, unter der auch Mallorca regiert worden war. Das Resultat jener Reise war ein Buch über die mallorquinische Insektenwelt. Der nächste Aufenthalt führte 1864 zur endgültigen Niederlassung des Erzherzogs auf der Insel. Er kaufte in der landschaftlich schönsten Region, in der Serra Tramuntana, einen ausgedehnten Besitz zusammen, darunter auch landwirtschaftlich ausgerichtete Gutshöfe.*

Son Marroig, *einst von Catalina Homar bewohnt (⇨ unten), ist heute Eigentum der Schwestern Ribas. Deren Großvater war einst Sekretär des Erzherzogs. Nicht weit entfernt davon liegt das schlichtere* **Miramar**, *das ebenfalls zu seinen Liegenschaften gehörte (⇨ links), aber heute in Privatbesitz ist.*

Völlig unzeitgemäß scheint Lluis Salvador ein ausgeprägtes **Umweltbewußtsein** *an den Tag gelegt zu haben. Er sorgte für einen landschaftsangepaßten Wegebau, unter anderem zu Aussichtspunkten hoch über dem Meer (⇨ Wanderroute 5 im Beileger) und für eine ungewöhnliche Hege und Pflege seiner Waldareale. Nebenbei sammelte er mallorquinische Volkslieder und -märchen, stellte Mittel für die Erforschung der Drachenhöhle bereit und machte seinen Einfluß zur Erhaltung historischen Erbes geltend.*

Die Liebe zu Mallorca ließ auch das weibliche Geschlecht nicht aus. **Catalina Homar**, *Tochter eines Tischlers, wagte der Erzherzog sogar zum kaiserlichen Hof nach Wien mitzubringen. Ein Skandal, ebenso wie die große Zahl der Kinder von weiteren Konkubinen, von denen man munkelte.*

Den Balearen insgesamt widmete er Ende des Jahrhunderts ein fünfbändiges, mit einer Goldmedaille der Weltausstellung von Paris ausgezeichnetes und bis heute das umfassendste Werk über die Inseln.

Dessen Kapitel über die Schönheiten und Reize Mallorcas schreibt man das Erwachen des Interesses an der Insel zu und damit den entscheidenden Anstoß zum **Beginn des Tourismus**.

Blick auf das »Oberdorf« von Deiá von der Straße Vinya Veia aus

Rundgang

In einer guten halben Stunde lässt sich das obere Dorf ohne weiteres zu Fuß erkunden. Die dicht aneinander gedrängten Häuser und winkeligen Gassen streben von der Straße hügelwärts zur kleinen, vom Friedhof eingefassten Pfarrkirche (dort befindet sich u.a. das Grab von *Robert Graves*). Von oben hat man einen wunderbaren Blick über Umgebung und Meer. An der Südwestflanke der Anhöhe führt ein reizvoller Weg über Stufen und Treppchen wieder hinab. Auch das **Unterdorf** mit romantischen Häuschen und Zitrusgärten sollte man nicht auslassen (*Carrer Clot*). Dort steht auch die **Herberge Can Boi** für Wanderer, Reservierung unter ✆ 971 173000 und ✆ 971 636186, ⇨ Seite 94.

Graves Museum

Erst 2006 eröffnete das dem Literaten **Robert Graves** (⇨ Seite 450) gewidmete Museum in dessen ehemaligem Wohnhaus **Ca N'Alluny**. Es liegt 400 m nördlich des Ortes an der Hauptstraße unweit der Abfahrt zur Cala Deià. Die Räumlichkeiten des Hauses wurden so hergerichtet, als ob der bis dato berühmteste Bürger Deiàs (1895-1985) es erst gestern verlassen hätte. Im Nebengebäude zeigt man einen gut gemachten Film über *Graves'* Leben und Werk. Im Sommer Mo-Fr 9-17 Uhr, Winter bis 16 Uhr, Sa bis 15 Uhr, Winter bis 14 Uhr; Einlass bis 40 min vor Ende; €5; ✆ 971 636185, www.lacasaderobertgraves.com. Bei Reise Know-How erschienen *Graves* beste **Geschichten auf Deutsch**, ⇨ Seite 478.

Lokale

Von den diversen Lokalen seien herausgehoben das *Café La Fonda* mit einer erhöht liegenden Terrasse und das *Restaurant Jaume* mit mallorquinischer Küche an der Hauptstraße. Auf der Terrasse der *Bar Patricia's* über dem Unterdorf ein paar Schritte abseits unterhalb des *Restaurant Deià*, das seinerseits zu empfehlen ist, sitzt man ruhiger und mit schönerer Aussicht als an der Hauptstraße. Auf gleicher Höhe mit *Patricias Bar* befindet sich das allseits gelobte *Restaurant Sebastian* (Felipe Bauza, ✆ 971 639 417).

Das **El Olivo** im etwas versteckten *Hotel Residencia* oberhalb der Hauptstraße – drinnen wie auf der Terrasse stilvoll – gehört zu den kulinarischen Spitzenadressen Mallorcas, auch preislich; Tischreservierung: ✆ 971 639392; www.hotellaresidencia.com.

Zumindest kulinarisch echte Alternativen zum *El Olivo* sind die Restaurants **Es Reco d`es Teix** (oberhalb der Hauptstraße Vinya Veia 6, ✆ 971 639501) und das sehr schöne **Sa Vinya** (Vinya Veia 3, ✆ 971 639500) bei zwar nicht niedrigen, aber doch moderateren Kosten als im *El Olivo*. Von den Terrassen beider Lokale blickt man auf das Oberdorf von Deià.

Cala Deià

Zur **Cala Deià** kann man auf einem Fußpfad direkt vom Dorf hinunterlaufen oder mit Fahrzeug die enge, kurvige Straße hinunter zum Meer nehmen (2 km). Sie zweigt ein paar hundert Meter nördlich von Deià von der Straße nach Soller ab (gegenüber Parkplatz *Graves* Museum). Vom Parkplatz unten (€1/h) sind es ca. 300 m zur steinigen Bucht, der schönsten zwischen Soller und Sant Elm. Die Tore vor den Schuppen der Fischerboote sorgen für bunte Farbflecken zwischen dem Grau der Felsen. Einsam ist es dort nie, jedoch relativ ruhig, manchmal auch rappelvoll, aber immer prima zum Schwimmen und Schnorcheln. Zwei einfache, dafür nicht eben preiswerte Lokale sorgen fürs leibliche Wohl (Mai-Oktober)

Lluc Alcari

Das Dorf **Lluc Alcari** an der Nordwestküste zwischen Sóller und Deià besteht im wesentlichen aus einem zusammenhängenden Gebäudekomplex, an dessen Rückseite das **Hotel Costa d'Or** steht. Ein »Sich-Umschauen« in diesem winzigen Idyll ist leider nicht möglich, alles *Privado* (in deutscher Hand) und zur Zeit problembeladen, weil der Abriss des halben Dorfes wegen ungenehmigt errichteter Häuser bereits teilweise realisiert wurde.

Bens d`Avall

Auf halber Strecke zwischen Deià und Sóller zweigt auf der Höhe die Zufahrt zum **Restaurant Bens d'Avall** ab. Der Weg verzweigt sich zu diversen Villenurbanisationen, zum Restaurant (ca. 4 km) ist er ausgeschildert. *Bens d'Avall* liegt 100 m über dem Meer; von der herrlichen, schattig-sonnigen Terrasse schaut man westlich in Richtung Sonnenuntergang. Das Restaurant gilt als **Gourmettempel**; dafür und die Lage ist das Preisniveau o.k., ✆ 971 632381.

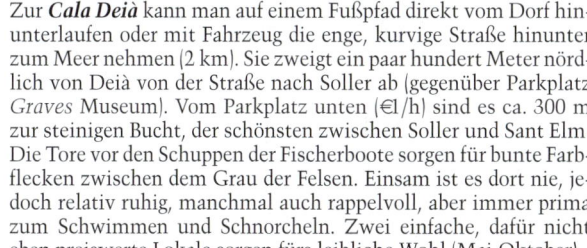

An der Cala Deià

Mautstation (bei den Jardines de Alfabia) auf der Südseite des Tunnels unter dem Coll de Sóller

Sóller

Lage und Verkehr

Das **Tal von Sóller**, genannt auch *Huerta* (Obstgarten) *de Sóller*, ist umgeben von steil aufragenden Gipfeln der *Serra Tramuntana*, deren Pässe bis ins letzte Jahrhundert hinein ausschließlich über die endlosen Kehren von Pfaden und Feldwegen bewältigt werden konnten. Deshalb und dank der geschützten Bucht waren Boote das wichtigste Transportmittel zur Herstellung der Verbindung mit der Außenwelt. Erst im Jahr 1912 rückte Sóller mit der Einweihung der durch dreizehn Tunnel geführten **Eisenbahnstrecke nach Palma** enger an den Rest Mallorcas heran.

Straßen nach Sóller/ Tunnel

Über die Pässe geht es auch schon lange nicht mehr auf holprigen Karrenwegen, sondern auf gut ausgebauten Straßen. Zumindest gilt das für die Strecken nach/von Palma und in Richtung Norden Lluc/Pollença. Die nunmehr »alte« Hauptstraße führt in 30 Serpentinen über 500 Höhenmeter auf den Pass *Coll de Sóller*. Dort wartet nach wie vor das Restaurant ***D'alt des Coll*** auf Gäste (Mi-So 9.30-17.30 Uhr), beim geringen Verkehr auf dieser Straße ein angenehmer Platz für eine Pause mit Weitblick über die Bucht von Palma. Diese **schöne Ausflugsroute** war für den heimischen Verkehr eine zeitraubende Kurbelei am Steuer. Der **Straßentunnel** erledigte 1997 das Problem. Der **Maut** für Pkw beträgt indessen stolze **€4,85 pro Strecke** (nur ca. 2 km; Residenten stark ermäßigt). Die Passstraße blieb gebührenfrei und ist, da Lastwagen- und Busverkehr entfielen, bei schönem Wetter eine echte Alternative (maximal plus 20 min gegenüber Tunnelfahrt).

Straße von Deià

Auch die **Straße von/nach Deià** ist ein besonderes Kapitel. Man begann schon 1995 mit ihrem Ausbau. Nach dem Konkurs der Baufirma 2 Jahre später, tat sich lange nichts mehr. Ein Teilstück ist immer noch noch zu eng bei Begegnungen mit Bussen.

Ortsbild/ Bahnhof/ Straßenbahn

Sóller liegt etwas abseits der Hauptstraße Palma-Port de Sóller und auch der Küstenstraße von Andratx nach Pollença, die das Tal am nördlichen Ortsausläufer kreuzt. Das Städtchen verfügt über die trotz Fällung des erkrankten Baumbestandes immer noch **attraktivste Plaça Mallorcas** und einen Bahnhof wie zu Kaisers Zeiten.

Passagiere des nostalgischen Zuges (Fahrplan ➪ Seite 132) mit Ziel »Port« steigen gleich am Bahnhof in die **Straßenbahn** (*Tranvia*), die ihre Ladung (auch) in offenen Wagen durch die grünen Alleen der Stadt und Zitrusgärten befördert (**ca. 5 km, 15 min**). Man kann an mehreren Haltestellen Richtung Hafen zusteigen (**Tarif** 🚋 eine Strecke!). Im Bahnhof kann man eine kleine **Miro-/ Picasso-Ausstellung** besichtigen, die zum 100sten Geburtstag der Sóllerbahn 2012 eingerichtet wurde.

Anfahrt mit Auto

Wer per Auto kommt, sollte sich zu den leider oft überfüllten **Parkplätzen** (am besten an der Gran Via) leiten lassen; von keinem ist es weit bis ins Zentrum. Parken in den Straßen klappt in Sóller nur mit viel Glück; zudem kann man sich im Gewirr der eng zugeparkten Einbahngassen durchaus »festfahren«.

Plaça

Bis zur (auto-) verkehrsfreien und mit Tischen und Stühlen vollgestellten *Plaça* sind es vom Bahnhof nur gut 150 m. Auf den **Terrassen** diverser Lokale sitzt man bei gehobenen Preisen schattig und mit nunmehr freiem Blick auf die schönen Fassaden der Kirche *Sant Bartomeu* und des Rathauses.

Piraten-spektakel

Auf der Plaça nimmt – nach heroischen Reden auf *Mallorquín* – das alljährlich nachgespielte **Spektakel** der glücklichen **Abwehr maurischer Piraten** am 11. Mai des Jahres 1561 seinen Ausgang: Vor amüsierten Touristen »erkämpfen« als **Christen und Araber** verkleidete Männer und Frauen eine Woche lang im Ort und am Strand mit hölzernen Schwertern und Krummsäbeln immer wieder das im voraus bekannte Resultat. Nach dem Kampfgetümmel stärkt man sich gemeinsam bei Wein und Gesang.

Das beste Eis der Insel?

Folgt man von der *Plaça* den Straßenbahnschienen nördlich (Carrer Cristóbal Colón), erreicht man 150 m weiter an der *Plaça Mercat* die städtische **Markthalle**. Gegenüber nicht zu übersehen ist die kleine *Fabrica de Gelats* (Eisfabrik) mit Verkaufskiosk. Das Eis dort ist ausgezeichnet, am besten vielleicht »*Orange Soller*« (frischer Orangensaft mit Eiskugeln). An der Plaça hält das Lokal *Giovanni* unter deutscher Leitung mit Erfolg dagegen.

Straßenbahn-schuppen am Bahnhof von Soller

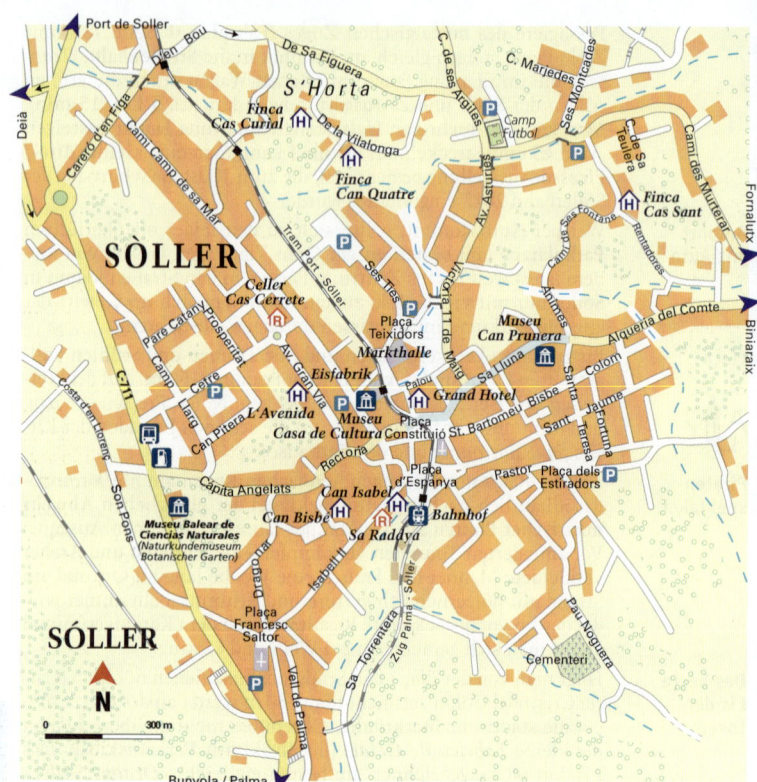

Lokalmuseum	Ca. 200 m von der Plaça entfernt, in der *Carrer de sa Mar*, ist in einem sehenswerten Herrenhaus mit eigener Kapelle das **Museu Casa de Cultura** untergebracht. Zu besichtigen sind dort altes Mobiliar, Küchenutensilien, landwirtschaftliches Gerät. Di-Sa 11-13 Uhr, Di-Fr 16-19 Uhr Winter, 17-20 Uhr Sommer. Frei.
Naturwissen-schaftliches Museum	Im – nur mäßig interessanten – **Museu Balear de Ciencies Naturals** mit einem botanischen Garten zur Flora der Insel geht es um Entstehung und Natur Mallorcas. Dazu sind u.a. viele geologische Fundstücke in konventioneller Aufbereitung ausgestellt. Haupteingang an der Hauptstraße Palma-Sóller. Ab Bahnhof gibt es eine Beschilderung (ca. 1 km). Ganzjährig Di-Sa 10-18 Uhr, So + feiertags bis 14 Uhr, €6; www.museucienciesnaturals.org.
Kunst-museum Sa Prunera	Erst kürzlich eröffnet wurde das Kunstmuseum **Can Prunera** in einem restaurierten Herrenhaus in der Carrer Sa Lluna fast am Ende der Fußgängerzone, ca. 300 m östlich der Plaça Constitució. Abgesehen von einzelnen Werken bekannter Künstler wie *Miró*,

Picasso, *Toulouse-Lautrec* u.a. ist die Gemälde- und Puppen-
sammlung dort so spannend nicht, es sei denn, Sonderausstellungen erregen Interesse. Der eigentlich Reiz des Museums liegt im
Haus selbst mit seiner Fassade, den Details des Treppenhauses,
der Originalmöblierung und dem Garten mit **Skulpturen**, außerdem im Blick aus dem gläsernen Fahrstuhl auf die Berge. Di-So
10.30-18.30 Uhr, Eintritt €5; www.sollernet.com/canprunera.

Restaurants

Nur wenig über 100 m vom Bahnhof entfernt (Carrer Isabel II 23)
liegt die *Casa Raddya*, ein Mini-Suiten Hotel mit schöner grüner
Café-Terrasse, von der man auf Bahnhof und Berge schaut.

Eine bessere Wahl, was Qualität und Preise betrifft, als mit den
Lokalen an der Hauptplaça trifft man mit dem **Celler** *Cas Carrete*
an der Plaça America/Gran Via (etwa 400 m von der Hauptplaça).
Dort serviert man verfeinerte mallorquinische Gerichte.

Ses Barques

An der Straße in Richtung Lluc (ca. 7 km) ist das Restaurant des
Mirador *Ses Barques* zwar keine kulinarisch erste Adresse (mallorquinische Küche), besitzt aber eine **Terrasse** mit Panoramablick übers Tal von Sóller, phänomenal bei untergehender Sonne.
Bei kühlem Wetter sitzt man im Gastraum unter der Plattform.

Cas Xorc

Hoch über Sóller und der Straße nach Deià steht das **Landhotel**
Cas Xorc mit **Restaurant**. Die Zufahrt (ausgeschildert ab km 56,1)
ist etwas abenteuerlich, dafur entschädigen Terrassen mit toller
Aussicht. Mittags Bistro-Karte (13-15.30 Uhr), abends auch Menüs; Hauptgerichte ab ca. €25. ✆ 971 638280, www.casxorc.com.

Die Orangen von Soller www.cas-sant.com; www.canai.com

Das Tal von Soller steht voller Orangenbäume, über 100.000 sollen es (noch!)
sein. Bis zu 100 kg trägt ein einziger Baum, dennoch stellen die Orangen dort
keinen Wirtschaftsfaktor mehr dar. Zwar sind mallorquinische Orangen süßer
und saftiger als die bei uns im Supermarkt erhältlichen Apfelsinen aus Israel,
der Türkei, vom spanischen Festland und sonstwoher. Nur aus Mallorca kommen sie fast nie; selbst in den Supermärkten der Insel werden mehr importierte
als einheimische Orangen angeboten. Das ist kein Wunder, denn sie werden –
außer für den lokalen Bedarf – kaum noch geerntet, verrotten großenteils unter
und an den Bäumen. Abernten und Transport, nicht zu reden von der Baum-
pflege, sind auf Mallorca teurer als der erzielbare Preis, sagen die Besitzer.

Mittlerweile hat sich aber die Erkenntnis durchgesetzt, dass Orangenbäume
nicht nur unter wirtschaftlichen Aspekten bewertet werden dürfen. Denn sie
sind eine Art mallorquinisches Kulturgut. Während der Haupttreifeperiode von
Februar bis Mai (wegen unterschiedlicher Sorten können Orangen sogar von
November bis Juli geerntet werden) sind die vollen Bäume mit ihren satten Farben ein attraktives, für das Image der Insel typisches Fotomotiv. Das gilt ebenso für die Blüte, die überwiegend auf das Frühjahr von Januar bis März fällt. Beides zieht Besucher an. Auch die Erhaltung der Artenvielfalt ist von Bedeutung.

In dieser Situation sind Rezepte für eine »Umnutzung« gefragt, denn auf Dauer
werden die Orangenplantagen ohne Einnahmen für ihre Eigner nicht bestehen

können. Ein interessanter Ansatz war das Angebot der Hotelfinca **Cas Sant**, für €80 die Patenschaft für einen Orangenbaum zu übernehmen. Die »Dividende« wird in Naturalien gezahlt. Mittlerweile sind alle Bäume vergeben.

Eine ganz andere Nutzung kommt den Gästen der **Finca Ca N'Ai** zugute. Die sonst strauchartigen und wegen des Pflückens niedrig gehaltenen Bestände hat man zum Teil einfach wachsen lassen und von den unteren Zweigen befreit. Dort gibt es nun einen kleinen Wald von über hundertjährigen Orangenbäumen, unter denen man ungehindert spazieren gehen kann. Rund um den Pool bilden diese Bäume natürliche Sonnenschirme. Und wer hochlangt, hat gleich frische Früchte zur Hand. Erlaubt und gern gesehen, denn jede vom Gast gepflückte Orange vermindert den Aufwand für die Beseitigung verfaulter Früchte.

*Orangen-
bäume sind
auf Mallorca
auf dem
bestem Weg
von einer
Nutz- zur
Zierpflanze
zu mutieren.*

Port de Sóller

Eine kurze, eher punktuelle Kennzeichnung von Port de Sóller, dem einzigen größeren Touristenort der Westküste, findet sich bereits im Kapitel 2 auf Seite 56.

Lage und Kennzeichnung/Parken

Port de Soller liegt eigentlich brillant an einer fast kreisrunden Bucht unter beschützenden Felsen nördlich der Durchfahrt zum Meer. Hinter dem schmalen Ortsstrand und einer Mauer verlief die Hauptstraße samt Trasse der Straßenbahn. Dort musste sich früher der nicht schon weiter oben auf Parkplätzen »abgefangene« Verkehr hinein- und herausquälen und die Passanten auf einen schmalen Fußweg entlang der landseitigen Restaurant- und Ladenzeile verdrängen. Heute ist das anders. Ein 1300 m langer Tunnel (gebührenfrei) leitet den Verkehr seither ins rückwärtige Port de Soller und verteilt ihn von dort über zwei Verkehrskreisel auf mehrere **Parkplätze** und ein **Parkhaus** (hinter den Hotels *Eden* und *Aimia*). Eine Fahrt per Auto bis an die Hafenmole, wo auch die Boote nach Sa Calobra festmachen und die *Tranvia* aus Sóller endet, ist nicht mehr möglich. Darüber hinaus wurde die frühere Hauptstraße entlang der Bucht zur Fußgängerzone umgebaut und die Straßenbahntrasse verlegt. Port de Soller kann nur noch über den Tunnel erreicht und verlassen werden. Der durch diese verkehrstechnische Maßnahme für den Ort realisierte Gewinn an Attraktivität ist unübersehbar.

Hafen

Zumal der öffentlich zugängliche Hafenbereich gleichzeitig um das Gros einer früher abgesperrten Militärzone erweitert wurde. Die klobigen alten Gebäude dort hat man abgerissen und zwischen dem Anleger der Sa Calobra-Boote und der verbliebenen kleinen Militärmole eine breite Promenade geschaffen mit ausgedehnten Flächen für die Terrassen alter und neuer Restaurants. Am hinteren Hafenbecken sind oft die blauen Fischernetze pittoresk zum Trocknen und Reparieren ausgelegt.

Fischan-landung

Jeden Nachmittag gegen ca. 17 Uhr landen dort Fischer den Fang des Tages an, auf Mallorca eine der besten Gelegenheiten, Meeresgetier aller Art – Haie, Gambas, Tintenfische, kurz: spätere Hauptgerichte – z.T. noch lebend aus der Nähe zu begutachten.

Boote nach Sa Calobra

Der tägliche Ausflugsverkehr – vor allem Busse, die ihre Passagiere für die Bootsfahrt nach **Sa Calobra** absetzen (↪ auch Seite 135 und Ausflugsroute 3, Seite 385) – wird über rückwärtige Parkplätze abgewickelt, von denen die Passagiere noch ein Stück bis zum Fähranleger durch die Fußgängerzone laufen müssen. Nur wer mit der Straßenbahn anfährt, landet unmittelbar an der Hafenmole. Ggf. auch, wenn man auf dem Parkplatz hinter Den Repic parkt. Dort gibt's eine Haltestelle der Straßenbahn für den verbleibenden Kilometer.

Abfahrten nach Sa Calobra ab 10 Uhr ca. stündlich bis 15 Uhr

Rückfahrten ab Sa Calobra ab ca. 11 Uhr; letztes Boot zwischen 15 und 17 Uhr.

Diese Bootsfrequenz gilt im Prinzip **täglich von ca. Mitte April bis Oktober**. Sie ist aber abhängig von saisonaler Nachfrage und Wetterbedingungen. So verkehren die Boote z.B. bei hoher See, also starkem Wind, nicht. Daher bei der Ausflugsplanung vorsichtshalber telefonisch vorklären:

✆ **971 630170** (Reederei *Barcos Azules*, www.barcosazules.com)

✆ **971 633109** (Reederei *Tramontana*)

November bis Ostern fahren nur 1-3 Boote/Tag – nachfrage- und wetterabhängig

Dauer der Fahrt 45-60 min; €15 eine Strecke; €25 retour; Kinder €8 eine Strecke; €13 retour; Fahrrad €5 one-way

Der populärste Bootstrip Mallorcas führt zur Cala de Sa Calobra mit dem nahen Torrent de Pareis

7.3

Aussichts-punkt

Oberhalb des Hafens steht in exponierter Lage auf einem Felsplateau das **Oratori de Santa Catalina**, eine auf das 13. Jahrhundert zurückgehendes Kloster mit Kapelle. Dorthin gelangt man von der Hafenmole, indem man der dahinterliegenden Straße bergauf folgt, deren Verlauf man am Ende über ein paar Treppen abkürzen kann. Man findet auch am Ende der Mole einen Treppenzug von ganz unten. Von der **Aussichtsplattform** zwischen Kapelle *Santa Catalina* und *Museo de la Mar* fällt der Blick über die Bucht von Sóller und auf Steilküste und das tief unten liegende Meer.

Museu de la Mar

Der Gebäudekomplex gegenüber der Kapelle wurde vor einigen Jahren für die Zwecke des **Museu de la Mar** umgestaltet, das vorher in einer Villa am Hafen residierte. Es thematisiert die maritime Orientierung des Tals von Sóller von der Piratenzeit bis zu den Orangentransporten nach Frankreich mit ein paar Ausstellungsstücken und vor allem mit einem sprunghaften Video (auch in deutscher Synchronisation) in einem Vorführraum mit futuristischem Design. Bedingt sehenswert.

Geöffnet Mi-Sa 10-17 Uhr, So und feiertags 10-14 Uhr; November bis Ende Januar geschlossen. Eintritt €2.

Gastronomie

Unten im Hafenbereich sind – eher abends – das **Es Reco** oder das **Pirata** eine gute Wahl. Tagsüber sitzt man auf der Terrasse der **Bar Albatros** an der breiten Hafenpromenade besser (mallorquinische Küche). Die **Orange Sol Bar** an der Promenade südlich des Hafens hat das prima Eis der *Fabrica de Gelats*, ➪ Seite 237.

Ins Auge fallen an der Uferstraße/Promenade im östlichen Bereich einige hübsche Restaurants mit Garten. Empfehlung hier: **Ran de Mar** fast am Ende der Restaurant- und Ladenzeile und darüber im 1. Stock das **Restaurant Es Pagès** mit mallorquinischen Gerichten. Von dessen Tischen auf dem großen Balkon hat man einen prima Blick über die Bucht. Wem es auch und/oder besonders auf die Aussicht ankommt, sei hier bereits auf die **Bar Nautilus** (➪ übernächsten Absatz) und das **Restaurant Es Faro** (unter D'en Repic übernächste Seite) hingewiesen.

Bucht und Hafen von Soller heute. Wer Port de Sóller von früher kennt, sieht, dass alle Gebäude auf den äußeren Molen abgerissen wurden.

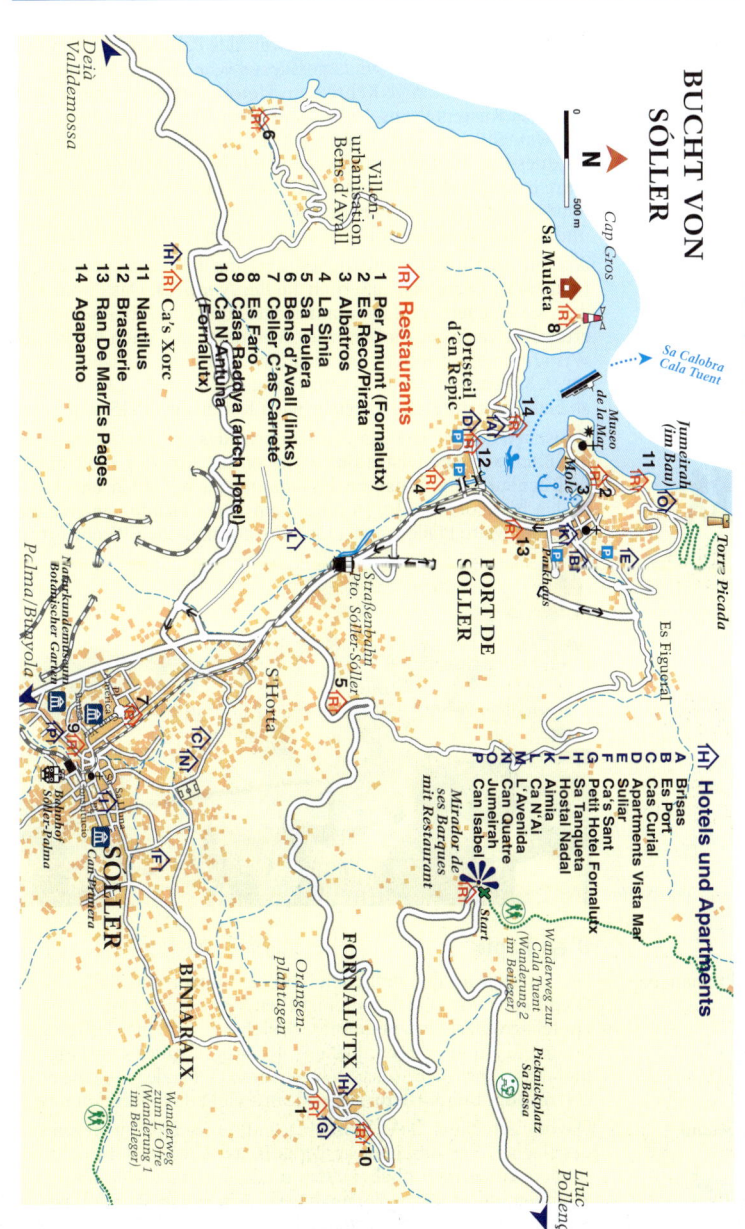

BUCHT VON SÓLLER

N

0   500 m

Deià
Valldemossa

Cap Gros

Sa Muleta 8

Sa Calobra
Cala Tuent

Museo
de la Mar

Jumeirah
(im Bau)

Villen-
urbanisation
Bens d'Avall

Ortsteil
d'en Repic

Torre Picada

Es Figueral

PORT DE
SÓLLER

Straßenbahn
Pto. Sóller-Sóller

Palma/Bunyola

S'Horta

SÓLLER

Bahnhof
Sóller-Palma

BINIARAIX

Can Prunera

Naturkundemuseum
Botanischer Garten

Mirador de
ses Barques
mit Restaurant

Start

Wanderweg zur
Cala Tuent
(Wanderung 2
im Beileger)

FORNALUTX

Orangen-
plantagen

Picknickplatz
Sa Bassa

Wanderweg
zum L'Ofre
(Wanderung 1
im Beileger)

Lluc
Pollença

Restaurants

1 Per Amunt (Fornalutx)
2 Es Reco/Pirata
3 Albatros
4 La Sinia
5 Sa Teulera
6 Bens d'Avall (links)
7 Celler C'as Carrete
8 Es Faro
9 Casa Raedya (auch Hotel)
10 Ca N'Antuna
   (Fornalutx)

11 Ca's Xorc
12 Nautilus
13 Brasserie
13 Ran De Mar/Es Pàges
14 Agapanto

Hotels und Apartments

A Brisas
B Es Port
C Cas Curial
D Apartments Vista Mar
E Suliar
F Ca's Sant
G Petit Hotel Fornalutx
H Sa Tanqueta
I Hostal Nadal
J Aimia
K Ca N'Ai
L L'Avenida
M Can Quatre
N Jumeirah
O Can Isabel

Zum Küstenfelsen mit dem Jumeirah Resort

Folgt man von der Hauptmole unweit des Bahnhofs der Tranvia der Straße *Carrer de Cingle* geradeaus (von der Bucht weg), erreicht man über einige Kehren am Hotel *Porto Sóller* vorbei den Grat des Küstenfelsens 150 m über dem Meer. Dort wartet die *Bar Nautilus* auf Gäste, und rechts erhebt sich der riesige Komplex des nun endlich fertigen teuersten Hotels Mallorcas (ca. 10 Jahre Bauzeit inkl. Stillstand über viele Jahre). Das sechssternige Superresort **Jumeirah Port de Sóller** wurde im Mai 2012 eröffnet und hat nur Zimmer mit Meerweitblick ab ca. €300 aufwärts.

Bar Nautilus

Als ein ganz durchschnittliches, aber ein bisschen alternatives Lokal präsentiert sich äußerlich die **Bar Nautilus**. Das Pfund, mit dem sie wuchert, sind Panoramafenster und die teilweise blumig grün überwachsene Holzterrasse. Von dort, aber auch bei kühler Witterung von drinnen, hat man eine grandiose Aussicht übers Meer. Schöner sitzt man in ganz Port de Soller nicht. Der Aufstieg ab Hafen auf die Höhe dauert je nach Kondition 10-15 min.

Zwischen der Bar und den »Ausläufern« des *Jumeirah* öffnet sich der Blick auf eine felsige Bucht tief unten. Ein Weg läuft unterhalb der burgartigen Mauern des *Jumeirah* nach Norden, endet aber in den bewaldeten Hängen unter dem **Torre Picada**, einem alten nur über weite Pfade von der Ostseite zugänglichen Wachtturm.

Terrasse von Bar & Restaurant Nautilus mit Blick auf die Einfahrt in die Bucht von Sóller

D`en Repic

Promenade

Der Ortsteil an der südlichen Seite der Bucht von Sóller heißt **D`en Repic**. Von Port de Sóller ist D`en Repic durch einen *Torrent*, ein felsiges Bachbett, getrennt, das sich nur auf einer Fußgängerbrücke überqueren lässt. Jenseits der Brücke gibt es entlang der hier dicht, aber nicht sehr hoch gebauten Gebäudezeile eine etwa 200 m lange breite **Uferpromenade** mit viel Sitzkapaziät draußen.

Strand

Davor erstreckt sich ein breit aufgespülter Strand, der wegen seines flachen Verlaufs und der geschützten Lage in der Bucht besonders kinderfreundlich, zudem im Gegensatz zu den schmalen Stränden hinter den Straßenbahnschienen selten sehr voll ist.

**Zufahrt
D`en Repic/
Parken**

Per Auto geht es dorthin nur über eine Abfahrt von der Hauptstraße noch vorm Sa Mola Tunnel, dann ein kurzes Stück weiter
auf der alten Straße Richtung Port de Soller und dann links über
Bahntrasse und Torrent. Die Straße führt nach Überquerung der
Brücke an der Hotelruine *Rocamar* vorbei durch rückwärtige
Zitrusbaumgärten, stößt am westlichen Promenadenende auf die
Bucht und läuft weiter bis zum Cap Gros hinauf. Hinter der Küs-
tenbebauung in D`en Repic gibt es bei der letzten Kurve vor »Ein-
fahrt« in den Ort (Hotel *Los Geranios*) einen Besucherparkplatz.

Im 4. Stock des Hotel **Los Geranios** befand sich mit dem *S'Atic*
ein kulinarisch prima Restaurant. Zum guten Essen gab's zusätzlich den Blick über die Bucht. Doch Zimmer bringen wohl mehr
und so genießen nur noch Hotelgäste jetzt die Aussicht. Aber in der
Brasserie unten kocht das alte Team vom *S'Atic*: © 971 631440.

Etwas moderatere Preise gelten in den Lokalen an der Promenade,
aber auch im Gartenrestaurant **Sa Sinia**, 200 m hinter der Hotelzeile (ausgeschildert), mallorquinische Küche; © 971 638995.

Cap Gros

Folgt man der Straße um den Strand herum, passiert man auf ca.
halber Höhe zum Cap Gros eine Abstiegsmöglichkeit hinunter
zu Badeklippen am klaren Wasser der äußeren Bucht.

Eine tolle Aussicht hat man von der verglasten Terrasse des **Restaurant Es Faro** neben dem Leuchtturm am Ende der Straße.
Außerdem ist die Küche gut – bei gehobenem Preisniveau. Die
Einkehr lohnt sich dort in erster Linie bei gutem Wetter an einem
warmen Abend, wenn man draußen auf der Terrasse sitzen kann.

Ein paar Schritte weiter steht die **Wanderherberge Muleta**, eine
der Übernachtungsstationen auf der Süd-Nord-Wanderroute von
Sant Elm bis nach Pollença; ➪ Seite 94 und Seite 30 im Beileger.

**Beach Club
Agapanto**

An der Südflanke der Bucht bzw. des Strandes von D'en Repic befindet sich der **Beachclub** mit **Restaurant Agapanto** für Freunde
des gehobenen Strandvergnügens, ➪ Seite 118. Abends lädt man
dort zu – von Chill-out und Live-Musik umrahmten – *Candleligt
Dinner Events*,Reservierung unter © 971 633860, Mi geschlossen; www.agapanto.com.

Fornalutx und Biniaraix

**Tal von
Soller/
Biniaraix**

Ein absolutes »Muss« im Tal von Sóller ist ein Besuch der Dörfer
Fornalutx und **Biniaraix**, wobei es vor allem auf ersteres ankommt.
Beide liegen inmitten ausgedehnter Zitronen- und Orangenplantagen. Die enge Straße in Richtung der beiden Nachbarn ist in
Sóller ausgeschildert. Gleich außerhalb des Ortes trennen sich
die Wege; nach **Biniaraix** geht's rechts. Die Attraktion dieses Mini-
dorfes ist ausschließlich seine Idylle unter dem Gipfel des *L'Ofre*.
Vom Ortsende kann man vor dem alten **Waschplatz**, der von kla-
rem Quellwasser gespeist wird, links hinüber nach Fornalutx fahren (2 km). Rechts vom Waschplatz beginnt der alte **Pilgerpfad**
zum Kloster Lluc (➪ Wanderroute #1 im separaten Beileger).

Fornalutx

Fornalutx ist größer als Biniaraix, dicht bebaut und an einem Hang zusammengedrängt. Malerische Gassen, Verbindungstreppchen, schiefe Häuschen und üppige Blumenpracht allenthalben liefern schöne Fotomotive. Die zweimalige **Siegestrophäe** im alljährlichen gesamtspanischen Dorfwettbewerb verwundert nicht. Fornalutx erfreut sich eines regen **Ausflugstourismus'** und ist auch als Wohnort begehrt. Dort ein altes Stadthaus, eine Wohnung oder sogar eine Finca zu besitzen, gilt als ähnlich erstrebenswert (und genauso teuer) wie in oder bei Deià zu residieren.

Parkproblem/ Anfahrt per Bus

Besucher haben zunächst einmal das Problem – auch das eine Deià-Parallele – einen **Parkplatz** zu finden. Wer aus Richtung Sóller kommt und am Westende des Dorfes ein freies Plätzchen auf dem Parkplatz entdeckt (rechts »unter« der Hauptstraße), sollte die Chance nutzen. Weiter oben ist oft alles zugeparkt. Nördlich des Dorfes (Richtung Westküstenstraße) gibt es eine weitere Parkfläche. Dort befindet sich auch die **Bushaltestelle**. Der **Bus Sóller-Biniaraix-Fornalutx** verkehrt 4x täglich um 7.35, 13.00, 15.45 und 19.00 Uhr, zurück jeweils 15 min später.

Besichtigung

Fornalutx lässt sich in 30-45 min oberflächlich erkunden, je nachdem, wieviele Stopps man einlegt, um die Aussicht und Details von Architektur und Gärten zu bewundern. In der Pfarrkirche mit Sonnenuhr und Marienfigur am Außenportal befindet sich eine Orgel von 1584. Man sollte sich nicht auf die kleine *Plaça* und Umfeld beschränken, sondern die beiden kleinen Stadthotels *Can Reus* und *Petit Hotel* unterhalb der Hauptstraße passieren und am Straßenende rechts hinunter zum Bach gehen, ihn überqueren (Brücke) und ein paar Meter auf dem Pfad nach rechts laufen: ein wunderbare Blicke auf Tal und Dorf lohnen den Abstecher.

Gastronomie

Schön grün überrankt ist die Terrasse des *Ca N'Antuna* (nördlicher Ortsausgang) mit mallorquinischer Küche, oft voll, daher besser reservieren: ✆ 971 633068. Für eine schlichte Einkehr mitten im Ort sitzt man am besten im *Café La Plaça* ebendort.

Segelboot aus Zitronen und Orangen auf der Plaça von Fornalutx

Auf der Abfahrt nach Sa Calobra wird es bei Gegenverkehr an einigen Punkten schon mal etwas eng. Dennoch sind Unfälle selten.

Sa Calobra

Kenn-zeichnung

Die *Cala de Sa Calobra* mit dem ***Torrent de Pareis*** ist **das** Ausflugsziel Mallorcas und gleichzeitig die einzige mit Fahrzeug erreichbare Bucht der Nordwestküste zwischen Port de Sóller und Cala de Sant Vicenç (sieht man ab von der *Cala Tuent*, die ihre Erschließung der Straße nach Sa Calobra verdankt). Sie wird von April bis Oktober tagtäglich von einer Armada von Bussen angesteuert. Gleich vier Dinge machen dieses Ziel attraktiv:

- die **Fahrt** durch die Berge der *Serra Tramuntana*, ganz gleich, aus welcher Richtung.
- 15 km mit vielen **Haarnadel-Serpentinen** (auf heute gut ausgebauter Strecke) samt »**Krawattenknoten-Straßenführung**« über fast 900 m Höhenunterschied durch eine rauhe **Gebirgslandschaft** und wechselnde **Vegetationszonen**.
- die durch Auswaschung entstandene **Schlucht des *Torrent de Pareis*** (Sturzbach bei Regen) und sein Durchbruch zum Meer.
- die Möglichkeit, jeweils eine Strecke **per Bus/Auto** und **per Boot** von/nach Port de Sóller bzw. Lluc zu machen, ⇨ Routenvorschlag 3, Seite 385, und Wanderroute 2 im Beileger.

Anfahrt (Buszeiten Stand 4/2011)

Ohne Buchung eines vorprogrammierten Busausflugs (⇨ Seite 407f) kommt man fast nur mit **Leihwagen/-motorrad** oder **Taxi** nach Sa Calobra. Der **Bus #355** bedient immerhin **einmal täglich Sa Calobra** (**nicht So und Feiertage**): ab Can Picafort um 9 Uhr (über Port Pollença, Pollença, an/**ab Lluc** 11.00/**11.50 Uhr**; an Sa Calobra 12.50 Uhr; Rückfahrt **ab Sa Calobra 15 Uhr**, ⇨ Seite 131). Den Bus ab Lluc um 11.50 Uhr erreichen auch **Ausflügler aus Palma/Inca** (Bus #330 täglich um 10.00/10.35 Uhr) und aus **Port de Sóller/Sóller** (Bus #354 um 9.00/9.10 Uhr, nicht So und feiertags (oft mehr Passagiere als Plätze wegen vieler Wanderer, die großenteils am Cuber Stausee wieder aussteigen; nicht immer wird dann ein zusätzlicher Bus eingesetzt). Wer über Sóller anfährt, hat noch 90 min Zeit zum Klosterbesuch.

7.3

**Per Boot
und Taxi**

Da Selbstfahrer auch wieder zurück müssen, spricht einiges für die Taxivariante in Kombination mit dem **Bootstrip**, die **bei mehreren Personen** ab Sóller oder Inca gar nicht mal so teuer ist: Das Taxi ab Sóller kostet um €50 (aushandelbar), die Bootsfahrt pro Person für die einfache Strecke €14 (⇨ Kasten Seite 241). Rechnet man die Anfahrtskosten vom eigenen Standort dazu, ist ein Mietwagen ab 2 Personen immer preiswerter, aber eine(r) muss sich dabei für die Rückfahrt mit dem Auto »opfern«.

Wer per Auto anfährt, erreicht **1 km vor der Schlucht** den einzigen **Parkplatz** (€3 für die 1. Stunde, bis €8 für 5 Std. und mehr).

**Lage und
Geographie**

Sa Calobra besteht zunächst aus einer hübschen Bucht mit gerölligem Strand, Anleger und Strandbars (400 m zum Parkplatz). Drumherum hat sich eine auf die Ausflügler abgestimmte teure Infrastruktur entwickelt. Von dort sind es bis zum 50 m langen **Fußgängertunnel** zum *Torrent de Pareis* weitere gute 500 m. Hinter dem Ausgang liegt links der steinige, von steilen Felswänden eingefasste **Strand** des Durchbruchs. Auf einer Rampe geht es geradeaus hinunter in einen weiten Talkessel, ⇨ Foto unten.

**Torrent
de Pareis**

Die meisten Besucher vertreten sich dort ein wenig die Füße und nutzen die Gelegenheit zum Sonnen oder Baden im glasklaren Meerwasser. Man sollte ein bisschen in die Schlucht hineingehen. Da der ***Torrent*** nur im Winter und bei starken Niederschlägen seiner Bezeichnung »Wildwasser« Ehre macht, handelt es sich bei gutem Wetter um ein unproblematisches Unterfangen. Wasser steht eingangs in größeren Tümpeln, weiter oben in Pfützen und Vertiefungen. Wenn nach 500 m der **Pfad schmaler** wird und zur **Kletterei** ausartet, beginnt der sehenswerte Teil der rund 4 km langen und 400 m tiefen Schlucht. »Schluchtaufwärts« stößt man aber bald auf fast unüberwindliche Felsbarrieren.

Selbst bergab ist ein Durchklettern des Canyons kein einfaches und ungefährliches Unterfangen, ⇨ Kasten rechts.

Ausgangs des Torrent de Pareis im trockenen »Flussbett«. Im Juli finden hier open-air Konzerte statt.

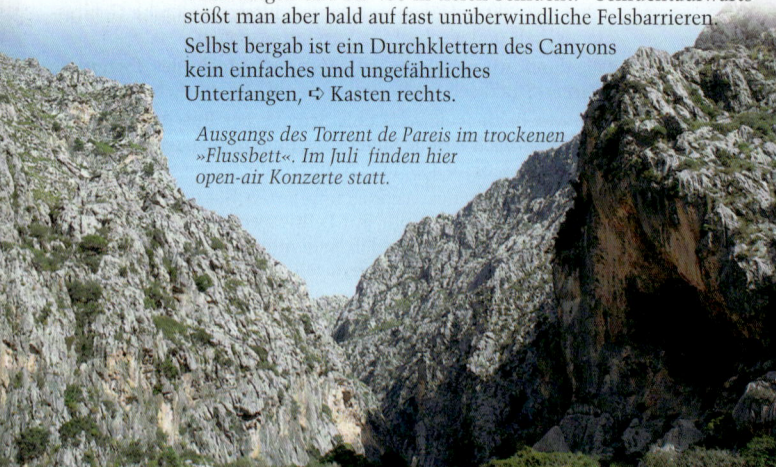

Abenteuer Torrent de Pareis

Eine Kletter-Wanderung durch die ge-samte Länge des Torrent de Pareis mit Ausgangspunkt Escorca (Restaurant und Kirche, kein Dorf, aber Bedarfsbus-stop) an der Straße Sóller-Lluc gehört zwar zu den aufregendsten und schön-sten der Insel. Wegen des relativ hohen Schwierigkeitsgrades (900 m abwärts!) und der Sturzgefahr auf Teilstücken sollte dieses Abenteuer aber nur von sportlichen Naturen mit festen Schu-hen und erprobter Trittsicherheit in Angriff genommen werden. Grundsätz-lich ist der Torrent nur dann passierbar, wenn es etwa eine Woche nicht geregnet hat. Höhere Wasserstände verhindern eine – nach längerer Niederschlagsfrei-heit mögliche – Umgehung der Tümpel hinter Gefällstrecken und erzwingen im ungünstigen Fall mehrfach den Sprung ins kalte Wasser und dessen Durchque-rung. Gleichzeitig können bei ungünsti-ger Witterung in den Tagen vor dem Trip einige der steil abfallenden, bereits bei

Trockenheit schwierigen Felsflächen noch rutschig sein.

Die größte Gefahr besteht darin, dass bei Verletzung und anderen Problemen keine Hilfe in der Nähe ist und auch nicht rasch geholt werden kann. Allein darf man sich daher den Torrent auf keinen Fall vornehmen und sollte bes-ser in einer Gruppe als nur zu zweit wandern. Ein Handy sollte heutzutage immer dabeisein mit gespeicherter Nummer für den Notfall.

Dass derartige Warnungen nicht übertrieben sind, zeigen immer mal wieder vorkommende tragische Todesfälle, die allerdings durchweg mit völliger Des-

information der Betroffenen über die Besonder-heiten dieser Schlucht verbunden waren.

*Wer sich vom Schwierigkeitsgrad nicht abschre-cken läßt, sollte relativ früh starten, da man – je nach persönlichem Tempo – bis zu 5 Stunden unterwegs ist. In die Dämmerung oder Dunkel-heit darf man auf keinen Fall geraten. Genauere Hinweise und Informationen entnimmt man wei-tergehenden **Wanderführern**, vor allem dem von **Reise Know-How** für die Serra Tramuntana zwi-schen Valldemossa und Lluc (⇨ Seite 33).*

(⇨ Seite 33)

Gleich unterhalb der Straße beim Restaurant »Es-corca« geht's durch dieses Tor (wieder verschließen!)

7.3

Tageszeit für den Besuch

Der Besuch von **Sa Calobra** kann Höhepunkt des Mallorcaurlaubs sein. Damit aber **Stress am Steuer**, **Parkprobleme** und **überfüllte Cafeterias** den Trip nicht verleiden, sollte man entweder gleich morgens vor 10 Uhr oder nach 16 Uhr ankommen, um nicht zwischen die Busse zu geraten (Foto Seite 247). **Für einen Kurzbesuch** eignet sich eher der **Nachmittag**, da die Busse und meisten Autoausflügler schon wieder weg oder im Aufbruch sind.

Zu beachten:

Ein **Nachteil des Nachmittags** ist der zum Fotografieren ungünstige Schattenwurf im *Torrent de Pareis*. Außerdem geht **das letzte Boot** nach Sóller (je nach Saison) eventuell bereits um 15 Uhr. Bei starkem Seegang können die Boote auch ausfallen. Bei **Sommerkonzerten** fährt das letzte Boot erst nach dessen Ende. Ankündigung im *Mallorca Magazin* und in der *Mallorca Zeitung*.

Einkehr

Zur Einkehr empfiehlt sich entweder die schlichte **Bar** direkt am Strand von Sa Calobra beim Anleger oder das *Es Vergeret* in *Cala Tuent* (↷ unten), wenn ein Fahrzeug zur Verfügung steht.

Cala Tuent

Die Fahrt zur Cala Tuent ist ein empfehlenswerter **Abstecher auf einem Ausflug nach Sa Calobra**, wenn man zur Einkehr etwas Besseres sucht als die Lokale für die Besucherscharen am *Torrent de Pareis*. Der Weg zur Nachbarbucht der *Cala de Sa Calobra* führt zwar über ein paar steile Serpentinen bergauf und bergab, aber auf der Straße sind es nur rund 5 km zum Ziel, dem Restaurant *Es Vergeret* (www.esvergeret.com, ✆ 971 517105; ggf. anrufen für Zeiten). Es liegt erhöht auf der linken Seite der Bucht. Das **alte Gemäuer** bietet innen wie außen auf einer begrünten Steinterrasse viel Atmosphäre, dabei hält sich das Preisniveau für gute mallorquinische Küche im Rahmen (leider im Winter nur bis 17 Uhr, sonst bis 18 Uhr geöffnet); ↷ auch **Wanderroute #2** von *Ses Barques* nach *Cala Tuent*, ↷ Beileger Seite 12.

Ohne Restaurantbesuch oder die Absicht, hoch über der Küste in Richtung *Mirador de ses Barques* zu wandern, lohnt sich ein Abstecher zur Cala Tuent kaum. Der Strand der Bucht ist steinig und nicht sonderlich attraktiv.

La Morenita, die schwarze Madonna im Kloster Lluc

*Der ausgedehnte Klosterkomplex geht auf eine im Jahre 1230 (!) errichtete Kapelle zurück, die sich wegen der Madonnenfigur **Nuestra Señora de Lluc** rasch zu einem Wallfahrtsort entwickelt hatte, so dass bereits 1260 die*

*Errichtung einer Eremitage des Augustinerordens folgte. Llucs Attraktion für Wallfahrer blieb über die Jahrhunderte bis heute bestehen. Nach wie vor wird die **Schwarze Madonna** (im Volksmund **La Morenita**, die kleine Dunkle) von den Mallorquinern mit Inbrunst verehrt.*

*Die Legende besagt, dass im Jahr nach der Eroberung Mallorcas durch die Christen ein kindlicher Schafshirte mit Namen **Lluc** die »Morenita« in den Bergen fand und sie zum Priester der damals gerade neu erbauten Kapelle von Escorca brachte (⇨ Wanderung Torrent de Pareis vorige Seite). Tags darauf war sie von dort verschwunden und tauchte an der alten Fundstelle wieder auf. Das wiederholte sich, bis man den Wink verstand: ein weiterer Kapellenbau war angezeigt, genau dort, wo Lluc wieder und wieder die Figur gefunden hatte.*

Lluc (Monastir/Klosteranlage)

Die Übernachtungsmöglichkeit/**Camping** im Kloster Lluc ist – speziell für Wanderer und Biker – eine erwägenswerte Alternative zum Hotel in einem der Touristenorte (☎ 971 871525, ⇨ Seite 95 und Seite 30 im Beileger, www.lluc.net). Lluc hat auch Tagesausflüglern einiges zu bieten. In und um Lluc kann man leicht einen Tag verbringen.

Lage

Allein schon die **Lage des Klosters** am Rande eines sich weit öffnenden Tales mitten in der *Serra Tramuntana* unterhalb der Straße Sóller-Pollença mit einer aus allen Richtungen großartigen Anfahrt lohnt den Ausflug nach Lluc.

Kennzeichnung

Gebäude und Infrastruktur des Klosters können heute an Sonn- und Wallfahrtstagen den Ansturm erheblicher Menschenmengen verkraften. Die **Restaurants**, **Läden** und andere Einrichtungen in und um das Kloster herum sind auf zahlreiche Gäste eingestellt. Aber selbst zu stark frequentierten Zeiten bleibt Lluc besuchenswert. Wegen seiner interessanten, spezifischen Charakteristik für viele vielleicht sogar gerade dann.

Kirche und Madonna

Der Gebäudekomplex von *Lluc* ist allemal sehenswert. Besonders der **Innenhof** und die basilikaartige, reich geschmückte **Kirche**, hinter deren Altar sich ein separater Raum zu Anbetung der dort aufgestellten Madonna befindet.

Museum

Im ersten Stock des Klosters ist ein kleines, **sehenswertes Museum** mit Memorabilia zur Geschichte Llucs und archäologischen Funden untergebracht. Außerdem sind eine beachtliche Gemäldesammlung, Keramik und liturgische Möbel ausgestellt. Geöffnet So-Fr 10-14 Uhr, Sa geschlossen, Eintritt €4.

7.3

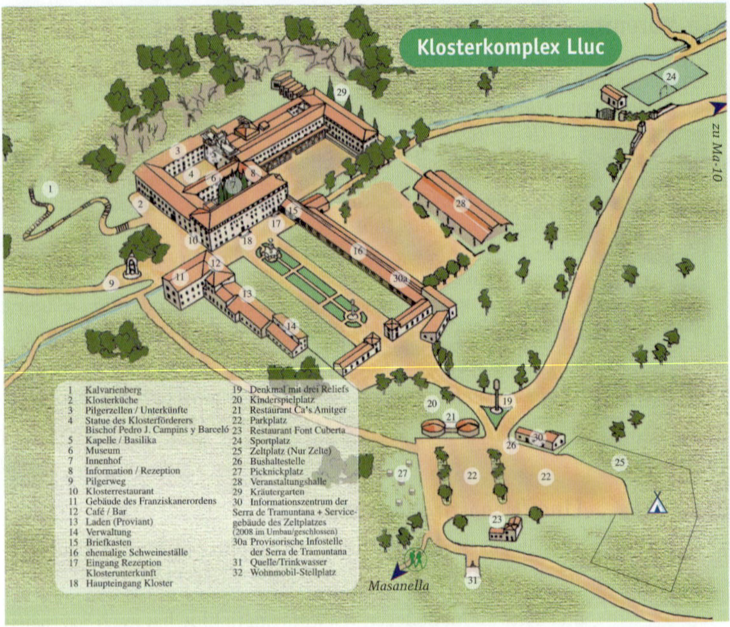

Klosterkomplex Lluc

zu Ma-10

1	Kalvarienberg	19	Denkmal mit drei Reliefs
2	Klosterküche	20	Kinderspielplatz
3	Pilgerzellen / Unterkünfte	21	Restaurant Ca's Amitger
4	Statue des Klosterförderers Bischof Pedro J. Campins y Barceló	22	Parkplatz
		23	Restaurant Font Cuberta
5	Kapelle / Basilika	24	Sportplatz
6	Museum	25	Zeltplatz (Nur Zelte)
7	Innenhof	26	Bushaltestelle
8	Information / Rezeption	27	Picknickplatz
9	Pilgerweg	28	Veranstaltungshalle
10	Klosterrestaurant	29	Kräutergarten
11	Gebäude des Franziskanerordens	30	Informationszentrum der Serra de Tramuntana + Servicegebäude des Zeltplatzes (2008 im Umbau/geschlossen)
12	Café / Bar		
13	Laden (Proviant)		
14	Verwaltung		
15	Briefkasten	30a	Provisorische Infostelle der Serra de Tramuntana
16	ehemalige Schweineställe		
17	Eingang Rezeption Klosterunterkunft	31	Quelle/Trinkwasser
18	Haupteingang Kloster	32	Wohnmobil-Stellplatz

Masanella

Kalvarienberg

Auf keinen Fall auslassen sollte man den **Aufstieg** hinauf zum Kalvarienberg, wobei zunächst der Weg über die breite Treppe zu empfehlen ist, die gegenüber dem Klosterrestaurant unverfehlbar nach oben führt. Bereits von den ersten Absätzen genießt man einen schönen Blick über die Dächer des Klosters und die Umgebung. Für den Rückweg nimmt man den etwas längeren, um die Anhöhe herumführenden **Prozessionsweg** vorbei an einer Reihe religiöser Reliefs.

Klostergarten

Die meisten Besucher übersehen das schattige, leicht vernachlässigte Klostergärtchen mit allerlei Pflanzen und Kräutern, das versteckt (rechts) hinterm Schultrakt liegt (auf der Karte die Nr. 29).

Gastronomie

Das Kloster selbst verfügt über ein großes rustikales Restaurant, aber das eignet sich am ehesten für ein kräftiges *Pa amb Oli*. Das *Café Sa Plaça* im Nebengebäude ist der richtige Platz für den Nachmittagskaffee mit mallorquinischem **Mandelkuchen**, während das *Restaurant Sa Font Cuberta* am hinteren Ende des Parkareals (beim Campingplatz) mallorquinische Küche bietet.

Wander- und Naturinfos

Wanderer finden mit dem kürzlich erweiterten *Centre d'Informació Serra de Tramuntana* am Parkplatz eine offizielle Anlauf- und Informationsstelle, wo man Material verteilt (Faltblätter mit Routenbeschreibungen und Karten auch auf Deutsch) und aktuelle Informationen zu eventuellen Wegsperrungen und neueröffneten Wegen hat. Außerdem gibt es dort eine kleine Ausstellung zur Flora in der mallorquinischen Gebirgswelt und zu den auf Mallorca heimischen seltenen Mönchsgeiern. Werktags 9-16 Uhr, So bis 14 Uhr geöffnet; Eintritt €2, ✆ 971 517070.

Kloster Lluc fotografiert aus mittlerer Höhe der Stufen hinauf zum Kalvarienberg

Picknick Lluc und Binifaldo

Wer beim *Lluc*-Besuch seinen Picknickkorb dabei hat, findet dafür auf einem Gelände beim Hauptparkplatz hübsch zwischen Felsen und Bäume platzierte **Tische** und **Bänke**.

Ganz hervorragend sind auch die Picknick-Einrichtungen von **Binifaldo** (Plätze **Es Pixarells** und **Menut**) nur etwa 2 km weiter in Richtung Pollença beidseitig der Straße, ➪ Übersicht im Kapitel 8, Seite 375. Ein mit Kinderspielgeräten ausgestattetes Areal liegt im Wald oberhalb, das attraktivere Gelände *Pixarells* aber unterhalb der Straße (die Zufahrt ist leicht zu übersehen). Man muss dem rauhen Weg etwa 200 m nach unten folgen. Dort gibt es herrlich ins Gelände gestellte Tische mit Aussicht, prima **Kletterfelsen** und sogar ein Toilettenhäuschen mit fließend Wasser. Auf *Es Pixarells* darf sogar gezeltet werden, ➪ Seite 95.

7.3

Picknickplätzchen zwischen Felsen gleich hinter dem Großparkplatz des Klosters

Restaurant Es Guix

Ins **Restaurant *Es Guix*** (abseits der Hauptstraße bei Lluc in Richtung Inca, Werbung und Fahnen sind an der Zufahrt nicht zu übersehen) kehrt man am besten im Sommer ein (nur 12.30-15.45 Uhr; Di geschlossen; www.esguix.com; ☎ 971 517092). Das Lokal liegt im Wald mit einem wunderschönen in die Felsen eingebetteten Naturpool (Gäste dürfen schwimmen 11-17.30 Uhr; Bar offen). Insbesondere dieser Vorzug führte zur Aufnahme in die Liste der besonders empfehlenswerten Restaurants, ⇨ Seite 372. Das Preis-/Leistungsverhältnis der Karte spielte keine Rolle. Die Erfahrungen des Autors sind gut, Leser hatten Lob wie Kritik.

7.3.2　Orte am Ostrand der zentralen Serra Tramuntana

Karte Seite 231 und separate Karte Mallorca

Die im folgenden beschriebenen Orte gehören nicht mehr zum Einzugsbereich der Westküste, können aber bei einer Fahrt z.B. nach Sóller bzw. nach/über Lluc gut in eine entsprechende Route einbezogen werden. Alle diese Orte am Ostrand der Serra liegen im zentralen Bereich (zwischen den Verbindungen Palma-Sóller und Inca-Lluc). Sie werden von Südwest nach Nordost behandelt und lassen sich gut über großenteils wunderschön verlaufende Nebenstraßen (**unübertroffen ist die Strecke von Bunyola nach Alaró**) abseits der Hauptrouten miteinander verbinden.

Bunyola

Kennzeichnung

Nur die nostalgische Bimmelbahn von Palma nach Sóller (Fahrplan ⇨ Seite 132) stoppt mit Sicherheit in Bunyola, ungefähr 1 km östlich der Schnellstraße Palma-Soller, ansonsten fährt vorbei, wer nicht Orient und Alaró zum Ziel hat. Dabei ist Bunyola ein **hübsches Städtchen** mit grüner Allee, einer ebensolchen *Plaça* und – an der Straße nach Orient – an den Berg gelehnten Häusern.

Parken

Wer mit dem Auto kommt, hat im zentralen Bereich so gut wie keine Chance, einen Parkplatz zu finden. Vom Bahnhof (bzw. Bahnübergang) sind es noch 300 m die Straße hinauf zum Auffangparkplatz (links ab, dann 100 m bergab um die Ecke bis zur Einfahrt). Von dort geht man ca. 200 m zur Plaça und einem zentralen Einkaufs- und Barbereich.

Einkehr

Ca. 200 m hinter dem Bahnhof liegt etwas unauffällig hoch über der Straße das **Restaurant *Sa Costa de S`Estacio*** (mallorquinisch-internationale Küche, gehobene Preise, ☎ 971 613110). Im Sommer sitzt man auf einer Terrasse mit Weitblick. Zentraler liegt *Es Carreró* (Pizza und italienische Küche) 50 m von der *Plaça* entfernt in einem Stadthaus Richtung Orient (☎ 971 615488). Es belegt zwei Stockwerke und hat eine Dachterrasse mit Aussicht.

Mehrere preiswerte Lokale liegen rund um die Plaça, bei Einheimischen populär ist die Bar *Ca S`Espardenyer*, das Mallorca Magazin schrieb, sie sei für viele »Zweitwohnsitz mit Zapfanlage«.

Gut und nicht teuer sind die großen Portionen im – bei Mallorquinern sehr populären – **Restaurant *Can Penasso*** an der Straße

Palma–Sóller (Abzweigung nach Bunyola). Der Clou dort ist der große *Pool* zur freien Benutzung für Restaurantgäste.

Jardines de Ra(i)xa

Südlich von Bunyola befinden sich (ca. 600 m westlich der Straße Ma-11; Zufahrtschild bei km 12) die *Jardines de Ra(i)xa*, die Terrassengärten eines alten Gutes mit Wurzeln in der Araberzeit. Das Hauptareal dieses früher sehenswerten mit Skulpturen übersäten Renaissance-Parks zieht sich hinter dem Gebäudekomplex den Hang hoch und bietet von den oberen Ebenen einen weiten Blick bis Palma. *Raixa* kam 2002 in Staatsbesitz und wurde nicht zuletzt dank EU-Hilfe für Millionenbeträge restauriert (erstklassige für Busladungen vorbereitete und begrünte Parkplätze mit Wegbeleuchtung inklusive), aber das Gebäude ist noch komplett leer. Das Gelände war auch im Sommer 2012 wieder abgesperrt ohne Hinweis auf den Termin einer möglichen Wiedereröffnung.

Jardines de Alfabia

Unmittelbar vor der Tunnel-Mautstation bzw. vor dem Beginn der Serpentinen über die Berge befinden sich die Gärten des **Herrenhauses** von *Alfabia*. Das Tor vor der kurzen Allee zum alten Gutshof befindet sich hinter dem Parkplatz des Restaurants *Ses Porxeres*: Gute katalanische Küche, angenehmes Ambiente tagsüber wie abends. Mittlere Preise, empfehlenswert.

Die – anders als im Fall *Raixa* – **arabischen Gärten** zeichnen sich durch eine üppige, wenngleich nicht besonders intensiv gepflegte Vegetation an Teichen und Wasserläufen aus, durch Fontänen und Springbrunnen. Im Eintritt enthalten ist die Besichtigung der **Räume des *Alfabia*-Gutes**. Antikes Mobiliar, alte Gemälde und die Bibliothek vermitteln ein Bild vom – in vielen Fällen bis heute bewahrten – Wohlstand mallorquinischer Großgrundbesitzer schon im 19. Jahrhundert. Für einen Zwischenstopp ist die Besichtigung geeignet, wenn auch nicht sonderlich günstig in Relation zum Gebotenen. Maximaler Zeitbedarf 60 min.

Geöffnet Mo-Sa April-Okt 9.30-18.30 Uhr. Nov-März bis 17.30 Uhr, Sa bis 13 Uhr; Eintritt €4,50. www.jardinesdealfabia.com.

7.3

Mal zur Besichtigung geöffnet, mal geschlossen (2012), Landgut Raixa im eigenen Park, den Jardines de Raixa

Blick auf Orient von der Straße Orient–Alaró aus

Orient

Anfahrt, Dorf und Tal

In Orient gibt es keine Sehenswürdigkeiten, doch das auf einer Anhöhe dichtgedrängt gelegene Dorf ist recht pittoresk. Zwischen dem letzten auf engen Kehren zu überwindenden Höhenzug auf der Strecke von Bunyola, Orient und weiter nach Osten erstreckt sich eines der schönsten Täler der Insel. Besonders im **Frühjahr zur Obstbaum-/Apfelblüte** ist die Fahrt dorthin reizvoll. Die Strecke Bunyola-Orient-Alaró darf eigentlich bei keiner Ausflugsplanung für dieses Gebiet fehlen, ➪ Routenvorschlag 4, Seite 386. Sie gehört zusammen mit den Straßen Andratx-Capdella und Puigpunyent-Esporles/*La Granja* zu den absoluten Highlights außerhalb der Hochgebirgsstrecken durch die *Serra Tramuntana*.

Lage

Orient ist Zwischenziel bzw. Ausgangspunkt der Wanderung 4 im Beileger und Endpunkt der Wanderung 9. Dort wird eine Rast im **Restaurant *Orient*** (*Can Jaume*) empfohlen, das u.a. für seine Spanferkel bekannt ist (nur Wochenende; sonst *Pa amb Oli* bestellen). Auf der Terrasse des mit vier Sternen gesegneten *Hotel de Muntanya* sitzt man sonniger, doch mit dem Service hapert es dort, hört man immer wieder. Etwa 2 km östlich des Dorfes liegt das Nobelhotel **L'Hermitage**. Dessen Restaurant genießt einen guten Ruf. Bei kühler Witterung und abends laden ein stimmungsvoller Gastraum und eine ebensolche Bar zum Aperitif vorab ein. Bei schönem Wetter sitzt man draußen ebenfalls angenehm.

Alaró

Anfahrt

Von Orient nach Alaró geht es auf kurvenreicher Strecke ähnlich reizvoll weiter wie bereits auf dem Abschnitt Bunyola-Orient.

Plaça

Das Städtchen Alaró liegt am Westrand der zentralen Ebene, 5 km von der Autobahn Palma-Inca entfernt (Abfahrt Consell) großenteils unterhalb des ersten Anstiegs der *Serra*. Der Ortskern bietet keine nennenswerten Sehenswürdigkeiten mehr, nachdem man die vordem ganz hübsche *Plaça* ihres alten Baumbestandes beraubte und durch eine sterile Steinwüste ersetzte. Immerhin gibt es eine kleine Fußgängerzone zwischen der Haupteinfallstraße von Osten (von der Autobahn/Consell/Binisalem) und der *Plaça*.

Wer sich dort ein wenig umsehen möchte, hält sich ab dem *Hostal C'an Tiu* in der Carrer Petit links und erreicht nach wenigen Schritten die Plaça. Neben zwei »normalen« Kneipen gibt es dort das **Restaurant Traffic** mit guter mallorquinischer Küche bei mittleren Preisen; im Sommer wird auch auf der überdachten Gartenterrasse am Pool serviert.

Auffahrt zum Ausgangspunkt der Wanderung auf den Burgberg von Alaró bzw. (zunächst) zum Gasthof Es Verger

Castillo de Alaró/ Castell d'Alaró

Der »Clou« von Alaró sind die wildromantisch gelegenen **Ruinen der gleichnamigen Burg**, die über eine weit nach oben führende Fahrstraße und einen kurzen Fußmarsch relativ leicht erreicht werden können (⇨ **Wanderung #4 im Beileger**): ca. 500 m hinter dem Ortsausgang in Richtung Orient weist das Schild *Castell d'Alaró/Es Verger* den Weg zur alten Burg. Die ersten ca. 3 km durch eine Terrassenlandschaft voller Olivenbäume unterhalb des Burgbergs sind geteert und in problemlos befahrbarem Zustand. Auf dem restlichen Straßenstück bis zur *Finca Es Pouet* (ca. 1,5 km) wurden die Schlaglöcher über Jahre mit Zement derart ausgegossen, dass mittlerweile eine durchgehend befestigte, wiewohl flickenteppichartige und poltrige Piste existiert, die nun selbst bei Nässe noch vom kleinsten Pkw bewältigt werden kann.

Das Castell d'Alaró

Das historische Datum der christlichen Rückeroberung Mallorcas am Silvestertag des Jahres 1229 bezieht sich nur auf den Fall der Hauptstadt. Der Rest der Insel wurde erst nach und nach unter Kontrolle gebracht. Die bereits damals existierende und als uneinnehmbar geltende Burg auf dem Hochplateau von Alaró etwa hielt sich noch über 2 Jahre, bevor ihr Befehlshaber sie 1231 wegen Nahrungs- und Wassermangels kampflos den Arabern übergab.

In christlicher Hand wurde die Burg 1285 einmal mehr Schauplatz einer Belagerung, als die königstreuen Kommandeure **Cabrit** und **Bassa** dem Angriff des Mallorca-Usurpators *Alfonso de Aragon* (⇨ Seite 418ff) ausgesetzt waren. Auch sie gaben nur nach Aushungerung auf. Wegen Verhöhnung des späteren Siegers während der Kämpfe erging es den beiden – später zu mallorquinischen Volkshelden erhobenen – Verteidigern schlecht: sie wurden lebendigen Leibes in Palma verbrannt. Ihre Urnen stehen bis heute in Palmas Kathedrale *La Seu*.

7.3

Es Verger

Die Finca beherbergt mit *Es Verger* einen ziemlich ungewöhnlichen, weil absolut schäbigen und wohl noch nie in irgend einer Form renovierten **Landgasthof** (✆ 971 510711, Mo geschlossen; ➪ auch Wanderbeileger), dessen Beurteilungen von »urig« bis »Zumutung« reichen. Immerhin gibt's dort ein paar deftige Gerichte (z.B. Lammkeule und große Portionen Schnecken mit *Allioli*) zu noch moderaten Preisen. Wer will, kann mit dem Auto die Finca passieren und auf einem – allerdings grottenschlechten – Fahrweg links von ihr noch etwa 2 km weiter nach oben fahren bis zur sog. *Pla des Pouet*, einer kleinen Hochfläche. Von dort läuft man nur noch ca. 15 min zur Burgruine. Die meisten ziehen es vor, das Auto auf den Parkplätzen unter und neben der Finca abzustellen.

Eingang zum Landgasthof Es Verger. Einladend, »urig« oder Zumutung? Auf jeden Fall geht's links zum Castillo bzw. – auf Katalanisch – zum Castell.

Wanderung zur Ruine

Leider wurde der schönere Pfad zur Burg direkt vom Gasthof (rechts an ihm vorbei) ausgerechnet vom Eigner des Lokals gesperrt. Der Marsch führt nun für alle auf dem genannten Fahrweg über die *Pla d'es Pouet* nach oben (bei normaler Kondition um 45 min). Alternativ kann man weiter unten an der Straße starten, muss aber mangels anderer Parkmöglichkeiten entweder ganz unten anfangen oder beim *Es Verger* parken und erst einmal 800 m auf der Zufahrtstraße zurück laufen.

Ca. 800 m unterhalb des Gasthofs führt ein direkter Weg hinauf zum Burgberg

Vom alten Burgplatz erreicht man in weiteren fünf Minuten das Plateau des Massivs mit der Kapelle *Nuestra Señora del Refugi* und **Restauration** samt einer einfachen **Herberge** (**Übernachtungen** ganzjährig möglich, ➪ Unterkunftsbeileger). Der Blick von den Terrassen der Anlage über die Insel ist spektakulär, ein warmer Nachmittag oder Abend dort oben, dazu noch mit einem Glas Wein in der Hand, ist »umwerfend«.

**Tropf-
steinhöhle**

Wer Lust hat, noch weiter dort oben herumzukraxeln, kann zu den **Ruinen eines Wachtturms** in der äußersten Ecke des Massivs vordringen. Darunter liegt der Eingang zu einer Tropfsteinhöhle (*Cova de Sant Antoni*), die sich mit Mut und Lampe erkunden lässt. Turm, Höhle und die Gefährlichkeit einer Kletterei dort oben erkennt man von der Straße Alaró-Orient aus.

Bewertung

Fahrt und Wanderung zum *Castell d'Alaró* gehören mit zum Besten, was das Inselinnere Ausflüglern zu bieten hat. Umso mehr, als sich der Abstecher noch durch eine Einkehr ins Restaurant auf dem Plateau oder ggf. auch ins *Es Verger* rustikal abrunden lässt.

*Erhaltenes Eingangsportal
der Burgruine von Alaró*

Tossals Verds - Lloseta

Weinprobe

An der Straße #211 von Alaró nach Lloseta passiert man das unübersehbare **Weingut Castell Miquel**, wo der deutsche Eigner Prof. Michael Popp es in kurzer Zeit geschafft hat, Spitzenweine mit gesundheitlichem Anspruch zu produzieren, darunter einen Cabernet Sauvignon mit Namen »*Stairway to Heaven*«. **Weinprobe** nach Anmeldung: ✆ 971 510698, www.castellmiquel.es.

**Tossals
Verds**

Nicht weit entfernt von Lloseta befindet sich der Startpunkt für die **reizvolle Kurzwanderung zur Berghütte *Tossals Verds***: Ab der Straße #211 geht es ca. 2 km westlich von Llosetaauf einer Stichstraße nach Norden bis zur *Finca Almedrá* (ca. 5 km). Dort ist die Weiterführung gesperrt. Ein kleiner Parkplatz liegt vor dem Tor.

Was man von dort bereits erkennt: die Straße verläuft an einem – nur nach Regen Wasser führenden – Flussbett entlang, dem *Torrent Tossals*. Folgt man ihr (nun zu Fuß), erreicht man in 10 min eine malerische Schlucht. Der Weg führt mitten durch sie hindurch **an grün bewachsenen Felswänden vorbei** (*Tossals Verds*). Jenseits des Canyon weist ein Schild den Pfad hinauf zur bewirtschafteten **Berghütte** (➪ auch Seite 94; Mahlzeiten dort nur nach Voranmeldung) mit **Picknicktischen** für Selbstversorger (Wasser und Toiletten vorhanden), ca. 15 min Aufstieg. Gesamte Wegstrecke ab Parkplatz 45-60 min; zurück auf gleichem Weg.

**weiter
nach
Orient**

Man kann von der Hütte aus auch den Weg fortsetzen, z.B. hinüber zum *Massanella*-Massiv, ➪ **Wanderung #3 im Beileger** oder zum neuerdings wieder offenen **Weg über die *Finca Solleric*** (dann auch ohne Aufstieg zur Hütte einfach den Hauptweg weiter über

7.3

Am Torrent Tossals Verds nach Regenfällen: Glasklares Wassser in kleinen Pools.

den *Coll de Solleric*) nach Orient oder auch zum *Castell d'Alaro* (↪ **Wanderung #4 im Beileger**). Eine ausführliche Beschreibung der Wegvarianten ab *Tossals Verds* enthält der Reise Know-Kow-Führer »**Wandern auf Mallorca**«.

Palacio March

Lloseta ist ein kompaktes Städtchen etwa 4 km westlich von Inca, an dem der Tourismus fast ganz vorbeigeht. Im Ortszentrum neben der Hauptplaça steht der *Palau Ayamans* mit Park, der zum Besitz der *March*-Familie gehört, ↪ Seite 298. Palast und Park werden nur anlässlich kultureller Events geöffnet. **Restauranttipps** dort sind der *Celler Can Carossa* (mittleres Preisniveau) hinter dem Palast und vor allem das neue *Santi Taura* des gleichnamigen Gourmetkochs (Carrer Joan Carles I 48). Wöchentlich wechselndes **6-Gänge-Menu**; So abends, Mo mittags und Di geschlossen; August ganz zu. Reservierung: ✆ 971 514622; häufig Wochen im voraus ausgebucht; www.restaurantsantitaura.com.

Biniamar

Das Dorf Biniamar liegt knapp 2 km nördlich von Lloseta an der Strecke in Richtung Selva bzw. Mancor de la Vall. Mitten im Ort passiert man die unvollendete Kirche, in deren Schiff (ohne Dach) Kleinfeldfuß- und Basketball gespielt werden.

Mancor de la Vall

Santa Lucia

Mancor de la Vall liegt am Fuß der östlichen Serra Tramuntana an einer Altenativroute von Inca nach Lluc für Leute mit Zeit und Sinn für hübsche Nebenstraßen. Dass man dabei Selva umgeht, macht nichts, ↪ unten. Speziell zur Zeit der **Obstblüte im Frühjahr** sind die engen **Landstraßen dieses Bereichs** ebenso **attraktiv** wie die Verbindung Lloseta-Alaró samt Abstecher nach Tossals Verds. Oberhalb des Dorfes überschaut das **Santuari de Santa Lucia** Mancor und das Tal. Wer bis Mancor gekommen ist, sollte die zusätzlichen 2 km durch den Ort und dann bergauf auch noch »dranhängen«: die Aussicht von der Terrasse ist es wert.

Caimari, Binibona und Moscari

Caimari

Caimari an der Straße Ma-2130 Inca-Lluc ist das letzte Dorf vor der »Einfahrt« in die Berge der Serra Tramuntana. Es gibt dort keinen besonderen Anlass zum Verweilen.

Binibona

Wer jedoch weiter zum **Minidorf Binibona** fahren möchte, das im wesentlichen aus drei Fincahotels und zwei weiteren im Umfeld besteht (www.som7hotels.com), sollte die Anfahrt über Caimari wählen. Die Ausschilderung bereits ab Selva via Moscari ist nicht sinnvoll. In Caimari biegt man Richtung Moscari ab und fährt bei der Hauptkirche links in den Ort hinein auf die zweite Kirche zu, dort wieder rechts und quasi schräg hoch aus dem Ort heraus (die Route ist nicht gekennzeichnet). Auf rauher, schön verlaufender Strecke sind es 3 km bis Binibona. Man fährt auf das äußerlich

eher schlicht wirkende **Hotel Binibona Parc Natural** zu, das im kleinen, stimmungsvollen **Hausrestaurant** oder draußen auf der Terrasse ein prima, täglich wechselndes 4-Gang-Menü für €27 bietet; Voranmeldung erforderlich; ✆ 971 873565.

Moscari

Das Restaurant im kleinen **Hotel Ca'n Calco** in Moscari (www.cancalco.com) ist **Geheimtipp für Fischgerichte**. Die Eigentümer haben ein eigenes Fischerboot, an dessen Fängen sich die wechselnden abendlichen Menus orientieren. Aber man kann auch a la carte dinieren. Für das angenehme Ambiente und die Qualität des Hauses sind die Menupreise für 4 Gänge günstig: *Degustación* mit Fleisch €32, Fischmenü €28; Reservierung unter ✆ 971 515260.

Selva

Kennzeichnung

Das auf einer Anhöhe gelegene Städtchen, einige Kilometer nördlich von Inca an der Straße nach Lluc, beeindruckt vor dem **Panorama** des Gebirges vornehmlich aus der Distanz. Verlässt man die Durchgangsstraße, die den größten Teil des Ortes links liegen lässt, und fährt nach Selva hinein, bleibt wenig vom pittoresken Bild: immerhin bietet die hochgelegene **Plaça** mit der großen **Pfarrkirche** ein typisches Fotomotiv. Etwas unterhalb der Plaça links von der Kirche (erreichbar über eine Treppenverbindung oder rückwärtige Zufahrt) liegt ein offener als *Parc Recreatiu* bezeichneter Platz mit Kinderspielgeräten, Baumbestand und

freiem Blick hinüber zur *Serra Tramuntana*. Auf ihm steht das großflächig verglaste **Restaurant Es Parc** mit einer Art *Modern Design*-Interieur. Angenehmes Ambiente, gute Küche (mallorquinisch/international), mittlere Preise; ✆ 971 515145. Täglich geöffnet mittags und abends, Nov-Februar So-Do nur mittags.

7.3

7.4   Der Nordwesten rund um die Bucht von Pollença

7.4.1   Port de Pollença und Umgebung

In den Nordwesten, speziell nach **Port de Pollença** und zur **Halbinsel Formentor** geht es je nach Ausgangspunkt auf drei Wegen:

– auf der Straße Ma-10 durch die *Serra Tramuntana* über Lluc

– auf der Hauptverkehrsachse (Autobahn Ma-13) Palma-Alcúdia und ab Höhe Sa Pobla weiter auf der Ma-2200 via Pollença

– von Osten kommend entlang der Küstenstraße Ma-12 via Can Picafort und Alcúdia und dann weiter auf der Ma-2220 am Ufer der Bucht von Pollença entlang.

Bei Weiterfahrt auf den im vorstehenden Kapitel verfolgten Routen nach Norden gelangt man zunächst nach Pollença.

Pollença

Lage und Geschichte

Pollença im Hinterland des touristischen Port liegt vor den nördlichen Ausläufern der *Serra Tramuntana* zwischen der Gebirgsroute Richtung Lluc und der Straße nach Palma. Das geschichtsträchtige Städtchen weist – an seiner westlichen Ein-/Ausfahrt Carrer de L'Horta – mit einer **Doppelbogenbrücke** über den *Torrent de Sant Jordi* sogar noch ein **Relikt aus der Römerzeit** auf.

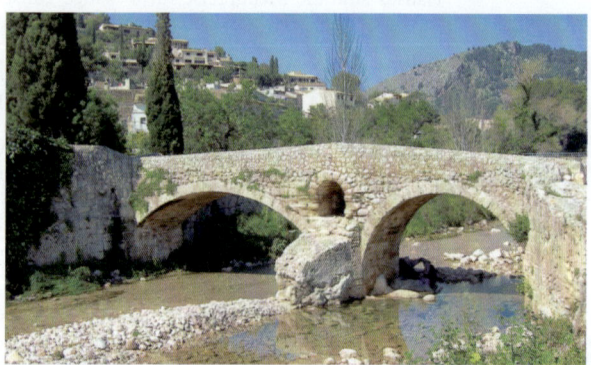

Fast 2000 Jahre alte, bestens erhaltene Römerbrücke in Pollença an der westlichsten Ortseinfahrt (Straße nach/von Lluc/Soller). Hier mit Wasser nach Regentagen

Stadtbild

Die engen – wie im Fall Sóller – ebenfalls immer zugeparkten Gassen der denkmalgeschützen **Altstadt** zwischen der *Pont Roma* und den südöstlichen Zufahrten (*Via Pollentia*) von der Ma-2200 wirken zur Siestazeit ähnlich verschlossen und abweisend wie in den Orten des Landesinnern. Aber zu Geschäftszeiten – bei geöffneten Fensterläden und Toren – findet man in Pollença deutlich mehr Leben und Zeichen erheblichen Wohlstands. Pollença besitzt eine ersichtlich modernere Infrastruktur als andere Orte vergleichbarer Größe. Auffällig ist die Zahl der Restaurants und Kneipen selbst in den Straßen abseits der zentralen *Plaça*.

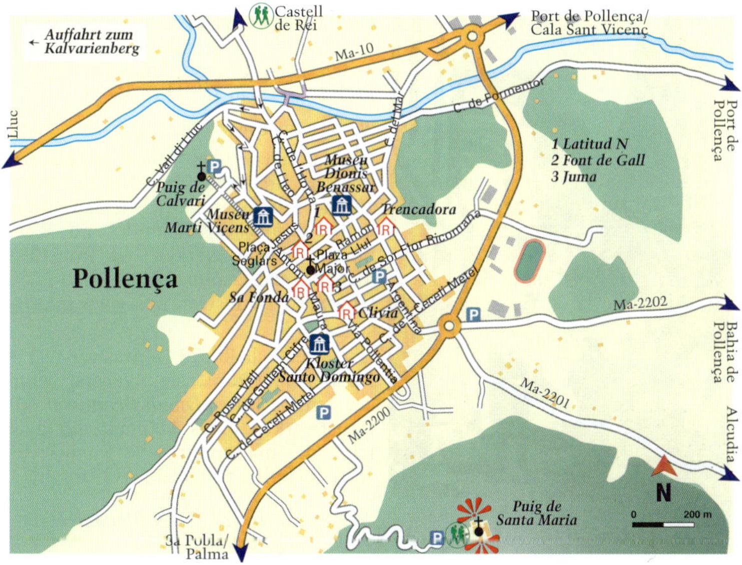

The map shows Pollença with labels including: Castell de Rei, Port de Pollença/Cala Sant Vicenç, Auffahrt zum Kalvarienberg, Ma-10, C. de Formentor, Port de Pollença, L.Lluc, C. Vall d'en Lluc, Museu Dionis Bennassar, Puig de Calvari, Museu Marti Vicens, Trencadora, 1 Latitud N, 2 Font de Gall, 3 Juma, **Pollença**, Plaça Seglars, Plaça Major, C. de Flor Ricomana, Sa Fonda, Clivia, Ma-2202, Bahia de Pollença, Ma-2201, Alcudia, Kloster Santo Domingo, Ma-2200, Sa Pobla/Palma, Puig de Santa Maria, N, 0 200 m

Parken

Wer mit dem Auto nach Pollença kommt, sollte – gleich aus welcher Richtung und zu welcher Zeit – jede sich bietende Gelegenheit zum Parken sofort nutzen, die Chancen, irgendwo in Plaça-nähe noch ein Plätzchen zu finden, gehen gegen Null.

Plaça/Markt

Die am besten von der Nordostumgehung Ma-2200 erreichbare **Plaça Major** gehört zu den besonders sympathischen zentralen Plätzen der Insel. Dessen nur teilweise schattige erhöhte Fläche gegenüber der Kirche *Nuestra Senora de los Angeles* wird großenteils von den umliegenden Lokalen als Außenterrasse genutzt. Sonntags findet auf der Plaça ein bunter Gemüsemarkt statt. Wer dort Pause macht und Hunger verspürt: Die *Tapas* und Snacks im Restaurant des Hotels *Juma* sind erste Wahl.

Plaça Seglars/ Kalvarienberg

Besser sitzt man indessen *open-air* auf den Terrassen der Lokale an der Plaça Seglars unterhalb der ersten Stufen der Kalvarientreppe. Dorthin sind es von der Plaça Major nur gut 300 m (ein Block östlich vorbei an der Kirche und dann auf der **Carrer Antoni Maura** leicht bergauf geradeaus). Ohne Besteigung des Kalvarienberges geht es in Pollença ohnehin nicht. Die **365 zypressengesäumten Stufen** entsprechen den Tagen des Jahres. Die Treppe endet an einer Kapelle auf dem Pollença überragenden Hügel. Aus 170 m Höhe hat man einen herrlichen Blick auf die Häuser der Stadt, die ausgedehnten Obstgärten der sich in Richtung Meer erstreckenden Ebene, in der Ferne Port de Pollença und die Bucht.

Auffahrt per Auto

Wem der Aufstieg zu anstrengend ist, kann rückwärtig auch mit dem Auto bis zur Kapelle hochfahren: Letzte/erste Einfahrt in die

7.4

Stadt von der Straße Pollenca-Lluc aus bei der Römischen Brücke (⇨ oben), dann gleich nach Überquerung des *Torrent* nach rechts dem Schild »*Calvari*« folgen.

Weitere Museen

Ganz unten an den Stufen des *Calvari* liegt rechterhand das *Museu Martí Vicenç* mit einer hübschen Sammlung mallorquinischer Keramik und Webmuster, sowie Werken des Künstlers *Martí Vicenç*. Geöffnet Di-Sa 10.30-17.30 Uhr, So 10.30-14 Uhr; frei; www.martivi cens.org.

Im Carrer de la Roca 14 (etwas versteckte Parallelstraße zur Costa i Llobera), befindet sich das *Museo Dionis Bennassar* mit Kunstwerken eines Mannes, der über Jahre die mallorquinische Kunstszene stark beeinflusste; Di-Sa 11-13 Uhr, frei.

365 Stufen sind es ab der Plaça Seglars bis zur Kapelle oben auf dem »Calvari«

Keramik

In der Carrer Monti Sion unweit des Rathauses (*Ajuntament*)/der Kalvarienbergtreppe gibt es den besonders erwähnenswerten Keramikshop *Monti Sion* mit wunderschönen Objekten und Kacheln.

Kloster Santo Domingo Stadtmuseum

Folgt man der Carrer Antoni Maura nach unten, ist das *Claustre del Convent Santo Domingo* an der gleichnamigen Plaça nicht zu verfehlen. Sie beherbergt einen Minipark mit einem alten Wasserschöpfrad. Das frühere **Dominikanerkloster** ist traditioneller Veranstaltungsort von **Sommerkonzerten** (www.festivalpollenca. org). Der Kreuzgang und das kleine *Museu de Pollença* sind im Juli+August+September Di-Sa 10-13 Uhr und 17.30-20 Uhr geöffnet, So 10-13 Uhr; Oktober-Juni Di-So 10.30-13 Uhr; Eintritt €2.

Restaurants

Wie erwähnt ist Pollença reich gesegnet mit Gastronomie. Neben dem *Juma* an der Plaça sind das Restaurant *Clivia* (international/Fisch) an der schattigen Via Pollentia 100 m unterhalb der Plaça und das *Sa Fonda* (mallorquinisch) in der Antoni Maura bei deutschen Residenten beliebt, ebenso das etwas enge *Font de Gall* (mallorquinisch/französisch) beim Hahnenbrunnen.

Geheimtipp ist das Design Restaurant *Latitud N* (früher *Can Costa*) mit internationaler Küche in der Carrer Costa i Llobera 11; ✆ 971 531294, www.latitud-n.com.

Nichts verkehrt machen kann man mit *Peter Maffays* großem Restaurant *Trencadora* in der Carrer Ramon Llull 7, ein paar hundert Meter nordöstlich der Plaça Major. Mediterrane Küche mit Gerichten zu akzeptablen Preisen. Schöner Garten und angenehmer Barbereich drinnen; ✆ 971 531859.

Nostra Senyora del Puig

Die Entstehungsgeschichte der *Ermita de Santa Maria* ähnelt denen anderer Eremitagen auf Mallorca und der des Klosters Lluc: Im 14. Jahrhundert fand man dank nächtlicher Visionen einer frommen Frau eine Madonnenfigur auf dem Gipfel des Santa Maria Berges. Ihr kolossales Gewicht, das einen Transport unmöglich machte, wurde interpretiert als göttlicher Wink zum Bau einer Kapelle. Im Laufe der Jahre entwickelte sich daraus ein Nonnenkloster.

Die Befestigungen sind Zeugnis der Probleme mit Piratenüberfällen, die einst zum Umzug nach Palma zwangen. Zeitweise lebten zwar wieder Ordensschwestern in der *Ermita*, aber heute wird sie normal bewirtschaftet, ➪ links.

Klosterberg
Zweite touristische Pflicht in Pollença nach den 365 Stufen des Kalvarienbergs ist der Aufstieg bzw. die (weitgehend mögliche) Auffahrt zum Klosterberg **Santa Maria** mit der **Ermita de Nostra Senyora de Puig**. Ein Schild »*Puig de Santa Maria*« an der Stadtumgehung Ma-2200 weist den Weg. Je nach Kondition benötigt man von dort zu Fuß für die 300 Höhenmeter 30-60 min. Die **Autozufahrt** endet auf ca. 2/3 der Höhe; Parken kann man nur unterhalb an einigen Wegverbreiterungen. Das letzte Stück entspricht einer **Kurzwanderung** von ca. 15 min; der ganze Weg ist Schusters Rappen ist recht eintönig und eher Bikern als kleine Bergprüfung zu empfehlen. Oben erwarten den Besucher eine burgartig befestigte Anlage und preiswerte Hausmannskost. Auch Übernachtungen sind dort möglich, ➪ Beileger »Optimal unterkommen auf Mallorca«

Picknick
Ideal sind Picknickutensilien im Rucksack, denn mehrere (wiewohl schattenlose) Tische mit Bänken samt Grillstellen warten. Von ihnen fällt der Blick weit über die Buchten von Pollença und Alcúdia. Am 1. Mai wird dort eine Riesenpaella zubereitet, und am 2. Samstag im Oktober ist Grillfest. Ein weiterer, wiewohl einfacher **Picknickplatz**, der keinen Aufstieg erfordert, befindet sich 500 m nördlich der Ortsumgehung an der Straße Pollença-Alcúdia unterhalb des Hügels **Puig de Santuiri**.

Golf Pollença
Östlich von Pollença in Richtung Palma passiert man einen der – von der Aussicht her – schönsten Golfplätze Mallorcas. Auch Gäste ohne Golfambitionen können die Bar oder das sehr schöne **Restaurant** besuchen. Beide verfügen über einen **Panoramablick** über den Platz und die Buchten der Nordostküste. Zur Barterrasse gehört sogar ein Gästepool. Zwar ist das Preisniveau hier generell nicht niedrig, aber das z.B. Mittagsmenü nicht teuer.

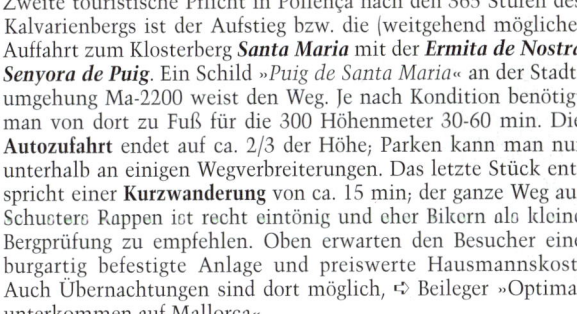

Blick vom Kalvarienberg; links im Hintergrund erkennt man Port de Pollença, rechts den Puig de Santa Maria

7.4

Wanderung zum Castell del Rei

Nördlich von Pollença in exponierter Lage hoch über dem Meer errichteten die Mauren im 10. Jahrhundert eine Festung. Nach der christlichen Rückeroberung Mallorcas war sie letzte Fluchtburg der geschlagenen Araber. Auf der danach *Castell del Rei* (Königsburg) genannten Anlage hielten sich über 100 Jahre später die Getreuen des bei Llucmayor 1349 gefallenen Königs *Jaume III*, bevor auch sie vor dem Eroberer *Pedro IV.* von Aragon die Waffen streckten. Danach spielte das Kastell weiter lange Jahre eine Rolle bei der Verteidigung Mallorcas gegen Überfälle arabischer Piraten. 1715 wurde es aufgegeben.

Wind, Wetter und Materialbedarf der Bauern zerstörten das einstmals mächtige Bollwerk auf dem fast 500 m hohen Felssockel. Außer Mauerresten, einem einzigen Raum, Fluchttreppe und Eingangsportal blieb nicht viel übrig.

Burg und aller umgebender Grund und Boden befinden sich im Eigentum der Familie *March* (✷ Seite 298). Die sperrte 1989 den Weg zur Burg, der bis dato wenigstens samstags fürs Fußvolk geöffnet war. **Erst seit kurzem ist der Zugang wieder** möglich, wiewohl mit bürokratischen Prozeduren verbunden. Maximal 20 Personen dürfen pro Tag durch das Gelände der **March-Besitzung** *Ternelles* zum Burgberg laufen, und zwar nach Antrag und erteilter Genehmigung durch das Gemeindebüro in Pollença. Den Antrag gibt's im Internet unter www.aj pollenca.net/ternelles.ct.html (Text nur katalanisch!). Von dort geht's weiter auf die Schaltfläche »INSTANCIA«, unter der sich der Antrag öffnet. Den kann man dann ausdrucken, ausfüllen und per Fax (!) oder als Scan per Email wieder zurück zur Gemeinde (*Ajuntament*) von Pollença schicken (Übersetzungshilfe: *Llinatge*=Familienname, DNI=Nr. Personalausweis, CP=PLZ; *Poblacio*=Wohnort, *Dia* hier: gewünschter Tag für den Zugang).

Die Zufahrt zur *Finca Ternelles* ist an der Straße Ma-10 Richtung Lluc ausgeschildert. Um x Ecken herum steht man nach 1,5 km vor einem Eisentor. Bis dort geht's auch per Fahrzeug, aber Parkraum ist kaum vorhanden. Der breite, relativ ebene Weg zur mittlerweile ziemlich vefallenen und daher gesperrten Burgruine ist nicht zu verfehlen. In einer Stunde Marsch durch Wald erreicht man offenes Gelände mit dem 490 m hohen Burgberg links am Meer. Statt der Wegabzweigung zur Burg zu folgen, könnte man auch geradeaus zur einsamen *Cala Castell* weiterlaufen (+ ca. 40 min). Die Retourwanderung zum Burgberg ist mit Aufenthalt in 3 Stunden zu machen, mit Abstecher zur Cala in 5 Std. Man muss um 17 Uhr das Gelände von Ternelles wieder verlassen haben.

Burgberg des Castell de Rei. Man erkennt unten und auf halber Höhe gut den Wegverlauf mit Wanderern

DER NORDWESTEN

N

0 __ 2,5 km

Cala Figuera

Cala Castell

Cala de Sant Vicenç

I. Colomer

Mirador de la Nao

Fumat
334 m

Cap de Formentor

Cala Murta

Hotel Formentor

Castell de Rei

Cala Sant Vicenç

Talaia de Albercutx

I. de Formentor

Cala Pi

C-710

Port de Pollença

Cap del Pinar

Badia de Pollença

Lluc / Sóller

Pollença

Puig de Santa Maria

La Posada del Lluc

Pollentia Club Resort

Bon Aire

Mal Pas

Peña Rotja
334 m

Ermita de la Victoria

Talaia de Alcúdia
444 m

Alcúdia

Fähre nach Menorca

Son Siurana

Aucanada

Fundación Jakober

Port d'Alcúdia

C-713

Lago Esperanza

Cova Sant Martí

Platja d' Alcúdia

Las Gaviotas

Badia d'Alcúdia

Campanet   Inca   Artà

Cala de Sant Vicenç

Necropolis

Cala Sant Vicenç erreicht man über eine kurze Stichstraße (3 km von der Verbindung Pollença-Port). Einen Zwischenstopp wert ist die **Necropolis** am Ortseingang rechts (Hinweisschild). In einer zu einem Minipark mit Rundweg angelegten Anhöhe verstecken sich mehrere Grabhöhlen aus der Bronzezeit, ➪ Karte Seite 270.

Strandbucht

Auf der Zufahrtstraße Ma 2203 fährt man automatisch auf den Parkplatz über der südlichen Strandbucht des Ortes zu, die **Cala Barques**, deren rechte Flanke von Hotels eingekeilt wird. Folgt man der Straße, geht es 100 m nach dem Strandparkplatz beim *Hotel Simar* scharf links und dann in einer Kehre über eine kleine Landzunge zwischen den Buchten und vorbei am *Hotel Molins* zur populäreren **Cala Molins**. Der Strand hier ist von Felsen eingefasst; auf dem linken Felsabsatz befinden sich die Sonnen- und Badeterrassen des Hotels, ➪ Foto Seite 57, Karte Seite 270.

Ortsbild

Der hochgelegene zentrale Bereich des Ortes zwischen den beiden Stränden ist angenehm aufgelockert und grün, aber ohne Besonderheiten und schnell erkundet. Der Rest des Ortes besteht aus Privatvillen, die sich in schattigen Gärten verstecken.

Aktivitäten

Unübersehbar gegenüber dem *Hotel Simar* befindet sich das kleine Büro mit Fahrradausleihe der deutsch geführten Firma »atemrausch«. Sie verleiht neben den Bikes auch Kajaks und organisiert Kajaktouren. Außerdem kann man dort Wanderungen, Schnorcheltrips und Tauchschnupperkurse buchen. Weitere Details unter http://atemrausch.com, ✆ 622 122145.

7.4

Gleich am Ortseingang von Cala Sant Vicenç rechts ab stößt man auf die kleinen Höhlen der sog. Necropolis

Restaurants

Auf der Terrasse des **Restaurant Cala Barques** sitzt man schön über der gleichnamigen Bucht. Spezialität sind dort frische Sardinen und gegrillte Gambas. Oberhalb der *Cala Molins* neben der Treppe hinauf zum *Hostal Los Pinos* warten **Pepes Bar** und die **La Tasca Tapas Bar** mit moderaten Preisen auf Gäste.

Im weiter zurückliegenden ****Hotel Cala Sant Vicenç** am Carrer dels Maressers befindet sich das **erste Restaurant** – qualitativ wie preislich – des Ortes, benannt nach dem Felskamm **Cavall Bernat**.

Aussichts-punkt

Ein rauher Weg führt vom Ortsrand (ca. 100 m vor Erreichen der *Cala Barques* an der Zufahrtstraße) hinauf zum vorgelagerten **Punta de Coves Blanques** mit Weitblick hinüber zum hochaufragenden Felsgrat der **Serra de Cavall Bernat** an der Ostflanke der großen **Cala Clara** bis zur **Illa Colomer**, ⇨ Foto Seite 390.

Weg nach Port de Pollença

Wer Lust auf ca. 90 min Fußmarsch hat, passiert die *Cala Molins* rechts, überquert die Höhe auf einer rauhen Straße und läuft dann noch ca. 60 min überwiegend bergab bis Port de Pollença.

Port de Pollença

Eine recht positive Einschätzung Port de Pollenças bezüglich der Eignung als Urlaubsort erfolgte bereits auf Seite 58f.

Hafen-bereich

Nach Einfahrt in Port de Pollença – gleich ob aus Richtung Pollença oder von Alcúdia aus auf der Straße Ma-2220 an der Bucht entlang – gerät man immer an den zentralen Kreisverkehr vor der **Mole** des **Club Nautico**. Südlich davon befinden sich Slipanlagen für die Yachtüberholung und Parkplätze. Dort kommen aber nur besonders Glückliche unter – es ist immer alles voll.

Hauptstrand

Gleich südlich davon beginnt der künstlich verbreiterte **Strand mit Segel- und Windsurfschule**. Einen weiteren **Surfboard- und Katamaranverleih** gibt`s am Strandende 500 m weiter. Eine lange **Promenade** trennt den Strand und die Straße nach Alcúdia.

Parken

Wer sich nicht mit dem Auffangparkplatz zwischen 4. und 5. Reihe im nördlichen Ortsbereich weitab vom Geschehen abfinden mag, sucht am besten an der Straße in Richtund Alcudia oder an der Carrer de Formentor (2. Reihe) und deren Quer- und Parallelstraßen nach einer (meist kostenpflichtigen) Parklücke.

Boote nach Formentor

An der Südseite des Hafens mit dem Strand im Blick legen ab April die **Boote nach Formentor** – vor allem mit den Passagieren zahlreicher Ausflugsbusse – ab (**täglich 10-15 Uhr stündlich, €10 retour**; ➪ Seite 135; aktuelle Auskunft unter ℂ 971 864014).

Man kann an der Mole auch **Motorboote mieten**.

Yachthafen-mole

Auf der (nur zu Fuß öffentlich zugänglichen) Yachthafenmole des *Club Nautico* lässt man den Massentourismus hinter sich. Unübersehbar ist noch vor dem Schlagbaum das Gebäude des Restaurants *La Llonja* mit schöner Aussichtsterrasse (1. Stock, Spezialität Fischgerichte, gehobenes Preisniveau).

Dahinter liegt des Komplex des *Club Nautico* mit **Bar/Cafeteria**. Dort kann man sich mit Blick auf die Boote im inneren Hafenbecken in aller Ruhe einen Drink und/oder kleine Mahlzeiten gönnen und darf sogar den **Clubpool** benutzen.

Die Plätze an der Nordmole beherbergen viele Gastlieger und Miet-Segelyachten; an deren Ende sitzt man in der *Cantina del Moll Nou* gemütlich vor der Mastenkulisse mit Blick auf den Ort.

Segeltrips

Eine tolle Angelegenheit sind die Tagestouren mit dem Zweimaster und Fast-Oldtimer *Tudor Dawn*. Einzelheiten und Fotos unter www.tudordawnyachtcharters.com; ℂ 616 775 958.

Passeig Vora Mar/ Carrer Colón

Nördlich des Yachthafens beginnt der attraktive, mit Restaurants und Läden dicht besetzte **Fußgängerbereich** Anglada Camarasa unter Palmen am Strand. Daran schließt sich mit dem *Passeig Vora Mar* und in der Fortsetzung **Carrer Colón** ein herrlicher etwa 1,5 km langer **Uferweg** an, der an Villen und kleinen Stränden entlangläuft, ➪ Foto Seite 179.

Im Yachthafen von Port de Pollença

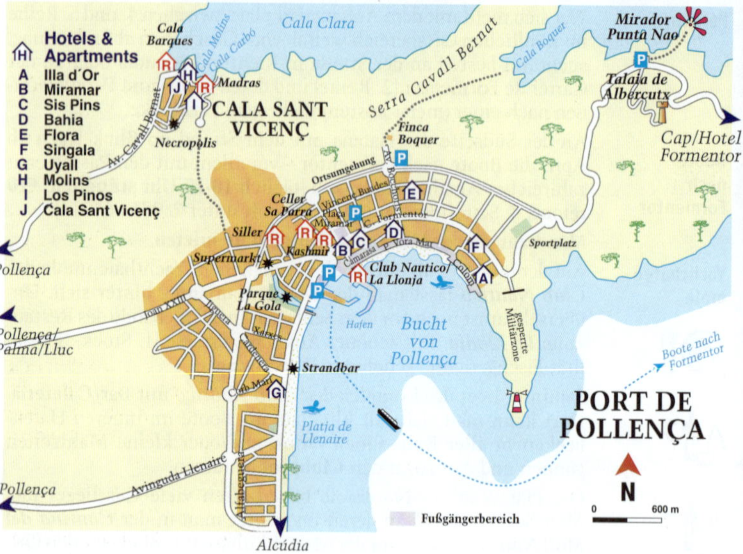

Nördliche Promenade

Bis zum Promenadenende (Hotel *Illa d'Or*) und zurück benötigt man mit Fotopausen maximal eine Stunde. Auf den Terrassen des Restaurants des *Hostal Bahia* und mehrerer Lokale im Verlauf, darunter das *Los Pescadores* (Voramar 45) oder am Ende des Carrer Colón, wiewohl reichlich teuer, des *Illa d'Or*, lässt sich gut eine Pause einlegen. Von letzterer überschaut man die ganze Bucht mit der Silhouette des Städtchens vor den Gipfeln der *Serra Tramuntana*. Besonders schön ist die Stimmung dort am frühen Abend, bevor die Sonne hinter dem Gebirge verschwindet.

Im Ort

Hinter der sog. 2. Linie ist in Port de Pollença nicht mehr viel zu entdecken, sieht man ab von der verkehrsfreien *Plaça* 200 m landeinwärts und den beiden parallelen **Kneipengassen** dorthin, die ca. 50 m entfernt vom Kreisverkehr am Hafen beginnen.

Parque La Gola

Ein **Naturschutzgebiet** (3 ha) befindet sich hinter den Stränden beim Surfclub um eine kleine Salzwasserlagune. Den *Parque La Gola* erreicht man ab Uferstraße leicht zu Fuß über den Carrer de Temple Fielding, per Auto via den Carrer de la Virgen de Carmen. Am Eingang des Parks steht ein ornithologisches Infohäuschen.

Weitere Restaurants

In der Fußgängerzeile am Wasser gibt es ein Lokal neben dem anderen, es dominieren Foto-Speisekarten. Positive Ausnahme ist das *La Balada del Agua del Mar* mit seiner schattigen Terrasse; etwas teurer zwar, aber gut, am besten die gegrillten Garnelen. Ein *Gran Café Cappuccino* residiert im Erdgeschoss des Hotel *Sis Pins*. Scharf gewürzte indische Gerichte und große Portionen gibt`s im **Restaurant Kashmir** an der *Plaça*.

Auf der Hauptmole bei den Ausflugsbooten nach Formentor bietet das *Stay* gehobene Gastronomie, sowohl, was Ambiente drinnen wie auf der Terrasse als auch Preise betrifft. Mit Glück kann man dort vorzüglich speisen bei einem noch akzeptablen Preis-/Leistungsverhältnis, manchmal stimmt letzteres auch nicht.

Nicht viel verkehrt macht man mit dem kürzlich authentisch renovierten *Celler Sa Parra* an der Straße nach Pollença kurz vorm Supermarkt *Caprabo*, mallorquinische Küche bei moderatem Preisniveau. Zu empfehlen ist die *Paella*; © 971 865041.

Mit *Fast Food* ist Port Pollença nicht zuletzt dank der britischen Dominanz recht gut gesegnet. Die gesunde Variante der schnellen Verpflegung gibt's im »*Para Llevar al Fresco*« (»Zum frisch mitnehmen«) im Carrer Mendez Nunez (ca. 100 m vom Strand auf Höhe des Restaurants *Corb Mari*.

An der Straße nach Alcudia passiert man einen guten Kilometer außerhalb des Ortes den *Celler Sa Vostra* verbunden mit dem *Restaurant Tango* Gute italienisch-mediterrane Küche. Terrasse mit Blick aufs Meer und im Souterrain altes Weinkeller-Ambiente. Gehobene Preise.

Wandern zur Cala Boquer

Eine zu Recht beliebte **Kurzwanderung** führt hinunter zur nördlichen von hohen Felswänden flankierten *Cala Boquer*. Der Einstieg liegt jenseits der Stadtumgehung beim 3. Kreisverkehr (ge zählt ab Kreisverkehr vorm Ortseingang beim Supermarkt *Caprabo*). Über den Hof der *Finca Boquer* (die Verbotsschilder am Tor beziehen sich nicht auf Wanderer, die passieren dürfen) erreicht man den dann unverfehlbaren Weg durch ein tolle Felslandschaft. Bis zur steinigen Bucht ist man mindesten 45 min unterwegs. Der Rückweg mit einem langen Aufstieg durch das ziemlich schroffe Gelände dauert kaum unter einer Stunde. Unten kann man im Sommer im glasklaren Wasser prima baden. Das lokale Touristenbüro hat ein Merkblatt zu dieser Wanderung. Man kann indessen den Weg selbst ohne jede Karte nicht verfehlen.

Verschiedene Pfade führen hinunter zur Cala Boquer; unten links erkennt man einen kleinen Ausschnitt der Bucht

Halbinsel Formentor

**Anfahrt/
Aussichts-
punkt**

Der Weg auf die Halbinsel Formentor führte früher unausweichlich mitten durch Port de Pollença (Carrer de Formentor Ma-2210). Die Umgehungsstraße in Richtung Halbinsel Formentor ab Kreisverkehr vorm westlichen Ortseingang brachte erst 2004 die langersehnte Entlastung, ➪ Karte auf Seite 270 und separate Straßenkarte. Nordöstlich des Ortes beginnt hinter dem Fußballstadion der Aufstieg zur **Aussichtsterrasse** *Punta de la Nao* einige hundert Meter über dem Meer.

Vom Südstrand Port de Pollenças blickt man auf die Berge der Halbinsel Formentor und erkennt leicht die Straße hinauf zur Punta de la Nao und ganz klein oben den Talaia de Albercutx (x)

**Punta
de la Nao**

Der Blick fällt auf den vermutlich meistfotografierten Felsen Mallorcas (➪ Foto Seite 390), das Inselchen *Colomer*, und die steil abstürzende Nordküste. Fast noch aufregender ist die Rundumsicht vom gut 200 m höheren alten **Wachtturm** *Talaia d'Albercutx*, den man auf einer weitgehend ungesicherten schmalen, aber immerhin geteerten Straße erreicht (Abzweigung gegenüber dem Parkplatz beim *Mirador d'es Colomer*). Oben wird's eng beim Parken und Wenden.

**Cala Pi/
Strand von
Formentor**

Vom *Mirador* schlängelt sich die Straße in vielen Serpentinen hinab in das bewaldete Tal hinter der *Cala Pi*. Das letzte Stück der Zufahrt ist gesperrt. Ein Parkplatz nimmt von April bis Oktober die Fahrzeuge der Besucher gebührenpflichtig auf. Möglichkeiten, den Wagen kostenlos an der Straße abzustellen, bestehen so gut wie nicht. Zu Fuß geht es zum Anleger für die Boote aus Port de Pollença und d'Alcúdia. Links und rechts davon liegen die relativ schmalen Strände. Östlich erstreckt sich die lange, schattige *Platja Formentor* in dennoch bester Sonnenlage bis zum – nur Gästen zugänglichen – Abschnitt beim *****Hotel Formentor*. Die Kapazität des Strandes ist in der Saison dem täglichen Ansturm kaum gewachsen und das *Fast-Food* Lokal platzt dann trotz seiner enormen Größe und hoher Preise aus allen Nähten.

Cap de Formentor

Vom Parkplatz hinter der *Platja Formentor* sind es noch 12 km auf kurviger Strecke durch eine rauhe Felslandschaft hoch über dem Meer bis zum *Cap de Formentor*. Unter dem **Leuchtturm** am Straßenende befinden sich ein enger Parkplatz, Aussichtsplattform, Toiletten und eine kleine Snackbar. Ein wenig unterhalb dieser Stelle führt eine Art **Naturlehrpfad** fast bis zum Meer hinunter.

Wetter am Cap im Internet

Wer wissen will, welches Wetter am Ende der (ab Port de Pollença) rund 15 km Serpentinenfahrt wartet, kann sich **online** über die aktuelle Wettersituation am nördlichsten Punkt Mallorcas informieren. Die Gemeinde Pollença betreibt einen Webdienst, unter dem man jederzeit die Wetterlage mit vielen Details an den drei Punkten Pollença, Port de Pollença und Kap Formentor abrufen kann: www.areademediambient.com/temps.php.

Das Portal ist zwar überwiegend auf Katalanisch abgefasst, aber man braucht auf der sich öffnenden Karte lediglich die roten Punkte anzuklicken und erhält dann leicht verständliche Temperatur-, Barometer- und Niederschlagswerte etc.

Besonders schön ist die Fahrt zum Cap de Formentor am späten Nachmittag bzw. frühen Abend zum Sonnenuntergang.

Cala Figuera

Mit der *Cala Figuera* liegt eine populär gewordene **Strandbucht** am Wege. Früher bemerkte man sie auf der Hinfahrt – links vor dem **Tunnel** unter dem 333 m hohen schiefen Felsmassiv des *El Fumat* – fast nicht, auf der Rückfahrt ist sie tief unten rechts kaum zu übersehen. Eine Ausschilderung macht mittlerweile deutlich auf die Bucht aufmerksam. Vom großzügig nah der Straße abgesteckten Parkplatz sind es auf nicht verfehlbarem Weg hinunter mit einigen Abkürzungen nur ca. 500 m.

Cala Murta

Auf der gegenüberliegenden Seite der Halbinsel versteckt sich der »Geheimtipp« *Cala Murta*. Ein für Fahrzeuge gesperrter Asphaltweg führt 200 m westlich des Parkplatzes für die Cala Figuera bei den *Cases de Cala Murta* (Schild) ca. 2 km bergab zur geschützten idyllischen Badebucht am offenen Ende der Bahia de Pollença.

7.4

7.4.2   Die Westflanke der Bucht von Pollença und Alcudia

Halbinsel La Victoria

Die gebirgige Halbinsel *La Victoria* bildet die massive Südostflanke der Bucht von Pollença. Ihre herausragende Erhebung ist der **Puig d'Alcudia**, der mit 444 m von Standpunkten auf Meereshöhe durchaus beachtlich wirkt. An der **Nordküste** der Halbinsel liegen einige sehr ruhige spanisch dominierte Sommerhaussiedlungen, der Yachthafen von Mal Pas und das ausgedehnte Villenviertel *Bon Aire* mit überwiegend deutschen und britischen Eigentümern, das sich die Hänge hinaufzieht. Eine Straße führt durch Bon Aire an der Küste entlang bis zum flachen Ausläufer der *La Victoria*, wobei die letzten 2 km bis zum **Cap del Pinar** nach wie vor komplett gesperrt sind. Hohe Militärs genießen dort das Privileg privater Villen und Buchten. Seit 2009 steht die Straße von Juni bis September aber im Prinzip zivilen Tagesbesuchern offen; über die Detailbedingungen dafür wurde indessen bislang keine Einigung erzielt. 500 m nach der Abzweigung zur Kapelle ist Schluss.

Die **Ostseite der Halbinsel** blieb im wesentlichen unerschlossen. Oberhalb des Alcudia-Vororts Aucanada (⇨ Seite 281) liegen noch der **Golfplatz Alcanada** und das Gelände der **Fundación Yannick y Ben Jakober** (Kunstmuseum, ⇨ Seite 276). Dahinter sind (von Osten her) Küste und Berge nur begrenzt per pedes zugänglich.

Zufahrten Nordküste La Victoria

Ein **Besuch der *La Victoria* ist ein** »Muss« für alle, die in dieser Inselecke logieren oder einen Ausflug dorthin planen. Im Gegensatz zum Massen- und Busausflugsziel Formentor ist *La Victoria* nie überlaufen und jenseits der *Marina Bonaire* wenig frequentiert.

über Alcudia

Der einfachste Weg an die Nordküste der Halbinsel führt **über Alcudia** (Richtung Port d'Alcudia an der Stadtmauer entlang und am bombastischen Besucherkomplex aus Glas, Beton und Holz vorbei, dann nach Abbiegen an der Ampel nach rechts sofort wieder links der Ausschilderung »Ermita Victoria« nach). An der 5-Straßen-Kreuzung bei der **Bodega del Sol** hält man sich halbrechts und fährt weiter auf der Avinguda dels Mal Pas.

von der Ma-2220

Wer **aus Richtung Port de Pollença** anfährt (Ma-2220), kann noch vor Erreichen des Verkehrskreisels eingangs von Alcudia in den Passeig Voramar links abbiegen. Auf kleinen, oft engen Straßen ohne Wegweisung »kämpft« man sich dort küstennah »der Nase nach« durch, bis man die Straße *Cami de Hort des Moros* erreicht, die auf die erwähnte 5-Straßen-Kreuzung und damit auf die Hauptzufahrt von Alcudia stößt.

Bacares

Der Charme dieser etwas zeitaufwendigen Fahrerei liegt in der Strecke an sich, von der kleine Abstecher an den Minihafen von **Es Bacares** und an die **Platja Es Morer Vermell** möglich sind (dort die Hotels *Moré* und *Panoramic*).

Manresa

Achtung: die auf mancher genauen Karte eingezeichnete Verbindung (*Passeig Trant Lo Blanc*) ab der *Platja Vermell* weiter an der

Küste entlang zur Villensiedlung **Manresa** ist mit Fahrzeug nicht machbar, aber zu Fuß oder mit Fahrrad empfehlenswert.

Strände Mal Pas

Von dort führt die Straße *Cami de Manresa* ebenfalls bis nach Mal Pas und passiert am Wege die kleinen **Strände Sant Joan** und **Sant Pere**. Wer von Alcudia kommt und dorthin möchte, folgt ab der *Bodega del Sol* der Ausschilderung »Manresa«. Der zweite Strand *Sant Joan* (+ 200 m) ist schöner und besser zugänglich. Beide sind nur durch eine breite Felszunge voneinander getrennt.

Marina Cocodrilo

Mit **Mal Pas/Bonaire** erreicht man die **Marina »Cocodrilo«**, den attraktivsten Yachthafen der Insel. Er liegt am Ende der Avinguda del Mal Pas. Auf der Schutzmauer kann man bis zur Einfahrt dieses reinen Sportboothafens gehen und viele beachtliche Boote aus der Nähe betrachten. Gleich am Parkplatz rechts der Marina liegt das **Fischrestaurant Cocodrilo** mit Bucht- und Hafenblick.

Bon Aire/ S`Illot

An schönen Villen der Siedlung **Bon Aire** vorbei geht es nun überwiegend am Meer entlang zur **Ermita de la Victoria**. Die Straße passiert auf halber Strecke zunächst die Zufahrt zur **Jugendherberge La Victoria** (⇨ Seite 94) und – etwas weiter – den **Picknickplatz S`Illot** mit Tischbänken überm Meer und im Kiefernwald. Am Parkplatz steht ein kleines Lokal. Unterhalb der Küste laden ein steiniger Strand, glasklares Wasser und eine vorgelagerte Felsinsel zum Sonnenbaden und Schwimmen ein. Der Platz ist wegen seiner etwas versteckten Lage auch bei FKK-Freunden beliebt.

La Victoria

Wie gesagt, ist die Spitze der Halbinsel mit dem Cap del Pinar nur bedingt (Juni-Sept.) bzw. gar nicht zugänglich. Wer sich vor dem Sperrschild wiederfindet, hat die Auffahrt zur *Ermita* verpasst und muss umkehren. Die Abzweigung ist aber an sich gut ausgeschildert. Das **Kirchlein** (mit schönem Altar, meist geöffnet, und einfache **Hostatgeria** in der Etage über dem Andachtsraum) und die Parkplätze rundherum liegen bereits 150 m über dem Meer, das einmalig positionierte **Restaurant La Victoria** noch ca. 30 m höher. Es ist keine kulinarische Pilgerstätte, aber ganz o.k. Von dessen Terrasse fällt in den Abendstunden der Blick übers Wasser auf die hinter den Bergen untergehende Sonne (⇨ Foto Wanderbeileger,Route 8), aber auch sonst ideal für eine Pause.

Kieselstrand S'Illot auf der Halbinsel Victoria

7.4

Hier ist auch der Startpunkt für die tolle **Kurzwanderung** zum **Aussichtsfelsen** *Penya Rotja* (mit Foto-Unterbrechungen und normaler Kondition in 90 min retour zu machen) und ggf. einen langen Marsch auf den *Talaia d`Alcudia*, ⇨ Beileger, Route 8.

Geheimtipp Kunstmuseum

Recht versteckt liegt das wenig bekannte **Skulpturenparkgelände** (samt Rosengarten) der **Stiftung** *Yannick* & *Ben Jakober* auf der Ostseite der Halbinsel. Dort beherbergt ein für Museumszwecke umfunktionierter Wasserspeicher eine Galerie mittelalterlicher Portraits adliger Kinder (toll!). Besichtigung inkl. Führung Mi-Sa nur mit Anmeldung: ℡ 971 549880, ⊖-€15 je nach Umfang des Besuchs (auch die *Villa* lohnt sich); Rabatt für »Senioren«, Jugendliche und Studenten. **Dienstags Galeriebesuch und Park ohne Führung:** 9.30-12.30/14.30-17.30 Uhr; www.fundacionjakober.org.

Anfahrt ab Alcudia: Richtung Mal Pas, dann unmittelbar vor der *Bodega del Sol* scharf rechts, ab Ende Asphaltstraße noch ca. 2 km auf oft miserablem Schotter oberhalb entlang des Golfplatzes. Bis ans verschlossene Tor heranfahren; es öffnet sich dann von selbst bis auf dienstags, dann keine Einfahrt per Auto.

Skulptur im Park von Yannick & Ben Jakober

Alcúdia

Lage

Nicht zu verwechseln mit Port d`Alcúdia liegt **die älteste Stadt Mallorcas** (Gründung 123 v. Chr. als römische Siedlung *Pollentia*) landeinwärts jeweils einen guten Kilometer von beiden großen Buchten des Inselnordens entfernt. Die auf Touristen eingestellte Infrastruktur innerhalb der Stadtmauern hat sich in den letzten Jahren stark verdichtet. Für individuell buchende Touristen bieten sich mehrere kleine Stadthotels an (⇨ Unterkunftsbeileger)

Stadtmauer

In Alcudia stößt man aus jeder Richtung an eines der **mittelalterlichen Stadttore** oder direkt auf die mächtigen **Mauern**. Sie blieben fast rundum erhalten und wurden restauriert. Aber nur auf der Nordwestseite sind sie gesichert und auf einer Länge von etwa 500 m (zwischen Stierkampfarena und Stadttor-West) begehbar.

Altstadt

Vor allem an der oberen (nördlichen) Einfahrt in die Stadt findet man viel Platz in **Open-air Cafes** an der Plaça Carles V (dort ist auch Parkraum vorhanden), aber schöner und ruhiger sitzt man im **Fußgängerbereich** im Zentrum (Plaça Constituçio). Auf einen Bummel durch die Altstadt sollte man nicht verzichten. Wem der hier abgebildete Stadtplan nicht ausreicht, besorgt sich im Tourismusbüro eine Gratiskarte (Carrer Major in der Stadt und an der südlichen Altstadtumgehung ein großer Beton-/Glaskasten); den Ortsplan zum Download gibt's unter www.alcudiamallorca.com.

Hauptkirche

So möglich, sollte ein Besuch im **Museum** der Kirche *Sant Jaume* nicht versäumt werden; geöffnet nur Mai-Oktober, Di-Fr 10-13 Uhr, €2. Sie ist an der Durchgangsstraße in die Stadtmauer integriert und bietet eine seltene Kombination gotischer Bauweise im Hauptschiff mit einer Barockkuppel in der Seitenkapelle. Auf Altären und Skulpturen beeindruckt Gold- und Silberschmuck.

Römische Relikte

Die Präsentation vieler interessanter Fundstücke aus der Umgebung im **archäologischen Museum** (*Museu Monográfico de Pollentia*, Mai-Sept Di-So 9.30-20 Uhr, Rest des Jahres Di-Fr 10-16 Uhr, Sa+So bis 14 Uhr; Eintritt €3), lässt die römische Periode lebendig werden, die bis ins 5. Jahrhundert n. Chr. dauerte und erst durch den Vandalensturm beendet wurde. Die Realität der freigelegten **Grundmauern einer römischen Villa** (an der Straße Ma-12 nach Las Gaviotas) ist etwas ernüchternd wie auch der Zustand der Ruinen des **Amphitheaters** (Zufahrt von der Straße nach Port d'Alcúdia). Die Stätten sind eingezäunt und nur mit Führung zu begehen. Info im Museum und unter www.pollentia.net.

Plaça de Toros

Einen Blick hinein lohnt ggf. die kompakte kleine **Stierkampfarena** in der Nordwestecke der Stadt (mit Bar), so nicht zugesperrt. Im Sommer finden dort bisweilen **unblutige Kämpfe mit jungen Stieren** statt. Die Zeiten dafür werden angekündigt.

Die Stadtmauer von Alcudia ist auf rund 500 m Länge begehbar (Nordwestseite der Stadt)

7.4

Map of Alcúdia showing the Altstadt, streets, and points of interest including: Bacares, Plaça de Toro, Manresa, Plaça de la Porta Roja, Porta Roja, ALCÚDIA, N, Cas Ferrer Nou, 1 L'arca can Peter, 2 Sa Taverna (Tapas), Camí de la Ronda, Jonquera, Castellet, Pati, Llédoner, Pou, Nou, Camí de la Ronda, Palma/Inca/Pollença, Progrés, ALTSTADT, Plaça de la Constitució, Satyricon, Moll, Plaça Carles V, Porta del Moll, Sant Francesc, Major, Parra, Sa Plaça, Placeta de les Verdures, Can Costa, Sant Vicenç, Roca, Sa Portassa, Porta de San Sebastian, Can Tem, La Caseta, 1, 2, Serra, Hostal, Marktbereich, Pollentia, La Victoria/Mal Pas, Xara, Camí de la Ronda, Esquena, Benassar, Sant Jaume, Rectoria, Can Simo, Can Pere, Markt Di + So, Supermarkt, Museu Pollentia, Ciutat Romana, Museu Iglesia Sant Jaume, Avinguda dels Prínceps d'Espanya, Port d'Alcudia/Can Picafort, Teatro Romano, Port d'Alcudia, 0 100 m

Restaurants

Gute Restaurants gibt's heute in Alcudia eine ganze Reihe, am ungewöhnlichsten das **Satyricon** in der östlichen Ecke der Hauptplaza mit altrömischer Dekoration und Deckengemälden, ✆ 971 544 997. Das distinguierte **Restaurant Sa Plaça** ein paar Häuser weiter serviert mallorquinische Gerichte, ebenso das **C`an Costa** (schöner am Abend) in der Carrer St. Vicenç. Genau gegenüber sitzt man auch gut und bei moderaten Preisen im **Sa Portassa**. Eine Straße weiter (Carrer d'en Serra) warten das **L'Arca can Peter** mit günstigem Mittagsmenü im Innenhof und gegenüber **Sa Taverna** mit großer Tapaauswahl. Schattig sitzt man auf der Plaça de las Verduras beim **Restaurant La Caseta** (gute Salate). **C'an Simó**, ein **vegetarisches Restaurant** in der Carrer Sant Jaume (südöstliche Altstadt) verfügt über einen gemütlichen kleinen Gastraum (abends) und einen hübschen Innenhof.

Markttag

Die **Markttage** dienstags und (vor allem) sonntags sind für viele ein Anlass, Alcudia zu besuchen (⇨ Märkte auf Mallorca, Seite 366). Eine weite Anfahrt lohnt aber nicht. Der Markt dort ist zwar groß und hat viele Verkaufsstände, die auf die touristische Kundschaft zielen, mediterranes Flair aber sucht man vergeblich.

7.5 Rund um die Bucht von Alcudia
Port d`Alcúdia mit Ciudad Blanca

Eine generelle Einschätzung Port d`Alcúdias als Urlaubsort bzw. **Urlaubsregion** findet sich auf Seite 61.

Kenn-zeichnung und Ortsbild

Bei Port d`Alcúdia handelt es sich, wie die Bezeichnung sagt, um den Alcúdia (gut 1 km) vorgelagerten Hafen. An das alte Hafen-becken grenzt eine riesige Marina für Segel- und Motoryachten, die heute das Gesamtbild dominiert. Ein Schönheitsfehler sind die Schlote eines stillgelegten Kraftwerks über der Hafenszenerie. An der vor einigen Jahren modernistisch umgestalteten und seit-her verkehrsfreien **Flanierzone am Hafen** drängen sich voll auf den Tourismus zugeschnittene Restaurants und Läden dicht an dicht. Im Ortsteil dahinter stößt man vor allem auf ältere Hotels

Unterhalb der Zufahrt in den Fährhafen hat ein kleiner **Park** einen öffentlichen **Pool** für alle, die lieber in Süßwassser baden. Die meisten Urlauber erleben den Hafen aber ausschließlich auf den Promenaden vor und entlang der riesigen **Marina**.

Yacht-hafenmole

Dort hat in den letzten Jahren auch das **gastronomische Angebot** erheblich zugenommen. Schon allein wegen der ruhigen Lage sind die **Lokale am Ende der Yachthafenmole** (moderate Menü-preise!) eine bessere Wahl als die Restaurantterrassen am frequen-tierten Fußgängerbereich. An der Spitze der dort verbreiterten Mole befindet sich das ******Botel Alcudiamar** mit einem sehr schön begrünten Pool- und Barbereich unmittelbar am Wasser. Die **Gastronomie des *Botel*** kann auch von Nicht-Gästen genutzt werden, ➪ Foto unten. Wer vom *Botel* noch 100 m um die Ecke läuft, wird die **Bar Mojito** ebenfalls am Wasser nicht verfehlen, den besten Platz von ganz Port d'Alcudia für einen Drink oder den Capuccino zwischendurch.

Poolanlage des »Botel«
Alcudiamar am Ende des
Yachthafens in Port d'Alcúdia

7.4

Hafen/
Fähren
Menorca

Jenseits der Yachtmarina landen noch **Fischer** ihren Fang an. Dahinter liegt das neue bombastische Terminal für die Fähren **nach Menorca** und **Barcelona*)**.

Strand

Ein Pfund, mit dem Port d`Alcúdia wirklich wuchern darf, ist der hinter dem Hafen beginnende, breite und flach abfallende **Sandstrand** mit einer bis *Ciudad Blanca* reichenden Fußgänger- und Fahrradstraße. Der Strand ist speziell **für kleine Kinder ideal**.

Wassersport

Ebenfalls eignet er sich gut für erste **Windsurfing-Versuche**. Eine **Surf- und Segelschule** mit Brettverleih existiert in Hafennähe (*Happy Sailing* Segel- und Surfcenter, ✆ 971 548751).

Für Spaß am Wasser ist auch weiter gesorgt: z.B. **Fallschirmgleiten hinter** *Speedboats* (➪ Foto Seite 40) und »*Bananas*«, mehrsitzige Gummiwürste, die per Speedboot mit Karacho durchs Wasser gezogen werden.

Ausflugsboote nach Formentor sammeln nach Abfahrt in Port d`Alcúdia oft auch noch in Ciudad Blanca und Las Gaviotas Gäste ein. Individuellere **Bootstouren** zu einsamen Badebuchten und Höhlen, zu Delfinbeobachtung und Sonnenuntergang bucht man im Yachthafen, gute Angebote macht www.premier-cruises.net.

Binnenseen

Das **Gros der Hotels** und Apartmentanlagen in der Region Port d`Alcúdia liegt mehr oder weniger **meeresfern**. Neben der kurzen Hotelzone im Anschluss an den Ortskern sind **kolossale Bettenburgen** in Sumpfgebieten entstanden, die über Kanäle und die reizlosen Binnenseen *Esperança* und *Menor* entwässert wurden.

Hidropark

Die Wasserrutschen des *Hidropark* stehen in der Nähe der weithin sichtbaren Hoteltürme *Saturn*, *Mars* und *Jupiter*. Die Anlage bietet nicht so viel Abwechslung wie die Konkurrenz bei Arenal und Magaluf; der Eintritt ist dennoch nicht niedrig: €19; Kinder/Senioren €11; geöffnet 1. Mai bis Ende Oktober 10.30-17/18 Uhr; www.hidropark.com.

*) Mo-Fr 2 x täglich mit *Iscomar* **nach Ciutadella**, **im Sommer** 8 Uhr und 16 Uhr, Sa nur 8.30, So nur 16 Uhr; Fahrtzeit 2,5 Stunden; Ticket retour €84; Tagesticket retour €42; www.iscomar.com. 2 x täglich mit *Balearia* **nach Ciutadella per** Schnellfähre (60 min) um 9.00 Uhr, www.balearia.com, Ticket retour ab €116. Tagesticket retour €72. 3 x wöchentlich Normalfähre nach Barcelona über Ciutadella (2 Stunden). Deutsch: www.aferry.de.

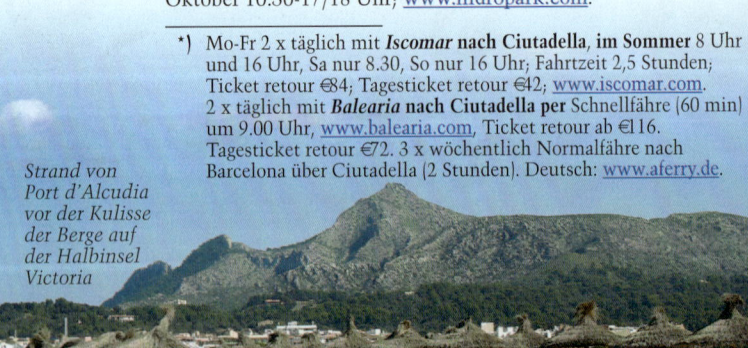

Strand von Port d`Alcudia vor der Kulisse der Berge auf der Halbinsel Victoria

Map labels:
Port de Pollença
Badia de Pollença
Peña Rotja 334 m
Ermita de la Victoria
Talaia de Alcúdia 444 m
Bon Aire
Mal Pas
Pollentia Club Resort
Alcúdia
Teatro Romano
Aucanada
Fähre nach Menorca
Port d'Alcúdia
Platja d'Alcúdia
Lago Esperanza
Cova de Sant Marti
Inca
Las Gaviotas
N
0   2.5 km
BUCHT VON ALCÚDIA
Badia d'Alcúdia
Cap Ferrutx
Sa Pobla
Parc Nacional de Albufera
Platja de Muro
7.5
Can Picafort
Son Bauló
Necropolis
Muro
Granja Predio Son Serra
Ethnologisches Museum
Son Serra
Ma-12
Cala Estret
Colònia de Sant Pere
Talaia de Morey 432 m
Betlem
Morey 560 m
Ermita de Betlem
Hotel Solimar
Ferrutx 500 m
Sta. Margalida   Artà

Restaurants

Port d`Alcúdia ist unter kulinarischem Aspekt nicht so toll be-stückt. Erwähnt wurde bereits die Restaurantzeile im Yacht-hafen; dort ist das **Bistro Mar** mit international-mallorquinischer Küche zu empfehlen. Auch von der Terrasse des *Botel Alcudia-mar* war bereits die Rede (tagsüber für den Snack zwischendurch). Etwas abseits, an der Straße Richtung Aucanada, gibt es die popu-läre Italo-Küche des Restaurants *Piero Rossi*.

Das *Jardin* (Carrer Tritons nahe der Hauptstraße Ma-12 Alcúdia-Can Picafort) hat eine hübsche Gartenterrasse und feine Degusta-tionsmenüs zu nicht ganz niedrigen Preisen, ℗ 971 892391, www.restaurantejardin.com.

Mehr Hinweise unter **Las Gaviotas**.

Aucanada

Auch die Südseite der **Victoria Halbinsel** ist einen kleinen Um-weg wert: Von Alcudia oder aus Palma kommend umfährt man Port d`Alcúdia und quert den **Villenvorort Aucanada** bis zur Zu-fahrt zum **Golfplatz Aucanada**, wegen der Aussicht der vielleicht schönste der Insel mit **Restaurantterrasse** in Hochlage (aber: in der Vor- und Nachsaison verschwindet von dort die wärmende Sonne zu früh am Nachmittag).

Ab Straßenende führt eine 300-m-Promenade an die Spitze der Landzunge, vor der die *Ille de Aucanada* liegt (mit Leuchtturm; bei ca. 120 m in Schwimmdistanz). Auf Trampelpfaden entlang der Uferlinie geht's zu meist von Algen bedeckten Strandein-sprengseln noch ein paar hundert Meter weiter bis zum Zaun der *Fundación Jakober*, ⇨ Abschnitt »Halbinsel La Victoria«.

Alcudia   Alcudia

Palma

PORT D'ALCÚDIA

Hidropark

Club Nautico

Bistro Mar

Bar Mojito

Fußgängerzone

Aucanada

Fähr-terminal

Fähren nach Menorca

B u c h t

v o n

A l c ú d i a

Estany Menor

Av. d'Andorra

Av. del Casino

Av. de Mexic

Jardin

Av. de France

Av. de Pere Mas i Reus

Carretera d'Arta

4-spurige Hauptverkehrsader

Cami de Can Blau

Cami de Can Blau

"Bellevue" Hotelkomplex

Estany Esperança

CIUDAD BLANCA

Höhle von San Marti

Palma

Meson de les Patos

Sa Pobla

N

0   350 m

**PORT D'ALCÚDIA
&
LAS GAVIOTAS**

LAS GAVIOTAS

*Albufera
Sümpfe
(Nationalpark)*

Fuß-/Radweg zum
Besucherzentrum
des Nationalparks

Kanal Siurana

Can Picafort/
Platja de Muro

Hotels und Apartments

A   Botel Alcudiamar
B   Ciudad Blanca
C   Condesa de la Bahia
D   Alcudia Park
E   Ses Fotges
F   Playa Esperanza
G   Viva Golf
H   Esperanza Park
I   Parc Natural
J   Natura Playa

La Terraza

Vor dem Wäldchen am Ortsende von **Aucanada** ist die Werbung des Restaurants *La Terraza* nicht zu übersehen. *La Terraza* kombiniert gute Küche, schöne Lage und gehobene Preise.

Neben der verglasten (namensgebenden) Restaurantterrasse mit Aussicht über die Bucht von Alcúdia ohne Kraftwerkschlote im Blickfeld gibt es nebenan eine informellere **separate Barterrasse** (nur tagsüber), die sich gut für die Pause zwischendurch eignet.

Wer die Badehose dabei hat, kann unterhalb des Restaurants gut schwimmen. Ein *Ministrand* befindet sich auch noch 100 m weiter gegenüber dem Hotel *President*.

Las Gaviotas

Lage

Eine generelle Kennzeichnung auch des Bereichs Las Gaviotas an der Bucht von Alcúdia erfolgte bereits im Kapitels 2 auf Seite 61f.

Als Las Gaviotas wird die **Hotelurbanisation** unterhalb des *Lago Mayor* (oder *Estany Esperança*) bis zum Entwässerungskanal der Sümpfe von *Albufera* bezeichnet. Entlang der Verkehrsachse Alcúdia-Can Picafort passiert man eine **rein touristische Infrastruktur** mit Zentrum zwischen den Hotels *Playa de Muro* und *Eden Alcúdia* beidseitig dieser Straße.

Gastronomie

Unter den vielen Lokalen in zentraler Lage ragt kaum eines durch Atmosphäre und Qualität sonderlich heraus.

In der Mittelklasse serviert das **Grill-Restaurant** *El Patio* in der kleinen Fußgängerpassage schräg gegenüber dem Aparthotel *Ses Fotges* ordentliche Grillgerichte zu durchschnittlichen Preisen.

Das Restaurant **Mesón de los Patos**, das Entenhaus, liegt 1 km landeinwärts an der Straße Las Gaviotas-Sa Pobla mit Badepool, Kinderspielplatz und grün überwachsener Terrasse. Neben den **Entengerichten** sind **Aale** (!) und andere Fische dort die Spezialität.

Maremar

Einen Block östlich der Abzweigung nach Sa Pobla besetzt am Ende der Av del Mar der **Beach Club Maremar** ganz in exklusivem Weiß einen Komplex am Strand, ➪ Seite 118.

Cova de Sant Marti

Im Hinterland von Las Gaviotas versteckt sich mit der **Cova de Sant Marti** ein zwar zum Nationaldenkmal erhobenes, aber dennoch sich weitgehend selbst überlassenes **Relikt aus der Frühzeit des Christentums**. Die nicht seitlich in den Berg, sondern von einer ebenen Oberfläche in den Untergrund führende Höhle erreicht man über eine breite Verbindungstrasse (Schotter/Schlaglöcher) zwischen Las Gaviotas und dem *Bellevue*-Bereich von Port d`Alcúdia, die hinter dem Entwässerungssee *Estany Esperança* entlangläuft. Ungefähr auf halber Strecke zweigt mitten im wüsten Gelände überraschend eine Asphaltstraße ab. Auf dieser geht's ca. 300 m und dann vor einer Straßenverbreiterung auf einem besseren Feldweg noch einmal rechts 200 m weiter (kein Hinweis). Eine andere Zufahrt führt über die – die Touristenzone umgehende – Straße Ma-3470. An ihr steht ein unauffälliges Schild. Der Weg von dort ist ebenfalls rau, aber nur ca. 100 m lang.

Haupteingang
zum Albufera
Nationalpark

Das Felsloch der *Cova* ist von einem Gitterzaun umgeben. Sollte das Tor offenstehen, Vorsicht! Über die niedrige Mauer gleich hinter dem Eingang kann man leicht abstürzen. Eine Treppe führt auf den Grund der Höhle, in der einst erste Christen der Insel Zuflucht vor römischen Verfolgern gesucht haben sollen. Unten befindet sich ein kleiner Altar. **Oft ist das Tor aber verschlossen.** An der Infotafel vermerkte Öffnungszeiten werden oft nicht eingehalten.

Parc Nacional
de Albufera

Der Rest eines – in »vortouristischer« Zeit viel ausgedehnteren – Sumpfgebietes zwischen Las Gaviotas, Sa Pobla und Can Picafort wurde einschließlich eines Teils der Dünen an der *Platja de Muro* (↻ rechts) 1985 unter Naturschutz gestellt und später zum Nationalpark erklärt. Es gibt dort ein kleines **Informationszentrum** (Info-Faltblatt auch auf Deutsch) und Plattformen zur **Vogelbeobachtung**. Im Park seien über 200 Vogelarten registriert worden, heißt es, wobei nur wenige ganzjährig anzutreffen sind. Die meisten Arten sind Winter- oder Sommergäste und Zugvögel, die Zwischenstation machen. Das für Mallorca ungewöhnliche Parkareal ist durchzogen von Entwässerungskanälen und Wegen, die sich gut für kleine Radtouren und Spaziergänge eignen.

Wo die **Straße Alcúdia-Can Picafort** den *Siurana* Kanal überquert, befindet sich gegenüber dem Hotel *Parc Natural* ein **Parkplatz**. Von dort zum Infocenter geht`s ca. 400 m zu Fuß/per Rad. Weitere Eingänge (nicht für Kfz) existieren weiter östlich und an der Straße Las Gaviotas-Sa Pobla. **Geöffnet** 9-18 Uhr April bis September; im Winter bis 17 Uhr. **Zutritt** €1,00. Besucherzentrum ganzjährig 9-16 Uhr. Info unter www.mallorcaweb.net/salbufera.

Platja
de Muro

Das Strand und Dünengebiet östlich des *Canal Siurana* nennt sich **Platja de Muro**. Zwei kleine Sommerhaussiedlungen waren dort zwischen Straße und Meer bis Anfang der 1990er-Jahre die einzige Bebauung. Die danach mitten in die Dünen gleich hinter den Strand gesetzten enormen Clubanlagen und Hotels im Anschluss an den Kanal sorgen dafür, dass dieses früher angenehm ruhige Strandgebiet von Juni bis September aus allen Nähten platzt. Hinzu kommt, dass starke Strömungen den früher breiten Strand auf einen schmalen Streifen reduziert und den Sand bei Port d`Alcudia wieder angelandet haben.

**Strand-
zugang**

Wer dieses Gebiet ansteuern möchte, findet zwischen Canal Siurana und Hotel *Parc Natural* einen Weg an den dort zunächst noch breiten Sandstrand. Das beste noch halbwegs »urwüchsige« Stück der *Platja de Muro* erreicht man auf Höhe des zum *Albufera* Nationalpark gehörenden **Picknick- und Kinderspielplatzes** ca. 1 km vor dem ersten Kreisverkehr eingangs Can Picafort bzw. 3 km südlich des Kanals. Von dort geht`s zu Fuß zum Strand (noch 100 m durch die Dünen). Eine Zufahrt für Autos (Schotter, Sand und kaum Parkraum) existiert gleich nördlich des Picknickplatzes; sie ist nicht weiter gekennzeichnet und mitunter gesperrt.

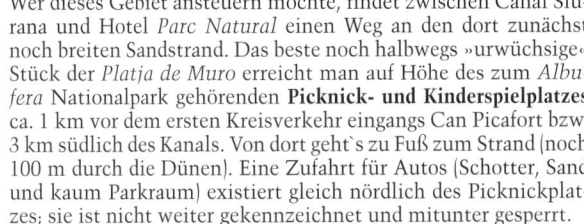

7.5

Can Picafort mit Son Baulo

Wie bereits im Kapitel 2, Seite 62f, erläutert, ist Can Picafort ein mit Einschränkungen empfehlenswerter Urlaubsort.

**Kenn-
zeichnung/
Strandanfahrt**

Die **Stärken Can Picaforts** sind die Promenade und der Strand, speziell die oben beschriebene *Platja de Muro*. Hinter dem Apartmenthotel *Platja Daurada* beginnt dessen dünengesäumter Bereich. Dorthin gelangt man per Auto oder Fahrrad am besten vom nördlichen Kreisverkehr, indem man dem Schild »*Bar Pedrisos/ Platja de Muro*« folgt. Auf einem weiten Sandplatz zwischen einfachen Wochenendhäusern kann man das Fahrzeug abstellen. In den Restdünen stehen dort die ersten Strandbars (»*Opa und Oma Bar*«), die auf hier überwiegend deutsche Gäste eingestellt sind.

**Ortsstrand/
Promenade**

Der Strand setzt sich südlich bis zum Bootshafen fort. Danach beginnt eine flache Felsküste. Die Dünen sind allesamt Hotels und einer Schutzmauer mit hochgelegener Promenade (ab *Hotel Santa Fe*) gewichen. Der verbliebene Strandstreifen ist im Ortsbereich mal schmaler, mal breiter je nach Aufspülung.

An der **Strandpromenade** ohne Baum und Strauch reiht sich ein Lokal ans andere. Viele haben windgeschützte verglaste Terrassen. Nachmittags gibt`s allerorten »Kaffee und Kuchen« zu – dank scharfer Konkurrenz – moderaten Inklusivpreisen. Auch abends sitzt man in vielen Restaurants vorzugsweise bei heimischen Gerichten. Empfehlung, um nicht zu sagen »Geheimtipp« ist dort das italienisch geführte *Café Jamaica* etwa auf der Mitte der Promenade: preiswert, gut und freundlicher Service.

Breit aufgespülte Strandecke mit Restdünen und Spielplatz (links außerhalb des Bildausschnitts) beim Hotelkomplex Esperanza am Canal Siurana (Holzbohlenweg von der Straße Alcudia–Can Picafort am Kanal entlang dorthin)

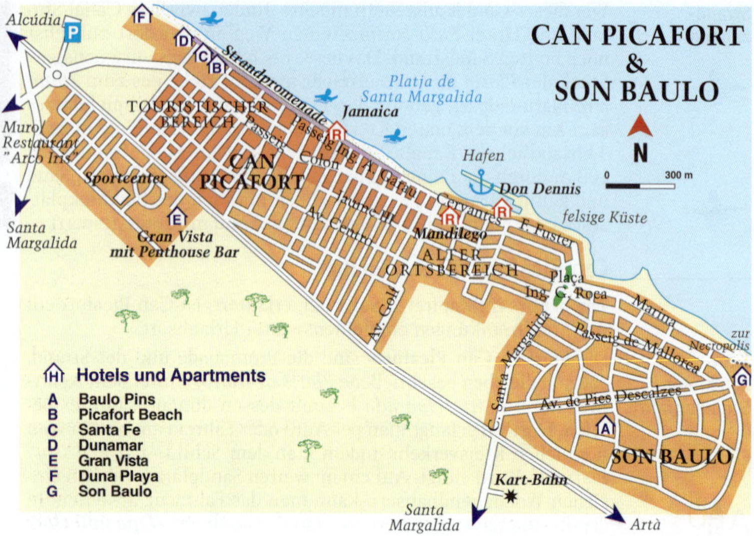

Alcudia

**CAN PICAFORT
&
SON BAULO**

Platja de
Santa Margalida

N

Jamaica

0   300 m

TOURISTISCHER
BEREICH

**CAN
PICAFORT**

Muro
Restaurant
"Arco Iris"

Sportcenter

Hafen

Don Dennis

felsige Küste

Santa
Margalida

Gran Vista
mit Penthouse Bar

Mandilego

ALTER
ORTSBEREICH

F. Fuster

Plaça
Ing. G. Roca

zur
Necropolis

Passeig de Mallorca

⟨H⟩ Hotels und Apartments

A   Baulo Pins
B   Picafort Beach
C   Santa Fe
D   Dunamar
E   Gran Vista
F   Duna Playa
G   Son Baulo

Av. de Pies Descalzes

SON BAULO

Kart-Bahn

Santa
Margalida

Artà

Ortsbild

Hinter der Promenade hat man eine Fußgänger- und verkehrsberuhigte Zone mit viel Grün eingerichtet. Auch wer ein paar Blocks vom Meer entfernt logiert, gelangt auf ruhigen Wegen zum Strand. Die Hauptstraße Alcudia-Artá läuft hier 300 m hinter der Küste.

Einkehr

Für den abendlichen Drink geht nichts über die *Penthouse Bar* des Hotels *Gran Vista* (jenseits der Hauptstraße) mit Weitblick über Meer und Insel. Abwechslung von den »internationalen« bzw. deutschen Gerichten vieler Restaurants bietet die einfache mallorquinische Küche des *Arco Iris* (Regenbogen), 2 km außerhalb an der Straße nach Muro. Die edlere Alternative ist das *Mandilego*, Isabel Garau 49, im alten Ortsbereich unweit des Hafens. Gute spanische Gerichte und *Tapas* zu moderaten Preisen serviert das *Restaurant Don Dennis* am Hafen (Ende der Promenade).

Son Baulo

Folgt man von der Promenade der Küstenstraße durch den alten Ortsbereich (ohne Sehenswürdigkeiten) nach Südosten, passiert man zunächst den Bootshafen und erreicht nach einem weiteren guten Kilometer **Son Baulo**, ein früher separates Dorf, das mit Can Picafort zusammengewachsen ist. An der felsigen Küste öffnet sich am Ende einer kurzen Promenade mit preiswerten Bars und Restaurants in Son Baulo noch einmal eine **sandige Bucht**. Die Infrastruktur ist hier den britischen und deutschen Feriengästen angepasst. Auf der Landzunge in der Ostecke des Strandes steht eine **Bar** (nur Sommer), von der man die ganze Bucht überblickt.

Necropolis

Von dort aus lässt sich eine kleine Küstenwanderung bis zu mehreren Resten der Megalith-Kultur unternehmen (↪ Thema Seite 334). Etwa 15 min läuft man bis zur *Necropolis Son Real*, den

Grundmauern einer über 2000 Jahre alten »Totenstadt«, dem nach *Capocorb Vell* (Cala Pi) und *Ses Paisses* (Artá) besterhaltenen Relikt aus der megalithischen Epoche. Der geringe Schutz dieser Ruinen vor täglich Hunderten von Stiefeln, die durch die Mauern turnen und deren Erosion beschleunigen, ist unverständlich.

Der Weg dorthin über das Gelände der *Finca Son Real* ist doppelt so lang, dafür aber ggf. mit Gratis-Leihfahrrädern zu unternehmen.

Museu Son Real

In der einstigen **Agrofinca *Son Real*** (Ma-12 Richtung Artá noch vor dem Abzweig nach Son Serra) wartet u.a. ein Museum auf Besucher. Dort erfährt man in einer beachtlichen Multimedia-Show alles Wichtige zur Besiedelung und ländlichen Entwicklung Mallorcas und betritt erst danach die Ausstellungsräume (Erläuterungen auch auf Deutsch). Der Eintritt beträgt €5, aber mehr als 30 min für Show und Museum benötigen nur wenige.

Gelände der Finca Son Real

Auch der Besuch der mehrere Quadratkilometer großen Ländereien der Finca kostet Eintritt €3 (vor 2012 gratis). Sie wurden mit einem Rad- und Fußwegenetz ausgestattet, über das man gut eine 5-6 km lange **Rundwanderung zur *Necropolis*** (⇨ oben) unternehmen kann. Gleich zu Anfang befindet sich eine Stallung mit den berühmten schwarzen Schweinen Mallorcas, ⇨ Foto Seite 456. Wenn sie sich im Matsch suhlen, haben nicht nur Kinder Freude. Am Wege gibt es eine Reihe – mäßig aufschlussreicher – Infotafeln zu Flora und Fauna.

Die Necropolis Son Real: Ruinen der Megalith Kultur an Mallorcas Nordküste

Um zur *Necropolis* bzw ans Meer zu gelangen, muss man den Zaun auf dafür vorgesehenen Leitern überwinden. Das dürfen – nebenbei – nicht nur Besucher, die über den Haupteingang kommen, sondern jeder ist zum Besuch des Geländes eingeladen. Von außen entsteht jedoch der Eindruck, es wegen der Einzäunung mit einem Privatareal zu tun zu haben. Ebenfalls jedermann darf den Picknickplatz (mit Grillstellen und Holz) benutzen, der sich auf dem Gelände etwa auf Höhe des Markierungsturms (am Meer) befindet. Inhaber der ***Tarjeta Verde*** (⇨ Seite 124) konnten dort bisher Fahrräder und Ferngläser gratis leihen; der Service wurde eingestellt. Täglich 10-19 Uhr im Sommer, Winter bis 17 Uhr.

Son Serra de Marina

Nur etwas weiter zweigt die Zufahrt nach **Son Serra de Marina** ab, einer Ferienhausurbanisation mit geschütztem Bootshafen und – an deren **Südostende** – einem langen **Sandstrand**, der in den letzten Jahren immer populärer wurde, nachdem Windsurfer ihn als gutes Revier entdeckten. Man kann dorthin von Son Baulo via der *Necropolis* auch an der Küste entlang laufen (ca. 6 km) ggf. weiter bis Colonia de Sant Père, ca. 4 km). Der Weg ist nicht zu verfehlen. **Zwei einfache, ein wenig alternative Lokale** mit moderaten Preisen selbst für Fischgerichte warten am Strandparkplatz auf Gäste.

Rancho Grande

Etwas weiter südöstlich passiert die Ma-12 den Western-Reiterhof *Rancho Grande*. Dort wird nicht nur geritten, sondern es gibt auch Planwagenfahrten, Minizoo mit Farmtieren, Grillrestaurant, Bar und Showeinlagen; www.ranchograndemallorca.com.

Colonia de Sant Père

Kennzeichnung

Colonia de Sant Père, ca. 5 km von der Ma-12 entfernt, ist das einzig verbliebene ehemalige Fischerdorf Mallorcas, das man nicht in den Katalogen der Reiseveranstalter findet. Nicht zuletzt deshalb ist es ein gutes Ausflugsziel (↦ Charakteristik im Kapitel 2, Seite 63). Man gelangt von der Ortseinfahrt unverfehlbar zu Yachtmarina und **Fußgängerpromenade**. Vor ihr liegt der durch einen langen Wellenbrecher geschützte Strand (für kleine Kinder ideal). Mehrere Lokale bieten mit meerseitig aufgestellten Tischen gute Plätzchen abseits des Massentourismus. Die Preis- und Qualitätsunterschiede sind dort groß. Lieber nicht die Lokale mit Fotospeisekarte auswählen und stärker besetzte Zonen beachten.

Betlém

Um Colonia de Sant Père herum expandieren Villenurbanisationen. Die größte, Betlém, liegt 5 km weiter nordöstlich und ist fest in deutscher Hand. Hinter Betlém endet die Straße bzw. der in Bau befindliche Rad- und Fußweg ab der westlichen Villensiedlung S'Estanyol. Von dort geht es zu Fuß oder per Bike nur auf einem Feldweg die Küste entlang weiter bis zur einsamen Bucht an der **Punta d'es Calo**. Wer mag, kann von dort aus weiter laufen bis zum **Cap de Ferrutx** mit dem alten Wachtturm *Talaia de Morey* in rund 400 m Höhe (↦ auch übernehmende Seite: *Peninsula de Llevant)*. Zur Stärkung lädt in Betlém das deutsch geführte *Restaurant Casablanca* mit einer Panoramaterrasse ein.

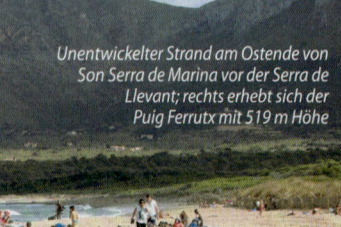

Unentwickelter Strand am Ostende von Son Serra de Marina vor der Serra de Llevant; rechts erhebt sich der Puig Ferrutx mit 519 m Höhe

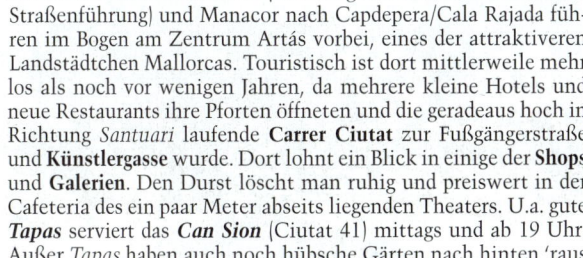

7.6   Die nördliche Ostküste

7.6.1   Zwischen Artá und Cala Rajada

Artá

Kenn-zeichnung und Santuari

Die Straßen von Can Picafort (überwiegend landschaftlich schöne Straßenführung) und Manacor nach Capdepera/Cala Rajada führen im Bogen am Zentrum Artás vorbei, eines der attraktiveren Landstädtchen Mallorcas. Touristisch ist dort mittlerweile mehr los als noch vor wenigen Jahren, da mehrere kleine Hotels und neue Restaurants ihre Pforten öffneten und die geradeaus hoch in Richtung *Santuari* laufende **Carrer Ciutat** zur Fußgängerstraße und **Künstlergasse** wurde. Dort lohnt ein Blick in einige der **Shops** und **Galerien**. Den Durst löscht man ruhig und preiswert in der Cafeteria des ein paar Meter abseits liegenden Theaters. U.a. gute *Tapas* serviert das *Can Sion* (Ciutat 41) mittags und ab 19 Uhr. Außer *Tapas* haben auch noch hübsche Gärten nach hinten 'raus das *Parisienne* und im oberen Abschnitt der Fußgängerzone das originell alternative *Mar de Vins* (Antoni Blanes 34).

Hauptziel in Artá ist nach wie vor die **burgartige Befestigung** auf dem Kalvarienberg um die Wallfahrtskirche *Santuari de Sant Salvador*. Ab der verlängerten Carrer Ciutat (Antoni Blanes und Sol) steigt man auf der **Treppengasse Parroquia** zur **Kirche *Transfiguración del Señor*** hinauf und dann weiter auf einer von Zypressen gesäumten breiten Treppe bis *Sant Salvador*. Man kann auch über die **Carrer S'Abeurador** anfahren (↪ Karte); an ihr zweigen weitere Treppengassen nach oben ab.

**Auffahrt/
Parken**

Der **Weg per Auto** hinauf zur alten Festung um die Wehrkirche ist weiträumig ausgeschildert. Man gelangt bis zu einem oberen Parkplatz vor den zinnenbewehrten Mauern. Sollte oben alles voll sein, nimmt man den **Ausweichplatz** Richtung *Ermita de Betlém*.

Eine großartige **Rundumsicht** von der komplett begehbaren Mauer belohnt die Mühe des Aufstiegs bzw. der Auffahrt.

Einkehr

Das *Hotel Sant Salvador* unterhalb des Festungsberges (direkt an der Zufahrt) hat eine schöne Gartenterrasse mit Weitblick über die Landschaft. Zwei stilvolle **Abendrestaurants** (*Zezo* & *Gaudi*, gehobenes Preisniveau, ☏ 971 829555) und die **Bar Es Castellet** warten dort auf Gäste, www.santsalvador.com.

Alternativ kommt das ebenfalls nicht ganz billige *Restaurant La Calatrava* im *Int'l Club Can Moray* in den Räumen einer alten Klosterschule in Frage; Carrer de ses Roques 13/Verlängerung der Carrer Sta. Margalida, 2. westl. Parallele zur Fußgängerstraße Ciutat). Elaborierte Küche, ☏ 971 836663; www.clubcanmoray.com.

**Ermita
de Betlem/
Abstieg nach
Colonia de
Sant Père**

Besonders bis in den Mai hinein, solange noch Obstbäume blühen und das Grün der Natur frisch ist, sollte man einen **Ausflug** zur *Ermita de Betlem* anschließen. Weniger die Einsiedelei selbst als vielmehr **der Weg dorthin** – zunächst durch ein liebliches Tal und dann weiter auf enger Serpentinenstrecke über einen Höhenzug –

*Auf dem Santuari de Sant
Salvador hoch über Artá*

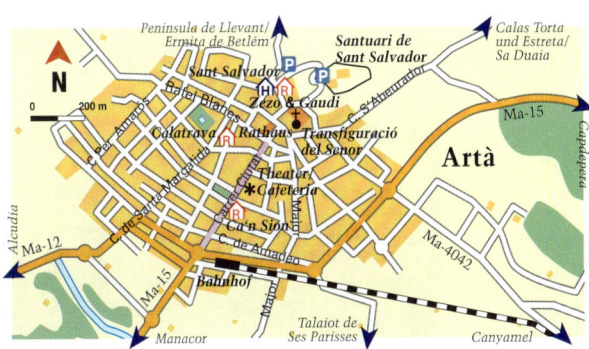

machen den Reiz dieses Ziels aus. Von dort schaut man auf Colonia de Sant Père und über die Bucht von Alcudia, bei guter Sicht bis zum *Cap Formentor*. Ein Fußweg führt von der »heiligen« Quelle *Font de S'Ermita* (von der Zufahrtsallee rechter Hand) hinunter zur Küste zwischen Colonia de Sant Père und Betlem.

Naturschutz-gebiet Peninsula de Llevant

Nördlich der *Ermita* bis zum Meer erstreckt sich ein ausgedehntes Naturschutzgebiet, der ***Parc Natural de la Peninsula de Llevant***. Von der Straße zur *Ermita de Betlem* (Ma 3333 Carrer de Pou Nou) zweigt nach ca. 5 km noch vor dem Beginn der Serpentinen die Holperstraße zur alten Radarstation auf dem *Puig de Sa Tudossa* (445 m) ab. Nach kurzer Strecke erreicht man einen Parkplatz, den Ausgangspunkt von zwei langen Wanderrouten in das Gebiet hinein. Bevor man dort losläuft, sollte man sich unbedingt in Artá **im Büro des Parks Karten besorgen** (gratis; Infomaterial auch mit deutschen Texten, ℂ 971 836828). Das Büro befindet sich etwas versteckt im 1. Stock eines Gebäudes 30 m unterhalb des Rathauses (*Ajuntament*). Die interessanteren Wanderungen im »Kerngebiet« nahe der Küste erfordern leider kilometerlange Anmärsche und sind bei weitem nicht so umwerfend wie manche Routen in der *Serra Tramuntana*.

Wanderungen

Am schönsten ist die Verbindung vom ***Puig de Sa Tudossa*** auf einer Art Kammlinie zum ***Talaia de Morey*** (unverfehlbar markiert, aber zum Schluss recht steiler Aufstieg). Von dort oben überblickt man die Bucht von Alcudia und schaut bis zum *Cap Formentor*. Bis zum *Puig* muss man zunächst auf einer für Fahrzeuge gesperrten ramponierten Straße laufen. Ca. 4 km Anmarsch und 2 km Pfad sind 12 km retour, mit Pausen ca. 4-5 Stunden.

Talaiots

Die zweitbeste und leichter zu realisierende Wanderung in dieser Region führt vom Ende der Straße zur Cala Torta bzw. von der **Cala Estreta** an der Küste entlang zum ***Torre d'Albarca***, ⇨ ums.

Von der Straße in Richtung Capdepera geht es noch im Ortsbereich rechts ab zu den ***Talaiots de Ses Paisses*** (1 km). Das Gelände ist eingezäunt. **Geöffnet** Mo-Fr im Winter 10-13/14-17 Uhr; April bis Oktober Mo-Sa 9.30-13/14.30-18.30 Uhr; Eintritt €2.

*»Eingangstor«
zum
talaiotischen
Dorf Ses
Paisses*

Zu Begriff und Bedeutung der *Talaiots* ➪ Seiten 334 und 418. *Ses Paisses* wirkt wegen seiner Lage im Wald besonders pittoresk.

Cala Torta

Am östlichen Ortseingang/-ausgang von Artá weist, wie erwähnt, ein Schild auf die Zufahrt zur *Cala Torta* hin, einer Bucht an der rauhen Nordostküste weitab jeder Siedlung mit einem tiefen **Sandstrand** und Dünen. Sie ist beliebt bei Nacktbadefans, aber kein reines FKK-Revier. Die 10 km lange Strecke dorthin ist bis zum Abzweig für die Cala Torta geteert. Der letzte Kilometer geht noch über Stock und Stein. Schattiges Parken möglich. Eine (teure) **Strandbar** öffnet Juni bis September. Die Wasserqualität ist dort Spitze. Manche Besucher kommen zu Fuß von der ca. 2 km entfernten *Cala Mesquida*, ➪ Seiten 294 und 299 unten.

Zum Torre d'Albarca

Leicht zu identifizierende Küstenpfade führen zum bestens erhaltenen/restaurierten Wachtturm **Torre d'Albarca** mit einem alten Kanonenrohr auf der oberen Plattform (ca. 1 Stunde) und weiter bis zum *Talaia de Morey* (4-5 Stunden einfacher Weg, ➪ vorstehend) und für »Kampfwanderer« an einem sehr langen Tag bis Betlém und Colonia de Sant Père.

Wer sich die riesigen Schlaglöcher antun mag, kann der Straße (links) auch **bis zur Cala Estreta folgen und dort starten**; das spart 15 min Fußweg. Auf keinen Fall aber hinunter zur **Cala Mitjana** fahren, dort ist nur noch mit 4WD ein Durchkommen.

Einkehr

Gut 2 km vor Erreichen der *Cala Torta* weist ein Schild auf das ***Restaurant Sa Duaia*** hin. **Unbedingt besuchen** zumindest für einen Drink! Von der Gartenterrasse hat man einen traumhaften Blick. Wer dort Hunger hat, kriegt statt Speisekarte einen Laptop, dessen Monitor alle Gerichte samt Zutaten und Stadien der Zubereitung zeigt. Zimmer gibt's auch; www.saduaia.com.

*Einsame Cala Es Matzoc am Weg zum Torre d'Albarca
(man sieht ihn ganz rechts)*

Roca Viva

Über eine gepflegte Terrasse und ein sehr gemütliches Restaurant (***Roca Viva***) verfügt der Golfplatz von Capdepera, ca. 4 km östlich von Artá (kurze Zufahrt). Gut für einen Drink wie auch für einen Capuccino oder das Dinner. Prima Preis-/Leistungsverhältnis.

Höhlen

Die bekannten **Höhlen von Artá** liegen gut 10 km entfernt von Artá im Hang überm Meer bei ***Platja de Canyamel***, ⇨ Seite 301.

Das mittelalterliche Castell ist eine tolle Anlage hoch über der Kleinstadt Capdepera.

7.6

Capdepera

Funktion und Geschichte

Die Touristenzentren des Nordostens von Canyamel bis zur Cala Mesquida werden von Capdepera aus verwaltet. Alle Wege zu den Buchten des Nordostens – mit Ausnahme der *Platja de Canyamel* – führen über dieses weithin sichtbare Städtchen auf dem Bergrücken oberhalb von Cala Rajada. Dessen strategisch günstige Position wurde schon vor der Römerzeit zum Bau von Befestigungen genutzt. Die heutige Anlage mit der eindrucksvollen Ringmauer geht auf die Araber zurück, die hier dem Eroberer *Jaume I.* im Jahre 1230 noch trotzten, als Palma schon lange gefallen war. Sein Nachfolger *Jaume II.* begann um 1300 mit dem weiteren Ausbau des ***Castell***, dessen Aussehen sich seit dem Ende des 14. Jahrhunderts kaum verändert hat. Erst vor kurzem wurde es restauriert. Allerhand **Legenden** ranken sich um die Uneinnehmbarkeit der Festung, darunter die der Wirkung des Muttergottesbildes in der Kapelle *La Esperanza*: in höchster Not sorgte es – auf die Zinnen gestellt – für den Abbruch der Belagerung durch arabische Piraten.

Burganlage

Die Burganlage von Capdepera erreicht man **am besten zu Fuß** von der Plaça Espanya (an der Straße <u>durch</u> den Ort) über einen in gerader Linie hinaufführenden **Treppenzug**. Man kann auch vor das Tor der Festung fahren. Die Strecke über enge Gassen ist ausgeschildert. Es gibt oben aber kaum Parkmöglichkeiten. In Capdepera sind diverse Parkplätze vorhanden (Parkautomaten).

Castell Capdepera	Das Innenleben der Burg besteht vor allem aus der schießschartenbewehrten Ringmauer, die rundum begehbar ist. Schon allein die Aussicht über die Buchten des Nordostens lohnt den Besuch. Das Eingangstor ist im Sommer täglich 9-20 Uhr geöffnet, im Winter 9-17 Uhr; Eintritt €2. Nachts wird das *Castell* pittoresk angestrahlt. Fürs optimale Foto geht man von der zentralen *Plaça* ca. 50 m bergauf zu einem Parkplatz und weiter die Treppe hoch. Der Internetauftritt ist etwas dürftig: www.castellcapdepera.com.

Cala Mesquida

Kennzeichnung

Oberhalb von Cala Rajada liegt mit *Cala Mesqui*da das **nördlichste Ferienziel der Ostküste** (nach Capdepera auf guter Straße 6 km, nach Cala Rajada 9 km). Die Bucht verfügt über einen breiten, für Mallorca ungewöhnlich tiefen Sandstrand mit geschützten, nur auf Holzbohlen zu querenden Dünen, die in einen Kiefernwald übergehen. Sie wird auf ihrer Westseite begrenzt durch die Felsküste der Halbinsel Serra de Llevant.

Strand

Der Strand ist zwar weniger malerisch als der der nahen *Cala Agulla*, ⇨ Seite 299, aber nicht so überlaufen. Von Cala Rajada gibt es Boote dorthin; sportliche Naturen erreichen die *Cala Mesquida* von Cala Rajada aus via *Cala Agulla* auf einem Weg über einen Höhenzug durch Pinienwald (ca. 3 km, ⇨ Seite 299f).

Zugang

Die Straße zum Mesquida-Strand führt immer über Capdepera. Von der Bushaltestelle und gleichzeitig strandnächsten Parkmöglichkeit muss man auf einer Art **Promenade** bis zum Wasser hinunter ca. 400 m weit laufen. Dort gibt es die üblichen Angebote vom Liegen- bis zum Surfboardverleih und einfache Strandlokale.

Urbanisation

Die Nordwestseite des Strandes wird beherrscht von der Club-Urbanisation **Viva Cala Mesquida** mit Shop- und Serviceinfrastruktur, die sich 100 m ins ansteigende Hinterland hinaufzieht. Auf der Terrasse der Cafeteria hoch über dem Meer (Treppenzug vom Strand nach oben) sitzt es sich noch besser als im Strandcafé.

Wanderung zur Cala Torta

Vom Parkplatz am Ende der Via Marina an den Hotelanlagen vorbei führt die Carrer de Espanya 150 m hinunter an die Küste. Folgt man von deren Ende den Steinmännchen, gelangt man nach einigem Auf und Ab in guten 30 min (ca. 2 km) an den Strand der **Cala Torta**. Hinweis: die Pfadalternativen in Ufernähe rechts um die Hügel herum sind für trittsichere Leute leichter und rascher zu bewältigen als die »Geradeaus-Route« über die Höhen.

Unmengen von originellen Steinmännchen säumen den Weg von der Cala Mesquida zur Cala Torta

Fischerboote im Hafen von Cala Rajada

Cala Rajada

Cala Rajada als Urlaubsziel wurde im Kapitel 2, Seite 64f, bereits ausführlich gewürdigt.

Geographie

Die Anfahrt nach Cala Rajada, gleich aus welcher Richtung, läuft immer über die 3 km entfernte Gemeindehauptstadt Capdepera. Dort wird der Durchgangsverkehr auf eine Umgehungsstraße geleitet, von der auch die Straße nach Cala Mesquida und eine Zufahrt zur Cala Agulla abzweigen. Wie aus der Karte auf Seite 289 gut ersichtlich ist, liegt das Städtchen in der Nordostecke Mallorcas am Fuße einer spitzen Landzunge, die mit dem *Cap de Pera* abschließt. Um den Fischerhafen herum erstreckt sich der Kernbereich nach Süden bis zum Strand der **Cala Son Moll** einen guten Kilometer entfernt vom Ortszentrum an der Straße nach Cala de sa Font und gleichzeitig am alten Ende der Promenade, die 2010 hinter alten Sommerhäusern (zunächst noch ohne Infrastruktur) ca. 1 km weitergeführt wurde und nun erst kurz vorm *Hotel Aguait* endet. Sie wird umringt von Hotels der gehobenen Mittelklasse mit einer von Ende Mai bis September den Strand trotz erheblicher Aufspülungen ziemlich erdrückenden Bettenkapazität.

Nordwestlich wuchs Cala Rajada mit der Ferien- und **Hotelurbanisation Cala Guya** unterhalb der gleichnamigen, aber auf *Mallorquín »Agulla«* genannten Strandbucht zusammen.

Cap de Pera/ Cala Gat

In Richtung *Cap de Pera* bremste das Gelände des **Palau March** (➪ Seite 298) die Expansion Cala Rajadas. Dahinter liegt aber noch die kleine Bucht **Cala Gat**. Sie ist über die Straße zum Kap (Leuchtturm) und auf einer Promenade vom Hafen aus erreichbar.

Hafen und Promenade

Der noch aktive Fischerhafen ist ein guter Ausgangspunkt für eine Ortserkundung. Nach Umrundung des Hafens, dessen weit ins Meer ragende, breite Mole beliebtes Ziel vieler Spaziergänger ist, bietet sich die **Küstenpromenade** zum Strand von *Son Moll* und darüberhinaus an. Speziell auf dem ersten Stück (Passeig Colom), drängen sich Cafés und Restaurants. Tische und Stühle stehen

7.6

beidseitig der Promenade. Der kommerzielle Charakter dieser ansprechend begrünten Fußgängerstraße ändert sich aber nach wenigen hundert Metern. Felsen und Meer, hübsche Gärten und Caféterrassen nur in Abständen sorgen weiter südlich für einen besonders attraktiven Verlauf. Erst nahe *Son Moll*, rund 1,5 km weiter, wird's wieder »touristischer«. Der Abschnitt jenseits von *Son Moll* führt auf flachem Ufer dicht am Wasser entlang.

Die gastronomische Konkurrenz an der Promenade sorgt für moderate Preise: nachmittags **Kaffee und Kuchen** ab €3 und zur *Happy Hour* das Bier auch schon mal für €1 und den Liter Sangria für €5. Gut sitzt man u.a. bei der *Casa Mateo* auf einer von der Café-Zeile der Promenade separierten Terrasse. Italienische Küche bietet **Mamma Pizza**. Am Promenadenbeginn überzeugt die *Alaska Lounge* mit einer Terrasse unter Bäumen und zivilen Preisen.

Gastronomie

Schräg gegenüber wird das *El Cactus* zu Recht oft gelobt, ein rustikales Lokal in deutscher Hand. Die Küche ist ausgezeichnet, die Preisgestaltung dafür moderat (Eleonor Servera 83, ☎ 971 564609).

Unter schattig altem Baumbestand sitzt man **über dem Fischerhafen**. Von den Lokalen dort empfiehlt sich u.a. das *Restaurant Es Mollet* mit freiem Terrassenblick und ordentlichem Preis-/Leistungsverhältnis (mallorquinisch-internationale Küche).

Ein **distinguiertes höherpreisiges Restaurant** mit französischer Küche findet man in den nostalgischen Gemäuern des **Hotel Ses Rotges** in der Carrer Rafael Blanes (☎ 971 563108).

Exotisch und farbenfroh ist die *Polynesian Bar* (mit Restaurant) vom *Ses Rotges* zwei Ecken weiter zurück in Richtung Hafen.

Wer Appetit auf richtig gute **Steaks** in angemessener Größe hat, wird für die Mühe des Weges zum *Restaurant Rancho Bonanza* beim Tennis Club an der Straße Cala Agulla-Capdepera belohnt. Prima Preis-/Leistungsverhältnis: ☎ 971 819098.

Leben und Treiben am Abend

Das abendliche Leben und Treiben spielt sich vor allem im Dreieck Son Moll/Hafen und Ende Avinguda L`Agulla mit der **Carrer Eleonor Servera** als zentraler Achse ab. Die bloße Zahl der Shops, Kneipen, Snack Bars und Restaurants ist dort beachtlich. »In« sind immer wieder andere Adressen; einige aber halten schon lange die Position wie z.B. die *Chocolate Bar*, das *Angels* oder *Coco's Pool Bar*. Populäre Discos sind *Physical* und *Bolero*.

Zur Cala Gat

Von der Hafenmole führt ein breiter gepflasterter Weg nach links direkt am Wasser entlang zur ca. 600 m entfernten *Cala Gat*. Eine Verlängerung bis zum **Leuchtturm** am *Cap de Pera* ist geplant. Die kleine sandige Bucht liegt geschützt unter der Steilküste. **Mit Fahrzeug** erreicht man sie über die Straße Richtung *Punta de Capdepera*, dann am Hotel *Cala Gat* rechts ab und wieder rechts. Dort kann man (beengt) oberhalb des Strandes parken.

Punta de Capdepera

Zur östlichsten Spitze Mallorcas sind es ab dem Hotel noch ca. 1,5 km (weiter geradeaus auf der schmalen Asphaltstraße bleiben). Berühmt ist das Kap für »seinen« Sonnenaufgang.

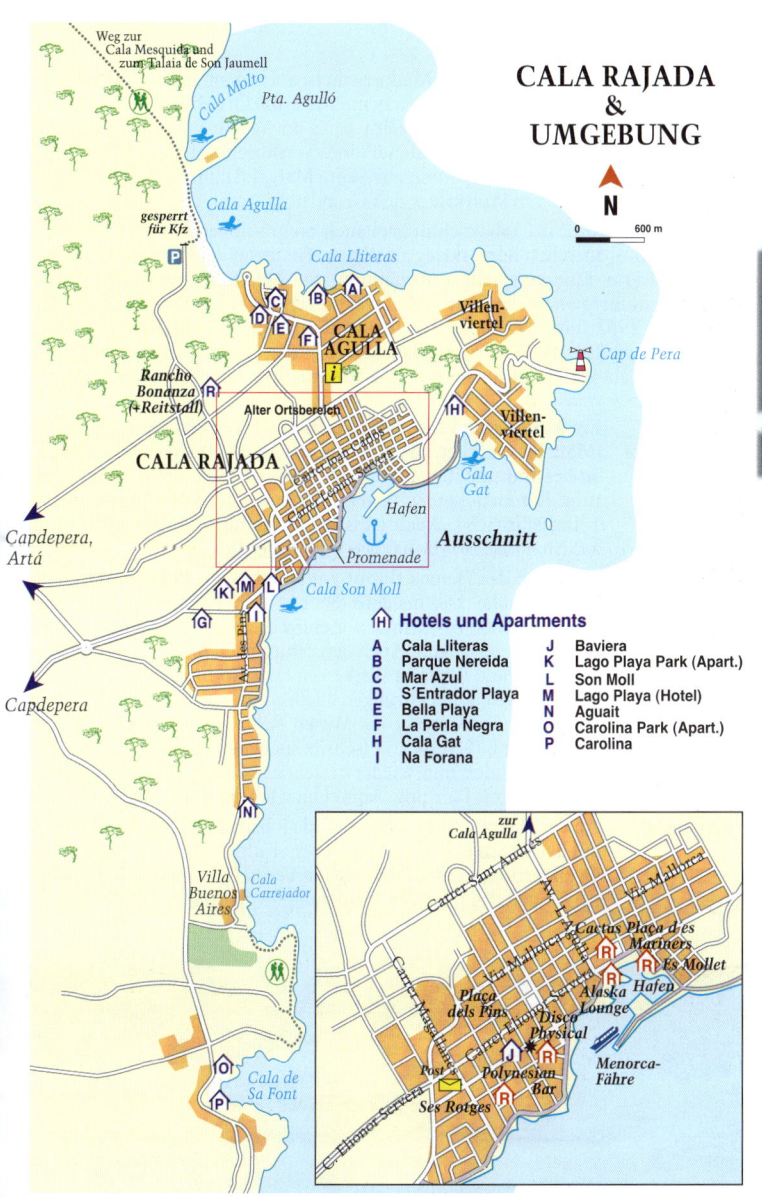

CALA RAJADA & UMGEBUNG

N

0   600 m

7.6

Weg zur
Cala Mesquida und
zum Talaia de Son Jaumell

Cala Molto

Pta. Agulló

gesperrt
für Kfz

Cala Agulla

Cala Lliteras

CALA
AGULLA

Villen-
viertel

Cap de Pera

Rancho
Bonanza
(+Reitstall)

Alter Ortsbereich

Villen-
viertel

CALA RAJADA

Cala
Gat

Capdepera,
Artá

Hafen

Ausschnitt

Promenade

Cala Son Moll

Capdepera

Villa
Buenos
Aires

Cala
Carrejador

Cala de
Sa Font

Hotels und Apartments

A	Cala Lliteras	J	Baviera
B	Parque Nereida	K	Lago Playa Park (Apart.)
C	Mar Azul	L	Son Moll
D	S'Entrador Playa	M	Lago Playa (Hotel)
E	Bella Playa	N	Aguait
F	La Perla Negra	O	Carolina Park (Apart.)
H	Cala Gat	P	Carolina
I	Na Forana		

zur
Cala Agulla

Carrer Sant Andreu

Cactus Plaça d'es
Mariners

Es Mollet

Hafen

Alaska
Lounge

Plaça
dels Pins

Disco
Physical

Polynesian
Bar

Post

Ses Rotges

Menorca-
Fähre

Juan March

Der Name »*March*« lässt sich auf Mallorca nicht übersehen. Er begegnet einem auf Schritt und Tritt. So gibt es keinen nennenswerten Ort ohne eine Filiale der *Banca March*. Die Familie *March* zählt ganz im Verborgenen zu den zehn reichsten dieser Erde. Sie ist Nutznießer eines Vermögens, zu dem der mallorquinische Schweinehirt *Juan March* aus Santa Margalida durch Geschäfte mit allen Parteien des ersten Weltkriegs den Grundstein legte.

Nachdem er später im Tabakschmuggel auch nicht schlecht weiterverdiente, setzte er im spanischen Bürgerkrieg als Waffen-Finanzier der Faschisten auf die richtige Karte. Eine beispiellose Anhäufung von Reichtum und wirtschaftlicher Macht im Spanien der Franco-Zeit war die schöne Folge. Davon zehren die Erben des 1962 standesgemäß im Rolls Royce auf seiner Heimatinsel zu Tode gekommenen damals 83-jährigen Klanchefs. Der den Hafen überragende *Palau March* in Cala Rajada ist für sie nur eine Sommerresidenz unter vielen.

Im Jetboot nach Menorca
Ein ***Katamaran*** verbindet Cala Rajada 1-2x täglich mit Ciutadella (März bis Oktober, ab CR 9 Uhr, ab CIU 19 Uhr (jeweils 2. Abfahrt an bestimmten Tagen 17.30 Uhr hin, 10.35 zurück); Dauer ca. 60 min. Retourticket €120, aber Discounts bei Vorausbuchung und 1-Tagestarif €84. Auch günstige Kombitarife mit Übernachtung auf Menorca; ℭ 902 100444; www.interilles.es.

Palacio/ Palau March
Oberhalb des Hafens thront gut sichtbar der ***Palacio March*** auf einer Anhöhe. Der bis dato dicht bewaldete Park um den Palast herum (60.000 m²) wurde vor einigen Jahren durch einen schweren Sturm verwüstet. Auch den zahlreichen Skulpturen und Plastiken im Park, darunter Werke von *Dalí*, *Rodin* und *Moore*, bekam das nicht gut. Die Führungen blieben lange abgesetzt. Auch wenn einige der Kunstwerke ins **Museu *Palau March*** nach Palma gegangen sind, ⇨ Seite 153 (sehr besuchenswert), kann der restaurierte Komplex nun wieder besichtigt werden, aber nicht individuell, nur mit Führung. Anmeldung bei der Touristinfo, ⇨ unten.

Touristinfo
An der Hauptstraße zwischen Cala Rajada und Cala Agulla wurde auf halber Strecke ein umstrittener »Kulturpalast« in Beton- Glas-Optik errichtet. Das ***Edificio Cap Vermell***, Plaça de Pinos, beherbergt auch das Büro der **Touristeninformation**, ℭ 971 819467.

Cala Agulla

Cala Agulla (Guya)

Kennzeichnung und Lage

Die Bezeichnung *Cala Guya* oder *Agulla* steht – wie gesagt – sowohl für eine der schönsten Buchten Mallorcas als auch für die ausgedehnte deutsch dominierte Hotelurbanisation, die sich zwischen ihr und dem »echten« Städtchen Cala Rajada entwickelte.

Anfahrt

Die *Cala Agulla* erreicht man über Cala Rajada (bis zum Ende der Straße an der Südflanke der Bucht sind es fast 2 km) oder direkt von der Ortsumgehung Capdepera auf einer rückwärtigen Straße durch den Kiefernwald. Von dieser gelangt man auf einen großen Parkplatz hinter dem zentralen Bereich des Strandes, ohne erst durch den Ort fahren zu müssen (von Capdepera kommend ausgeschildert). Zum Strand geht man von dort nur wenige Schritte.

Hotelurbanisation Cala Guya

Im Umfeld der *Cala Agulla* gibt es so gut wie keine Bebauung. Dafür drängen sich die Apartmentanlagen und Hotels dicht an dicht entlang der felsigen Küste bis über die *Cala Lliteras* hinaus und expandieren südwestlich ins Waldgebiet hinein. Während der Saison finden regelrechte »Völkerwanderungen« von den Hotels und aus Cala Rajada zum Strand und zurück statt.

In den Läden und Lokalen entlang der Strandstraße spricht man (fast) nur eine Sprache: deutsch! Dort ballen sich die Cafés und Kneipen mit deutschem Kaffee- und Kuchen-Angebot, *Happy Hour* mit den heimischen Biermarken der Gäste und Sangria.

Reiten

Auch die **Reitmöglichkeiten** sind im Gelände hinter der *Cala Agulla* besonders gut. Der Reitstall lässt sich nicht übersehen.

Tauchen

Eine **Tauchschule** befindet sich an der *Cala Lliteras*, am Ende der Promenade ein paar hundert Meter östlich des Strandes.

Cala Moltó

Nördlich der *Cala Agulla* liegt, durch eine weit vorspringende Landzunge von der größeren Nachbarbucht getrennt, die felsige *Cala Moltó*, die inoffizielle Nacktbadebucht Cala Rajadas.

Wanderweg zur Cala Mesquida

Links davon beginnt ein breiter Weg über den Höhenzug zwischen den *Calas Agulla* und *Mesquida* (ca. 3 km). Der Einstieg unweit des eingezäunten Geländes auf der die *Calas Agulla* und *Moltó* trennenden Landzunge ist nicht zu verfehlen (Wegweiser »*Coll Moltó*«). Durch lichten Kiefernwald erreicht man die Dünen von Cala Mesquida nach maximal 60 min und überquert das geschützte Gelände auf einem Holzbohlenweg.

Talaia de Jaumell, ↪ *Seite 300*

7.6

Abstecher zum Talaia Son Jaumell

Ein – speziell bei warmen Temperaturen anstrengender – **Umweg** führt über den *Talaia Son Jaumell* oberhalb der Baumgrenze (ca. 270 m). Den Abzweig erreicht man auf ca. halber Strecke noch im Aufstieg (ausgeschildert). Der Serpentinenpfad ist rot markiert, der Turm nach 30 min erreicht. Ein sagenhafter Blick auf beide Buchten belohnt die Mühe. Der Abstieg zur *Cala Mesquida* beginnt ca. 200 m vor der Ruine. Blaue Punkte markieren mehrere Pfade, aber mit dem Ziel vor Augen findet sich auch ohnedem leicht ein – zunächst steiler – Abstieg durch hohes Schneidgras und über Geröll.

Cala de sa Font

Anfahrt/ Situation

Von Cala Rajadas Ortsteil Son Moll führt eine schmale Küstenstraße zur 3 km entfernten *Cala de sa Font*. Die Hauptzufahrt dorthin läuft ab Kreisverkehr am östlichen Ortsausgang von Capdepera. Die Sandbucht *Cala de Sa Font* liegt hübsch eingebettet in die sanft ansteigende Felsküste, überragt vom Hotel *Carolina* und auf der anderen Seite besetzt durch das Terrain des *Font de Sa Cala Club*. Zum Strand drängen auch die Gäste ausgedehnter Clubanlagen und Apartments jenseits der die Bucht passierenden Straße wie auch die Bewohner der Privatvillen im Umfeld.

Beurteilung

Abstrahiert man von der saisonalen Übernutzung ist *Cala de sa Font* immer noch eine schöne Bucht. Wassersport steht beim hier überwiegend jungen Publikum und den Familien mit Kindern im Vordergrund. Die Infrastruktur aus Boutiquen, Kneipen und Restaurants an der Zufahrtstraße ist stereotyp. Einen besonderen Grund, hierher einen Abstecher zu machen, gibt es nicht.

Kleine Küstenkletterei

Wenngleich ein Umweg zur Cala de Sa Font hier nicht favorisiert wird, gibt es einen guten Grund, der Straße von Son Moll dorthin zu folgen. Ca. 300 m südlich des Hotels *Aguait* liegt der Startpunkt eines Küstenpfades über die breite Landzunge zwischen der *Cala Carrejador* und der *Cala de sa Font* (Villa »Buenos Aires«, dort auch Platz zum Parken). Es gibt zwar ab und zu Steinmännchen zur Kennzeichnung, aber der Weg findet sich eigentlich von selbst. Das Interessante daran ist die exponierte Steilküste, die nicht unmittelbar abbricht, sondern durch einen breiten **Streifen wild aufeinandergetürmter Felsbrocken** gebildet wird. Abgesehen davon, dass es halbwegs sportlichen Naturen sicher Spaß macht, darauf herumzuturnen (nicht schwierig, erfordert aber flexibles Schuhwerk), verursachen die antreibenden Wellen an einigen Stellen ab einem gewissen Seegang ein ohrenbetäubendes, eigenartiges Röhren in der Tiefe unterhalb der Felsbarriere. Es entsteht beim Ablauf eingedrungenen Wassers aus unterirdischen Hohlräumen. Ab dem Startpunkt, der auch am Ende einer kurzen Stichstraße ab dem Knie der Uferstraße liegen kann, ist dieser Bereich nach ca. 10-15 min erreicht. Es lohnt sich, auch ohne Zielsetzung Font de sa Cala dorthin zu laufen bzw. über die Felsen zu klettern. Am kleinen **Strand** am Wege kann man – ohne Massenbetrieb – baden. Bei ruhiger See geht's auch unterhalb der dann »geräuschlosen« Felsen.

*Alte
Fluchtburg
Torre de
Canyamel,
daneben das
Restaurant
»Porxada«,
⇨ folgende
Seite*

7.6.2   Die Küste von Canyamel bis Sa Coma

Von Cala Rajada/Capdepera nach Süden geht es alternativlos zunächst küstenfern auf der Straße #404 in Richtung Son Servera.

Platja/Playa und Costa de Canyamel

Kennzeichnung

Eine Kennzeichnung von ***Platja de Canyamel*** als Urlaubsort steht bereits auf Seite 67. Dabei handelt es sich um eine reine Hotel- und Apartmentanlagenkonzentration hinter dem Strand der *Cala de Canyamel*. Die ***Costa de Canyamel*** ist eine **Villensiedlung**, die sich südlich der Bucht von Artá in die Hügel hinaufzieht. Zu beiden führt eine Stichstraße von der Hauptstrecke Capdepera-Son Servera (Kreisverkehr), die sich erst kurz vor der Küste an der Einfahrt zur *Finca Can Simoneta* teilt. Nach rechts geht es zu den Privatvillen an und hoch über der Felsküste. Für Ausflügler gibt es zwei gute Gründe, nach Süden abzubiegen:

**Costa de
Canyamel**

**Platja de
Canyamel**

- Nach ca. 1 km erreicht man das ***Restaurant & Café Cala Rotja*** (sehr gute verfeinerte Küche) über einer kleinen öffentlichen, fast nur Anwohnern bekannten **Badestelle** mit Ministrand.
- Ca. 2,5 km sind es bis zum Straßenende (immer links halten), wo man leicht den Einstieg in den **Verbindungspfad zur *Costa de Pins*** findet (800 m bis Straße Costa de Pins, ⇨ Seite 303f).

In der nördlichen Ecke der Bucht warten rund 300 m eher grauer Strand und transparentes Wasser. Zwar stehen die beiden großen Hotels *Laguna* und *Castell Royal* gleich dahinter, dominieren aber das Gesamtbild nicht übermäßig.

**Cap Vermell
Naturreservat**

Vom Strand erreicht man dank einer Fußgängerbrücke über den *Torrente de la Harinera* das Infohäuschen eines kleinen Naturschutzgebietes (***Area Natural del Torrente de Cap Vermell***), das vielleicht passionierten Vogelbeobachtern, aber kaum »normalen«

7.4

*Ausgang
der Höhle
von Artá,*

Touristen etwas zu bieten hat. Was die Lage betrifft, interessanter ist das als **Beach Club** bezeichnete kleine **Hotel Cap Vermell**. Dessen **Restaurant** steht auch Nicht-Hotelgästen offen. Von der Terrasse überblickt man die gesamte Badía d'Artá. Mit Fahrzeug geht es dorthin nur über die Zufahrt zu den **Coves d'Artá** (ab Canyamel fast ganz zur Hauptstraße zurück und hinter dem *Torre de Canyamel* nach rechts abbiegen; ausgeschildert).

**Zufahrt
Coves d'Artá**

Diese Straße windet sich nach Passieren des Golfplatzes (unmittelbar davor Schild »*Claper des Gegants*«: 10 min Fußpfad zu mäßig spannenden talaiotischen Grundmauern, ➪ Seite 334) durch eine Villenurbanisation die Steilküste hinauf und endet am Parkplatz unter einem enormen Felsüberhang. Ein weiterer Parkplatz steht 100 m vorm Höhleneingang zur Verfügung.

**Höhle
von Artá**

Eine lange Treppe führt hinauf zum Eingang der **Höhle von Artá** hinein ins von Höhlenstein, Fackel- und Kerzenqualm schwarze Labyrinth abgetrockneter Stalagmiten und Stalaktiten. 25-40-minütige **Führungen mit knallbunter Wechselbeleuchtung der Höhlenbereiche** finden laufend statt, im Sommer täglich 10-18 Uhr, im Winter bis 17 Uhr. Man sollte versuchen, sich einer sprachlich homogenen Gruppe anzuschließen, bei der die Wiederholung derselben Erklärungen in weiteren Sprachen nicht endlos dauert. Eintritt €10, Kinder 50%; www.cuevasdearta.com.

**Torre de
Canyamel**

Der mittelalterliche Turm **Torre de Canyamel** unweit der Abzweigung der Straße zu den Höhlen ist nicht zu übersehen. Im rustikalen **Restaurant Porxada** in den Gemäuern eines alten Landgutes werden mallorquinische Gerichte serviert (mittlere Preise). **Spanferkel** sind die Spezialität des Hauses. Sie werden in anständiger Portion und mit einem Stück kross gebratener Schwarte serviert. Dank großer Kapazität braucht man nicht zu reservieren, aber wer Wert auf einen Tisch im gemütlicheren vorderen Gastraum legt, sollte vorher anrufen: ✆ 971 841310 (So geschlossen).

Costa des Pins (de los Pinos)

Situation

Die *Costa des Pins* liegt unmittelbar südlich der Höhen der *Costa de Canyamel* am nördlichen Ende der Bucht von Cala Millor. Aber es gibt keine Straßenverbindung, sondern nur einen Pfad hoch über der Steilküste, ⇨ unten. Um zur *Costa des Pins* zu gelangen, folgt man ab Son Servera oder ab Höhe des Golfplatzes *Pula* der ausgeschilderten Küstenzufahrt. Man kommt auch auf der Küstenstraße via Cala Bona dorthin, ⇨ Karte Seite 306.

Platja d`es Rivell

An der grausandigen **Platja d'es Rivell** am Anfang der *Costa des Pins* ist meistens nicht so ganz viel los (aber Strandbar), eine ruhige Alternative zu den Stränden von Cala Bona oder Cala Millor.

Gleich dahinter liegt beim Golfplatz *Son Servera* (Zufahrt ausgeschildert) das Restaurant **La Piazella**, dessen (italienische) Küche von Residenten und Golfspielern oft gelobt wird. Das gehobene Preisniveau ist indessen etwas heftig für dieses Lokal.

Geheimtipp

Wie in Canyamel verbergen sich in den bewaldeten Hängen der *Costa des Pins* viele traumhaft gelegene Villen. Direkt am Wasser steht das **Eurotel Punta Rotja** auf einer kleinen Landzunge. Unterhalb des Hotels gibt es einen kleinen **Strand** und einen winzigen Bootshafen. Nicht-Hotelgäste fahren/gehen über eine nicht weiter gekennzeichnete Zufahrt gleich hinter dem *Eurotel* dorthin. Man kann bis zum Bootshafen durchfahren, aber parken meist nur an der Zufahrt. Unten gibt`s im Sommer einen Liegenverleih auf den flachen Felsabsätzen. Das Wasser ist dort glasklar. Ein paar Meter über dem Strand steht im Hotelpark das kleine Restauranthäuschen **La Cabana** (auch für externe Gäste). Draußen sitzt man dort schattig mit ungestörtem Blick, drinnen gediegen. Das gilt auch für Speisen, Service und Preise; ✆ 971 816500. Bis kurz vors *Eurotel* verkehrt eine lokale Buslinie ca. 6 x täglich.

Kletter-/Kurz-wanderung

Die Straße endet ca. 2 km weiter an einem Wendehammer. **Bei trockenem Wetter** (sonst ist es in dem steilen Gelände zu rutschig) kann man den **blauen Markierungen zur Costa de Canyamel** folgen. Ca. 50 m-100 m über der Steilküste schlängelt sich der **Kletterpfad** in stetem Auf und Ab

Strand beim Port Verd Beach Club, ⇨ *Seite 304 unten; ganz hinten rechts steht das Eurotel (weißes Gebäude)*

7.6

(zunächst mehr aufwärts) durch stachligen Lärchenbestand und Schneidgras ca. 800 m bis zum Endpunkt der Küstenstraße an der *Costa de Canyamel* (ca. 20 min).

Von dort bis Platja de Canyamel sind es weitere ca. 3 km. Wer eine Abholung vereinbart, könnte sich ggf. auch im erwähnten **Restaurant Cala Rotja** (⇨ Seite 301) treffen, bei Hitze zugleich ein guter Platz zum Sprung ins Wasser (ca. 1,5 km bis dorthin). Da die blauen Punkte von beiden Seiten aus den Pfadverlauf (teilweise abweichend) ganz gut markieren, wäre – wenn keine Abholung organisiert werden kann – auch eine Retourwanderung bzw. -kletterei kein Problem.

Blick hinunter aufs Meer vom Pfad zwischen Costa de Pins und Canyamel

Cala Bona

Kenn-zeichnung

Cala Bona wurde bereits in Verbindung mit Cala Millor im Kapitel 2, Seite 69, kurz beschrieben. Hinzuzufügen ist, dass man mit Auto nur schlecht in den Ort hineinkommt. Einbahnstraßen und Fußgängerbereich versperren überall den Weg. Parkraum ist kaum vorhanden. Wer an der Verbindung Cala Millor-Costa de Pins sein Fahrzeug abstellt, läuft aber nur wenige Schritte bis zur Fußgängerzone bzw. ans Wasser. Attraktiv sind der Hafenbereich am Nordende der Promenade und die Open-air Terrassen der Restaurants (preiswert!) an den (hier überwiegend künstlichen) Strandabschnitten. Ins Hafenbecken hineingebaut hat man die **Touristeninfo** und dahinter die rundum verglaste **Cafeteria Thalassa**. 200 m nördlich des Hafens sitzt man an der Bardes **Beach Club PanetOste** direkt am Wasser.

Restaurants

Hinter dem Ortsende von Cala Bona in Richtung Costa des Pins liegen in kurzer Distanz zwei speziell in Bezug auf ihre Position am Wasser erwähnenswerte Lokale. Lediglich das erste, **Sa Punta** (hübscher Garten), erreicht man von Cala Bona aus leicht zu Fuß.

Gut1 km weiter nördlich passiert man nach den Hotelkomplexen des schwedischen Sunwingkonzerns die umfriedete Villensiedlung **Port Verd**. Deren Straßen sind aber öffentlich. Direkt an der Felsküste befindet sich die herrliche **Terrasse des Port Verd del Mar Beach Club**, ⇨ Foto Seite 145 (Mitte Mai-Mitte Okt.), toller Platz zum Entspannen. Am **Strand** links davon ist selten Betrieb.

Cala Millor

Kenn-zeichnung

Der Charakter Cala Millors mit seiner Hochhauskulisse einerseits und der attraktiven grünen **Promenade am 2 km langen Strand** andererseits wurde im Kapitel 2, Seite 68, ausführlich beschrieben. Zum Ort selbst bleibt nur wenig nachzutragen. Tourismus »pur« bestimmt weitgehend das Bild. Die **Anfahrt** erfolgt via Costa des Pins/Cala Bona, Son Servera oder von Sa Coma aus.

Die **Promenade** und weitere Fußgängerstraßen sorgen für eine angenehme Ortsatmosphäre. Sieht man von außerhalb liegenden Villenvierteln ab, endet der größte Teil von Cala Millor an der rückwärtigen Durchgangsstraße (parallel zur Küste) drei Blocks vom Meer entfernt. Zwischen Parc de la Mar (über dem Hotel H in der Karte) und südlichem Ortsende existiert schon lange eine Hotelzeile, die erst in der letzten Dekade »nach hinten« erweitert wurde, u.a. durch das Veranstaltungszentrum *Sa Maniga* und das *****Hotel *Hipocampo Palace* in dritter Reihe.

Das Hinterland von Cala Millor ist ohne besonderen Reiz. Immerhin erreicht dort der Hügel *Sa Penyal* 212 m Höhe. Vom **Restaurant** *Bella Vista* oberhalb der Straße Son Servera-Portocristo (ausgeschildert) führt unverfehlbar (Steinmännchen) ein steiler steiniger **Pfad auf den Berg** (ca. 60 min retour plus Pause).

Gastronomie

In Cala Millor fällt es schwer, empfehlenswerte Restaurants zu nennen. Von der Lage her verbuchen die **Lokale direkt an der Promenade** Pluspunkte, aber mit den links genannten Restaurants (*Port Verd* und *Sa Punta*) sind sie nicht zu vergleichen. Für gehobenen Gaumengenuss muss man ein bisschen fahren, z.B. zum Eurotel mit seinem Restaurant im Park *La Cabana* (↪ Seite 303, besser vorher anrufen wegen begrenzter Öffnungszeiten) und für mallorquinische Küche am besten nach Son Servera ins **Can Julia** oder zum **Restaurant** *Binicanella*, ↪ umseitige Karte. Deutsch-mallorquinisch geht's zu in der **Nostalgiebar Rafael** in der Carrer Son Moro/Av de Llevant; www.bar-rafael.com. Preis/Leistung top.

Strand

Wer Cala Millor einen Besuch abstattet und dabei auch Strand und Wasser genießen möchte, sollte das südliche Ende mit den letzten Quadratmetern der einst ausgedehnten Dünenlandschaft aufsuchen. Die Belegung ist dort erfahrungsgemäß nicht ganz so dicht wie weiter nördlich. **Surfboardverleih** und **Wasserskizirkus** (10 min €20!) sind auch in dieser Ecke vorhanden.

Am Südende des breiten Strandes von Cala Millor

7.6

Artà   Capdepera   Costa de Canyamd

Pula Golf

COSTA DES PINS

Pula Suites

Restaurant Binicanella   Golf Son Servera   Eurotel Punta Rotja

Platja d'es Rivell

Restaurant Port Verd

Restaurant Can Julia   **SON SERVERA**

Sant Llorenç   Restaurant Sa Punta

Plaça Unvollendete Friedhof Kirche   Bar Panetoster
                                                    Hafen

CALA MILLOR & UMGEBUNG

0   600 m

CALA BONA

Promenade

Sa Penyal 212 m   Bar Rafael

Restaurant Bella Vista   Tennisplätze

Strandpromenade

CALA MILLOR

Punta de Amer

Erschließungsgebiet Neue Hotels

Naturschutzgebiet Es Cubells   Castell de N'Amer

Safari Zoo (Freigehege)

Biomar Thalasso
Caprabo Supermarkt

Hotels und Apartments

A   Floriana
B   Gran
C   Vista Blava
D   Don Juan
E   Playa del Moro
F   Colonia
G   Hipocampo
H   Mercedes
I   Playa Cala Millor
J   Sumba
K   Royal Mediterraneo
L   Sa Coma Playa
M   Playa Dorado
N   Perla de S'Illot
O   Peymar

SA COMA

Platja de Sa Coma
Strandpromenade
Sa Punta

Platja Cala Moreya

S'ILLOT   Can Mateu

Cala Morlanda

Portocristo

Es Cubells

Mit dem Strandende beginnt die **Halbinsel *Es Cubells***, die Cala Millor vom Sa Coma-Strand trennt. *Es Cubells* ist Naturschutzgebiet (fast) ohne Bebauung. **Spaziergänge** oder **Radtouren** über das rauhe Gelände bis zum *Cap Punta de Amer* sind beliebt (➪ nebenstehende Karte). Auch per Auto darf man ab Cala Millors Südende) wie auch von Sa Coma aus hochfahren. Neben dem Turm des **Castell de N'Amer** (mit Kanone und Zugbrücke!) am höchsten Punkt der Halbinsel befindet sich eine äußerst populäre Cafeteria (zivile Preise - Selbstbedienung) mit einem urigen Außengelände, in dem verstreute Felsen als Tische dienen.

Wanderer und Radfahrer genießen die Februarsonne beim Castell de N'Amer; im Hintergrund die Silhouette der Hotelzeile hinter dem Strand von Cala Millor

Son Servera

Kennzeichnung

Son Servera, gute 3 km landeinwärts hinter Cala Millor und Cala Bona und neuerdings über eine breite Autostraße nördlich des Ortes voll zu umfahren, stellt die **Verwaltung** für diese Ostküstenbäder und profitiert damit stark vom Tourismus.

Für Urlauber gibt es zwei Anziehungspunkte:

Markttag

• zum einen ist das der **Freitagsmarkt**, dessen Stände aber im Übermaß auf die Touristen eingestellt sind und der deshalb – wie in anderen küstennahen Orten auch – die meisten Besucher eher enttäuschen dürfte (➪ Seite 366).

Revetla/ Kirche

• zum zweiten die ***Revetla* in der unvollendeten Kirche**. Sowohl diese **Folkloredarbietung** mit Volkstänzen und Szenen aus dem bäuerlichen Leben Mallorcas als auch der Veranstaltungsort sind sehenswert. Die *Revetla* findet nur im Sommer statt (jeweils ab 20/21 Uhr; eventuell andere Zeiten und Tage vor Ort auch bei der Touristeninformation in Cala Millor). Die Kirche steht nur ca. 150 m links oberhalb der Plaça; leider ist das Gittertor davor meist verschlossen. Die nur scheinbare **Ruine** – ihr Bau wurde schon 1906 begonnen und 25 Jahre später aus Geldmangel aufgegeben, aber im erreichten Zustand konserviert und gepflegt – ist kein Einzelfall auf Mallorca (➪ Binimar, Seite 260). Hier dient das fast fertige, dachlose Hauptschiff gelegentlich auch als **Freiluftbühne** für andere Veranstaltungen.

7.6

Lokale

Wer nach Marktbesuch oder Folklore Durst und Appetit hat, ist in der *Bar Gredo* an der Plaça Sant Joan für *Tapas* gut aufgehoben. Im *La Granja* gibt es preiswerte Mittagsmenüs. Abends ist eher die *Trattoria Peperoncino* unweit der Plaça empfehlenswert und später *Es Misto*, eine Musikbar einen Block oberhalb der Plaça.

Mallorquinische Gerichte serviert das *Can Julia* am westlichen Ortsausgang, auch preiswerte Mittagsmenüs. Wem nach Gegrilltem ist, könnte noch 2 km weiter bis zum **Restaurant Binicanella** Richtung Capdepera fahren. Beide Lokale haben Gartenterrassen. Wieder eröffnet wurde das früher bei Residenten populäre *Restaurant S'Era de Pula* beim Pula-Golfplatz noch 3 km weiter.

Unvollendete Kirche in Son Servera

Sa Coma und S'Illot

Nach Sa Coma

Der weiße Strand von Sa Coma schließt an die Landzunge *Es Cubells* an, ein Naturschutzgebiet, das weiter oben die *Platja Cala Millor* begrenzt. Eine breite Verbindungsstraße führt von Cala Millor zur Doppelurbanisation Sa Coma/S'Illot.

Biomar Wellness

Westlich dieser Straße stehen neuere, ziemlich strandferne Hotelkomplexe und das **Thalasso Zentrum Biomar** mit 3.500 m² dem Thema *Wellness* gewidmeter Fläche (➪ Seite 23) und großem Angebot an Anwendungen/Programmen. Detaillierte Infos im Internet (auch deutsch); www.proturbiomarspa.com, ✆ 971 812210.

Sa Coma

Der größte Teil des Sa Coma-Strandes wird vom Hotel- und Apartmentkomplex *Royal Mediterraneo* und deren **Poollandschaften** dominiert. Die Bebauung dahinter – weißgetünchte Hotels, Shopping- und Restaurantarkaden sowie viele Ferienvillen in Wildwuchs – reicht bis zur fast 2 km entfernten Küstenstraße.

Eine breite gut 1 km lange **Promenade** läuft zwischen Meer, Apartmentblocks und Hotels hinüber zum Nachbarort S'Illot.

S'Illot

Das mit Sa Coma über die Promenade nahtlos verbundene S'Illot gehört zu den Urlaubsorten aus der Frühzeit des Tourismus, was man hinter der ersten Reihe leicht erkennt. Die Gebäude am

Heller Sand und türkisgrün-klares Wasser kennzeichnen den Strand von Sa Coma

Meer wurden in jüngerer Zeit einigermaßen renoviert. Zwischen Durchgangsstraße und Promenade liegt ein blockgroßer leider ungepflegter Park mit den Resten einer alten ***Talaiot**-Siedlung.

Cala Morlanda

Am Südende S'Illots unterbricht der **Sandstrand *Cala Moreya*** die nun überwiegend felsige Küstenlinie. Dahinter liegt die – nur an Wochenenden und im Juli/August belebte – rein spanische Sommerhaus-Kolonie Cala Morlanda, deren Straßen und Fassaden zu anderen Zeiten wie ausgestorben wirken. Doch auch dort gibt es ein paar Kneipen; eine gute Alternative zu den touristischen Bars ist ***Can Mateu*** an der Uferstraße mit ein paar Tischen am Wasser. Für **Radtouren** in Richtung Portocristo ist der Weg über Cala Morlanda ideal. Denn bis zur Stichstraße nach Cala Morlanda begleitet eine breite **Bike- und Joggingroute** die Hauptstraße.

Safari Zoo

Etwa 2 km von Sa Coma entfernt liegt an der Straße Portocristo-Son Servera der ***Safari Zoo***, ein 40 Hektar umfassendes **Freigehege für afrikanische Tiere**. Im eigenen Wagen oder 9x täglich im offenen Safari-Zug fährt man durch ein Areal mit Herden von Zebras, Antilopen und anderen afrikanischer Tieren. Man darf anhalten und fotografieren, nur nicht aussteigen. Zwar ist Füttern eigentlich untersagt, aber Affen klettern furchtlos über die Autos und langen in Fenster und Schiebedächer. Am Straßenende wartet ein kleiner, leider nicht immer gepflegter Zoo mit Vorführungen und einem guten Kinderspielplatz. **Geöffnet** Sommer 9-18.30 Uhr, im Winter bis 16 Uhr täglich. Der *Safari Zoo* bietet mit Kindern ein gutes Programm für 2 Stunden, geht aber beim **Eintritt von €17, Kinder bis 12 Jahre €12** ins Geld; www.safari-zoo.com.

Violinen-
konzert auf
dem unter-
irdischen
See der
Drachenhöhle

7.7   Die zentrale Ostküste

7.7.1   Ziele an der Küste

Portocristo

Kenn-
zeichnung

Ein kurzer Kommentar zu Portocristo, das in Katalogen deutscher Veranstalter nur »unter ferner liefen« zu finden ist, erfolgte eingangs im Kapitel 2, Seite 71. Aber nicht wegdenken lässt sich Portocristo aus den Programmen der Ausflugsveranstalter, denn mit der Tropfsteinhöhle **Coves del Drac** verfügt der Ort über die wahrscheinlich meistbesuchte Touristenattraktion Mallorcas und mit den **Coves dels Hams** über eine weitere populäre Höhle.

Stadtbereich

Wegen der Dominanz der Höhlen wird dem Städtchen Portocristo selbst weniger Aufmerksamkeit zuteil, als es eigentlich verdient. Der zentrale Bereich an der geschützten Hafenmole und über dem sich daran anschließenden Strand bietet ein für Mallorca ungewöhnliches Bild. Unmittelbar hinter der im Süden flach auslaufenden, aber ansonsten rundherum durch Steilküste gekennzeichneten Bucht liegt die Mehrheit der Hotels, Läden und Lokale. Der schattige Platz hinter der Hafenpromenade und die ansteigende Allee in Richtung Cala Millor verleihen Portocristo ein freundliches Gepräge. Leider entspricht die – im Hafenbereich dichte – Infrastruktur nicht ganz heutigen Ansprüchen. In den Blocks hinter der »ersten Reihe« spielt sich so gut wie nichts mehr ab.

Nördlich der Bucht beginnen weniger attraktive Wohnviertel, aber südlich und im Bereich zwischen Hafen und Meer findet sich auch neben den Höhlen noch Erwähnenswertes:

Ostseite
der Bucht

Unübersehbar überragt der **Club Náutico** auf der Ostseite des Hafenbeckens die Szenerie. Hinter ihm erstreckt sich ein Villenviertel bis zum alten **Wachtturm.**

Restaurants

**Coves
del Drach**

Die Gastronomie Portocristos ist nicht umwerfend. Rustikale Einrichtung und deftiges Essen kennzeichnen das Restaurant *Siroco* am Hafen. Eine prima Rundumsicht und Sonne bis zum Abend bietet die voll verglaste Cafeteria *Flamingo* ganz hinten links in der Bucht über dem Strand. Moderate Preise. Man sitzt dort auch gut für einen **Kaffee** oder *Drink* auf der Außenterrasse.

Dass die Drachenhöhlen es zu großer Beliebtheit brachten, ist im Prinzip verständlich. Für den (angeblich) weltweit größten **unterirdischen See** (bis zu 177 m lang und 40 m breit) fiel den Betreibern nämlich ein Spektakel ein, das man seit Dekaden täglich x-mal wiederholt: aus der Tiefe der verdunkelten Höhle gleiten lautlos drei nur dezent beleuchtete Boote über das glasklare Wasser. Musiker, die – unterstützt oder mitunter, wie es scheint, ersetzt durch verborgene Lautsprecher – populäre klassische Weisen spielen, sind ihre einzigen Passagiere.

Manacor/Coves del Hams

*S'Illot/
Sa Coma/
Son Servera*

PORTOCRISTO

touristischer
Bereich

R **Restaurants**
A Flamingo
B Club Nautico
C Siroco
D Vista Alegre

Hafen

Ma-4014

*Calas de Mallorca/
Portocolom*

Besucher-
zentrum

Eingang

**Coves
del Drach**

*Cala Murta
(kein Strand)*

PORTOCRISTO
NOVO

*Cala
Magrana*

Clubanlage
Cala Mandia

Cala Anguila

Cala Mandia

Clubanlage
Punta Reina

Club
Romantica

Cala Estany

Cala Varques

**PORTOCRISTO
& UMGEBUNG**

N

0   400 m

7.7

Konzert auf dem unterirdischen See

Über 1000 Menschen können auf einer riesigen Tribüne, die sich dank einer perfekten Organisation im Stundenrhythmus füllt und leert, das Schauspiel bzw. »Konzert« verfolgen. Die immer schon ziemlich kitschige Inszenierung zwischen den Stalagmiten und Stalaktiten ist als Massenveranstaltung ein Vergnügen, das manchem Besucher nur sehr bedingt Freude bereiten dürfte.

Im Gegensatz zu den meisten Höhlen findet in den *Coves del Drac* keine Führung statt. Vielmehr wird ab **10 Uhr bis 17 Uhr stündlich** (April-Oktober, kein Einstieg 13 Uhr) der schmale Eingang geöffnet, durch den sich danach die Scharen drängen und durch lange Gänge (die Höhle ist ca. 1.700 m lang) zum See eilen (müssen). Angemessene Zeit, um die tatsächlich großartigen unterirdischen Formationen gebührend zu betrachten, bleibt kaum. Nach der Vorstellung geht es für das Gros der Zuschauer über eine Brücke schleunigst zum Ausgang. Wer geduldig Schlange steht, darf per Boot über den See setzen.

Zeiten und Eintritt

Die Höhle als solche wäre durchaus auch ohne das Musikprogramm sehenswert. **Geöffnet**: November bis März nur 4x täglich Einlass: ca. 10.45, 12, 14, 15.30 Uhr; ohne »Konzert« 16.30 Uhr. **Eintritt** €10,50; Kinder bis 7 Jahre, saisonal auch bis 16 frei. Aktuelle **Info unter ✆ 971 820753** und im Internet: www.cuevasdeldrach.com. **Discountcoupons** über €3 gibt's in Touristeninfos und Hotels. **Parken** ist kostenlos.

Zum Ablauf

Die Abfertigung funktioniert auch bei großem Andrang perfekt. Tickets – mit Zeitvorgabe – erhält man am Zentralgebäude (wo sich auch der Ausgang befindet); von dort geht es etwa 200 m zu Fuß bis zum Höhleneingang. Manchmal sind »Vorstellungen« im voraus ausgebucht. Gute Chancen auf Einlass ohne Wartezeit hat man gleich morgens oder mit dem letzten Schub des Tages.

Anfahrt per Auto

Die Anfahrt durch die Stadt ist oft verstopft und mühsam; besser ab Kreisverkehr vor der Stadt **auf einer neuen Umgehungsstraße** Richtung Porto Colom fahren und ab nächstem Kreisel zur *Cova*.

Coves dels Hams

In den ***Coves dels Hams*** (breite Zufahrt an der Straße nach/von Manacor) finden Gruppenführungen statt. Durch lange Gänge geht es im Gänsemarsch an bunt beleuchteten unterirdischen Räumen und Felsspalten vorbei, die vielfältig geformte Stalagmiten und Stalaktiten beherbergen. Filigrane, Harpunen *(Hams)* ähnliche Gebilde gaben der Höhle ihren Namen. Auf einem Minisee imitiert man die Show der Drachenhöhle (mit einem Boot). Als kostenpflichtige Zugabe (€5) **wird** in der sog. »digitalen Höhle« eine virtuelle Show geboten: »**Phantasieträume des Jules Verne**«. Der Erfinder der Science Fiction besuchte zwar nie die Coves dels Hams, aber 1869 immerhin zusammen mit den berühmten Literaten *Alexandre Dumas* und *Victor Hugo* die Höhlen von Artá.

Man betritt die *Coves dels Hams* über einen tiefen, dicht bewachsenen Felstrichter, der auch ohne Höhlenbesuch vom Parkplatz aus zugänglich ist. Unten befindet sich eine Bühne mit *Open-Air*-Restaurant. Im Sommer finden dort (als Sonderveranstaltung) Konzerte, Folklore-Vorführungen mit Barbecue u.a.m. statt.

Geöffnet täglich April-Oktober 10-18 Uhr, Nov-März 10.30-17 Uhr; **Eintritt** €10, unter 12 Jahre frei; www.cuevas-hams.com.

Natürlicher Ein-/Ausgang in die Coves del Hams

7.7

Portocristo Novo und Calas Mandia & Estany

Portocristo Novo

Folgt man der Straße Ma-4014 nach Süden, sind es nur 3 km bis zur Zu-fahrt in die Villenurbanisation *Portocristo Novo*, die sich zwischen den *Calas Anguila* und *Mandia* und der Hauptstraße immer weiter ausdehnt. Den etwas versteckten Strand der *Cala Anguila* erreicht man nur über Treppen; am besten zu finden vom **Restaurant *Vista Alegre*** aus (dort schattige Gartenterrasse).

Clubanlagen

Die **Cala Mandia** wird beherrscht von der **gleichnamigen Clubanlage**, einer der größten ortsfernen Tourismus-Urbanisationen Mallorcas. Die hoch über dem Meer thronende Felsnase *Punta Reina* zwischen der *Cala Estany* und der *Cala Mandia* ist dazu mit dem **Club Punta Reina** voll belegt. Die Straße läuft um die kleine Cala Mandia herum an beiden Clubarealen vorbei und führt hinunter auf die Zufahrt zur **Cala Estany** auf der Südseite der *Punta Reina*. Die von steilen Felsen gesäumte Bucht verfügt über einen 100 m breiten, dank Aufspülung heute sehr tief auslaufenden Strand. Dahinter liegt der **Riu Club Romántica**. Dank der zahllosen Gäste in den Clubkomplexen ist der für den letzten Club einst namensgebende Charme der Bucht längst dahin.

Küsten-wanderung

Einen guten Grund, die *Cala Estany* zu besuchen, liefert der Einstieg in eine (maximal) 2-Stunden-**Küstenwanderung zur *Cala Varques***. Dazu steigt man neben dem *Club Romantica* durch eine abgetragene Mauer mit zerstörtem Drahtzaun und sucht sich auf halb zugewachsenen Pfaden den Weg nach oben an die Küste. Hinweise gibt es dort nicht. Oben laufen zahlreiche ausgetretene Pfade durch dichten Bewuchs von Macchia und Zistrose. In Sichtweite des Meeres wird man die Richtung – mal mehr, mal weniger an der Steilküste entlang – zum Ziel nicht verfehlen (4 km).

Tipp: Restaurant **Can Gusti** etwas abseits der Straße Ma-4015 gegenüber Zufahrt zur Cala Estany (Schild). Mittagsmenü ab €.

Die Cala Domingos trennt die Villenurbanisation Cala Murada von den Hochhaushotels der Calas des Mallorca

Cala Varques

Geheimtipps

Ca. 50 m nördlich der Abzweigung der Straße nach Manacor über Sa Cabana (Ma-4015) führt ein Schotterweg in Richtung Küste. 1,5 km sind es bis zu einem verketteten Eisentor, das aber soweit offen steht, dass man hindurch kommt. Nach ca. 600 m Fußpfad erreicht man eine der letzten völlig unerschlossenen Sandbuchten der Ostküste, die beidseitig felsig eingefasste *Cala Varques*. Sie ist ein traumhaftes Schwimmrevier und auch bei FKK-Fans beliebt. An der Strecke nach Manacor liegt ca. 5 km entfernt von der Küstenstrasse das Fincahotel *Amoixa Vell* mit einem **Gourmetrestaurant**, nur Abendküche, ✆ 971 183973.

Calas de Mallorca

Der Beschreibung auf Seite 72 braucht nichts hinzugefügt zu werden. Für Urlaubsgäste anderer Orte sind die Calas de Mallorca kein lohnendes Ausflugsziel. Ein Abstecher dorthin macht nur Sinn als kleine Tour zur Besichtigung einer abschreckenden **Urlaubsretorte**, gegen die die Playa de Palma vorbildlich wirkt.

Für einen Besuch der Strandbucht *Cala Domingos* unterhalb der Hotel-Hochhäuser der Calas de Mallorca eignet sich eher die Anfahrt von Süden durch die Villensiedlung *Cala Murada*.

Cala Murada

Villen-urbanisation

Von der Verbindung Porto Colom-Porto Cristo führt eine 3 km lange Stichstraße zur **Villenurbanisation** *Cala Murada*, die sich weitläufig um einen Zentralbereich mit einer Handvoll Läden und Lokalen gruppiert. Zur gleichnamigen Bucht mit einem nur mäßig attraktiven Strand ist es noch einen knappen Kilometer weiter. Über dem Strand erhebt sich eine Art Sommerhaus-Reihensiedlung, was den Gesamteindruck nicht verbessert.

Cala Domingos

Durchaus eindrucksvoll sind aber einige Häuser über der Küste am Rundkurs in nördliche Richtung. Vom Steilhang über dem Strand der *Cala Domingos* blickt man auf die Betonburgen der Calas de Mallorca. Unterhalb der Höhe an der Treppe zum Strand befindet sich das **Restaurant** *Sol y Vida* mit schöner Weitblickterrasse, guter Küche und manchmal abends Live-Musik.

Jumaica Tropical Park

Nördlich der Zufahrt nach Cala Murada liegt an der Hauptstraße in einer Senke das kommerzielle Parkanlage *Jumaica*, früher *La Bananera*, als das Gewächshaus mit Bananenstauden wichtigster Bestandteil des kleinen botanischen Garten war. Er ist heute erweitert um ein Tiergehege. Beides besichtigt man relativ schnell. Das Beste dort ist die herrlich dicht subtropisch überwachsene und daher im Sommer angenehm kühle Gartenterrasse des Restaurants *C`an Pep Noguera* (mallorquinische Küche, 13-16 Uhr und 19-23 Uhr, Mo zu), die jedermann auch ohne Parkbesuch und Eintritt offensteht. **Park** täglich, Sommer 9-19 Uhr, Winter 10-16.30 Uhr; Eintritt €6; Kinder €3; ✆ 971 833335.

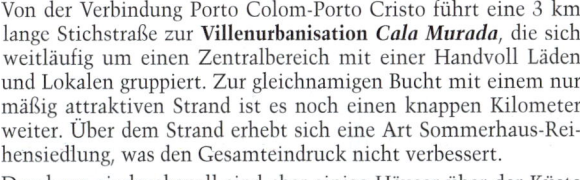

Portocolom

Kennzeichnung und Geographie

Trotz seiner großen geschützten Bucht hat es Portocolom bislang nur zu einem unwesentlichen Anteil am Geschäft mit dem Tourismus bringen können. Ähnlich wie im Fall Portopetro fehlt es in dieser Bucht nicht nur an nennenswerten Badestränden, sondern flach auslaufende Ufer sorgen in einigen Ecken auch noch für unattraktives Brackwasser. Die im **Hotelviertel** zwischen der »Neustadt« und der *Cala Marçal* untergekommenen Urlauber orientieren sich daher vorwiegend zum Strand der Marçal-Bucht, auf die im Kapitel 2, Seite 73, bereits eingegangen wurde.

Altstadt

Neben der Neustadt, die sich hinter dem **Westufer mit der Hafenmole** erstreckt, existiert eine davon völlig **separate Altstadt**. Sie liegt am Nordende der Bucht und wird kaum berührt vom Leben, das Besucher und Yachtbesatzungen in den Hafen bringen.

Die lange Reihe der Fischerboote vor den Häusern am Nordarm zeigt, daß hier noch mancher Bewohner die Netze zum Broterwerb auswirft.

Sa Punta

Ein **Villenviertel**, *Sa Punta*, befindet sich auf der Landzunge vor dem **Leuchtturm** am *Punta de Ses Crestes*. Anfahrt über die Straße durch die Altstadt und weiter ganz um die Bucht herum.

Dorthin, wo sich die **zwei Strände** der Bucht von Portocolom verstecken, verirren sich selbst in der Hochsaison nur wenige Urlauber; die Mehrheit der Besucher kommt aus den Villen der Umgebung.

Blick vom Yachthafen hinüber zur malerischen, weitgehend untouristischen Altstadt von Portocolom

Strände

Dabei liegen die verbundenen Sandeinsprengsel ausgesprochen hübsch und geschützt vor der Einfahrt zur Bucht. Der starke Austausch mit dem Meer sorgt dort für beste Wasserqualität, ihre südwestliche Ausrichtung für viel Sonne bis zum Abend und einen schönen Blick auf (das neuere) Portocolom. Schattige einfache **Strandbars** fehlen auch nicht. Die ungeschützte *Cala S'Algar*, zu der ein Schotterweg von der um den Nordostarm laufenden Straße führt, besitzt wenig Reiz.

Gastronomie

Neben den Strandbars gibt es in *Sa Punta* keine, in der Altstadt nur relativ wenige Lokale. In Frage für einen Besuch kommt dort die **Bar Els Tamarells** auf der Yachthafenseite. Am Hafen der Neustadt serviert der *Celler Sa Sinia* u.a. frische Fischgerichte zu moderaten Preisen. Schöner sitzt man draußen wie drinnen etwas südlicher im **Mestral** oder im **Florian**, letzteres chic durchgestylt. In der zweiten Reihe, Carrer Cristobal Colón 7, betritt man das **Restaurant Colón**: Tapabar, verfeinerte Küche, gehobene Preise.

Angenehm ist es auch auf den Terrassen des **Celler Ses Portadores** und des Restaurants im **Hostal Bahia Azul**, beide an der flachen Südecke der Bucht. Das *Bahia Azul* beherbergt nebenbei eine **Tauchschule**, © 971 825280; www.bahia-azul.de.

Das burgartige Gebäude des **Restaurant El Bosque** an der Straße nach Felanitx/Abzweigung nach Portocristo (ca. 4 km vom Ort entfernt) besitzt eine für die Lage erstaunliche Beliebtheit. Die Küche ist gut, das Preisniveau moderat.

Cala d'Or

Kennzeichnung/ Anfahrt

Die Erläuterungen im Kapitel 2, Seite 74f, zu *Cala d'Or* und dessen »Trabantensiedlungen« von *Cala Serena* bis *Cala Egos* fielen wegen des besonderen Charakters dieses Feriengebietes relativ umfangreich aus. **Verkehrstechnisch** liegt Cala d'Or ungünstig. Die Anfahrten via Calonge oder S'Alqueria Blanca/Portopetro sind in jedem Fall etwas mühsam. Das Zentrum und die **Bereiche Cala Esmeralda** wie **Cala Ferrera** sind wegen enger Einbahnstraßen und fehlender Parkmöglichkeiten für Autofahrer Problemzonen. Besucher stellen ihr Fahrzeug am besten westlich des Zentrums oder beim Yachthafen ab (Nordseite der *Cala Llonga*).

Zentrum

Auch für Besucher attraktiv ist das sehr grüne Zentrum von *Cala d'Or* mit einer Fußgänger- und verkehrsberuhigten Flanierzone voller Boutiquen und Lokale. Früher war dort auch in der Vor- und Nachsaison (April/Mai+Oktober) zumindest abends noch einiges los, aber mittlerweile ist die Sitzkapazität dort offenbar deutlich größer als die dann bestmögliche Gästezahl.

Strände

Von den Buchten und Stränden im Bereich Cala d'Or sind die *Cala Gran*, die *Cala d'Or* und – in Grenzen – die *Cala d'es Forti* auch für Besucher attraktiv. Wohl dank ihrer Entfernung zu größeren Hotelanlagen ist aber allein die *Cala d'Or*, die schönste von allen, auch im Sommer nicht prinzipiell dauerüberfüllt (Foto Seite 73).

Cala d'Or Indianer auf Ausschau nach Gästen

Yachthafen

Ein zweites kleines Zentrum hat sich rund um den Bootshafen *Porto Cari* entwickelt, wo der Autoverkehr ebenfalls weitgehend ausgesperrt wurde. Vor den Masten unzähliger Yachten genießen dort Insider und Mitläufer teure Drinks und das Gefühl, ihren Urlaub exklusiv zu verbringen. Empfehlenswerte **Restaurants** auf der Südseite sind das hervorragende *Port Petit*, *El Yate* und das *Café Continental*. Auch ein **Internetcafé** gibt es dort. Für den Drink treffen sich Yachteigner im *The Port Pub*.

Noch relativ neu und attraktiv ist die **Gastronomiezeile** auf der **Nordseite der Bucht**. Direkt am Wasser und den Hang hinauf drängen sich dort Restaurants und Bistros dicht an dicht. Ein Lageplan erleichert die Übersicht. Egal, ob fürs *Guiness*, für den kleinen Snack oder das gediegene Dinner. Hier findet jeder »sein« Lokal und zwar eher als im Zentrum. Empfehlung für mallorquinische Küche: *Restaurant Proas* am Westende oben.

Gastronomie

Zum »**Sehen und Gesehenwerden**« nach des Tages Urlaubslast eignen sich indessen am besten die **Terrassen** im Grünen an der **Avenida Tarrago** zwischen der *Cala d'Or* und der Fußgängerzone. Wer Flair sucht, findet beides in den **Bars** der Hotels *Cala d'Or* (+ *Eco Beach Club* am Strand) und *Rocador* (über der *Cala Gran*).

Eine gute Adresse fürs Abendmenü ist das Restaurant *La Coscina Calonge* (mallorquinisch-internationale Küche) am östlichen Eingang des Ortes; Reservierung: © 971 167152. Im Bereich *Cala Egos* geht nichts über die Gastronomie im *Parque de Mar*; Küche und Ambiente entsprechen dem etwas höheren Preisniveau.

S`Horta

Cala Arsenau

Calonge

CALA D´OR

Cala Serena

Cala Ferrera
Cala Azul
Cala Esmeralda

Restaurant
La Coscina
Calonge

Hotels und Apartments

A Robinson Club Cala Serena
B Oasis Cala d'Or
C Ariel Chico
D Rocador
E Cala d´Or
F Las Rocas
G Parque de Mar
H Club Cala Barca
I Hostal Condemar
J Hostal Playa Mondrago
K Porto Petro
Blau Resort Spa

Bereich
Cala Ferrera

Bereich
Cala Esmeralda

Villen-

Restaurant-
zeile

Cala Gran

Cala d´Or

Es Forti

Cala
d´es Forti
Cala Galera

viertel

Hafenbucht
Porto Cari

Bereich
Cala Forti

S`Alqueria
Blanca

Bereich
Cala Egos

Cala Egos

Hafen

PORTOPETRO

Cala de
Sa Torre

S`Alqueria
Blanca

Santanyí

**CALA D´OR &
UMGEBUNG**

im Sommer
gesperrt

Naturpark
Mondragó

Cala Barca Trencada

Cala Borgit
Cala Mondragó
Cala s`Amarrador

N

0   600 m

Cala Figuera

7.7

Villenviertel

Zur »touristischen Kür« in Cala d'Or gehören **Spaziergänge** durch die Villenviertel auf den durch die Buchten *Cala Esmeralda* bis *Cala Llonga* gebildeten Halbinseln. In beneidenswerter Lage wurden hier in der Frühzeit des Tourismus billig die besten Claims für heute kaum noch bezahlbare Anwesen abgesteckt. Ein großer Teil dieser Domizile befindet sich in deutscher Hand.

»Vororte«

In den reinen Hotel- und Apartmenturbanisationen **Cala Ferrera**, **Cala Esmeralda** und vor allem **Cala Egos** durfte zwar nicht sonderlich hoch, aber dafür dicht an dicht gebaut werden. Diese Vororte sind reine Urlaubsretorten, die man nicht gesehen haben muss.

Festung Es Forti

Ein an dieser Stelle unerwartetes Besuchsziel ist die alte, jetzt restaurierte **Festung *Es Forti*** am Ende der Straße an der gleichnamigen Bucht vorbei. Zwar ist der Bau so spannend nicht, aber der Blick auf Cala d'Or jenseits der *Cala Llonga* ganz reizvoll.

Calas Arsenau und Mitjana

Ein allgemein bekannter »**Geheimtipp**« für die vielen Cala d'Or-Gäste ohne Strandzugang vor der Hoteltür ist die *Cala Arsenau* in etwa 5 km Entfernung zum Ortszentrum. Der Weg dorthin ist hinter dem Ortsende Cala Ferrera/Serena sowie an der Ma-4012 in S'Horta gut ausgeschildert und auch per Fahrrad leicht zu bewältigen. Parken ist dort oft ein Problem, auf einem privaten Platz wird kassiert. An die benachbarte *Cala Mitjana* kommt man mit Auto oder Motorrad nicht heran; Zufahrt aber per Bike möglich.

Die Cala Arsenau gehört zu den wenigen nicht durch Hotels oder Sommerhäuser gestörten Refugien der Ostküste. Vom oft sehr vollen Strand können Schwimmer auf ruhige Plätzchen an der rechten Flanke der Bucht ausweichen. Die Felsen fallen stufenweise zum Wasser ab und ermöglichen so einen relativ leichten Zugang. Man kann auch zur unbewirtschafteten *Cala Mitjana* hinüberlaufen (ca. 500 m südlich). Dazu hält man sich zunächst am besten am Uferpfade und verlässt die *Cala Arsenau* über die schmale Landbrücke vor der die Einfahrt zur Bucht südlich begrenzenden Halbinsel. Nach weiteren etwa 200 m am offenen Meer entlang wendet man sich westlich und sucht einen der Pfade durchs Buschland. Nach 300 m steht man an der Bucht.

»Lochfelsen« zwischen den Calas Arsenau und Mitjana

Portopetro

**Kenn-
zeichnung**

Portopetro liegt je nach Ausgangspunkten ca. 3-4 km südlich von Cala d'Or. Zwischen den letzten Baustellen im Cala Egos Bereich und den ersten Häusern des Ortes auf der Nordseite der Portopetro-Bucht bleiben nur noch ein paar hundert Meter ohne Bebauung. Die heute in vielen Orten übliche **Straßenbimmelbahn** verbindet hier Cala d'Or mit Portopetro und der Cala Mondragó.

Im Kernbereich besteht Portopetro aus einem Fischerei- und Sportboothafen im geschützten südwestlichen Arm der Bucht plus der hübsch geführten Straße mit einer kurzen Uferpromenade, an der sich fast die gesamte Infrastruktur des Ortes befindet.

Gastronomie

An der Kaimauer des Hafens und in einer Handvoll Lokalen trifft man – wegen der in dort nicht vorhandenen Hotellerie – vor allem auf Tagesausflügler und Yachtbesatzungen. Fisch aß man bislang vorzugsweise im *C'an Martina* in der westlichen Ecke des Hafens mit schattiger Terrasse. Aber 2008 eröffnete das *Varadero*, eine Kombination aus Restaurant und *Chill-out Club* mit verfeinerter mallorquinisch-mediterraner Karte samt vielen Fischgerichten. Das attraktivste Restaurant des Ortes liegt nur ein paar Häuser entfernt vom Hafen hinter dem *C'an Martina* am Wasser; ✆ 971 657428, www.varadero-portopetro.com; gehobene Preise.

Der *Celler C'an Xine* um die Ecke in Richtung Cala Mondragó hat moderate Preise für mallorquinische Küche, außerdem am Nachmittag eine sonnige Terrasse am auslaufenden Ende der Bucht. Den **besten Blick** über den kleinen Hafen bieten die hoch gelegenen Terrassen des Restaurants *Aventura* und der *Bar Rafael y Flac* gleich daneben auf der gegenüberliegenden, ruhigen Seite des Bootshafens (5 min Spaziergang am Wasser entlang).

7.7

**Wachtturm/
Strände**

Von der Hafenbucht geht es zunächst geradeaus und dann links (dritte Straße) in Richtung *Cala Mondragó* und zum Villenviertel zwischen der Portopetro-Bucht und der *Cala Barca Trencada*. Wer den Abzweigungen nach rechts zur *Cala Mondragó* und zum Clubkomplex *Cala Barca* nicht folgt, erreicht am Straßenende den alten **Wachtturm** über der Einfahrt in die Bucht (30 m Fußweg). Ein paar hundert Meter unterhalb davon führt ein Pfad zu einer kleinen Strandbucht im Ausläufer der *Cala de sa Torre* und weiter zum nächsten Strand. Über beiden thront die **bombastische** ******Anlage des Blau Resort Spa* mit einem ausgedehnten Gelände samt Sport- und Wellnesseinrichtungen. Wer vom Ausläufer der Hafenbucht direkt das Resort anfährt, findet zwischen Eingangsportal und Personalunterkunft einen **Parkplatz**. Auch von dort ist der Strandzugang öffentlich.

Villen

Auf einem **Rundkurs** durch Kiefernwäldchen hinter der Steilküste passiert man schöne Villen in toller Lage über dem Meer und gelangt an die Zufahrt des Clubs *Cala Barca*. Man kann ganz durch diesen riesigen Komplex hindurchfahren und trifft – nach Passieren des Trampelpfads hinunter zur *Cala Borgit* (↪ umseitig) – automatisch auf die direkte Straße Portopetro–Cala Mondragó.

Cala Mondrago mit den Calas Font de N`Alis und S'Amarrador

Kenn-zeichnung/ Anfahrten

Die *Cala Mondragó* unterteilt sich in zwei Strandbuchten, die *Cala S'Amarrador* und die *Cala Font de N`Alis*. Ihre Strände gehören zu den beliebtesten der südlichen Ostküste. Von der Seeseite her bringen Boote Passagiere aus dem strandlosen Cala Figuera und aus Cala d'Or; auf dem Landweg kommen Besucher – Mallorquiner wie Urlauber – aus der ganzen Umgebung. Wer nicht über Portopetro anfährt, erreicht die *Cala Mondragó* mit *Font de N'Alis* am besten über S`Alqueria Blanca. Eine scheinbare Abkürzung nördlich von Santanyi sollte man meiden. Sie ist zu zeitaufwendig. Zur *Cala S'Amarrador* geht's nur über Santanyi.

Parque Naturál Mondragó

Vor einigen Jahren wurden beide Buchten und die etwas nördlichere Minibucht *Cala Borgit* in den **Naturpark Mondragó**, der sich weit ins Hinterland erstreckt, einbezogen. Ein kleines **Infocenter** steht am Straßendreieck Portopetro/S`Alqueria Blanca.

Zufahrten: Cala Font de N`Alis

Im Sommer dürfen nur Gäste der beiden Hotels *Condemar* und *Cala Mondragó* die Zufahrt zum Strand mit Fahrzeug benutzen; die Straße ist für Nicht-Hotelgäste gesperrt; sie müssen das Auto auf dem **Parkplatz am Infocenter** abstellen und die ca. **600 m laufen**. In der Vor- und Nachsaison und im Winter (Oktober bis Mai) kümmert sich niemand um die Sperrschilder. Das **Strandrestaurant** dort erfreut sich trotz heftiger Preise großer Beliebtheit.

Cala S'Amarrador

Den Strand der *Cala S'Amarrador* erreicht man mit Fahrzeug über die Straße von Santanyi nach Cala Figuera. Am Kreisverkehr ca. 2 km östlich von Santanyi geht es nach links (ausgeschildert). Nach weiteren 4 km sperrt ein Schlagbaum die Straße. Ein großer Parkplatz nimmt die Besucherfahrzeuge auf. Zum Strand muss man noch 500 m weit laufen. Ein kleines Strandlokal versorgt die Besucher. Am Zugang findet man auch schattige Picknicktische.

Verbindung

Ein **Verbindungsweg** am Felsufer der Bucht entlang sorgt für regen Fußgängerverkehr zwischen den beiden Stränden.

Cala Borgit

Von der *Cala Mondragó* gelangt man linkerhand – schwimmend oder auf dem felsigen Uferstreifen um die breite Biegung herum oder auch quer durch den Wald – zur schmalen *Cala Borgit*, die zwischen Felsen sandig ausläuft.

Cala S'Amarrador: man erkennt am gegenüberliegenden Ufer den Weg über die trennende Felsnase zur Cala Font de N'Alis

7.7.2   Orte im Hinterland
S`Alqueria Blanca

S`Alqueria Blanca wurde bereits mehrfach erwähnt im Zusammenhang mit den Anfahrten an die Küste im Bereich Cala d`Or, Porto Petro und Cala Mondragó. Am südlichen Ortsausgang liegt das hübsche Gartenrestaurant *Es Clos* mit einem »Tapasbereich« *Tapitas*; beide bieten gehobene Qualität und ebensolche Preise.

Nur wenig südlich des Dorfes S`Alqueria Blanca erhebt sich das *Oratori* oder *Santuari de Nostra Señora de Consolació*. Die Zufahrt ist kurz und rasch gemeistert. Oben erwarten den Besucher ein hübscher Vorhof und das 400 Jahre alte, schlichte Refugium. Der Abstecher lohnt sich vor allem wegen des weiten Blicks von Cala Figuera über Portopetro und Cala d'Or bis nach Portocolom.

Ca`s Concos

Ca`s Concos, ein eher unscheinbares Dorf auf etwa halber Strecke zwischen Felanitx und Santanyi bzw. S`Alqueria Blanca, bedürfte hier kaum der Erwähnung, wäre die weitere Umgebung nicht als sog. »Hamburger Hügel« bekannt, wo sich viele betuchte Hansestädter eine Villa oder Finca zugelegt haben. Dem wohlhabenden Zuzug folgten passende Lokale wie das *Restaurant Viena* (oft gelobt). Wer hier nicht zu den lokalen Insidern gehört, wird dem Dorf jedoch kaum etwas abgewinnen können.

Felanitx

Bezug zur Südostküste

Felanitx ist eine Versorgungszentrale für den ganzen Südosten Mallorcas. Zwar liegt das Städtchen gute 11 km vom nächsten Küstenort entfernt (Portocolom), gehört aber noch zum Einzugsbereich der Südostküste. Daher erschien es sinnvoll, Felanitx bereits in diesem Kapitel zu berücksichtigen, nicht erst im Kapitel 9, in dem alle Orte im Inselinneren behandelt werden.

Verkehr

Wer keinen Stopp in Felanitx plant, wird weiträumig um die enge Innenstadt herumgeleitet, muss aber in Richtung Santanyi/Cala d'Or gut aufpassen, um keine der vielen Richtungsänderungen zu übersehen. Man findet auch gut hinein und heraus und sogar Parkplätze, z. B. – außer am Markttag – an der *Plaça*, ➪ umseitig.

Zentrum/ Markt

Die Innenstadt wirkt vergleichsweise freundlich und offen. Die **Pfarrkirche Sant Miquel** – unverfehlbar oberhalb der hübschen *Plaça* mit Palmenbestand – ist eines der eindrucksvollsten sakralen Bauwerke der Insel mit einem riesigen goldenen Hauptaltar. Vom Platz vor der Kirche führen einige Stufen hinunter zur nie versiegenden **Quelle** der heiligen *Santa Margalida*.

Sonntags ist großer **Markttag** in Felanitx. Er spielt sich in den Straßen oberhalb der *Plaça Espanya* und hinter der Kirche ab; auch die Geschäfte sind dann geöffnet. Der Markt ist dort eine überwiegend mallorquinische und weit weniger touristische Angelegenheit als in den küstennäheren Orten.

*Imposante
Pfarrkirche
Sant Miquel
in Felanitx*

Kalvarienberg

Wenn man Felanitx aus Richtung Santanyi/Cala d`Or oder Manacor/Portocolom erreicht, fallen die ihrer Flügel beraubten Windmühlen auf den östlichen Hügeln auf. An ihnen entlang führt der **Kreuzweg** hinauf zum *Calvari* oder *Santuari de Felanitx* (*Carrer d'es Call*, rechts ab von der *Carrer Major*, ca. 100 m oberhalb der Pfarrkirche). Die Kapelle ist schlicht (und meistens verschlossen). Lohnenswert am Aufstieg über die etwas vernachlässigten Treppchen und groben Pflastersteine ist vor allem der **Blick über die Stadt** und seine Umgebung – bei guter Sicht bis nach Cabrera.

Weinanbau

Mallorquinischer Weinbau findet auch in der Region um Felanitx statt. Während anderswo eher der Rotwein Qualität besitzt, werden in Felanitx die besseren **Weißweinsorten** gelobt, besonders der Marke *Son Burguera*. Weine aus Felanitx sucht man dennoch in den Regalen der meisten Supermärkte Mallorcas vergebens. Sie sind fast nur in Felanitx selbst erhältlich.

Keramik

Eine weitere Spezialität (nicht nur von Felanitx) ist Keramik. In den *Céramicas Mallorca* gibt es neben unvermeidlichem Kitsch auch viele geschmackvolle Kreationen. Hübsch sind aus Kacheln zusammengesetzte Wandbilder, Hausnummern u.ä. Den Laden der Firma findet man in der **Carrer Sant Agusti** parallel zur **Ortsaus-/einfahrt in Richtung Porreres/Villafranca**: an der Ecke *Carrer de Socors* (*Autocares Grimalt*) geht es leicht bergauf, dann die 3. Straße links. Ein weiteres gutes Keramik-Geschäft befindet sich in der *Carrer Major* mitten in der Stadt.

Ziele bei Felanitx

Zwei **attraktive Ausflugsziele** liegen in Felanitx' Umgebung: das *Castell de Santueri* und das *Santuari de Sant Salvador*. Während *Sant Salvador* unübersehbar über der Straße Ma-4010 Felanitx–Portocolom thront, erkennt man die Konturen der **Schutzmauern** und **Befestigungstürme** vor dem monolithisch aufragenden Hochplateau von *Santueri* nur von der Straße Ma-4016 (S'Horta-Carritxó) bei Fahrtrichtung Carritxó/Felanitx, wenn man genau aufpasst. Der Burgberg liegt nur 2 km nördlich der Straße (Luftlinie).

Burgberg Castell de Santueri

Das scheinbar uneinnehmbare **Burgplateau** benötigte wegen der ringsum steil abfallenden Hänge nur im Osten und Westen an den zugänglicheren Stellen Befestigungen. Vor allem die mächtigen Mauern auf der Ostseite sind gut erhalten. Auf der Hochfläche selbst blieben dagegen von den sonstigen Anlagen, die zunächst von den Christen im 13. Jahrhundert geschleift worden waren und später – nach dem Wiederaufbau – internen kriegerischen Auseinandersetzungen zum Opfer fielen, nur spärliche Reste.

Anfahrt/ Höhle

Man kann von der Ma-14 (Straße Richtung Santanyi) über die einzige Zufahrt (Abzweig ca. 3 km südlich von Felanitx; Schild) bis zu einem Parkplatz unterhalb der alten Mauern fahren (weitere ca. 5 km). Die gut asphaltierte Straße ist stellenweise eng und hat am Ende ein paar Kehren. Der **Zutritt zur Anlage** und auf das Plateau ist leider seit einiger Zeit wegen Baufälligkeit der Ruinen **gesperrt**. Man kann lediglich bis zum verschlossenen Eingang hinaufsteigen und von außen Fotos machen. Der Weg lohnt sich dennoch wegen des weiten Blicks über die Ostküste und einer **beachtlichen Höhle** am Fuß des Steilhangs: Vom Parkplatzende dorthin geht es über einen felsigen Kletterpfad 80 m nach rechts.

Eine schöne **Wanderung** führt ab der vorletzen starken Kehre der Zufahrt hinüber **nach *Sant Salvador***, ⮕ Wanderbeileger.

Santuari de Sant Salvador

In nur kurzer Luftliniendistanz (ca. 3 km) zum Kastell liegt 509 m hoch das ***Santuari de Sant Salvador*** und – auf dem entgegengesetzten Ende des Bergrückens – ein Kolossalmonument mit einer Christusfigur. Der Charakter von *Sant Salvador* als **Wallfahrtsort** sorgte für einen guten Ausbau der Serpentinenanfahrt von der Straße Ma-4010 (Felanitx-Portocolom). An kirchlichen Festtagen, aber auch an normalen Sonntagen ist dort erheblicher Betrieb.

Anlage

Das äußerlich klobige *Santuari* mit einer innen reich geschmückten Kapelle aus dem Jahr 1368 ist eher eine **Festung**, denn es galt, Plünderungen durch arabische Piraten abzuwehren. Die **Aussicht** von dort oben allein entschädigt für die kurvenreiche Auffahrt.

Der einfache **Gasthof** im Inneren des Gebäudekomplexes verfügt über einige Tische und Bänke direkt an den Fenstern. Die Karte dort ist schlicht. Der untere Teil des *Santuari* beherbergt heute das ***Petit Hotel Hostatgeria*** (***Zimmer und Apartments, nicht sehr teuer; ⮕ Unterkunftsbeileger) mit kleinem, feinen Restaurant und schöner Weitblickterrasse; www.santsalvadorhotel.com.

Picknicktische stehen beidseitig unterhalb der Parkstreifen.

Erst aus der Nähe erkennt man die respektablen Mauern vorm dadurch uneinnehmbaren Plateau von Santueri.

7.7

7.8 Der Südosten

Cala Figuera

Kenn-zeichnung

Hier geht es um das **Dorf Cala Figuera** an der südlichen Ostküste. Eine Bucht und das Cap gleichen Namens befinden sich südlich von Magaluf und sind großenteils Sperrgebiet, eine weitere *Cala Figuera* gibt es auf der Halbinsel Formentor (⇨ Seite 272). Bereits im Kapitel 2 (Seite 77) wurde Cala Figuera als ein Urlaubsort beschrieben, der nicht allen zusagen dürfte. Als **Ausflugsziel** hat das malerische Fischerdorf in dieser Art nicht seinesgleichen.

Es lässt sich gar nicht viel unternehmen dort, aber die beiden tief eingeschnittenen Meeresarme mit dem schnuckeligen Hafen und den hübschen Häusern an den Hängen sollte man sich unbedingt ansehen, wenn der Abstecher halbwegs in die Pläne passt. Ein paar gute Motive für die Kamera sind die Minimalausbeute jeden Besuchs. Kommt man zur rechten Zeit, gibt es in der kleinen Verkaufsstelle im Hafen frisch gefangenen Fisch.

Restaurants

Kurz vorm Ende der Straße hinunter zum Hafen gibt es open-air-Terrassen, wo sich Tagesbesucher fast automatisch niederlassen. Dort gilt das **Restaurant** *Cala* als gute, aber auch teure Adresse für Fischgerichte. Attraktiver sind ohnehin die **Restaurants** *Es Port* und *L'Arcada* ca. 100 m höher am anderen Ende der Fußgängerstraße. Dort sitzt man auch draußen angenehmer. Gelobt wird oft das preiswerte **Restaurant** des Hostals *Villa Lorenzo*, www.villa lorenzo.com (an der Ortseinfahrt links; ausgeschildert).

Unübertroffen ist die Lage des Restaurants *Pura Vida* am Carrer Tomarinar mit Terrasse (und Pool!) und mehreren Ebenen hoch über dem Meer (Zufahrt am besten über Carrer de Sant Pere, rechts ab von der Bernareggi); ✆ 971 165571. Philosophie des Lokals und Blick auf die Karte unter http://pura-vida-mallorca.com.

Badestelle am Meer

Zwar besitzt Cala Figuera keinen eigenen Strand und bietet daher den Gästen einen täglichen (kostenpflichtigen) Pendeldienst zur *Cala Santanyi*, *Cala Llombards* und – zeitlich eingeschränkter – zur *Cala Mondragó*, aber man kann durchaus auch **im Ortsbereich** schwimmen und schnorcheln. Hinterm *Hotel Villa Sirena*, das unübersehbar über der Bucht thront, führt der Weg hinunter zu ein paar Stufen im Fels und einer Badeleiter, danach weiter ans offene Meer. Die Hotelgäste haben ihre eigene Badeplattform.

Restaurant Pura Vida

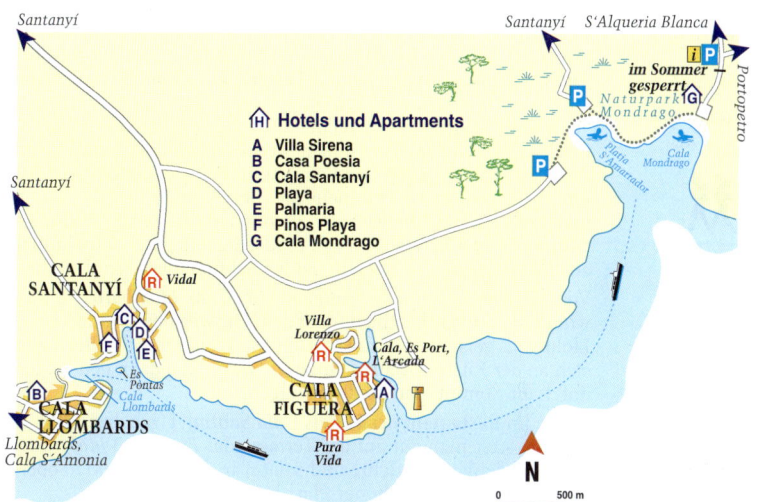

Hotels und Apartments
A Villa Sirena
B Casa Poesia
C Cala Santanyí
D Playa
E Palmaria
F Pinos Playa
G Cala Mondrago

CALAS FIGUERA, SANTANYÍ & LLOMBARDS

Strände

Bei nur 3 km Entfernung liegt die *Cala Santanyi* per Fahrzeug oder Fahrrad quasi um die Ecke. Erheblich reizvoller, aber auch etwas weiter (rund 6-7 km) ist es zur bereits beschriebenen *Cala S'Amarrador*, der südlichen Strandbucht der *Cala Mondragó*: von Cala Figuera aus geht es hinter Wäldchen und Ortsende zunächst rechts ab, ⇨ Beschreibung Seite 322. In Fahrradreichweite befinden sich außerdem noch die *Calas Llombards* und S'Amonia; ⇨ übernächste Seite.

Cala Santanyi

Kenn-zeichnung

Zwei Straßen führen von Santanyi zur gleichnamigen Cala; der schnellere Weg entspricht der Zufahrt nach Cala Figuera, dann rechts ab der Ausschilderung nach. Ein Ort im eigentlichen Sinne existiert an der Cala Santanyi nicht, wie bereits auf Seite 77f ausgeführt. Hotels, Apartmentgebäude und Sommerhäuser gruppieren sich an den Hängen bzw. auf der Hochfläche südlich der Bucht. Direkt am Strand stehen das *Hotel Cala Santanyi* mit **Strandbar** und das *Hostal Playa* mit Snack-Terrasse.

Wem es am – attraktiven – Strand zu voll wird, kann sich auf dessen rechter Seite in Richtung Tauchschule »absetzen«. Am Ende des kurzen Weges gibt es noch eine Minibucht. Zwei Treppenzüge führen von dort den Hang hinauf ins »touristische Kerngebiet« mit einer begrenzten Infrastruktur: ein kleiner Supermarkt, ein paar Lokale und die Disco im Hotel *Pinos Playa*.

7.8

Es Pontas

Östlich oberhalb des Hotels *Pinos Playa* enden Bebauung und asphaltierte Straßen. Ein kleines Schild weist den Weg zur mächtigen, vor der Küste freistehenden **Felsbrücke *Es Pontás***. Spätestens dort müssen Autofahrer den Wagen abstellen. Am Straßenende 50 m weiter hält man sich rechts und wendet sich nach ca. 100 m (noch vor Erreichen eines hohen Steinkreuzes) nach links. Nach wenigen Metern durch lockeren Baumbestand liegt das Ziel im Blickfeld. Zahlreiche **Trampelpfade** führen zu Aussichtspunkten und – mit ein bißchen Kletterei verbunden – auch ganz hinunter zum Meer. Der Bereich um *Es Pontas*, den ein guter Schwimmer auch vom Strand aus erreicht, ist bei Schnorchlern sehr beliebt.

Zur Cala Llombards

Von oben sieht man rechterhand die *Cala Llombards* liegen, wohin man mit Fahrzeug nur auf dem Umweg über Santanyi und Llombards gelangt. Wer zu Fuß zur *Cala Llombards* möchte, kann sich an der Küste entlang »durchschlagen« und dann den Wegen durch die Sommerhaussiedlung folgen.

Einkehr

Außer im **Restaurant** des Hotels *Cala Santanyi* (gehobenes Preisniveau), sitzt man gut auf der Terrasse der *Pizzeria Vidal* (überraschend delikate Gerichte und Salate) an der Straße 200 m oberhalb des Hotels. Ein schöner Platz bei Abendsonne.

Santanyi

Aus touristischer Sicht ist das Landstädtchen Santanyi eher unergiebig. Verkehrstechnisch führt bei Zielen im Südosten indessen kein Weg an Santanyi vorbei. Immerhin ist die früher schwierige Durchfahrt dank einer weiträumigen Ortsumgehung heute vermeidbar. Wer hineinfährt (aber bloß nicht an den Markttagen Sa+Mi vormittags), stößt im **Zentrum** auf eine kleine Fußgängerzone rund um Plaça und Hauptkirche mit Kunstgalerien sowie kunsthandwerklichen Shops. Für den Drink & *Tapas* (ggf. Jazz am Abend) empfiehlt sich die *Bar Sa Cova*, fürs leibliche Wohl Restaurant *Sa Font* und die *Marktwirtschaft* (! *Mercat*), auch der Patio des *Sa Botiga* gleich um die Ecke. Insider treffen sich an Markttagen in *Bernardos Bar*.

*Felstor Es Pontas
vor der Küste
bei Cala
Santanyi*

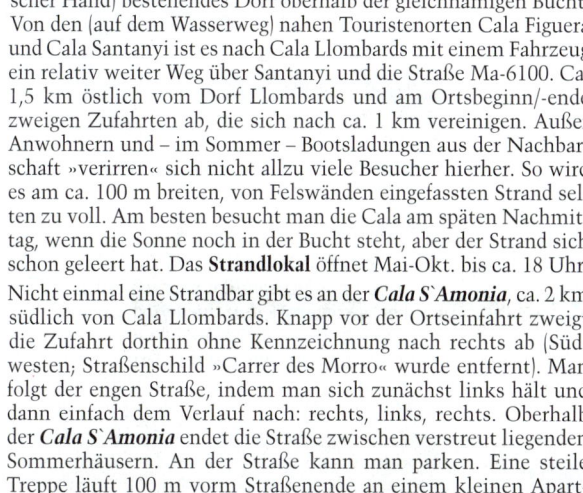

**DER
SÜDOSTEN**

Cala Llombards

**Kenn-
zeichnung**

**Cala
S`Amonia**

Cala Lombards ist ein überwiegend aus Ferienhäusern (in spanischer Hand) bestehendes Dorf oberhalb der gleichnamigen Bucht.
Von den (auf dem Wasserweg) nahen Touristenorten Cala Figuera
und Cala Santanyi ist es nach Cala Llombards mit einem Fahrzeug
ein relativ weiter Weg über Santanyi und die Straße Ma-6100. Ca.
1,5 km östlich vom Dorf Llombards und am Ortsbeginn/-ende
zweigen Zufahrten ab, die sich nach ca. 1 km vereinigen. Außer
Anwohnern und – im Sommer – Bootsladungen aus der Nachbarschaft »verirren« sich nicht allzu viele Besucher hierher. So wird
es am ca. 100 m breiten, von Felswänden eingefassten Strand selten zu voll. Am besten besucht man die Cala am späten Nachmittag, wenn die Sonne noch in der Bucht steht, aber der Strand sich
schon geleert hat. Das **Strandlokal** öffnet Mai-Okt. bis ca. 18 Uhr.

Nicht einmal eine Strandbar gibt es an der *Cala S`Amonia*, ca. 2 km
südlich von Cala Llombards. Knapp vor der Ortseinfahrt zweigt
die Zufahrt dorthin ohne Kennzeichnung nach rechts ab (Südwesten; Straßenschild »Carrer des Morro« wurde entfernt). Man
folgt der engen Straße, indem man sich zunächst links hält und
dann einfach dem Verlauf nach: rechts, links, rechts. Oberhalb
der *Cala S`Amonia* endet die Straße zwischen verstreut liegenden
Sommerhäusern. An der Straße kann man parken. Eine steile
Treppe läuft 100 m vorm Straßenende an einem kleinen Apart-
mentblock hinunter an die spitz zulaufende felsige Bucht mit
einem winzigen Strand und ein paar hochgezogenen Booten.

Die felsige Flanken der *Cala S'Amonia* sind besonders bei Sonnenbadern beliebt. Das Wasser ist dort wegen der relativ offenen Bucht oft stark bewegt. Hinter dem Strand findet man den Einstieg in eine 2-3 stündige **Küstenwanderung** zum Cap de Ses Salines, ⇨ Wanderbeileger (ggf. auch bis Colonia Sant Jordi, ⇨ rechts).

Wendet man sich am Fuß des Treppenzuges auf dem breiten Felsufer nach links, sieht man neben einer durchlöcherten schützenden Felsnase, durch die bei Seegang die Wellen spritzen, ein paar im Sommer bewohnte Bootsschuppen in idyllischer Lage.

Cala Moro

Leicht identfiziert man die von dort über ein Plateau hinüber zur **Cala Moro** führenden – aus Naturschutzgründen seit kurzem eingezäunten – Pfade; Distanz ca. 200 m. Hinunter an den schmalen Strand dieser langen Ausbuchtung der großen **Cala de sa Comuna** geht es nur über eine kleine Kletterpartie. Die Mühe wird aber belohnt durch eine karibisch-türkise Wassertransparenz. Eine schönere Badebucht gibt es auf ganz Mallorca nicht.

Eine kurze, leichte **Kletterpartie** führt auf die hoch aufragende Felsnase, welche die *Cala Moro* vom offenen Meer trennt. Mehrere ausgetretene Pfade führen nach oben und auf der Höhe entlang.

Cala Moro (Teil der Cala de sa Comuna) in der einsamen Südwestecke Mallorcas bei Cala Llombards

Ses Salines

Botanicactus

Ses Salines, ein Städtchen von ähnlicher Größe Santanyis, liegt 8 km nordöstlich von Colonia de Sant Jordi. Einzige Attraktion ist der **Kakteenpark Botanicactus**, etwa km außerhalb (östlich). Der Besuch dieser mehrere Hektar großen Anlage (die durchaus nicht nur aus Kakteen besteht) ist nicht nur für Kakteenliebhaber interessant. Der Eintritt ist mit €7,50 (Kinder €4,20) relativ hoch. Geöffnet täglich 9-18 Uhr; www.botanicactus.com.

Wen in Ses Salines der Hunger überkommt, der geht in die **Casa Manolo** (an der Straße), ein für Tapas und Fischgerichte beliebtes Restaurant; am besten sitzt man dort am späten Nachmittag in der Sonne draußen, wenn es nicht zu heiß ist. Gleich nebenan wird im **Asador es teatre**, einem früheren Kino, pittoresk gegrillt.

Cap de ses Salines

Die Ländereien an der Südspitze Mallorcas befinden sich voll im Besitz der mächtigen Familie *March* (⇨ Seite 298). Nur die Küstenpfade und die Stichstraße zum felsigen Cap und Leuchtturm (10 km) sind für die Allgemeinheit zugänglich. Man erkennt von dortin 15 km Distanz die hoch aufragende Insel Cabrera. Beidseitig der Straße verhindern hohe Zäune ein Abweichen vom erlaubten Weg. Rechts vom Leuchtturm geht es durch zerstörten Maschendraht ans Ufer. Vom Cap kann man zu Fuß (am Wasser entlang nördlich) bis zur weißen **Platja d'es Caragol** (ca. 1 km) laufen und weiter bis Colonia de Sant Jordi (ca. 10 km). Etwa 8 km sind es zur **Cala S'Amonia**, ⇨ links und Wanderbeileger.

Colonia de Sant Jordi

Lage und Besuchsmotive

Zwischen Arenal und der Cala Santanyi ist Colonia de Sant Jordí der einzige Ferienort im südlichen Mallorca, dazu in relativ isolierter Lage 13 km südöstlich von Campos mit einem weitgehend reizlosen Hinterland. Dennoch ist er für **Ausflügler** ein attraktives Ziel. Denn nordwestlich liegt der dünengesäumte Strand **Es Trenc** (Teilbereich bei C. Sant Jordi heißt **Es Carbó**) der mit Unterbrechung durch die abrissverfügte Siedlung **Ses Covetes** bis zum 5 km entfernten Yachthafen von Sa Rapita reicht. Fast alle **Ausflugsboote nach Cabrera** starten in Colonia de Sant Jordi und auch das **Info-Center** für den Insel-Nationalpark befindet sich dort.

Ortscharakteristik

Der Ort ist zweigeteilt. Die hauptsächliche touristische Zone mit der Mehrheit der Hotels besetzt die flache Felsküste im Anschluss an den *Es Trenc*-Strand. Zwischen diesem Bereich und dem Hafen mit einer Art »Altstadt« (Distanz 1,5-2 km) gibt es nur wenig Infrastruktur. Diese scharfe Trennung von Hafen und Hotel-Neustadt wurde durch eine verbindende **Küstenpromenade** gemildert (über 2 km lang, großenteils als Holzbohlenweg über Klippen).

Nationalpark Insel Cabrera - Centro de Información

Von **April bis Oktober** verkehrt **täglich** (außer bei zu stürmischer See) ein **Ausflugsboot nach Cabrera**, einer Insel, die – einst als militärisches Übungsgebiet genutzt – erst nach jahrelangen Kämpfen von Umweltschützern und Ornithologen 1992 zum **Nationalpark** erklärt wurde. Cabrera ist der Südspitze Mallorcas vorgelagert und größte einer sonst unbewohnten Inselgruppe. Auf Cabrera gelten strenge Verhaltensregeln, über die Besucher (maximal 200/Tag) bei der Ankunft belehrt werden. Gleichzeitig bieten die Parkverwalter Führungen an, etwa hinauf zur alten **Wehrburg** aus dem 14. Jahrhundert. Sie diente einst der Abwehr von Piraten, die auf Cabrera Unterschlupf suchten. Ein Gedenkstein erinnert an 10.000 französische Kriegsgefangene, die 1808 dort ausgesetzt worden waren. Nicht einmal ein Drittel überlebte die sechsjährige Gefangenschaft.

Höhepunkt des Ausflugs ist – als Unterbrechung der Rückfahrt nach Colonia de Sant Jordí – der Besuch der *Cova Azul*, einer nur vom **Meer aus zugänglichen Höhle**, die sich hinter dem Eingang erweitert. Ihren Namen erhielt die blaue Grotte wegen der Reflexe, die unter und über Wasser einfallendes Licht verursacht. Das **Schwimmen/Schnorcheln** in der Grotte ist ein Erlebnis.

Excursiones Marítimas, www.excursionsacabrera.es (mit tollen Fotos, man möchte sofort mitfahren), Reservierung angezeigt: ☎ 971 649034. Buchungskiosk auch am Hafen. Abfahrten jeweils 10 Uhr, Rückkehr um ca. 17.00 Uhr, Fahrtzeit 50-60 min, tägliche Abfahrten März bis Oktober; €40/€42 saisonabhängig, Kinder bis 10 Jahre €25/€27. Auf der Insel gibt`s fast nichts, für Snacks und Getränke sollte man daher selbst sorgen oder einen Imbiss mitbuchen (€8). Rückfahrt – mit Stopp und Schwimmen bei der *Cova Azul* – um 15/15.30 Uhr. Dasselbe samt Fahrt um die Inselgruppe gibt's auch für €48/€29 per *Speedboat*.

Mehrere Programme von ca. 2-5 Stunden Dauer mit/ohne Landgang und Blaue Grotte bietet *Mar Cabrera* mit noch schnelleren *Speedboats* (maximal 12 Passagiere) für €40-€50 bis 5x täglich: www.marcabrera.com, ☎ 622 574806.

Man kann mit *Excursiones Llevant* auch **von Portopetro nach Cabrera** fahren: Mai-Oktober freitags; Abfahrtzeit 9.30 Uhr. Die Überfahrt dauert wegen der größeren Entfernung ca. 75 min, das Ticket kostet €42/Person, ☎ 971 657012.

In Colonia de Sant Jordi steht ein beachtliches **Informationszentrum** des Nationalparks Cabrera, Carrer Gabriel Roca, ⇨ Karte. *Centro de Interpretación*, ☎

971 656282, täglich 10-14.30 Uhr und 15.30-18 Uhr. **Eintritt** €8, Kinder €4,50.

Der an *Talaiots* (⇨ Seite 334) erinnernde Bau zeigt die Besonderheiten des Cabrera Archipels fast besser als die Inseln in natura. Das Untergeschoss ist ein **Aquarium** mit Massen von Fischen und der Meeresflora des Gebiets. Ein eindrucksvoller Dokumentarfilm läuft mehrfach täglich im Obergeschoss. Von dort geht es an einem kolossalen Wandgemälde zur Geschichte des Mittelmeerraums vorbei auf die Dachterrasse, die eine grandiose Aussicht bietet (sofern die Sonne scheint).

Hafen

Am Hafen sorgen neben einer kleinen Strandszenerie und Restauranterrassen zahlreiche Boote für ein buntes Bild. Auch eine **Touristeninfo** befindet sich dort. Zwischen Hafen und der ein paar hundert Meter entfernten *Platja Els Dols* auf der linken Seite der Bucht sitzt man schön auf der **Terrasse** des *Hostal Es Turo*.

Strand Ses Roquetes

Ein ebenso schöner, wenn auch kürzerer (und ruhigerer) Strand als *Es Trenc* ist **Ses Roquetes** an einer weiteren Küstenausbuchtung 2 km südlich des Ortes;er lässt sich nur zu Fuß erreichen.

Anfahrt Es Trenc

Zum Strand *Es Trenc* gelangt man auch ganz ohne »Ortskontakt« ab der Straße aus Richtung Campos (an der Ma-6040 ausgeschildert). Für Autos endet diese Zufahrt an einem **Parkplatz** (€6 Mai-Okt) 200 m von Strand und *Restaurant Playa Es Trenc* entfernt.

Flor de Sal

Ein deutsch-spanisches Paar »erntet« in den **Salinen** von Colonia de Sant Jordi zwischen der Altstadt und *Es Trenc* ein besonderes Salz, das in Handarbeit von der oberen Wasserschicht abgenommen und getrocknet wird. Es hat einen 16-fach höheren Magnesiumanteil und 2 x mehr Kalzium als normales Salz. Das *Flor de Sal* und aromatisierte Varianten sind auf den Märkten in Andratx und Santanyi und in ausgesuchten Läden erhältlich. Info unter ✆ **971 655859** und im Internet unter www.flordesalestrenc.com.

Käserei

An der Straße nach Campos unweit der Abzweigung nach Ses Salines passiert man die **Käserei Burguera**. Der dort produzierte Käse ist ausgezeichnet; www.formatgesburguera.com.

_____ ## Ses Covetes

Es Trenc

Ses Covetes ist eine unansehnliche, teilweise illegale Sommerhaussiedlung hinter der Mitte des Strandes von *Es Trenc*. Dort wurde vor Jahren ein Baustopp verhängt mit der Folge diverser Bauruinen direkt am Meer, die nun abgerissen werden sollen. Die Straßen dorthin (von Norden aus oder ab Sa Rapita nur wenig oberhalb der Küste) durch eine flache Landschaft ohne Abwechslung – sieht man von den vielen Windrädern im Bereich Campos einmal ab – ist auch mit Fahrrad leicht zu bewältigen.

Strandleben

Der Strandabschnitt bei Ses Covetes hat sich zum Mekka der Nacktbader entwickelt. Außerhalb der Badesaison ist dort kaum etwas los, etwa ab Mitte Mai (bis Anfang Oktober) jedoch viel Betrieb. Dann gibt`s dort auch (teure) Strandbars. **Parken** kostet in Ses Covetes €6; Falschparken am Straßenrand (über eine lange Strecke an der Zufahrt ist Halteverbot!) €100; Abschleppen €200.

Platja Es Trenc unmittelbar bei Colonia de Sant Jordi;
je weiter man läuft, um so leerer wird der Strand

Talaiots Capocorp Vell: Die Spur der Steine von Achim Krauskopf/Eutin

Bei Cala Pi, 4 km landeinwärts an der Straße von Llucmajor zum Cap Blanc, stößt man auf Mallorcas bedeutendste Ruinen der prähistorischen *Talaiots*, die Grundmauern der Siedlung *Capocorp Vell*.

Überreste der sog. *Megalith-Kultur* (griechisch für große Steine) finden sich in fast allen Küstenregionen der Alten Welt von Palästina bis zu den Orkney-Inseln. Die Urbewohner der Balearen machten sich etwa 2000 Jahre v. Chr. ans Werk: Sie bauten Dörfer mit Steinhäusern, einem zentralen Turm, und einer Mauer, die alles umgab. Dazu wurden tausende von Steinen behauen und in Quaderform gebracht. Das Konzept dieser sog. *Talaiots* lässt auf eine strukturierte Gesellschaft mit einer geordneten Land- und Viehwirtschaft und Vorratshaltung schließen. Obwohl man damals noch keine Schrift besaß, gelang die Organisation des Baus vom Transport des Materials aus den Steinbrüchen bis zur Aufschichtung der schweren Quader nach einem durchdachten Plan.

Das Gelände *Capocorp Vell* wird kontinuierlich betreut: **täglich ausser Do von 10-17 Uhr geöffnet** (€3). Keine Führungen, aber ein Faltblatt (auch in deutscher Sprache) vermittelt Einzelheiten zu *Talaiot*-Kultur und dieser Siedlung. Wer mehr über die *Talaiots* wissen möchte, besucht das *Museu de Mallorca* in Palma, ⇨ Seite 154, oder das *Museu Son Fornés* bei Montuiri, ⇨ Seite 341.

Sa Rapita & S`Estanyol

Die **Sommerhaussiedlung Sa Rapita** hinter einer flachen Felsküste liegt am **Westende des *Es Trenc* Strandes**. Dort wurde in den letzten Jahren der Yachthafen großzügig ausgebaut mit allen Serviceeinrichtungen einschließlich einer sehr schön zwischen Strand und Marina positionierten **Cafeteria**.

Sa Rapita geht westlich über in die Siedlung *S`Estanyol*, die ebenfalls über einen großen Yachthafen verfügt, wenn auch ohne den Traumstrand gleich nebenan. Eine graubraune Strandbucht ohne Reiz erreicht man vom westlichen Straßenende aus.

Campos

**Kenn-
zeichnung**

Auf dem Weg in den Südosten oder von dort in Richtung Palma führt kein Weg an Campos vorbei. Die Hauptstraße durch den Ort ist dicht mit Geschäften besetzt. Im Gegensatz zu den meisten anderen Orten im Inselinneren wirkt Campos offen und freundlich. **Aber Achtung**: die Wegweisung nach Palma und zur Ost-/Südküste führt beidseitig ums Zentrum herum. Eine Fahrt durch den Kernbereich (Sa Plaça) funktioniert nur in Richtung Osten.

Zentrum/ Carrer Sa Plaça	In Campos sind der originelle Antiquitäten- und Kuriositäten-shop **Tesoro** (Sa Plaça 7) und die **Pasteleria Pomar** erwähnens-wert. Bei *Pomar* gibt`s Eis, Kuchen und *Empanadas* vom Fein-sten; speziell der mallorquinische Mandelkuchen schmeckt dort gut. Auf der hauseigenen Website findet sich sogar eine Preisliste aller Backwaren: www.pastisseriespomar.com (Spanisch).
Kirche	In der Kirche **Sant Julián**, einem mächtigen Bauwerk, das auf das Jahr 1248 zurückgeht (ausgeschildert), sind das **Murillo**-Gemälde *El Santo Cristo de la Paciencia* und ein gotischer Altar zu bewun-dern. Sollte die Tür zur Kirche verschlossen sein, kann man in der *Rectoria* gegenüber (auf der Südseite) nach dem Schlüssel fragen.
Windräder	Südlich und östlich von Campos stehen zahlreiche Windräder (fürs Wasserpumpen), die in den letzten Jahren restauriert wurden.

Cala Pi mit Vallgornera

Kenn-zeichnung	Bei der *Cala Pi* an der Steilküste unterhalb Llucmajor handelt es sich um eine tiefliegende, weit in den Fels schneidende Bucht, die in einem Sandstrand ausläuft. Gleichzeitig steht Cala Pi für eine **Villenurbanisation**, die sich in östlicher Richtung an der Küste entlangzieht und in die Villensiedlung Vallgornera übergeht.
Lage	Auf der Zufahrt sieht man die etwas verdeckt liegende Cala Pi zu-nächst nicht: vor dem Erreichen der Apartmentanlage über der Bucht macht die Straße eine scharfe Linkskurve. Rechts ab geht`s zum Eingang des **Cala Pi Club** (links daneben die Treppe hinun-ter zum Strand) und zum **Restaurant Miguel**. Es liegt am Straßen-ende vor der wachtturmbewehrten *Punta de Cala Pi*. Ein **Kinder-spielplatz** gehört zum Haus. Nebenan gibt's noch eine Caféteria.
Vallgornera	Wer vermutet ein Restaurant wie das **Mirador de Cabrera** in der abgelegenen Villenurbanisation Es Pas de Vallgornera (2 km öst-lich Cala Pi, Carrer Murillo 8, ✆ 971 123338; mittags und abends ab 18 Uhr; Mo geschlossen; www.mirador-de-cabrera.com)? Nicht nur profitiert man dort von der Kunst eines Schwarzwälder Meisterkochs, sondern genießt von der Terrasse einen Blick übers Meer bis Cabrera. Gehobenes, aber faires Preisniveau.

Fast leerer Strand der Cala Pi im Herbst tief unten zwischen den grün bewachsenen Hängen der weit ins Land reichenden Bucht

7.9

7.9   Orte und Ziele im zentralen Hinterland

Kapitelaufbau

(⟳ separate Mallorcakarte und Karte in der hinteren Umschlagklappe)

Für die verstreut liegenden Orte und Ziele im Hinterland Mallorcas gibt es – anders als für die Küstenbereiche – keine von vornherein logische Reihenfolge der Darstellung. Im folgenden orientiert sich die Reihenfolge an den beiden – mittlerweile fast voll als **Autobahnen** ausgebauten – Hauptverkehrsachsen der Insel (**Palma-Manacor** und **Palma-Inca-Alcudia**) und deren »Einzugsbereiche«. Da im zentralen Süden bis auf Llucmajor und den Randaberg alles andere bereits in die vorstehenden Kapitel »passte«, sind diese beiden Ziele im ersten Abschnitt dieses letzten Ortskapitels gleich anfangs untergebracht, zumal die Fahrt (von/nach Palma) über Llucmajor auch eine verkehrstechnische Alternative zur Direktroute Palma- (Airport-Casa Blanca-) Algaida darstellt. Denn die Vermeidung der Ein-/Ausfahrt durch Palmas östliche Vororte und Son Ferriol ist allemal sinnvoll. Alle nennenswerte Orte **zwischen den beiden Hauptachsen** finden sich im dritten und letzten Abschnitt, in dem nur noch **Sineu**, die wichtigste Stadt in der Inselmitte, ein touristisch wesentliches Ziel darstellt. Zur genauen Lage der Orte sei verwiesen auf die separate Mallorcakarte.

7.9.1   Die Achse Palma-Manacor und südlich

Llucmajor

Verkehrsanbindung

Auf dem Weg aus dem Bereich Palma zur südlichen Ostküste und ggf. auch zu Zielen weiter nördlich, je nach Routenwahl, ist Llucmajor der erste größere Ort und per Autobahn ab Palma in 20 min erreicht. Die Straße Ma-19a über S'Aranjassa ist keine Alternative zur Autobahn. Es gibt an ihr nichts Besonderes zu sehen.

Markttag

Llucmajor ist mit seinen engen Gassen und verschlossen wirkenden Fassaden trotz des zur **Fußgängerzone** (mit Kinderspielplatz) umgestalteten Bereichs um die touristisch eher unergiebig. Nur freitags bringt der Markt auf der Plaça und in den Nebenstraßen Leben in das Städtchen. Im Vergleich zu einigen Märkten in den Ferienorten ist der Llucmajor-Markt zwar originärer, aber keine besondere Attraktion. Auffällig ist die hohe Zahl der **Kneipen** und **Snackbars** rings um die Plaça, besonders beliebt die **Bar Pou** gleich neben dem Rathaus. Preiswert und gut sind die Backwaren in der *Panaderia* & *Pasteleria* an der Plaça.

Bayernlokal

Das **Restaurant S'Olivera den Louis** liegt etwas abseits im Nordosten des Ortes, Carrer Gracia 64; ✆ 971 669067; <u>www.louisoli vera.de</u>. Deftige deutsche bzw. **bayrische Küche** (ab 18 Uhr), So ab 12 Uhr **Brunch**, oft Live-Musik. Mo geschlossen.

Modeboutique

Dieter Bohlen-Fans finden in der **Boutique *chill.out*** an der südlichen Ronda Migjorn 63 neben anderen Marken auch das *Bohlen-Label* **Camp David**; ✆ 971 120633; <u>www.chilloutlet.com/de</u>.

Historie

Eine **Skulptur** des sterbenden Königs *Jaume III* (am Ende des *Passeig Jaume III*, Einfahrt von der südlichen Ortstangente Richtung

Campos aus) erinnert an die wichtigste Begebenheit der lokalen
Geschichte. 1349 verlor der mallorquinische König in der Schlacht
bei Llucmajor sein Leben. Gleichzeitig endete damit die kurze
Epoche des selbständigen Königreichs Mallorca, ➪ Seiten 418ff.

**Son Antem
Marriott/Jazz**

Wenige Kilometer westlich der Stadt geht`s zu den **Golfplätzen**
Son Antem Ost und West (ca. 1 km südlich der Straße/Autobahn).
Das *****Marriott Hotel auf dem Gelände besitzt einen tollen
Wellnessbereich (für Externe €30-€35/Person) Sonntags gibt`s
Brunch vom Feinsten mit *Live Jazz*. Wen das interessiert: bei der
Abfahrt #20 »Son Antem« steht neben der Tankstelle der Jazz-
club *Ca'n Pelin*, dort *Old Time Jazz* jeweils donnerstags 21 Uhr.

Randa

Tafelberg

Der Tafelberg *Randa* zwischen Llucmajor und Algaida ist die mit
Abstand **höchste Erhebung** im zentralen Inselbereich. Am Fuße
des immerhin 549 m hohen Berges liegt – etwas abseits der Straße
Llucmajor-Algaida – idyllisch das gleichnamige Dorf, durch das
sich die Zufahrt zu drei **Heiligtümern** schlängelt:

**Unterstes
Santuari**

• das *Santuari de Nostra Senyora de Gracia* ist die reizvollste der
Eremitagen. Auf einem Absatz unter hoch aufragenden Fels-
überhängen gelegen, besteht es aus weiß gekalkter Kapelle und
Nebengebäude. Die sorgfältig gepflegte Anlage verleiht dem
kleinen Komplex einen freundlichen Charakter. Dennoch ist es
eher die Aussicht vom Kirchenvorplatz und von der Terrasse bis
hinüber zur Südküste, die den Besuch dort reizvoll macht.

**Mittleres
Santuari**

• Ähnliches gilt auch für das *Santuari de Sant Honorat* über dem
ersteren auf mehr als halber Höhe des Berges. Der Innenhof vor
der Kapelle ist zwar pittoresk, aber der Besuch weniger lohnend.

Santuari de Nostra Senyora de Cura

• Die bis dahin schöne Streckenführung ver-
flacht auf dem letzten Stück. Vorbei an An-
tennenanlagen erreicht man das befestigte
Santuari de Nostra Senyora de Cura. Im
Garten des 1275 gegründeten Klosters befindet sich eine Statue des *Ramon Llull*,
dessen Standbild schon in Palma am Passeig Sagrera ins Auge fällt. Hier wirkte dieser angeblich vom höfischen Tunichtgut
zum Eremiten geläuterte Kämpfer wider
den Islam (!) viele Jahre. Ereignisse aus seinem Leben sind in beachtlichen Glasmale-
reien festgehalten. **Klostermuseum geöffnet** ganzjährig täglich 10.30-13.30 Uhr und
15.30-17.30 Uhr; Spende erbeten (ab €3).

*In der Kapelle des untersten Santuari (de
Gracia) auf der Ostseite des Randabergs*

7.9

Nach Durchschreiten eines zweiten Torbogens gelangt man vom Klosterhof auf eine weiträumige, von einer breiten Mauer begrenzte Freifläche vor dem Panorama der westlichen Insel. Die *Hospederia* hat preiswerte **Betten für die Nacht**: ✆ 971 660994.

Aussicht/ Picknick/ Gastronomie

Der Blick von den diversen Aussichtspunkten über fast die ganze Insel macht Randa zum beliebten Ziel touristischer Busladungen und feiertäglicher Wallfahrten Einheimischer. Auf die ist das ungemütliche Klosterrestaurant mit hohen Sitzkapazität in erster Linie eingestellt. Viel besser sitzt man an einem der vielen schattigen Steintische für **Picknicker**. Sogar Grillroste und ein Fußballplatz für Kinder sind vorhanden.

Einkehr in Randa

Wer einkehren möchte, sollte das vielleicht eher unten im Dorf tun. Ambiente und Küche der rustikalen Restaurants an der Straße Richtung Puig (*Celler* & *C'as Beato*) haben mittlere Preise.

Ebenfalls unverfehlbar an der Straße liegt das Restaurant *Es Reco de Randa*, das verfeinerte mallorquinische Gerichte für ein paar Euros mehr bietet. Bei gutem Wetter genießt man auf der Terrasse Weitblick nach Westen bei goldener Abendsonne. *Es Reco* ist auch ein kleines **Landhotel** der gehobenen Kategorie mit individuell gestalteten Zimmern und einem schönen Poolbereich.

Ramon Llull/Raimundus Llullus

Ramon Llull bzw. *Raimundus Llullus*, wie sein lateinischer Name lautete, wurde 1232, kurz nach der Rückeroberung Mallorcas von den Arabern, geboren und stieg zu einem der größten Gelehrten seiner Zeit auf. Sein Hauptinteresse galt zwar der vernunftmäßigen, argumentativen Missionierung Andersgläubiger, besonders der Araber und Juden, aber seine Schriften waren nicht ausschließlich religiös ausgerichtet: die spätere Leibniz'sche mathematische Logik etwa basiert auf Llullschen Denkansätzen.

Als gebürtiger Adliger und Höfling wandte er sich dabei erst spät Wissenschaft und Religion zu. Er brachte es nichtsdestoweniger im Laufe seines langen Lebens (bis 1315) auf über **260 Werke**. Die schrieb er fast ausnahmlos **in katalanischer Sprache** nieder und nicht auf lateinisch, wie damals üblich. Der dadurch bewirkte nachhaltige Impuls für das *Catalán*, das unter der Dominanz des kastilischen Spanisch über Jahrhunderte ein Schattendasein führte, machte ihn zu einer **Symbolfigur für die Eigenständigkeit der Kultur Kataloniens und Mallorcas**. Auf ihn zurück gehen die Einsiedelei *Miramar* in den Bergen bei Valldemossa, das zunächst als Priester- und Missionsschule diente, und die Bibliothek des Klosters auf dem Randaberg, in der sich bemerkenswerte mittelalterliche Memorabilia und Handschriften befinden.

Im hohen Alter von 80 Jahren soll *Ramon Llull* im heutigen Algerien zu Tode gesteinigt worden sein, was ihn zum Märtyrer und Nationalhelden Mallorcas machte. Es heißt allerdings auch, daß die Steinigung im Land der Heiden eine fromme Lüge gewesen sei, um seinerzeit die Heiligsprechung zu beschleunigen. Der neben *Junípero Serra* (➪ Seite 343) größte Sohn der Insel wurde in der Kirche des Klosters *San Francesc* (➪ Seite 155) in Palma bestattet.

Bei »Gordiola« kann man Glasbläsern bei der Arbeit zuschauen und das Entstehen kleiner Kunstwerke miterleben (➪ auch »Menestralia« auf Seite 352)

Algaida

Kennzeichnung

Die **Ortschaft** Algaida etwas abseits der Autobahn Palma–Manacor ist **als solche kein Besuchsziel**, aber in ihrer Nähe befinden sich mit der Glasbläserei *Gordiola* ein typisches Touristenziel, dazu empfehlenswerte Restaurants und ggf. die *Ermita de la Pau*.

Glasbläserei Gordiola

Ein burgartiges Gemäuer ca. 2 km nordwestlich von Algaida beherbergt die Glasbläserei *Gordiola* (erste Abfahrt Algaida von Palma aus; am Kreisverkehr ausgeschildert). Deren Verkaufsräume sind voll auf die täglichen Busladungen eingestellt. Immerhin gibt es dort neben Kitsch und Klimbim auch geschmackvolle **Glas- und Keramikartikel** zu allerdings ziemlich heftigen Preisen. Im kleinen **Museum** des Obergeschosses findet man zwischen alten Möbeln und Ritterrüstungen Glaskunst aus aller Welt (frei).

Werkstatt

Eine Attraktion ist die große offene **Werkstatt**, wo in Handarbeit Glas geschmolzen und geblasen wird, als ob die Zeit stehen geblieben wäre. Für eine **Besichtigung** sollte man die Mittagszeit nach 12 Uhr oder den Spätnachmittag nach 17 Uhr vorsehen, wenn der Bustourismus »durch« ist. Museum/Laden geöffnet Mo-Sa 9-19 Uhr, So bis 13.30 Uhr. Die Glasbläser arbeiten nicht in der Zeit 13.30-15 Uhr und maximal bis 18 Uhr.

C al Dimoni

Immer schon unauffällig war das Restaurant *C'al Dimoni* (»Zum Teufel«) an der alten Hauptstraße. Am Verkehrskreisel südlich der Algaida-Ausfahrt #21 von der Ma-15 ist es ausgeschildert. Ein kleines, bunt bemaltes Teufelchen steht vor der Tür. Es handelt sich bei diesem verräucherten Restaurant um einen der bekanntesten »Geheimtipps« für **einfache mallorquinische Kost**. In der rustikalen Gaststube werden u.a. die für Mallorca typischen Wurstspezialitäten *Sobrasada* und *Butifarra* über der immer glimmenden offenen Glut gegrillt. Das Preisniveau ist moderat; ➪ auch Restaurantempfehlungen auf Seite 373ff. Mi geschlossen.

Hostal Algaida

Ebenfalls an der alten Straße Richtung Manacor (am erwähnten Kreisel südlich Ausfahrt #21) steht das Restaurant **Hostal Algaida**, eine frühere Herberge, dessen Küche manche als die beste der Region bezeichnen. Das Ambiente ist eher durchschnittlich.

C an Mateu

An der Straße nach Pina befindet sich unweit der Autobahn das Restaurant **C'an Mateu**, ein Gegenstück zum C'al Dimoni (1 km ab dort). Eine herrlich überwachsene Terrasse am großen **Pool für Gäste** spendet Schatten. Neben mallorquinischen Gerichten kann man dort auch »international« essen (mittlere Preise). C'an Mateu wird nur sonn- und feiertags richtig voll, wenn die Mallorquiner Familienausflug (ein **Kinderspielplatz** ist auch vorhanden) und Tafelfreuden locker verbinden. Di geschlossen.

Bio-Weine

Im Gebiet um Algaida wird ebenso wie um Petra/Felanitx und im Bereich Santa Maria/Binissalem/Inca Wein mit der Ursprungsbezeichnung **Pla i Llevant de Mallorca** angebaut. Wer sich für den nach ökologischen Prinzipien gekelterten Wein der kleinen **Winzerei Can Majoral** interessiert, findet das Gut geöffnet Mo-Fr 16-20 Uhr und Sa 9-13 Uhr. Man kann auch eine Besichtigung vereinbaren: ✆ 971 665867; www.canmajoral.com (➪ auch Seite 38).

Ermita de la Pau

Zur Ermita de la Pau, dem **ältesten Kirchlein der Insel**, sind es von Algaida nur ca. 3 km auf der Straße in Richtung Randa/Llucmayor und dann nach der Ausschilderung nach links ab noch einmal ca. 2 km auf engen Wegen durch eine hübsche hügelige Landschaft (Zufahrt auch östlich von Algaida: Schild). Die zwar restaurierte, aber meist verschlossene Ermita auf einer kleinen Anhöhe bildet nur für stark Kulturinteressierte ein lohnenswertes Ziel.

Montuiri

Ort

Abseits der Autobahn Palma–Manacor liegt auf ca. halbem Wege Montuiri auf einer Anhöhe. Enge Einbahnstraßen charakterisieren das Städtchen. An der zentralen Plaça gibt es eine kleine verkehrsberuhigte Zone; dort ist das **Can Xorri** Platzhirsch unter den Einheimischenlokalen. Montuiri hat mit der **Perlen-Manufaktur Orquidéa** und dem **Schmuckmarkt Lapis** zwei beliebte Ziele für Ausflugsbusse (unübersehbar direkt an der Ma-15)

Orquidéa und Lapis

Bei Orquidea kann man den **Produktionsprozess** der Perlenherstellung beobachten (außerhalb der Arbeitszeiten an einem großen Monitor oder im Internet: www.perlasorquidea.com). In beiden Märkten ist das Sortiment an Schmuck und Perlen aller Preiskategorien enorm. **Lapis** führt auch weniger kostspielige Produkte.

Ermita de Sant Miquel

Ca. 1 km östlich von Montuiri zweigt die Zufahrt zur **Ermita de Sant Miquel** ab. In einem Nebengebäude befindet sich das kleine **Restaurant Puig de Sant Miquel** mit sonniger Weitblickterrasse, ein vor allem bei mallorquinischen Sonntagsausflüglern beliebter Platz. Wer möchte, kann dort sogar sehr individuell übernachten (✆ 971 646314). Unbedingt besucht haben muss man Sant Miquel nicht. Wer aber ohnehin vorbeifährt, macht den Abstecher retour in wenigen Minuten (Hinweis an der Ma-15 kurz vor der Abfahrt).

**Talaiots
und Museo
Son Fornés**

An der Straße von Montuiri nach Lloret passiert man etwa 2 km außerhalb des Ortes weitere Zeugen der prähistorischen Besiedelung der Insel (↪ Seiten 334 und 418). Die **Talaiots Son Fornés** sind zwar im Ort ausgeschildert, aber an der Strecke muss man aufpassen, wo sich rechts – 50 m von der Straße entfernt – die Erdhügel mit den Felsblöcken verstecken.

Das kleine **Museo Arqueológico Son Fornés** steht gleich außerhalb von Montuiri an der Straße Richtung Sant Joan und erläutert mit Exponaten das gleichnamige *Talaiot* und die Megalith-Kultur generell, außerdem gleichzeitig den Verlauf mallorquinischer Geschichte. **Geöffnet** März bis Oktober Di-So 10-14 Uhr und 16-19 Uhr. Im Winter nur vormittags; Eintritt €3,50, ein bisschen teuer für die zwar gut aufbereitete, aber recht begrenzte Ausstellung. Im **Museu de Mallorca in Palma** findet man eine erheblich umfangreichere und fundiertere Ausstellung zur selben Thematik.

*Innenhof
des Santuari
de Monti Sion
bei Porreres*

Porreres

Ort

Im abseits der Hauptstraßen – im zentralen Süden Mallorcas zwischen Llucmajor und Felanitx – gelegenen, freundlich wirkenden Porreres gibt es nur das mächtige Kirchengebäude der **Nostra Senyora de Consolació** als Sehenswürdigkeit. Am Rathausplatz steht residiert das **Restaurant S'Escrivania**, das sich der regionalen Küche verschrieben hat, in einem alten restaurierten Gebäude; ℰ 971 647094. Aprikosen ziehen sich in vielen Zubereitungsvarianten durch die Karte; auch ein Shop existiert.

**Santuari de
Monti Sion**

Ungefähr 3 km südlich (Zufahrt ab der Ortsumgehung Ma-5030) liegt mit dem **Santuari de Montí Sion** ein besuchenswerter **Klosterberg**. Die Straße führt in Kehren durch Bergwald zu einem Vorplatz, von dem der Blick bis zur Süd- und Südostküste fällt. Im **Innenhof** des Klosters beeindrucken der Kreuzgang und die kleine Barockkirche. Eine **Herberge** (ℰ 971 647185) ist auch vorhanden.

7.

Zubringer

Größere Umwege hierher lohnen sich kaum, ein **Abstecher** auf einer Fahrt von Palma an die südliche Ostküste könnte insbesondere dann erwogen werden, wenn als (Zwischen-) Ziel Felanitx angepeilt wird. Die Verbindung Llucmajor-Porreres ist eines der schöneren Straßenstücke in diesem Teil Mallorcas und auch die Fortsetzung bis Felanitx attraktiver als die Hauptstrecke über Campos. Allerdings kosten diese Routen etwas mehr Zeit.

Vilafranca (de Bonany)

Durchfahrt

Der Hauptverkehr passiert Vilafranca, ca. 20 km westlich von Manacor, schon seit längerem auf einer Umgehungsstraße, die nun in die Autobahn Palma-Manacor eingefügt wurde. Sehenswert im Ort sind lediglich einige **Obst- und Gemüseläden** am östlichen Ortsende, die sich gegenseitig in der farbenprächtigen Zusammenstellung Ihrer Auslagen zu übertreffen suchen; besonders abends bieten die Arrangements dort gute **Fotomotive**.

Els Calderers

Etwa 5 km nordwestlich von Vilafranca (zwischen Vilafranca und Sant Joan, 3 km von der alten Hauptstraße entfernt) steht das Herrenhaus *Els Calderers*. Erst seit 1993 ist dieser einstige **Gutshof** ein – absolut brillantes – **Museum**. Ohne Führung darf man nahezu alle Räume durchlaufen. Inneneinrichtung und eine sagenhafte Fülle von Gegenständen – Möbel, Gerätschaften aller Art, Gemälde, Kleidung, Waffen etc.pp. – künden vom erstaunlichen

Wurst-herstellung in Handarbeit in Els Calderers

Wohlstand mallorquinischer Landadliger. Ein Vergleich mit dem Gutshof *La Granja* bei Esporles (⇨ Seite 223) liegt nahe, aber die beiden haben wenig gemein, sind ganz andersartig. **Els Calderers,** Foto Seite 368, lohnt den Besuch unbedingt auch für alle, die La Granja schon kennen, ✆ 971 526069; www.elscalderers.com.

Eine **Snackbar** hat Getränke und wenig Auswahl. Man kann aber schön auf der Terrasse sitzen und übers Land schauen. Täglich 10-18 Uhr im Sommer, bis 17 Uhr im Winter; €10, Kinder 50%.

Petra

Junípero Serra

Wäre nicht 1713 der spätere **Franziskanermönch** *Junípero Serra* in Petra geboren worden, das Städtchen 5 km nördlich der Straße #715 zwischen Vilafranca und Manacor (seit kurzem wieder mit **Bahnstation** am Nordrand der Stadt) würde kaum beachtet. So aber verfügt es über ein interessantes restauriertes **Museum**, das dem Wirken des *Fray Junípero* auf seinem Weg von Mexico bis zum heutigen Mannes gewidmet ist. Diesem Mann und seinen Ordensbrüdern dankt man in Amerika die Gründung von **21 Missionsstationen in Kalifornien**, die sich zu Städten entwickelten, von denen viele ihren spanischen Namen bis heute behielten (Los Angeles, Santa Barbara, San Luis Obispo, San José u.a.).

Junípero Serra selbst gilt u.a. als **Gründer San Franciscos**, seine Büste schmückt das Capitol in Washington. 1776, das Gründungsjahr der Missionsstation *San Francisco de Assisi*, war zugleich das Jahr der Ausrufung der Unabhängigkeit der Vereinigten Staaten von Amerika. Und so erinnerte man sich 1976 zur 200-Jahr-Feier der USA der Heimatstadt des Paters und schickte Dollars, nachdem man vom desolaten Zustand des in privater Initiative nur mühsam durchgehaltenen Museums gehört hatte.

Museum

Das *Museu Junípero Serra* befindet sich in der *Carrer Barracal* (#6-10), die parallel zur schmalen Hauptstraße (Carrer Mayor) durch den Ort läuft. Zwischen beiden liegen auf Höhe des Museums die **Kirche St. Bernardi** (10-12.30 Uhr und 16-17.30; klingeln!) und eine hübsche Passage mit Bildtafeln der Stationen des größten Mannes der Stadt. **Das Museum wird nur bei Voranmeldung geöffnet;** ✆ **971 561149**. Man kann aber in der *Carrer P. Miguel 2* klopfen (vom Museum ca. 50 m nördlich) und um Einlass bitten. Eintritt frei, erwartet wird eine Spende ab €3/Person.

Es Celler

Das Restaurant **Es Celler** (Wegweiser überall im Ort; Carrer de Hospitalet, 200 m von *Sant Bernardi* entfernt) wirkt immer noch weniger durchgestylt als die *Celler* in Inca. Grillfleisch wird dort (bei kühler Witterung) auf der Glut einer von hölzernen (!) Schiebetüren verschlossenen Feuerstelle fertiggegart. Moderate Preise.

Eine hübsche Alternative bietet der Innengarten des Restaurants **Sa Plaça** an der kleinen ganz mit Tischen und Stühlen mehrerer Lokale ringsum vollgestellten Doppelplaça des Ortes. Auch die Küche von **Sa Plaça** hat einen guten Ruf; gehobenes Preisniveau.

Kachelbilder zeigen die von Junipero Serra gegründeten Missions-stationen in Kalifornien. Die Mission San Francisco sieht bis heute genauso aus wie auf diesem Bild.

Wein aus Petra

Über den lokalen Bereich hinaus verkaufter Wein aus Petra kommt meist von der Winzerei *Oliver*. Wie alle anderen Weine aus der zentralen Ebene führt er die Ursprungsbezeichnung **Pla i Llevant de Mallorca**. Mitten in Petra betreibt *Oliver* einen Laden: Carrer Sa Font 26, geöffnet Mo-Fr 10-13.45 Uhr und 15.30-18 Uhr, im Juli/ August 10-15 Uhr; ✆ 971 561117; www.miqueloliver.com.

Ermita de Bon Any

Vom südlichen Ortsausgang zweigt die (asphaltierte) Zufahrt zur **Ermita de Nostra Senyora de Bon Any** auf einer bewaldeten Anhöhe ab. Sie ist eine der schöneren Wallfahrtsanlagen Mallorcas. Neben dem Gebäudekomplex mit der (drinnen) fast überladenen Kapelle beeindruckt in erster Linie der Panoramablick über Petra und den Nordosten der Insel. Auf dem Vorplatz laden schwere Steintische und -bänke unter schattigen Bäumen zum **Picknick** ein (man muss die Utensilien dazu aber vom Parkplatz einige Stufen hochtragen). Nur an Wochenenden gibt es hier viele Ausflügler; Toiletten und Wasser vorhanden. Zur Ermita gehört auch eine einfache **Herberge**; Anmeldung ratsam: ✆ 971 561101.

Bon any 1609, das gute Jahr

Der *Puig de Bonany*, wie der Hügel bei Petra heißt, erhielt diesen Namen erst im 17. Jahrhundert, als man nach Jahren der Trockenheit den Himmel von seiner Höhe aus immer wieder um Regen angefleht hatte. Im Frühjahr 1609 wurden die Bitten endlich erhört, es fiel reichlich Regen, und das Jahr erbrachte eine gute Ernte.

Klar, dass nach diesem Erfolg Wallfahrten zum Hügel des »guten Jahres« nun alljährlich stattfanden. Der Bau einer Kapelle war nur eine Frage der Zeit, und eine Marienfigur durfte auch nicht fehlen, die »*Senyora de Bon Any*«.

Der heutige Komplex mit Hostal und Picknickplatz wurde allerdings erst in den 1920er-Jahren fertiggestellt.

Manacor www.visitmanacor.com

Kenn-
zeichnung

Die mit über 40.000 Einwohnern **zweitgrößte Stadt Mallorcas** ist das kommerzielle Zentrum des Nordostens. **Möbel, Keramik** und **künstliche Perlen** bilden das Rückgrat der lokalen Wirtschaft. Seit 2003 verbindet eine **Eisenbahnlinie** Manacor (wieder) mit Petra, Sineu, Inca und Palma. Die Arbeiten an der **Verlängerung bis Artá** (⇨ Karte) wurden 2010 begonnen, aber 2011 eingestellt.

Touristisch hat Manacor wenig zu bieten. Die Stadt besitzt im Zentrum zwischen der Plaça Rector (dort die etwas klobige gotische Kirche *Dolores de Nostra Senyora*) und der Plaça Sa Bassa (dort **Internetcafés**) eine mäßig attraktive Fußgängerzone. Auffällig in Manacor sind die **Optikerläden** (u.a. an der Plaça Ramon Llull), die preiswerte **Brillengläser** per **Schnellservice** liefern und Discountpreise für Gestelle offerieren.

A   **Supermarkt für**
    Olivenholzprodukte
B   **Komplex Perlas Majórica**
C   **Keramikläden**
D   **Hauptkirche**
E   **Optiker**

Kunstperlen

Zwei Unternehmen konkurrieren auf Mallorca mit Verfahren zur **Imitierung von Zuchtperlen**, *Orquidea* (⇨ Seite 340) und *Perlas Majórica*. Letztere residiert unübersehbar an der Straße von/nach Palma. Früher konnte man den **Produktionsablauf** – vom Kern der späteren Perle über die Zwischenstadien der Anreicherung mit Perlmutt-Essenzen bis zur Endkontrolle der fertigen Stücke – auf einem Besucherkorridor in einem (nicht mehr existierenden) Informationszentrum verfolgen. **Das Geheimnis** blieb aber gewahrt: es liegt in der **Zusammensetzung der Essenz**, die auf den deutschen Gründer (bereits 1902) *Eduard F. Hensch* zurückgeht.

7.9

Olivenholz

Touristenbusse stoppen auch gern am **Markt für Olivenholzprodukte** am Ortsende/-anfang. Alles, was an Nützlichem und Unsinnigem aus Holz hergestellt werden kann, steht dort in den Regalen. Darunter auch manches Teil, das die Maserung des Olivenholzes wunderbar herausbringt, das indessen nicht billig. Als Blickfang grüßen dort vor der Tür einige **Dinosaurier** in Originalgröße.

Keramik

Ebenfalls an der Hauptstraße in Richtung Artá, die die Innenstadt rechts liegen lässt (⇨ vorstehende Karte), gibt es mehrere Läden mit einer großen Auswahl guter, preiswerter **Gebrauchskeramik**.

Möbel

Großflächige Möbelmärkte säumen vor allem die Straße in Richtung Artá. Viele der auf Mallorca zu findenden Kreationen unterscheiden sich erheblich von bei uns gängigen Modellen.

Restaurants

In Manacor findet man mit *Can March* in der *Avinguda Salvador Joan* ein gutes Restaurant für mallorquinische Gerichte. Mittagsmenüs ab 🍽 bietet das Chinarestaurant *Gran Muralla* an der Plaça Ramon Llull. Für einen Drink, Snacks und einen Kaffee mit *Ensaimadas* sitzt man ganz gut im *Café Ses Estacions* im/am Bahnhof. An der Straße nach Portocristo gilt das *Es Moli d`en Sopa* – mallorquinische Küche – als beste Adresse im Umfeld.

Museum

Im *Museu d'Historia de Manacor* im *Torre de Enagistes* an der Straße Richtung Calas de Malllorca (vom Zentrum ca. 2 km, ausgeschildert) sind Mosaiken und alte Keramik aus verschiedenen Epochen ausgestellt, dazu Miniaturmöbel und Modellschiffe; frei. Geöffnet 1. Juni-15.Sept. Mo-Sa 10-14+18-20 Uhr, So 10-13 Uhr; sonst 9-14 bzw. 17-19 Uhr, dann So und Di zu.

Aussicht/ Friedhof

Manacor und Umgebung überblickt man vom (vernachlässigten) Hügel der **Ermita de Santa Lucia**; Zufahrt von der Straße in Richtung Felanitx: Von Manacor kommend geht es kurz nach Ortsende links ab zu Manacors Friedhof (*Cementeri*) und noch vor dessen Erreichen durch einen Eisenbogen nach rechts; kein Hinweis. Der **Friedhof** ist insofern sehenswert, weil die sonst meist überirdisch angelegten Grabkammern sich hier überwiegend in begehbaren, in einen Steinbruch hineinkonstruierten Familiengruften befinden. Ein Ausschachten für die Gruften entfiel.

Keramikladen in Manacor an der Durchgangsstraße nach Artá: Bestens sortiert und preiswert

7.9.2   Die Achse Palma-Inca-Alcudia

Santa Maria (del Cami)

Die alte Landstraße von Palma nach Inca/Alcúdia führt mitten durch Santa Maria, das als erster Ort »am Wege« (del Cami) lag. Mittlerweile – da der Hauptverkehr nun auf der Autobahn Palma-Inca vorbeirauscht – ist es in Santa Maria ruhiger geworden.

Plaça Hostals

Gastronomie

Das eigentliche **Zentrum Santa Marias** befindet sich mit *Plaça Espanya*, **Pfarrkirche** und **Rathaus** einige hundert Meter östlich der Durchgangsstraße. Das Geschäftsleben konzentriert sich aber nach wie vor auf die frühere Verkehrsader und Umfeld. An ihr (Bereich Plaça Hostals) steht auch das frühere **Kloster des Minoriten-Ordens** mit einem malerischen **Kreuzgang** und grünen Innenhof. Darin residiert heute das **Edelrestaurant** *Convent del Marques* – sehr stimmungsvoll bei Kerzenlicht am Abend.

Auf der gegenüberliegenden Straßenseite warten gleich vier Lokale auf Gäste. Das *Sa Font* hat dort den Ruf der besten *Tapa*-**Theke**. Ca. 100 m weiter an der Abzweigung der Straße nach Bunyola bietet der *Celler Sa Sini* gute und reichliche mallorquinische Hausmannskost zu zivilen Preisen. Wiederum gegenüber (Plaça Hostals 26) liegt das Restaurant *Ca'n Calet* mit mediterran-internationalen Gerichten. Hübscher kleiner Hintergarten

Eine alte Mühle an der Straße Santa Maria-Bunyola (Ma-2020) wurde zum allseits gelobten *Restaurant Moli des Torrent* umfunktioniert (schöner Patio gehobenes Niveau, mallorquinische-deutsche Küche, deutsche Leitung). Mittags und abends(Mi+Do Ruhetage); ✆ 971 140503, www.molidestorrent.de.

Llengua-Stoffe

In **Santa Maria** webt die kleine Firma *Bujosa* noch die mallorca-typischen *Telas de Llengua*, Zungenstoffe, wie man sie vor allem auf Polstermöbeln und als Gardinen auch in vielen Hotels sieht. Der eher unscheinbare Laden mit Werkstatt dahinter liegt in der Carrer Bernardo Santa Eugenia 53 (alte Straße nach Palma, 200 m bis Plaça Hostals). Man kann dort auch beim sog. Ikat-Weben zuschauen & fotografieren, ✆ 971 140261, www.bujosatextil.com.

Macia Batle/ Wein Express

Am nordöstlichen Ortsausgang steht der auffällige Komplex der **Weinkellerei** *Maciá Batle*, neben *Ferrer* in Binissalem die größte Mallorcas, inmitten eines Weinfeldes. *Bodega* geöffnet im Sommer Mo-Fr 9-19 Uhr, sonst bis 18 Uhr, Sa 10-13 Uhr. Ein sog. **Wein Express** fährt Mo-Fr um 11+15 Uhr (Sa 10 Uhr) acht verschiedene Winzer an. Inklusive **Weinproben** kostet die Tour €25/Person.

Wanderung

Bei *Macia Batle* beginnt die Straße Cami de Coanegra. Sie läuft hoch bis zum Startpunkt einer besonders schönen **Wanderung** durch das Tal des oft wasserführenden Quellflüsschens Coanegra (mit Abstecher zu einer riesigen kaum bekannten Höhle) und kann bis Orient fortgesetzt werden, ⇨ Wanderbeileger.

Markttag

Der **Sonntagsmarkt** (vormittags) in **Santa Maria** gehört zu den großen der Insel. Anfahrt am besten über Autobahn, Ausfahrt 12.

7.9

Binis(s)alem

Weinanbau

Der Bereich zwischen Santa Maria und Inca ist Hauptregion des Weinanbaus auf Mallorca, Binissalem der »Hauptort«. Von jährlich 40 Mio Litern auf Mallorca konsumierten Weins werden nur 10% auf der Insel gekeltert, über die Hälfte davon hier. Unübersehbar sind die *Bodegas Ferrer* am südlichen Ortseingang, der größte Produzent Mallorcas (Mo-Fr 11-16.30 Uhr; Führungen €6). Sehr gut ist der *Tinto Ferrer* (gelbes Etikett, mit den Jahren immer besser und teurer, i.e. etwa ab €8 in den meisten Supermärkten).

Tianna Negre

Eine distinguierte Alternative zu den bekannten Großproduzenten wie *Bodegas Ferrer* oder **Nadal** (Ramon Llull 2), die sich an dieser Bodega beteiligte, ist z.B. *Tianna Negre*, ein 10 ha-Weingut wenige Kilometer nordöstlich von Binissalem (ca. 400 m ausgeschilderte Zufahrt). Dort legt man besonderen Wert auf umweltgerechte Weinerzeugung; www.tiannanegre.com. Tour & Weinprobe 2 x täglich 10 und 14 Uhr; Kostenbeitrag €5.

Restaurants

Gleich gegenüber *Ferrer* nicht zu übersehen sind der **Celler Sa Vinya** und die **Bar S'Olivera**, zwar nicht eben gemütliche, aber für preisgünstige mallorquinische Küche bekannte Lokale.

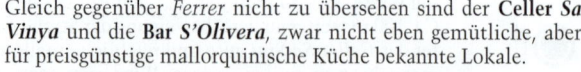

Unweit davon liegt das Schweizer Restaurant **El Suizo** in der Carrer Pou Bo 20 (von der Hauptstraße Ma-13a in die Carrer del Sol hineinfahren - 2 Blocks östlich von *Ferrer*; ausgeschildert; ℃ 971 870076). Seit Jahren gute Qualität bei mittleren Preisen.

Ortskern

Eine Fahrt in den Ort hinein ist nicht sehr ergiebig, wenngleich die *Plaça* zu den ansehnlicheren ihrer Art gehört und rundherum einige **historische Gebäude** mit attraktiven Innenhöfen stehen. Der **Freitagsmarkt** in Binissalem gehört zu den besseren seiner Art; er wird oft durch Vorführungen ein wenig aufgewertet.

Biniagual

Von der Ampelkreuzung Carrer del Conquistador/ Bonaire geht es südlich auf der Ma-3021 nach Biniali/Sencelles. Gleich hinter der Ampel zweigt die schmale Alternativroute **Cami de Biniagual** nach Sencelles ab. Zum Minidorf Biniagual sind es unter der Autobahn hindurch ca. 3 km. Es liegt ein wenig abseits der Straße. Man parkt am besten außerhalb und genießt den kleinen Spaziergang auf Kopfsteinpflaster vorbei an schnuckeligen mallorquinischen Häusern zum zentralen Brunnen vor der Kirche. Biniagual ist eine Art Museumsdorf in Privatbesitz. Ein deutscher Unternehmer hat den einst verfallenden Weinweiler vor Dekaden erworben und restaurieren lassen inklusive der Wiederaufnahme des Weinanbaus. Keine Besucherinfrastruktur, nur Fotomotiv.

Inca www.incaturistica.es

**Kenn-
zeichnung**

Inca, mit stadtnahen Autobahnanschlüssen und neuem Großhos-
pital gesegnetes Zentrum der westlichen Zentralregion, liegt auf
ca. halbem Weg zwischen Palma und Alcúdia. Mit 29.000 Einwohnern ist Inca für Inselverhältnisse schon eine Großstadt, wiewohl keine sonderlich attraktive. Zwar gibt es eine heute teilweise zur attraktiven Fußgängerzone umgebaute **überschaubare
Altstadt** und einige altehrwürdige Kirchengemäuer, aber so richtig Sehenswertes ist mit Ausnahme einiger Restaurants in alten
Weinkellern (⇨ nächste Seite) kaum auszumachen. Speziell nicht
außerhalb des Zentralbereichs. Damit nicht genug, auch dem
häufig angeführten Markt als touristisches Motiv für einen Inca-
Besuch ist Skepsis entgegenzubringen:

Markttag

Der **Donnerstags-Markt** okkupiert den auch an anderen Tagen
verkehrsfreien Bereich und mehr von der *Plaça José Antoni* bis
zum Beginn der *Carrer Bisbe Llompart*, der fast bis zum Bahnhof
hinunterläuft (⇨ Ortskarte unten). Auf dem Markt werden zwar
auch landwirtschaftliches Gerät, Obst und Gemüse angeboten,
aber sonst im wesentlichen Billigartikel von T-Shirts bis zu elek-
tronischer Importware, und das massenhaft. Mindestens zwei Drittel aller Stände zielen einzig und allein auf die Touristen-Kund-
schaft. Man kann dem Markt in Anbetracht des internationalen
Publikums und großen Anteils (leider oft aufdringlicher) afrikanischer Händler »Farbigkeit« kaum absprechen, nur hat das nichts
mehr mit Mallorca zu tun.

Celler-Lokale in Inca

Damit es im Restaurant schmeckt, muss ein bisschen Betrieb sein. Das gilt ganz besonders im *Celler*. Einen gähnend leeren *Celler* (kommt außerhalb spanischer Essenszeiten durchaus vor) sollte man lieber meiden, denn dann gibt`s schon mal fix Aufgewärmtes oder in der Friteuse Gegartes.

Von der Handvoll »richtiger« Keller wirkt das Eichenfass-Interieur des **Sa Travessa** in der Carrer de Pau/Murta, ℂ 971 500049, noch originaler als anderswo. Bei schönem Wetter kann man dort auch draußen im Hof sitzen. Gut schmeckt im *Sa Travessa* die Hammelkeule (*Cordero al Horno*). Auch **C'an Ripoll** in der Jaume Armengol, Ecke Llompart, ℂ 971 500024, ist bezüglich seiner »Urigkeit« erste Wahl. Es hat sogar einen hinter Mauern versteckten Garten. Weder vom (mittleren) Preisniveau her noch bei der Qualität gibt es bei diesen beiden gravierende Unterschiede. Etwas teurer ist der ebenfalls voll eichenfassbewehrte *Celler* **C'an Amer**, Carrer Pau 39, ℂ 971 501261. Er kommt in Restaurantführern meist am besten weg. Der Autor dieses Buches kann das weniger nachvollziehen.

Nicht ganz so urige *Celler* sind das **C'an Marron** in der Carrer Rector Rayó 7 und das **C'an Lau** in der Carrer Roser 5, nur wenig südlich der Fußgängerzone. Sie sind daher auch kaum touristisch, mehr original *mallorquín* und etwas billiger. Ein »Keller« zu ebener Erde liegt an der Carrer d'Alcúdia gegenüber dem *Burger King*: Im *Ca's Metge Nou* findet man sich zur Mittagszeit selbst an Markttagen nicht in einer überwiegend ausländischen Gästeschar wieder; preiswert.

Wenn es sich gut mit anderen Vorhaben kombinieren lässt, ist der Inca-Markt dennoch interessant genug für einen Zwischenstopp, nur dafür eigens einen Ausflug planen sollte man nicht gerade.

Parken

An Markttagen ist die Parksituation in Inca eine Katastrophe, aber auch an anderen Tagen fällt es schwer, in den Straßen einen Platz zu finden. Immerhin gibt es mehrere **Parkhäuser**, auf die recht gut hingewiesen wird. Am leichtesten erreicht man die Parkebene unter der Plaça Mallorca (Einfahrt von der unverfehlbaren Straße nach Lluc) am östlichen Ende der Fußgängerzone. Ganz in der Nähe liegt das neue Marktgebäude. Folgt man dem Schild »*Mercat*«, gelangt man zugleich zur Parkebene darunter (am besten via Avinguda Colón). In Bahnhofsnähe befindet sich ein weiteres Parkhaus, das meistens nicht so voll ist.

Celler

Das *Highlight* jeden Inca-Besuchs bilden die mit alten Fässern aus Eichenholz bestückten *Celleres*, ⇨ Kasten. Diese urigen **Kellerlokale**, die aus ehemaligen Weinkellern hervorgingen, sind ein Pfund, mit dem die Stadt wirklich wuchern kann. Sie verbreiten echt mallorquinische Atmosphäre, und auf der Speisekarte dominieren deftige einheimische Gerichte.

Ledershops	Einst war Inca Hochburg der Lederindustrie. Davon ist nicht mehr viel geblieben. Aber es gibt noch einige Leder-Supermärkte. Man findet dort alles, was irgendwie aus Leder hergestellt werden kann, vor allem Schuhe, Konfektion, Koffer und Taschen. Im Gegensatz zu früher sind Lederwaren aber weder in Inca noch überhaupt auf Mallorca sonderlich preiswert. Auch Unterschiede zwischen dem Preisniveau in Inca und Läden in Palma oder sonstwo lassen sich kaum beobachten. Preisgünstig erscheinende Angebote sollte man sorgfältig auf ihre Qualität prüfen. Am interessantesten ist da noch der **Fabrikshop der Schuhmarke *Camper***; Zufahrt auf der Südwestseite Incas (am Kreisel bei der BP-Tankstelle abbiegen).
Schuh-museum	Oder auch das erst im Mai 2011 eröffnete ***Museo de Calzado*** im ehemaligen Kasernenkomplex an der Avinguda General Luque unweit der Eisenbahn-Unterführung (Anfahrt wie für *Camper*). Dort geht es um Lederverarbeitung und Fabrikationsmethoden für Schuhwerk. Öffnungszeiten bei Redaktionsschluss noch nicht bekannt. Eintritt frei. Internet unter <u>www.incaturistica.es.</u>
An- und Weiterfahrt nach/von Inca per Eisenbahn	Inca ist dank der **Eisenbahnlinie** von Palma nach Sa Pobla bzw. nach/von Manacor/Artá über Petra/Sineu und seiner Lage an der wichtigsten Verkehrsachse der Insel auch ohne Mietfahrzeug gut erreichbar. Bei der dichten Zugfrequenz haben es vor allem Touristen in Palma und Umgebung leicht, sich ohne Vorplanung zu einem Besuch Incas per Bus und Zug zu entschließen (**Umsteigen** an der *Plaça Espanya*, ⇨ Seite 133). Der Bahnhof in Inca liegt in kurzer Fußgängerdistanz zum Marktbereich, den Kellerlokalen, Leder-Supermärkten und dem Schuhmuseum.
Santuari de Santa Magdalena	Von Inca ist es zum *Santuari de Santa Magdalena* auf einer weithin sichtbaren Anhöhe (304 m) östlich der Straße bzw. Autobahn in Richtung Alcúdia nicht weit. Die kleine *Ermita* ist nicht besonders sehenswert und auch das Umfeld des Vorplatzes nicht attraktiv, aber die Auffahrt (ausgeschildert, ca. 4 km von der alten Hauptstraße Inca–Alcudia entfernt) lohnt sich wegen der tollen **Rundumsicht** generell und auch vom Lokal aus, das dort an den

Barbecue für große Portionen auf dem Markt von Inca

7.9

Hang platziert wurde. Kaum jemand weiß, dass sich im Berg riesige **Munitionsdepots** mit einem Volumen von 250.000 m³ verbergen, die noch aus der Franco-Zeit stammen, aber schon lange aufgegeben wurden. **An Sonn- und Feiertagen** sollte man *Santa Magdalena* wegen des starken lokalen Ausflugsverkehrs **meiden**.

Campanet

Kenn-zeichnung

Die Silhouette Campanets – auf einer Anhöhe rund 2 km westlich der Verkehrsachse Inca-Alcudia – wirkt aus der Distanz vor der Kulisse der *Serra Tramuntana* zwar pittoresk, Touristen hat das Städtchen aber wenig zu bieten.

Glasbläserei/ Glaskunst und Keramik

An der alten Hauptstraße liegt bei Campanet der Gebäudekomplex der Glasbläserei *Menestralía*, deren Besuch einen Zwischenstop lohnt (Hinweis »*area d'artesania*« an der Autobahn, Ausfahrt #35). Zwar geht es dort nicht ganz so eindrucksvoll wie bei *Gordiola* zu (➪ Seite 339), aber das Handwerk der **Glasherstellung** und die **Glasblasekunst** werden dort in der vom Rauch geschwärzten Arbeitshalle noch »mittelalterlicher« betrieben als in Algaida. Im Laden kann man die Kunstwerke aus der eigenen Werkstatt und andere. z.T. sehr schöne Glaswaren und Keramik kaufen, jedoch teilweise zu Preisen, die sich »gewaschen« haben.

Tropfstein-höhlen

Mit dem Ortsnamen Campanet verbunden ist in erster Linie die gleichnamige Tropfsteinhöhle. Die *Coves de Campanet* erreicht man über die Ausfahrt #37 von der Autobahn Ma-13, dann der Ausschilderung folgen. Am *Oratori de Sant Miquel*, einem der vielen alten Kirchlein Mallorcas, wendet sich der Weg nach rechts. Ein Motiv für den Abstecher könnte auch das *Restaurant* im *Hotel Monnaber Nou* sein (ab der *Ermita* nach links). Ein gediegener Gastraum und eine wunderbare Terrasse stehen zur Wahl.

Coves de Campanet

Vom Parkplatz unterhalb der Höhle führt eine Treppe durch meist üppige Blumenpracht nach oben. Auf einer Höhe mit dem natürlichen Höhleneingang befindet sich eine große Terrasse. Von dort

Immer blühende Terrassen unter Restaurant und Aussichtsgarten bei der Höhle von Campanet

fällt der Blick auf eine Bilderbuchlandschaft. Draußen an **Stein-tische unter alten Bäumen** oder hinter den Panoramascheiben in einer rustikalen **Cafeteria** überbrückt man Wartezeiten bis zur nächsten Führung. Oft trifft man nur eine Handvoll anderer Besucher. Denn die Höhlen gehören – im Gegensatz zur großen »Konkurrenz« an der Ostküste – nicht zu den Standardausflugsangeboten der Reiseveranstalter. Was die Vielfalt der Formen und Räume angeht, sind sie eigentlich attraktiver als die Drachenhöhle, die *Coves de Hams* und d`*Artá*, aber es gibt keinen unterirdischen See, kein Geigenspiel auf lautlosen Booten oder große Lichteffekte (➪ Portocristo und Canyamel). Die Höhle ist nur dezent beleuchtet; die Führung erfolgt in kleinen Gruppen. **Täglich** 10-19 Uhr im Sommer, bis etwa 18 Uhr im Winter; Eintritt €10,50, Kinder €6; ☏ 971 516130, www.covesdecampanet.com

Nebenstraße nach Pollença

Für eine Weiterfahrt in Richtung Pollença sollte man (vom Höhleneingang kommend) nach rechts abbiegen. Die Straße führt durch ein **malerisches Tal** zur Verbindung Sa Pobla-Pollença. Ihr ebener Verlauf (Asphalt) ohne nennenswerten Autoverkehr macht sie besonders als Teilstrecke für **Radtouren** geeignet.

Teufelsmasken im Museu de Sant Antoni in Sa Pobla, ➪ nächste Seite

Sa Pobla

Wind-mühlen

Im Bereich von Sa Pobla im Hinterland der Bucht von Alcúdia stößt man – wie östlich Palma und südlich Campos – auf die mallorcatypischen **Windpumpen**, die hier Kartoffelfelder bewässern.

Plaça, Markt, Friedhof

Das von Palma auch per Eisenbahn erreichbare Städtchen bietet auf den ersten Blick nicht viel: *Plaça Major* mit altem Baumbestand, Pfarrkirche aus dem 14. Jahrhundert und ein paar nostalgische Herrenhäuser. Auf der zentralen Plaça findet ein beliebter **Sonntagsmarkt** statt, den Mallorquiner zum Familieneinkauf nutzen. Neben Obst- und Gemüseständen bestimmen Textilien das Angebot. In Restaurant *La Penya Artistica* gibt es gute *Tapas*, im *Celler Ca's Borreret* in der Carrer Crestaix hinter der Plaça mallorquinische Gerichte und überwiegend einheimische Gäste.

7.9

**Museu de
Sant Antoni**

Ein **Kleinod** besonderer Art ist das *Museu de Sant Antoni* im früheren Bahnhofsgebäude. Dort werden die nur einmal im Jahr zur Teufelsaustreibung Mitte Januar genutzten überdimensionalen Masken aufbewahrt und ausgestellt. Eine Dokumentation und ein umwerfend gutes Video erhellen die Besonderheit der *Fiesta de Sant Antoni* speziell in Sa Pobla. Unbedingt die 30 min dafür einplanen: Eintritt €2 inkl. engagierter Erläuterung durch Damen aus Sa Pobla. Di-Sa 10-14 Uhr & 16-20 Uhr, So nur 10-14 Uhr.

**Museu
Can Planes**

Auf der anderen Seite des Ortes (Carrer Antoni Maura 6, Anfahrt über Einbahnstraßen und Parken mühsam) steht das **Kunstmuseum** *Can Planes* mit einigen Werken regionaler Künstler und – im Obergeschoß – einer Sammlung von altem Spielzeug und vor allem nostalgischer Puppenstuben. Eintritt und Öffnung wie oben. Nur bei spezifischem Interesse lohnenswert.

*Bunter
Obststand
in Sineu*

7.9.3   Sineu und Umgebung
Sineu

Lage

Sineu genießt den Vorzug, ziemlich genau in der **Inselmitte** zu liegen und über kleine und große Straßen strahlenförmig mit dem Rest Mallorcas verbunden zu sein. Gut ausgebaut sind die Straßen von/nach Palma (30 km), Inca (15 km) und Manacor (22 km). Sineu ist auch **per Bahn** via Inca erreichbar, ➪ Seite 133.

Markttag

Als touristisches **Motiv No.1** für einen Ausflug nach Sineu gilt der **Mittwochsmarkt**, trotz starker Frequentierung nach wie vor **bester Markt** der Insel. Die große untere **Hauptplaça** kann man dank Ausschilderung *Mercat* rund um den Ort nicht verfehlen. Zur auch sonst üblichen Mischung aus Gemüsemarkt und Ständen für alles kommt in Sineu ein Vieh- und Gerätemarkt in den Randzonen der Plaça.

**Mercat
de Sineu**

Zum andere Märkte überragenden Eindruck sorgen vor allem die örtlichen Gegebenheiten: über schmale Gassen, Treppen und miteinander verbundene Terrassen gelangt der Besucher vom unteren **Viehverkauf** zum **Gemüse-, Obst- und Lebensmittelmarkt** auf dem zentralen Platz vor der Kirche. Die üblichen Stände für T-Shirts, Souvenirs und allerlei Krimskrams säumen den Weg. Speziell in Sineu findet man aber auch schöne Keramik, handgearbeitete Heimtextilien und mehr Originelles als anderswo.

Der Löwe von Sineu

Den berühmten geflügelten Löwen vor der klobigen, aber innen ansehnlichen **Pfarrkirche** (selten offen) übersieht man trotz der Buden und Verkaufsstände um ihn herum auch an Markttagen nicht. Ein **Spaziergang** durch die alten Gassen von Sineu ist für Leute mit kulturellem Interesse indessen ergiebiger ohne Markt. Leider bleiben die historischen Gebäude – wie etwa das **Convent de las Monjas**, welches im 13. Jahrhundert zeitweise sogar als **königliche Residenz** genutzt wurde – meist verschlossen.

Einkehr

Am Markttag sind alle Kneipen und Restaurants im und rund ums Zentrum proppevoll. Besondere Empfehlungen für die Pause zwischendurch gibt es dafür nicht außer für die typisch mallorquinische **Bar Sabina** auf der oberen Plaça neben der Kirche. Die gilt auch an anderen Tagen, ebenso wie der Hinweis auf die vorzügliche **Konditorei** dort.

Wer richtig Hunger hat, geht in den gemütlich-rustikalen **Celler C`an Font** – mallorquinische Küche. Die und internationale Gerichte findet man auch am Aufgang von der unteren Placa nach oben im Restaurant des Hotels **Son Cleda**.

Nur 100 m sind es von der unteren großen Plaça zum alten Bahnhof, der die **Kunstgalerie S'Estacio** beherbergt mit einem **Café** auf dem früheren Bahnsteig. Abseits des Zentrums ist speziell das **Restaurant Moli d`en Pau** in einer alten Mühle mit Garten (an der Ortsumgehung/Ecke Ma-3510 nach Muro) eine gute Wahl.

Hotels

Die zentrale Lage von Sineu macht das Städtchen auch als Standquartier interessant. Mehrer kleine Hotels bieten Alternativen zum Pauschaltourismus, ⇨ Unterkunftsbeileger.

7.

Costitx

**Pool/
Planetarium**

Im zentralen Bereich Mallorcas liegt abseits aller üblichen Routen 10 km südlich von Inca das Dorf Costitx auf einer Anhöhe mit Weitblick über die Umgebung. Costitx hat sich einen besonders großen öffentlichen **Pool** (am südlichen Ortsausgang auf der Höhe) zugelegt, Eintritt €2. Ca. 3 km außerhalb (ausgeschildert) steht das Teleskop des *Observatori Astronomic Balear*. Auch ein Planetarium ist vorhanden mit **Vorführungen zur Sternenwelt**: Di-Fr 10-13 & 16-19 Uhr, © 971 513344. Eintritt €7.

Ariany

Östlich der Straße Santa Margalida–Petra (Ma-3340) liegt einige Kilometer vor Petra das Dorf Ariany, dessen hübsche Pfarrkirche am Ortsrand erwähnenswert ist. Von der Anhöhe des Kirchgartens fällt der Blick über die sanft hügelige Landschaft. Am Kreisverkehr unterhalb des Ortes steht das – wegen »einmal zahlen, beliebig zugreifen« – populäre **Buffetrestaurant *Ses Torres***.

Santa Margalida

Pfarrkirche

Im hochgelegenen Santa Margalida an der Strecke Can Picafort-Petra-Manacor (Ma-3410/3340 inmitten hügeliger Agrarflächen findet man ebenfalls nur wenig Spuren von Tourismus. Von der **Hauptplaça** führt eine kurze Fußgängerstraße hinauf zur alles überragenden klobigen) **Kirche**, die bis auf die Zeit nach der christlichen Rückeroberung Mallorcas zurückgeht. Von ihrer Terrasse fällt der Blick weit über das Inselinnere; vor allem am frühen Abend– wie auch vom Kirchplatz des Nachbarortes Ariany – ein wunderbarer Platz zum Genießen des Sonnenunterganges hinter dem immer dunstigen Panorama des Küstengebirges.

Muro

**Museu
Etnológico**

Muro, ein ruhiges Städtchen im Hinterland der Bucht von Alcudia (➪ Platja de Muro, Seite 284) in einer flachen, landschaftlich reizlosen Agrarregion, besitzt ein sehenswertes ethnologisches Museum. Für das *Museo Etnológico* wurden **Wohn- und Arbeitsräume eines einstigen Herrenhauses** entsprechend ihrer typischen Funktion mit Mobiliar und Utensilien liebevoll ausgestattet. Ein hübscher **Innenhof** rundet das authentische Bild des ländlichen Gutshofes aus der Zeit vor der Jahrhundertwende ab. Nur das (teilweise schon zu) kommerzialisierte *La Granja* bei Esporles (Seite 200) und der Gutshof *Els Calderers* bei Villafranca (Seite 301) bieten ähnlich gute Einblicke, aber in anderer Aufbereitung mit Unterhaltungswert und ziemlich kostspielig.

Das Museum in der Carrer Major ist per Auto über enge Einbahnstraßen etwas schwer anzusteuern. Di-Sa 10-15 Uhr, Do bis 12.30 und 17-19.30 Uhr, So 10-13.30 Uhr. Eintritt frei; © 971 860647.

Kompakt-
übersichten
Ausflugsrouten
Veranstalter-
angebote

Cala Gran in Cala d'Or; dieses aus vorteilhafter Position geschossene Foto zeigt nur einen Ausschnitt des Strandes und zugleich ein Bild schöner als die Realität (No. 26 in der Liste Seite 360)

8. SEHENSWÜRDIGKEITEN, AUSFLUGSZIELE, MÄRKTE UND GASTRONOMIE
in tabellarischen Übersichten

Inhalt

Die folgenden Übersichten sind ein kompakter **Extrakt aus den Texten in den Kapiteln 6 und 7**. Sie beziehen sich auf alles, was besonders für die **Tagesplanung**, für kurze und längere Trips von Bedeutung sein könnte: **alle herausragenden Sehenswürdigkeiten** (mit Ausnahme der Kirchen und Paläste Palmas, die einen separaten »Besichtigungsblock« bilden, der bereits unter Palma beschrieben wurde, ⇨ ab Seite 175), typische und **empfehlenswerte Ausflugsziele**, eine spezifische (subjektive) Auswahl aus der **Gastronomie Mallorcas** und – als Alternative dazu – eine Liste von schönen **Picknickplätzen**. Die jeweilige Kurzinformation ist ergänzt um die Angabe der Seite, unter der mehr zum jeweiligen Ziel zu finden ist.

Bewertung der Ziele

Damit die **geographische Zuordnung** leichter fällt, gehört zu den meisten Übersichten eine kleine Karte. Dort, wo eine Nummerierung erfolgte, dient diese nicht nur zur raschen Auffindung des einzelnen Ziels, sondern auch einer Bewertung. Die **Reihenfolge** der Buchten, Festungen, Heiligtümer etc. entspricht der Einschätzung durch den Autor (Ausnahme: »Touristenattraktionen« und Museen; dort gibt es keine Bewertungsreihenfolge). Auch über den schönsten Strand Mallorcas kann man nur schlecht diskutieren; das ist zu sehr Sache persönlichen Anspruchs. Auch die Frage, ob z.B. das Kloster Lluc interessanter als die Kartause in Valldemossa ist, lässt sich kaum objektiv beantworten. Die **Einordnung** der Ziele **in eine Art Rangliste** erlaubt aber gewisse Rückschlüsse. Dabei kommt es nicht auf zwei oder drei Plätze in der jeweiligen Liste an, sondern auf die etwas größeren Abstände.

Man beachte, daß die Nummerierung in drei Übersichten/Karten für unterschiedliche Dinge fortlaufend ist (nämlich bei Buchten/Strändenhotelfern/hotelnah, den Festungen, Burgruinen etc. und den Höhlen und kommerziellen Touristenattraktionen). **Als Bewertungskriterium wichtig ist die Reihenfolge** in der jeweiligen Teilübersicht. Zu den Kriterien für die Restaurantempfehlungen findet sich eine ausführliche gesonderte Erläuterung auf Seite 363.

Mallorcas beste Buchten und Strände

Die schönsten Strände und Buchten abseits von Ortschaften und Hotelurbanisationen

Nr.	Bezeichnung	Lage	Bemerkungen	Seite
1	*Cala S`Amonia* und *Cala Moro* (Teil der *Cala de Sa Comuna*)	Südliche Ostküste	Fels- und Sandidylle, fantastisches Wasser	329
2	*Cala Varques* (auch FKK)	Ostküste nördlich Calas de Mallorca	Strand und Felsen, Wasserglasklar (0,6-4 km zu Fuß)	315
3	*Cala S`Amarrador* (Teil der *Cala Mondrago* bei Portopetro)	Ostküste	Sandstrand, malerischfelsig eingefasst	322
4	*Cala Torta* (auch FKK)	Nordosten bei Artá	Schöner Sandstrand, tolle Wasserqualität, Kiosk	292
5	*Platja de Ses Roquetes*	Colonia de Sant Jordi	Weißer Sandstrand/ Dünen und Kiefern (25 min Fußweg vom Hafen)	333
6	*Cala de Sa Calobra*	Nordwestküste	Steiniger Strand zwischen hohen Felsen	248
7	*Cala Pi*	Südküste	Tiefe, steile Felsbucht mit Sandausläufer	335
8	*Cala Deià*	Nordwestküste	Idyllische Bucht ohne Sand	235
9	*Platja de Sa Punta*	Ostküste/ Porto Colom	Zwei kleine Sandstrände gegenüber Ort und Hafen	316
10	*Cala Figuera*	Westküste Formentor	weniger besuchte Bucht, kaum Strand, tolles Wasser	273
11	*Platja S`Illot*	Pollença Bucht/ Halbinsel Victoria	Kieselstrand unter einer 7-10 m hohen Steilküste	275
12	*Cala Arsenau*	Ostküste/ 5 km nördlich von Cala d'Or	Schmaler tiefer Strand, felsig eingefasst in hakenförmiger Bucht, Kiosk	320
13	*Cala Llombards*	Südliche Ostküste	Breiter, tiefer Strand, felsige Bucht. Zum Ort 5 min zu Fuß bergauf	329

Die schönsten orts- und hotelnahen Strände und Buchten

Nr.	Bezeichnung	Lage	Bemerkungen	Seite
14	*Platja de Illetes & de Comtessa*	Westliche Bucht von Palma	Hübsche Strände in begrünter felsiger Bucht	192
15	*Cala Agulla*	Cala Rajada Ostküste	Einer der schönsten Sandstrände überhaupt/Dünen, aber Mai-Oktober voll	299
16	Strände am Passeig Vora Mar	Port de Pollença	Mehrere kleine Strandabschnitte/einfach schön	269
17	*Cala d`Or*	Ostküste	Wie *Cala Gran* (26), aber kleiner und idyllischer	318
18	*Cala Gat*	Cala Rajada/ Ostküste	Ähnlich *Cala Fornells*, ein bißchen mehr Sand	296
19	*Cala Fornells*	Peguera/ Südwestküste	Hübsche Felsbucht mit Blick auf Peg./Ministrand	207
20	*Cala Santanyi*	Südliche Ostküste	Mittelgroßer Sandstrand in tiefer, felsiger Bucht	327
21	*Platja Sant Elm*	Südwestecke	Mittelgroßer Strand im Ort	214
22	*Cala Molins*	Cala de San Vincenç	Tiefblaue Klarwasserbucht; Kleiner Strand in Felsküste	267
23	*Platja d'es Trenc/ de Sa Rapita*	Colonia de Sant Jordi/Südküste	Heller Sandstrand, Dünen, tolles Wasser	333 334
24	*Cala Portals Vells*	Westliche Bucht von Palma	Zwei hübsche sandige Buchten, Felseinfassung	198
25	*Platja Costa de Bendinat*	Westliche Bucht von Palma	Schöner, breiter Strand hinter einer Steilküste	193
26	*Cala Gran* (oft extrem voll)	Cala d'Or/ Ostküste	Schöne Felsbucht mit Grün und tiefem Strand	318
27	*Platja de Muro/ Can Picafort*	Bucht von Alcudia	Heller Strand und Dünen, prima Wasser, schmal	284f
28	*Cala de Sa Font*	Bereich Cala Rajada	Felsige Bucht und mittelgroßer Sandstrand	300
29	*Platja Cala Millor und de Sa Coma*	Ostküste	Heller breiter Sandstrand, prima Wasserqualität	299
30	*Cala Estany*	Ostküste/südl. Portocristo	Tiefer Strand, Felswände beidseitig; oft sehr voll	314
31	*Cala Figuera*	Südliche Ostküste	Malerische Bucht, kein Strand, Schwimmstelle	326
32	Port/*Cala de Estellencs*	Nordwestküste	Offene steinige Bucht/ Bootschutzmauer, kein Sand	224

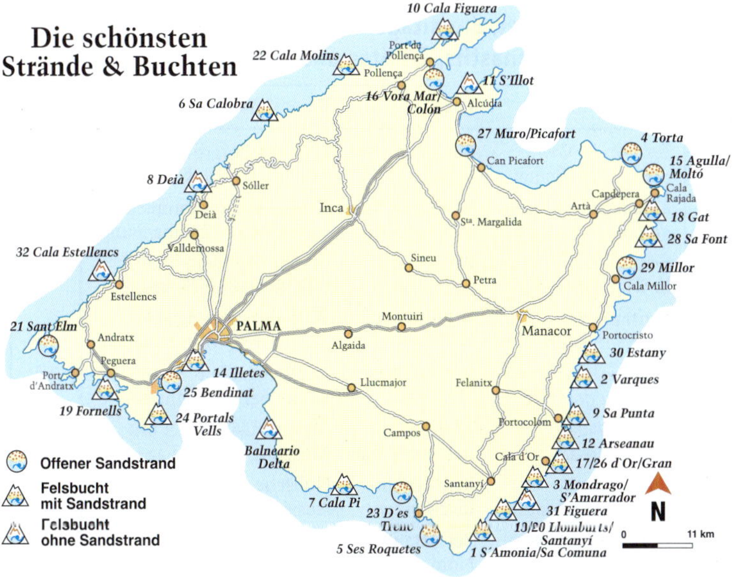

Die schönsten
Strände & Buchten

10 Cala Figuera
22 Cala Molins
Port de Pollença
Pollença
16 Vora Mar/ Colón
11 S'Illot
Alcúdia
6 Sa Calobra
27 Muro/Picafort
Can Picafort
4 Torta
8 Deià
Sóller
15 Agulla/ Moltó
Cala Rajada
Capdepera
Artà
18 Gat
Inca
Sta. Margalida
28 Sa Font
32 Cala Estellencs
Valldemossa
Sineu
29 Millor
Cala Millor
Estellencs
Petra
21 Sant'Elm
Andratx
Montuiri
Manacor
Portocristo
PALMA
Algaida
30 Estany
Peguera
Felanitx
2 Varques
Port d'Andratx
14 Illetes
Llucmajor
9 Sa Punta
19 Fornells
25 Bendinat
Portocolóm
12 Arseanau
24 Portals Vells
Campos
Cala d'Or
17/26 d'Or/Gran
Balneario Delta
Santanyí
3 Mondrago/ S'Amarrador
7 Cala Pi
23 D´es Trenc
31 Figuera
13/20 Llombards/ Santanyí
5 Ses Roquetes
1 S´Amonia/Sa Comuna

N

0   11 km

- ⬡ Offener Sandstrand
- △ Felsbucht mit Sandstrand
- △ Felsbucht ohne Sandstrand

Eine **lückenlose Strand- und Buchtenübersicht** für die Balearen (allein für Mallorca 208 Nennungen) findet man unter der Webadresse www.platgesdebalears.com; auch deutsche Fassung (dazu *Homepage* herunterscrollen bis nach unten)

Strandabschnitte am hinteren Ende des Passeig Vora Mar (No. 16 in der Liste links); vom Zentrum/Hafen dorthin ca. 800-1000 m.

Kloster, Eremitagen und Heiligtümer/
Monastirs, Ermitas und Santuaris

Nr.	Bezeichnung	Lage	Bemerkungen	Seite
1	*Ermita de Nostra Senyora de Refugi*	Burgberg von Alaró	Über der Burgruine, sagenhafter Blick	258
2	*Monastir de Lluc*	Nördliche *Serra de Tramuntana*	Großer Klosterkomplex in schöner Gebirgsumgebung	251
3	*Ermita de la Victoria*	Bei Alcùdia/ Halbinsel	Erhöht über dem Meer, tolle Restaurantterrasse	275
4	*Santuari de Sant Salvador*	Bei Felanitx/ Ostküste	Wallfahrtsfestung auf »Burgberg«; tolle Ausblicke	325
5	*Ermita de Nostra Senyora del Puig*	Bei Pollença	Aufstieg zu Fuß, weiter Blick über nördliche Küste	265
6	*Cartoixa de Valldemossa*	18 km nördlich von Palma	Massenausflugsziel mit Museum, schöne Lage	227
7	*Ermita de Nostra Senyora de Bonany*	Bei Petra im Inselinneren	Hübsche Anlage, schöne Aussicht, Picknicktische	344
8	*Ermita de Betlem*	Bei Artá im Nordosten	Schöne Anfahrt, Blick über die Alcúdia-Bucht	290
9	*Santuari de N.S. de Gràcia*	Randaberg/ Llucmajor	Hübsche Anlage, Blick über das Inselinnere/Südküste	337
10	*Santuari de N.S. de Cura*	Randaberg/ Tafelebene	Panoramablick, Kloster/ Museum Ramon Llull	338
11	*Ermita de Trinitat*	Westküste bei Valldemossa	Terrasse mit Ausblick, Picknicktische	231
12	*Santuari de Monti Sion*	Bei Porreres/ Inselinneres	Anlage mit attraktivem Innenhof, Ausblick	341
13	*Oratori de Consolació*	S`Alqueria Blanca	Hübscher Hof und kleiner Kaktus-Park, Weitblick	323
14	*Ermita de Consolació*	bei Sant Joan/ Inselinneres	Nette kleine Anlage, relativ reizlos	–
15	*Santuari de Santa Magdalena*	Nordöstlich von Inca	Hervorragende Übersicht, bisweilen Drachenflieger	351
16	*Santuari de Sant Honorat*	Randaberg/ mittl. Ebene	Weitblick wie N.S. de Gracia, Anlage schlicht	337
17	*Ermita de la Pau*	Südlich Algaida	Nur altes Kirchlein	340
18	*Ermita de Sant Miquel*	Östlich von Montuiri	Einfache Anlage, Restaurant mit Terrasse/Hotel	340
19	*Ermita de Santa Lucia*	Südlich von Manacor	Demoliertes Kirchlein, Blick über Manacor	346

In vielen Ermitas und Santuaris existiert neben einer Bewirtschaftung auch eine einfache Herberge, ⇨ die jeweiligen Seiten im Kapitel 7 und Unterkunftsbeileger

8

Klöster, Eremitagen & Heiligtümer

Vom Santuari de Sant Salvador bei Felanitx führt ein Pilgerpfad zum Kreuz auf einem Felsblock nördlich der Erhebung mit den Gebäuden des Klosters. Von dort fällt der Blick ungehindert über die halbe Insel und hinüber zu Ost- und Nordküste.

Sehenswerte Festungen, Burgruinen, Wachttürme und andere antike Relikte

Nr.	Bezeichnung	Lage	Bemerkungen	Seite
1	Castell d'Alaró	Nördlich des Ortes	Romantische Ruinen auf Felsmassiv, Weitblick	258
2	Castell de Bellver	Palma/ Terreno	Massive Burg auf Anhöhe mit Blick über Palma/Bucht	165
3	Castell de Capdepera	Nordosten/ über dem Ort	Voll erhaltene Festungsmauer, Blick auf Ostküste	293
4	Castell de Santueri	Südöstlich Felanitx	Ruinen in toller Lage auf Tafelberg (2011 geschlossen)	325
5	Castell d'Artà (Sant Salvador)	In Artà/ Nordosten	Befestigtes Santuari über der Stadt, schöne Sicht	285
6	Stadtmauer	Alcudia	Guterhaltene Ringmauer	277
7	Castell de N'Amer	bei Cala Millor	Altes Fort auf Landzunge	307
8	Castell del Rei	Bei Pollença	Burgruine über Steilküste (nur angemeldete Wanderer)	266
9	Talaia d'Alcúdia	Halbinsel La Victoria	Wachtturm auf 400 m Höhe, Weg ab Ermita oder Mal Pas	276
10	Talaia d'Albercutx	bei Port de Pollença	Turm überschaut Formentor, beidseitig das Meer	272
11	Torre D'Albarca	Nordküste, Peninsula Llevant	Einsam am Meer, gut erhalten mit Kanone; Wanderung	291
12	Talaia de Morey	Cap Ferrutx, Peninsula Llevant	Hoch überm Meer, enorme Weitsicht; lange Wanderung	291
13	Talaia de Ses Animas	Banyalbufar/ Westküste	Direkt an der Küstenstraße, schöner Aussichtspunkt	sep. Karte
14	Torre de Canyamel	Ostküste, 4 km vor Canyamel	Klobiges Bollwerk mit Restaurant (Spanferkel!)	301
15	Talaiot Capocorp Vell	Llucmajor/ Cala Pi	Die wesentlichsten Relikte der Talaiot Kultur	334
16	Talaiot de Ses Paisses	Bei Artá	Für Interessierte ebenfalls durchaus sehenswert	291f
17	Necropolis	Picafort/Son Baulo	Ruinen einer »Totenstadt«	287
18	Teatro Romano	Alcúdia	Beachtliches Relikt aus der Römerzeit	277
19	Römische Brücke	Pollença	Intakte Doppelbogenbrücke,	262
20	Banys Àrabs	Palma	Ruine arabischer Baderäume	155
21	Talaiot Son Fornés	bei Montuiri	Versteckte Felsblock-Räume	341
22	Kloster Sa Trapa	Südwesten bei Sant Elm	Ruine in malerischer Lage über dem Meer/Wanderung	216

Festungen, Burgruinen Wachttürme & antike Relikte

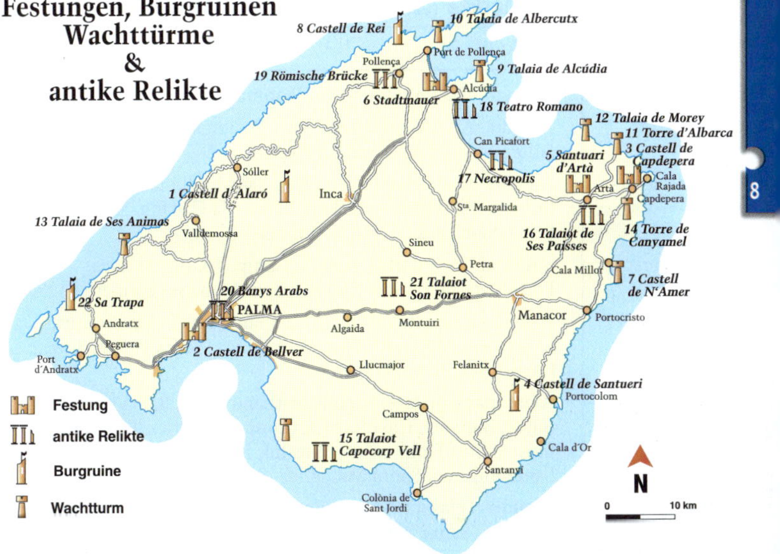

8 Castell de Rei
10 Talaia de Albercutx
Port de Pollença
Pollença
19 Römische Brücke
9 Talaia de Alcúdia
Alcúdia
6 Stadtmauer
18 Teatro Romano
12 Talaia de Morey
Can Picafort
11 Torre d'Albarca
5 Santuari d'Artà
3 Castell de Capdepera
17 Necropolis
Arta
Cala Rajada
Sᵗᵃ Margalida
Capdepera
Söller
1 Castell d'Alaró
Inca
13 Talaia de Ses Animas
16 Talaiot de Ses Paisses
14 Torre de Canyamel
Valldemossa
Sineu
Cala Millor
Petra
7 Castell de N'Amer
22 Sa Trapa
20 Banys Arabs
21 Talaiot Son Fornes
PALMA
Manacor
Portocristo
Andratx
Algaida
Montuiri
Reguera
2 Castell de Bellver
Port d'Andratx
Llucmajor
Felanitx
4 Castell de Santueri
Portocolom

⌂	Festung
⫼	antike Relikte
⌐	Burgruine
☖	Wachtturm

Campos
15 Talaiot Capocorp Vell
Cala d'Or
Santanyi
Colònia de Sant Jordi

N
0   10 km

8

Das Castell de Capdepera läßt sich oben auf seinen Zinnen fast komplett umrunden

Mallorcas Märkte (vormittags, so nicht anders angegeben)

Wochentag	Markt in
Montag	Caimari, Calviá, Lloret (mit Flohmarkt), Manacor, Montuiri
Dienstag	Alcúdia, Artá, Campanet, Llubi, Porreres, Sánta Margalida, Sóller, S'Alqueria Blanca, S'Arenal
Mittwoch	Andratx, Capdepera, Colonia de Sant Jordi (nachmittags), Lluchmajor, Petra, Port de Pollença, Sa Cabana, Santanyi, Selva, Sencelles, Sineu, Vilafranca,
Donnerstag	S`Arenal (Flohmarkt), Ariany, Campos, Consell, Inca, Portol/Marratxi, Sant Llorenc, Sant Joan, Ses Salines,
Freitag	Algaida, Binissalem (auch Kunsthandwerk), Can Picafort, Llucmajor, Maria de Salut, Pont d`Inca, Sa Cabaneta, Son Carrió, Son Servera, S'Arenal
Samstag	Alaró (nachmittags, auch Kunsthandwerk), Bahia Gran, Buger, Bunyola, Cala Rajada, Campos, Costitx, Esporles, Lloseta (mit Flohmarkt), Magaluf, Palma, Portocolom, Santa Eugenia, Santa Margalida, Santanyi, Sóller, S'Horta
Sonntag	Alcúdia, Felanitx, Llucmajor, Muro, Pollença, Portocristo, Sa Pobla, Santa Maria, Valldemossa
Außerdem:	**Sa Flohmarkt** in **Palma** (⇨ Seite 167), **So** auch in **Consell,** in **Marratxi** (⇨ Seite 199) und **Santa Ponça** (⇨ Seite 204)
	Mo, Fr, Sa **Kunstmarkt** in **Palma** auf der Plaça Mayor

Beurteilung der Märkte

Generell

In allen größeren mallorquinischen **Landstädtchen** und auch in einigen Ferienorten wird wöchentlich ein **gemischter Markttag** abgehalten, in einigen Fällen auch zweimal, in Llucmajor sogar dreimal pro Woche. Die meisten Märkte sind nicht farbiger als Wochenmärkte in Deutschland. Eher ist in einigen Orten das Gegenteil der Fall. Auf stark von Urlaubern besuchten Märkten dominieren zudem die Stände für Billigtextilien und Schnickschnack das ursprüngliche Marktgeschehen.

Die wochentags am Vormittag täglich geöffneten **Markthallen** in **Palma** (speziell **Santa Catalina,** ⇨ Seite 166) und **Manacor** verbreiten teilweise mehr »Originalflair« als die durchschnittliche *Open-Air* Konkurrenz.

Auswahl für den Besuch

Was ist nun wirklich von Märkten zu halten, die oft als besonders besuchenswert hervorgehoben werden? Unter den Ortsnamen im Kapitel 7 und – was Palma betrifft – Kapitel 6 wird darauf eingegangen. Hier genügt daher eine kurze Kennzeichnung:

Sineu/Mi

Der **beste Wochenmarkt,** da originäre Elemente noch gut vertreten sind, angesiedelt in pittoresker Altstadt, aber extrem besucht.

Stockfischverkauf auf dem Sonntagsmarkt in Sa Pobla

Inca/Do — **Größter Markt** Mallorcas, aber zu »touristifiziert«. Gemüse- und landwirtschaftlicher Gerätemarkt gerieten über die Jahre arg ins Hintertreffen. Besuch für sich ist kein Motiv für lange Anfahrten.

Llucmajor/Fr — Allgemein gelobter großer Markt, aber auch nur graduell ansehnlicher als in anderen Orten. Markt dort auch Mi und So.

Alcúdia/So — Der **beste am Sonntag**: Gute Mischung von Obst- und Gemüsemarkt, Bekleidung, Kunst und Kitsch vor der Stadtmauer.

Sa Pobla & Santa Maria/ beide So — Der Sonntagsmarkt von Sa Pobla gehört zwar ebenfalls zu den – auch von Touristen – relativ stark besuchten Märkten, ist aber immer noch eine überwiegende Angelegenheit für das (preiswerte) **mallorquinische Familienshopping**. Mittelmäßig interessant. Dasselbe gilt für Santa Maria, dort weniger Touristen.

Pollença/So — In Pollença lebt der kleine Markt von der hübschen Plaça. Am Rande des Geschehens sitzt man dort gemütlich in der Sonne.

Palma/Sa Baratillo — Der **Flohmarkt** in Palma verdient die Bezeichnung nur bedingt, er ist Markt für alles und jedes (auch gefälschte Markenartikel). Für **Marratxi** (seit 2009) und **Bugadelles** gilt Ähnliches.

Kunst/ Kunst- handwerk — Der dreimal wöchentlich stattfindende Kunst- und Handwerksmarkt auf der **Plaza Mayor** in **Palma** macht seinem Namen durchaus Ehre. Gar nicht selten stößt man man dort auf ganz originelle Produkte. Auf dem kleinen Kunstmarkt freitags in **Binissalem** geht es überwiegend um Bilder und Gemälde.

Bestickte Tischdecken auf dem Markt in Sineu. Für Händlernaturen vor allem kurz vor Marktende ein Schnäppchen

Höhlen
&
andere
Touristenattraktionen

2 Coves de Campanet
12 Hidropark

Port de Pollença
Pollença
Alcúdia
Can Picafort

Naturpark Peninsula de Llevant (frei)

Nationalpark Albufera (Zutritt frei)

Söller
Deià
Inca
Valldemossa

Jardines de Alfabia (siehe unter Museen)

Sta. Margalida

Cala Rajada
Capdepera

3 Coves de Artá

7 La Granja
9 Reserva Puig de Galatzo
13 Poble Espanyol
5 Coves de Genova

Santa Maria
Sineu
Petra

6 Els Calderers
15 Safari Zoo

Cala Millor

PALMA
Algaida
Montuiri
Manacor

4 Coves de Hams

Portocristo

1 Coves del Drach

Andratx
8 Palma Aquarium
10 Aqualand Arenal
Llucmajor
Felanitx

17 Jumaica

Port d'Andratx
Peguera
16 Marineland
18 House of Katmandu
19 Jungle Parc
11 Western Water Park

Portocolom

Campos

14 Botanicactus

Naturpark Mondrago (frei)

Colonia de Sant Jordi
Santanyí
Cala d'Or

Ω Höhlen

Naturpark

kommerzielle Touristenattraktionen

N

0   10 km

Der alte Gutshof Els Calderers (6) ist schon als solcher ein lohnenswertes Ausflugsziel. Die Terrasse ist südlich ausgerichtet und daher für ein Gläschen Rotwein, einen Espresso oder Cappuccino immer gut (Aufnahme entstand im Februar)

Höhlen und andere Touristenattraktionen

Nr.	Bezeichnung	Lage	Bemerkungen	Seite
1	Coves del Drac	Portocristo	Tropfsteinhöhle mit unterirdischem See und Konzert	312
2	Coves de Campanet	Nördlich des gleichn. Ortes	Hübsche Höhle mit weniger Betrieb, reizvolle Umgebung	352
3	Cova d`Artà	Costa de Canyamel	Große Höhle, riesiger Eingang, kitschige Farbspiele	302
4	Coves de Hams	Portocristo	Filigraner Tropfstein, Mini-See, hübsch	313
5	Coves de Genova	Genova (bei Palma)	»Normale« Tropfsteinhöhle, für Besucher in der Nähe	190
6	Els Calderers	Zwischen Sant Joan und Vilafranca	Alter Adelshof wie aus dem Bilderbuch Mallorcas vor 100 Jahren; sehr sehenswert	342
7	La Granja	Esporles	Bäuerlicher Gutshof als »lebendes« Museum mit Kostproben; sehr lohnend	222
8	Palma Aquarium	Playa de Palma	Modernes Aquarium	189
9	La Reserva Puig de Galatzo	Bei Puigpunyent/Galilea im Südwesten	Naturpark im Gebirge, Wasserfälle, angelegte Wege; Picknick; gut, aber teuer	221
10	Aqualand	Arenal	Guter Wasserplanschpark	181
11	Western Water Park	Magaluf	Planschen, Western Stunts und Shows; originell 197	
12	Hidropark	Alcudia	Wasservergnügen weit abgeschlagen auf Platz drei	280
13	Poble Espanyol	Palma	Nachbau berühmter span.-Bauten; bedingt sehenswert	167
14	Botanicactus	Ses Salines	Kakteengarten und Zucht von Kakteen/Verkauf	330
15	Safari Zoo (Reserva Africana)	Sa Coma/ Cala Millor	Freigehege afrikanischer Tiere und kleiner Zoo	309
16	Marineland	Bendinat/ Palma Nova	Miniversion amerikanischer Marineparks/Delphinshow	193
17	Jumaica (früher: Bananera)	Nördlich von Portocolom	Bananenstauden, Kleintiere, Bot. Garten; schattige Terrasse	315
18	House of Katmandu	Palma Nova/ Magaluf	Haus auf dem Kopf, Staunenswertes und Magisches; 4D-Kino, tolle Minigolfanl. 196	
19	Jungle Parc	Santa Ponça	Klettern in luftiger Höhe	203

Die sehenswertesten Museen (Reihenfolge alphabetisch nach Orten)

Bezeichnung	Lage	Bemerkungen	Seite
Museu de Pollentia	Alcudia	Funde aus römischer Zeit, Ruinen Villa und Amphitheater	277
Fundación Jakober	bei Alcúdia	Mittelalterliche Kinderportraits	276
Museu de Vidrio Gordiola	Algaida, Ma-15, Ausfahrt 20	Glaskunst aus verschiedenen Ländern und Epochen	339
Centro Culturál	Andratx	Mod. Kunst, wechseln. Niveau	219
Ca N'Alluny	Deià	Das Haus von *Robert Graves*	234
Son Marroig	Westküste bei Deiá	Ehemalige Villa des Erzherzogs *Salvator* von Österreich	232
Museu Etnológico	Muro	Wohnen, Gewerbe und Handel	356
Almudaina	Palma	Königspalast	150
Museu Palau March	Palma	Palast an sich und Skulpturen	153
Fundació March	Palma	Moderne Kunst, oft brillant	157
Museu de Mallorca	Palma	Kultur und Geschichte	154
Es Baluard	Palma	Moderne Kunst	161
Museu Militar	Palma/Porto Pi	Altes Fort, Waffen & Historie	164
Fundació Joan Miró	Palma/C'Mayor	Miró-Werkstatt und -Museum	189
Museu Junípero Serra	Petra	Reminiszenzen des Gründers von San Francisco/USA	337
Museu Sant Antoni	Sa Pobla	Thema: *Fiesta de Sant Antoni*	354
Jardines de Alfabia	Vorm Sóller-Tunnel	Arabische Gärten, mallorquinisches Herrenhaus	255
Museu Balear de Ciencias Naturales	Sóller	Museum zu Geologie und Natur der Balearen mit botan. Garten	238
Museu Can Prunera	Sóller	Herrenhaus, Kunst-/Stilmuseum	238
Museu Cartoixa	Valldemossa	Wohnung *Chopin*/Apotheke	228

Nostalgische lebensgroße Masken im Museu de Sant Antoni von Sa Pobla, die nur einmal im Jahr zur gleichnamigen Fiesta aktiviert werden. Unbedingt ansehen!

Besonders empfehlenswerte Restaurants,
eine subjektive Zusammenstellung (dazu Seiten 116ff lesen!)

Situation

Von Jahr zu Jahr nimmt die Zahl der Restaurants auf Mallorca vor allem in der gehobenen und Luxusklasse zu. Auch die Mittelklasse orientiert sich qualitativ nach oben. Tatsächlich macht der kulinarische »Aufschwung« Mallorca schon fast zu einem **Gourmet-Geheimtipp** – wiewohl zu oft nicht eben niedrigen Kosten.

Preis und Leistung

Mit der Einführung des Euro kam es seinerzeit zu erheblichen Verzerrungen durch großzügige »Aufrundungen«. Zwischenzeitlich sind die meisten »Auswüchse« korrigiert, das Preis-/Leistungsverhältnis ist im Allgemeinen im Lot. Dies bedeutet aber keineswegs günstigere Preise als in Deutschland. Grob gesagt liegen die Gastronomietarife in etwa im auch bei uns gewohnten Rahmen, nur bei starker lokaler Konkurrenz auch mal günstiger.

Kriterien für die Restaurant-empfehlung

Unter den Ortsbeschreibungen findet der Leser eine große Zahl allgemein empfehlenswerter Restaurants, darunter auch eine ganze Reihe kulinarisch bekannter und gelobter Adressen. Wenn es aber darum geht, **besondere Empfehlungen für den Urlaub** auszusprechen, kann die makellose Küchenqualität kaum das alleinige Kriterium sein. Sicher mögen sich viele Mallorca-Besucher durchaus einmal einen teuren Gourmet-Schmaus gönnen. Aber der Aspekt »Wo sitzt man besonders schön, urig oder originell?« dürfte oft eine größere Rolle spielen, zumindest solange damit eine ordentliche und/oder speziell mallorquinische Qualität der Küche (bei erträglichen Preisen) einhergeht. **Ganz konkret**: Der phänomenale Blick etwa von der Terrasse des Restaurants *La Victoria* auf die hinter den blauen Bergen der *Serra* untergehende Sonne schlägt für den Autor locker ein Michelin-Stern-Erlebnis, selbst wenn Karte und Küche eher Durchschnitt sind.

Und versprechen nicht der urmallorquinische *Celler Sa Premsa* oder das *Cal Dimoni* in Algaida ein originaleres Ferienerlebnis als etwa das *Tristan* in Puerto Portals, dessen raffinierte Zubereitungen auch in München zu haben wären? Der geneigte Leser merkt schon, wohin »der Hase« hier laufen soll.

Subjektive Bewertung

Die **Subjektivität** bei der Zusammenstellung der Favoriten ist also groß im erläuterten Sinn, und auch das **Preisniveau** spielt eine Rolle. Manch anderes Restaurant hätte hier genauso hineingepasst; die Entscheidung für oder gegen eine Aufnahme in die neue »Bestenliste« fiel nicht leicht. Welche Punkte im Einzelnen für die Berücksichtigung bedeutsam waren, ergibt sich aus der Kurzkennzeichnung. Da eine Rangfolge innerhalb der doch ziemlich heterogenen Felder nicht sinnvoll erschien, wurden die **Restaurants nach Orten alphabetisch geordnet**.

Variable Küchen-qualität

Klar ist, daß die **Qualität der Küche** nicht bei jedem Besuch und jedem Gericht der Einschätzung entsprechen kann, die hier gegeben wird. Tendenziell jedoch dürfte der Leser mit der Mehrheit der empfohlenen Restaurants – im Rahmen der entsprechenden Vorgaben – überwiegend gute Erfahrungen machen:

Nach Qualität, Lage und Ambiente besonders empfehlenswerte Restaurants

Die neunzehn Favoriten des Autors (alphabetisch nach Orten)

Ort (alphabetisch)	Name des Restaurants	Kennzeichnung	Seite
Alcúdia	*Mirador Victoria*	Fantastisch positionierte Terrasse über der Bucht von Pollença. Akzeptable durchschnittliche Küche, Preise mittel	275
Aucanada (bei Port d`Alcúdia)	*La Terraza* plus Bistro	Restaurant am Ortsende am Wasser. Sehr schöne Terrasse. Internationale und Fischgerichte, Preise etwas gehoben; auch gut für den Snack/Drink im Bistro	283
Artá	*Zezo & Gaudi*	Edelrestaurants im *Hotel Sant Salvador*.- Beide klein und sehr stimmungsvoll; am Abend drinnen wie draußen. Küche wunderbar; hohes Preisniveau. Erste Wahl für den besonderen Anlass.	290
Cala Bona/ Costa de Pins	*Port Verd* (nur Mitte Mai bis ca. Mitte September)	An der Straße von Cala Millor/Bona zur Costa de Pins. Tolle Terrasse direkt am Wasser in einem grün-genialen Umfeld mit Ministrand hinter Palmen an felsiger Abruchküste, ➪ Foto Seite 145. Tagsüber.	304
Cala Figuera	*Pura Vida*	Restaurant auf zwei Stockwerken über der Steilküste, Terrasse, Pool, sagenhafter Blick. Chill-out-Bereich. Gute Küche.	
Capdepera Golfplatz	*Roca Viva*	Das besondere Restaurant am Golfplatz, Terrasse mit geschützter Sonnenlage; - drinnen sehr gemütlich, Preise mittel	201
Deià	*Sa Vinya*	Herrlicher Garten mit Blick auf Deià. Gute, leichte Küche. Gehobene Preise	235
Lluc	*Es Guix*	Restaurant in Alleinlage am Hang im Bergwald. Malerischer, in Felsen eingebetteter Pool. Einheimische Küche	254
Lluc Alcari (Nähe Deià)	*Bens d`Avall*	Gilt als Gourmetrestaurant, herrliche Terrasse hoch über dem Meer zwischen Deià und Soller. Gehobenes Preisniveau.	235
Lloseta	*Santi Taura*	Neue *Location* in Modern Design. *Santi Taura* ist Name des begnadeten jungen Inhaber-Kochs. 6-Gang-Menu im Wochenwechsel. Lange Vorausreservierung nötig.	260
Manacor (Nähe)	*Amoixa Vell*	Im *Hotel Rural Son Amoixa Vell* ca. 6 km südlich Manacor an der Straße nach Calas de Mallorca. Spitzenküche, preislich nur gehoben. Nur abends. Besser Reservieren.	315

35 besondere Restaurant-empfehlungen

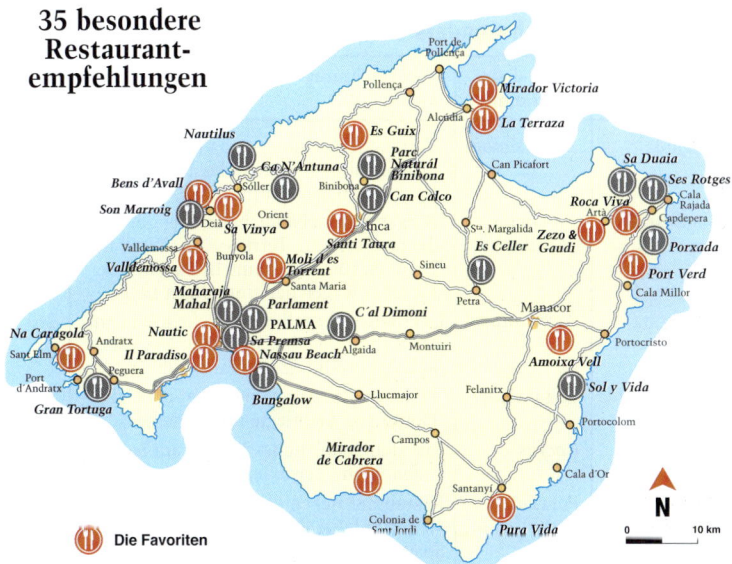

Port de Pollença

Pollença

Alcúdia

Mirador Victoria

La Terraza

Nautilus

Es Guix

Parc Naturál Binibona

Ca N'Antuna

Sóller

Binibona

Can Picafort

Sa Duaia

Ses Rotges
Cala Rajada

Bens d'Avall

Son Marroig

Orient

Can Cólco

Artá

Capdepera

Roca Viva

Deià

Sa Vinya

Inca

Sta. Margalida

Zezo & Gaudi

Porxada

Valldemossa

Bunyola

Santi Taura

Sineu

Es Celler

Port Verd

Valldemossa

Molí des Torrent

Cala Millor

Santa Maria

Maharaja Mahal

Petra

Parlament

C'al Dimoni

Manacor

Na Caragola

Nautic

PALMA

Andratx

Sa Premsa

Portocristo

Sant Elm

Il Paradiso

Peguera

Nassau Beach

Algaida

Montuiri

Amoixa Vell

Port d'Andratx

Gran Tortuga

Bungalow

Llucmajor

Felanitx

Sol y Vida

Portocolom

Mirador de Cabrera

Campos

Cala d'Or

Santanyí

Colonia de Sant Jordi

Pura Vida

N

0   10 km

🔶 **Die Favoriten**

Ort	Restaurant	Kennzeichnung	Seite
Palma	*Nautic*	Restaurant im Yachtclub über dem Hafen. Sehr gepflegt. Wunderbare Aussicht tagsüber <u>und</u> abends. Gehobenes Preisniveau	170
Palma/ Cala Major	*Il Paradiso*	Neben dem Gelände des *Palau Marivent* des Königs ein Edelitaliener drinnen (tolle Intarsiendecke) wie draußen.	
Palma	*Nassau*	*Beach Club* und Restaurant, edel & teuer	187
Santa Maria (Nähe)	*Moli des Torrent*	Gepflegtes, gemütliches Restaurant in einem alten Mühlengebäude mit Kräutergarten vor der Tür. Gehobene Preise.	347
Sant Elm	*Na Caragola*	Qualitativ und optisch attraktive servierte Gerichte. Wunderbare Terrasse über dem Dragonera-Bootsanleger	215
Valldemossa	*Restaurant im Hotel Valldemossa*	Unschlagbare Lage dieses *****Edelhotels kombiniert mit bester Küche in einem edlen Ambiente. Klar, nicht billig	230
Vallgornera	*Mirador de Cabrera*	Anfahrt über Cala Pi in die fast hinterste Ecke von Vallgornera. Edelrestaurant mit Gartenterrasse hoch überm Meer.	335

Weitere besonders besuchenswerte Restaurants

Ort (alphabetisch)	Name des Restaurants	Kennzeichnung	Seite
Algaida	*C'al Dimoni*	Verräuchertes Landgasthaus an der alten Straße Palma-Manacor. Deftige mallorquin. Kost. Offenes Feuer mit Grill. Preiswert.	339
(bei) Artá, ca. 9 km	*Sa Duaia* (April-Okt.)	Burgartiges Gebäude hoch über der Cala Torta. Herrliche Terrrasse mit Weitblick. Drinnen rustikal. Empfehlung gilt nur tagsüber wegen der einmaligen Lage.	292
Binibona	*Parc Naturál*	International-mallorquinische Küche im *Hotel Binibona Parc Naturál.* Nur Menu, tägl. wechselnd €27. Voranmeldung nötig	261
Cala Murada	*Sol y Vida*	Restaurantterrasse hoch über der Cala Domingos. Gepflegte int'le Küche	
Cala Rajada	*Cactus*	Rustikal-gemütliches Restaurant beim Hafen, keine Terrasse, prima Küche.	296
Canyamel	*Porxada*	Restaurant neben dem alten Wachtturm an der Zufahrt nach Canyamel. Spezialität Spanferkel. Rustikaler Gastraum. Mittlere Preise; auch Menü zu empfehlen.	296
Ciutat Jardi	*Bungalow*	Unmittelbar am Wasser an der Promenade Palma-Arenal. Fisch+Meeresfrüchte. Preise mittel. Terrassentische reservieren.	186
Deià-Nähe	*Son Marroig*	Toller Blick auf *Na Foradada* und Meer/Sonnenuntergang. Qualität der Küche unauffällig. Mittlere Preise.	232
Fornalutx	*Ca N'Antuna*	Mallorquinisches Restaurant am Ortsrand, grüne Terrasse, prämierte Küche; moderat	246
Moscari	*Càn Calco*	Geheimtipp für Fischgerichte; Restaurant im kleinen unauffälligen Ortshotel.	260
Palma	*Parlament*	Nostalgierestaurant im Herzen von Palma Dafür Preise o.k., bekannt für gute Paella.	171
Palma	*Sa Premsa*	Der Tipp fehlt in keinem Reiseführer. Zu Recht wegen der Atmosphäre. Eher mittelmäßige, teilweise auch gute Küche, dafür preiswert. Hauswein billig+gut.	172
Palma	*Maharaja Mahal*	Speisen wie ein Sultan, zumindest, was den palastartigen Rahmen (innen) angeht. Indische Küche, mittlere Preise	172
Peguera/ in Cala Fornells	*La Gran Tortuga*	Unterhalb der Straße durch die *Aldea Cala Fornells* mit Pool und Weitblick Internationale Küche, gehobene Preise.	207

Ort	Name	Kennzeichnung	Seite
Petra	*Es Celler*	Ein »richtiger«alter Weinkeller, mallor- quinische Küche. Moderate/mittlere Preise. Auch bei Spaniern populär.	343
Port de Sóller	*Bar Nautilus*	Bistro auf dem Felskamm hoch über dem Meer. Panoramaverglaster Gastraum, irre Terrasse, begrenzte Karte, relativ preiswert	242

8

Die schönsten Picknickplätze (Fortsetzung+Karte ➪ Seiten 376+377)

Nächster Ort	Bezeichnung	Anmerkungen	Seite
Alaró	*Oratori NS de Refugi* (improvisiert)	Vorplatz der Anlage über der Burgruine von Alaró. Die breiten Mauern sind ein idealer Sitz mit Weitblick über die Insel. Vom Gasthof *Es Verger* ca. 50 min (45 min bis Ruinen +5 min)	256
Alcúdia	*S'Illot*	Picknicktische unter Kiefern und über der Bucht von Pollença an der Straße von Alcúdia zur Ermita de la Victoria.	275
Cala Figuera (Santanyi)	*SÀmarrador*	Am Südzugang der Platja S'Amarrador stehen Picknicktisch unter Bäumen gleich hinterm Strand (500 m zu Fuß).	322
Can Picafort	*Platja de Muro*	Zwischen der Straße Picafort-Alcúdia und Strand im Wäldchen ca. 1 km nörd- lich des Kreisverkehrs vor Can Picafort.	285
Can Picafort/ Son Baulo	*Finca Son Real*	An der Straße Picafort-Arta Agrarfinca mit Museum und kleinem Naturpark, Wegenetz. Picknickplatz 2,5 km fast an der Küste, auch zu Fuß ab Son Baulo.	287
Felanitx	*Santuari de Sant Salvador*	Neben den Parkstreifen stehen Picknicktische unter den Bäumen.	325
Inca	*Santuari Santa Magdalena*	Grün- und Spielfläche vor dem eigentlichen Gelände der *Ermita*, Feuerstellen zum Grillen.	354

Weiter auf der nächsten Seite

Picknicktisch über dem Meer an einer 6-7 m hohen Abbruchkante (➪ oben). Nur 100 m weiter beginnt der Strand von S'Illot

Die schönsten Picknickplätze (Fortsetzung)

Nächster Ort	Bezeichnung	Anmerkungen	Seite
Lloseta	*Tossals Verds*	Bei der Berghütte *Tossals Verds*, Grillroste, Wasser. 45-60 min Wanderung durch grünen Canyon.	260
Lluc	*Binifaldo: Menut I+II/ Es Pixarells*	Beidseitig der Straße Pollensa–Lluc Picknicktische/Grillroste. Spielplatz auf dem oberen Areal. Toiletten. Tolle Felslandschaft. Klettern. 1-2 km nördlich Lluc	253
Lluc	*Parkplatz des Klosters*	Picknicktische zwischen Parkplatz und Waldrand; Büsche, Bäume und Felsen.	253
Lluc	*Es Fornasses*	An der Straße Inca-Lluc im Aufstieg; kleiner Platz im Wald mit Tischen.	–
Petra	*Ermita NS de Bonany*	Wuchtige Steintische mit Superblick weit über die Landschaft.	344
Pollença	*Puig de Santa Maria*	Mehrere Picknicktische rund um den Komplex. Grillplatz. Toller Blick. Ab Straßenende 15-20 min Aufstieg.	265
Puigpunyent	*Reserva Puig de Galatzo*	Picknick im kommerziellen Naturpark. Grill mit Feuerholz. 20-30 min zu Fuß.	221
Randa	*Nuestra Senyora de Cura*	Unter Bäumen auf der obersten Ebene des Randabergs zahlreiche Tische und Grillroste; Fußballplatz.	338
Sóller-Lluc	*Sa Bassa*	An der Straße Sóller-Lluc im Aufstieg in die Serra Tramuntana schlichter Platz mit Picknicktischen. Blick ins Tal.	-
Sóller-Lluc	*Antoni Caimari*	Kleiner Platz am Südende des Stausees *Gorg Blau* an der Straße Soller-Lluc.	–
Valldemossa	*Ermita de Trinitat*	Steintische unter schattigen Bäumen. Dazu kleine Terrasse über dem Meer	231

»Mallorcatypische« Produkte und Mitbringsel

Bezeichnung	Anmerkungen	Seite
Perlen	Die Auswahl an Perlschmuck ist bei **Majorica** in Manacor oder **Orquidea** und **Lapis** bei Montuiri kaum zu überbieten – künstliche und echte Perlen	345 340
Lederwaren (Inca)	In Ledersupermärkten findet man alles, was sich aus Leder herstellen lässt. Preis-/Leistung oftunakzeptabel	350
Siruells	Die grün-rot bemalten weißen Tonfiguren sind heute wahrscheinlich die originärsten Mitbringsel aus Mallorca. Sie werden in Marratxi hergestellt.	199

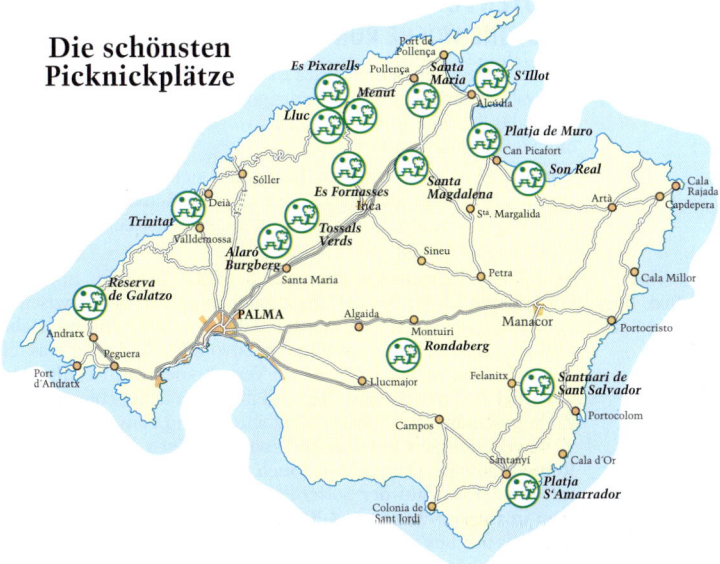

Die schönsten Picknickplätze

Bezeichnung	Anmerkungen	Seite
Geblasene Glasprodukte	Die Glasbläser von *Gordiola* und *Menestralia* gehören zu den Sehenswürdigkeiten auf Mallorca. Vieles tendiert zum Kitsch, aber es gibt auch (teures) Geschmackvolles.	339 352
Töpferware/ Keramik	Mit offenen Augen auf Märkten und in Landstädtchen findet man oft inseltypische einfache Ware, meistens moderat gepreist. Schöne, handbemalte Keramik für Gebrauchszwecke und Dekoration gibt es in den Werkstätten in Portol und in Läden z.B. in Port de Sóller am Hafen, in Manacor, Felanitx oder Banyalbufar.	199 225 352
Olivenholzartikel	Das größte Angebot bietet der Spezialmarkt in Manacor. Neben billiger Dutzendware gibt es wahre Kunstwerke der Olivenholzverarbeitung und schöne Gebrauchsartikel. Derartige Produkte haben allerdings ihren Preis.	346
Käse	Ein unerwartetes Mitbringsel: Die Käserei *Burguera* an der Straße Campos-Colonia Sant Jordi produziert mehrere Sorten mit sehr herzhaftem Geschmack.	333
Flor de Sal	Gesundes Qualitätssalz aus Colonia de Sant Jordi, erhältlich auf den Märkten in Andratx und Santanyi	333
Tela de Llengua	Auf alten Webstühlen gewebte robuste Stoffe mit ganz speziellen mallorquinischen Mustern aus Santa Maria	347

9. ROUTENVORSCHLÄGE FÜR TAGESTRIPS
UND EINE WOCHE RUNDFAHRT VON ORT ZU ORT

Mit Mietwagen

Auf den folgenden Seiten sind **12 abwechslungsreiche Routen für** (Ganz-)Tagesausflüge*) zusammengestellt. Ein weiterer Routenvorschlag bezieht sich auf eine einwöchige **Mallorca-Rundreise ohne festes Basisquartier**.

Vor dem Start einer längeren Tour sollte sich zusätzlich zur diesem Buch beiliegenden Karte noch eine Straßenkarte mit größerem Maßstab zulegen, wer auch kleine Nebenstrecken befahren möchte, ⇨ Seite 142.

Tagestrips mit Taxi, Bus, Zug und Boot

Man kann **Tagestouren** durchaus **per Taxi** machen. Inklusive Wartezeiten kostet das entfernungsabhängig aber etwa zwischen €200-€300 oder einen auszuhandelnden Fixpreis. Per **Bus** und **Bahn** sind die meisten Routen so nicht nachvollziehbar, weder was die Verbindungen als solche noch die Verkehrsfrequenz betrifft. Mit öffentlichen Transportmitteln wird man sich daher eher auf feste Ziele beschränken müssen. Rundfahrten sind damit nur schwer zu bewerkstelligen. Indessen mit zwei wichtigen Ausnahmen: die **Route 2** läßt sich etappenweise **auch mit dem Bus** absolvieren und mit einer Fahrt auf der Sóller-Bahn abschließen. **Route 3** kann man **in Gegenrichtung und Bootsfahrt Sa Calobra-Port de Sóller** ebenfalls mit Bus und Bahn durchführen. Andere Strecken können nur in abgekürzter Form über eine Kombination von Bus, Zug und Taxi (für kleine Zwischenabschnitte) bewältigt werden.

Wochenroute

Obwohl ein **Mietfahrzeug** für Rundreisen **am besten geeignet** ist, lässt sich die Wochenroute ohne extreme Unbequemlichkeit mit Bus und Bahn abwickeln. Für die eine oder andere Teilstrecke wäre allerdings ein Taxi die bequemere Alternative, da die Busfrequenz oft nicht optimal ist. **Modifikationen der vorgeschlagenen Route** und zeitliche Varianten sind denkbar und vor allem mit »eigenem« Fahrzeug leicht realisierbar. Das gilt besonders für weniger Wechsel der Quartiere als vorgeschlagen. Die Routen beinhaltet so ziemlich alle »Rosinen«, die sich auf der Westseite der Insel Mallorca finden lassen. Sie kann auch gut als Basis für eigene abweichende Planungen dienen. Eine **Kostenrechnung** für den Rundreise-Urlaub befindet sich im Unkunftsbeileger, Seite 59.

Zur Konzeption

Allen Routenvorschlägen gemeinsam ist die kompakte Art der Darstellung in jeweils einseitigen **tabellarischen Übersichten** (nur die Wochenrundreise brauchte etwas mehr Platz) mit Hinweisen auf die Seite, wo die jeweiligen Details nachzuschlagen sind.

Die meisten Routen wurden als **Rundstrecke** konzipiert, was grundsätzlich den **Einstieg an beliebiger Stelle** ermöglicht.

Als **Startpunkt** wurde in den Übersichten der Ort gewählt, der unter zwei Aspekten als besonders geeignet erschien:

---

*) Zwei weitere Tagesprogramme für Palma und Umgebung finden sich am Ende des Kapitels 6 ab Seite 162.

(1) **Gute Erreichbarkeit** für die Mehrheit der Urlauber. Für den Fall, daß bei einer Anfahrt aus bestimmten Regionen der Insel ein anderer Ort günstiger ist, wird darauf hingewiesen.

(2) **Beginn** des Tagesausflugs **zwischen 9 und 10 Uhr.** Vor allem die Restaurant- und Kneipenempfehlungen für unterwegs sind auf ein solches Timing abgestimmt. Aber auch die Abstecher mit dem Boot (nach/von Sa Calobra, nach/von Formentor, Cala Rajada-Canyamel), Wandervorschläge etc.

Verzichtet wurde auf eine Rundstrecke dort, wo sich eine Verbindung bestimmter Ziele wegen ihrer geographischen Nähe zueinander zwar anbot, gleichzeitig aber ein idealer Rundkurs – der an einem Tag gut zu bewältigen ist – in dem jeweiligen Gebiet schlecht zu bestimmen war. Denn es macht nicht in allen Fällen Sinn, unbedingt einen Kreis schließen zu wollen; zumal nicht, wenn die Route – von Urlaubern, die aus den unterschiedlichsten Richtungen anfahren – an verschiedenen Punkten sinnvoll begonnen werden kann. Typische Beispiele dafür sind die Routen Nummer 8, 10 und 12.

Zeitbedarf

Keine der Routen ist im Prinzip besonders lang (⟿ Kilometerangaben in den Routenkarten). Aber einschließlich einer in vielen Fällen zusätzlich anfallenden Anfahrt vom Standquartier kommt man leicht auf eine längere **Gesamtstrecke** und einen höheren Zeitbedarf, als es zunächst aussehen mag. Denn nicht vergessen werden darf, dass im Gebirge und auf manch kleiner Straße im Inselinneren wegen geringer Geschwindigkeit und Fotostopps Stunden wie im Fluge vergehen können.

Die unter den Stichworten **Abstecher, Zwischenstopp** oder **-ziel** und **Aktivitäten** aufgelisteten möglichen Unternehmungen und Besichtigungen sind ebenfalls oft **zeitaufwendig**. Manche der als Tagesausflug konzipierten Routen werden sich daher kaum an einem Tag bewältigen lassen, wenn gleich mehrere der gemachten Vorschläge aufgegriffen werden sollen.

Alternativen

Die Routen erfassen **alle nennenswerten Sehenswürdigkeiten**, besonders reizvolle Straßenführungen und Landschaften, einen Großteil der in den vorausgegangenen Kapiteln empfohlenen Gastronomie und manche »**Nebenbei-Aktivität**« wie Bootsfahrten, kleine Wanderungen etc.

Die Trips lassen sich dank des sehr engmaschigen Straßennetzes Mallorcas **auch ganz anders als in diesem Buch** zusammenstellen. Ein Teil der Routen kann auch kombiniert werden. Einige von ihnen sind bereits »überlappend« angelegt. Auf ihrer Basis und mit Hilfe der Übersichten im vorstehenden Kapitel 8 ist es kein Problem, sich ein **individuelles Programm** für die Mallorca-Entdeckung selbst zu »stricken«.

Beigefügte Mallorcakarte

Um die Planung und das Finden unterwegs weiter zu erleichtern, sind die meisten der in diesem Buch genannten Ausflugsziele und der grobe Verlauf von im Buch wie im Wanderbeileger beschriebenen Wanderrouten auch in der separaten Karte eingetragen.

N

Route 1

Banyalbufar
Mirador de
Ses Animes
8
Port de
Estellencs
8,5
Planicie
932 m
Esporles
La Granja
8,5
Mirador de R. Roca
5
Montimar
Estellencs
Es Grau
Galatzo
1025 m
12
C-710
Reserva
Puig de Galatzo
14
S'Esclop
927 m
Puigpunyent
Galilea
Establiments
Sa Trapa
6
4
Caragola
9
Galilea
5
S'Arracó
Capdellà
3
Andratx
Calvià
Centro
Cultural
4
Castell
de Bellver
PALMA
Start
Port
d'Andratx
Capuccino/
Layn
Camp
de Mar
4,5
Peguera
Gran
Tortuga
3,5
Fornells
C-719
Costa de
la Calma
8
Gènova
15
Cala
Major
Illetes
Cap de
Sa Mola
Cala
Llamp
Platja
Camp
de Mar
Cala Fornells
Cala de St. Ponça
Na Foradada
6
PM-1
Portals
Nous
Palma Nova
Western
Water Park
11
Santa
Ponça
Port Adriano
Son
Ferrer
El Toro

Ausbooten in Sant Elm nach der Überfahrt zur Insel Dragonera. Oberhalb im Hintergrund liegt das empfohlene Restaurant Na Caragola mit einer wunderbaren Terrasse, Weitblick inklusive

ROUTE 1:	Auf Nebenstraßen durch den Südwesten der Insel	Seite
Ausgangspunkt:	Palma	
Fahrtrichtung:	Peguera/Andratx zunächst über Autobahn	
Abzweigung:	Abfahrt Magaluf, dann Richtung Port Adriano	
Weiterfahrt:	Am Planschpark *Western Water Park* vorbei nach El Toro; im Port Adriano ggf. Kaffeestop Bistro Cantina	197 200
Zwischenziele:	• *Na Foradada*, Aussichtspunkt *Illes Malgrats* • *Creu del Rei* (Kreuz des Königs)	203 203
Weiterfahrt:	Vom Aussichtspunkt *Na Foradada*, über Gran Via Cornisa und Camia de Creu zurück zur Hauptstraße, zunächst an Peguera vorbei, Abfahrt Cala Fornells	
Abstecher:	Durch Santa Ponça zur *Costa de la Calma*. Am westlichen Ortsausgang von Peguera nach links zur *Cala Fornells*. Kurzwanderung zur *Cala Monjo*	207
Zwischenziel:	Strand von Camp de Mar, Felsinsel-Restaurant/Bar	208
Weiterfahrt:	Nach Port d`Andratx	210
Abstecher:	An die felsige Badebucht *Cala Llamp*	209
Zwischenziel:	Ort und Hafen Port d`Andratx	212
Weiterfahrt:	Durch das Tal von Andratx, dann links über S'Arraco nach Sant Elm	214
Zwischenziel:	Sant Elm, Strand und Badebuchten, ggf. Bootstour, Restaurants am Wasser, ggf. Wanderung	215f
Weiterfahrt:	Über Andratx an der Küste entlang; wunderbare, kurvenreiche Strecke über dem Meer	224
Zwischenstopps:	• *Palau Son Mas* • *Centro Culturál*, großes Museum moderner Kunst • *Mirador de Ricardo Roca*, dort Restaurant *Es Grau* mit Terrasse über dem Meer (bis 18 Uhr) • *Mirador de Ses Animas*, alter Wachtturm • Estellencs, hübsches Bergdorf mit Bootshafen • Banyalbufar, ähnlich Estellencs, etwas größer	218 224 224 225
Zwischenziel:	*La Granja*, alter Gutshof mit Quelle und Gärten, Snacks & Wein, »lebendes« Museum	222
Weiterfahrt:	Durch Esporles in Richtung Palma oder durchs Gebirge über Puigpunyent (**tolle Strecke**!)	221f
Zwischenziel:	*La Reserva de Galatzo*, Naturpark	221
Abschluss:	zurück nach Palma; statt auf direktem Weg schönste Route über Galilea, Capdella und Calvia	220f
Hinweis:	Diese Tour lässt sich sehr gut auch auf 2 Tage verteilen: 1. Tag bis Andratx über Calvia oder Puigpunyent zurück. 2. Tag Anfahrt nach Andratx per Autobahn, dann Start.	

Port
de Sóller

Nautilus

Mirador
Ses Barques

Ca
N'Antuna

Faro

Fornalutx

1,5

Biniaraix

Cala Deià

Lluc Alcari

Sa Vinya/
Can Jaume

Sóller

Wanderung zum
Lochfelsen Foradada

Son Marroig

Deià

Coll de Sóller
(496 m)

Miramar

San Marroig

Teix
1064 m

Tunnel

Jardines
de Alfabia

Ermita de
Trinitat

Valldemossa

Can Penasso/
Ses Porxeres

Cartoixa de
Valldemossa

Jardines de Raxa

Bunyola

Lafiore
Glaskunst

N

Route 2

Start PALMA

Halbinsel
Na Foradada
mit dem
berühmten
»Lochfelsen«
am Ende
unterhalb des
Herrenhauses
Son Marroig.
Gut erkennbar
ist der Weg an
die Spitze,
Benutzung im
Eintritt fürs
Museum
inbegriffen,
↪ Seite 232

ROUTE 2:	Das »klassische« Ausflugsdreieck von Palma über Valldemossa/Deià nach Sóller/Port de Sóller und zurück	Seite
Ausgangspunkt:	Palma (oder Santa Maria-Esglaieta, ➪ sep. Karte, bei Anfahrt aus dem Nordwesten der Insel)	
Fahrtrichtung:	Direkt aus der Stadt Wegweisung nördlich der Plaça Espanya nach Valldemossa; über die Via Cintura: Ausfahrt nach Valldemossa. Die Strecke wird erst auf den letzten Kilometern reizvoll	
Zwischenziel:	*Cartoixa* (Kloster) von Valldemossa und ganz besonders die winkligen Altstadtgassen, ggf. Wanderung zum *Teix* (Beileger Wanderroute 5)	227f
Weiterfahrt:	Auf der Küstenstrecke in Richtung Sóller, großartige Straßenführung zwischen Meer und hochaufragenden Gebirgsmassiven	
Abstecher:	Zum Port de Valldemossa (bei viel Zeit)	226
Zwischenstopps:	• *Ermita de Trinitat*	230
	• *Miramar*, Herrenhaus und Kapelle	231
	• Son *Marroig*, Herrenhaus und Museum,	232
	• Restaurant *Son Marroig* mit Blick aufs Meer	
Zwischenziel:	Deià, Ortsbesichtigung, *Cala Deià* zum Baden	232ff
Weiterfahrt:	Richtung Sóller, nach Erreichen des Tals links ab nach Port de Sóller	235
Zwischenziel:	Port de Sóller, zum *Oratori S. Catalina* und/oder Aussichtsbistro/-bar *Nautilus* oder *Promenade D'en Repic*	242
Weiterfahrt:	Zurück nach Sóller.	237
Zwischenziel:	Sóller mit hübscher Plaça, alter Bahnhof für den »Roten Blitz« von Palma. Fußgängerstraße Sa Luna, Museen *Can Prunera* und *Casa de Cultura*	236f
Abstecher:	• Zu den Bergdörfern Biniaraix und Fornalutx Drink auf der Terrasse *Bella Vista* oder *Per Amunt*	245f
	• Zur Aussichtsterrasse *Mirador de Ses Barques* an der Straße Richtung Lluc, ideal am frühen Abend und bei Sonnenuntergang	239
Weiterfahrt: (Ende)	Über die Passstraße der *Serra de Alfabia* nach Palma zurück, wieder großartige Ausblicke. Bei knapper Zeit durch den Tunnel (€4,55)	236
Zwischenstopps:	• Gärten und Herrenhaus von *Alfabia*, sofern es noch nicht zu spät ist (Einlass bis 17/18 Uhr)	255
	• Restaurant *Porxeres* oder *Can Penasso*	254f
	• Dinnershow *Son Amar* ab ca. 20 Uhr	413f

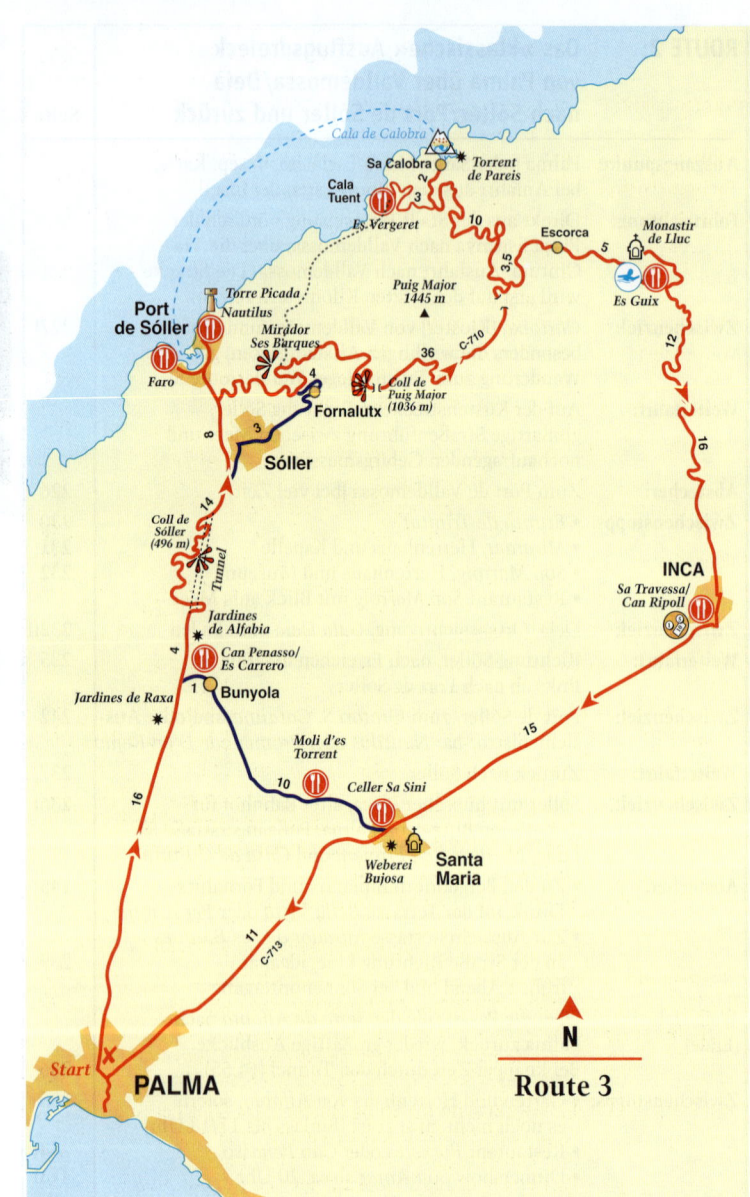

Cala de Calobra

Sa Calobra
Torrent
de Pareis

Cala
Tuent 3

Es Vergeret

Monastir
de Lluc

Escorca 5

10

Es Guix

3,5

Puig Major
1445 m

C-710

36

12

Torre Picada
Nautilus

Port
de Sóller

Mirador
Ses Burques

Faro

4

Fornalutx

Coll de
Puig Major
(1036 m)

16

8

3

Sóller

14

Coll de
Sóller
(496 m)

Tunnel

INCA

Sa Travessa/
Can Ripoll

Jardines
de Alfabia

4

Can Penasso/
Es Carrero

Jardines de Raxa

1

Bunyola

15

Moli d'es
Torrent

10

Celler Sa Sini

16

Weberei
Bujosa

Santa
Maria

11

C-713

Start

PALMA

N

Route 3

ROUTE 3:	Nach Sa Calobra und zum Kloster Lluc	Seite
Ausgangspunkt:	Palma (bei Anfahrt aus dem Nordwesten über Santa Maria kommend: Bunyola)	
Fahrtrichtung:	Über die Passstraße/durch den Tunnel nach Sóller	
Zwischenstopp:	Ggf. *Jardines de Alfabia* (mit Museum)	255
Zwischenziel:	Sóller mit Bergdörfern Biniaraix/Fornalutx	236/245
Abstecher/	Port de Sóller, ggf. mit dem Boot nach	
Bootsfahrt:	Sa Calobra (mehrmals täglich, Fahrtzeit ca. 60 min). Sofern der Fahrer im Auto nach Sa Calobra fährt, für die Mitreisenden optimal	241
Weiterfahrt:	Vom Zentrum Sóller über die Dörfer, speziell Fornalutx, zur tollen Gebirgsstraße nach Lluc.	245
Zwischenstopp:	• *Mirador de Ses Barques*, Aussicht über Meer und Tal von Sóller/Restaurant • Aussichtspunkt vor dem Tunnel durch den *Coll de Puig Mayor*	239
Abzweigung:	Nördlich des Stausees *Gorg Blau* links ab zur *Cala de Sa Calobra/Torrent de Pareis*	249
Weiterfahrt:	Auf fantastischer Straße (sehr gut ausgebaut) 900 m (!) hinunter. Verschiedene Klima- und Vegetationszonen. 13 km enge Kehren, 10-16 Uhr meist viele Busse, aber lohnenswert.	247
Zwischenziel:	Bucht und kleines (Ausflugs-)Touristenzentrum, Baden am Bootsanleger oder Durchbruch des *Torrent*, kurze (Kletter-)Tour in die Schlucht hinein.	248
Abstecher:	*Cala Tuent* mit Restaurant *Es Vergeret* (bei viel Zeit)	250
Weiterfahrt:	Wieder zurück und weiter in Richtung Lluc	
Zwischenstopp:	Das einmalige Restaurant *Es Guix* (etwa 1 km von der Straßenkreuzung nach Inca, ausgeschildert) mit Pool im Wald; nur im Sommerhalbjahr 12.30-15.45 Uhr, geöffnet; Getränke+Pool 11-17 Uhr.	254
Zwischenziel:	Kloster *Lluc*, Museum, Kalvarienberg. Ggf. Restaurant oder Picknick dort; letzteres noch besser 1,5 km weiter in Binifaldo/Es Pixarells	251f
Weiterfahrt: (Ende)	Straße aus dem Gebirge heraus nach Inca, Do Wochenmarkt; zurück zum Ausgangspunkt	349
Zwischenstopp:	Abendessen z.B. im Restaurant *Es Parc* in Selva, im *C`an Calco* in Moscari, im *Celler Sa Sini* in Santa Maria oder im *Moli d`es Torrent* bei Santa Maria	347
Hinweis:	**In umgekehrter Richtung** läßt sich das Gros der Route sogar ohne Mietfahrzeug machen: Palma-Inca-Lluc und Lluc-Sa Calobra per Bus (1 x täglich), weiter nach Port de Soller per Boot, dann per Tram+Bahn zurück.	247 132

9

Map labels:

Sierra de Alfabia

L'Hermitage

Castell d'Alaró

Orient

10

Tossals Verds

Can Jaume

Es Verger

Lloseta

Jardines de Alfabia

Bunyola

Alaró

Bodega Nadal

Binissalem

Jardines de Raxa

C-711

17

Bodega Ferrer

Biniagual

3,5

3

Ca'n Calet
Celler Sa Sini

Consell

4,5

Santa Maria

Bodega Macia Batle

11

C-713

Weberei Bujosa

Kreuzgang

Start

PALMA

N

Route 4

Breiter Weg durch die grüne Schlucht von Tossals Verds fast ohne Steigungen, ein leichter Spaziergang. Auch die halbe Strecke (60 min retour) lohnt sich hier

ROUTE 4:	Kombinierte Rundfahrt und Wanderung(en) durch das »andere« Mallorca	Seite
Ausgangspunkt:	Palma/Bunyola; ⇨ Route 3	
Fahrtrichtung:	Von Palma aus Richtung Sóller, nach ca. 14 km rechts ab nach Bunyola, von Nordosten kommend direkt von Santa Maria nach Bunyola	254
Zwischenstopp:	Gärten *Ra(i)xa* (seit längerem geschlossen, 2010 unklar) oder *Alfabia*, auch ggf. in Bunyola	255
Weiterfahrt:	Auf malerischer Gebirgsstraße durch die *Serra de Alfabia* in das Tal von Orient	
Zwischenziel:	Das Bergdorf Orient abseits des Tourismus in wunderschöner Lage. Ggf. Einkehr bei *Can Jaume* oder Sonnenterrasse Hotel *Muntanya* oder Restaurantterrasse Hotel *L`Hermitage*	256
Weiterfahrt:	Richtung Alaró, weiter sehr schöne Strecke	
Zwischenstopp:	Am Wegweiser *Castell* kurz hinter dem Hotel *L'Hermitage* Möglichkeit, dass Mitreisende etwa ab dort den Pfad zur Burgruine von Alaró nehmen und sich an der *Pla des Pouet* oder am Burgtor mit Fahrer treffen, der ab Es Verger aufsteigt (Aufstieg bis Burgtor 75 min, ⇨ auch Wanderroute 4 im Beileger)	257
Abzweigung:	Etwa 500 m vor Ortseingang Alaró rechts den Weg hinauf, ca. 3 km auf guter Straße, dann noch ca. 1,5 km miserable Wegstrecke (aber geteert). Parken am Gasthof *Es Verger*. Zur *Pla d'es Pouet* nur bei gutem Wegzustand. Von dort 15-20 min zur Burg.	257
Zwischenziel:	Burgruine von Alaró (zu Fuß ab *Es Verger* ca. 45 min Aufstieg). Von der Burgebene weiter zur *Ermita de Nostra Senyora del Refugi.* Dort ggf. Picknick. In der *Ermita* gibt es auch eine Bewirtschaftung mit Übernachtungsmöglichkeit. Einmaliger Weitblick. (⇨ Beileger, Seite 18). Ohne Aufstieg Einkehr im *Es Verger.*	258
Weiterfahrt: (Ende)	Über Alaró, Consell und Santa Maria bzw. Binissalem zum Ausgangspunkt. Besonders im Frühjahr zur Obstblüte lohnt sich der Umweg über Nebenstraßen in Richtung Lloseta.	347 259
Alternative:	Von der Strecke Alaró-Lloseta besteht die Möglichkeit zum Abstecher zur *Finca Almedra;* von dort schöne Wanderung durch den *Torrent Tossals Verds*	259
Zwischenstopps:	• Binissalem: *Plaça,* eventuell Bodegas *Ferrer, Nadal, Tianna Negre* oder *Macia Batle* in Santa Maria • Restaurant *Ca'n Calet, Celler Sa Sini* in Santa Maria	348 347

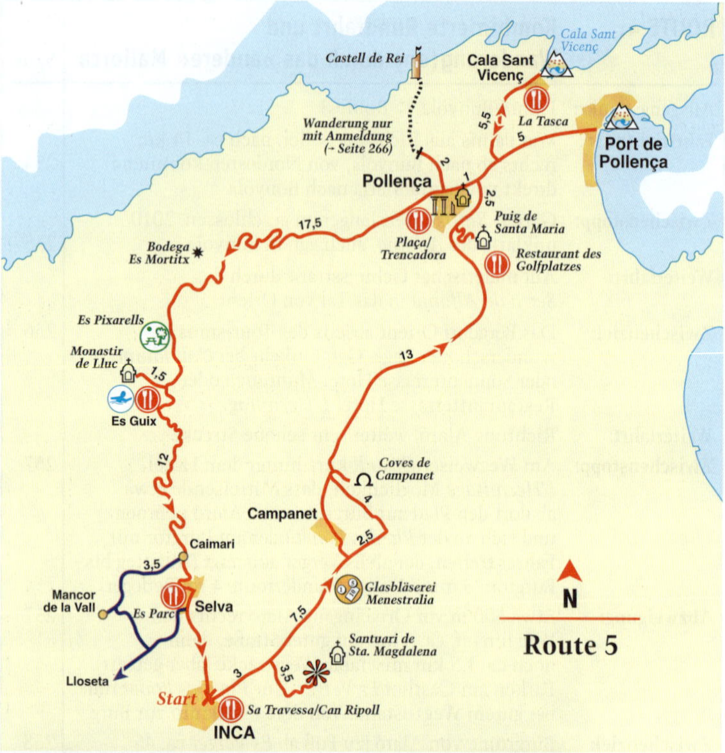

Castell de Rei

Cala Sant Vicenç

Cala Sant Vicenç

La Tasca

Port de Pollença

Wanderung nur mit Anmeldung (→ Seite 266)

Pollença

17,5

Bodega Es Mortitx

Plaça/ Trencadora

Puig de Santa Maria

Restaurant des Golfplatzes

Es Pixarells

Monastir de Lluc

1,5

13

Es Guix

12

Coves de Campanet

Campanet

4

2,5

Caimari

3,5

Glasbläserei Menestralia

Mancor de la Vall

Es Parc

Selva

7,5

Santuari de Sta. Magdalena

Lloseta

3

3,5

N

Route 5

Start Sa Travessa/Can Ripoll

INCA

Glaserhitzung im Brennofen vor dem Ausblasen bei Menestralía an der alten Straße Inca-Alcudia in der Nähe von Campanet (neben der Autobahn, Ausfahrt Campanet)

ROUTE 5:	Durch Höhlen, Heiligtümer und Gebirge	Seite
Ausgangspunkt:	Inca, Campanet oder Pollença, hier: Inca	349
Fahrtrichtung:	Alcúdia, ggf. auf der Autobahn	
Abstecher:	Nur wenig nordöstlich von Inca liegt das *Santuari de Santa Magdalena* (Ma-13, Ausfahrt 30), nicht sensationell, aber interessanter Rundumblick. Beliebter Absprung für Drachenflieger	351
Zwischenstopp:	Glasbläserei *Menestralia* - (Ausfahrt *area d'artesania*)	352
Abzweigung:	Über Kreisverkehr Campanet (Ausfahrt 35) oder eine Ausfahrt weiter (37) zu den *Coves de Campanet.*	
Zwischenziel:	*Coves de Campanet*, eindrucksvolle Tropfsteinhöhlen, attraktive Umgebung; Cafeteria mit schöner Terrasse	352f
Weiterfahrt:	Über kleine Nebenstraße in Richtung Pollença, von den Höhlen nach rechts (!), schmale, wenig befahrene Strecke durch anmutige Landschaft, dann weiter auf Verbindung Sa Pobla-Pollença.	
Zwischenstopp:	Wenn es passt zur Mittagszeit: kurz vor Pollença rechts zum Restaurant des Golfplatzes; Mittagsmenü nicht teuer – wunderbarer Blick über die Bucht von Pollença. Bar/Terrasse mit Pool. Etwas lebhafter geht`s auf der *Plaça* von Pollença zu. Guter Platz für *Tapas* ist Terrasse des Hotel *Juma.* Für mehr Appetit *Peter Maffays Trencadora.*	265
		264
Zwischenziel:	Pollença, die *Plaça*, der Kalvarienberg, evtl. die römische Brücke. Lohnend, wenn auch ziemlich anstrengend ist der Aufstieg zum *Puig de Santa Maria.* Auch Auffahrt bis Fußpfad 15 min unter der *Ermita.* Sonntag kleiner Markt auf der *Plaça.*	262f
		265f
Abstecher:	Zum Baden nach Cala de Sant Vicenç (Schwimmer) oder auch Port de Pollença (seichter Strandabfall)	267
		268
Weiterfahrt:	Straße durch die Berge in Richtung Sóller/Lluc; insbesondere im Aufstieg aus dem Tal von Pollença immer wieder schöne Ausblicke. Kaum auf der Höhe Weingut *Es Mortitx*, Tor selbst öffnen.	
Zwischenstopp:	Picknickplatz *Es Pixarells* (Bereich rechts der Straße in toller Lage, links davon Picknicken mit Kinderspielplatz) kurz vor der Einfahrt zum Kloster Lluc	253
Zwischenziel:	*Monastir de Lluc*, ➪ Route 3, ggf. das Restaurant Restaurant *Es Guix*, auch für den Nachmittagsdrink/-kaffee und zur Abkühlung im Naturpool (bis 17 Uhr)	251f
Weiterfahrt: (Ende)	Wie Route 3 über Caimari/Selva hinunter nach Inca zurück in Richtung Palma ggf. über Mancor de la Vall/Lloseta (speziell zur Obstblütenzeit); Abenessen im Restaurant *Es Parc* in Selva	261
		260
		259

9

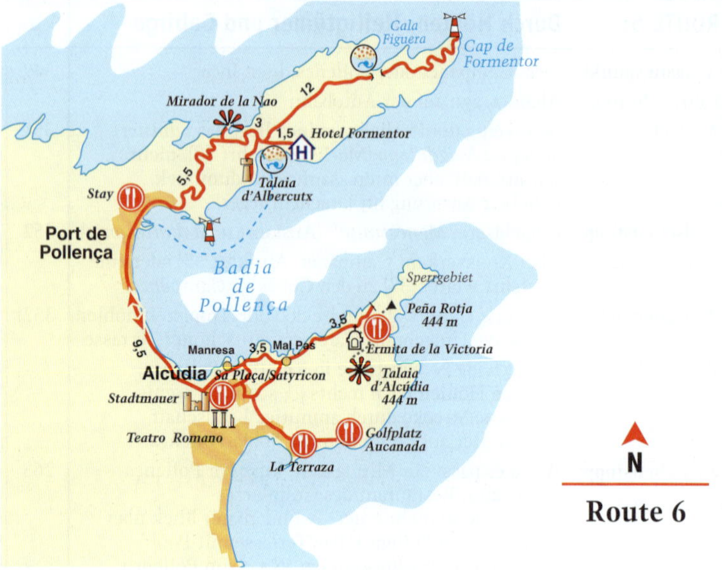

Cala
Figuera

Cap de
Formentor

Mirador de la Nao

3

1,5 Hotel Formentor

5,5

Talaia
d'Albercutx

Stay

Port de
Pollença

Badia
de
Pollença

Sperrgebiet

Peña Rotja
444 m

3,5

Manresa   3,5 Mal Pas

Ermita de la Victoria

9,5

Alcúdia   Sa Plaça/Satyricon

Talaia
d'Alcúdia
444 m

Stadtmauer

Teatro Romano

Golfplatz
Aucanada

La Terraza

N

Route 6

Mirador Punta de la Nao hoch über dem Meer: Blick auf die schroffe Felsküste der
Halbinsel Formentor und den vorgelagerten Colomer-Felsen

ROUTE 6:	Rund um die Bucht von Pollença	Seite
Ausgangspunkt:	Alcúdia Stadt, zugleich 1. Zwischenziel mit der Stadtmauer, Pfarrkirche, Museum etc. (bei Anfahrt aus dem Süden besser erst Port de Pollença, Besichtigung Alcúdia nachmittags)	276f
Fahrtrichtung:	An der Bucht von Pollença entlang	
Zwischenziel:	Port de Pollença, Hafen und *Passeig Vora Mar/ Carrer Colón*. Wie in Port de Sóller Möglichkeit, den Weg per Boot fortzusetzen – nach Formentor mehrmals täglich – ggf. Rückfahrt per Linienbus. Mitreisende im Auto können am Ziel wieder eingeladen werden. Verabredung dafür am besten auf dem unverfehlbaren Anleger in Formentor.	268f 269
Weiterfahrt:	Straße nach Formentor auf toller Strecke, die gleich hinter Port de Pollença in die Berge der Halbinsel hinaufsteigt	272
Zwischenstopp:	*Mirador de La Nao* mit Blick auf den *Colomer*-Felsen, **das** Fotomotiv in dieser Region (⇨ Foto)	272
Abstecher:	Zum *Talaia d`Albercutx* – Rundumsicht+Turmklettern	
Zwischenziel:	Schöner Strand von *Formentor*. Cafeteria am Anleger Massenbetrieb und sehr teuer. Eventuell etwas weiter fahren zur einsamen Cala Figuera (500 m vom Parkplatz) oder sogar hinunter zur Cala Murta (2 km)	273
Weiterfahrt:	Zum *Cap Formentor* durch rauhe Felslandschaft.	
Zwischenstopp:	Leuchtturm *Cap Formentor*	273
Weiterfahrt:	Zurück über Umgehungsring von Port de Pollença nach Alcúdia, aber nicht bis zur Kreuzung mit der Straße von Palma, sondern gleich nach Ende der Bucht nach links abbiegen. Auf kleinen Straßen über Manresa bis Mal Pas, wo man wieder ans Meer gelangt	274f
Zwischenstopp:	Bei Interesse: Yachthafen von Mal Pas, dort Bistro	275
Weiterfahrt:	Durch die Villensiedlung *Bon Aire* an der Bucht von Pollença entlang. Malerische Strecke; Picknickplatz/Badestelle *S`Illot* am Wege	275
Zwischenziel:	*Ermita de la Victoria*, Ausgangspunkt einer Wanderung zur *Penya Rotja* und/oder zum *Talaia d`Alcúdia* (⇨ Beileger Wanderroute 7).	275
Tagesausklang:	Allemal lohnt die Anfahrt zum Kirchlein *La Victoria* wegen Strecke, Aussicht, ggf. Essen/Drink im Restaurant *La Victoria*, toll bei Sonnenuntergang.	275
Weiterfahrt:	Nach Alcúdia in die Altstadt den Tag ausklingen lassen, oder Aucanada Restaurant *La Terraza*	283

9

N

Route 7

Stadtmauer
Kirche Sant Joan
Alcúdia
Teatro Romano
Aucanada
2
La Terraza
Port d'Alcúdia
Botel Alcudiamar
Cova de Sant Marti
Platja d' Alcúdia
4
Mesón de los Patos
Las Gaviotas
Albufera Nationalpark
Platja de Muro
Friedhof
7
14.5
Museum Sant Antoni
Sa Pobla
Can Picafort
Son Bauló
Cafeterias an der Strandpromenade
Platja Son Bauló
6
Necropolis
Muro
Ethnologisches Museum
10
Pfarrkirche
11.5
Sta. Margalida
7.5
Can Font
Pfarrkirche
Sineu
Ariany
Mittwoch Markt
Convent de Monjas
Ses Torres
4.5
10.5
Es Celler
Junipero Serra
Alternativroute
Petra
7
2
Sant Joan
Ermita de Bonany
5
Els Calderers
5
2
2,5
Vilafranca de Bonany

ROUTE 7:	Die Bucht von Alcúdia und Hinterland	Seite
Ausgangspunkt:	Alcúdia, Sa Pobla/Muro, Petra, Can Picafort, je nach dem, was am nächsten liegt. Hier Ausgangspunkt: Sa Pobla/Muro	353f 356
Fahrtrichtung:	Gegen den Uhrzeiger, lediglich bei Markt-besuch am Mittwoch Vormittag in Sineu muss von Petra oder Can Picafort aus eine andere Reihenfolge der Etappen bestimmt werden	
Erste Ziele:	Sa Pobla: *Museu de Sant Antoni* Muro: Ethnologisches Museum	353f 356
Weiterfahrt:	Landstraße nach Sineu	
Zwischenziel:	Die winkligen Gassen von Sineu, eventuell mit Markt (bis ca.13 Uhr am Mittwoch); ggf. dort essen *Celler C`an Font* oder *Moli d`en Pau*	354
Weiterfahrt:	Hübsch geführte kleine Landstraße nach Petra	
Zwischenziel:	Museum des San Francisco Gründers *Junipero Serra* und die innen sehenswerte *Ermita de Bonany*, 4 km stadtauswärts, Aussicht und ggf. Picknick	343f
Alternative:	Über Sant Joan zum tollen Gutshof *Els Calderers* (1 km südlich des Ortes kleine Straße links) Museales »Innenleben«; Kaffee/Imbiss auf der Terrasse. Nach Petra in diesem Fall über Vilafranca	342
Weiterfahrt:	Gut ausgebaute Straße durch das ruhige Hinterland zur Bucht von Alcúdia	
Zwischenstopp:	Kirche von Ariany (Aussicht) und *Plaça*/Pfarrkirche von Santa Margalida	356
Zwischenziel:	Can Picafort, Unterbrechung an der Promenade von Can Picafort (viele Cafés mit deutschem Kaffee/Kuchen/Erdbeeren mit Sahne (für mehr die Restaurants *Jamaica* oder *Don Dennis)* oder einfache Strandlokale an der *Platja de Muro*	284f 284
Weiterfahrt:	Küstenstraße in Richtung Port d`Alcúdia	
Zwischenstopps:	• Schöner Strand am Hotelkomplex *Esperanza* an der Mündung des Kanals Siurana oder auf dessen anderer Seite beim *Hotel Parc Naturál*	283f
	• Nationalpark Sümpfe von *Albufera:* zum Info-center am Kanal ca. 1 km von der Straße bzw. Parkplatz. Ggf. Spaziergang, Vogelbeobachtung	284
Abstecher:	*Cova de Sant Marti* (Zufluchtshöhle frühchrist-licher Gemeinden). Restaurant *Meson de los Patos*	283
Zwischenziel:	Port d`Alcúdia, Hafenbereich und Strand, ggf.Alcúdia nur 1 km weiter: alte Stadtmauer etc., ➪ Route 6	279f 277
Tagesausklang:	In der Marina Restaurant des *Botel Alcudiamar*, in Aucanada Restaurant *La Terraza* oder Alcúdia Altstadt	279 283

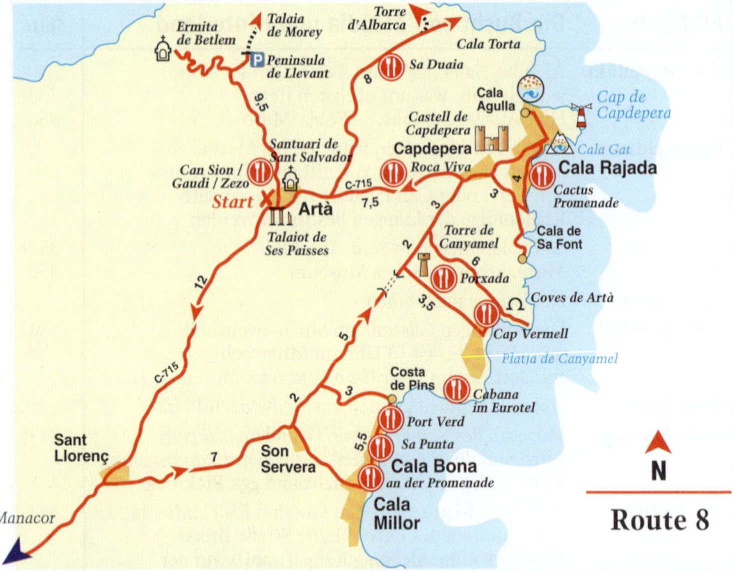

Ermita de Betlem
Talaia de Morey
Torre d'Albarca
Cala Torta
Peninsula de Llevant
Sa Duaia
8
9,5
Cala Agulla
Cap de Capdepera
Santuari de Sant Salvador
Castell de Capdepera
Capdepera
Cala Gat
Can Sion / Gaudi / Zezo
C-715
Roca Viva
Cala Rajada
Start
Artà
7,5
3
Cactus Promenade
Talaiot de Ses Paisses
2
Torre de Canyamel
6
Cala de Sa Font
3,5
Porxada
Coves de Artà
5
Cap Vermell
12
Platja de Canyamel
C-715
Costa de Pins
Cabana im Eurotel
2
3
Sant Llorenç
7
Son Servera
5,5
Port Verd
Sa Punta
Cala Bona
an der Promenade
Cala Millor

Manacor

N

Route 8

»Sa Duaia«, Restaurant und Einfachhotel mit ein paar Zimmern und Apartments hoch über der Cala Torta in einsamer Lage (ca. 9 km bis Artá auf heute einwandfreier Straße)

ROUTE 8:	Der vielseitige Insel-Nordosten	Seite
Ausgangspunkt:	Artá, zugleich 1. Zwischenziel mit kleiner Zentrumsbesichtigung (*Künstlergasse*). Aufstieg zum *Santuari de Sant Salvador* auf jeden Fall.	289f
Abstecher:	• *Ermita de Betlem*, schöne Anfahrt und Blick über die Bucht von Alcúdia	290
	• *Talaiot de Ses Paisses*	
	• Strandbucht *Cala Torta*, ggf. Restaurant *Sa Duaia*	292
	• ggf. Weiterfahrt bis *Cala Estreta*; von dort 2 km Wanderung zum *Torre d'Albarca* an der Küste des Naturparks *Peninsula de Levant* entlang	
Fahrtrichtung:	Capdepera/Cala Rajada	
Zwischenziel:	Capdepera, zu Fuß von der *Plaça* zum *Castell* über den Treppenaufstieg durch den Ort	293
Abstecher:	Am Ortsausgang geradeaus Richtung *Cala de Sa Font*, nach etwa 1,5 km nach links auf die schmale Straße nach Son Moll/Cala Rajada	300
Zwischenziel:	Cala Rajada, Hafenbereich. Mitreisende im Auto könnten am Strand von Son Moll einen Spaziergang auf der Küstenpromenade beginnen und am Hafen/Cala Gat den Fahrer treffen. Am Hafen (*Cactus*) bzw. an der Promenade essen	295
Abstecher:	• Zum *Cap de Pera*, dem östlichsten Punkt der Insel, über *Cala Gat* (Strandlokal) auch zu Fuß	296
	• Zum Badestrand *Cala Agulla* (kann auch direkt von Capdepera über die Umgehungstraße angesteuert werden)	299
Weiterfahrt:	Über Capdepera zu den Höhlen von Artá (*Platja de Canyamel*). Nette Alternative: Ab Cala Rajada Hafen per Boot nach Canyamel.	301f
Zwischenziel:	*Coves d'Artá*. Unverfehlbarer Treffpunkt bei Trennung von Fahrer/Auto und Mitreisenden/Boot ist die kleine Brücke beim Naturreservat Cap Vermell.	302
Weiterfahrt:	In Richtung Son Servera durch den Tunnel unter dem *Coll de Vidries* zur *Costa de Pins*	303
Zwischenstopp:	• *Torre de Canyamel*, dort rustikales Restaurant *Porxada*, abends Spanferkel vom Spieß	301
	• Küstenpromenade in Cala Millor/Bona	304f
Tagesausklang:	Restaurant *Panetoste* (einfach), *Sa Punta* oder *Port Verd* (wunderschöne Lage), alle am Wasser am Ende bzw. nördlich von Cala Bona. Im Sommer sehr schön, wiewohl nicht billig die *Cabana* im Park des *Eurotel*	304
		303
	Bei Rückfahrt über Artá: *Tapas* im *Bistro Can Sion* oder *gaudi/zezo* im Hotel *Sant Salvador* (sehr edel)	289
		290

Son Servera

Sant Llorenç

Keramikshops

Start

Oliven-holzmarkt

Perlas Majorica

MANACOR

Sa Cabana Veya

Friedhof Manacor

Ermita Santa Lucia

Sant Miquel

FELANITX

Santuari Sant Salvador

Jumaica

C'an Pep Noguera

Portocolom

Altstadt

Sa Punta

Am Hafen

Cala Millor

Safari Zoo

Castell de N'Amer

Sa Coma

S'Illot

Coves de Hams

Flamingo

Portocristo

Coves del Drach

Portocristo Novo

Cala Estany

Cala Estany

Cala Varques

Cala Murada

7

2,5

6

3

3

2

3

2

2,5

1,5

2

8

13,5

C-714

2

4

7,5

12,5

4

N

Route 9

Dinosaurier als Blickfang vor dem Markt für Produkte aus Olivenholz in Manacor. Sie stammen aus einem ehemaligen beachtlichen Dinosaurier-park, der vor ein paar Jahren geschlossen wurde

ROUTE 9:	Typische Ziele im Insel-Osten	Seite
Ausgangspunkt:	Manacor, gleichzeitig erstes Zwischenziel, ggf. Besuch des Perlenschmuckshops *Majorica* und/oder des Supermarkts für Olivenholzprodukte. Auf der Straße durch Manacor von/nach San Llorenç passiert man zwei große Läden für mallorquinische Keramik; für viele sicher interessanter als die obigen Busziele.	345
Abstecher:	Zur *Ermita Santa Lucia* südlich Manacor für einen Stadtblick, mehr noch zum Besuch des Friedhofs dort	346
Fahrtrichtung:	Felanitx oder – im Falle knapper Zeit – gleich Portocristo: bei schönem Wetter und Badeambitionen nicht die Hauptstraße nehmen, sondern die Strecke über *Sa Cabana Veya* nach Portocristo (am Wege liegt auf dieser Route das Geschichtsmuseum - 30 min genügen) Bei ursprünglicher Anfahrt aus dem Bereich Palma zunächst nach Son Servera/Cala Millor; bei Anfahrt aus dem Süden nach Felanitx)	317 310f 346
Zwischenziel:	• Felanitx, Pause auf der *Plaça*, imposante Pfarrkirche, eventuell Kalvarienberg, Keramikeinkauf • *Santuari de Sant Salvador*, großer Komplex, Aussicht, Kapelle, Lokale, Picknicktische	323f 325
Weiterfahrt:	In Richtung Portocolom	
Zwischenstopps:	• Strände bei *Sa Punta* an der Bucht von Portocolom • Hafen in Portocolom (diverse gute Lokale dort)	316
Weiterfahrt:	Über die Ostküstenstraße Ma 4014 nach Norden.	
Zwischenstopps:	• Park *Jumaica* mit tropischen Gewächsen und Restaurant *Can Pep Noguera* • Badebuchten Cala Murada, Cala Estany, oder – am besten Cala Varques (600 m Fußweg)	315 315
Zwischenziel:	Portocristo: *Coves de Drach* & Hafenbereich. Für Höhlenfans: Zusätzlich *Coves de Hams*. Einkehr am Nachmittag originell das *Flamingo* über der Strandbucht (an deren Nordende).	310f 313 311
Weiterfahrt:	Richtung Son Servera Ma 4023	
Zwischenziel:	(Auto) *Safari Zoo*, Freigehege und Zoo (mit Kindern)	309
Weiterfahrt:	Zu den Stränden von Sa Coma oder *Cala Millor*, alternativ zum *Castell de N'Amer* (zu Fuß 30 min retour von Sa Coma/ab Südende Cala Millor 40 min)	305f 307
Tagesausklang:	Wie Route 8 bei Start Manacor-Felanitx; im Fall des Startes Manacor-Son Servera zum Abschluss z. B. noch Besuch des *Santuari de Sant Salvador*. Restaurants am Hafen von Portocolom.	325 317

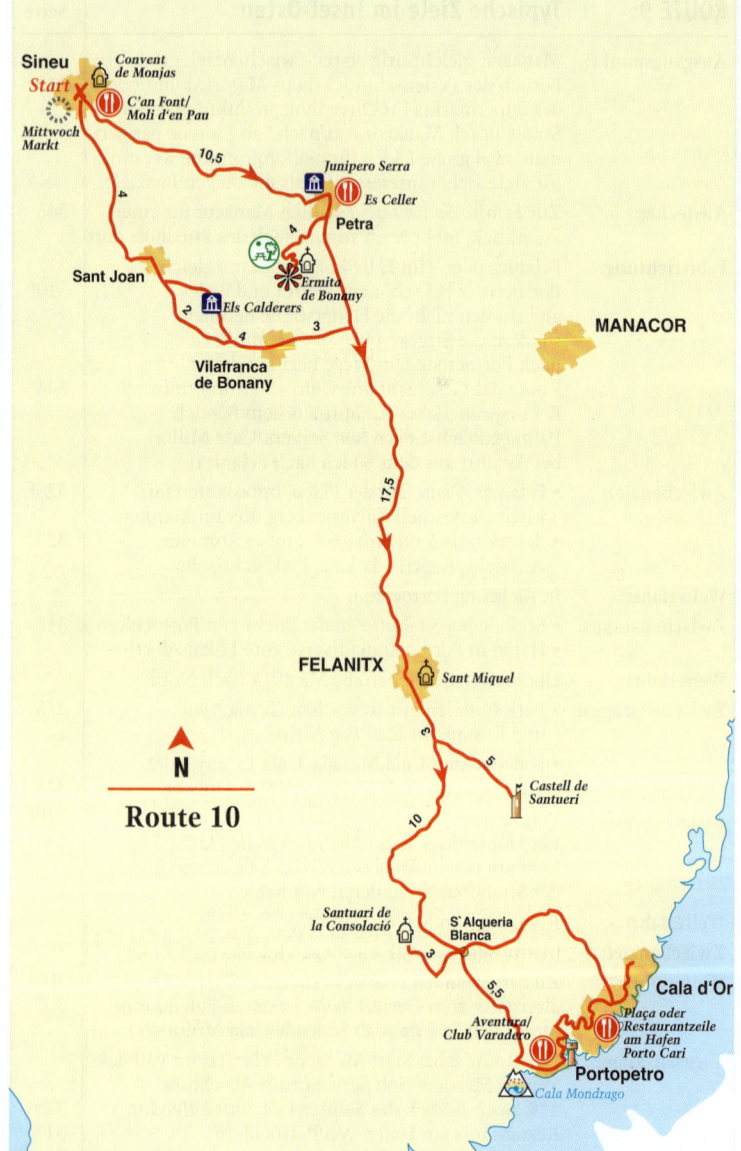

Sineu
Start
Mittwoch Markt

Convent de Monjas
C'an Font/ Moli d'en Pau

10,5

Junipero Serra
Es Celler

Petra

4

4

Sant Joan

Els Calderers

Ermita de Bonany

2

4

3

MANACOR

Vilafranca de Bonany

17,5

FELANITX

Sant Miquel

3

5

Castell de Santueri

10

N

Route 10

Santuari de la Consolació

S'Alqueria Blanca

3

5,5

Cala d'Or

Aventura/ Club Varadero

Plaça oder Restaurantzeile am Hafen Porto Cari

Portopetro

Cala Mondrago

ROUTE 10:	Mittwochsausflug durch das andere Mallorca	Seite
Ausgangspunkt:	Sineu und der Mittwochsmarkt, zugleich als erstes Zwischenziel, ⇨ auch Route 7	354f
Weiterfahrt:	nach Petra auf direkter hübscher Strecke	
Zwischenziel:	Museum des San Francisco Gründers *Junipero Serra* und *Ermita de Bonany*, dort eventuell Picknick, großartige Aussicht. Mittags oder abends Kellerrestaurant *Es Celler*.	343
Alternative:	Über Sant Joan zum Gutshof *Els Calderers* (1 km südlich des Ortes kleine Straße links) Tolles »Innenleben«; ggf. Imbiss auf der Terrasse. Nach Petra über Sant Joan oder über Vilafranca. Oder Petra auslassen und weiter nach Felanitx	342
Weiterfahrt:	In Richtung Felanitx, weniger aufregende Strecke durch ausgedehnten Weinanbau	
Zwischenziel:	Felanitx, Pause auf der *Plaça*, Pfarrkirche *Sant Miquel*, ggf. Kalvarienberg, Keramikeinkauf	323f
Weiterfahrt:	In Richtung Santanyi, nach etwa 3 km Abzweig nach links, ca. 5 km bis zum Burgberg von *Santueri*	
Zwischenziel:	*Castell de Santueri*, Relikte einer großen Festungsanlage auf der Hochebene eines Felsmassivs. Burgtor dorthin z. Zt. geschlossen. Tolle Aussicht aber auch vom Vorplatz und 80 m-Pfad zu einer großen Höhle.	325
Weiterfahrt:	Zurück zur Straße nach Santanyi über den Flecken C'as Concos (deutsche Hochburg »Hamburger Hügel«), kurz dahinter abbiegen nach S`Alqueria Blanca und auf schöner Strecke weiter bis zur *Cala Mondragó*	323
Abstecher:	*Oratori de Consolació*, Ausblick über die Küste	323
Zwischenziel:	Die populären *Calas Font de N`Alis* und ggf. auch *S`Amarrador*, beide Teil des Naturparks Mondragó.	322
Weiterfahrt:	Von Mondragó in Richtung Portopetro, unterwegs ggf. rechts ab und durch die Anlage des *Club Cala Barca* (danach rechts) an Villen über dem Meer entlang zum alten Wachtturm über der Ausfahrt der Bucht und dann im Bogen zurück zum Hafen von Portopetro	321
Tagesausklang:	Promenade am Wasser um die Bootsanleger herum auf die andere Seite der Marina; dort Drink oder Dinner auf der Terrasse des *Aventura*. Oder Fisch im *Can Martina*, alternativ im *Chill-out Club Varadero*.	321
Alternative:	Zurück ins touristisch »prallere« Leben ins autofreie Zentrum bzw. Yachthafen von Cala d'Or; ⇨ Route 11	318

Manacor

Pfarrkirche

FELANITX

Sol y Vida

Santuari
Sant Salvador

9.5

4

El Bosque

5

15.5

Castell de
Santueri

3

Altstadt

5.5

Restaurants
am Hafen

Sa Punta

S'Horta

Portocolom

Santuari de
la Consolació

4

Palma

S'Alqueria
Blanca

4.5

Cala Arsenau

5.5

Cala Ferrera

4.5

Aventura/
Club Varadero

Cala d'Or

Santanyi

Portopetro

Restaurantzeile
am Yachthafen

Pta. de Sa Torre

Cala Mondragó

Llombarts

5.5

Cala
Santanyi

Es Port

Cala
Figuera

6

N

Route 11

Cala Llombarts

Pura Vida

Blick auf Cala d'Or vom jenseitigen Ufer der Cala Longa (bei der alten Festung
Es Forti). Die für den Ort typische Silhouette ähnelt Urbanisationen auf Ibiza.

ROUTE 11:	Südliche Ostküste und Hinterland	Seite
Ausgangspunkt:	Felanitx oder Santanyi, hier Felanitx als erstes Zwischenziel mit *Plaça* und Pfarrkirche	323
Fahrtrichtung:	Santanyi, 3 km südlich Felanitx Abzweigung zum *Castell de Santueri*	325
Zwischenziel:	Burgruine und Höhle von *Santueri*, ➪ Route 10	325
Weiterfahrt:	Über Santanyi nach Cala Figuera	
Zwischenziel:	Die malerische Doppelbucht von Cala Figuera mit noch intaktem Fischerhafen (kein Strand); eine tolle Terrasse über dem Meer hat das *Pura Vida*	326
Abstecher:	• zur *Cala Santanyi* und gleichnamigen Siedlung (von der Straße nach Cala Figuera rechts ab). Kletterspaziergang zum Fotomotiv »Lochfelsen« *Es Pontas*, auch schwimmend erreichbar. Restaurant im *Hotel Cala Santanyi* oder im *Hostal Playa* (Terrasse am Strand)	327 328
	• zur *Cala Llombards*, einer tiefen Strand- und Badebucht; Strandbar	329
	• von Cala Llombards zur *Cala S'Amonia* und/oder *Cala de sa Comuna/Moro*, den schönsten Badebuchten Mallorcas.	329f
Weiterfahrt:	Zurück nach Santanyi, dann die Küstenstraße nach Norden, von S'Alqueria Blanca in Richtung Portopetro und weiter nach Cala d'Or	322
Abstecher:	*Oratori de Consolació*, ➪ Route 10	323
Zwischenziele:	• Portopetro (ggf. *Cala Mondragó*, ➪ Route 10, und Strand *S'Amarrador*)	321
	• Cala d'Or, bei Interesse zunächst *Parque de Mar* mit Restaurants (sehr gelungene Apartmentanlage im *Cala Egos* Bereich), autofreie Shopping- und Restaurantzone im Zentrum und am Yachthafen *Porto Cari*. Baden an der *Cala d'Or* oder Cala *Gran* (Lokale)	317f
Abstecher:	Zur *Cala Arsenau* zum Baden, wenn im Ort zu voll	315
Weiterfahrt:	Über die Straße nach S'Horta zurück auf die Hauptstraße weiter nach Norden, nach 5 km Abzweigung nach Portocolom.	
Zwischenziel:	Portocolom, Hafen und Altstadt, Landzunge *Sa Punta* mit gemütlichen Stränden an der inneren Bucht, Drink in der Abendsonne	316f
Weiterfahrt: **Ausklang:**	Zurück zum Ausgangspunkt Felanitx Im Hafenbereich von Portocolom oder am Abzweig nach Portocristo Restaurant *El Bosque* oder – ganz toll – *Sol y Vida* über der *Cala Domingos*	317 315

9

Route 12

ROUTE 12:	Durch den zentralen Süden Mallorcas	Seite
Ausgangspunkt:	Palma/S`Arenal oder, bei Anfahrt von der Ostküste bzw. der Bucht von Alcúdia, Llucmajor.	180
	Hier: S'Arenal, südöstlicher Ortsausgang, Son Veri/Wasserplanschpark *Aqualand* und *Palma Aquarium* in Las Maravillas, aber beides wäre schon je ein Halbtagesprogramm.	182
Fahrtrichtung:	Die gut ausgebaute Straße nach Cap Blanc	
Abstecher:	Zum Baden ans Meer beim *Balneario Delta* oder Bahia Grande mit Holzterrassen auf dem Felsabsatz	182
Zwischenstopp:	Leuchtturm *Cap Blanc*, Steilküste, Fernsicht (keine Wertsachen im Auto; Parkplatz verrufen)	
Zwischenziel:	*Talaiots* von *Capocorp Vell*, die sehenswertesten Siedlungsreste aus der vorrömischen Epoche	334
Abstecher:	Zur *Cala Pi* und zum alten Wachtturm; ggf. weiter nach Vallgornera, Restaurant *Mirador de Cabrera*	335
Weiterfahrt:	Richtung Sa Rapita/Colonia de Sant Jordi eintönig	
Abstecher	• Nach *Sa Rapita*, Yachthafen, (Verlängerung/ Ende des Strandes von *Es Trenc)*, Restaurantterrasse des Yachtclubs direkt am Strand	334
	• oder nach *Ses Covetes*, Nacktbadestrand, Westende der *Platja d`es Trenc*	333
Zwischenziel:	Colonia de Sant Jordi, Hafen und Strände; ggf. Spaziergang auf der Meerespromenade; Besucherzentrum *Isla de Cabrera* mit Aquarium (frei). Besuch des *Botanicactus* beim Ort Ses Salines; Einkehr dort in die Restaurants *Casa Manolo* (*Tapas*) oder *es teatre* (Gegrilltes)	331f 330
Weiterfahrt:	Über Campos/Llucmajor zum Klosterberg *Randa.* Eventuell mit Umweg über das *Santuari de Monti Sion* bei Porreres	335 337 341
Zwischenstopps:	• Campos, Pfarrkirche mit *Murillo* Gemälde • in Llucmajor Mi, Fr, So vormittags großer Markt	334 336
Zwischenziel:	Randaberg mit drei *Santuaris* (Heiligtümern) prima Aussicht vor allem vom 1. Santuari und von ganz oben; dort Picknicktische und Grillroste. Museum und Bibliothek *Ramon Llull.* Unten in Randa diverse Restaurants	337
Weiterfahrt:	Über Algaida zurück zum Ausgangspunkt	
Tagesausklang:	Rustikal und preiswert essen im *C'al Dimoni* oder im *Can Mateu* an der Straße nach Pina (mit Pool und grüner Terrasse an warmen Tagen).	339
	Bis 18 Uhr Werkstatt der Glasbläserei Gordiola	339

9

Eine Woche Rundreise durch das westliche Mallorca		Seite
1. Tag:	Ankunft Airport Palma; entweder bereits dort Übernahme des bestellten Mietwagens oder zunächst Transfer zum gebuchten Hotel für die erste Nacht. Danach Beschaffung eines geeigneten Fahrzeugs oder Klärung der Abfahrtszeiten öffentlicher Verkehrsmittel	106
Übernachtung	Palma Stadt oder Großraum (Eigeninitiative)	46
Aktivität:	Stadtbummel, Hafen mit Terrassen, abends ggf. *Celler Sa Premsa* und/oder *Carrer Apuntadors*,	149ff 170ff
Start 2. Tag:	Über Bunyola nach Orient	
Aktivitäten:	• Besuch der Gärten von *Alfabia*	255
	• Wanderung zur Burgruine von *Alaró*	256
Übernachtung:	ggf. in Orient (*Muntanya/Son Palou*) oder in Palma	
Fahrt 3. Tag:	Über Alaró, Lloseta und Inca nach Alcúdia	
Aktivitäten:	• Wanderung durch den *Torrent Tossals Verds*	260
	• Markttag (nur Do) Inca, ggf. *Celler*-Besuch	349
	• Besuch der Höhlen von Campanet	353
	• Abstecher zu Museen in Sa Pobla und ggf. Muro	353f
	• Besichtigung Alcúdia Stadt	276f
Übernachtung:	Bereich Port d'Alcúdia; ggf. Port de Pollença	58/60
Fahrt 4. Tag:	Zunächst über Mal Pas/Bon Aire zur *Ermita de la Victoria*, dann weiter nach Port de Pollença	275
Aktivitäten:	• Wanderung von der *Ermita* zur *Penya Rotja* und ggf. weiter *Talaia d'Alcudia*, ⇨ Wanderbeileger	275f
	• Bootsfahrt nach Formentor	269
	• Port de Pollença Hafen und *Passeig Vora Mar/Colón*	268f
Übernachtung:	Port de Pollença: *Hotel Uyal, Hostal Singala/Bahia* oder Cala Sant Vicenç z.B. im *Hostal Los Pinos*	58 57
Fahrt 5. Tag:	Über Pollença und Lluc nach Sa Calobra	
Aktivitäten:	• Stadt Pollença, *Plaça* und Kalvarienberg	262f
	• *Puig de Santa Maria, Ermita* und Aussicht	
	• Picknick auf dem Platz *Es Pixarells*	253
	• Besichtigung Klosterkomplex Lluc	251f
	• Restaurant *Es Guix*, Schwimmen im klaren Wasser des in die Felsen eingefügten Pools	254
	• *Torrent de Pareis* in Sa Calobra, evtl. Wanderung in die Schlucht hinein	249
	• Baden an der *Cala de Sa Calobra*	
Übernachtung:	Im Kloster *Lluc* oder Binibona, ⇨ Unterkunftsbeileger	
Fahrt 6. Tag:	Eventuell erst gegen Mittag wegen Erkundung des *Torrent de Pareis*; ohne Fahrzeug per Boot nach Port de Sóller oder zu Fuß Wanderroute Nr. 2 *Cala Tuent-Ses Barques* (⇨ Wanderbeileger)	241

**Rundreiseroute
für eine Woche**

Aktivitäten:	• *Mirador Ses Barques* (nur Zwischenstopp)	239
	• Rundgang Fornalutx und Sóller	245
	• Alte Straßenbahn Sóller-Port de Sóller	
	• Aufstieg zum *Oratori de Santa Catalina*	
Übernachtung:	in Port de Sóller (*Eden*/*Aimia*) oder in D´en Repic	56
	sehr gut: *Ca'l Bisbe*/*Can Isabel* in Soller (teurer)	
Fahrt 7. Tag:	Weiter nach Deiá und/oder Valldemossa	
Aktivitäten:	• Spaziergang durch Deià	232f
	• Schwimmen *Cala Deià* oder *Port Valldemossa*	235
	• Museen *Graves* in Deià, ggf. Museum *Son Marroig*	232
	• Wanderung zur »Felsnase« *Na Foradada*	
	• Besichtigung Altstadt Valldemossa und *Kartause*	227f
	• Wanderung zu Aussichtspunkten 800 mü.N.N.	
	(➭ Wanderroute Nr. 5 im Beileger)	
	• Abstecher nach Esporles Gutshof *La Granja*	222
Übernachtung:	In Deiá im *Hotel d`es Puig*.	
	Bei zeitigem Abflug am 8. Tag ggf. auch in Palma.	
Fahrt 8. Tag:	Zurück nach Palma und **Abflug**	

Ausflugsbusse
auf Mallorca
gehören heute
überwiegend
zur Kategorie
»hypermodern«
und sind
allesamt
klimatisiert

10.   ORGANISIERTE PROGRAMME

Situation

Sämtliche Reiseveranstalter bieten ihren Gästen auf Mallorca ein umfangreiches **Ausflugsprogramm** zu den populären Sehenswürdigkeiten der Insel und – am Abend – zu Showveranstaltungen. Die Stelltafeln und »Schwarzen Bretter« mit den entsprechenden Ankündigungen sind in den Foyers der Hotels nicht zu übersehen. Die meist noch zusätzlich ausliegenden Info-Ordner und Broschüren der Firmen enthalten Routen und weitere Details, und die lokale Reiseleitung rührt während der Begrüßungs- und Informationstreffs auch noch die Reklametrommel für ihre Trips. Wer will, kann mit seinem Veranstalter täglich eine andere Tour machen oder ggf. im Nachbarhotel buchen, sollte im eigenen Haus etwas nicht und nur am »falschen« Tag verfügbar sein.

Freie Buchung

Auch freie **Reisebüros** bieten Ausflüge an; sie haben neben den Standardtouren oft noch Alternativen zur Hand. Preisliche Vorteile – wiewohl in Einzelfällen und speziell außerhalb der Hauptsaison durchaus zu beobachten – sind damit aber nicht durchgängig verbunden. Bei frei gebuchten Trips muss man nicht selten »internationale« Erläuterungen ertragen, d.h., jeder Satz des Reiseleiters wird in den verschiedenen Sprachen der Teilnehmer wiederholt, eine ziemlich nervige Angelegenheit.

Ausflüge mit »Produktpräsentation«

Preiswert und rein national – also mit Erläuterungen nur in einer Sprache verbunden – **sind Ausflugsfahrten mit »Informationsveranstaltung« oder »Produktpäsentation«**, die seit geraumer Zeit ihren Weg aus der (nicht nur) deutschen Provinz nach Mallorca gefunden haben. Zu konkurrenzlosen Preisen werden die Teilnehmer auf den üblichen Routen über die Insel gekarrt und oft noch mit Zugaben (Cocktail, »wertvolles« Geschenk, Verlosung etc.) und vor allem mit einer Verkaufsveranstaltung für allerhand, meist der Gesundheit dienliche Produkte erfreut. Die Teilnahme daran ist zwar – ganz wie bei uns – »freiwillig«, doch was soll man sonst schon anfangen, wenn der Bus eine Weile irgendwo im Inselinneren an einem Ausflugslokal parkt, in dem die Schäflein zum Kauf angeregt werden sollen. Aber keine Frage, wer diesen Umstand »wegsteckt«, kann Formentor, die Drachenhöhlen oder Sa Calobra günstig erreichen, speziell, wenn noch Eintrittsgeld oder das Ticket für die Bootsfahrt im Preis enthalten ist.

10.1 Tagestrips mit Bus, Boot und Jeep

Bustouren

Die zahlreichen verschiedenen Busausflüge – da in den Ausgangspunkten unterschiedlich und variabel bei Streckenführung und Zwischenstops – lassen sich nicht gut einzeln kommentieren. Einige **generelle Anmerkungen** sind aber möglich, denn trotz der vielen Varianten gehen die Touren auf eine kleine Zahl von Grundmustern zurück. Die Ziele an sich brauchen dabei nicht mehr erläutert zu werden; alle wichtigen Daten finden sich ausnahmslos in den Kapiteln 6 (Palma) und 7 unter den Ortsnamen.

Stadtrundfahrt Palma

Die typische Palma-Stadtrundfahrt ist in der Regel als **Halbtagstrip** angelegt, beginnt meistens bei der Kathedrale und führt zum Schloß *Bellver* und/oder zum *Poble Espanyol*. Bisweilen schließt sie noch eine kleine Hafenrundfahrt ein. Speziell für Teilnehmer aus dem Großraum Palma und dem Südwesten sind die Kosten dafür (ab etwa €16 pro Person) relativ hoch. Denn Palma ist von dort mit öffentlichen Verkehrsmitteln leicht zu erreichen und lässt sich leicht zu Fuß erkunden. Größere Distanzen in der Stadt kann man im Taxi überbrücken, ohne dass zu zweit gleich €30 oder höhere Gesamtkosten zusammenkommen. Eine Alternative ist auch ***Palma City Sightseeing*** mit oben offenen Doppeldeckerbussen und 24-Stunden-Ticket (€15) zur beliebigen Rundfahrtunterbrechung, ⇨ Foto und Erläuterung auf Seite 148.

Der Südwesten

Eine komplette **Rundfahrt durch den Südwesten** ist mit öffentlichen Verkehrsmitteln nicht durchzuführen. Nicht einmal der mittlerweile ausgesetzte Bus von Peguera nach Port de Sóller via Andratx, Estellencs und Deià bot wegen nur einer Fahrt pro Tag in jede Richtung die Chance für angemessenes Verweilen unterwegs. Wer also kein Fahrzeug mietet oder sich ein Taxi leistet, muss für diese Inselecke einen organisierten Ausflug buchen.

Ein oft »vergessenes« Thema unterwegs betrifft öffentliche Toiletten. Die sind auf Mallorca ziemlich rar. Die freie Natur und Örtlichkeiten in Lokalen müssen da herhalten, oder auch mal ein Museum. Hier ganz edel im kleinen Museu de Manacor, wo der Eintritt frei ist, ⇨ Seite 346.

La Granja (Esporles) und Valldemossa

Die Südweststrecke wird dabei üblicherweise mit Besuchen im Gutshof *La Granja* (✪ Seite 222) bei Esporles und in Valldemossa verbunden, **ein rundes Programm**, das viel Landschaft, Folklore und Historie miteinander kombiniert.

La Granja immerhin, ist ab Palma per Linienbus zu erreichen (Linie 200 mit hoher täglicher Frequenz über Esporles und Banyalbufar nach Estellencs). Dasselbe gilt für **Valldemossa** und eine Fortsetzung der Fahrt über Deià nach (Port de) Sóller. Von dort fährt man ggf. zurück nach Palma per Bahn, ✪ Seite 132. Nur für die Verbindung Andratx-Estellencs gibt's keinen Bus.

Badestelle am Durchbruch des Torrent de Pareis ins Meer. Bis dorthin muss man vom Parkplatz noch einen guten Kilometer laufen. Buspassagiere werden etwas näher dran abgesetzt

Sa Calobra

Eines der am meisten frequentierten Ziele ist die Bucht von *Sa Calobra* mit der Schlucht **Torrent de Pareis**. Ob nun die Anreise aus Richtung Pollença oder Inca über das Kloster *Lluc* oder von Palma über Sóller erfolgt, immer ist diese Fahrt (wenn hoher Seegang das nicht gerade verhindert) mit dem schönen **Bootstrip Sa Calobra-Port de Sóller** (ca. 45-60 min) bzw. umgekehrt verbunden. Der Bus fährt derweil zum jeweiligen Endpunkt, um die Gäste wieder einzusammeln. Die Standardversion dieses Trips schließt die Benutzung der Nostalgiebahn Sóller-Palma mit ein.

Linienbus nach Sa Calobra

Trotz der hohen Kosten (etwa ab €40-€50/Person je nach Ausgangspunkt) ist für diese Tour, die häufig unter der ungenauen Bezeichnung «**Inselrundfahrt**» angeboten wird, der **Ausflugsbus fast unschlagbar**. Denn über zwei Teilstrecken (mit Zug und Boot) geht es ohne ihn weiter. **Mit Mietwagen** funktioniert dasselbe nur, wenn der Fahrer auf die beiden »Bonbons« der Route verzichtet und die Serpentinen nach Sa Calobra hinauf- und hinunterkurbelt. **Auf der Strecke Sóller–Lluc gibt`s zwei Busse Mo-Sa** (Linie 354), aber nach Sa Calobra ab Lluc lediglich 1x täglich um 11.50 Uhr (Linie 355 außer am Sonntag). Aus allen Richtungen kann man so zum Umsteigen rechtzeitig in Lluc sein, ✪ auch Seite 247.

Ein **individuelles Vorgehen** mit Kombination von **Zug, Straßenbahn**, **Boot und Taxi** erfordert mithin allerhand Planung und Organisation. Spürbar billiger als der Ausflugsbus wird das erst ab drei

Personen, sofern man nur für die Strecke Inca oder Soller-Lluc-Sa Calobra das Taxi nimmt und sich für die An/Abreise nach Inca bzw. Soller mit Bus/Zug begnügt.

Formentor

Der Ausflug zum **Hotel und Strand von** *Formentor* ist ebenfalls mit einem beliebten, wenn auch weniger spektakulären Bootstrip verbunden. Bei Anfahrten aus dem Raum Palma, aus dem Süden und Südwesten und von der Ostküste bildet das Übersetzen vom Hafen in Port de Pollença zum Formentor-Anleger den Höhepunkt der oft über die Dörfer im zentralen Mallorca geführten Route. Meist wird ein **Marktbesuch** eingeplant, etwa **donnerstags in Inca** oder **mittwochs in Sineu** und/oder eine sonstige Sehenswürdigkeit wie die Stadtmauern von Alcúdia, die Glasbläserei *Menestralia* oder die Höhlen bei Campanet. Der Bus lädt seine Fahrgäste in Formentor wieder ein und stoppt am *Mirador de la Nao* mit Blick auf den *Colomer*-**Felsen**, einem unverzichtbaren Fotomotiv, ➪ Foto Seite 390.

Per Linienbus nach Formentor

Eine hübsche **Variante der Fahrt** läuft über Pollença und das Kloster Lluc. Mit öffentlichen Verkehrsmitteln lässt sich weder die Fahrt über Sineu noch über Lluc ohne weiteres nachvollziehen, durchaus aber die Route Palma–Inca–Alcúdia–Port de Pollença. In Formentor stehen für Ausflügler, die ihre Bootsfahrt individuell buchen, Mo Fr 4x täglich Linienbusse bereit, nicht aber Sa+So; von oder bis Alcudia 3x täglich (Linie 353).

Urlauber an der Bucht von Alcúdia können mit dem alle 15 min fahrenden, wiewohl oft überfüllten **Linienbus 352** leicht nach Port de Pollença gelangen und dort aufs Boot oder Bus 353 umsteigen.

Das Inselinnere

Ausflüge durch den zentralen Bereich der Insel kursieren unter verschiedenen Bezeichnungen wie »**Dörferrundfahrt**«, »**Bauernfahrt**« oder »**Das unbekannte Mallorca**«. Solche Touren werden gerne auf Tage gelegt, an denen ein **Marktbesuch** einbezogen werden kann, vorzugsweise Llucmajor (meist freitags), Sineu (mittwochs) oder Sa Pobla (sonntags). Auch Abstecher zum Klosterberg *Randa* und zur Glasbläserei *Gordiola* (Algaida) gehören ggf. dazu.

10

Der Tunnel unter dem »schiefen« Puig Fomat auf der Strecke von und zum Cap Formentor ist nichts für Busse. Dorthin geht's nur per Mietfahrzeug in Privatinitiative

Als Küstenort bietet sich auf derartigen Strecken Can Picafort mit seiner **Strandpromenade** an. Es gibt auch Fahrten, die mittags ein ländliches Restaurant ansteuern, wo zur Mahlzeit ein – meistens nicht so ganz tolles – **Folkloreprogramm** mitgeliefert wird. Derartige Touren sind für diejenigen gedacht, die Mallorcas Hauptattraktionen schon kennen. Wie immer die Kombination der Zwischenziele auch sein mag, sie können mit den vorstehenden Trips nicht mithalten. Denn **das Inselinnere** im zentralen Mallorca **ist eben auch ein bisschen langweilig**, wiewohl es hübsche und verträumte Ecken gibt. Ausgerechnet im Bus hat man jedoch keine Chance, davon mehr als einen flüchtigen Eindruck zu gewinnen, wenn überhaupt.

Perlen, Höhlen, wilde Tiere

Ganz gleich, in welcher Inselecke man logiert, ein Ausflug zu den **Drachenhöhlen von Porto Cristo** gehört zum Standardangebot. Im allgemeinen kombiniert man den Höhlenbesuch mit einer Besichtigung der **Kunstperlenhersteller bzw. -läden** *Orquidea* bei Montuiri oder *Majórica* in Manacor; gelegentlich auch noch mit einer Fahrt zum *Safari Zoo* bei Sa Coma. Die **Glasbläserei** in Algaida, der **Olivenholzmarkt** und **Keramikläden** in Manacor oder eine **Likördegustation** sind weitere typische Haltepunkte solcher Trips. In ihrer kompakten Zusammenstellung lassen sie sich mit öffentlichen Verkehrsmitteln nicht innerhalb eines Tages nachvollziehen. Wer sich für alle jeweils angebotenen Zwischenziele interessiert, ist mit ihnen gut bedient. Wer aber »eigentlich« nur die Höhlen sehen und sich danach vielleicht ein bisschen in Portocristo und Umgebung umschauen und baden möchte, kann von manchen Ferienorten aus auch einen **Linienbus** nehmen oder mit dem Zug nach Manacor (ab Palma via Inca/Sineu) fahren.

Südliche Ostküste

Eine weitere Ausflugsroute (⇨ **Routenvorschlag 11** für individuelle Touren, Seite 401) führt durch den Südosten mit Zwischenzielen *Botanicactus*, *Cala Figuera*, *Portopetro* und *Cala d'Or*. Dazu gehört eventuell noch eine **Bootsfahrt** von Cala Figuera nach Cala d'Or oder ein Besuch des *Santuari de Sant Salvador*.

Botanicactus bei Ses Salines, gemäß Eigenwerbung der größte Kakteengarten Europas (⇨ Seite 330), ist auch Zwischenziel mancher Bustouren.

**Bewertung
Südosten**

Das Städtchen Felanitx, Zentrum des östlichen Weinanbaus, ist dann ebenfalls nicht mehr weit. Je nach Anreise werden am Wege weitere Zwischenstops eingebaut, die teilweise bereits erwähnt wurden (Märkte in Lluchmajor oder in Campos, Besichtigungen in Manacor etc.). **Auch diese Region lässt sich innerhalb eines Tages mit öffentlichen Verkehrsmitteln nicht erschließen**, am wenigsten das *Santuari*. Der Gegensatz zwischen dem Fischerdorf Cala Figuera, den Stränden der Cala Mondragó und dem etwas »mondäneren« Cala d'Or ist aber eine Visite in direkter Abfolge wert. Empfehlenswert zum Kennenlernen des Südostens.

*Quad zur
Vermietung in
Palma Nova*

**Jeep-Safaris,
Quad-Touren
und Cabrio-
Ausflüge**

Hinter der abenteuerlichen Bezeichnung *Jeep Safari* verbirgt sich oft nichts anderes als eine **Kolonnenfahrt** in offenen Suzuki-Jeeps über etwas abgelegenere Straßen, die man ebensogut mit einem beliebigen Auto mit Schiebedach befahren könnte, wenn es um die Sonne von oben und den Fahrtwind ginge. Tatsächlich gibt es mit Ausnahme der Auffahrt zur *Finca Es Pouet* mit Fortsetzung in Richtung Burgberg von Alaró, dem **Waldweg zum *Coll Baix*** auf der Halbinsel *La Victoria* bei Alcudia und einer üblen Schlaglochstrecke zur *Cala Estreta* (nordwestlich von Artá neben *Cala Torta*) keine interessanten öffentlichen (!) Straßen, die man nicht mit normalen Pkw befahren könnte. Eine etwas **teurere Variante** der Jeep-Safaris ist die Nutzung von Privatgelände zur Vierradantriebs-Erprobung, neuerdings auch mit **Quads** über Sandpisten, Stock und Stein. Zur Dokumentation drehen einige Veranstalter **Videos** des Geschehens und unterlegen sie in Nullkommanix mit Text und Musik. Die Kosten für so ein Souvenir kommen natürlich zum Tagespreis hinzu.

Ebenfalls gebucht werden können hier und dort **Ausflüge im Cabrio mit Reiseleiter** vorweg. Wem es nicht auf Erläuterungen an Zwischenzielen und das Mittagessen im Kreise der Cabrio-Fans ankommt, kann sich auf eigene Faust ein Cabrio leihen und damit flexibler, ab 2 Personen meist sogar preiswerter unterwegs sein.

Bewertung

Abgesehen von günstigeren Sonderangeboten in der Vor- und Nachsaison und den erwähnten Ausflügen mit Verkaufsveranstaltung haben **die organisierten Touren** eines gemeinsam: sie **sind ziemlich teuer**. Ganztagesfahrten kosten ab ca. €30 aufwärts. Man kann sich leicht ausrechnen, dass mancher Trip im **Mietwagen schon bei 2 Personen billiger** wäre. Mehr als 2 Leute fahren im selbst gelenkten Auto immer günstiger. **Sogar das Taxi** kann auf bestimmten Routen ab 3 Personen ökonomischer sein, von anderen Vorzügen wie individuellen Fotostopps usw. nicht zu reden. Natürlich fehlen bei **Touren auf eigene Faust** sachkundige Kommentare, und man ist bei der Planung auf sich gestellt, geht bei der Fahrt über enge, unbekannte Straßen immer kleine Risiken ein, muss sich über Öffnungs-/Anfangszeiten von Sehenswürdigkeiten und Veranstaltungen, über Fahrpläne von Booten informieren usw. Kurz, es ist einiges zu bedenken und zu veranlassen, womit man sich in den Ferien vielleicht nicht belasten möchte.

Hinter den klotzigen, oft unattraktiven Fassaden der zahlreichen Kirchen auf Mallorca verbergen sich oft genug Kostbarkeiten wie dieser goldene Altar in der Hauptkirche von Felanitx. Wenn die Tür nicht verschlossen ist, braucht man sich nicht zu scheuen, die Kirchen oder Wallfahrtsstätten auf den Erhebungen der zentralen Ebene zu betreten

10.2 Abendprogramme

Aktuelle Shows

Wem die – oft genug dürftigen – hauseigenen Unterhaltungsabende der Hotels, das Fernsehprogramm und die Kneipenrunde nicht reichen, kann sich auch in dieser Hinsicht den Angeboten der Reiseprofis anvertrauen. Man karrt – während der Saison mehrmals wöchentlich – ungezählte Urlauber aus allen Ländern Europas und allen Ecken der Insel zu den **Shows** in der *Finca Son Amar*, im *Paladium* des *Spielkasinos* oder zum reinen Showpalast *Es Foguero*, der nach einem längeren Dornröschenschlaf 2011 wieder zu neuem Leben erweckt wurde.

Barbacoa

Neben den Shows im *Son Amar* und im *Es Foguero* gibt es vor allem im Bereich der Ostküste und der Bucht von Alcudia im Sommer die traditionelle **Barbacoa** für Touristen. Die **Grillparty** findet vorzugsweise im Freien auf einer umfunktionierten *Finca* statt. An **langen Tischen** werden dort die Gäste mit Bier, Wein, Sekt und Sangria nach Belieben bedient. Und bei Hähnchenteilen, Schweinefleisch und Würstchen darf zum **Inklusivpreis** gefuttert und getrunken werden, was `reingeht.

Ein **folkloristisches Rahmenprogramm** wird oft mitgeliefert, und danach oder zwischen den Showteilen zum Tanz aufgespielt. Bei »Viva España«, »Palma de Mallorca« und anderen Ohrwürmern kommt Stimmung auf, Schunkeln und Mitklatschen ist angesagt. Spielchen unter Publikumsbeteiligung und Tanz sorgen zusätzlich für gute Laune – oder auch nicht.

So ein *Barbacoa*-Abend kann lustig und unterhaltsam sein. Das liegt immer ein bisschen an den Unwägbarkeiten: am »richtigen« Wetter, an den ja oft zufälligen Tischnachbarn, den feurigen oder lustlosen Flamenco-Tänzerinnen usw. Höhere Ansprüche an die Qualität der Speisen und des Umtrunks oder gar an das Niveau des Rahmenprogramms dürfen dabei nicht gestellt werden. So nahm die **Beliebtheit der Barbecue-Veranstaltungen** denn auch über die Jahre ziemlich ab, und es blieb von den einst zahlreichen *Barbacoa Fincas* nur eine Handvoll übrig.

Son Amar an der Straße Palma-Sóller

Ungebrochen blieb indessen der Zulauf zur früheren *Barbacoa* **Son Amar**, denn die entwickelte sich weiter zum größten Showpalast der Insel. Die Finca liegt ca. 10 km von Palma entfernt an der Straße nach Sóller unübersehbar kenntlich gemacht auf der rechten Seite (von Palma kommend). *Son Amar* bietet heute im Anschluss an ein 3-4-Gänge-Menü in einem relativ gediegenen Rahmen (mitnichten wie früher im Freien) eine professionelle Show spanischer Folklore, (brillantem) Ballett mit internationalen Elementen, Dressurakte mit Pferden, Zauberei und Humor, dazu Auftritte bekannter Nostalgiebands wie den *Drifters* u.a.

An dekorativ eingedeckten Tischen finden bis zu 1.500 Personen Platz. Dennoch schaffen es die Organisatoren in der Hauptsaison, alle Plätze mit Angehörigen einer Nation zu füllen – vor allem gilt das für Deutsche und Engländer. Einzelne große Veranstalter wie

10

TUI, Thomas Cook/Neckermann oder Thompson (GB) sind in der Lage, Exklusivabende nur für ihre Gäste zu arrangieren. Dabei versorgt ein Heer von Kellnern die Massen und serviert die Gänge der Menüs in erstaunlich kurzer Abfolge. Wer Son Amar beim Veranstalter bucht und per Bus kommt, hat damit in der Regel alles vorab gezahlt (ohne/mit Diner) und keine Wahlmöglichkeit.

Individueller Besuch

Individualbesucher des **Son Amar** haben die Wahl zwischen **Showticket** ohne Diner (Cena), aber Sekt und Wasser (€40), und zwei Menüs Gold (€60) oder Platin (€90), auch vegetarisch und billiger für Kinder. In beiden Fällen inklusive der Getränke (Platinbucher bestellen nach Weinkarte) und abgestuft günstigerer Sitzposition zur Bühne als die Besucher ohne Dinner. Aktuelle Preise, Showdaten (im Sommer täglich 21.00 Uhr außer So) und Reservierung telefonisch (✆ 971 617533) oder im Internet: www.sonamar.com.

Unbedingt reservieren bei Buchungswunsch **Platinum**, da die Anzahl der bühnennahen Tische begrenzt ist. Der Aufpreis lohnt. Wem das zu viel ist, der bucht besser nur das Showticket mit Sekt.

Immer dabei im Son Amar ist eine bekannte Showband

Musical im Casino de Mallorca (Magaluf)

Das Spielkasino Mallorcas bei Magaluf verfügt über ein besonders großes **Dinnertheater**, in dem früher Shows ähnlich wie im Es Fogueró und im Son Amar liefen. Seit 2009 feiert dort die **Show** »**Come fly with me**«, eine Art Broadway Musical und Ode an Frank Sinatra, erhebliche Erfolge. Sie ist mittlerweile immerhin schon im 3. Jahr. Showtime ist Do+Sa 22.30 Uhr, €30–€56/Person, Loge für zwei inkl. Campagner €100/Person. Info und Buchung unter ✆ 971 130000 und www.globobalear.com.

Pirates Adventure

Eine als **Piratenabenteuer** vermarktete, seit Dekaden erfolgreiche **Dinner-Show** findet in Magaluf in einem eigenen Komplex am Südwestende des Ortes statt (Ecke Abzweig zum Spielkasino). Das nach Seeräuberart ohne Besteck schmausende Publikum wird dort in ein Kampfspiel »mittelalterlicher« Piraten einbezogen. Die **englischsprachige** und leider recht flache **Family Show**

Showkomplex
»Pirates
Adventure«

mit – zugegeben – beeindruckender Akrobatik beginnt im Sommer Mi-Sa um 18 Uhr und kostet inkl. Speis und Trank je nach Saison und Platz €30-€62/Person, Kinder bis zu 12 Jahren €20-€40. Und für Kinder ist die Show tatsächlich eine tolle Sache, egal, ob sie das Geschrei der Piraten verstehen oder nicht.

Nur für Erwachsene gibt's neuerdings die **Pirates Uncut Show** mit Stripeinlagen und Hardcore-Andeutungen; sie läuft in der Saison Mai September 3x wöchentlich Mi-Fr 22.30 Uhr, kein Dinner, sondern nur Drinks in zwei Platzkategorien €52/€62. April/Okt. geringere Frequenz. Aktuelle Tage und Zeiten: ✆ 971 130411; www.piratesadventure.com und www.globobalear.com.

Es Fogueró
(unweit
Playa
de Palma)

Der Showpalast **Es Fogueró** (an der Straße von Playa de Palma in Richtung S`Aranjassa, Ausfahrt 10 von der Autobahn nach Arenal/Llucmayor) war vor Jahren die bessere Alternative zu *Son Amar*. Nach Renovierung lief ab Sommer 2010 wieder ein volles Programm: Drei Tage die Woche führte ein *Flamenco Ballett* rasant durch die spanische Folklorelandschaft. Dazu unterhielt man das Publikum mit Artistik, Zauberei, Clownesken und Gesang. Zur Zeit (2012) gibt's nur noch zwei Showabende mit der Gesangsgruppe **Gipsy Kings** und einer Musicalversion der **Oper Carmen**. **Showticket** ohne Diner, aber Sekt& Wasser €38, Menü Gold €52, Platin €68,   also ganz ähnlich wie im *Son Amar*.

Aktuelle Info: ✆ **971 265260**

Internet: www.esfoguero.com.

10

Wissenswertes und Nützliches

11.   Geschichte und Kultur

11.1   Mallorcas Geschichte in Wort und Bild*⁾

In der Geschichte Mallorcas spiegeln sich die im Laufe der Jahrtausende wechselnden Machtverhältnisse im Mittelmeerraum ebenso wie der Wandel der Beziehungen zwischen europäischen Herrscherhäusern im Mittelalter und die jüngere Entwicklung Spaniens von der Franco-Diktatur zur Demokratie.

Talaiot Kultur

(⇨ auch Seite 328)

Schon lange bevor die Balearen in griechischen und sizilianischen Schriften erstmals erwähnt werden und damit urkundlich in die Geschichte eintraten, war Mallorca bewohnt. Funde weisen auf **das 6. Jahrtausend vor Christus** hin, in dem vermutlich Siedlergruppen aus dem heutigen Südfrankreich die Insel erreichten. Der ursprünglichen Höhlenkultur folgte die sog. *Talaiot* **Kultur**, deren Bezeichnung sich aus den runden Wachttürmen (arabisch wie *mallorquín: Talaia*) der Bruchsteinbauten ableitet, die noch bis zur Römerzeit die auf den Balearen vorherrschende Siedlungsform gewesen zu sein scheint. Da Mauern und Stützkonstruktionen der Dächer lediglich aus übereinandergeschichteten Felsblöcken ohne Verfugung bestanden, dienten sie der Bevölkerung späterer Jahrhunderten als Materialreserve bei Haus- und Kirchenbau. Das erklärt, warum auf Mallorca zwar Reste von über **200 -** *Talaiot*-**Dörfern** identifiziert wurden, aber nur die *Talaiots Capocorp Vell* bei Cala Pi, *Ses Paisses* bei Artá, *Son Fornes* bei Montuiri und die *Necropolis* bei Can Picafort als nennenswerte Relikte verblieben, die noch Strukturen eines Dorfes aufweisen.

Frühzeit

Obwohl Menorca und Ibiza von den **Phöniziern** (auch Punier oder Karthager – heutiges Tunesien), welche um diese Zeit das westliche Mittelmeer dominierten, bereits im 7. Jahrhundert v. Chr. besetzt wurden, blieb Mallorca verschont. Nichtsdestoweniger verdingten sich **Mallorquiner** als **Steinschleuderer** in den karthagischen Heeren. Da diese Fertigkeit auf den Balearen von klein an geübt wurde, brachten es die jungen Männer mit ihren Steingeschossen zu besonderer Treffsicherheit und Durchschlagskraft. Sogar die Bezeichnung der Inselgruppe geht vermutlich auf die Steinschleuderkunst der Bewohner zurück (griechisch: *ballein* = werfen). Tatsächlich kämpften die Steinschleuderer nicht nur auf der Seite der Punier unter *Hamilkar* und *Hannibal*, sondern waren am Ende auch bei den römischen Truppen *Scipios* zu finden, die Karthago einnahmen und zerstörten (*Cetero censeo ...*). Das Standbild eines Steinschleuderers im Park unterhalb der *Almudaina* in Palma erinnert an die Heldentaten im Altertum.

weiter auf Seite 424

---

*⁾ Die folgenden 15 Farbseiten, ein historischer Comic voller subtiler Texte mit Gegenwartsbezug, wurden von Herbert Heinrich geschaffen, Autor vieler Wanderbücher und eines Geschichtswerks über Mallorca. Herbert Heinrich hat auch das Kapitel im Beileger über die Natur Mallorcas geschrieben und mit Zeichnungen der mallorquinischen Flora bereichert.

Herbert Heinrich

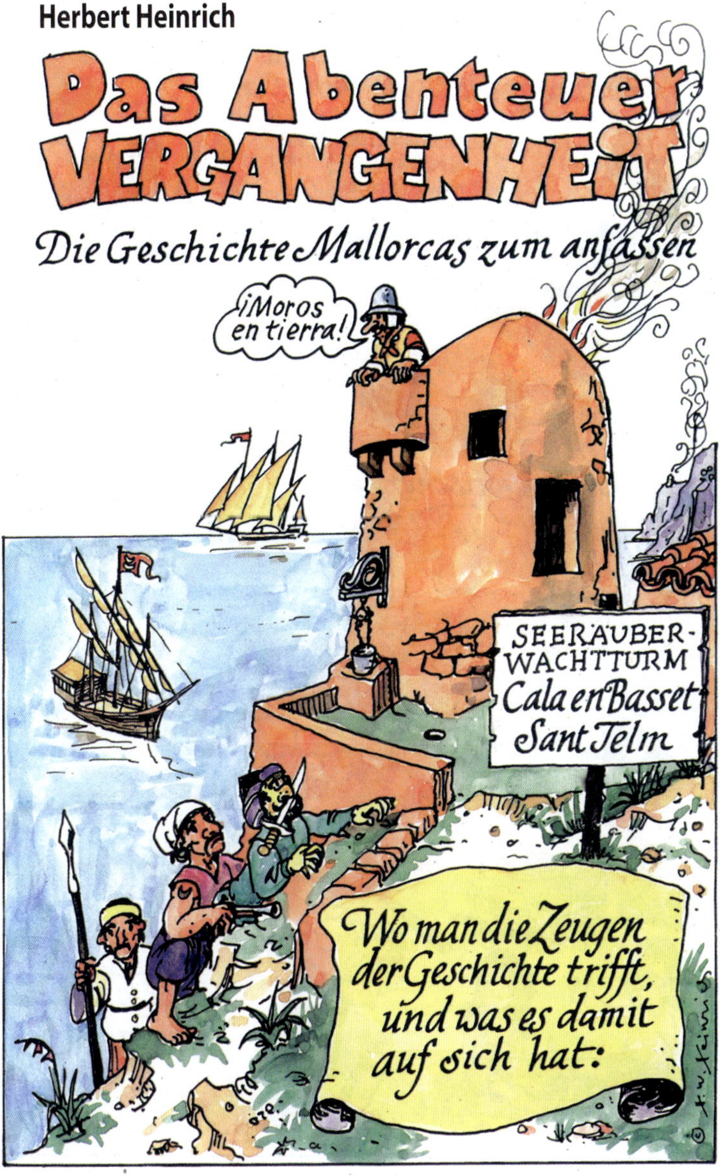
Das Abenteuer
VERGANGENHEIT
Die Geschichte Mallorcas zum anfassen
¡Moros en tierra!
SEERÄUBER-
WACHTTURM
Cala en Basset
Sant Telm
Wo man die Zeugen
der Geschichte trifft,
und was es damit
auf sich hat:

Die Talayots waren Wacht- und Verteidigungstürme – aber auch Begräbnisstätten.

11

Nachtalayotische Zeit
Eisenzeit ~1.000 - 123 v. Chr.

METALL-TRANSPORT MALLORCA A.G.

Die Mallorquiner der talayotischen Epoche handelten mit Metall, das sie auf der iberischen Halbinsel kauften und in Italien verkauften.

Die Phönizier hatten jedoch größere Schiffe und lenkten den Metallhandel nach Karthago um – an Mallorca vorbei.

„Hannibal sucht prima Schleuderer."

Jetzt verlegten sich viele Mallorquiner auf Piraterie.

Andere ließen sich von Karthagern oder Römern als Söldner anwerben.

Römische Epoche
123 v.Ch. - 465 n.Ch.

Um die Seeräuberei zu beenden, haben die Römer 123 v. Chr. die Balearen erobert.

Der römische Feldherr Metellus ließ seine Schiffe zum Schutz vor den Steinschleuderern mit Dächern aus Ziegenfellen bespannen.

"Wir bringen aus Rom Ölbäume Weizen und Weinbau."

Römische Brücke in Pollença

Die Römer bauten Städte wie Pollentia (Alcudia), Palmira (Palma) und Sinium (Sineu), verbanden sie mit Straßen und Brücken und schmückten sie mit Marktplätzen, Tempeln und Amphitheatern.

Amphitheater bei Alcudia:
Jeden Sonntag
MARSCHMUSIK

Die Mallorquiner übernahmen die römische Zivilisation.

Römerzeit	Mit dem Niedergang Karthagos entwickelte sich ein Machtvakuum, das die keiner Seite sonderlich verbundenen Mallorquiner zur **Seeräuberei** nutzten. Diese einträgliche Aktivität ließ auch römische Handelsschiffe nicht ungeschoren, was den Unwillen Roms erregte und letztlich – im Jahre 123 v. Chr. – zur **Besetzung der Balearen** führte. Damit begann eine über **500 Jahre** während friedliche **Epoche unter römischer Verwaltung**. Kriegsveteranen und Verbannte wanderten aus Rom und ganz Italien zu. Pollentia (heute Alcudia), Inca und Palma wurden gegründet, eine verbindende Heerstraße – immer noch Hauptverkehrsachse der Insel – entstand, und eine florierende **Exportwirtschaft** entwickelte sich vor allem mit Öl von den damals eigens eingeführten Olivenbäumen sowie mit Tongeschirr und Keramik. In den ersten Jahrhunderten der neuen Zeitrechnung begann auch auf den Balearen die **Christianisierung**. Die immer noch zugängliche Höhle von *Sant Marti* bei Las Gaviotas (✧ Seite 283) diente den frühchristlichen Gemeinden als Zufluchtsort vor Verfolgung, bis sich das Christentum vollends durchgesetzt hatte.
Vandalen, Ostrom und Araber	Die *Pax Romana* endet mit der Eroberung der Balearen und weitgehender Zerstörung römischer Strukturen durch die **Vandalen im Jahre 430**. Hundert Jahre später löste **Ostrom** von Byzanz aus (Istanbul) die Vandalenherrschaft ab und nutzte Mallorca als Basis für den **Kampf gegen die Goten** auf dem spanischen Festland. Gleichzeitig verlor Byzanz nach und nach seine nordafrikanischen Besitzungen an vorrückende arabische Heere (*Mauren*), deren Flotten im 8. Jahrhundert erstmalig auch vor den Balearen auftauchten. Der darauffolgenden Phase von Plünderungen und gegenseitiger Piraterie setzte die **Eroberung Mallorcas durch die Araber**, die sich mittlerweile ganz Spanien – das frühere Westgotenreich – einverleibt hatten, im Jahre 902 ein Ende. Über mehr als **drei Jahrhunderte arabischer Herrschaft** entfaltete sich nun orientalische Kultur auf der Insel. Maurische Hinterlassenschaften sind die bewässerten **Obst- und Gemüseterrassen** vor allem an der südlichen Westküste, die Orangen- und Mandelbaumkulturen sowie die **Gartenanlagen** um Villen und Paläste, wie sie noch heute in Esporles (*La Granja*) oder Alfabia existieren, ✧ Seiten 222 und 255. Viele arabische Ortsnamen überdauerten die Jahrhunderte, so zum Beispiel Alcúdia, Algaida und Alaró, aber auch so fremdartig wirkende Bezeichnungen wie *Andratx, Fornalutx, Binissalem, Banyalbufar* oder *Biniaraix*. Bauwerke aus arabischer Zeit sind dagegen bis auf die *Banys Arabs* in Palma in ihrer ursprünglichen Form so gut wie gar nicht mehr vorhanden.
Ende der Araberzeit	Die **Rückeroberung Mallorcas** am Ende des Jahres **1229** durch ein eigens zusammengestelltes Christenheer erfolgte lange vor der vollständigen Vertreibung der islamischen »Heiden« aus Spanien. Die letzte Bastion der Westgoten in Asturien an der Biskayaküste war Ausgangspunkt der *Reconquista*, die zunächst das nördliche Spanien mit den Regionen Galicien, León, Navarra, Kastilien, Aragón und Katalonien von der Maurenherrschaft befreite.

weiter auf Seite 429

Vandalen-Herrschaft
Auf Mallorca 465-534 n.Chr.

Der Vandalenkönig Geiserich landete 465 auf Mallorca.

"Ihr dürft alles kaputt hauen, aber laßt das römische Finanzamt intakt!"

"Das ist ja reiner Vandalismus!"

"Ich komme wegen der Kopfsteuer!"

?

"Wir sind bereits katholisch."

"Wir Vandalen sind Arianer. Laßt Euch taufen! Sonst...!"

Teil des oströmischen Reiches
Bei Byzanz von 534 bis zur Mitte des 8.Jahrhunderts

"Wo geht's zum Hotel Palmira?"

Nachdem der byzantinische Feldherr Belisar die Vandalen 534 aus der Weltgeschichte heraus geschubst hatte, besetzte sein General Apolinarius im gleichen Jahr die Balearen.

Im 7. Jahrhundert flohen viele Christen aus Nordafrika vor den anrückenden Anhängern Mohammeds nach Mallorca.

11

Unabhängig
Mitte 8. Jahrhundert bis 902

Ostrom zerfiel und die Mallorquiner suchten bei Karl dem Großen Schutz vor den wachsenden Überfällen der Mauren.

„Schade, ich habe zuviel Ärger mit den Sachsen."

„Wir bringen Serrano-Schinken aus Mallorca."

REICH KARLS DES GROSSEN

EMIRAT CÓRDOBA

EBRO

Korsika

Mallorca

Sardinien (bei Ostrom)

Der Schinken schmeckte köstlich, aber der Kaiser konnte nur wenig helfen.

813 zerstörte der fränkische Admiral Graf Armengol von Ampurias eine arabische Flotte, die nach der Plünderung Korsikas beutebeladen auf dem Heimweg war.

„Um Allahs Willen, da kommen die Piraten aus Mallorca!"

PALMIRA

Wegen vertragswidriger Piraterie schickte der Emir von Cordoba 848 eine Strafexpedition.

Wechselnde arabische Herrschaft
902 – 1229

Als der General des Emirs von Córdoba, Isam al Jaulani, während einer Pilgerfahrt nach Mekka von einem Sturm nach Mallorca verschlagen wurde, spähte er die Verteidigungsmöglichkeiten der Insel aus.

Bald darauf kam er als Kommandeur einer Invasionsflotte zurück und eroberte Mallorca.

Jaulani wurde zum Gouverneur ernannt und baute Medina Mayurka (Palma) als omaijadische Stadt mit Moscheen, Plätzen, Gasthäusern, Bädern und Palästen wieder auf.

Viele Mallorquiner wurden zu Sklaven gemacht.

„Ganz schön sauer diese Zitronen!"

„Die Datteln schmecken aber prima!"

Die Araber haben Zitronen, Datteln u.a. in Spanien eingeführt.

Von der maurischen Stadt sind fast nur die arabischen Bäder in der Calle Serra 13, das Stadtor in der Calle Almudaina sowie der maurische Bogen am Almudaina-Palast erhalten.

Reste arabischer Schöpfräder (Norias) finden wir noch an vielen Stellen.

Die Landwirtschaft wurde verbessert und Terrassenfelder angelegt z.B. bei Banyalbufar.

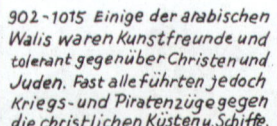

902~1015 Einige der arabischen Walis waren kunstfreunde und tolerant gegenüber Christen und Juden. Fast alle führten jedoch Kriegs- und Piratenzüge gegen die christlichen Küsten u. Schiffe.

„In »Das Halsband der Taube« habe ich die Dichtkunst der Troubadure vorweggenommen."

Muyahid, König von Denia eroberte 1015 auch Mallorca. Seine starke Flotte beherrschte das Mittelmeer. An seinen glänzenden Hof flüchtete der berühmte Dichter u. Gelehrte Ibn Hazm.

„Schnell weg, ehe die Almoráviden kommen!"

Um die von Mallorca ausgehende Piraterie zu beenden, schickten Katalonien und die Republik Pisa eine Flotte mit 75.000 Soldaten. Im April 1115 wurde Medina Mayurka erobert und geplündert und 30.000 Christen befreit. Die Eroberer verschwanden jedoch noch vor dem Eintreffen einer almorávidischen Flotte. Diese Berber hatte der mallorquinische Herrscher Mubasir zur Hilfe gerufen.

Dennoch eroberten die fanatischen Almohaden den Süden der iberischen Halbinsel und 1203 auch Mallorca

„Herr aller Almohaden, ich melde Dir den Sieg und bringe den Kopf des Königs Abdallah von Mallorca!"

Die Almoráviden kamen 1116 aus Nordafrika, besetzten Mallorca kampflos und bauten Medina Mayurka wieder auf - als Basis gegen ihre Hauptfeinde, die Almohaden, eine andere islamische Sekte.

Anfang des 13. Jahrhunderts existierte so im Bereich Barcelona/Tarragona/Zaragoza das Vereinigte **Königreich von Aragón und Katalonien**, zu dem auch Provinzen des heutigen Südfrankreich (*Montpellier/Roussillon/Provence*) gehörten.

Rückeroberung Mallorcas durch die Christen

Wegen der nach wie vor imminenten Bedrohung der Küsten und seiner Handelsschiffe durch von Mallorca aus operierende arabische Piraten erschien dem damaligen König *Jaume I.* eine weitere Invasion (vorher unternommene Versuche waren mehrfach fehlgeschlagen) der Insel geboten, die sich zugleich als Kreuzzug deklarieren ließ. So stach er unter Beteiligung dreier Erzbischöfe und ihrer Truppen im **September 1229** mit 150 Schiffen und einer Streitmacht von 13.000 Mann in See und landete zunächst unbehelligt in der Bucht von Santa Ponça. Die ihm entgegengesandten Kräfte der Araber wurden geschlagen, und eine **3-monatige Belagerung Palmas** (arabisch *Medina Mayurca*) schloß sich an. Am **Silvestertag 1229** konnte *Jaume* die Kapitulation des Emirs in der *Almudaina* entgegennehmen. Während der darauffolgenden Plünderung wurden die meisten der arabischen Sakralbauten zerstört, darunter auch die Hauptmoschee. Auf ihren Grundmauern begannen bald darauf die Bauarbeiten zur Konstruktion der bis heute das Stadtbild prägenden Kathedrale.

Jaume I

Die **(Wieder-)Christianisierung** wurde mit der Vertreibung oder Integrierung der überlebenden Araber in den Folgejahren vollzogen. Grundeigentum und Paläste der maurischen Oberschicht gelangten in den Besitz der Mitstreiter und Günstlinge des neuen Herrschers. Menorca unterwarf sich kampflos und entging noch für Jahrzehnte der Eroberung gegen Tributzahlungen. Erst Ende des 13. Jahrhunderts mußten die Araber auch die Nachbarinsel räumen. Der Eroberer, *Jaume I*, veranlasste noch während seiner Regierungszeit neben dem Beginn der Arbeiten an der Kathedrale die Grundsteinlegung zum über Palma thronenden *Castell de Bellver* und den Umbau der *Almudaina* zum Königspalast.

Königreich Mallorca

Nach seinem Tod **1276 wurde das Königreich** unter den beiden Söhnen **aufgeteilt**: *Pedro* erhielt die spanischen Festlandsbesitzungen, sein jüngerer Bruder *Jaume* die Balearen und die südfranzösischen Reichsteile. Damit war der Keim zu einem Gegensatz gelegt, auf den die heute wieder aktuellen Autonomiebestrebungen zurückgehen. Zunächst aber hatte **Mallorca** durch die Erbteilung **einen eigenen König** erhalten, der tatkräftig die Entwicklung der Insel betrieb und sich auch durch einen 1286 bis ins Inselinnere vorgetragenen Angriff des Sohnes und Nachfolgers seines Bruders, *Alfons von Aragon,* nicht aus dem Sattel heben ließ (➪ Essay Seite 257). Vielmehr erhielt er 1298 Menorca noch dazu. Bevor Mallorca **1311** an **König Sancho I** überging, wurden das *Castell de Bellver* fertiggestellt, ein **Königspalast in Sineu** errichtet, die Kirche von *Sant Francesc* in Palma begonnen und eine Reihe von heute wichtigen Städten – u.a. Felanitx, Llucmajor, Manacor, Petra – gegründet.

11

weiter auf Seite 432

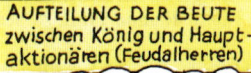

AUFTEILUNG DER BEUTE zwischen König und Hauptaktionären (Feudalherren)

„Gebt auch den Soldaten etwas ab, wer aber meutert wird aufgehängt!"

Laut Chronik des Königs kostete die Eroberung der Hauptstadt 20.000 Menschenleben. Weitere sind an der Pest gestorben.

„Wir Historiker halten diese Zahl für übertrieben und bedauern die Zerstörung der Stadt."

König Jakob liess Mallorca von Katalanen besiedeln. Lateinisch wurde Amtssprache.

„Eine schöne Insel!"

„Molt bonic!"

1231 unterwarf König Jakob die Nachbar-Insel Menorca mit einer List: Er sandte 3 Galeeren, welche von den eingeschüchterten Mauren höflich empfangen wurden.

„Auf Mallorca wartet König Jakob mit einem großen Heer, um Menorca zu erobern!"

Inzwischen ist der König mit wenigen Begleitern nach Capdepera geritten und hat nachts 300 Feuer entfacht, die man von Menorca aus für die Lagerfeuer eines riesigen Heeres halten mußte. Daraufhin unterwarfen sich die Mauren und boten jährliche Tributzahlungen an.

Bis 1232 verteidigten sich Tausende von Mauren in Mallorcas hohen Bergen. Sie übergaben die Burgen von Alaró, Santueri und Pollença (Castell del Rei) erst gegen Zusicherung ihrer Freiheit. Die Ruinen dieser Fluchtburgen kann man noch heute besichtigen.

Castell del Rei

Die Ruine liegt 7 km von Pollença entfernt auf einem Felsklotz 476 m über dem Meer. Der Zugang durch die Talenge Estret de Ternelles ist nur sonnabends gestattet.

Castell d'Alaró (822 m)

Heute gibt es auf dem Berg 2 Restaurants und eine Herberge. Man kann von Alaró mit dem Auto bis Es Verger hinauffahren und von dort in 45 Min. aufsteigen.

Castell von Santueri

Die Burgruine liegt 5,5 km von Felanitx entfernt. Man kann mit dem Auto vorfahren. Alle 3 Burgen bieten grandiose Ausblicke. Hier nach San Salvador und Port de Colom.

11

Das bemerkenswerte Wirken des Schriftgelehrten und mallorquinischen Nationalhelden wider den Islam, **Ramon Llull**, ⇨ Seite 338, fällt in jene Zeit.

Jaume III

Der Nachfolger *Jaumes II* starb 1324 nach nur 13 Jahren Regentschaft, und der Sohn seines Bruders übernahm als *Jaume III* die Geschicke Mallorcas. Er führte die Insel zu einer auf Seefahrt und Handel beruhenden wirtschaftlichen Blüte. Die alten aus der Erbteilung resultierenden Probleme waren indessen ungelöst. *Pedro IV von Aragon* erhob Anspruch auf die Krone Mallorcas, landete **1343** bei Peguera und schlug die mallorquinischen Truppen. Der König floh auf seine französischen Provinzen und sann auf Rache.

Am Ende verkaufte er die Region Montpellier an den französischen König und rüstete mit dem Erlös ein Heer aus, um nach Mallorca zurückzukehren. Das gelang zunächst, aber er konnte die Insel nicht halten: in der **1349 verlorenen Schlacht von Llucmajor** fiel *Jaume III*. Für die Witwe und seine Kinder wurde Schloß Bellver zum Staatsgefängnis. Mallorca verlor damit für Jahrhunderte seine nur wenige Jahrzehnte genossene Unabhängigkeit und mußte sich nun bis zur Demokratisierung 1975 vom Festland bevormunden lassen.

Handels-zentrum Mallorca

Mit dem Autonomieverlust wurde die Bevölkerung den neuen Herren aus Aragon gegenüber abgabepflichtig. Das führte immer wieder zu Unruhen. Auch zwischen den geknechteten Untertanen und der Aristokratie der Insel kam es zu blutigen Auseinandersetzungen. Aber trotzdem setzte sich der bereits unter *Jaume III* begonnene Aufstieg Mallorcas zu einem der wichtigsten Handelsplätze des westlichen Mittelmeers fort. So entstand etwa im 15. Jahrhundert die einem gotischen Kirchenschiff ähnliche Börse *Sa Llotja*. Mallorquinische Seefahrer genossen Weltruf, und die auf Mallorca beheimateten Kartographen zeichneten die besten **Seekarten** ihrer Zeit.

Türkische Piraten

Die historischen Ereignisse schlugen jedoch gegen **Ende des 15. Jahrhunderts** wieder zuungunsten Mallorcas aus. Die Türken erlangten die Herrschaft über das östliche Mittelmeer und setzten sich in Nordafrika fest. Von dort aus überzogen sie die Handelswege des westlichen Mittelmeers mit **Seeräuberei**. Nach einem gescheiterten Versuch Karls V (von Habsburg = *Carlos I* von Spanien, d.h., der durch Heirat 1469 zusammengeschlossenen Königreiche von Aragon mit Balearen und Kastilien), die **Türken** in offener Seeschlacht zu besiegen, stiegen sie zur unangefochtenen Seemacht auf und plünderten um die Mitte des 16. Jahrhunderts nahezu unbehelligt die Küstenstädte der Mittelmeerländer. Auch Mallorca blieb nicht verschont. Orte wie Andratx, Alcúdia, Pollença und Sóller wurden von Piratenüberfällen heimgesucht.

Die Türken nutzten Buchten und Höhlen Mallorcas zudem als Schlupfwinkel für weitere Unternehmungen. Aus dieser auch so genannten **»Türkenzeit«** stammen die zahlreichen Wacht- und Verteidigungstürme *(Talaias)* rund um die Insel.

weiter auf Seite 437

Königreich Mallorca

mehr oder weniger selbständig 1230–1349

Schraffiert = Königreich Mallorca

Carlades
GASCOGNE
FRANKREICH
Montpellier
NAVARRA
Roussillon
Perpignan
ARAGONIEN
KATALONIEN
Barcelona
KASTILIEN
Menorca (1285 von Alfons III. erobert)
MALLORCA
VALENCIA
Valencia
Ibiza (1235 erobert)

König Jakob I., der Eroberer, hieß in seiner Muttersprache (Langue d'oc) „Jaques I.", in lateinischen Urkunden „Jacobus I.", in seiner Chronik „Jacme", auf Katalanisch „Jaume I" und auf Spanisch „Jaime I." Das ist stets derselbe!

Er teilte sein Reich unter 2 Söhne.

Peter III. (später Pere el Gran) erhielt: Aragonien, Katalonien und Valencia.

Jakob II. wurde König von Mallorca und erhielt: Alle Baleareninseln, 5 Grafschaften im Roussillon sowie die Exkla. von Montpellier und Carlades.

„Jakob, Du bist „Keinesfalls, selbstverständlich meingroßer mein Vasall!" Bruder!"

Das zersplitterte Reich von Mallorca ließ sich nicht gegen Frankreich, Aragonien und die Mauren verteidigen.

Peter III. von Aragonien

Jakob II. von Mallorca

Jakob II. begab sich unter den Schutz des Königs von Frankreich und wurde so Vasall zweier feindlicher Könige. Um diese unklare Situation für Aragon zu entscheiden, besetzte Alfons III., der Sohn Peters III., 1285 Mallorca. Er fand nur auf der Burg von Alaró Widerstand.

Nachdem seine Feinde, die Könige Peter III. und Alfons III. gestorben waren, gab ihr Erbe, Jakob der Gerechte von Aragonien, seinem Onkel, Jakob II. von Mallorca, dessen Reich auf Druck des Papstes zurück – als Vasallenstaat!

„Wir Hauptleute Cabrit und Bassa, bleiben König Jakob treu!"

„Cabrit heißt Zicklein, und wie Zicklein werde ich Euch am Spieß braten, sobald ich Euch ausgehungert habe!"

König Alfons III. soll seine böse Drohung wahr gemacht haben.

Zum Schloß Bellver, über Palma, kann man hinauffahren.

Jakob II. gründete viele Ortschaften, ließ das Schloß Bellver erbauen, begann den Bau der Kathedrale, ließ den Almudaina-Palast neu errichten und förderte Landwirtschaft und Handel.

11

„Mit meiner ARSMAGNA bereite ich der Computertheorie den Weg."

So soll der Almudaina-Palast ausgesehen haben, den Jakob II. auf der Ruine des arabischen Palastes des Muyahid erbauen ließ.

Ausguck-Turm Torre del Angel

Heute verläuft hier der Paseo Maritimo

Jakob II. finanzierte dem gelehrten Philosophen Ramon Llull eine erfolglose Missionsschule in Miramar. Mit mehr als 155 Büchern gilt Llull als Vater der katalanischen Literatur.

Dem König Jakob folgte sein Sohn Sancho (1311-1324), ein friedfertiger König, der sich mit dem Vasallenstatus abfand. Er schuf eine Handels- und wachsame Kriegsflotte (gegen Piraten) sowie eine Sozialkasse für Seeleute.

König Sancho litt an Astma und suchte Heilung in Höhenluft - meist in den Pyrenäen aber auch auf Mallorca in Valldemossa oder in seinem Jagdhaus am Teix.

Puig Mayor

Leuchtturm

Torre de Pelaires

Von den vier Türmen des Kriegshafens Porto Pi sind noch zwei erhalten.

König Sanchos Nachfolger wurde sein zehnjähriger Neffe Jakob III., der Unglückliche, (1324-1349) der mit 20 Jahren die Regierung übernahm und sofort zwischen die mächtigen Könige von Aragonien u. Frankreich geriet, wie sein Großvater Jakob II.

Schlacht von Peguera 25. Mai 1343

1/3 der Bevölkerung Mallorcas starb 1348 an der Pest.

1343 landete Peter IV. von Aragonien mit 15.000 Soldaten in der Bucht von Peguera. Es regnete Wasser und Pfeile. Das war fast der einzige Widerstand. Jakob III. flüchtete nach Roussillon.

Jakob III. verkaufte Montpellier an den König von Frankreich und stellte ein Söldner-Heer von 300 Rittern und 700 Soldaten auf. 1349 versuchte er mit 14 Schiffen die Rückeroberung Mallorcas. Er wurde trotz heldenmütigen Kampfes von den dreifach überlegenen Truppen Peters IV. bei Llucmajor geschlagen und getötet. Das Königreich Mallorca war erloschen.

Beim Königreich Aragonien

Meist schlechte Jahre 1343 - 1469

Mallorca gehörte jetzt zum Königreich Aragon und mußte für die Kriege Peters IV. gegen Genua, Sardinien und Kastilien Schiffe, Mannschaften und Geld stellen.

Montpellier — Genua

KGR. ARAGONIEN

Balearen

Sardinien

Sizilien

Aragonien war ein großes aber unorganisches Reich.

Sultanat Tlemcen

Herzogtum Athen

„Wir haben jetzt schon 150 Schiffe verloren. Mit dem Wohlstand Mallorcas ist es aus!"

„Mit Sargen kann ich leider nicht dienen. Nach der Hungersnot von 1374 und den Pest-Jahren von 1348, 1375 und 1384 sind wir völlig ausverkauft."

Die Landbevölkerung wurde vom privilegierten Adel und den noch reichen Kaufleuten brutal ausgepresst. Beim Aufstand von 1391 richtete sich der Zorn zunächst gegen die wegen Wuchers verhaßten Juden. Palmas Judenviertel wurde geplündert u. 300 Juden ermordet.

In Alcudia kann man noch die Stadtmauern besichtigen.

Die Aufstände der Bauern und Handwerker von 1391, 1450-53 und 1521-23 wurden von Söldnerheeren blutig niedergeschlagen.

11

Die Warenbörse
LONJA

1426 ging es jedoch Palmas Handelsherren wieder so gut, daß sie Guillermo Sagrera beauftragten, innerhalb von 12 Jahren eine wunderschöne gotische Warenbörse zu bauen. Die LONJA liegt heute am Paseo de Sagrera und wird für Kunst-Ausstellungen genutzt.

Der Bau der „Kathedrale des Lichts" wurde 1230 unter Jakob I. begonnen, aber erst nach 1376 intensiv fortgesetzt. Erst 1587 wurde der Schlußstein in das Gewölbe gefügt und erst 1601 das Hauptportal eingeweiht. Nach dem Erdbeben von 1851 wurde im Geschmack der Zeit restauriert, zuletzt 1903 von Gaudi umgebaut.

Die Kathedrale von Palma lag früher direkt am Meer.

Torre de Sa Seca
Torre de Can Palou
Sa Calobra
Morro de Sa Vaca
Torre de Lluc

Wacht- und Signaltürme an Mallorcas Küsten.

Seit der Eroberung durch Aragonien wurden die Küsten Mallorcas bewacht. Die 42 Wachttürme (Talaias) sind jedoch meist erst nach 1530 errichtet worden, als die türkisch-algerische Flotte das westliche Mittelmeer mit Piratenakten bedroht hat.

Schnitt

Zisterne

1479. Durch die Heirat von Isabella von Kastilien und Ferdinand von Aragonien wurden beide Reiche einem Königspaar unterstellt und die Weichen für den spanischen Nationalstaat gestellt. Die „katholischen Könige" eroberten Granada, den letzten maurischen Staat auf der iberischen Halbinsel und ließen „Andersgläubige" (Juden und Mohamedaner) ausweisen.

„Ferdi, sobald Granada gefallen ist, sollten wir diesen Columbus losschicken!"

Durch die Entdeckung Amerikas wurde Spanien das Reich, in dem der Tag nicht sinkt. Mittelmeer u. Mallorca verloren an Bedeutung.

Das späte Mittelalter

Mit der **Seeschlacht von Lepanto 1571**, in der die vereinigten Verbände der europäischen Staaten den Sieg über die türkische Flotte errangen, nahmen Piraterie und Übergriffe von See her ab, wenngleich sie nach wie vor eine latente Bedrohung darstellten und erst im 19. Jahrhundert ganz verschwanden. Zugleich aber rückte – nach der Entdeckung Amerikas und der Verlagerung strategischer und wirtschaftlicher Hauptinteressen vom Mittelmeerraum auf den Atlantik und die neuen Kolonien im Westen – **Mallorca an den Rand des weltpolitischen Geschehens**. Zwar entstand im Zusammenhang mit den spanischen Erbfolgekriegen (1701-13) noch einmal Unruhe, da Aragon und Katalonien nach dem Tod des letzten spanischen Habsburgers auf die österreichische Linie des Hauses setzten und der neue Regent Spaniens, der Bourbone *Philipp V,* (auf Mallorca) die Oberhand behielt, aber danach ergaben sich keine einschneidenden Veränderungen mehr. Ganz im Gegensatz zur Nachbarinsel *Menorca,* die weitere 100 Jahre mehrfach den (englischen und französischen) Besitzer wechselte und erst 1802 endgültig Spanien zugeschlagen wurde.

Neuzeit

Trotzdem kam es auf Mallorca nicht wieder zur früher erlebten wirtschaftlichen Blüte. Epidemien, Landflucht und andere Gründe verhinderten eine kontinuierliche wirtschaftliche Entwicklung. Mallorcas Segelschiffe waren jedoch nach wie vor auf den Weltmeeren zu finden, ab 1833 sogar im regelmäßigen Linienverkehr Barcelona-Palma. Mit dem Aufkommen der Dampfschiffahrt verlor Mallorca indessen die einstige maritime Domäne völlig.

Nach wechselvollen Jahren und einer schädlingsbedingten Vernichtung fast aller Weinreben gelang der Landwirtschaft Mallorcas Ende des 19. Jahrhunderts eine devisenbringende Umstellung auf Mandelbaumpflanzungen und Intensivierung der **Obst- und Olivenernten**. Mit der wirtschaftlichen Erholung einhergehend begann auch der **Tourismus**, zunächst überwiegend vom eigenen Festland und aus Großbritannien, aber in den 1920er- bis 1930er-Jahren in wachsendem Umfang auch aus anderen Ländern.

Bürger- und Weltkriege

Nachdem der **1. Weltkrieg** auf Mallorca kaum Spuren hinterlassen hatte, sieht man ab von den schönen Gewinnen, die dem Mallorquiner *Juan March* aus Geschäften mit allen kriegführenden Mächten zugeflossen waren (➪ Seite 298), unterbrachen der **spanische Bürgerkrieg** und bald danach beginnende **2. Weltkrieg** vorübergehend die Entwicklung der Insel. **Mallorca war im Bürgerkrieg** überwiegend **pro Franco**, dessen Militär in großem Umfang von besagtem *Juan March* finanziert wurde. Kämpfe zwischen Republikanern und Faschisten flackerten nur relativ kurz auf, führten aber zu erheblichen Zerstörungen und Opfern. Die offene Sympathie Francos für die deutsch-italienische Allianz bei gleichzeitig offizieller Neutralität Spaniens ließ Mallorca im **2. Weltkrieg** eine **kleine Nebenrolle** als geheimer Anlaufpunkt angeschlagener deutscher Schiffe und Flugzeuge spielen. Ansonsten blieb die Insel von kriegerischen Handlungen weitgehend unberührt.

11

weiter auf Seite 438

Das Franco Regime

Ein Kennzeichen der Franco Ära war die rigide Ausrichtung von Gesellschaft und Staat auf die **Zentralgewalt in Madrid**. Regionale Interessen und Bestrebungen wurden unterdrückt. Dazu gehörte auch das Verbot der vom Kastilischen (*Castellano*, der offiziellen Nationalsprache) abweichenden Regionalsprachen. Für Mallorca bedeutete dies die **Eliminierung des *Mallorquín***, einer Mundart des katalanischen Spanisch (Bereich um Barcelona), das 1229 mit der Eroberung durch *Jaume I* auf die Insel gekommen war aus dem öffentlichen Leben.

Ein anderer Aspekt bezog sich auf die Voraussetzung für die **Expansion des Tourismus**: die Stabilität des faschistisch-totalitären Regimes förderte die Investitionen ausländischen Kapitals in mallorquinische Renditeobjekte.

Demokratie und Tourismus

Aber auch **nach dem Tode Francos 1975** und dem Übergang zur Demokratie unter der Verfassung einer konstitutionellen Monarchie änderte sich nichts an der expansionistischen Fremdenverkehrspolitik. Im Gegenteil: mit der politischen Konsolidierung der neuen, nunmehr föderalistisch geprägten Staatsform boomte bis ins 21. Jahrhundert hinein das Immobilien- und Baugewerbe auf Mallorca, ⇨ Kasten rechts und Seite 211. Erst neuerdings sieht es so aus, als ob die Schaffung weiterer Urbanisationen und Bettenburgen zum Stillstand kommt.

Wechselnde Tourismus- politik

Den entscheidenden Anstoß in diese Richtung gab eine 1999 angetretene Balearenregierung, die von einem Bündnis mehrerer Parteien getragen wurde, wir würden in etwa sagen »Mitte-Links-Öko« mit stark regionalistischem Akzent. Diese Regierung, die bei uns durch die rasch wieder abgeschaffte Ökosteuer (*Ecotasa*) für Touristen einen negativen Bekanntheitsgrad erlangte, wurde 2003 durch die konservative Volkspartei *Partido Popular* abgelöst, die in wenigen Jahren erstaunlich viele neue Infrastrukturprojekte in Angriff genommen hatte, ⇨ Seite 142. Dennoch verlor sie nach üblen Korruptionsfällen die folgende Wahl 2007.

Wahlergebnis Mai 2011

Korruption bei der PPP hin oder her, den regierenden Sozialdemokraten wird die Wirtschaftskrise seit 2008 angelastet, die Spanien arg gebeutelt hat. Und so stellen seit Juni 2011 wieder die erst vor 4 Jahren in die Wüste geschickten Politiker der PPP ganz allein mit einer satten Mehrheit die Balearenregierung.

Autonomie und Sprache

Den **Autonomiestatus** vergleichbar dem deutscher Bundesländer, erlangten die Balearen **1983**. Die Regionalregierung besitzt seither erhebliche von Madrid unabhängige Kompetenzen, über die eigene Verwaltungsorgane der Balearen seit 1349 (⇨ Seite 432, Absatz »Jaume III«) nicht mehr verfügten. Offenbar wird dies u.a. an der **»Wiedergeburt« der insularen Kultur und Sprache**. Das **Katalanische (*Catalán*)** ist heute auf Mallorca **vor** dem hochspanischen *Castellano* **offiziell erste Sprache** und hat in Amtsstuben das Spanische faktisch verdrängt. An den Schulen wird verstärkt in *Catalán* unterrichtet, wiewohl auf dem davon mundartlich abweichenden *Mallorquín* miteinander kommuniziert.

30 Jahre Immobilienboom bis zur Wirtschaftskrise

Auf Mallorca fand man bis 2008 noch im kleinsten Dorf Immobilienbüros, in größeren Orten davon gleich mehrere. Denn *Fincas* (so heißen hier im Maklerdeutsch alle freistehenden Häuser) waren unter €500.000 kaum zu haben. In dieser Preislage gab's aber nur was ganz Kleines oder Steinruinen mit ein paar tausend Quadratmetern und dem Recht, das Haus wieder neu aufzubauen. Mittelprächtige Häuser von 150 m² bis 200 m² Wohnfläche in ordentlichem Zustand kosteten €1 Mio. und mehr je nach Lage, von echten Villen nicht zu reden. Auch Wohnungen hatten ein Preisniveau erreicht, dass einem schwindelig werden konnte. In Palma wurde für eine relativ einfache 60 m²-Wohnung glatt €250.000 gefordert. In Ia-Lagen zahlte man bis €10.000/m². Wer bei 5% Provision ein einziges gutes Objekt im Jahr vermittelte, konnte damit mehr verdienen als mit einem überdurchschnittlich entlohnten Job im ganzen Jahr.

Klar, dass mancher Eigentümer, der schon vor 12 Jahren oder früher gekauft hat, bei Verkauf bis 2007/2008 vielfach einen tollen Reibach realisiert hat. Doch wer nach der Jahrtausendwende einstieg, hatte neben enormen Anfangskosten für Makler, Notar, Grunderwerbssteuern etc. hohe laufende Ausgaben für Zinsen bzw. Zinsverlust aufs eingesetzte Kapital und für hohe jährliche Grundsteuern, dazu den normalen Unterhalt und Reparaturen etc. Wenn überhaupt ein Verkaufsgewinn nach Steuern zu realisieren war, dann nur bis etwa 2007. Auf dem spanischen Festland gaben die Immobilienpreise schon 2007 erheblich nach, in der Zwischenzeit bis über 50% nach Höchstständen 2006. Auf Mallorca lief es mit einer gewissen Verzögerung nicht anders. Preisrückgänge gäbe es nur im sog. mittelpreisigen (!) Bereich unter €1 Mio., hieß es noch 2009. Aber auch wer Millionen ausgeben kann, akzeptiert in einem nachgebenden Markt nicht mehr jeden Fantasiepreis. Notare berichteten bis 2011 von dramatischen Einbrüchen bei der Zahl der Beurkundungen und von effektiv gezahlten Preisen, die oft bei weitem nicht den ursprünglichen Forderungen der Verkäufer entsprachen. Viele Maklerbüros schlossen mangels Umsatz. Umschuldungsagenturen ersetzten sie und haben bis heute Konjunktur.

2012 hat sich die Situation zumindest auf Mallorca beruhigt, Immobilien sind aber immer noch alles andere als preiswert, sondern liegen so etwa auf Niveau Hamburg/ München. Und im Luxussektor mit Meerblick nach wie vor darüber.

»Schnuckelige« Wohnanlage Monte d'Oro an der Costa de la Calma. Bei Baubeginn vor 30 Jahren kosteten die Wohnungen hier 150.000 bis 200.000 D-Mark, heute trotz Krise immer noch ab €500.000

11

11.2 Kulturelle Gegenwart

11.2.1 Sprache

Castellano und Catalán/ Mallorquí(n)

Nach der Wiedererlangung der Autonomie und – damit einhergehend – dem Wiederaufleben der katalanisch-mallorquinischen Sprache (↪ Seite 439), hat das *Catalán* auf Mallorca mittlerweile höchstoffiziell das Hochspanische abgelöst. Nach Jahren des Übergangs, in denen kastilische und katalanische Sprache sozusagen gleichberechtigt nebeneinander ko-existierten, setzte sich die Radikallösung zugunsten des Katalanischen eindeutig durch. Auf Mallorca gibt es heute kein Straßen- und Ortsschild mehr, das nicht die katalanische Bezeichnung trägt, und kein Amtsformular, das noch spanischsprachige Erläuterungen und Hinweise berücksichtigt. Faktisch wird das Spanische intern als eine Art Fremdsprache behandelt, deren Gebrauch im allgemeinen nicht mehr opportun ist, wiewohl nicht ganz zu umgehen ist. Die jahrhundertelange Unterdrückung des katalanischen Spanisch wurde auf Mallorca durch eine offizielle Diskriminierung des *Castellano* abgelöst, so als ob in der Schweiz Hochdeutsch untersagt würde.

Dabei sind bei weitem nicht alle Bewohner Mallorcas Insulaner, sondern vom Festland »zugereist« und nur teilweise mit dem *Catalán* vertraut. Aber auch unter geborenen Mallorquinern ist die Begeisterung für das eigene Idiom durchaus geteilt – nicht zuletzt aus wirtschaftlichen Gründen.

Denn weder das Gros der jährlich fast 3 Mio. Besucher aus dem eigenen Land versteht bzw. spricht katalanisch, noch sind die vielen ausländischen Residenten, die zumindest ein wenig Spanisch sprechen, bislang bereit und in der Lage, sich aufs *Catalán* umzustellen. Im Zweifel sind die Auswirkungen, die sich aus dieser Sprachsituation ergeben, abträglich fürs Geschäft. Und so zeigen denn z.B. die Speisekarten der Restaurants in den Touristenorten immer noch überwiegend die spanische Bezeichnung an erster Stelle vor den Sprachen der jeweiligen Mehrheit unter den Gästen.

Das amtliche Bekenntnis zum *Catalán* und die praktische Umsetzung im Wirtschaftsleben sind daher zwei Paar Schuh.

Aktuelle Situation

Nichtsdestoweniger ist die Existenz des *Catalán* neben dem *Castellano* zu einem unübersehbaren Faktum geworden. Von den Orts- und Straßenbezeichnungen war bereits die Rede. Zum Glück sind zumindest die abweichenden **Ortsnamen** selten so verschieden, dass man sie – kennt man sie noch von früher oder besitzt eine Karte mit kastilischen Bezeichnungern – nicht leicht identifizieren könnte. So heißt La Puebla heute eben Sa Pobla und Santa Margarita jetzt Margalida etc. Viele **Straßennamen** wurden wegen ihres Bezugs zum Franco Regime ganz umbenannt und sprachlich angepaßt: *Carrer* statt *Calle* (Straße), *Passeig* statt *Paseo* (Promenade/Durchgang), *Avinguda* statt *Avenida* (Allee) etc. In den Karten dieses Buches einschließlich des Einlegers sind Änderungen dieser Art berücksichtigt.

Verständigung

Mehr und mehr **Artikel** in Zeitungen und Zeitschriften – einzelne Publikationen und eine Tageszeitung in Palma auch komplett – erscheinen heute auf *Catalán*, und das Angebot an Publikationen in katalanischer Sprache übertrifft in den großen Buchhandlungen Palmas leicht die spanischsprachiger Titel. Obwohl das Hochspanisch und *Catalán* weitgehende Ähnlichkeiten und Parallelen aufweisen, fällt aber selbst mit guten Spanischkenntnissen das Verständnis eines katalanischen Textes nicht leicht.

Verbal liegen Welten zwischen beiden Sprachen, erst recht, wenn nicht das Hochkatalanische, sondern *Mallorquin* gesprochen wird. Zum Glück kommt man aber mit der »alten« Verkehrssprache Spanisch – außer in abgelegenen Dörfern des Landesinneren, wo die älteren Bewohner seit eh und je »ihre« Sprache bevorzugten – immer noch genausogut durch wie bisher. Wer Mallorca ganz ohne Sprachkenntnisse besucht, für den spielt die Frage »*Castellano* oder *Catalán?*« ohnehin keine Rolle.

Im Hotel/ Restaurant

Für viele Länder ist es in Hotels und Restaurants ganz nützlich, wenn man – auch ohne eigentliche Sprachkenntnisse – einige wichtige Begriffe, Zahlen und Floskeln parat hat.

Mallorca macht da eine Ausnahme. Hotel- und Bedienungspersonal, das nicht zumindest über Grundkenntnisse der Sprachen der Hauptgästegruppen verfügt, gibt es praktisch nicht. Bei ausnahmsweise geringen Fremdsprachenkenntnissen hilft im Restaurant die meistens drei- oder mehrsprachige Speisenkarte (↪ auch die Rückseite der beigefügten Mallorcakarte). Ernste **Verständigungsprobleme** treten auf Mallorca denn auch im Einzugsbereich des Tourismus nur **äußerst selten** auf.

Sprachführer

Wer sich darauf nicht verlassen möchte, ist mit **kompakten Sprachführern**, wie sie in der Reihe »Kauderwelsch« von **Reise Know-How** sowohl für Spanisch als auch für *Catalán/Mallorquin* angeboten werden, gut bedient, mehr dazu auf Seite 478.

Auch ohne jede Fremdsprachkenntnis kommen Deutsche und Engländer auf Mallorca ohne weiteres durch; in allen Touristenorten hat sich – wie hier in Can Picafort– die Gastronomie auf die vorherrschende Gästeschar eingestellt

11

11.2.2   Folklore

Wichtiger Bestandteil der mallorquinischen Kultur ist natürlich die **Folklore**, wie sie in **Gesängen, Trachten** und **Volkstanz** zum Ausdruck kommt. Auf zahlreichen weltlichen und mehr noch kirchlichen Festtagen bekommt man regional unterschiedliche **Kostüme** und **Tänze** zu sehen und fröhliche wie schwermütige Lieder auf *Mallorquin* zu hören. Wer so etwas mag, kann durchaus seine Freude daran haben, zumal in einem pittoresken ländlichen Umfeld. Den verwöhnten Fernsehkonsumenten unserer Tage werden aber die echten folkloristischen Darbietungen, etwa am Rande einer dörflichen Veranstaltung, oft enttäuschen.

Meistens mehr oder minder verfälscht, d.h. mit allerlei nicht eben hervorstechend mallorquinischen Elementen angereichert und damit gezielt gefälliger für Auge und Ohr gemacht, sind **kommerzielle Folklorevorführungen für Touristen** nach dem Mittagessen auf Busausflügen, während *Barbacoa*-Abenden (⇨ Seite 413f) und an typischen Brennpunkten des Tourismus wie in *Sa Granja* bei Esporles und im *Palau del Rei Sanxo* in Valldemossa.

11.2.3   Musik-Festivals

Klassik

Im Laufe der Jahre haben sich eine ganze Reihe von regelmäßig abgehaltenen Festivals klassischer Musik entwickelt – mit Schwerpunkt der Veranstaltungen in den Monaten Juli bis September. Das Niveau der eingeladenen Orchester und Solisten ist oft beachtlich. Zu nennen sind insbesondere die **Musikfestivals** von **Pollença** (Kloster *Santo Domingo)* und von **Deià** (Son Marroig und Kirche), sowie das *Chopin Festival* in Valldemossa.

Veranstaltungsorte Klassik

Da die Anzahl der Festivals und Veranstaltungen einerseits stetig wächst, andererseits aber vielen Veränderungen unterliegt, ist es unmöglich, eine halbwegs verbindliche Übersicht zu geben. In den Büros der Touristeninformationen verfügt man über das jeweilige lokale und regionale Programm. In der **Mallorca Zeitung** und im **Mallorca Magazin** findet sich ausführlich der aktuelle **Veranstaltungskalender der laufenden Woche** für die ganze Insel. Wer im Vorwege informiert sein möchte, sollte den elektronischen **Mallorca Newsletter** unter www.reisebuch.de abonnieren (gratis).

Mit **Konzerten** darf man an folgenden Orten rechnen:

Gärten von *Alfabia* (bei Bunyola)
Pfarrkirche von Bunyola
Auditorium Sa Maniga in Cala Millor
Pfarrkirche und *Palacio March* in Cala Rajada
Pfarrkirche von Deià
Palau Son Marroig bei Deià
Hotel *Residencia* in Deià
Pfarrkirche von Fornalutx
Golfclub *Bendinat* bei Illetes
Kloster *San Francesc* in Palma
Teatre Principal von Palma
Pfarrkirche von Peguera
Kloster *Santo Domingo* in Pollença
Santuari de Cura auf dem Randaberg
Pfarrkirche von Santa Ponça
Kloster (*Cartoixa*) von Valldemossa

Jazz, Rock und Pop

Einmal abgesehen von kommerziell organisierten Konzertveranstaltungen finden im Juli und August **in Palma öffentliche Musiktage** statt. Zahlreiche Solisten und Gruppen jedweder Provenienz treten auf Plätzen und Straßen der Hauptstadt auf. Einen idealen Rahmen für Open-Air-Musik bildet dabei der *Parc de la Mar* unter der nachts angestrahlten *Almudaina* und Kathedrale.

Internationale Folklore

Alle zwei Jahre (ungerade Zahl) findet in Palma das **Welt-Folklore-Festival** statt. Den ganzen Juli über gibt es dann praktisch täglich Veranstaltungen von *Folk Music* aus aller Herren Länder. Auf Straßen und Plätzen wird auch ohne Programm musiziert.

11.2.4 Fest- und Feiertage

Religiöse Feste

Die kirchlichen Feiertage, die in vielen Orten mit **Prozessionen** begangen werden, entsprechen weitgehend unseren katholischen Kirchenfesten. Hinzu kommen die Tage des heiligen Jakobus (*Sant Jaume*, der Schutzheilige Spaniens) am 25. Juli und der unbefleckten Empfängnis (*Inmaculada Concepción*) am 8. Dezember.

Karwoche

In der Karwoche finden Passionsspiele und **Prozessionen** in Bußgewändern statt. In **Palma** starten sie am Gründonnerstag abends zwischen 18 und 20 Uhr jedes Jahr von einer anderen Kirche aus. Die Details stehen in den deutschsprachigen Wochenblättern und in der Tageszeitung. **Pollença** und **Artá** sind am Karfreitag Schauplatz besonders pittoresker Prozessionen die 365 Stufen den Kalvarienberg bzw. die Treppe zum *Santuari* hinauf. Ostermontag ist **Llucmajor** an der Reihe, Osterdienstag **Campanet**.

11

Sehenswert ist das traditionelle **Passionsspiel** auf der Treppe zum Vorplatz zwischen Almudaina und Kathedrale in **Palma** an jedem Karfreitag um 12 Uhr mittags.

Wallfahrten, sog. Romerias

Zu den zahlreichen Heiligtümern der Insel finden mindestens einmal jährlich Wallfahrten statt. Dabei überwiegen weltliche Festtagsbräuche mit Tanz, Speis und Trank. Besonders in der Woche nach Ostern gibt es die interessanteren *Romerias* zu den *Santuaris*; Ausgangspunkt ist dabei meist der nächstgelegene Ort:

Ostermontag:
zur *Ermita de Nostra Senyora/Mare de Deu del Puig* bei **Pollença**.

Osterdienstag: zur kleinen *Iglesia/Capella de Sant Miquel* in der Nähe der Höhlen von **Campanet** (Volksfest unterhalb der Höhle) und von **Montuiri** zur *Ermita de Sant Miquel* an der Straße Richtung Manacor. Von **Porreres** zum *Santuari de Monti Sion*

Ostermittwoch:
zur *Ermita de Nostra Senyora de Bonany* bei **Petra**.

Sonntag nach Ostern: zur *Ermita de Nostra Senyora/Mare de Deu del Refugi* auf dem Burgberg von **Alaró**.

12. April: zum Randaberg, *Ermita de Nostra Senyora/Mare de Deu de Gracia*. Von **Lluchmajor** aus.

Letzter Sonntag im April: zum **Randaberg**, *Ermita de Nostra Senyora Mare de Deu de Cura*. Von **Algaida** aus.

2. Juli: von **Alcudia** zur *Ermita de la Victoria*.

F(i)estas und Ferias

Von über 100 Terminen für Feste (*Fiestas/Festas*), Messen (*Ferias*) und Ausstellungen, die mehr oder minder folkloristischen Charakter tragen bzw. solche Elemente integrieren, sind die wichtigsten:

16./17. Januar: *Revetla de Sant Antoni Abad* in Artá, Manacor, Muro, Sa Pobla, Sant Joan und Santa Maria. Freudenfeuer (*Foguerons*), Tänze in Verkleidung, Hirtentrommeln und Tamburine.

17. Januar: *Ses Beneides* (Segen) des Antonius für die Haustiere; in den Ortschaften wie oben und in **Palma**. In **Artá** spielt sich an diesem Tag ein großer Festumzug (*verbena*) ab.

20. Januar: Sant Sebastiá in **Pollença** mit Prozession/Umzug

12. Februar: Mandelblütenfest in **Petra**

Februar generell: Karneval in vielen Orten mit Festumzügen

11. Mai: eine ganze Woche um dieses Datum herum findet das Fest **Moros y Cristianos**, *Ses Valentes Dones* (Mauren und Christen, die tapferen Frauen) statt. In **Sóller** und am Strand von **Port de Sóller** wird die Abwehr eines Überfalls türkischer Piraten nachgespielt, die an jenem 11. Mai glückte.

24. Juni: *Festa de Sant Joan* in **Muro** mit Stierkampf (interessante sonst selten zugängliche kleine Arena!), Theater, Tanz. Desgleichen ohne Stierkampf aber mit einer landwirtschaftlichen *Feria (Ausstellung)* im Ort Sant Joan.

29. Juni: *Festa de Sant Père* in **Port d'Alcudia** mit Prozession nicht nur durch den Ort, sondern auch mit Booten.

16. Juli: *Festa de Nostra Senyora bzw. Mare de Deu del Carmen* (Schutzheilige der Fischer) in **Cala Figuera, Cala Rajada, Portocristo, Port d`Andratx, Port de Pollença, Port de Sóller**. Abendliche Schiffsprozession mit Fackelbeleuchtung.

28. Juli: *Festa de Santa Catalina Tomás* (einzige Heilige der Insel, ➪ Seite 230) in **Valldemossa**, Prozession und Umzug.

10. August: *Festa de Sant Llorenç* in **Selva** mit viel Folklore und alten mallorquinischen Tänzen und Liedern der Gebirgsregion.

29. August: *Festa de S'Estiu* in **Sant Joan** mit Umzug und Schleuderwettkämpfen (➪ Seite 418, Stichwort »Frühzeit«, und 421f)

1. Sonntag im September: *Prozession de la Beata* (… »der Glückseligen«, gemeint ist wieder Mallorcas Heilige *Catalina Tomás*, ➪ Seite 230) in **Santa Margalida** mit Festumzug und Trachtengruppen, Feiern am Abend.

2. Sonntag im September: Melonenfest in **Vilafranca** de Bonany.

9.-16. September: *Festa del Desembarco* (Landungsfest) in **Santa Ponça** in Erinnerung an die Landung von *Jaume I.* auf Mallorca im Jahre 1229 zur Befreiung der Balearen von den Arabern.

Letzter Sonntag im September: Das große Weinlesefest (*Festa des Veremar*) in **Binissalem** mit Weinprobem und Feuerwerk.

1. Sonntag im Oktober: Blutwurstfest (*Festa de Botifarró*) in **Sant Joan** mit Folklore und dem »großen Fressen« rund um die Wurst.

Letzter Sonntag im Oktober: *Festa des Bunyol* (Schmalzkuchenfest) in **Petra**. Außer den (sehr schmackhaften) *Bunyoles* kommt ähnlich wie beim Blutwurstfest des Nachbardorfes auch das Wurstessen nicht zu kurz. Veranstaltungen.

2. Donnerstag im November: *Dijou-Bou* in **Inca**, Landwirtschafts- und Gewerbeausstellung mit Fiesta.

31. Dezember: Neben Silvester in **Palma** die *Festa de l'Estandard* (Fahnenfest) im Gedenken der christlichen Rückeroberung Palmas von den Arabern am letzten Tag des Jahres 1229.

Geschmückte Boote in Port d`Andratx am 16. Juli zu Ehren der Schutzheiligen der Fischer (➪ oben)

11

Die folgenden Seiten sind ein verkürzter »Einstieg« in ein insgesamt 30 Seiten umfassendes Essay zu Literaten, die auf Mallorca ihre Spuren hinterließen, und Literatur über Mallorca bis hin zu Veröffentlichungen im 21. Jahrhundert. Der komplette Beitrag kann im pdf-Format auf der Website des Verlages aufgerufen und auch heruntergeladen werden, ⇨ Seite 453 oben.

Exkurs   Auf den Spuren von Poeten und Schriftstellern:

Ein literarischer Streifzug durch Mallorca

zusammengestellt von Hartmut Ihnenfeldt/Eutin

Literatur und Mallorca?

Wer würde vermuten, dass es sich lohnt, Mallorca auf den Spuren der Literaten zu erschließen, die auf der Insel gelebt und geschrieben haben? Denn zum Thema »Literatur und Mallorca« dürfte nur wenigen mehr einfallen als der bereits im Jahr 1839 erschienene Titel »**Ein Winter auf Mallorca**« der französischen Baronin *George Sand*. In diesem unermüdlich in vielen Sprachen immer wieder neu aufgelegten Buch pflegt die seinerzeit mit dem Komponisten *Frédéric Chopin* auf die Insel gereiste (⇨ Seiten 228/449) Autorin langatmig ihre persönliche Abrechnung mit Mallorca und seinen Bewohnern, von denen sie sich mißverstanden und schlecht behandelt fühlte. Es erscheint paradox, dass ausgerechnet dieses Werk, das an Positivem nur einige wenige lobende Passagen zur Landschaft enthält, zum meistverbreiteten Buch über Mallorca geworden ist. Aber wirklich gelesen haben es wahrscheinlich – und zu Recht – nur die wenigsten.

Literaten auf Mallorca

Die Insel hat tatsächlich literarisch weit mehr zu bieten. Sie war bereits im 19. und noch im 20. Jahrhundert Reiseziel zahlreicher bekannter europäischer und amerikanischer Schriftsteller. Darüberhinaus gibt es eine Reihe lokaler Poeten, deren Werke bei uns weitgehend unbekannt sind, die aber wesentlich zur kulturellen Identität Mallorcas beigetragen haben und sich dort zum Teil großer Popularität erfreuen.

Beliebte Domizile

Auffällig ist die Vorliebe der Schriftsteller – sieht man von Palma einmal ab – für den Westen und Norden. Die überwiegend angelsächsischen Autoren bevorzugten als Orte kreativen Wirkens Valldemossa, Deià, Sóller und Pollença mit der Halbinsel Formentor. Im Osten konnte lediglich Artá mit den imposanten Höhlen über der Bucht von Canyamel vorübergehend die Aufmerksamkeit vor allem französischer Romanciers auf sich ziehen. Der Süden und die zentrale Inselregion blieben literarisch nahezu unbeachtet.

Fähre Barcelona-Palma in den 1930er-Jahren

Die Reise nach Mallorca

Anreise »damals«

Palma ist und war schon immer das Eingangstor zur Insel. Kommen heute die Touristen überwiegend auf dem Luftweg, brachten noch bis Mitte der 1950er-Jahre Fährschiffe das Gros der Besucher. Von einigen Autoren liegen Schilderungen der kleinen Seefahrt vor. Das »Vergnügen« der Überfahrt war natürlich nicht ganz unabhängig von der Wetterlage, wie uns **Harry Graf Kessler** (1868-1937), ein als »roter Baron« bekannt gewordener Schriftsteller und pazifistischer Diplomat, in seinem Tagebuch aus dem Jahr 1926 (Insel-Verlag, Frankfurt 1995) anschaulich schildert.

Ankunft Robert Graves

Im Oktober 1929 floh der zu dieser Zeit schon recht bekannte englische Dichter und Verfasser einer auch kommerziell erfolgreichen Autobiographie, **Robert Graves** (1895-1985), zusammen mit seiner exzentrischen Lebensgefährtin *Laura Riding* vor familiären Problemen über Frankreich nach Mallorca. Dort sollte er – bis auf eine unfreiwillige Unterbrechung 1936-1946 wegen des spanischen Bürgerkriegs und danach des 2. Weltkriegs – den Rest seines Lebens verbringen. Die amerikanische Dichterin aus jüdisch-deutscher Familie, **Gertrude Stein** (1874-1946), hatte *Graves* den Rat gegeben, sich auf Mallorca niederzulassen

Palma 1929

Für *Robert Graves* war der erste Eindruck von Palma geprägt durch den Anblick der Kathedrale *La Seu,* die sich ihm von der Barcelona-Fähre aus im Sonnenlicht des frühen Morgens wie eine goldene Festung präsentiert hatte. Palma aber war für *Graves'* und *Ridings* Geschmack zu laut und zu chaotisch, so dass sie sich auf Empfehlung eines deutschen Künstlers und durch Vermittlung des britischen Konsuls ein Haus in Deià mieteten.

A.V. Thelen

Auch **Albert Vigoleis Thelens** (1903-1989) umfangreicher autobiographischer Roman **»Die Insel des zweiten Gesichts«** (1953), für den der Autor 1954 mit dem Fontane-Preis ausgezeichnet wurde, setzt ein mit der frühmorgendlichen Ankunft der Barcelona-Fähre im Hafen von Palma und schildert dann mit teilweise ermüdender Weitschweifigkeit die Erlebnisse des deutsch-schweizerischen Schriftstellerpaares *Vigoleis* und *Beatrice* auf Mallorca in den Jahren zwischen 1931 und 1936.

Paul Theroux

Über 60 Jahre danach wählte der amerikanische Romanautor und Reiseschriftsteller **Paul Theroux** (*1941), den man in Deutschland vor allem durch den Roman *Moskitoküste* (1981) und dessen erfolgreiche Verfilmung kennt, den Seeweg von *Alicante,* um im

Rahmen einer umfassenden Mittelmeererkundung nach Mallorca zu gelangen. Es ist erstaunlich, wie sehr sich seine Eindrücke mit den Erfahrungen decken, die seine Schriftstellerkollegen Jahrzehnte zuvor gemacht hatten, obwohl in der Zwischenzeit Mallorca längst aus dem Dornröschenschlaf erwacht und zum beliebtesten Ferienziel Europas aufgestiegen war.

Blick vom Schloß Bellver auf Terreno ca. 1930

Ausländische Literaten in Palma

Palma war als attraktive Stadt und kulturelles Zentrum der Balearen immer wieder Anziehungspunkt für Literaten. Mancher von ihnen nahm dort zumindest auf einige Zeit seinen Wohnsitz.

Nobelpreisträger in Palma

Seit Anfang des 20. Jahrhunderts gab es vor allem im bereits erwähnten Stadtteil **El Terreno** eine internationale Kolonie, zu der auch bekannte europäische und amerikanische Autoren gehörten. Neben den genannten *Gertrude Stein* (1916) und *Harry Graf Kessler* (1933-35) haben dort **George Bernard Shaw** (1920er-Jahre) und **Camilo José Cela** (1954) gelebt, beide ihres Zeichens Nobelpreisträger für Literatur.

Santiago Rusiñol

Der katalanische Schriftsteller und Maler **Santiago Rusiñol** (1861-1931), der eines der schönsten Bücher über Mallorca verfasste, kam bereits 1893 erstmalig nach Palma und ließ sich zusammen mit dem Maler **Joaquim Mir** in El Terreno nieder. In »**Die Insel der Ruhe**« (1922) skizziert er mit leiser Ironie die mallorquinischen Lebensverhältnisse seiner Zeit.

Frédéric Chopin und George Sand

Die Suche nach einer angemessenen Unterkunft war offenbar lange Zeit in Palma ein Problem. Im November 1838 mußten **George Sand** und **Frédéric Chopin** feststellen, dass dort keine Herberge für Reisende existierte: »*In einem Gebiet, das den großen Zivilisationen Europas so nahe lag, gab es keine einzige Unterkunft. ... das verstanden wir nicht.*«

Frédéric Chopin

Und so war das prominente Paar auf die Gastfreundschaft der Palmeser angewiesen, die offensichtlich nicht dem entsprach, was *Monsieur* und *Madame* erwartet hatten: »*In Palma ist es nötig, zwanzig wichtigen Persönlichkeiten empfohlen und angekündigt worden zu sein und einige Monate zu warten, um nicht im Freien schlafen zu müssen.*« Dazu kam es dann aber nicht, denn man wies ihnen schließlich doch noch ein Quartier zu, allerdings zur geringen Zufriedenheit der Baronin: »*Alles, was man für uns tun konnte, bestand darin, uns zwei kleine möblierte, besser gesagt, unmöblierte Zimmer zu verschaffen, an einem seltsamen Ort ... mit einem Feldbett ... wie ein Schieferstein, einem Baststuhl und Pfeffer und Knoblauch als Lebensmittel.*«

George Sand

Die Auswahl an Hotels war auch in den 1920er- und 1930er-Jahren noch recht dürftig: 1933 betrug die Anzahl der Betten sämtlicher Hotels der Insel nur etwa 2.000 (heute ca. 285.000 plus Apartmentbetten), und nur wenige konnten sich rühmen, fließendes (kaltes!) Wasser in den Zimmern anzubieten.

Hotels »damals«

Hotels, die in jenen Jahren immer wieder genannt werden, sind das **Mediterráneo**, in dem **Agatha Christie** sich 1936 verwöhnen ließ und das **Principe Alfonso**, wo der finanziell nicht eben üppig ausgestattete **D.H. Lawrence**, Autor der berühmten »Lady Chatterley«, im Mai 1929 abstieg. Dasselbe Hotel war für das Pärchen in **Thelens** Roman »Die Insel des zweiten Gesichts« 1931 jedoch unerschwinglich, so dass es ernüchtert in der Rumpelkammer der Wohnung des Bruders von Beatrice Quartier nehmen mußte.

Graves in Palmas Gran Hotel

Robert Graves und **Laura Riding** ließen es sich dank der reichlich sprudelnden Tantiemen während der ersten Tage ihres langjährigen Mallorca-Exils im **Gran Hotel** gutgehen. Dieses war 1903 als erste Luxusherberge der Insel an der *Plaça Weiler* eröffnet worden. Das imposante, lange geschlossene und vernachlässigte Gebäude im spanischen Jugendstil wurde 1993 detailgetreu renoviert und beherbergt heute die *Fundacio La Caixa*, ein Kulturzentrum mit wechselnden Ausstellungen und Programmaktivitäten. Im Erdgeschoss befindet sich eine bistroartige Bar.

Fronterker des Gran Hotel

Blick auf Deià in den 1920er-Jahren

Deià und der Graves-Mythos

Deias größter Literat: Robert Graves

Das Bergdorf Deià, in der *Serra Tramuntana*, zwischen Valldemossa und Sóller hoch über dem Meer gelegen, ist sicherlich der Ort Mallorcas, welcher – was Künstler aller Art betrifft – von den meisten Mythen umwoben ist. Und viele davon beziehen sich auf **Robert von Ranke-Graves** (1895-1985), einen Nachfahren des berühmten deutschen Historikers *Leopold von Ranke. Graves* hatte dort in seinem 1932 gebauten Heim *Ca N'Alluny* (*Mallorquin* für »abgelegenes Haus«), am Ortsausgang oberhalb des Fischerpfades zur Bucht »sein Paradies« gefunden. Hier schrieb der Autor, der sich in erster Linie als Dichter empfand, seine wichtigsten Prosawerke, u.a. die **Claudius-Romane**, mit deren Tantiemen er sich im damals noch spottbilligen Mallorca einen angemessenen Lebensstil und ein gastfreundliches Haus leisten konnte.

Robert Graves 1936

Illustre Gäste in Deià

Zu seinen aufsehenerregendsten Gästen muß man ohne Zweifel die Hollywood-Diva **Ava Gardner** zählen, die 1955 auf eine Stippvisite nach Deià kam und seitdem als Freundin der Familie galt. Diesen anekdotenreichen Besuch hat *Graves* später in seiner Geschichte »**Ein Toast auf Ava Gardner**« nachgezeichnet, die erstmals auf Deutsch bei Reise Know-How in einem Sammelbandl »Geschichten aus dem anderen Mallorca« erschien, ⇨ rechts.

Aber auch **Alec Guinness**, **Peter Ustinov** und der junge **Gabriel Garcia Marquez** gaben sich die Ehre. Im März 1950 kam der damals 10jährige **Stephen Hawking** mit seiner Mutter, einer Studienfreundin von *Graves'* zweiter Frau *Beryl*, für einige Wochen auf Besuch nach *Ca N'Alluny*. In Erinnerung geblieben ist der spätere Nobelpreisträger der *Graves*-Familie vor allem durch seinen exzentrischen Humor: so warf er einmal eine Stinkbombe unters Sofa und machte damit den Raum zeitweise unbewohnbar.

Allan Sillitoe

Der englische Schriftsteller **Allan Sillitoe** (*1928) war ein Freund und Protegé von *Graves*. Er kam auf dessen Einladung 1954 nach Mallorca und lebte einige Zeit in Sóller. *Graves* ermutigte ihn dort zu seinen bekannten Erzählungen »Samstag nacht, Sonntag morgen« und »Die Einsamkeit des Langstreckenläufers«.

Anthony Burgess

Aber *Robert Graves* hatte nicht nur Bewunderer in Deià. Einer seiner Kritiker war der englische Schriftsteller **Anthony Burgess** (1917-1993), der in Deutschland hauptsächlich durch *Stanley Kubricks* Verfilmung seines Klassikers »**Clockwork Orange**« (1971) Aufmerksamkeit erregte. Im Sommer des Jahres 1969 zog es *Burgess* mit seiner Familie nach Deià, »(...) das wenig zu bieten hatte außer dem *Graves*-Zauber. (...) Ich sah *Graves* nicht, wollte ihn auch nicht sehen. (...) Ich hielt nie viel von ihm als Dichter, aber Deià war voll von seinen Bewunderern.«

Graves' Werk

Robert Graves' Leben und Wirken in seiner Wahlheimat liefern Stoff für ein ganzes Buch. Seine Sichtweise der mallorquinischen Verhältnisse hat er in den unterhaltsamen »**Geschichten aus dem anderen Mallorca**« (Neuauflage 2011), worin er **Deià** hinter dem Pseudonym **Binijiny** tarnt, mit wohlwollender Ironie dargestellt. Er selbst empfand sich als perfekter Gast und wurde von den Einheimischen respektvoll **Don Roberto** genannt, der sich unbefangen im Dorfcafé verdingte und täglich bis ins hohe Alter seinen Gang hinunter zur Cala auf ein Bad im Mit-

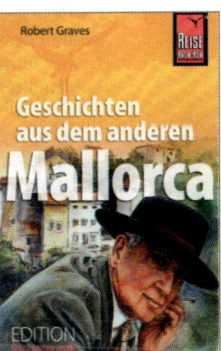

telmeer machte. In den 1970er-Jahren begann er mit zunehmender Senilität wunderlich zu werden und behauptete, er könne durch geschlossene Türen gehen oder er habe ein UFO in Deià landen sehen. Seine Grabstätte findet man nur mit Mühe auf dem kleinen Friedhof im Oberdorf direkt neben der Kirche. Die schlichte Grabplatte enthält außer dem Namen und den Lebensdaten den lakonischen Zusatz *Poeta* (Dichter). Sein ehemaliges Wohnhaus am nördlichen Ortsrand von Deià ist heute **Museum**, ➯ Seite 234.

Film über Graves'Leben

Im Sommer 2011 haben in Irland die Dreharbeiten an einem Film über *Robert Graves`* Leben begonnen (Englischer Titel »**The Laureate**« mit *Orlando Bloom, Imogen Poots, Kerry Condon* u.a.).

Anaïs Nin

Zu den »verrückten *Forasteros* (Ausländern)«, die damals Deià frequentierten, gehörte in den Augen ihrer Nachbarn sicher auch die amerikanische Feministin und Autorin **Anaïs Nin** (1903-1977), die vor allem durch ihre erotischen Geschichten und ihre Kooperation mit *Henry Miller* Berühmtheit erlangte. *Nin* wohnte im

Sommer 1941 – als *Graves* noch im englischen »Exil« weilte – in einem Haus im *Clot*, dem Unterdorf, und ritt täglich frühmorgens auf einem Maulesel zur Cala hinunter. Später schrieb sie, angeregt von im Dorf kursierenden Gerüchten, die Geschichte der Fischertochter Maria nieder und ihres erotischen Urerlebnisses mit einem jungen Ausländerpaar unten in der Cala.

Carme Riera

Die mallorquinische Schriftstellerin **Carme Riera** (*1948) hat sich 1980 auf den Spuren von *Anaïs Nin* in Deià bewegt und zu klären versucht, was es mit den Gerüchten nun wirklich auf sich hatte. Heraus kam ihre magische Geschichte »*Report*«, die der erotischen Komponente noch eine tragische hinzufügt: Wie die Erzählerin herausfand, wurden Maria und ihre Freunde von den aufgebrachten Dorfbewohnern in der Cala ins Meer getrieben, wo sie am nächsten Morgen nur noch tot geborgen werden konnten. Aber niemand im Dorf kann sich daran erinnern ...

Paul Theroux

Der amerikanische Reiseschriftsteller und Romanautor (Mosquito Küste) **Paul Theroux** (*1941) wandelte Anfang der 1990er Jahre in Deià auf den Spuren von *Robert Graves*. Die Schönheit des Ortes und dessen wildromantische Lage faszinierten ihn; doch was ihn bei seinen Kontakten mit den Einheimischen am meisten beeindruckte, war der Umstand, dass zwar jeder *Don Roberto* kannte (seit 1969 Ehrenbürger Deiàs), aber offenbar hatte niemand seine Werke gelesen. Das, so meint *Theroux*, sei leider das paradoxe Schicksal vieler Schriftsteller und Dichter. Dies ist um so bedauerlicher, als die mallorquinischen Geschichten von *Graves* zum Besten gehören, was je über die Insel geschrieben worden ist.

Valldemossa und die südliche Westküste

George Sand und Frederic Chopin

Valldemossa und seine Kartause sind ohne **George Sand** und **Frederic Chopin** und ihren missglückten Aufenthalt dort im Winter 1838/39 nicht mehr vorstellbar. Der Touristenrummel und die schiere Wucht der täglich dort einfallenden Menschenmassen ersticken schon im Keim alle Zweifel an der Legendenbildung um die traute Zweisamkeit in den abgeschiedenen Klosterzellen. Und *George Sands* selbstgerechte Abrechnung mit den Mallorquinern (⇨ oben), an denen sie kein gutes Haar lässt, wird kaum beachtet: »*Wir waren allein auf Mallorca wie in einer Wüste, und wenn wir im Krieg mit den **Affen** (Anm.: den Mallorquinern!) unseren täglichen Lebensbedarf gedeckt hatten, versammelten wir uns en famille um den Ofen und machten uns über sie lustig.*«

Chopin, so meinte jedenfalls *Robert Graves*, soll sich in Wahrheit in Valldemossa gar nicht unwohl gefühlt haben. Er habe vielmehr unter den tyrannischen Allüren der Kinder *George Sands* gelitten ....

Fortsetzung im Internet

Diesen bereits auf 50% des ursprünglichen Inhalts gekürzten Seiten folgen weitere erhellende, ja spannende 15 Seiten bis zur Literatur der Gegenwart und Neuerscheinungen seit dem Jahr 2000.

Fortsetzung im Internet	Der komplette Text von Anfang an ist im Internet nachzulesen und herunterzuladen unter www.reisebuch.de/ mallorca/info/kunst_kultur/mallorca_literatur.html. Folgende Kapitel fehlen hier noch ganz:

Port de Pollença und Formentor – Die Höhlen von Artá – Deutsche Aussteigerträume – Mallorca-Krimis – Die Poeten der Insel

Ein ausführliches **Literaturverzeichnis** gibt es außerdem.

Der Spanische Bürgerkrieg in der Mallorca-Literatur

Eine Reihe von deutschsprachigen Autoren flüchtete ab 1933 vor dem Nazi-Regime nach Mallorca in der Hoffnung, dort unter südlicher Sonne unbehelligt und frei von ökonomischen Zwängen (wegen des niedrigen Preisniveaus) das Ende der faschistischen Herrschaft in Deutschland abwarten zu können.

Diese Hoffnung erwies sich in mehrfacher Hinsicht als naive Illusion. Zum einen lebte es sich auf Mallorca keinesfalls so sorgenfrei wie angenommen. **Albert V. Thelen** *schildert in seinem autobiographischen Roman* **Die Insel des zweiten Gesichts***, wie hart es für ihn war, genügend Geld zum Leben aufzutreiben. Er schlug sich mit Aushilfsjobs durch, arbeitete als Schreibkraft für erfolgreichere Autoren (***Harry Graf Kessler***,* **Robert Graves***) oder gar in Sóller als Fremdenführer für »teutonische Touristen« aus dem heimatlichen Reich. Oft genug waren er und seine Lebensgefährtin dem Verhungern nahe. Nicht viel besser erging es* **Franz Blei** *und* **Karl Otten***.*

Der Expressionist und Pazifist **Otten** *(1889-1963) hatte sich 1933 in Cala Rajada niedergelassen und schrieb später im englischen Exil den antifaschistischen Bürgerkriegsroman »***Torquemadas Schatten***«, der seine eigenen Erfahrungen auf Mallorca im Jahre 1936 reflektiert.*

*Der Ausbruch des Spanischen Bürgerkrieges brachte die Gemeinde der Exilliteraten auf Mallorca, zu der auch der berühmte Robert Graves nolens volens gehörte, in arge Bedrängnis. Nur die nackte Existenz rettend, flüchteten sie vor Francos Schergen auf einem englischen Kriegsschiff aus dem vermeintlichen Paradies, auf das nun lange Schatten fallen sollten. Während Otten in seinem Roman noch hoffnungsvoll und auf den Widerstand der Republikaner gegen die Faschisten setzt (was sich bekanntermaßen als vergeblich erweisen sollte), erzählen Robert Graves (»***Está en su casa***«, 1946) und Jahrzehnte später sein Sohn William (»***Bürgerkrieg in Deiá***«, 1995) offen von den Grausamkeiten, die der Bürgerkrieg auch auf Mallorca auslöste.*

Friedliche Nachbarn wurden zu Todfeinden, die sich gegenseitig denunzieren. Harmlose Bürger wurden im Morgengrauen zu einem entsetzlichen »Spaziergang über die Klippen« aus dem Bett geholt, junge Männer auf Lastwagen verfrachtet, wie Vieh abtransportiert und wahllos an die Wand gestellt ...

Lange Zeit, auch noch nach der Demokratisierung, war dieses Thema auf Mallorca tabu. Erst neuerdings zeigt sich eine wachsende Bereitschaft zur Auseinandersetzung mit der verdrängten Schuld der Bürgerkriegsjahre.

11

12.   DAS KULINARISCHE MALLORCA

**Hotels
und
Gastronomie**

Leider sind viele Hotels derart auf die angeblichen Wünsche und Vorlieben ihrer ausländischen Gästeschar eingestellt, dass vom Frühstück bis zum Abendessen kaum noch irgendetwas serviert wird, was typisch für die mallorquinische Küche wäre. Selbst eindeutig spanische Elemente wird man in der Speisenfolge und an manchen Buffets nur mit Mühe identifizieren und nicht selten vergebens suchen. So gesehen hat es der **Selbstversorger** leichter, der viel eher als der voll- oder teilverpflegte Hotelgast in der Lage ist, die kulinarischen Besonderheiten seiner Ferieninsel kennenzulernen und zu genießen. Wenn er möchte, denn man kann sich auch ohne weiteres durch Mallorcas halbe Gastronomie essen, ohne mit originelleren einheimischen Gerichten in Berührung zu kommen als gegrillten Gambas oder Tintenfischringen auf Salatblättern und Tomatenscheiben sowie mit der allseits bekannten *Paella,* ⇨ unten. Da die **Speisekarten** heutzutage bis hinunter ins Dorfrestaurant mindestens **dreisprachig** abgefasst sind (deutsch ist immer dabei, wiewohl bisweilen recht eigenwillig übersetzt), erscheint sogar der »versehentliche« Kontakt mit unbekannten Gerichten fast ausgeschlossen. In den größeren Touristenorten besteht dafür die geringste Gefahr. Durchschnittliche Restaurants haben überwiegend die sogenannte **internationale Küche** auf ihr Panier geschrieben, was im wesentlichen heißt: Pommes Frites, ein Stück Fleisch oder Fisch und ein bisschen Salat- oder Gemüsedekoration, ⇨ Seite 117.

Für die »**echte**« **einheimische Küche** muß man in aller Regel die touristische Hochburg mehr oder weniger weit hinter sich lassen. Siehe die besonderen **Empfehlungen** im Kapitel 8, von denen sich ein Teil auch auf urige Lokale mit bodenständig deftigen Gerichten bezieht. Im Rahmen des Kapitels 7 sind noch eine ganze Reihe weiterer Lokale genannt, die überwiegend spanische und/oder mallorquinische Küche bieten.

*Tapas
Variadas
in der Mitte,
links
eingelegte
Calamares-
Stückchen,
oben rechts
pikante
Sardinen*

12.1 Typisch Spanisch oder Mallorquin?

Da die einheimische Kochkunst im folgenden über die Rezepte zum Nachkochen noch gesondert zu Wort kommt, sollen zunächst die **kulinarischen »Eckpfeiler«** und **Spezialitäten** angesprochen werden, denen man (auch) auf Mallorca immer wieder begegnet, die aber nur zum Teil typisch mallorquín sind.

Ensaimadas

Wer jemals einen Bäckerladen (*Panaderia*) oder eine Konditorei (*Pasteleria* oder *Forn*, ➪ Seite 159) betritt oder im Flughafen von Palma die Augen offenhält, der kann die *Ensaimadas* nicht übersehen. Dieses vom Gewicht her sehr leichte, mit Puderzucker bestreute schneckenartige **Hefeteiggebäck** ersetzt auf Mallorca traditionell das Frühstücksbrot. Tatsächlich schmeckt es frisch sehr gut, besitzt aber dank hohen Fettgehalts (Schweineschmalz) etliche Extrakalorien. Das gilt erst recht für **die gefüllten Varianten**: beliebt sind vor allem eine vanillepuddingartige Masse und Kürbismarmelade. Letztere zieht beim Essen goldfarbene Fäden, weshalb sie *Cabello de los Angeles* (Engelshaar) genannt wird.

Ensaimadas gibt es in nahezu unglaublichen Größen. **Spezielle Schachteln** dienen zu ihrem sicheren Transport. Kaum ein spanischer Mallorca-Urlauber verlässt ohne sie die Insel für die Lieben daheim. *Ensaimadas* kann man auch noch bis kurz vor dem Abflug in Palmas Airport kaufen

Tapas

Typisch für Spanien insgesamt, und daher auch auf Mallorca in Einheimischen- wie Touristen-Lokalen allerorten zu finden, **sind die *Tapas***. Diese delikaten **Appetithappen** in vielerlei Form und Zubereitung von gefüllten Oliven über Fleischbällchen und kleinere Tintenfische (*pulpos*) bis zur marinierten Sardine werden nach Auswahl an der **Tapatheke** heiß und kalt serviert. Zum Ausprobieren des »Sortiments« ordert man *Tapas Variadas*, ein Tellerchen mit fünf bis sechs verschiedenen Tapatypen und Weißbrot. Besser ist aber der persönliche Gang zur Tapatheke und die individuelle Auswahl, will man »falsche« Sorten vermeiden.

Dank der mehrheitlich ölig-fettigen Zubereitung ersetzt eine Portion *Tapas* ohne weiteres eine kleine Mahlzeit. *Tapas* besitzen überdies den wesentlichen Vorzug, für die Pause zwischendurch sofort verfügbar zu sein. Mit ihnen schmeckt das Glas Rotwein oder das einheimische Bier gleich doppelt gut. In den **Markthallen** (werktags bis 13/14 Uhr) an der *Plaça Olivar* **in Palma** oder im Stadtteil **Santa Catalina** und in **Inca** und **Manacor** gibt es Theken mit besonders frischen Tapas.

Tapalokale

Immer gibt's *Tapas* in Lokalen, die auch oder (fast) nur von Mallorquinern besucht werden. In Arenal, Peguera und Cala d'Or ist es deshalb schwierig, Kneipen mit einer guten Tapatheke ausfindig zu machen, wohingegen man in **Palma** im Kneipenviertel Apuntadors und außerhalb des Zentrums an jeder Ecke auf sie stößt. Im Inselinnern führt mindestens eines der Lokale rund um die Dorfplaça *Tapas* (➪ auch die Hinweise für Palma auf Seite 167 und unter den Ortsbeschreibungen im Kapitel 7).

12

Paella

Obschon die *Paella* mit vollem Namen **Paella Valenciana** heißt und damit eindeutig ihren festländischen Ursprung verrät, ist sie auch aus der mallorquinischen Gastronomie nicht wegzudenken. Zumindest gilt das für die meisten Restaurants, die von Touristen frequentiert werden. Die Paellapfanne ist indessen nicht typisch für die regionale Kochkunst der Balearen, aber durchaus für den kulinarischen Genuss während eines Mallorcaurlaubs.

Eine wirklich **gute** *Paella* erhält man nur in wenigen Restaurants. Richtig zubereitet ist sie ein hervorragendes Gericht. Reis, Fleisch, Fisch, Muscheln und vielerlei Zutaten müssen in der großdimensionierten Paellapfanne – eigentlich – **auf offenem Feuer** gegart werden. Sehr preiswerten Paella-Angeboten sollte man daher misstrauen. **Billigpaellas** bestehen oft aus wiederaufgewärmtem safrangelben Reis, der mit ein bisschen Hühnerfleisch und farblich kontrastierendem Gemüse versetzt wird. Obendrauf drapiert man einige Miesmuscheln und drei Gambas, und schon hat man eine wunderschöne *Paella*.

Bauernwürste

Mallorca ist eine **Insel deftiger Würste**. In den lokalen Schlachtereien werden denn auch mancherlei Varianten der *Chorizos* (»Würste«) produziert. Als Selbstversorger sollte man probieren,

Pata Negra Bellota

In Spanien und so auch auf Mallorca hängen hier und dort dicke Schinken überm Kneipentresen – kopfüber, mit den schwarzen Hufen nach oben und einem Tropfenfänger unten. Angeschnitten liegt das pfundige Hinterbein verschraubt im Gestell und geübte Hände schnippeln hauchdünne Scheiben auf den *Tapa*-**Teller**.

Grob gesprochen gibt's drei Qualitäten. Die teuerste ist dank eines nussigen Geschmacks der *Jamón Ibérico*; er stammt nicht vom rosa Hausschwein, sondern vom schwarzen Borstenvieh *Pata Negra Bellota* aus Spaniens Osten, der *Estremadura*. Dieser Schweine-Star ist auch auf Mallorca zu Hause.

Für ihn gibt's viel Platz und kein *Junk*, sondern *Gourmet Food*: saftige Gräser, kernige Getreide und würzige Kräuter wollen auf großen Weiden erlaufen sein; das hält jung, gesund und fit. Im Winter erjoggen die Schwarzen im Steineichenwald hochwertige Eicheln; Zusatzleckerli werden im Trog serviert.

Das spanische *Bellota* gilt als weltweit bester Schinkenlieferant: im Laden kostet die Delikatesse €90-€150 pro Kilo. Auch im Lokal wird er daher nur nach Gramm berechnet und – wie gesagt – hauchdünn serviert. Auf jeden Fall aber Vorsicht: Süchtig, heißt es, macht bereits das Schnuppern, ein dem Grunzen ähnliches Luftholen.

welche der verschiedenen, durch viel Paprika rot gefärbten und scharf gewürzten Hartwürste einem zusagen.

Sobrasada/ Butifarra

Als besondere Spezialität gilt die **Sobrasada**, eine weiche, gepfefferte Schweinsmettwurst, die den Mallorquinern sogar mit Honig bestrichen schmeckt. Die ebenfalls fettige Blutwurst **Butifarra** oder *Butifarón* liefert dem Dorf **Sant Joán** (zwischen Montuiri und Petra) Anlass für eine eigene *Fiesta*. Das **Blutwurstfest** mit Dudelsackmusik und Umzug von Riesenmasken findet am ersten Sonntag im Oktober statt. *Sobrasada* und *Butifarra* findet man nur in wenigen Restaurants, aber immer im *C`al Dimoni* bei Algaida.

Entremeses Varidos

Ein Begriff, der auf mancher Karte unter der Rubrik **Vorspeise** auftaucht, sind die **Entremeses Variados**. Allzu oft, da auch in der Übersetzung (»verschiedene Vorspeisen«) unklar, liegt es nahe, die mal zu bestellen, wenn sich sonst nichts Passendes findet. Die scheinbare begriffliche Verbindung zu den immer wieder anderen *Tapas Variadas* lässt kleine spanische Spezialitäten erwarten. Aber diese *Variadas* beziehen sich auf eine Art kalte Platte aus ein paar Wurstscheiben und vielleicht einem Stückchen Fisch, garniert mit Oliven, Tomatenscheiben auf einem Salatblatt und bestenfalls noch drei Spargelabschnitten aus der Dose.

Fische und Meeresfrüchte

Alles, was das Meer hergibt, findet man auf den Karten mallorquinischer Fischrestaurants. Aber nur noch ein Bruchteil der Basisprodukte stammt aus den insularen Gewässern rund um die Balearen. Wider Erwarten sind deshalb die Preise für **Pescados** und **Frutas del Mar** (Fische und Meeresfrüchte) sehr hoch.

Fisch und Preise

Schon im Laden kosten die beliebten **Gambas** (ca. 5-8 cm Länge) einschließlich Schale mehr als erstklassiges Rinderfilet aus Argentinien. Daher ist nicht verwunderlich, dass etwa **Gambas a la Plancha** (gegrillte Garnelen) oft gerade sechs Tierchen umfassen und dennoch oft teurer kommen als ein komplettes mittägliches Inklusivmenü. **Nahezu unbezahlbar wurden – speziell nach der Euroeinführung – Langusten.**

Fisch- gerichte

Aber selbst für recht **simple Fischgerichte** muß der Gast meistens tiefer in die Tasche greifen als für manch andere Spezialität einschließlich der einheimischen Fleischgerichte, ohne gleichzeitig eine besonders originelle Zubereitung erwarten zu dürfen. Man darf sich schon glücklich schätzen, wenn die Qualität alles in allem stimmt. Ausnahmen bestätigen nur diese Regel, z.B. die (nicht ganz billigen) Restaurants **Rocamar** in Port d`Andratx oder **Stay** in Port de Pollença.

Calamares/ Mejillones

Erheblich erfreulicher ist die Situation bei den Tintenfisch- und Muschelgerichten. **Calamares a la Plancha** (gegrillt), **Romanas** (paniert gebacken) oder auch **Rellenas** (gefüllt mit einer Masse aus Hackfleisch und Gewürz) sind noch halbwegs erschwinglich und schmecken meist gut. **Mejillones a la Marinera** (Muscheln in Weinsoße) gehören ebenfalls zu den bezahlbaren Speisen aus dem Meer, während die kleineren und delikateren **Almejas** kaum noch erhältlich und dann prohibitiv teuer sind.

12

Pa amb oli, Schinkenbrot à la Mallorca, ➪ Seite 463

Getränke/ Palo

Einige Anmerkungen zu den wichtigsten Getränken dürfen nicht fehlen. Zunächst zum **Aperitif**, der auf Mallorca wie anderswo im wesentlichen internationalen Charakter hat. Vorrätig ist im Prinzip alles, was alkoholisch Rang und Namen besitzt. Um eine Besonderheit handelt es sich aber beim *Palo*, einem **süßlichen Likör** aus gebranntem Zucker mit ein wenig Chinin und gekochten Orangen- und Zitronenschalen. Man genehmigt sich *Palo* gern in kleinen Gläschen, bevor das Essen aufgetragen wird.

Orangensaft

Frisch gepressten Orangensaft pur oder als Basis für einen *Drink* sollte man sich zur Reifezeit der Orangen (fast ganzjährig, ➪ Seite 239) nicht entgehen lassen. Dank des hohen Süßegrades mallorquinischer Orangen schmeckt er sehr gut und ist oft nicht teuer (um €1,50–€3/Glas). Sofern es ihn gibt! Außerhalb der Anbaugebiete fragt man in manchen Restaurants vergeblich danach. ***Zumo*** oder ***Jugo naturál de naranjas*** heißt der Saft.

Bier/Cerveza

Wer nicht auf »Köpi« oder »Warsteiner« besteht (und fast überall bekommt), sollte auf **die einheimischen Sorten** zurückgreifen, die teilweise sogar auf Mallorca gebraut werden. Das spanische Bier ist gut und billiger als die Importmarken, wenngleich nicht nach deutschem Reinheitsgebot produziert.

Mallorcas Weine

Zwar wird auf Mallorca um Binissalem/Santa Maria/Sencelles, Algaida/Montuiri und Felanitx/Petra eine anerkannte Weinqualität mit der Ursprungsbezeichnung *Pla i Llevant de Mallorca* auf immer größeren Flächen angebaut, und auch bei Andratx wächst guter Wein, aber die Erzeugung reicht bei weitem nicht, um den Inselbedarf zu decken, ➪ zum Thema Wein auch Seite 38 und detailliert den *Mallorca Wein Guide*: www.mallorcawein0809.de

In den Weinregalen der Supermärkte sind die lokalen Weine denn auch deutlich in der Minderheit. Aber man findet sie heute auf fast allen **Weinkarten der Gastronomie**. Die **Ladenpreise für bessere Weine**, egal ob aus Mallorca oder vom Festland, sind erstaunlich hoch. Eine durchschaubare Beziehung zwischen Weinpreisen und Qualität ist dabei oft nur schwer zu entdecken. Die Gefahr, hochpreisigen Wein minderer Güte in wertiger Aufmachung zu erstehen, ist groß. Wenn man sich schon auf Mallorca befindet, liegt es so oder so näher, die lokalen Weine zu probieren.

Im Kapitel 7 wurde bereits auf die **Weine** aus Binissalem (*Ferrer, Nadal, Tianna Negre*), Petra (*Oliver*), Algaida (*Can Majoral*), Santa Maria (*Macia Batle*) und Andratx (*Santa Catarina*) hingewiesen.

Vino de la Casa

In vielen Lokalen ist die Bestellung des »Hausweins« (oft in den typischen Krügen aus Keramik) meist eine gute Wahl. Der *Vino de la Casa* ist außerdem häufig die einzige Möglichkeit, weniger als eine ganz Flasche kommen zu lassen. Nur an der Bar lässt sich immer auch Wein glasweise ordern.

Mineralwasser

Durchaus üblich ist es, den **Wein** – vor allem zur Mittagszeit – mit Mineralwasser zu **verdünnen**. Mallorquiner trinken das Wasser separat. Abgesehen davon hat man sich in mallorquinischen Restaurants auch an ausschließlich Mineralwasser trinkende ausländische Gäste und einheimischer Autofahrer gewöhnt. Das Wasser wird aus inseleigenen Quellen abgefüllt und ist mit wie auch ohne Kohlensäure erhältlich: *Agua mineral con* bzw. *sin gas*.

Sangria

Zum Thema *Sangría*, also Rotweinbowle mit allerlei mehr oder weniger geeigneten Zutaten, nehmen *Paco* und *Dorothea Ponce* im folgenden Abschnitt Stellung. **Sie gehört zum Spanienurlaub wie die Paella**, da macht auch Mallorca keine Ausnahme. Man kann sie in fast allen Bars und Restaurants ordern.

Kaffee

Allgemein üblich ist der **Kaffee nach dem Essen.** Und zwar aus der **Espressomaschine**. Das Tässchen starken Kaffees heißt *Café solo* und wird normalerweise mit viel Zucker genossen. Wem der Tasseninhalt nicht reicht, bestellt *Café americano* oder *largo* oder *doble* und erhält eine große Tasse Espresso. Kaffee mit Milch heißt *Café con Leche*, es handelt sich dabei um normalen schwarzen Kaffee, der mit viel warmer Milch aufgefüllt wird. Nur ganz wenig Milch enthält der *Café cortado*. Für den Kaffee nach gewohnter Art – mit oder ohne Sahne – muß man schon Lokale aufsuchen, die mit deutschem Kaffee werben. Beliebt ist zum *Café solo* ein Schuss Cognac bzw. Brandy. Aus dem derart »verfeinerten« Kaffee wird dadurch ein *Caragillo*.

12

12.2   Essen wie die Einheimischen: Rezepte zum Appetitanregen und Nachkochen

von Paco und Dorothea Ponce

Konzeption

Um dem Leser die **einheimische Küche** und ihre Eigenheiten nahezubringen, wird hier ein anderer als der sonst übliche Weg begangen. Wer an mallorquinischer Kochkunst interessiert ist, dem sagen **Rezepte** mehr als verbale Beschreibungen. Nebenbei erfährt der Leser daraus eher, welches Gericht ihm besonders schmecken könnte, als aus der Übersetzung und knappen Erläuterung einer Speisenbezeichnung. Nach fast allen Rezepten ist angegeben, welche Restaurants das Gericht voraussichtlich führen. Das heißt nicht, dass es dort unbedingt auf der Karte zu finden sein muß. Häufig wird man nach dem *Tumbet*, dem *Arroz Brut* und anderen Speisen ausdrücklich fragen müssen.

Zu den Rezepten

Die **Kochgeheimnisse** Mallorcas wurden lange Zeit nicht schriftlich festgehalten. Man gab die Rezepte von Küche zu Küche, von der Mutter zur Tochter, von Familie zu Familie weiter. Daraus entstanden große Unterschiede und Variationen bei der Zubereitung einheimischer Gerichte unter gleicher Bezeichnung.

Die **Auswahl der Gerichte** erfolgte nach den Kriterien *Schmackhaftigkeit, leicht zu beschaffende Zutaten* und *einfache Zubereitung*. **Alle Rezepte beziehen sich auf vier Portionen**, soweit nicht anders angegeben bzw. nicht sinnvoll (z.B. *Caragillo*).

Wichtige Voraussetzung für den »echten« mallorquinischen Geschmack der Speisen ist die Verwendung von **Olivenöl**. Der kleine Mehrpreis gegenüber anderen Pflanzenölarten lohnt sich.

Ansonsten sind **Abweichungen** von den vorgegebenen Zutaten und Mengen kein Problem. Man sollte ruhig **experimentieren**. Auch das ist typisch *mallorquín*. Hauptsache, es schmeckt.

Wer auf den Geschmack kommt, sollte in das nebenstehend genannte Kochbuch der *Sigloch Edition* schauen. Auch der neuere Titel **Cuina Mallorquina**, ein Bildband und Reiseführer für die mallorquinische Küche von Gabriele Kunze u.a., erschienen im Hugendubel Verlag München, ist sehr empfehlenswert.

***Bon profit*! Guten Appetit!**

Hinweis: Nur die im Kasten rechts rot gekennzeichneten Rezepte stehen auf den folgenden Seiten. Weitere 16 Rezepte finden sich im Internet des Verlages im pdf-Format zum Download geeignet.

Übersicht über die im folgenden und im Internet*⁾ des Verlages beschriebenen Gerichte und Zubereitungen
www.reisebuch.de/mallorca/info/kulinarisch/rezepte.html

Suppen

Sopas mallorquinas	Mallorquinische Gemüse-Brot-Suppe
Sopa de ajo⁾*	Knoblauchsuppe
Arroz brut⁾*	Reisgemüsesuppe mit Fleisch

Kleine Gerichte/Vorspeisen

Frito mallorquín⁾*	Gebratene Innereien mit Gemüse
Trampó⁾*	Sommersalat
Coca con trampó⁾*	Mallorquinischer Gemüsekuchen
Pan con aceite oder	
Pa amb oli	Mallorquinisches Vesperbrot
Pan tostado⁾*	Geröstetes Knoblauchbrot

Gemüse- und Eiergerichte

Tortilla Española⁾*	Spanisches Omelett
Escudella⁾*	Mallorquinischer Gemüseeintopf
Berenjenas rellenas⁾*	Gefüllte Auberginen
Tumbet⁾*	Sommer-Gemüsepfanne

Fleisch und Fisch

Paella⁾*	Spanisches Nationalgericht
Escaldums	Hähnchenfleisch/Truthahnpfanne
Lomo con col⁾*	Schweinelende in Kohl
Conejo con cebolla⁾*	Kaninchen mit Zwiebeln
Lechona	Gegrilltes Spanferkel
Pescado al horno⁾*	Fisch im Backofen

Nachspeise

Flan⁾*	Pudding mit Karamelsoße

Getränke

Caragillo⁾*	Espresso mit Cognac
Cremadillo	Mallorquinischer Punsch
Sangría	Rotweinbowle
Hierbas⁾*	Kräuterlikör/-schnaps,
(Licor de Paco	Paco spezial)

Die Fotos auf Seite 458 und den folgenden Rezeptseiten wurden mit freundlicher Genehmigung der *Edition Sigloch* wiedergegeben. Sie stammen aus dem Kochbuch dieses Verlages: **Kulinarische Streif-züge durch Mallorca** (ISBN 978-3-89393-046-3).

12

Sopas Mallorquinas
Mallorquinische Gemüse-Brot-Suppe

Die *Sopas Mallorquinas* war früher ein typisches »**Arme-Leute-Essen**«, welches für das Personal in den Fincas fast täglich morgens und abends auf den Tisch kam.

Zutaten

- 3–5 Eßlöffel Olivenöl
- 1 Bund Petersilie
- 1 Knoblauchknolle
- 1 Lauchstengel
- 1 Tomate
- 1 Paprikaschote
- 1 Zwiebel
- 1 kleiner Kopf Weißkohl oder Wirsingkraut
- einen halben Blumenkohl
- 125g grüne Bohnen
- 125g Zuckererbsen
- etwas Mangold oder Spinat, je nach Jahreszeit
- Salz, Paprikapulver, Pfeffer
- ein sehr dünn geschnittenes, nicht zu helles Weizenbrot, das ein oder zwei Tage alt sein sollte
- 1 Liter Wasser für Brühe aus 2 Würfeln

Sopas Mallorquinas, eigentlich ein »Arme-Leute-Gericht«

Zubereitung Paprika, Lauchstengel, Zwiebel, geschälte Tomate und gestoße-
nen Knoblauchzehen kleinschneiden und anbraten. Danach den
in Scheibchen geschnittenen Kohl und die Bohnen hinzufügen,
dann die (Brühwürfel-) Brühe dazugeben. Suppe mit Salz, Pfeffer,
Paprika und Petersilie würzen, 15 Minuten köcheln lassen und
dann den zerteilten Blumenkohl und die Erbsen zufügen. Etwa 10
Minuten bei kleiner Flamme »bißfest« garen.

Die Brotscheiben in eine Schüssel legen und die Suppe darüber-
gießen, wobei das Brot die gesamte Flüssigkeit aufsaugen sollte
(Brotmenge entsprechend variieren). 10 Minuten bei 175°C ziehen lassen. Nun noch ein bisschen mit Salz und Öl abschmecken.

Empfehlenswerte Restaurants für die Sopas:
Ca S Amitger beim Kloster Lluc
Mirador de Ses Barques bei Soller
C'al Dimoni bei Algaida

Sopa de ajo
Knoblauchsuppe

Zutaten
- 4 Eßlöffel Öl
- 4 Weißbrotscheiben
- 5-8 Knoblauchzehen
- 3/4 Liter Wasser oder Brühe
- 2-3 Eier
- Salz und Pfeffer

Zubereitung Knoblauch im Öl leicht bräunen, herausnehmen. Brot in Würfel
schneiden und im Knoblauchöl goldgelb rösten, dann das heiße
Wasser bzw. die Brühe zugießen, würzen und aufkochen lassen.
Vor dem Servieren die Eier hineinschlagen. Wenn das Eiweiß fest
genug ist, wird die leicht verdauliche Suppe aufgetragen. Man
kann sie zusätzlich mit frisch gehacktem Knoblauch bestreuen.

Pa Amb Oli
Mallorquinisches Vesperbrot (↪ Foto auf Seite 458)

Pa amb Oli mit rotem Landwein ist eine ausgezeichnete **Vesper**.

Zutaten
- 2 Scheiben mallorquinisches Weißbrot oder Bauernbrot
  pro Portion
- 1 große Tomate pro Portion
- Olivenöl, Salz
- Grüne und schwarze Oliven
- Pepperoni und Kapern
- Saure Gurken
- Mallorquinischer Hartkäse
  (auch gut: Käse von Mahón/Menorca)
- luftgetrockneter roher Schinken

12

Zubereitung   Auf das Brot etwas Öl gießen, Tomatenscheiben drauflegen und salzen. Eine dicke Scheibe Käse und eine Scheibe Schinken dazu. Das Ganze ißt man **mit den Fingern**, natürlich auch die »Beigaben« Oliven, Pepperoni und Gurke.

Empfehlenswerte Restaurants für das Vesperbrot:

C'an Jaume in Orient
Bar Vicente in Port de Sóller (*Pa amb oli especial!*)
Gutshof *Els Calderers* bei Sant Joan
C'al Dimoni in Algaida

Escaldums
Hühnerfleisch- oder Truthahnpfanne

Escaldums ist ein **ungewöhnlich herzhaftes Geflügelgericht**.

Zutaten
- 3-4 Eßlöffel Öl
- 1 Hähnchen oder Truthahn in Stücke zerteilt
- 1 Zwiebel
- 1 Tomate
- eine halbe Dose Erbsen
- eine halbe Dose Artischocke
- eine halbe Dose Champignons
- 3-4 gelbe Rüben
- 500-700 g in Stücke geschnittene Kartoffeln

- 15-20 Mandeln
- 3-4 Knoblauchzehen
- 1 Bund Petersilie, Salz, Paprika
- 1 Glas herben Weißwein
- 1/2 Liter Wasser oder Brühe

Zubereitung Das Fleisch würzen, mit dem Öl in einer großen Pfanne leicht anbräunen lassen, dann herausnehmen. Zwiebel und Tomate zerkleinern und auch anbraten, dann das Wasser bzw. die Brühe mit dem Fleisch hinzugeben und **alles etwa 20 Minuten** garen lassen. Die Kartoffelstücke werden separat vorgebraten, bis sie knusprig sind, und zusammen mit dem Gemüse der Hauptpfanne hinzugefügt. Mit dem Mörser oder Mixer werden Knoblauchzehen, Mandeln und Petersilie in ein wenig Öl fein zerkleinert und mit dem Weißwein in die Pfanne gegeben.

Bei kleinem Feuer alles etwa **30 Minuten weitergaren lassen**.

Empfehlenswertes Restaurant für Escaldums:

Ca S Amitger beim Kloster Lluc

Porcella / Lechona
Gegrilltes Spanferkel (⟳ Foto auf Seite 466)

Am besten schmeckt vielen die Kruste (*cuiro*), die nicht lederartig sein darf, sondern fest und kross. Dem Erzherzog *Lluis Salvador* von Österreich (⟳ Seite 233) erschien das *Porçella* das beachtlichste Gericht der mallorquinischen Küche.

Zutaten
- 1/2 Spanferkel
  (für eine größere Gruppe auch ein ganzes Spanferkel)
- Salz, Pfeffer, Knoblauch nach Belieben
- Zitronensaft
- 1 Eßlöffel Weinbrand
- 1 Eßlöffel Schweineschmalz

Zubereitung Das Fleisch bzw. das ganze Spanferkel einige Stunden bis einen Tag vor der Zubereitung mit Zitronensaft einreiben, mit Knoblauchstückchen spicken und gut mit Salz und Pfeffer würzen.

Fleisch unmittelbar vorm Grillen/Rösten mit dem Schmalz einreiben und mit der Schwarte nach oben in einer geeigneten Form in den auf **200°C vorgeheizten Backofen** legen. Ab und zu mit dem austretendem Sud übergießen. Kurz vorm Herausnehmen Weinbrand und einen Eßlöffel Zitronensaft über den Braten gießen.

Empfehlenswerte Restaurants für das Spanferkel:

C'an Jaume in Orient
Sa Teulera in Sóller (*Porcella a la Brassa*, nur Freitag Abend)
La Porxada beim Torre de Canyamel (an der Ostküste)
Ca N'Antuna in Fornalutx

12

Gegrilltes Spanferkel – »Lechona« auf spanisch, »Porçella« auf Mallorquín – ist nur in ausgewählten Restaurants eine wirkliche Gaumenfreude

Sangría, wie sie die Einheimischen zubereiten

Die *Sangría* ist genaugenommen ein **Erfrischungsgetränk**, wenngleich mit einigen Prozenten. Was viele Lokale den Touristen servieren, hat mit dem nachstehenden Rezept oft nur den Namen gemein, besonders, wenn es noch als *Sangría Especial* angepriesen wird. Da kommt dann nach Belieben des Barmanns hinein, was sich irgendwie mixen lässt. Die Wirkung spürt man spätestens am nächsten Tag in Kopf und Magen.

Zutaten

- 1 Liter trockener Rotwein
- ein Glas Limonade
- 2 Schnapsgläser Weinbrand (je 4 cl)
- 2 Eßlöffel Zucker
- je eine Orange und Zitrone mit Schale
- ein frischer Pfirsich

Zubereitung

Orange, Zitrone und Pfirsich in Stücke zerschneiden. Die Fruchtstücke, Cognac, Limonade und Zucker in den Rotwein geben. Gut umrühren und **mindestens 2 Stunden im Kühlschrank ziehen lassen**. Mit Eiswürfeln servieren.

Salud!

Cremadillo
Mallorquinischer Punsch

Dieser Punsch ist ein typisches Wintergetränk für »eisige« Temperaturen unter 10°C und bei Regenwetter.

Zutaten
- je 3 kleine Kaffeetäßchen brauner Rum (40%) und Cognac
- 1 kleine Kaffeetasse Rotwein
- 3-4 Eßlöffel Zucker
- 1 Kaffeelöffel Nescafé
- 20-30 Kaffeebohnen
- 1 Stange Zimt
- 4-8 Nelken
- 10-15 kleine Zitronen- u. Orangenstückchen mit Fruchtfleisch
- 10-15 frische Wacholderbeeren, so verfügbar.

Zubereitung
Alle Zutaten möglichst in einer feuerfesten Schüssel erhitzen. Kurz vor dem Sieden vom Feuer nehmen, anzünden und mit einem Holzlöffel umrühren. Sollte ein Löffel aus Wachholderholz zur Hand sein, wird das Getränk noch aromatischer. Möglichst **in kleinen Tassen** servieren. Das Foto macht Appetit, oder nicht?

Wer auf ein optimales Aroma Wert legt, bereitet den Punsch **am allerbesten selbst** zu und serviert ihn so wie auf dem Foto.

13. INFO-ANHANG

Offizielles Informationsportal Spanien: www.spain.info

Spanische Touristeninformation in deutschsprachigen Ländern:

Turespaña Deutschland

Kurfürstendamm 63, 5. OG
10707 Berlin
✆ 030/882 6543, Fax 030/882 66 61

Myliusstraße 14
60323 Frankfurt
✆ 069/725 038, Fax 069/725 313

Grafenberger Allee 100
40237 Düsseldorf
✆ 0211/680 3981, Fax 0211/680 3985

Postfach 151940
80051 München
✆ 089/530 7460, Fax 0211/530 74620

Turespaña Österreich

Walfischgasse 8
1010 Wien 1
✆ 01/512 9580, Fax 01/512 9581

Turespaña Schweiz

Seefeldstr. 19
8008 Zürich
✆ 044/253 6050, Fax 044/252 6204

Touristeninformation auf Mallorca www.illesbalears.es

Hinweisschilder befinden sich in allen Orten. Am besten mit
Material versorgt ist das Büro im ehemaligen Bahnhofsgebäude von Palma:

• Tourist-Info an der **Plaça Espanya**, täglich 9-20 Uhr, ✆ **971 754329**,

Weitere Infobüros gibt es

• an der **Plaça de la Reina No. 2** rechts vom Passeig d`es Born
(vom Meer aus gesehen): ✆ **971 712 216**, Mo-Fr 9-20 Uhr; Sa 9-13 Uhr,

• am oberen Ende des Passeig d'es Born im *Casal Solleric*, ➪ Seite 160

• am Fährschiffhafen in der **Estació Maritim** am Westende des Hafenboulevards

• im **Ankunftsbereich des Flughafens**: ✆ **971 789 000**.

Konsulate der deutschsprachigen Länder

Deutschland unterhält in Palma ein offizielles Konsulat, das bei Bedarf kontaktiert werden kann/muss, etwa bei Verlust der Papiere oder der Finanzen, aber auch in kritischen Situationen nach Unfällen oder bei Konflikten mit der spanischen Obrigkeit. Österreich und die Schweiz haben nur Honorarkonsulate.

• **Deutschland**
Palma, Porto Pi 8, 3. Stock im *Edificio Reina Constanza*; ✆ 971 707 737;
Notfall-✆: 659 011017 www.palma.diplo.de, Mo-Fr 9-12 Uhr

• **Österreich**
Honorarkonsul in Palma, Avenida Alexandre Rossello 40, ✆ 971 274 711

• **Schweiz**
Honorarkonsul in Palma, Carrer A. Martinez Fiol 6, ✆ 971 768 836.
Für Schweizer ist auch das Konsulat in Barcelona zuständig: ✆ 934 090 650

Stromspannung: 220 V/50 Hz, unsere 2-poligen und Schuko-Stecker passen

Kliniken, Ärzte, Zahnbehandlung, Medikamente

Erste Hilfe leisten *Centros Médicos* oder *Ambulatorios*, die sich in allen Orten befinden. Sie sind durchweg gut gekennzeichnet, jeder Einheimische kennt ihren Standort. In schweren Fällen sind zuständig

- **Klinikum** *Son Llatzer* in **Palmas Osten**, Straße nach Manacor ein wenig westlich von Son Ferriol, Stadtbus #14: ✆ 971 871 202000
- **Klinikum** *Son Espases* (neu seit 2011) in **Palma** nördlich Ringautobahn (*Via Cintura*, Abfahrt 5B Richtung Valldemossa, Stadtbus # 20): ✆ 871 205 000
- **Hospital Manacor** an der Straße (durch Manacor) nach Artá: ✆ 971 847000
- **Hospital Inca** an der Straße nach Llubi (an der Autobahn): ✆ 971 888500

Diese Krankenhäuser sind staatliche Institutionen, die – ebenso wie die *Centros Medicos* – auch von Mitgliedern der gesetzlichen deutschen Krankenkassen **mit** der **Europäische Krankenversicherungskarte** (⇨ Seite 103) in Anspruch genommen werden können.

Des weiteren gibt es eine Reihe kleinerer, meist spezialisierter **Privatkliniken**. Dort wird auch privat abgerechnet. Auslandskarten gelten nicht. Man kann sich dort ggf. angefallene Kosten von seiner gesetzlichen Kasse im Rahmen der in der Heimat geltenden Bestimmungen erstatten lassen.

- In Palma existiert sogar eine **AOK-Vertretung** (Carrer Santa Catalina Siena 2, ✆ 971 714172+710436). Dort berät man auch Mitglieder anderer Kassen, sollten sich Probleme bei Behandlung und/oder Kostentragung ergeben.

Immer mehr (privat abrechnende) **deutsche und deutschsprachige Ärzte und Zahnärzte** bieten heute auf Mallorca ihre Dienste an. Die meisten inserieren in *Mallorca Magazin* und/oder *Zeitung*. In jeder Ausgabe der Zeitungen findet man außerdem eine Liste deutschsprachiger Mediziner.

- Im Zentrum der Stadt (Carrer Unio 9) liegt das **Ärztehaus Palma** mit Ärzten mehrerer Fachrichtungen und einem 24 Stunden Notfallservice: ✆ 971 228067, www.aerztehaus-palma.com.
- Etwas außerhalb nahe der *Via Cintura* (Ausfahrt 8) in der Avenida Picasso 57 befindet sich das **Deutsche Fachärztezentrum** (*Clinica Picasso*): ✆ 971 220666, ebenfalls mit 24-Stunden-Service; www.clinica-picasso.com.
- Wer den Aufenthalt auf Mallorca für einen **Rundum-Gesundheits-Check** nutzen möchte: Das **Internationale Facharztzentrum** in Palma Porto Pi (*Centro Medico Porto Pi* im selben Gebäude wie das Deutsche Konsulat) bietet eine Untersuchung mit allem Drum und Dran innerhalb eines Tages samt Dokumentation mit Laborwerten, Computerdaten, Röntgenbildern etc. Auskunft und ggf. Anmeldung unter ✆ 971 707055; www.centromedicoportopi.es.
- Für manchen interessant könnte auch die Möglichkeit sein, die auf Mallorca günstigeren Tarife für Zahnbehandlungen, speziell **Zahnersatz** zu nutzen. Deutsche Zahnärzte auf der Insel arbeiten dabei mit Kollegen in Deutschland zusammen. Mehrere private Zahnkliniken (*Clinicas Dentales*) bieten sich hier an, z.B. www.mallorcasuperdent.de oder www.dental-mallorca.com

Medikamente sind in Spanien z.T. billiger als in D, CH oder A. Es besteht keine Rezeptpflicht für einige Medikamente, die bei uns verschreibungspflichtig sind, z.B. für Anti-Baby Pillen. Ähnlich ist es für gängige Mittel zur Selbstmedikation wie Kopfschmerztabletten u.a.m.

13

NOTRUF-TELEFONUMMER GENERELL: ✆ 112

Telefonnummern der wichtigsten
Fluggesellschaften und Reiseveranstalter (901/902 = Service zum Ortstarif)

Air Berlin	901 434 464		**Flughafen:**	
Air Europa	971 401 501		**Flugauskunft**	**971 789 099**
Condor	902 517 300		Alltours	971 789 926+927
			Flugbestätigung	971 436 119
Easy Jet	902 299 992		FTI	971 212 820
Germanwings	916 259 704		ITS+Jahn+Tjaereb.	971 437 141
TUIFly	902 020 069		Ankunft/Abflug	971 789 882+880
Iberia	902 400 500		TUI	971 436 429+
Ryanair	971 74 54 65		Flugbestätigung	902 153 738
Lufthansa	902 220 101		Neckermann	971 788 255
			Flugbestätigung	971 789 282
Swiss	971 116 712		Thomas Cook	902 490 902

Trink- und Kochwasser für Selbstversorger

Wer auf Mallorca ein Apartment, ein Haus oder eine Finca mietet, macht sich seinen Kaffee und Tee großenteils selbst, und auch gekocht wird zumindest ab und zu. Während wir gewohnt sind, den Hahn aufzudrehen und das Leitungswasser für heiße und kalte Getränke ebenso wie fürs Kochen der Kartoffeln und Spaghettis zu benutzen, gilt auf Mallorca: Das Wasser ist zwar bakteriologisch im allgemeinen unbedenklich, aber geschmacklich fast in allen Orten unakzeptabel. Das liegt am (Rest-)Salzgehalt des Tiefbrunnenwassers und/oder der mehr oder minder starken chemischen Aufbereitung auch des entsalzten Meerwassers , ⇨ Seite 125.

Aus diesem Grund kann man in allen kleinen und großen Supermärkten Quellwasser kaufen, das in der *Serra Tramuntana* in Plastikbehälter abgefüllt wurde. Täglich gehen so auf Mallorca Tausende von Wegwerf-Containern über den Ladentisch und landen binnen kurzem auf dem Müll oder im Meer. In manchen *Hiper Mercats* lassen sich zwar Mehrweg-Container an Wasserautomaten immer wieder auffüllen, aber diese Möglichkeit besteht zu selten und wird zu wenig genutzt.

Für die Selbstversorger unter den Urlaubern bleibt zumindest für Kaffee, Tee und fürs Kochen nur Wasser aus der Plastikflasche und damit die ungewollte Teilnahme an der Ressourcenvergeudung und Müllvermehrung.

Die Reiseführer von Reis

Reisehandbücher
Urlaubshandbücher
Reisesachbücher
Europa

now-How auf einen Blick

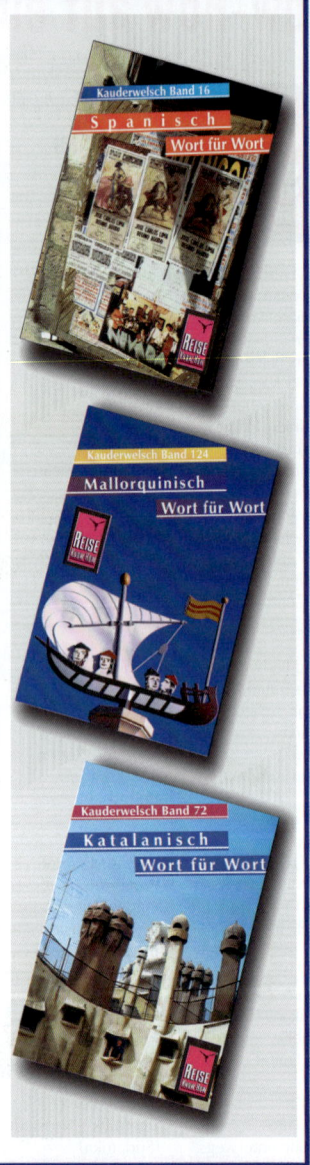

Die Nr. 1 unter den USA Reiseführern; Neuauflage 2013

Hans-R. Grundmann

USA der ganze Westen

Seit Erscheinen hat sich dieses Buch zu einem Standardwerk für alle entwickelt, die den US-Westen auf eigene Faust kennenlernen wollen. Die Kapitel zu Reiseplanung und -vorbereitung und zum »touristischen Alltag« unterwegs lassen keine Frage offen.

Der Reiseteil führt über ein dichtes Routennetz zu allen populären Zielen und unzähligen, auch weniger bekannten Kleinoden in allen elf Weststaaten.

Seit Jahren Bestseller für den US-Westen

824 Seiten, 82 Karten, über 300 Farbfotos
Separate Straßenkarte Weststaaten der USA
mit 18 Detailkarten der wichtigsten Nationalparks

18. Aufl. 8/2011 · ISBN 978-3-89662-259-4 · €25,00

P. Thomas, E. Berghahn, H.-R. Grundmann

Kanada Osten / USA Nordosten

9. Auflage Ende 2012

Dieser grenzüberschreitende Reiseführer behandelt über ein dichtes Routennetz auf kanadischer Seite Ontario, Québec, New Brunswick, Nova Scotia und Newfoundland, in den USA die Neu-England-Staaten mit Boston und New York City und State sowie Michigan mit Chicago und Detroit. Ideal für Reisen auf eigene Faust per Pkw mit Motel-/Hotel- oder Zeltübernachtung oder mit Campmobil. Zahlreiche Unterkunftsempfehlungen und Hunderte von Hinweisen auf die schönsten Campgrounds am Wege.

720 Seiten, 56 Karten, vierfarbig. Mit sep. Karte der Gesamtregion und New York City Extra (48 Seiten).

ISBN 978-3-89662-276-1 · €25,00

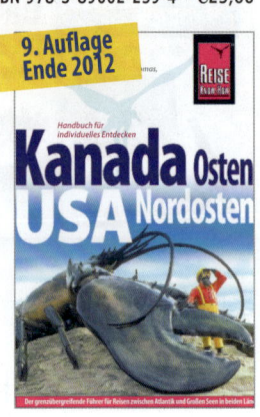

Neue Auflage Anfang 2013

Hans-R. Grundmann

Florida Von Key West bis New Orleans

Nicht nur Strände, High-Life, Disney- und Amusementparks, sondern auch Natur satt mit exotischer Flora und Fauna in Mangrovensümpfen, an glasklaren Quellflüssen und am sagenumwobenen Suwanee River. Dazu alte Historie, Multikulti, Architektur- und Musentempel. Als Kontrapunkt Weltraum- und Militärtechnik hautnah.

Landeskunde und ausführlicher Serviceteil mit jeder Menge Unterkunfts-, Camping- und Restauranttipps; dazu Hunderte von Webadressen für weiterführende Informationen.

440 Seiten, 38 Karten, über 240 Farbfotos;
mit separater Florida-Karte; 5. Auflage 1/2011,
ISBN 978-3-89662-262-4 · €19,90

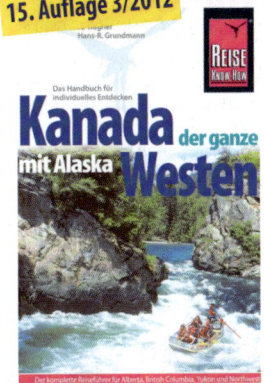
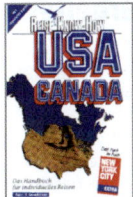

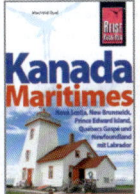

Eyke Berghahn, Petrima Thomas, Hans-R. Grundmann

Teneriffa

Der richtige Begleiter für alle, die ihre Reise individuell gestalten und Teneriffa auf eigene Faust entdecken wollen:

- Ausführlichste Ortsbeschreibungen & Ausflugsrouten
- 80 Themenkästen und Essays zu allen Wissensbereichen
- Die schönsten Wanderungen, Bikerouten, Picknickplätze
- Alles zu Vulkanismus und Vegetation mit Fachglossaren.
- Vokabular »Essen&Trinken« und »Kanarisches Spanisch«
- Die besten Unterkünfte für jeden Geldbeutel
- Zahlreiche Internetadressen

6. Auflage 5/2011; 620 Farbseiten, 320 Fotos, 47 Karten
+ sep. Inselkarte + Wander-/Bikeführer (60 Seiten)
ISBN 978-3-89662-263-1 · €23,50

Marc Schichor, Kirsten Elsner

Wandern auf Mallorca

Tramuntana Gebirge – Gipfel, Schluchten und Täler

- 56 Tourenvorschläge in der Tramuntana
- die meisten Wege auch in Gegenrichtung
- alle Routen in Kurzfassung und im Detail
- **Neu:** Mehrtageswanderung »Ruta de Pedra en Sec«
- Genaue Karten von allen Orten in der Wanderregion
- Kleines Pflanzenlexikon mit zahlreichen Fotos
- Unterkunftsverzeichnis von der Berghütte bis ****Hotel

Der Clou des Buches ist die **speziell für diese Routen angefertigte separate Karte** mit Höhenlinien und -schichten im **Maßstab 1:35.000.**

396 Seiten vierfarbig, 35 Detailkarten, Pläne und Skizzen, über 400 Fotos · **ISBN 978-3-89662-273-0 · €22,50**

Hartmut Ihnenfeldt, Hans-R. Grundmann

Auf Mallorca leben und arbeiten

Ein Ratgeber für alle, die es für länger nach Mallorca zieht

Wer spielte nicht gelegentlich mit dem Gedanken, auszusteigen, Routine und allzu Bekanntes hinter sich zu lassen? Um zum Beispiel auf Mallorca ein neues, anderes Leben zu beginnen? Viele erfüllen sich diesen Traum, stellen aber fest, dass auch auf einer Ferieninsel der ganz normale Alltag gemeistert sein will. Dieses Buch liefert Know-How zur Bewältigung von Fragen und Problemen, mit denen Mallorca-Einsteiger unweigerlich konfrontiert werden.

264 Seiten, 4-farbig · ISBN 3-89662-253-2 · €17,50

Daniel Krasa, Hans-R. Grundmann

Ibiza

4. Auflage 2012

Der richtige Begleiter für alle, die ihre Reise individuell gestalten und Ibiza auf eigene Faust erleben wollen:

• High Life und Altstadtnostalgie in Ibiza-Stadt
• Lange Sandstrände und verschwiegene Buchten
• Wanderwege durch romantische Berglandschaft
• Geschichte und Kultur, Mandelblüte und Rotwein
• Alles zu Aktivurlaub und Sport, zu Nightlife und Ibiza Sound
• Die besten Quartiere, Restaurants, Kneipen und Discos

4. Auflage 2012; ca. 336 Seiten 4-farbig, ca. 230 Fotos, 27 Regionen- und Ortskarten, davon 6 Wanderkarten.
ISBN 978-3-89662-264-8 · €17,50

Peter Neumann, Frank Ostermair & Sandra Roters

Menorca,
die unentdeckte Baleareninsel

2. Auflage 2013

Mallorcas kleine Schwester Menorca führt als Reiseziel deutschsprachiger Urlauber ein erstaunliches Schattendasein. Dabei verfügt Menorca über viele wunderbare und selten volle Strände unterschiedlichster Charakteristik, über zwei veritable Hafenstädte, Fischerdörfer und Orte im Inselinneren mit eigenem Gepräge, landschaftliche und kulturelle Kleinode. Menorcas touristische Infrastruktur ist ausgezeichnet, ebenso die kulinarische Qualität wie Ambiente vieler Restaurants.

288 Seiten 4-farbig, ca. 180 Fotos, 31 Karten und Ortspläne, **ISBN 3-89662-248-X · €17,50 · in Vorbereitung**

Niklaus Schmid

Formentera
Der etwas andere Reiseführer

3. Auflage 2012

• Alle Infos zu Ibizas kleiner Schwesterinsel
• Landschaft, Flora und Fauna, Geschichte und Kultur in unterhaltsamen, kurzweilig geschriebenen Essays
• Anekdoten und wundersame Geschichten über die Insel und ihre Bewohner; Klatsch und Tratsch; Promis auf Formentera
• Folklore und Formentera Sound
• Endlose Strände, urige Strandbars und karibische Wasserqualität
• Auf nicht einmal 100 km² mobil ohne Auto: Wanderwege und Routen für Radfahrer

3. Auflage 2012, 336 Seiten vierfarbig mit Formentera-Karte und Ortsplänen in der Umschlagklappe.
ISBN 978-3-89662-270-9 · €14,90

Dem Autor gewidmetes Museum im ehemaligen Haus von Robert Graves, Ca N'Alluny, in Deià.
www.lacasaderobertgraves.com

Robert (Ranke) Graves

Geschichten aus dem anderen Mallorca

(übersetzt von Hartmut Ihnenfeldt und David Southard)
3. Auflage 2012, 248 Seiten
ISBN 3-89662-269-3 · €17,50 ·

Robert Graves (1895-1985) gilt als einer der bedeutendsten englischen Schriftsteller des 20. Jahrhunderts. Er lebte und schrieb über 50 Jahre auf Mallorca in Palma und vor allem im berühmten Künstlerdorf Deià, wo er auch starb. Sein Grab findet man auf dem kleinen Friedhof vor der Kapelle auf dem höchsten Punkt des Dorfes.

Berühmt hatte ihn seine Autobiographie »Goodbye to all that« (deutsch: »Strich drunter«) gemacht, die sich auf seine Erlebnisse als junger Leutnant in den Grabenkämpfen des Ersten Weltkriegs bezieht. Er überlebte den Krieg schwer verletzt.

Die hier zusammengestellten zwölf meisterlich zeitlosen **Kurzgeschichten** aus dem »anderen« Mallorca erschienen erstmals in deutscher Sprache bei Reise Know-How. In ihnen entwirft Graves als intimer Kenner der Verhältnisse mit wohlwollender Ironie ein Bild der Insel und ihrer Bewohner abseits der Sphären des heutigen Massentourismus.

Lediglich die längere Erzählung **»Está en su Casa«** ist ernster Natur. Sie setzt sich auf distanzierte, aber zugleich einfühlsame Art mit den auf Mallorca lange verdrängten Schrecken des Spanischen Bürgerkriegs auseinander.

Gemeinsam ist allen Erzählungen, dass sie den Leser auf hohem Niveau bestens unterhalten und erstaunliche Einblicke in Mentalität und Lebensart der Mallorquiner gewähren.

ALPHABETISCHES REGISTER - INDEX

Im folgenden Register finden sich alle Ortsnamen, Sehenswürdigkeiten und geografischen Bezeichnungen ebenso wie alle wichtigen Sachbegriffe. Die häufig anzutreffende Unterscheidung zwischen Sachregister und geografischem Index wurde hier bewusst nicht angewandt. Egal, wonach man sucht, seien es Informationen zur Automiete oder die Cala Xy oder einen bekannten Namen, alles ist unterschiedslos alphabetisch eingeordnet.

B vor der Seitenzahl bezieht sich auf den separaten Beileger »Optimal unterkommen auf Mallorca«

13

13

13

Fotonachweis

Edition Sigloch Fotoarchiv/Künzelsau: Seiten 458, 462, 464, 466, 467

Kirsten Elsner, Marc Schichor/Karlsruhe: Seiten 32, 233, 249 oben

Finca Cas Curial, Soller: Seite 83

Finca Son Palou, Orient: Seite 25

Fincas Mallora, Sóller: Seiten 91 und 92

Ursula Gersch/Bremen: Seite 17

Archiv Hartmut Ihnenfeldt, Eutin: Seiten 446, 448, 449 oben, 450

Edith Kölzer, Bielefeld:
Seiten 6, 19, 97, 119, 157 unten, 163 oben, 183 unten, 242, 262 und 342 oben

Ralph Lueger/Essen: Seiten 52, 104 unten, 115, 445

Peter Neumann/Palma: Seiten 203, 245 und 332

Peter Schickert/Fröndenberg: Seiten 99 und 442

Werner Schmidt/Oldenburg:
Seiten 123 rechts, 150, 160, 185, 196, 251, 284, 287, 290, 294, 320, 357 und 441

Hans-R. Grundmann: alle anderen Fotos

Kartenverzeichnis   Seite

An Palmas   Hafenpromenade